KB071916

민중

민중, 시대와 역사 속에서

민중의 개념사, 통사

민중/시대와 역사 속에서

강인철 지음

민중의 개념사、통사

민중

성균관대학교
출판부

승리의 노래 들리는가

역사를 열어가는 민중이여……민중에게 권력을

일하는 사람이 주인 된 나라……역사의 힘 민중이여 (역사의 힘 민중이여)

민중의 넋이 주인 되는 참 세상 자유 위하여

시퍼렇게 쑥물 들어도 강물 저어 가리라 (솔아 솔아 푸르른 솔아)

보아라 힘차게 진군하는 신새벽에 승리의 깃발 춤춘다

몰아쳐라 민중이여 (민중의 노래)

'민중가요'라 불리는 노래의 몇 소절이다. 민중가요는 단순히 '저항가요'
만을 뜻하지 않는다. 그것은 민중이 주인공이 되는 노래이거나, 민중에
게 헌정된 노래들이다. 이영미의 『한국 대중가요사』에 의하면 그런 민중
가요가 1980년대 중반 무렵 전국적으로 널리 퍼진 것만 해도 1천 곡에 가
까웠을 정도로 빠르게 늘어났다. 그중 몇몇은 2000년대 이후 대규모 촛
불집회들을 통해 대중적 애창곡이 되었다.

민중가요 노랫말이나 저항시에서 '민중이여!'가 '자유여!'나 '민주주의여!'와 나란히 자리할 만큼, 민중은 한때 목멘 절규의 대상이었다. 민중은 많은 이들의 감정을 마구 휘젓고 약동시키는, 그리하여 저항운동에 몸 던지도록 이끄는 격정의 언어였다. 동시에 그것은 서로 대립적인 진영 의식을 자아내는 말, 사람들로 하여금 정반대의 이미지를 연상케 하는 말, 뭇사람들을 정치적 쟁투 속으로 몰아가는 말이기도 했다. 그 정도로 강렬하고 또렷한 이미지와 정동情動이 이 짧은 단어에 진하게 스며 있었다.

하지만 이런 상황과는 극히 대조적으로, 2천 년이 넘는 긴긴 세월 동안 민중은 '다수의 민民'을 가리키는 지극히 평범한 말로 남아 있었다. 심지어 조선시대 말기에 개항과 국망國亡을 겪는 와중에도, 그 무렵 유사 개념들이 대대적인 변화의 소용돌이로 빨려 들어가는 와중에도, 민중 개념 주변은 고요하기만 했다. 3·1운동 이라는 대사건을 거치고서야 비로소 이 어휘는 평범치 않은 그 무엇으로 변하기 시작했다. 어휘에 담긴 전통적인 의미와 새로운 의미들이 섞이고 충돌하면서, 민중도 복잡하고 다의적인 개념으로 변모하게 되었다. 민중이라는 전통적 기표記標에 '저항'과 '주체'라는 새로운 기의記意가 부착되면서 벌어진 일이었다. 민중 개념의 기나긴 생애사에서 1920년대와 1970년대는 두 거대한 변곡점이었다. 그러나 두 변곡점 사이에는 30~40년간의 결코 짧지 않은 공백기가 가로놓여 있었다. 1970년대가 되자 '저항적 정치주체'라는, 오랫동안 감춰졌던 민중의 비밀스러운 의미가 놀랍게도 되살아났다. 그러자 민중은 재차 논쟁적인 단어로 변했다. 민중이라는 기표는 종종 치열한 정치적 투쟁의 초점으로 떠올랐다.

이런 사정을 감안하여 이 책에서는 지난 한 세기 동안의 역사적 변동에 일차적인 초점을 맞출 것이다. 민중 기표에서 '저항성'과 '주체성' 기의의 출현 시기와 의미 변화를 중점적으로 살필 것이다. 아울러 민중 기표의

'확산성'도 중시할 것인데, 이 기표가 제한적으로만 사용되었다면 그만큼 주목할 가치는 낮아질 것이기 때문이다. 민중 기표의 주된 '발화자'가 누구인지, 발화자 그룹의 편중성 정도에도 유의하려 한다. 예컨대 민중 기표가 지배층과 저항 세력 모두에 의해 공용어처럼 사용되고 그 의미(기의)마저 유사하다면 거기에 저항성이 담기기는 어려울 것이다. 또 사회사social history와의 관련 속에서 민중 개념사에 접근하는 것도 중요하다. 이를 위해 필자는 진보 성향의 학술장學術場과 지식인사회로 구성되는 '진보 학계' 그리고 저항적 성향의 '사회운동'이라는 두 영역에서 진행되는 변화를 관찰하는 접근법을 활용했다.

애초 이 책은 단권으로 계획되었다. 그러나 집필 분량이 예상을 크게 초과함에 따라 1부와 2부를 별개의 책으로 나눠 출간하게 되었다. 이 책은 민중 2부작의 두 번째 책에 해당한다. 첫 번째 책이 민중 개념의 구성요소 등 '이론적인' 측면에 초점을 맞췄다면, 이번 책은 민중 개념의 '역사적인' 측면에 초점을 맞췄다. 두 책은 각자 충분한 독립성을 갖도록 집필되었으므로 독자들로선 따로 읽어도 무방할 것이다.

이 책의 첫 장에서는 그 기원부터 20세기 초에 이르기까지 중국·일본·한국(개항 이전의 조선)의 민중 개념에 대해 통사적으로 고찰한다. 제2장에서는 개항기인 19세기 후반부터 '민중 개념의 대전환기'인 1920년대까지 민중 개념의 변화를 분석한다. 여기서 한국·중국·일본의 동시대 민중 개념에 대한 약간의 비교분석도 시도한다. 제3장에서는 1930년대부터 1960년대까지의 민중 개념사를 다룬다. 제4장 이하의 장들에서는 1970년대 이후의 역사적 변화를 추적한다. 이를 저항적 민중 개념의 재등장 시기(제4장~제6장), 급진화 시기(제7장), 재구성 시기(제8장)로 구분해서 살펴본다. 역사학 전공자가 아닌 필자로서는 이런 역사서를 내는 게 항시 조심스러울 수밖에 없다. 더구나 민중 개념과 관련된 역사적 연구가 여전히 희소하기에, 역사적 사실 영역에서 오류와 누락의 위험이 도처에

2천 년이 넘는 긴긴 세월 동안 민중은
'다수의 민民'을 가리키는 지극히 평범한 말로 남아 있었다
3·1운동 이후에야 비로소 이 어휘는
평범치 않은 그 무엇으로 변하기 시작했다
어휘에 담긴 전통적인 의미와 새로운 의미들이 섞이고 충돌하면서
민중도 복잡하고 다의적인 개념으로 변모하게 되었다
민중이라는 전통적 기표記標에 '저항'과 '주체'라는
새로운 기의記意가 부착되면서 벌어진 일이었다

도사리고 있기도 하다. 차후의 연구를 통해 새로운 사실들이 발견된다면 최대한 신속하게 수정·보완 작업을 진행하려 한다.

이번에도 성균관대학교출판부 현상철 선생의 안테나를 벗어나지 못했다. 그가 연구 시작 단계에서 일찌감치 내민 계약서가 지난 3년 동안 안정감과 긴장감이 적당히 섞인 묘한 분위기를 만들어냈다. 현 선생과 필자, 그리고 디자이너 김수영 선생은 벌써 다섯 권의 책을 같이 만드는 진귀한 인연을 차곡차곡 쌓고 있다. 이번에는 필자가 애초 약속한 탈고 일정을 일 년 이상 지연했지만, 고맙게도 현 선생은 독촉의 말 한마디 없이 인내심으로 기다려 주었다. 예정대로 출간 일정을 서둘렀더라면 훨씬 보잘것없는 책을 세상에 내놓게 되었을 것이다. 볼품없는 원고를 최상의 책으로 둔갑시켜주신 현상철 선생과 김수영 선생께 깊이 감사드린다.

2023년 여름,
강인철

목차

동아시아의
민중 개념

동아시아에서 사용되어온 민民 계열의 개념들, 다시 말해 민중과 '호환 관계'에 놓여 있던 개념들은 매우 다양했다. 민民, 인人, 백성百姓, 국민國民, 인민人民, 시민市民, 민족民族, 족류族類, 서민庶民, 서인庶人, 민서民庶, 중서衆庶, 여서黎庶, 여민黎民, 민려民黎, 여원黎元, 민맹(民氓, 民甿, 民萌), 민생民生, 민초民草, 중민衆民, 만중萬衆, 만민萬民, 억조億兆, 신민臣民, 공민公民, 조민兆民, 원원元元, 민인民人, 민하民下, 하민下民, 민구民口, 민령民靈, 민례民隸, 민이民夷, 검려黔黎, 검수黔首, 백민白民, 범민凡民, 생령生靈, 생민生民, 적자赤子, 창맹蒼氓……등이 그런 예들이다.[1] 이런 사실은 중국과 한국뿐 아니라 일본에서도 거의 유사하게 확인된다.

　　동아시아 역사 속에서 민중이라는 개념이 자주 사용된 것은 아니었다. 대신 민, 인, 인민, 백성 등이 주로 사용되었다. "거의 2000년에 이르는 중화제국에서 민중 개념으로 사용된 가장 대표적인 어휘는 '인민'이었다."[2] 조선에서도 마찬가지였다. 박명규의 분석처럼, "『조선왕조실록』에서 보면 인민이라는 말은 가장 많이 등장하는 어휘이다. 국민이라는 단어가 163회, 시민이라는 단어가 395회 등장하는 데 비해 백성이라는 단어가 1,718회 등장하고, 인민이 2,504회 등장한다. 국민이나 시민이라는 용어와 비교할 수 없을 정도로 압도적이고 가장 빈번히 등장하는 백성 개념보다도 훨씬 더 많이 사용된 단어다."[3] 도회근도 '국민' 용어가 공적으로 사용된 것은 조선 태조 시대부터이나, 19세기 말까지는 국민 용어의 사용빈도가 백성이나 인민보다 적었음을 주장한 바 있다.[4] 김윤희는 조선시대의 관련 개념 용례를 시기별로 더 세분했다.

> 조선시대 피통치자를 지칭하는 용어는 민, 민인, 인민 등 다양했다. 민
> 民은 군민軍民, 상민商民, 양민良民, 천민賤民, 궁민窮民 등 민의 신분이나
> 소속 또는 처지를 나타내는 한자 단어와 함께 자주 쓰였으며, 민인民人
> 과 인민人民은 복수의 의미로서 왕이 백성에게 통치권의 행사를 정당
> 화하는 윤음을 내릴 때에 주로 사용되었다.……조선시대 민, 민인, 인
> 민 용어의 의미 차이는 쉽게 발견되지 않는다. 다만 『조선왕조실록』의
> 경우 용례 사용의 빈도에서 차이를 보였는데, 조선 전기에는 인민이 조
> 선 후기에는 민인이 더 자주 사용되었고, 조선 후기 숙종대에서 철종
> 대까지는 대소민인大小民人만이 사용되고 있었다. 이와 마찬가지로 숙
> 종대 이후에는 집권자가 피통치자를 적자로 표상할 때에는 민 또는 민
> 인이란 용어를 일반적으로 사용했다.[5]

이석규에 따르면, 조선 초기로 한정할 경우 민·백성·생민·민서·중민·여서·여민 등이 비교적 널리 사용되었고, "극히 드물게 민중民衆·국민國民 등이 사용되기도" 했다. 또한 "그들의 열악한 처지를 나타낼 때, 혹은 그들의 무지하고 어리석음을 강조할 때에는 주로 하민下民·소민小民·우민愚民·세민細民 등이 혼용되었다. 이들 용어에는 평민平民·서인庶人·상인常人 등의 용어가 가지고 있는 신분적 성격이 전혀 없고 단지 관인층에 의해 통치의 대상으로 인식된 모든 사람들을 지칭하는 의미만 있을 뿐이다."[6]

1. 민民의 정치적 지위

전통적으로 '민'은 넓은 의미 스펙트럼을 지닌 어휘였다. 이석규는 민을 두 범주로 구분했다. '광의의 민'은 "인간 모두" 즉 "왕을 포함한 모든 사람"을 의미했던 반면, '협의의 민'은 "관인층官人層을 제외한 모든 사람" 혹은 "관인층에 의해 통치의 대상으로 인식된 모든 사람들"을 지칭했다.[7] 삼국시대 민의 용법을 연구한 조법종도 국가구성원 전체를 뜻하는 '광의의 민'과 피지배층 혹은 그 일부를 뜻하는 '협의의 민'으로 나누었는데, 협의의 민 용법이 광의의 민 용법보다 더욱 빈번히 사용되었다고 한다.[8] 이나미는 유학儒學의 민民 용법을 세 범주로 나눴다. 첫째로 '천天과의 관계'는 가장 넓은 범주의 민으로 모든 인간을 의미하고, 둘째로 '왕과 대비되는 민 개념'은 왕을 제외한 사회 전체의 구성원을 의미하고, 셋째로 '관官과 대비되는 민 개념'은 가장 좁은 범주이면서 가장 일반적인 범주로서 사회의 계층구조상 하층에 속하고 벼슬을 하지 않은 사람을 지칭한다.[9] 이창일 역시 '민'에 내포된 의미의 "넓은 스펙트럼"을 강조하면서, 그것을 "눈먼 노예", "피통치자의 대명사인 보통사람", "인간 보편", "군주와 상대하는 유일한 존재" 등으로 정리한 바 있다.[10]

　　민은 인구학적으로는 다수자이나, 정치적으로는 객체이자 통치대상으로 줄곧 자리매김되었다. 그러나 자세히 보면 민의 정치적 지위에 대한 한국 학계의 평가는 엇갈리는 게 사실이다. 먼저 이석규의 견해를 검토해보자. 이석규는 관인층의 민에 대한 인식을 서로 대립되는 두 가지, 곧 (민본사상으로 이어지는) '천天으로서의 민'과 '도덕적 하열자下劣者로서의 민'으로 대별했다. 도덕적 하열자로서의 민은 "무지한 존재"이자 "유교의 도리를 알지 못하는 존재"이고 "인욕人欲을 억제하지 못하고 이에 따라서만 행동하는 존재", "'교회지자敎誨之資', 즉 가르쳐서 깨닫게 할 수 있는 자질이 없는, 다시 말하면 도덕적 능력이 없는 존재"임을 가리키며,

이는 관인층이 민을 강제하고 지배할 수 있는 명분론의 현실적인 근거가

되었다.[11]

도덕적 능력의 유무가 관인층과 민을 구별 짓는 중요한 기준이고 이 때
문에 관인층이 민을 다스릴 수 있는 명분을 획득했다는 것이 당시 관
인층의 보편적인 인식이었다. 민은 오직 위에서 가르치고 시키는 것만
을 추향鄒向할 뿐이지 사리를 알아 스스로 판단하고 행동할 수 있는 존

물지게꾼(1911)

재가 아니었다. 한마디로 그들은 관인층에 의해 지배될 수밖에 없는 타율적인 존재였던 것이다.……민에게는 부세賦稅를 통하여 관인층을 봉양하는 것이 당연한 일로 강요되었다. 민은 단지 자신의 분수를 지키면서 국가에 부세만 바치면 되었고, 동시에 그런 민만이 가장 바람직한 존재로 인식되었다.[12]

이석규는 다른 글에서 "원 간섭기 이후" 시기의 변화를 분석한 바 있다. 이 시기에는 "주자 성리학을 이전보다 더욱 적극적으로 수용한 신흥유신新興儒臣들"을 중심으로 한 관인층이 민을 "국가를 지탱하는 정치적 실체"로 인정하게 됨으로써 관인층과 민의 본성이 동일하다는 성리학적 인식이 확산되고 양자를 통칭하는 동포同胞와 동류同類 같은 용어가 빈번히 사용되었다는 것이다. 그러나 이런 변화에도 불구하고 "도덕 능력 하열자下劣者로서의 민" 관념은 고려 말에서 조선 초기를 관통하여 지속되었다는 것이 이석규의 판단이었다.[13]

장현근은 민의 정치적 지위를 비교적 높게 평가했다. 그는 "민民의 정치적 의미"를 천天의 상대이자 국國의 근본, 군주의 상대로서 피통치자 전체, 도덕의 표준, 자유롭고 직업을 가진 존재 등으로 해석했다. 이 가운데 '천天의 상대'는 특별한 경우에만 사용되는 용법으로, 천天-인人 관계에서 하늘의 상대로 자리매김 됨에 따라, 이 경우 민은 군주까지 포함하게 된다. '국國의 근본'은 민을 나라國의 근본으로 삼는다는 것으로, 때로는 군주나 사직보다 민의 존재가 더 중요할 수도 있음을 의미한다. '군주의 상대로서 피통치자 전체'는 민에 대한 가장 일반적인 용법이었다. '도덕의 표준'은 민의 행동이 정치 행위의 표준이 된다는 것으로, 이 경우 민은 도덕적 표준이므로 시비와 선악을 구분할 수 있는 존재로 간주된다. 마지막으로, '자유롭고 직업을 가진 존재'로서의 민은 노예와 달리 자유롭게 이사할 권리, 나라를 옮길 권리, 재산권, 무역 종사 권한, 혼인을 안배할 권한을 가졌음을 의미한다.[14] 이런 분석에 의거하여 장현근은 다음과 같은 결론에 도달한다. "결국 민民은 피통치자 전체를 대변하는 글자가 되었으며, 군주의 상대로서 피통치자 전체였고, 천天의 상대이며 국國의 근본이었으며, 도덕의 표준이었고, 자유롭고 재산권을 가진 존재였다. 따라서 동양 정치사상에 등장하는 민民을 그저 통치자의 보육 대상으로만 인식해서는 안 된다. 중민重民을 거쳐 경민敬民 의식까지 존재했던 것으로 볼 때, 민民을 의무만 있는 노예적 상태로 보거나, 맹목적이고 어리석은 존재로만 취급해온 시각은 바뀌어야 한다."[15] 박병석은 이와 대조적인 주장을 전개했다.

> 선진 유가 전적에 나타난 백성의 행위는 자신의 의지에 따른 자주적이고 자발적인 행위가 아니라 위정자의 행위에 대한 반응으로서의 행위가 대부분이다. 따라서 위정자 행위의 호불호에 따라 백성의 행위도 자동적으로 호불호가 결정되는 피동적인 행위에 불과하다. 따라서 선진 유가가 보는 백성은 통치의 대상일 뿐이고, 정치학, 특히 권력론에서 보면 유가 학설은 결국 위정자에게 효과적인 통치술을 설파한 통치론에 불과하다는 결론을 얻게 된다. 통치의 주체인 위정자는 객체인 민에 대해 피통치자의 역할과 기능을 하도록 적극 주문하였다. 위정자는 민을 열등한 타자로 만들어 타자화他者化하였고 차등화하였다. 위정자는 민을 자신의 정권과 통치를 유지하는 데 필요한 근본임을 인식하고 '민유방본民惟邦本'이나 '민위귀民爲貴' 등의 수사를 동원했지만 그 전제는 '위정爲政', 즉 왕권과 정권의 유지와 강화였다.[16]

박병석은 유교의 민본民本·민본주의民本主義나 위민爲民사상조차 실은 현대 학자들이 "유가의 고유 사상이라는 허구를 날조"한 결과라고 비판했다. 그에 따르면, "후대의 학자들은 이러한 수사를 '민본民本'이니 '위민爲民'으로 정리하여 유가 사상의 '존재이유'를 옹호했고 그 혜택을 누려왔다.……민본民本 개념은 중국 고대에 원래 존재하지 않았던 개념임이 확인되었다. 현대의 학자들이 '민유방본民惟邦本'을 '민본'으로 축약하여 중국 고대 유가의 민 관련 사상과 이론을 민본사상 혹은 민본주의로 포장하여 유가의 고유 사상이라는 허구를 날조하였다."[17]

김동택에 의하면 전통적으로 중국에서는 국가를 "가족의 확장 개념 혹은 가족의 통합적 실체"로 인식하면서 "유교적 충효 개념으로 그 정당성을 강화"했다.[18] 최영진이 분석했듯이 유교 국가론에서 이상적인 국가는 "가정과 학교의 결합체"이고, 여기서 군주와 사대부는 "부모=교사"로, 민은 "자식=학생"으로 유비되었다.[19] 민은 정치-권력의 '주체'가 될 수 없고 단지 양민養民, 화민化民, 목민牧民의 '대상'일 뿐이었다. 이창일에 따르면, "백성은 어리석기 때문에 나라를 운영할 수 없다. 대신 지혜로운 이들이 그들을 돌보고養民 문명으로 교화하며化民, 더욱 미련한 자들은 개나 소를 치듯이 쳐서牧民 그들의 삶을 영위시켜 준다."[20] 이제부터는 민중 개념에 한정하여 논의를 진행해보자.

2. 중국과 일본

민중이라는 용어 자체는 유구한 역사를 갖고 있다. 그럼에도 이 용어의 역사적 기원에 대해 상세히 논의한 연구를 찾기는 어렵다. 이런 맥락에서 정치학자인 최정운은 "'민중'이라는 말은 1980년대부터, 아주 최근에 폭발적으로 등장한 정치 언어지만, 아직도 이 단어의 의미와 역사에 대해 비판적으로 이해하고 있지 못한 것은 우리 학계의 취약성을 드러내는 일"이라고 언급한 바도 있다.[21] 국문학자인 조동일도 유사한 문제의식을 피력하면서 민중에 대한 '개념사' 연구의 필요성을 강조한 바 있다.

'민중'이라는 말이 언제부터 어떤 뜻으로 쓰였으며, 민중의 개념은 어떤 과정을 거쳐서 형성되었는가를 기본적으로 중요한 문제로 의식하고 필요하고도 가능한 고찰을 하는 것을 새로운 논의의 출발점으로 삼아야 하겠는데, 이 작업은 아무도 시도하지 않았으므로 전혀 새로운 과제이다. 이러한 사실은 그동안의 민중론이 학문적인 기초는 다지지 않은 채 주장만 내세우면서 지나치게 들떠 있었다는 증거일 수 있다. ……모든 학술용어가 그렇듯이 '민중'이라는 말도 논자에 따라서 개념을 다르게 규정하기에 앞서서 그 용어가 나타나고 개념이 형성되어 온 개념사랄까 하는 것부터 정리해보아야 지나친 의견 대립에서 생기는 흥분을 가라앉힐 수 있다. 민중론이 개인적인 취향이나 각자가 내세우는 주장에 좌우되지 않는 객관적인 영역을 가능한 대로 확보해야 학문적 논의의 성과를 기대할 수 있다는 이유에서도 이 작업은 아주 긴요한 것이다.

'민중'과 비슷하면서도 서로 구별될 필요가 있는 다른 말이 적지 않다는 사실도 용어의 역사를 고찰하면서 검토해야 할 것이다. '민', '백성', '민서民庶', '인민', '중생', '대중' 등도 언제부터 어떤 뜻으로 쓰였으며, 어떻게 뜻이 변하는 과정에서 '민중'과의 공통점과 함께 차이점을 드러냈던가는 사실 아주 궁금한 문제이지만, 이에 관한 자세한 고찰도 시도한 바 없다.……민중이 역사적인 개념이라는 점은 누구나 쉽사리 인정하면서도 민중의 개념에 관한 역사적인 고찰이 부족했던 것은 어느 경우에나 공통적으로 발견되는 한계이다.[22]

역사학자인 정창렬은 1988년에 처음 발표한 글에서 "한국의 역사 전개과정 그 자체에서 민중이란 말이 쓰여진 지는 따지고 보면 퍽이나 오래되었다"고 말하면서도, 곧이어 1893년 11월 전라도 고부 지방에서 나돈 사발통문에 등장하는 '민중'으로부터 논의를 시작했다.[23] 이런 접근은 민중을 봉건체제 해체기인 18세기에 등장한 비교적 '근대적인' 개념으로 간주하는 입장에서 연유하는 것으로 보이지만, 어쨌든 역사적 사실에 부합한다고 보기는 어렵다. 이제 기존 연구 성과들을 최대한 활용하여 중국과 일본, 그리고 개항 이전의 조선에서 민중 개념의 역사가 어떻게 펼쳐졌는가를 좀 더 자세히 살펴보기로 하자.

(1) 중국

김진하는 지배자에 대한 상대적 개념으로 피지배층 전반을 일컫는 말로써 민중이 중국 고대부터 사용되었다고 주장한 바 있다.[24] 그러나 여기서 "중국 고대"의 의미는 여전히 모호하다. 필자가 확인한 바로는 사서삼경四書三經에는 민중이라는 단어가 등장하지 않는다.[25] 무리를 가리키는 '중衆'이나 '사師'나 '민民'이 전통적 민중의 뜻을 전하는 용어로 사용되고 있을 따름이다. 『주역周易』 상경上經의 대유大有 부분에 "민중재풍民衆財豐"이라는 표현이 나타나지만, 여기서 민중은 보통명사가 아니라 '백성(민)이 많다'는 뜻, 즉 백성(민)이라는 명사와 많다라는 형용사가 결합한 형태이다. 그러나 우리가 지금 논의하고 있는 민중은 민民과 중衆이라는 두 개의 명사가 결합한 복합명사, 혹은 [중민衆民처럼] 형용사衆와 명사民의 결합체가 하나의 복합명사로 굳어진 어휘 형태를 가리키는 것이다.

　민중 개념의 역사를 개관하면서 최정운은 오경五經의 하나인 『춘추春秋』에서 민중이 한 차례 사용되었다고 소개한 바 있다. 그에 의하면 "'민중'이라는 말의 연원은 확실치 않다. 우선 동양의 고전에는 별로 사용된 흔적이 없고 다만 『춘추』에 한 차례 나올 뿐"이라는 것이다.[26] 그러나 이 표현도 정확하지는 않은 것 같다. 『춘추』의 주석서 중 하나인 『춘추곡량전春秋穀梁傳』의 '은공隱公' 편에 "민중성소民衆城小"라는 구절이 나오지만, 이때의 민중 역시 보통명사가 아니라 "백성은 많은데 성은 협소하다"라는, '명사+형용사'의 구조를 가진 것이다.[27]

1984년에 발표한 민중 개념사 연구 논문에서 조동일은 1976년판 『중문대사전中文大辭典』을 이용하여 "'민중'이라는 말이 중국에서 고대부터 상당히 널리 쓰였음"을 알 수 있는 사례 세 가지를 소개하고 번역문을 달아놓은 바 있다.[28] 이 가운데 『국어國語』는 노魯나라 좌구명左丘明이 춘추시대春秋時代 8개 나라의 역사를 적은 책이다.[29] 또 『관자管子』는 춘추시대 제齊나라의 사상가이자 정치가인 관중管仲이 지은 것으로 되어 있지만, 실제로는 후대의 사람들이 전국시대戰國時代에서 한대漢代에 걸쳐 지은 것으로 여겨진다. 『묵자墨子』는 전국시대의 묵가墨家 집단에 의하여 저작된 것으로 추정되고 있다.

> 國語 越語下: 府倉實民衆殷. (창고가 실하면 민중이 많아진다)
> 管子 法法: 使民衆爲己用. (민중을 자기대로 사용한다)
> 墨子 辭過: 天下之民衆當今之君其蓄私也. (천하의 민중을 지금의 군주는 사사로이 기른다)

1982년 중국문화대학출판부에서 출간된 『중문대사전中文大辭典』의 '민중' 항목에서는 "人民之總稱"(인민의 총칭)이라는 뜻의 용례로 다음 여섯 가지를 제시하고 있다.[30] 조동일의 번역문을 재활용하면서 필자가 번역문을 일부 추가했다. 이 중 『춘추공양전春秋公羊傳』으로도 불리는 『공양전公羊傳』은 『춘추』를 해석한 책인데, 전국시대에 제나라 사람인 공양자公羊子가 저술했고, 전한前漢 시대의 경제景帝 재위 시에 공양수公羊壽가 호모자도胡母子都와 함께 편찬한 것으로 알려져 있다. 『한서漢書』는 후한後漢의 반고班固가 저술한 기전체의 역사서이다. 『상군서商君書』는 전국시대 진秦나라의 정치가로서 법가法家의 원조元祖 중 한 사람인 상앙商鞅이 저술했다고 전해진다.

> 公羊 文六: 民衆不說. (민중은 말하지 않는다)
>
> 國語 越語下: 府倉實民衆殷. (창고가 실하면 민중이 많아진다)
>
> 漢書 匈奴傳: 盡得其王民衆而還. (그 나라의 왕과 민중을 모두 포로로 붙잡아 돌아온다)
>
> 管子 法法: 使民衆爲己用. (민중을 자기대로 사용한다)
>
> 墨子 辭過: 天下之民衆當今之君其蓄私也. (천하의 민중을 지금의 군주는 사사로이 기른다)
>
> 商君書 去彊: 舉民衆口數. (민중의 숫자를 등록한다)

단국대학교 동양학연구소가 2004년에 발간한 『한한漢韓대사전』 제7권의 '민중' 항목에도 "많은 백성", "인민"이라는 뜻의 용례로 다음 두 가지를 소개하고 있다. 필자가 번역문을 추가했다. 여기서 『공양전』은 위에서 말했듯이 전국시대에 저술되어 전한 시대에 편찬된 책이다. 『사기史記』는 한漢나라 무제武帝 때, 보다 구체적으로는 기원전 108년부터 91년 사이에 사마천司馬遷에 의해 집필된 것으로 여겨지는 역사서이다.

> 公羊傳 昭公 25年: 季氏得民衆久矣. (계씨가 민중을 얻은 지 오래되었다)
>
> 史記 龜策傳: 諸侯賓服, 民衆殷喜.[31] (제후들은 찾아와 복종하고 민중은 크게 기뻐한다)

강희남 목사도 『민중주의』라는 저서를 통해 '민중 위주론'과 '민중에 대한 부정적 태도'를 구분해서 네 가지 용례를 소개한 바 있는데 앞서 소개한 문장들과 대부분 겹친다. 해당 문구의 해석에서 부분적인 차이를 보이고 있기도 하다.

민중 위주론 공자가 동시대의 사람 좌구명의 글에 관청의 창고가 차 있으면 민중이 창성한다府倉實卽民衆殷 했는데 이는 통치자가 국고를 남용하지 말고 백성을 갈취하지 않으면 국민이 평안하게 생업에 종사 할 수 있다는 뜻이며 공자의 제자 자하의 제자인 공양의 글에 "민중이 사고를 원치 않는다"射姑民衆不悅 했으니 이는 사고射姑라는 벼슬아치 를 민중이 싫어하므로 등용하지 말라는 의미인데 이는 다 민중을 아끼 는 의미에서 한 말이다.

민중에 대한 부정적 태도 그러나 관중의 글에 통치자가 민중을 자기 이용물로 삼는다使民衆爲己用 했다 하며 묵자의 글에 지금 임금의 대를 당하여 민중이 사사로이 축재를 한다當今之君民衆其蓄私矣 했는데 이는 다 민중에 대한 부정적인 입장에서 한 말들이다.[32]

필자는 오늘날 사용되는 의미의 '보통명사 민중'이 『설원說苑』이라는 문헌에서도 두 차례 사용되고 있음을 발견했다. 이 책은 기원전 1세기 한나라 인물인 유향劉向에 의해 집필된 것으로 여러 교훈적 일화와 명언, 경구警句들을 수록하고 있다. 한국고전번역원이 구축한 '한국고전종합 DB'의 '동양고전종합'에 이 책이 포함되어 있다. 『설원1』의 '권卷3 건본 建本'에 수록된 "除民之害면 可謂不失民衆矣"(백성의 해악을 제거하면 민중의 마음을 잊지 않았다고 이를 만합니다)라는 구절, 그리고 『설원2』의 '권卷15 지무 指武'에 수록된 "上下無親이면 民衆皆君之讐也니"(윗사람과 아랫사람 사이에 친애함이 없으면 민중이 모두 임금의 원수이니)라는 구절이 바로 그것이다.

동일한 데이터베이스를 활용하면, 보통명사 민중이 송宋나라 시대 채 침蔡沈이 지은 『서경집전書經集傳』에 2회, 사마광司馬光이 지은 『자치통감

資治通鑑』을 송나라 휘종徽宗 재위 때 강지江贄가 간추려 엮은 역사서인 『통감절요通鑑節要』에도 1회 등장함을 확인할 수 있다. 『서경집전』에는 "我又身能左右成湯하여 以居民衆이라"(나 또한 몸소 능히 좌우로 성탕을 보필하여 민중을 편안히 살게 하였다), "我懋勉簡擇導汝는 以念敬我之民衆也라"(내가 힘써 간택하여 너희를 인도함은 나의 민중을 생각하고 공경하기 때문이다)라는 구절이 등장한다. 또 『통감절요』에서는 "此民衆土地는 皆魏公有也"(이 민중과 토지는 모두 위공의 소유이다)라는 대목을 발견할 수 있다.

중국에서 오랫동안 요지부동이던 민중 개념에 중요한 의미상의 변동이 진행된 시기는 1910년대였던 것으로 보인다. 연이은 봉기와 신해혁명辛亥革命으로부터 신문화운동과 5·4운동에 이르는 격동기였던 이때 민중이라는 기표가 저항적 사회운동이나 변혁운동의 맥락에서 소환되면서 민중의 기의에도 큰 지각변동이 발생했던 것이다. 최정운은 1910년대 중반에 저항적 함의를 지닌 민중 개념이 등장했지만, 이후 인민으로 대체되었다고 보았다. "(중국에서 민중이라는 용어가—인용자) 본격적으로 쓰인 것은 1916년경 전후로 중국의 리다자오李大釗에 의해서였고 이어서 마오쩌둥도 초기에 많이 사용한 바 있다. 물론 중국에서 이 말은 혁명 기간을 통해 '인민人民'이라는 말로 대체되었다."[33]

전통적인 민중 개념에 개혁적이고 미래지향적인, 나아가 정치적 주체성의 요소들이 침투하고 있었음을 가장 잘 입증해주는 사례 중의 하나가 "러시아 나로드니키주의Narodnikism와 리다자오李大釗식 '인민주의적 민중관'의 영향을 받은",[34] 그러나 아직은 마르크스주의자라기보다는 '급진자유주의자'의 면모가 강했던 '청년 마오쩌둥毛澤東'이었다. 마오쩌둥은 1919년 5·4운동 직전 및 운동 시기에 베이징대학교 도서관 사서보司書補로 잠시 일하면서 당시 도서관장이던 리다자오, 문과대학장이던 천두슈陳獨秀의 영향을 받았다. 리다자오와 천두슈는 1921년에 중국공산당을 창설한 주역들이기도 했다.

　'청년 마오쩌둥'은 1919년 7월에 발표한 "상강평론湘江評論 창간선언"
과 같은 해 7~8월에 발표한 "민중적 대연합民衆的大聯合"과 같은 글을 통
해 새롭게 발견한 '민중의 힘'을 강조하면서 '민중연합'(민중적 대연합, 민중
의 대연합)이 혁명운동 성공의 열쇠임을 강조했다. 우선 "상강평론 창간선
언"에서 마오는 다음과 같이 역설했다. "세계에서 가장 큰 문제는 무엇
인가? 밥을 먹는 문제가 가장 크다. 어떠한 힘이 가장 강한가? 민중이 연
합한 힘이 가장 강하다."35 "민중적 대연합"이라는 글에서는 다양한 계
층 간의 광범위한 연합이 5·4운동을 성공적으로 이끌어간 원동력임을
강조했다. "민중의 대연합이 왜 이 정도로 위력이 있는 것일까? 한 나라
의 민중은 뭐니 뭐니 해도 한 나라의 귀족, 자본가 및 그 외의 강권자보
다도 그 수가 많기 때문이다.……우리들이 목소리를 합쳐서 외치면 역
사적인 압력을 타파할 수가 있다. 더 한층 성대하게 연합하여 우리들이
납득할 수 없는 일과 맞닥뜨린다면 대오를 편성하여 상대방을 향하여 큰
목소리를 외쳐보자. 우리들이 이미 실제적인 효과를 거두고 있는 것이
다."36 비슷한 시기에 발표된 다른 글에서도 마오는 "민중 대연합"의 당
위성을 주장했다. "자! 이제 우리들은 알게 되었다. 깨닫게 되었다! 천하
는 우리들의 천하라는 것이다. 국가는 우리들의 국가인 것이다. 사회는
우리들의 사회인 것이다.……일각이라도 우물쭈물할 수가 없다. 우리들
은 민중의 대연합을 적극적으로 추진해야만 한다."37 「동아일보」가 "지
나에는 유사 이래로 처음 민중운동이 생긴 것"38으로 평가했던 5·4운동
의 여파가 강렬했던 시기에 마오가 내세운 '민중'은 아직 사회주의나 계
급투쟁의 맥락과, 그리고 '민중 대연합'은 아직 통일전선의 맥락과 결부
되지 않았다.

　중국에서 1910년대에 새로운 정치주체로 등장한 민중은 1920년대에
는 좌파와 우파에 의해 공유되다가, 1930년대를 지나면서 민중은 우파

의 언어로, 인민은 좌파의 언어로 비교적 뚜렷하게 분화한 것으로 보인다. 1934년 4월 「동아일보」 기사에는 장제스蔣介石가 이끄는 국민당 정권이 '신생활운동'의 지도기관으로 '중앙민중운동지도위원회'를 두고 있었음을 알려주는 기사가 실렸고, 1937년 7월에는 국민당 직속의 '민중훈련지도회'가 "사화私貨 배척의 민중운동"을 기도한다는 기사가 실렸다.[39] 우파 국민당 정권의 '민중'은 비록 정치주체로 호명되고 있었을지라도 저항성보다는, 국가권력과 기존질서에 대한 순응성이 강조된 민중임이 분명했다. 반면에 중국공산당은 1930년대 중반부터 민중보다는 '인민' 용어를 주로 사용하게 되었다. 김형열에 의하면, 마오쩌둥은 1935년에 시작된 이른바 연안 시기에 '인민공화국'이나 '인민민주주의' 등에 관한 글들을 발표한 후 이를 토대로 1940년 1월 내놓은 "신민주주의론"으로 자신의 정치적 입장을 종합했다.[40]

　전체적으로 볼 때 1930년대 중국의 좌파 세력 내에서는 '민중 대 인민' 그리고 '국민 대 인민'이라는 이중의 개념적 '대항 관계'가 형성되었다고도 말할 수 있을 것이다. 그러면서도 중국공산당 세력에게는 민중-인민 대항 관계보다는, 국민-인민 대항 관계가 훨씬 중요했던 것 같다. 박명규가 말하듯이 "국민당 정부와의 차별을 부각시키려던 마오쩌둥의 공산당 정권은 국민이라는 말 대신 인민을 강조"했다.[41] 어쨌든 민중-인민 및 국민-인민의 이런 이중적 대항 관계 속에서 '국민'과 '민중'이 개념적 '결합 관계'를 형성하기는 한결 용이했을 것이다.[42] 요컨대 중국에서는 1930년대 중반에 이르러 민중(우파)과 인민(좌파)의 언어적 분화가 선명해진 것 같다. 그렇다고 좌파 인사들이 민중이라는 용어를 완전히 폐기한 것은 아닐지라도 말이다.[43]

(2) 일본

한자문화권에서 '民衆'이라는 보통명사가 빈번히 사용되지는 않았을지라도, 이 개념어가 오랜 기간에 걸쳐 꾸준히 사용되었으며 식자층 사이에 널리 알려져 있었음은 명확하다. 그러나 이런 관찰의 타당성은 중국과 한국으로 제한해야 할 것으로 보인다. 일본에서는 전통적으로 민중이라는 용어가 거의 사용되지 않았을 뿐만 아니라, 민중이 19세기 말이 되어서야 신조어新造語로 등장하고, 20세기 초가 되어서야 democracy의 '번역어'로써 비로소 본격적으로 사용되기 시작한 것으로 파악되기 때문이다.

1984년 출간된 『민중 개념의 역사적 변천民衆槪念の歷史的變遷』의 저자 하가 노보루芳賀登에 의하면, 『일본서기日本書紀』를 비롯한 일본 측 문헌들에서는 피치자를 지칭하는 용어로써 민民, 신臣, 여黎, 맹氓, 신민臣民, 여원黎元, 조민兆民, 공민公民, 민서民庶, 만민萬民, 만족萬族, 백성百姓, 자민子民, 인민人民, 민인民人, 여민黎民, 여서黎庶, 중서衆庶, 억조億兆, 인물人物, 인부人夫, 서인庶人, 거인居人, 거민居民, 호구戶口, 백성百姓, 원원元元, 창생蒼生, 원원창생元元蒼生, 현견창생顯見蒼生, 업업검수業業黔首, 양인良人, 함령含靈, 어민御民, 황지민皇之民, 인초人草, 청인초青人草 등이 발견된다.[44] 여기에 '민중'이 빠져 있는데, 이를 통해서도 전통적으로 일본에서는 민중이 거의 사용되지 않던 용어였음을 확인할 수 있다.

최정운에 의하면 일본에서 민중이라는 용어가 처음 사용된 것은 1888년 나카에 조민中江兆民에 의해서였다. 당시에는 민중이 "국왕에 대비되는 대단히 포괄적인 의미"로 사용되었다.

> (일본에서 사용된 민중이라는 용어를—인용자) 영어 'people'의 번역어라고 할 수도 없다. 이미 유신維新 이전에 일본에서 '인민'이라는 말로 번역

되어 사용되었고, '민중'이란 인민과 구별해서 만들어진 말, 즉 신조어였다. 최초의 예는 일본의 나카에 조민中江兆民이 1888년에 쓴 "국회론國會論"에 나타나지만 국왕에 대비되는 대단히 포괄적인 의미로 사용되었을 뿐이다. 그 후 나카에 조민의 제자인 고토쿠 슈스이幸德秋水가 미국 방문 시에 쓴 "사회혁명당선언社會革命黨宣言"에서 고통받는 많은 사람들을 가리키는 말로 '백만 민중百萬民衆'을 사용했지만 이 말이 그의 어떤 독특한 정치적 이념이나 입장을 나타냈다고 보기는 어렵다.……일본에서는 다이쇼大正 시기에 널리 쓰였지만 주로 예술 분야에서였고 정치적인 의미로 쓰이지는 않았다.[45]

최정운의 위 인용문에는 민중이라는 용어가 1888년 나카에 조민에 의해 처음 사용되었다는 것, 1905~1907년경 발표된 "사회혁명당선언"에도 이 용어가 등장한다는 것, 19세기 말 일본 역사에서 등장한 민중은 '신조어'였다는 것, "국회론"이나 "사회혁명당선언" 어느 것이든 민중이 정치적 주체성을 함축하지는 않았다는 것, 1910~1920년대에는 예술 분야를 중심으로 민중 용어가 널리 사용되었다는 것 등 몇 가지 중요한 역사적 사실들이 포함되어 있다. 그러나 민중이 다이쇼 시대에도 "정치적인 의미로 쓰이지는 않았다"는 판단은 재고해볼 여지가 있다. 다이쇼 시대 당시 민중이 '데모크라시'(민주주의)의 번역어로, 다시 말해 강한 정치적 함축을 갖는 개념 중 하나로 거명되었다는 것, '민중운동'이라는 이름의 사회운동과도 연결되었다는 것, 정당 명칭(사회민중당)에도 민중이 등장하는 것 등을 고려할 필요가 있기 때문이다.

따라서 필자가 보기에 일본의 민중 개념사는 (1) 민중 개념 자체, (2) 민중예술, (3) 민중운동이라는 세 측면에서 접근되어야 할 것으로 보인다. 그런데 세 가지 모두 그 시기나 맥락, 취지, 내용 등으로 보아, 짧게는

1911년부터 1925년까지, 길게는 1905년부터 1931년까지인 '다이쇼大正 데모크라시'의 시대정신에 영향받고 있음이 분명했다.

첫 번째 측면과 관련해서는 민중이라는 개념이 신조어로 등장하고 변천되는 과정이나 맥락이 중요할 것이다. 1888년에 "국왕에 대비되는 대단히 포괄적인 의미"로 처음 등장하고, 1905년을 전후해서는 "고통받는 많은 사람들"(백만 민중)을 지칭했던 민중은 이후 어떤 의미의 변화 과정을 거치게 되는가? 하가 노보루에 따르면, 다이쇼 데모크라시 시기에 '데모크라시'의 적당한 번역어가 무엇인가를 둘러싸고 민본民本, 민중民衆, 평민平民, 중민衆民, 민정民政, 주민主民, 합중合衆, 민중民重, 민치民治, 인본人本, 민생民生 등이 후보로 경합했다. 이 과정에서 민중, 평민, 중민의 세 가지가 우세를 점하게 되었다. '중민'은 그 이전부터 사용되어 오던 단어로서 1903년 발간된 『정치학 대강政治學大綱』 이래 자주 사용되었지만, 1910년대에 다이쇼 시대로 접어들면서 "어감語感이 더 좋다는 이유로" 중민보다는 민중이 더욱 자주 사용되었다고 한다.[46] 또 1918년의 쌀소동米騷動을 겪은 이후로는 '평민'이라는 말보다 '민중'이나 '인민'이라는 단어가 더욱 자주 사용되었다. 물론 당시에도 메이지 정부는 '신민'이라는 용어에 집착하고 있었지만 말이다.[47] 이노우에 야스후미井上康文도 1918년에 '민중시' 그룹의 기관지인 『민중民衆』이 창간되면서 그때까지 상용되어온 인민, 국민, 서민 등의 용어가 민중으로 바뀌었다고 보았다.[48]

이와 유사하게 시마무라 아키라島村輝는 다이쇼 시대의 일본에서 민중이라는 어휘가 명확한 내포와 외연을 갖는 개념이었다고 보기는 어렵다고 주장했다. 시마무라에 의하면, 민중이라는 어휘가 표면에 등장하여 중요한 역할을 수행한 시기는 '민본주의民本主義'라는 용어가 유행하던 '다이쇼 중기'였다. 민본주의라는 용어를 본격적으로 사용한 장본인인 요시노 사쿠조吉野作造는 '일반 민중一般民衆'이라는 표현을 자주 동원했다. 요시노 사쿠조는 정치의 목적은 '일반 민중'의 복리에 있으며, 정책 결정 역시 '일반 민중'의 의사에 따라 이뤄져야 하므로, 민의民意 또는 세론世論에 따른 정치가 시행되어야 한다고 주장했다는 것이다.[49]

1913년에 마루야마 간도丸山侃堂는 "민중적 경향과 정당"이라는 글에서 "메이지 말에 발흥한 민중적 경향이 다이쇼에 들어 한층 더 선명한 색채를 띠고 정치에 나타났음을 간과할 수 없다"고 했다. 이는 1912년 12월 육군 2개 사단 증설 문제로 사이온지 내각이 사퇴한 후 여러 곳에서 대중집회가 열렸던 일을 가리킨다. 1914년에 요시노 사쿠조는 "민중이 정치상 하나의 세력으로 움직이는 경향이 유행하게 된 시초는 메이지 38년 9월부터라고 봐야 한다"고 말한 바 있는데, 1905년(메이지 38년) 9월은 러일전쟁 강화조약에서 배상금을 얻지 못한 것에 반발한 도시 민중이 '강화 반대의 폭동'을 일으킨 때였다. 요시노는 민중의 시위운동이 민중 자각의 결과이자 자각을 촉구하는 원인으로 작용하므로 "민중정치(데모크라시)"의 발전에 순기능을 한다고 주장했다. 마루야마나 요시노가 말하는 민중은 "도시 중간층과 하층민을 포함하는 넓은 의미"를 담고 있었으며, 이처럼 "러일전쟁 이후 출현한 '다이쇼 데모크라시' 상황에 대응하는 정치주체로서의 '민중'의 등장을 배경으로" 민중예술이나 민중운동에 대한 담론들이 활발하게 제기되었다.[50]

다이쇼 데모크라시의 기운이 지속한 1920년대에는 이른바 '민중운동民衆運動'에 대한 긍정적 견해와 부정적 견해가 대립하고 있었다. 이 논란은 보다 근본적인 민주주의 논쟁, 즉 단순한 참정권 문제를 넘어 '민중주권'과 '천황주권'의 관계, '제한군주제'의 향방을 둘러싼 논쟁으로 발전했다. 하가 노보루에 의하면, "머잖아 민중운동의 평판을 둘러싸고 여러 가지 논의가 일어나, 정치의 특출한 손手은 민중이라는 사고와, 군중의 힘을 이용해 국정을 좌우하는 계획은 성공하지 못한다, 군중의 심리 정신은 개인에 비해 열악하다고 하는, 민중운동에 대한 부정의 견해가 대립하고 있다. 이것이 기본이 되어 다이쇼 데모크라시 논쟁이 전개된다. 민본·민중·평민·민주주의 등을 비롯해 여러 주장을 내놓는 사람들이 많았지만, 민중주권과 천황주권의 관계를 둘러싼 논의였다고 해도 무방하다. 그것은 제한군주제의 기본 방향에 대한 논쟁이었다고 할 수 있다."[51]

1920년대에는 '민중운동'이라는 단어가 유난히 자주 사용되었다. 1912년 결성된 우애회友愛會를 중심으로 1919년부터는 "노동조합의 결성이 눈부시게 진행"되고, 우애회가 1919년에 '대일본 노동총동맹 우애회'를 거쳐 1921년에는 '일본노동총동맹'으로 개칭하면서 노동운동의 구심점으로 떠오르는 가운데 1920~1921년에는 메이데이(노동절) 행사가 성대하게 개최되었다.[52] 1921년 10월에는 군비축소를 위한 워싱턴회의에 즈음하여 일본 내에서 '민중대회'를 비롯한 평화운동이 크게 벌어지기도 했다.[53]

1922년 초부터 몇 년 동안에는 보통선거제 도입으로 집약되는 참정권 획득 운동이 대대적으로 벌어지게 되는데, 이 움직임이 통상 '민중운동'으로 불렸다. 정치사회(의회) 안에 자유주의-헌정주의 세력이 워낙 미약했기 때문에, 보통선거제 관철을 위해 의회 밖의 시민사회가 적극적으로 동원되었던 것이다. 「동아일보」 1922년 2월 16일자 사설 "일본의 보선普選운동"에 의하면, "작년 의회에서 참패를 당한 일본의 보통선거운동은 금년 국회의 개회에 제際하야는 경更히 맹세猛勢를 가하며 일층 열정을 가하야써 권토중래의 거擧에 출出하얏나니 혹은 재야당在野黨의 연합공격이 되며 혹은 언론계의 일제사격이 되며 혹은 노동계급의 연맹 돌격이 되는 등 그 세는 충천의 관觀을 정呈하며 그 정情은 초토의 세를 열熱을 지持하는도다." 결국 '25세 이상 남성'에 한하여 선거권이 부여되는 보통선거법이 1925년에 통과됨으로써 수년간의 민중운동은 소기의 성과를 거뒀다.[54]

1901년 결성된 사회민중당이 즉시 해산당했고 1906년 결성된 일본사회당도 1년만에 해산당했고 1922년 결성된 일본공산당은 '비합법 비밀조직'으로만 힘겹게 명맥을 유지하던 상황에서, 1926년에는 '합법무산정당 결성 운동'이 마침내 성공하게 되었다. 그 와중에 '민중'을 표방한 노동자계급 정당도 처음 출현했다. 1926년 3월 좌익을 배제한 상태에서 합법 정당인 '노동농민당'이 탄생했지만, 좌익의 세력 확대를 빌미로 당내 우익세력이 곧 이탈하여 '사회민중당'과 '일본노농당'을 결성했다. 이후 우익 사회민주주의자가 지도하는 '일본농민당'도 등장했다. 일본농민당을 제외한 '3대 무산계급 정당' 체제에서 '노동농민당'은 좌익, '사회민중당'은 우익, '일본노농당'은 중간파 성향이었다.[55] 1930년 12월 일본노농당이 전국대중당과 합당하여 '노농대중당'으로 재편될 때에도 사회민중당은 여전히 우파 노동운동을 대표하는 정치세력으로 남아 있었다. 1932년 4월에는 사회민중당이 잔류파인 '사회민주주의파'와 탈당파인 '국가사회주의파'로 분열되었다고 한다.[56] 그런데 민중 기표가 노동자계급 및 우익 정치세력과 동시에 결합한 사회민중당 사례는, 1920년대 후반의 일본에서 민중 개념이 '우파의 언어' 혹은 '지배자의 언어'라는 성격을 강화해가고 있었음을 시사한다.

한편 1910년대에는 "민중에 의해서 민중을 위해서 만들어져 민중의 소유인 예술 창작의 주장, 그것이 민중의 사회생활, 인간 감정의 혁명에 이바지해야 한다고 하는 시대의 풍조가 반영"된 민중극·민중연극론·민중시·민중예술 등을 아우르는 '민중예술론'이 활발해졌다.[57] 일본에서 민중예술 담론은 1914~1926년의 '민중시파民衆詩派 운동'과 1916~1923년 '민중예술 논쟁'의 두 흐름으로 구성되어 있었던 듯하다. 다이쇼 데모크라시 시기가 민중문예론 및 민중시 운동과 시기적으로 겹친다는 점이 주목된다. 김문봉의 표현처럼 "대정정변, 헌정옹호운동으로부터 보통선거운동으로 고양되는 민중의 힘"에 기초하여 '다이쇼 데모크라시 운동'이 강력하게 전개되는 것에 힘입어, 혹은 그 민주주의 운동의 일환으로 민중문예론 및 민중시 운동이 등장했던 것이다.[58] 그러나 민중문예 논쟁과 민중시파의 주도 세력은 이념·성격·영향력 등의 측면에서, 무엇보다 '민중'을 개념화하는 방식에서 차이를 드러내기도 했다.

　김문봉은 "민중시의 문제가 시단에 구체적인 논의의 대상이 되고, 작품에 있어서도 하나의 경향이나 성격을 분명히 나타내기 시작한" 때를 1914~1915년경으로 설정했다. 1918년 1월에는 "민중시파 시인들의 유력한 근거지였던" 잡지 『민중民衆』이 창간되었다(이 잡지는 1921년 1월에 폐간되었다). 김문봉은 민중시파의 소멸 시점을 1926년으로 규정했다. "대정 말년인 1926년 10월 민중시파의 거점이었던 '시화회詩話會'는 해산하고, 민중시파를 주류로 한 대정시단의 붕괴를 맞이하게" 되었다는 것이다.[59] 민중시파는 서구적 자유주의, 다이쇼 데모크라시, 민본주의의 영향을 받은 '민주주의 지향'이 강했다. 민중시파 구성원들이 말하는 '민중'은 농민이나 노동자 등이 아닌 '도시 시민'을 주로 가리켰다. 김문봉에 따르면 "'민중'에 관한 한 너무 유치하였지만, 당시 상승기의 대정적 소시민성 그 위에 보기 좋게 편승하였던 것"이 민중시 운동이었다.[60] 김문봉은 민중시 운동의 성격을 일곱 가지로 요약한 바 있다. 다소 길지만 인용해보겠다.

　　(1) 일본의 민중시 운동은 크게 보아 프롤레타리아문학으로 이행되기 전의 시기에 서구 자유주의 사상의 영향을 받고, 자유 평등 박애 등을 슬로건으로 한 데모크라시의 기치를 든 사회성 문학으로서 출현(하여―인용자)……대정기 시단을 주도하였다.……(2) 민중시 운동은……민중 예술 운동과의 불가분의 관계를 가지는바, 당시 민중시파 운동은 혼마 히사오本間久雄·오스기 사카에大杉栄 등의 민중예술론(평민론 내지 창조적 평민노동자론. 이 이론은 이후 노동문학론 → 제4계급문학론 → 프롤레타리아문학론

으로 발전)에 기초하지 않고, 민중시파 운동의 이론가적 역할을 했던 가토 가즈오加藤一夫 등의 민중예술론(민중이데론)에 기초하여, '민중'의 본질을 어중간한 것으로 만들었다. 그들은 민중이란 개념을 서민성 생활성 민주성 현실성 등의 포괄적인 개념으로 해석하며, 때로는 인도성 사회성 계급적인 개념도 엷게 내포하고 있었던 것이다. (3) 민중시파의 민중예술관은 문예적인 휴메니즘과 정치적인 데모크라시를 관념적으로 결합시킨 일종의 정신운동으로 극히 무드적이고 애매한 입론이었다. (4) 민중시파의 구심체 역할을 한『민중』창간호에 나타난 선언문의 민중관은 '우리들 자신 → 민중의 일인' '투쟁하는 민중' '중앙 동경심'으로 요약된다. 그러나 노동자·농민계급이 아닌……민중시파 시인들(소시민 혹은 부르조아 인텔리겐차) 스스로가 갖는 민중의 한 사람인 민중관은 결국 투쟁의 대상이 명확하지 않은 채로 당시 상승기의 대정적 소시민성에 편승하였으며, 이는 어느 의미에서는 중앙 콤플렉스가 잠재하는 지방인 의식이 작용하고 있다고 하겠다. (5) 그럼에도 불구하고 근대시의 역사에 있어서 민중시파의 역할은 종래의 상징시가 가졌던 고전적 미관을 타파해서 철저한 구어 자유시를 확립했다(는 것이다-인용자).……(6) 민중시파 시인들의 본질적인 사회적 맹목성은 오히려 시단 내부로부터 사회적 현실적인 요구를 증폭시켜 프롤레타리아 시(문학) 등의 타도 대상이 되어 대정기 시단의 주도적 역할을 프롤레타리아 시(문학)에 넘겨주었던 것이다. (7) 총체적으로 민중시파의 문학의 내용과 가치는 문학적으로는 시적 자연주의이며 사상적으로는 데모크라시였다. 일본 근대시사에 있어서 폭넓은 위치를 점한 최초의 사회적 성격의 문학으로서 계급적 자각에 입각한 문학운동이 아니라, 전체로서 사회적 성격을 띤 문학이었기에 그 시대적 의의나 사회문학으로서의 한계성도 모두 이 점에 기인하고 있다고 할 것이다.[61]

한편 김문봉에 의하면 '민중예술론'(민중예술 논쟁)은 1916년 후반부터 1918년까지 가장 왕성하게 문단의 논쟁을 촉발했고, 1921년까지도 비교적 활발하게 논의되었다. 그러나 1923년경 프롤레타리아문학이 본격적으로 등장한 이후 민중예술 관련 논쟁이 잦아들면서 민중예술론도 거의 소멸했다.[62] 혼마 히사오本間久雄가 1916년 8월 발표한 글 "민중예술의 의의 및 가치"에 의해 민중예술론이 처음 제기되었다는 사실은 널리 인정되고 있다.[63] 오스기 사카에大杉榮는 1903년 발간된 로맹 롤랑의 『민중극장』(혹은 『민중극론』, Le Théêtre du peuple)을 1917년 『민중예술론民衆藝術論』이라는 제목으로 번역했다.[64] 1919년에는 민중시파 이론가인 가토 가즈오의 같은 제목 평론집 『민중예술론』도 간행되었다.[65]

1910~1920년대 일본 민중예술 담론은 혼마 히사오로 대표되는 '자유주의적' 흐름, 그리고 오스기 사카에에서 야스나리 사다오安成貞雄 및 히라바야시 하쓰노스케平林初之輔 계보로 이어지는 '아나키즘적-사회주의적' 흐름으로 양분되는 것으로 보인다.[66] 자유주의자 혼마는 민중예술의 기능에 대해 "민중에 대한 교화 운동의 기관"으로, 아나키스트 오스기는 "구사회에 대한 신흥계급의 전투 기관"으로 규정했다.[67] 혼마가 "상류계급을 제외한 중류 계급 이하의 노동계급을 포함하는 평민"으로 민중을 규정했던 데 비해, 오스기는 "자각한 창조적 평민노동자로 대표되는 신발흥계급"("신사회 건설의 중심인물인 평민노동자")을 민중으로 규정했다.[68] 말하자면 일본의 민중예술론에서는 '자유주의적 민중 개념'과 '사회주의적 민중 개념'의 분화가 나타나는 듯하다. 그럼에도 불구하고 김문봉이 강조하듯이 1910년대의 일본에서 '예술의 민중화'는 무엇보다 '예술의 민주화'를 의미했던 것으로 보인다. 당대의 민중예술운동은 "문학·예술상의 민주주의운동" 혹은 "문예상의 민주주의의 확장"이었다.[69]

흥미로운 점은 민중시파나 민중예술론자들이 민중을 people의 번역어로 간주하고 있었다는 사실이다. '민중=people' 접근이 지배적이었다는 사실은, 무엇보다 민중예술론의 최초 주창자였던 혼마 자신이 그런 입장을 취했고, 혼마와 대립하면서 혼마와 함께 민중예술 논전에서 가장 중요한 인물이었던 오스기도 동일한 입장을 옹호했다는 점에서 확인할 수 있다. 혼마 이후 '민중=people' 접근을 대체로 수용하거나 당연시하는 분위기가 형성되었다는 것이다. 이석에 의하면, "오스기는 「새로운 세계를 위한 새로운 예술」(1917년 10월에 발표됨-인용자)에서 혼마가 'People'을 '민중'이라 처음 번역하고 민중예술 논쟁을 제기했다며 그 공로를 높이 평가"했다.[70] 또 박양신에 의하면, "오스기는 「새로운 세계를 위한 새로운 예술」에서……'민중 즉 People'은 '평민노동자'를 의미하며, 민중예술은 "민중에 의해 민중을 위해 만들어지고, 민중이 소유하는 예술, 즉 Art by the people, for the people and of the people"이라고 규정하고, 이 중 '민중에 의해' 혹은 '민중에서 나온'이 가장 중요하다고 강조했다."[71]

이게 사실이라면 1910년대의 일본에서 민중이라는 기표는 두 가지 상이한 기의를 갖고 있었던 셈이 된다. 다시 말해 민중은 democracy의 번역어(사상과 정치 영역), people의 번역어(예술 영역)라는 이중의 위상을 갖고 있었다는 것이다. 일본의 민중 개념은 19세기 말 처음 등장한 신조어라는 것, 이후 1910~1920년대 다이쇼 데모크라시 시대를 배경으로 '데모크라시'의 번역어라는 성격, '민중운동'과의 연관성, '민중예술' 논쟁의 전개, 민중예술론의 맥락에서 제기된 '피플'의 번역어로서의 성격 등을 두루 드러냈다고 정리할 수 있겠다.

전체적으로 볼 때, 일본에서 1910~1920년대에 자주 사용된 민중 용어가 (특히 정치 영역에서 그리고 종종 긍정적인 어조로) '정치주체'를 지칭하는 용어 중 하나로 사용되었음은 분명하다. 참정권 획득 운동의 맥락에서 운위되는 민중운동에는 뚜렷한 '저항성'도 내포되어 있었다. 그러나 이 시기의 일본 민중 개념이 1920~1930년대 식민지 조선에서 등장하고 통용된 민중 개념과 같은 '급진적 저항성'을 갖는 것은 결코 아니었다. 20세기 초 중국과 식민지 조선의 민중 개념에서 종종 발견되던 '민족주의적 색채'가 일본에서는 거의 발견되지 않는다는 것도 일본만의 특색이라 하겠다. 중국과 일본에서 진행된 민중 개념의 형성 및 변화 과정이 식민지 조선의 급진적인 민중 개념 형성에 어떤 영향을 미쳤는지, 혹은 역으로 조선의 민중 개념이 중국과 일본의 그것에 어떤 영향을 미쳤는지는 여전히 불명확한 상태로 남아 있다. 이에 대해서는 향후의 추가적인 연구가 필요하다고 판단한다.

3. 조선

중국과 일본 쪽이 그러하다면 한국 역사에서는 민중이 어떻게 사용되었을까? 언제쯤부터 보통명사인 민중이 한국에서 사용되기 시작했을까? 민중이 중국으로부터 전래된 어휘임은 비교적 분명해 보인다. 물론 이역시 더 검증이 필요한 주장이지만 말이다. 민중이 중국으로부터 유입되었다고 가정하더라도 유입의 경로나 최초 사용 시기 등은 여전히 명확하지 않다. 현재로선 조선시대 들어 민중이라는 단어가 보통명사로서 비교적 자주 사용되었음을 여러 문헌을 통해 확인할 수 있다고 말할 수 있을 따름이다.

필자는 가용한 고전 데이터베이스들을 통해 민중 용례를 최대한 발굴해보고자 했다. 필자가 찾아낸 데이터베이스는 국사편찬위원회가 만든 '한국사데이터베이스'(db.history.go.kr), 성균관대학교 한국유경편찬센터가 구축한 '한국유경데이터베이스'(ygc.skku.edu), 한국고전번역원이 구축한 '한국고전종합DB'(db.itkc.or.kr) 등 세 가지였다. 각각의 데이터베이스에서 '民衆'을 키워드로 검색하고, 산출된 결과에 대해 원문을 확인해보고, 번역문이 있는 경우에는 원문과 번역문을 대조해보는 방식으로 작업을 진행했다.[72] 이 작업은 2020년 1월에 진행되었다.

먼저 국사편찬위원회의 '한국사데이터베이스'를 활용하여 조사해보면, 고려시대인 12세기 중반과 13세기 말에 각기 출간된 대표적 역사서 『삼국사기三國史記』와 『삼국유사三國遺事』에는 '보통명사 민중'이 전혀 등장하지 않음을 확인할 수 있다. 『삼국사기』에 '민중'이라는 표현이 세 차례 등장하긴 하나, "聞善宗地廣民衆"(선종의 땅이 넓고 백성이 많다는 소식을 듣다) 혹은 "漢國大民衆"(한漢은 나라가 크고 백성이 많다)과 같이 '명사＋형용사'의 구조로 사용되었다. 13세기 말 이승휴가 저술한 역사서 『제왕운기帝王韻紀』에도 유사한 용례, 즉 "土地之廣人民衆"(토지는 광대하고 인민은 많다)이라는 구절이 한 차례 나타남을 확인할 수 있다.

같은 데이터베이스를 검색해보면, 대략 고려시대에 해당하는 10세기부터 14세기까지 각종 중국 역사서에 등장하는 고려와 발해 유민 관련 기사記事들을 엮은 『중국 사서 고려·발해 유민 기사中國史書 高麗·渤海遺民記事』에 보통명사 민중이 1회 등장하며(여기 등장하는 민중은 1171년에 사용된 사례였다),[73] 사실상 동일한 구절이 15세기 중반에 편찬된 『고려사高麗史』에도 등장함을 확인할 수 있다. "上曰, '封一國之君, 詢於民衆, 此與除拜猛安謀克何異?'"(고려·발해 유민 기사), "帝曰, '封一國之君, 詢於民衆, 此與除拜猛安·謀克, 何異?'"(고려사)라는 대목인데, 이는 "황제가 말하기를 '나라의 임금을 책봉하면서 민중에게 물어본다면 이는 맹안과 모극을 임명하는 것과 무엇이 다르겠는가?'"라고 풀이될 수 있다.[74] 민중의 초라한 정치적 위상을 이 구절처럼 극명하게 보여주는 사례도 없을 것이다. 여기서 민중은 일체의 정치적 권리나 발언권도 갖지 못한 피지배자, 철저히 통치의 대상이자 객체인 사회집단이다. 어쨌든 『중국 사서 고려·발해

거리의 방물가게(1930)

유민 기사』는 중국 측 문헌을 반영한 것이지, 같은 시기 고려시대의 민중 용례를 보여주는 것은 아닌 셈이다.

이나미는 "『인조실록』에 '독부가 민중을 소집했다'督府招集民衆고 나와 있는 등 빈도는 낮아도 조선왕조실록에도 민중이 등장한다"고 말한 바 있다.[75] 확실히 『조선왕조실록』에서는 민중 사용빈도가 희소하지만, 다른 문헌들에서는 비교적 많은 용례들을 발견할 수 있다. 다른 두 가지 고전 데이터베이스를 통해 이를 직접 확인해보자.

먼저, 필자는 성균관대학교 한국유경편찬센터의 '한국유경데이터베이스'에서 전통적 의미를 담은 '보통명사 민중' 사용 사례 14개를 발견할 수 있었다. 〈표 1-1〉에서 보듯이, 14회의 민중 용례들은 18세기 초부터 20세기 초까지의 여러 시기에 걸쳐 있다.

〈표 1-1〉 한국유경데이터베이스를 통해 본 민중 사용빈도

경부	사부	자부	집부	합계
사변록(1703) 3회; 춘추집전(19세기 말) 2회; 소학제가집주증해 (19세기 초) 1회	동유학안 (20세기 초) 1회	반계수록(1770) 3회; 열하일기(1780) 1회; 목민심서(1818) 1회; 다전경의답문(19세기 말) 1회	명재유고 (1732) 1회	
6회	1회	6회	1회	14회

다음으로, 한국고전번역원의 '한국고전종합DB'는 조선시대의 가장 풍부한 민중 용례를 제공해주고 있다. 〈표 1-2〉에 그 내용이 정리되어 있는데, 〈표 1-1〉의 내용과 부분적으로 중복된다. 시기적으로는 16세기부터 20세기까지 분포되어 있는데, 특히 18세기와 19세기에 가장 빈번하게 사용되었음을 확인할 수 있다.

〈표 1-2〉 한국고전종합DB를 통해 본 민중 사용빈도

분류 범주	시기	문헌	빈도
고전번역서	16세기	치평요람(정인지 등) 1회	2
	17세기	택당집(이식) 1회	
조선왕조실록	17세기	선조실록(1607), 현종실록(1669) 1회씩	2
승정원일기	17세기	인조(1626), 인조(1638) 1회씩	2
고전 원문	17세기	동사상일록(오윤겸) 1회	23
	18세기	병산집(이관명), 노봉집(민정중), 한포재집(이건명), 도곡집(이의현), 강한집(황경원) 1회씩; 반계수록(유형원) 3회	
	19세기	상변통고(유장원), 연원직지(김경선), 기측체의(최한기), 금역당집(배용길), 존재집(위백규), 일사집략(이헌영) 1회씩; 대산집(이상정) 2회; 여유당전서(정약용), 인정(최한기) 3회씩	
한국문집총간	16세기	지퇴당집(이정형) 1회	36
	17세기	성소부부고(허균), 계곡집(장유), 죽음집(조희일), 추탄집(오윤겸), 서계집(박세당), 외재집(이단하), 백호집(윤휴) 1회씩	
	18세기	서하집(이민서), 서석집(김만기), 정재집(박태보), 약천집(남구만), 동강집(김우옹), 명재유고(윤증), 수곡집(이여), 인재집(최현), 뇌연집(남유용), 청장관전서(이덕무), 연암집(박지원), 열하일기(박지원), 수재유고(이곤수) 1회씩; 송자대전(송시열) 2회	
	19세기	식산집(이만부), 오한집(손기양), 남포집(김만영), 화천집(이채), 환재집(박규수), 이해학유서(이기) 1회씩; 홍재전서(정조) 3회	
	20세기	면우집(곽종석) 1회; 면암집(최익현) 3회	
합계			65

한편 〈표 1-3〉은 위의 표들에 제시한 용례들 가운데 조선시대 여러 문헌에 등장한 민중의 의미 중 대표적인 것들을 따로 정리한 것이다. 이 표를 통해 민중은 단순히 피지배층을 지칭하거나, 통치나 교화의 대상, 군사적·경제적 동원의 대상으로 간주되고 있었음을 재확인할 수 있다.

〈표 1-3〉 조선시대 문헌에 등장한 민중의 의미

민중 용례	출처
封一國之君, 詢於民衆, 此與除拜猛安謀克何異(한 나라의 군주를 봉하면서 그 민중에게 물어보는 것은 맹안과 모극을 임명하는 것과 무엇이 다르겠는가)	치평요람(治平要覽)
民衆之窮裕(민중이 가난하고 부유함)	지퇴당집(知退堂集)
重賦凋民衆(무거운 세금으로 피폐해진 민중)	택당집(澤堂集)
一邑大小民衆, 再三來庭陳告(온 고을 대소 민중이 여러 차례 관가를 찾아와 고하기를)	선조실록(1607)
不爲保伍, 則無以整頓民衆(보오를 만들지 않으면 민중을 정돈할 방법이 없습니다)	현종실록(1669)
督府招集民衆大開鑛營如此(도독부에서 민중을 불러 모으고 진영을 이처럼 크게 설치하였으니)	승정원일기(인조 4년, 1626)
而終以民衆樂趨之意也(민중이 즐거운 마음으로 달려오는 뜻으로 마무리하였습니다)	승정원일기(인조 16년, 1638)
國中大小之役. 不動民衆. 皆用雇傭.(나라 가운데 크고 작은 역사를 민중에게 부역시키지 않고 모두 고용하여 썼으며)	동사록(東槎錄)
此非獨倭京元居民衆也(이들은 비단 왜경에 거주하는 민중만이 아니라)	동사상일록(東槎上日錄)
亦多有民衆欲入衙來哭(또한 와서 곡을 하기 위해 관아로 들어오기를 원하는 민중이 많았다)	명재유고(明齋遺稿), 상변통고(常變通攷), 대산집(大山集)
凡守禦之計, 千百營爲, 不如保聚民衆.(무릇 방어하는 계책을 백방으로 도모하더라도 민중을 모아 지키는 것만 못합니다)	병산집(屛山集)
善山府松洞居民衆多, 屋廬櫛比(선산부의 송동은 민중이 많고 가옥이 즐비한데)	노봉집(老峯集)
而城內狹隘, 無以容都城百萬民衆.(성안이 좁아서 백만 명의 도성 민중을 수용할 수 없습니다)	한포재집(寒圃齋集)
先生星夜赴官, 方諭集民衆, 爲死守計.(선생은 밤낮으로 길을 달려 임지에 부임해서 한창 민중을 효유하여 집결시키고 사수할 계획을 하였는데)	도곡집(陶谷集)
民衆事繁, 不得不實(민중의 일이 많아져서 설치하지 않을 수 없었던 것이니)	강한집(江漢集)
宜於民眾之時(민중에게 적합한 때)	반계수록(磻溪隨錄)

민중 용례	출처
驅斬民衆, 城中擾亂.(민중을 구축하며 칼로 베니 성안이 어지러웠다)	열하일기(熱河日記), 연원직지(燕轅直指)
上元日令民衆點燈七盞(상원일에 민중에게 등 7개씩을 켜도록 하니)	목민심서(牧民心書), 여유당전서(與猶堂全書)
以耶蘇之敎, 誑惑民衆(야소교로 민중을 현혹시켜)	여유당전서
以居民衆(민중을 편안히 살게 하다)	동강집(東岡集), 다전경의답문(茶田經義答問), 동유학안(東儒學案)
統民衆施敎. 則在內之規矩準繩咸具. 在外之設施宿趼無違.(민중을 거느려 교화를 베풀면, 안에 있는 규구·준승이 모두 갖추어져 밖에 있는 설시·치적에 어그러짐이 없다) 見民衆之不免順乎運化政敎. 則導之以承順.(민중이 운화의 정교에 승순하지 않는 것을 보면 승순하도록 인도하고)	기측체의(氣測體義)
國界民衆之大小廣狹姑捨(실로 영토의 크기와 민중의 수가 많으냐 적으냐 넓으냐 좁으냐 하는 것이 문제가 아니라) 事務. 則要和協民衆.(사무에는 민중과 화협하고) 天人氣化爲準的. 民衆和協爲範圍.(천인의 기회로 준적을 삼고 민중의 화협으로 범위를 삼으니)	인정(人政)
自古及今, 欲董兵糧而不煩民衆者, 未之有也.(예로부터 오늘날까지 군대와 군량을 관리하면서 민중을 번거롭게 하지 않은 경우는 아직 없으니)	금역당집(琴易堂集)
何從以生息民衆, 鍾出富貴賤?(어디로부터 기를 받아 민중을 낳아 기르고 부귀가를 내놓을 수 있었는가)	존재집(存齋集)
而其國土不爲不廣. 其民衆不爲不繁矣.(국토는 넓지 않다고 할 수 없고, 민중은 많지 않다고 할 수 없다)	일사집략(日槎集略)
射姑, 民衆不說(민중이 사고를 원치 않으니)	춘추집전(春秋集傳)
擅動民衆(민중을 멋대로 선동하여)	면암집(勉菴集)
況吾韓三千里民衆. 乃先王先賢四千年禮義服習之餘裔耳.(하물며 선왕과 선현의 4천 년 예의를 복습한 후예인 우리 삼천리 민중이겠습니까)	이해학유서(李海鶴遺書), 면암집

"소와 같은 짐을 지고 땀을 흘리면서도 입에는 담뱃대를 놓지 않는다"라는 설명의 조선 노동자(1912).

지금까지 살펴보았듯이, 한국에서 민중이라는 단어는 최소한 조선 초기인 15세기까지 소급되는 꽤 오랜 역사를 갖고 있다. 중국의 경우 민중 개념 사용이 기원전으로까지 소급되는 등 한국보다 훨씬 긴 연원을 갖고 있다는 점도 확인했다. 반복하거니와, 중국과 한국 등 한자문화권에서 '민중民衆'이라는 보통명사가 빈번히 사용되지는 않았을지라도, 오랜 기간 꾸준하게 사용되었으며 특히 식자층 사이에 널리 알려져 있었음은 의문의 여지 없이 명확하다.

민중 개념의 긴 역사에서 또 하나 중요한 사실은 중국과 한국에서 '다수 피지배층'이라는 민중의 전통적인 의미는 거의 변하지 않았다는 점이다. 근대 이전의 고전문헌들에서 민중은 철두철미 정치적 객체요 통치대상에 불과했다.[76] 민중 개념에서는 저항성도 전혀 나타나지 않았다. 『조선왕조실록』 중 『영조실록』 1728년 2월 19일자에 등장하는 '난민亂民'이라는 단어가 아마도 저항적 정치주체인 민중에 가장 가깝다고 할 것이다.[77]

장구한 세월 동안 민중은 다른 민民 계열 어휘들과 개념적인 차별성을 갖지 못한 채 '피지배 다수'를 지칭하는 용어로만 남아 있었다. 그렇게 요지부동이던 민중의 의미에서 19세기 말부터 변화의 징후들이 나타나더니, 급기야 20세기 초반, 특히 1920년대에 혁명적 변화가 발생했다. 이는 다음 장에서 상세히 살펴볼 쟁점이다.

제
2
장

대전환

서구 주도의 제국주의적-자본주의적 세계체제가 완성되어가던 19세기 후반 한국도 세계화의 격랑 속으로 휘감겨 들어갔다. 한반도를 둘러싼 열강의 각축 끝에 한국인들은 서구 국가가 아닌 일본의 식민지민 신세로 전락하고 말았다. 1차 세계대전 이후 서구사회들에서는 민주주의 운동이, 비서구 식민지·반식민지 사회들에서는 민족주의 운동이 거세지는 가운데, 1917년 러시아혁명 이후 식민지 안팎에서 활동하던 진보적 조선인들 사이에 사회주의 사상이 빠르게 확산했다.

임헌영은 "역사를 창조해온 직접적인 주체이면서도 역사의 주인이 되지 못한 사회적 실체"로 민중을 정의했다.[1] 이처럼 민중이 '역사의 주체임에도 역사의 주인이 되지 못한 모순적 실체', 말하자면 '항시 내부의 긴장을 품고 있는 존재'라면, 민중에 내장된 개념적 긴장은 인민주권이 권력 형성의 원리로 선포되는 시대, 인민주권·주권재민 원칙에 기초한 민주주의가 통치의 논리로 선포되는 시대에 극대화될 수밖에 없을 것이다. 인구학적 다수성과 정치적·경제적·문화적 소수성 간의 긴장과 모순도 이런 시대에 극대화될 수밖에 없다. 이른바 '근대'가 바로 그런 시대일 것이다.

이런 시대에는 무지無知·무도덕無道德·야만의 이미지로 덧칠된 전통적인 민중 개념의 부적절함이 도드라지는 반면, 다수자가 주권자가 되어야만 하고 '다수의 지배'가 정당하다는 인식, 심지어 '소수의 지배'는 부당할 뿐 아니라 불의하다는 인식이 확산하는, '개념의 근대적 전회轉回'가 발생할 가능성이 커진다. 백낙청이 말한 "근대 민중의 독특한 성격" 역시 주권자라는 공식적 인정과 피지배자라는 객관적 현실 사이의 긴장, 그리고 그로 인해 "억압을 안 하는 체하지 않고서는 억압을 계속하기 어려운" 것도 근대라는 시대의 도래와 관련된다.[2] 어떻든 근대라는 시대 자체가 민중 개념에 강한 추동성推動性, 운동성, 정치성을 불어넣는 경향이 있음을 부인하기 어렵다. 20세기의 한반도에도 이런 시대적 바람이 불어닥친 것이다.

그러나 세상에는 '다양한 근대들'이 존재하게 마련이다. 유럽 중심부의 파시즘화, 유럽 동부의 주변성, 한때 민주화와 산업화를 병진시켰던 남미와 같은 현상들을 과감히 사상하고 단순화의 위험을 무릅쓴다면, 20세기에는 서로 의존함과 동시에 대립하는 최소한 두 개의 근대, 즉 '서구 근대'와 '다른 근대들'(비서구, 제3세계, 식민지·반식민지·신식민지의 근대들)이 나란히 존재했다고 말할 수 있다. 자본주의적 세계체제 안에서 서구 근대의 지배력은 비서구 근대의 종속성에 기초하고 있었다는 점에서, '지배적인 서구 근대'와 '종속적인 다른 근대들'은 상호의존적이었다. 19세기 후반에 한국인들은 세계체제의 주변부에서, 서구 근대의 반대편에서 근대라는 낯선 시공간으로 진입하게 되었다.

민중적 삶의 조건과 정황은 '어떤 근대인가'에 따라 판이하게 갈라질 수밖에 없었다. 제1차 세계대전 이후 서구 근대 쪽에서 평균적인 보통사람들의 삶은 민주주의, 시민적 권리와 자유 향유, 복지와 비교적 안전한 삶, 경제적 풍요 등의 맥락 속에 놓이기 쉬웠다. 반면에 비서구-(신)식민지 근대 쪽에서 대다수 보통사람들의 삶은 독재 혹은 권위주의, 시민권

제한과 부자유, 복지의 부재, 불안정하고 위험한 삶, 궁핍과 빈곤 등의 맥락 속에 놓이는 경향이 강했다. 식민지 체제 붕괴와 냉전체제로 특정지어지는 2차 대전 이후의 세계체제에서도 중심성을 굳건히 유지한 서구 근대는 장기평화를 구가했지만, 종속적인 비서구-신식민지 근대는 대외적·대내적 전쟁들에 시달렸다. 한국의 경우 식민지 체제 해체 과정에서 영토 분단과 민족 이산離散의 고통까지 떠안게 되었다. 한국의 민중 개념과 이론은 바로 이런 세계적이고 거시적인 구조 변동을 배경 삼아 변화해갔다.

함석헌은 '근대의 민중'과 '전근대의 민중' 간 차이를 '개인의 자각 여부'에서 찾았다. 이상록의 설명에 의하면, "그(함석헌-인용자)는 전근대 민중과 근대 민중의 차이를 개인의 자각 여부로 구분하였다. 전근대에는 하늘 뜻의 대행자를 자청하는 지배자들이 민중을 속이고 압박하기 쉬웠으나, 근대의 자각된 민중은 의식적으로 역사의 주인 노릇을 하기 시작했다고 하였다."[3] 특히 '문해文解 능력'을 갖춘 민중의 등장이 중요했다. 이 능력은 지배층의 공론장·담론장에 대해 일정한 자율성을 갖는 독자적 공론장·담론장을 형성하는 핵심적인 기반이 된다.[4] 나아가 민중의 읽고 쓰는 능력은 "민중문화의 확장을 통한 담론적 투쟁의 발판"이자 "그들의 목소리를 공적公的 담론談論의 영역으로 확대해나가면서 사회정치적 위치를 공고히 해나올 수 있었던 기본 기제"가 될 수 있다.[5]

그러나 문해인구 증가가 항상 '대자적-비판적 민중 형성'으로 이어지는 것은 아니다. 따라서 해당 문해인구가 어떤 정치적-법적-이데올로기적 맥락 속에 놓이는가가 중요하다. 예컨대 1920~1930년대와 1950년대는 교육열이 고조되면서 '젊은 문해인구'가 증가했다는 공통점을 갖지만, 그것의 정치적 표출 양상이나 결과는 판이했다.[6] 점점 파시즘을 향해 나아가던 1920~1930년대의 '식민지적 근대성'이 생산해낸 '젊은 문해인구'는 식민지 체제에의 적응 쪽으로 나아가는 경향이 강했다. 타협적 민족주의자 주도의 '실력양성운동'에 의해 고취된 교육열 자체가 식민지 체제를 보강하는 효과를 내기 쉽기도 했다. 당시 식민당국 역시 교육 기제를 통한 문해력 향상을 신민의식臣民意識 고취에 이용하려고 노력했다. 반면에 미국의 압력 속에 전격 도입된 보통선거제를 포함하여, 형식적으로나마 여전히 자유주의적 색채를 유지한 1950년대의 '탈식민지적 근대성'과 결부된 '젊은 문해인구'는 기존 체제에 도전하는 경향이 강했다. 식민지 파시즘 교육체계와 결합한 청년 문해인구 증가와 자유주의적 교육체계와 결합한 청년 문해인구 증가, 이것이 1920~1930년대 식민지 근대와 해방 후 1940~1950년대 탈식민지 근대의 결정적 차이였다. 두 시대 사이에는 교육의 실제적 확산 정도에서도 현격한 차이가 존재했지만, 그뿐만이 아니라 교육의 내용 및 그것의 정치적 효과 면에서도 뚜렷한 대조가 나타났다. 문해인구의 규모도 중요하지만 그것이 어떤 정체政體와 법체계, 어떤 교육내용과 결합하는가가 더욱 중요했던 것이다. 4·19혁명의 주역이었던 중고등학생과 대학생들이 자유주의적 교육과정과 결합한 의무교육제도의 '최초 수혜 세대'로 출현한 청년 문해인구였다는 사실은 제도와 의식의 상관관계를 입증해주는 의미 있는 사례라 하겠다.

한국에서도 19세기 후반부터 서구사상 유입의 영향으로 개념의 말안장 시대가 본격화되었다. '개념적 근대화'를 축으로 한 역동적인 변화가 전개되었다. 개항開港, 농민봉기와 정변政變, 외세 침탈, 식민지화, 3·1운동과 임시정부 수립, 해방, 전쟁, 독재와 민주화운동 등 상황이 격변할 때마다 관련 개념들의 의미와 위상, 개념들의 관계 또한 요동쳤다. 이 시기 민중 개념에는 어떤 변화가 나타났던가? 시대를 세분해 살펴보기로 하자.

1. 개항부터 3·1운동까지

민중이라는 용어가 중국과 한국에서 오랜 세월 사용되어왔음에도 불구하고 '다수 피지배층'이라는 전통적인 의미에서 거의 변화가 없었음은 이미 살펴본 바대로이다. 조선시대 말엽 단행된 개항 이후에도 이런 사정은 그다지 달라지지 않았다. 한국개념사총서의 편집 책임자였던 김용구는 기존의 담론 질서 및 개념 질서가 요동치던 개념적 격변기를 "1850년에서 1950년에 이르는 100년"으로 설정한 바 있다. 이때는 "한반도라는 장소에서 인문·사회과학의 근대적인 기본 개념 형성에 중요한 시기"였고, "이질 문명권과 만나 충돌하면서 동시에 동북아 3국 사이에 개념의 마찰이 병행하는 시기"였다는 것이다.[7] 이와 비슷하게 박명규는 "19세기 말에서 20세기 초반의 시기"가 "새로운 개념들이 만들어져서 정착하고 힘을 얻게 되는 결정적 시기"라는 의미에서 코젤렉이 '말안장 시대 혹은 안착기Sattelzeit'라고 부른 바로 그것에 해당한다고 보았다.[8] 우리가 정치주체 개념에 한정한다면, 김용구와 박명규가 말하는 이 시기에 가장 중요한 개념어는 단연 '국민'과 '인민'과 '민족'이었다. 이에 비해 민중은 개념 경연競演 무대의 뒤편으로 밀려나 있던 편이었다.

(1) 국민, 인민, 민족

19세기 말 한국·중국·일본의 개혁적 지식인들 사이에서는 '국민' 개념이 인민주권 사상 혹은 민권民權 사상과 강한 친화력을 보였다. 그러나 중국과 한국(조선)에서 제국주의 국가들의 압력으로 인한 대외적 위기가 심각해지자, 개혁적 지식인들 사이에서는 인민주권이나 민권을 경시하거나 차후 과제로 미뤄두는 '국가주의' 경향이 강화되었다. 특히 이 시기에 국가주의로 경도되기 쉬운 '국가유기체론'이 한·중·일 지식인 모두에게 강한 영향을 미쳤다. 이와 동시에 '민족' 개념도 중요해졌다.[9] 대외적 위기에 직면하여, 인민주권·민권 사상을 매개로 nation(국민)과 people(인민)이 '수렴'되어가던 기존 경향이 nation(국민)과 people(인민)의 '분리' 경향으로 역전되어버린 것이다.

조선의 사례를 좀 더 자세히 들여다보자. 개항 이후에도 '민'에 대한 지배층의 인식은 별반 달라지지 않았다. 예컨대 동도서기론東道西器論과 변법개화론變法開化論으로 분화해간 개화론자들은 1880~1890년대에 "민부국강론民富國强論에 가까운 부국강병의 길"을 지향하면서도 여전히 민을 "어리석고 우매하여 자립할 수 없는 존재"나 "게을러지고 사나워진 존재"로 간주하고 있었고, 민권운동이나 아래로부터의 항쟁에 대해서도 대단히 부정적이었다. 그들은 민의 경제적 역할만 긍정할 뿐 정치적 권리 측면은 철저히 배제하고 있었다.[10] 한마디로 그들은 민을 정당하고 합법적인 정치주체로 전혀 인정하지 않았던 것이다.[11] 독립협회와 「독립신문」으로 대표되는 개화파는 "인민 개념의 제도화 결여 혹은 주권체로서의 인민을 인정하지 못하는……한계"를 드러냈다. 다시 말해, 「독립신문」은 때로는 인민 평등을 주장하면서도 때로는 신분의 위계를 강조하는 애매한 입장을 취하고 있었다.……개화파로 규정되는 독립협회나 「독립신문」의 논의를 보면 의회제, 입헌군주제를 강조하면서도 대의제로서 인민주권을 대표하는 하원 설립은 완강히 부정했다."[12]

1905년 이후의 애국계몽운동 시기에도 사정은 크게 달라지지 않았다. 당시의 계몽운동 단체들은 입헌군주제를 주장하면서도 인민주권에 대해서는 거의 언급하지 않았고, "민권을 강조하는 경우에도 그것이 정치제도 상에서 어떻게 규정되어야 하는지에 대해서 대단히 애매한 태도"를 보였으며, 무엇보다 당시 유행했던 '국가유기체설' 혹은 '국가요소설'에서는 '인민(혹은 그와 호환적인 국민·민족)과 주권의 분리 경향'이 뚜렷했다.[13] 요컨대 '주권 없는 인민/국민'만이 강조되었던 것이다. 아마도 당시 지식인들의 인식과 감성을 지배하고 있던, 사회진화론적 세계관과 결부된 국가주의적 집합심성이 이런 상황 전개를 촉진했을 것이다.[14]

개항 이전에는 국왕을 비롯한 통치자가 피통치자를 지칭할 때 '민'이나 '민인' 용어를 주로 사용했으나 개항 이후, 특히 1894년 갑오개혁 이후로는 '인민'이 국가구성원을 가리키는 가장 보편적인 용어가 되었다.[15] 인민은 '국민'으로 발전해갈 잠재력을 지닌 개념이었다. 박명규에 의하면, "「한성순보」나 『윤치호일기』에서도 인민은 조선인의 의미, 피통치자로서의 의미보다는 일정한 지역에 속해 있는 일반적인 구성원을 총칭(했다―인용자)……일종의 '국민' 개념에 선행하는 정치적 주체로서 부상하는 경향을 보여준다고 할 수 있다."[16] '백성' 용어도 자주 사용되었다. 이나미에 따르면, "구한말에도 백성 개념은 여전히 자주 나타나는데 그 의미는 민과 마찬가지로 피지배계층, 민간, 학문하지 않은 자로 가장 많이 쓰였다. 또한 유학의 민 개념처럼, 때로는 모든 사람을 의미하기도 하고, 때로는 왕을 제외한 모든 사람을 의미하기도 했다."[17]

비록 자주 쓰이지는 않았지만 갑오개혁 이전부터 '국민' 개념도 수용되어 있었다. 김소영이 설명하듯이 "서구의 '국민nation' 개념은 갑오개혁 이전에도 이미 조선에서 수용되고 있었고, 특히 박영효(1888년)와 유길준(1895년)을 통해 기존의 '민民'을 '국민'으로 형성하고 통합해야 할 필요성을 제기하는 맥락에서 사용되었다."[18] 수용 초기에 국민은 특정 국가에 거주하는 사람들을 가리킬 때처럼 주로 '지역'과 결부되었다.[19] 갑오개혁을 계기로 국민의 사용빈도가 증가했고, 의미에서도 약간의 변화 조짐이 나타났다. 구한말의 조약문들에서 인민과 국민이 자주 사용되었는데, 이때의 국민은 분명 정치주체의 잠재력을 지닌 존재였기 때문이다.[20] 그러나 갑오개혁 시기 교육개혁의 일환으로 출현한 교과서에도 자주 사용된 국민은 근대적 정치주체가 아닌, "군주와 국가에 충성하고 부국강병을 이뤄야 하는 존재"로서 사실상 '신민'에 가까웠다.[21] 갑오개혁 시기에도 군君, 신區, 민民 중에서 민은 명백히 정치 영역에서 배제되어 있었다. "갑오경장의 주도 세력은 '군민공치'를 이상적인 것으로 표방하였지만, 실제로는 개혁 관료들이 중심이 된 '군신공치' 체제를 추진하였던 것"이다.[22] 갑오개혁기에는 다양한 용어들이 혼용되는 가운데 국민보다는 오히려 인민·신민 등의 용어가 더욱 빈번히 사용되었으며, 국민·신민·인민 등의 실체나 개념에 대해 명확히 밝히거나 정의를 제시하는 경우는 없었다.[23] 「독립신문」에서 가장 자주 사용된 용어는 '백성'으로서, '한 나라에 사는 사람 전체'로 정의되었다. 이렇게 넓게 정의된 백성은 인민·신민·국민·동포 등과 호환 관계 속에 있었으며, 이 개념들 중 그 어느 것도 주권적 정치주체와는 거리가 멀었다.[24]

한편 개항 이후에는 각각 국민과 민족의 선행 용어인 국인國人과 족민族民이라는 용어도 출현했다. 유길준의 『서유견문』에 등장하는 국인은 "같은 나라에 거주하는 인민의 갈래"로서 "한 나라의 인민 즉 오늘날 국민 개념과 일치"하며, 유길준의 『정치학』에 등장하는 족민은 "종족이 서로 같은 일정한 인민의 무리"를 말한다.[25] 19세기 말에는 '민족' 개념도 등장했다. 다음은 김동택의 설명이다.

한국에서 민족이라는 용어 자체는 19세기 말에는 거의 사용되지 않았다. 민족이라는 용어를 처음으로 인쇄 매체에서 찾아볼 수 있는 것은 1897년 12월에 발간된 「대조선유학생친목회회보」에서이다. 여기서 "방경邦境을 한限하여 민족이 집集하며……우고안락優高安樂의 지地에 입入함은 민족의 고유한 본심"이라는 용례가 갖는 의미는 당시 쓰이던 인민, 국민, 동포와 같은 여타의 인간집단이 갖는 의미와 별 차이가 없었다. 나아가 「독립신문」의 경우에는 민족이라는 용어 자체가 등장하지 않고 있다. 「황성신문」에는 민족이라는 용어가 몇 차례 등장하는데……그 의미는 오늘날 인종과 가까운 것이다.……이런 표현은 「독립신문」에서 종종 사용되었던 황인종·백인종·흑인종과 같은 인종 개념이 민족이란 용어로 사용되는 경우였다. 대체로 1907년까지 출판된 인쇄 매체에서 민족이라는 용어는 잘 사용되지 않았으며, 사용되었다 하더라도 인종, 인민, 사람을 의미했다. 이처럼 매체들로부터 별다른 주목을 받지 못했던 '민족'이라는 용어가 이따금 사용되기 시작했던 시점은 1906~1907년의 「대한매일신보」에서였으며, 1908년부터는 대단히 활발하게 사용되었다.[26]

민족 개념에 집중한 권보드래는 신문을 기준 삼아 1898년부터 1910년까지를 세 시기로 구분했다. 첫째, 1894~1898년의 「독립신문」 시기 중인 1898년에 민족 용어가 처음 등장했지만 거의 사용되지 않았고, 둘째, 1899~1904년의 「황성신문」 시기에는 민족이 이따금 사용되었지만 오늘날과는 다른 의미로 쓰였고, 셋째, 1905~1910의 「대한매일신보」 시기에는 민족 용어가 빈번히 사용되었고(특히 1908년 이후) 오늘날과 비슷한 의미에 근접했다는 것이다. 당시 민족은 인간, 소규모 인종(종족)집단, 국민, 문화적 민족(국민과 유사한 '정치적 민족'과 구분되는)의 네 가지 의미로 사용되었다. 1905년을 기점으로 앞의 두 의미(용법)는 점차 소멸하고 뒤의 두 의미가 점점 중요해졌다. 식민지화 이후에는 '문화적 민족'의 중요성이 더욱 커졌다. 특히 1908~1910년에는 국가 개념과 민족 개념의 결합 경향이 확연해졌다. 필자의 용어를 사용하여 말하자면, 국가와 민족이 '개념적 결합 관계'를 형성했던 것이다. 민족과 국민이 핵심 개념으로 부상한 반면 신민과 백성은 거의 소멸하다시피 했다.[27] 민족과 국민이 정치주체를 호명하는 개념이라면, 신민과 백성은 정치적 객체라는 한계가 뚜렷한 개념이었다.[28]

강동국도 김동택이나 권보드래와 유사한 관찰을 제공한다. 그는 "정치체의 구성원을 둘러싼 개념의 역사"에 초점을 두고 국민·인종·민족 개념의 경합 관계를 추적했다. 강동국은 러일전쟁 이전 시기를 '인종과 국민의 공존' 시기로, 1905~1909년을 '민족의 등장' 및 (인종과 국민이 대항 관계로 전환된 가운데) '국민의 강화' 시기로, 1910~1919년은 (국민과 민족이 대항 관계로 전환된 가운데) '민족의 승리' 시기로 규정했다.[29] 물론 이와는 정반대로 1910년 이후 총독부를 중심으로 한 식민지배 세력은 '국민'과 '신민' 용어를 가장 선호했다. 강동국은 러일전쟁 직전부터 3·1운동 직전까지 국민·인종·민족 개념의 경합 역사를 다음과 같이 요약했다.

러일전쟁 이전에 한반도의 정치체 구성원을 규정하던 주요한 개념이 었던 인종과 국민은 조선/대한제국과 황인종의 관계가 정합적이라는 전제하에서 서로 다른 층위를 차지한 채 공존하였다. 이러한 우호적인 공존 관계는 담론이 아닌 현실 공간의 극적인 변화로 인해 깨어졌다. 즉 러일전쟁 이후 명확히 나타난 일본의 제국주의적 침략의 결과, 인종 개념이 일본제국주의의 침략의 도구였음을 명확히 인식한 세력에 의해서 인종 개념과 국민 개념의 대립이 나타나기 시작했다. 한편, 러일전쟁 후 본격적으로 유입되기 시작한 민족 개념은 제국주의에 대한 저항적 개념으로 이해되어 인종의 대척 지점에서 급속히 세력을 확산해 나간다. 또한, 국민은 러일전쟁 이후 민국 정치이념의 국민 개념을 벗어나, 국가유기체설의 국민 개념으로 급속히 변화되어간다. 인종의 대척 지점에서 공존하게 된 국민 개념과 민족 개념 중에서 전자가 상위개념으로 인식되어 이 시기의 애국계몽기의 경쟁에서 우위에 서게 된다. 하지만, 경술국치로 국가―제국 일본―가 민족―조선 민족―에 반하는 의사를 보임에 따라 이전의 국민과 민족의 우호적 관계는 급격히 대립적인 것으로 선회하였다. 즉, 국민은 일본제국의 신민으로 규정되어 담론의 지형에서 이전과는 정반대의 위치, 즉 인종과 우호적이며 민족과 대립하는 위치로 이동했다. 결국, 나머지 두 개념의 대척점에 남은 민족만이 제국 일본에의 저항의 언어로 남아 세 개념의 긴 경쟁에서 승리를 거두게 되었던 것이다.[30]

식민지로 전락한 이후 '국민' 개념의 쓰임새와 의미는 세 갈래로 분화되었다. 첫째, 국내 조선인들에게 국민 개념은 설득력이 약화하며 용어의 사용 자체를 꺼리게 되었고, 대신 민족이나 민중 개념 등을 사용했다. "아무런 정치적 권리도 인정받지 못했던 조선인이 현실적으로 스스로를 국민으로 인식할 가능성은 없었"기 때문이다. 둘째, 식민당국은 동화정책 차원에서 국민-국민화 드라이브에 적극적으로 나섰다. 이때의 국민 개념은 (인민주권적 국민이 아닌) 군주주권적 국민 개념, 즉 "일제 말기에 독특하게 사용된 황국신민으로서의 국민", "충량한 국민", "일본제국의 신민, 천황의 신민으로서의 황국신민의 정체성을 지닌 주체"였다. 셋째, 국외 독립운동 세력은 미주의 '국민회'나, 임시정부가 '약헌'과 '국민대표대회'를 통해 강조한 국민 개념을 사용했다. 예컨대 미주 국민회의 경우 회원 개개인이 "스스로가 국민으로서의 정체성을 공유"하면서 "새로운 국가를 건설하는 주체로서의 '국민'의식"을 배양하고자 했다.[31] 식민지 시대에 발표된 총독의 훈시·유고諭告·내각고유告諭·내각훈시·담화·성명·훈령 168건에 대한 통계적 분석을 시도한 한승연에 따르면, 식민지 시대 초기인 제1기(1910.8.29~1919.2.28)에는 "민족 감정을 자극하지 않기 위해" '민족'이라는 용어를 별로 쓰지 않는 대신 "대체로 중립적인" '인민'과 '국민'을 사용하다가, 식민지 제2기(1919.3.1~1931.9.17)에는 "3·1운동이라는 민중운동을 당하자 한국 민중을 달래고 관민의 일치 협력을 유도하기 위해" '민중'과 '관민'을 강조하였고, 식민지 제3기(1931.9.18~1945.8.15)에는 '국민'과 '관민' 용어를 주로 사용하면서 '신민'도 병용했다.[32]

(2) 민중

19세기 말 이후에도 민중은 전통적인 의미를 간직한 채 아직 정치주체로
서의 지위를 획득하지 못하고 있었으며, 새롭게 등장한 정치주체 개념어
들(국민, 인민, 민족)과의 경쟁에서도 뒤처져 있었다. 다만 동학농민전쟁 당
시 사용된 민중 개념은 의미 전환의 징후를 뚜렷하게 드러냈다.

첫째, 거사 계획을 담은 1893년 11월의 '사발통문沙鉢通文'에는 지배체
제로부터 아무런 이득도 기대할 수 없는, 오로지 지배자들에 의해 착취
를 당할 뿐인, 그리하여 "매일 세상이 망하라고 갈망하는" 불만에 찬 저
항 성향의 피지배층 민중 개념이 등장한다. "매일每日 눈믕亂亡를 구ㄱ謳
歌ㅎ던 민중民衆드른 처처處處에 모여서 말ㅎ되 '낫네 낫네 눈이亂離ㄱ 낫
서' '에이 참 잘 되얏지 그냥 이대로 지내서야 백성이 흔 사룸이ㄴ 어대
ㄴ머잇겟ㄴ' ㅎ며 기일이 오기만 기다리더라."[33]

둘째, 전북 고부에서 거병한 후 전봉준이 1894년 3월 말 최초로 발표
한 '격문檄文'에서도 "양반과 부호의 앞에 고통을 받는 민중들"이라는 표
현이 등장한다.[34] 양반과 부호에 의해 고통받는 이들로 민중이 성격 규
정되어 있는 것이다. 정창렬의 표현을 빌리자면, 당시 민중은 "망할 놈
의 세상이 빨리 망하는 꼴을 보고야 말겠다고 기다리는 사람들로, 양반
과 부호의 밑에서 받은 오랜 고통으로 세상에 대한 원한이 깊어서, 주저
치 않고 반란에 참여할 사람들"이었다.[35] 정창렬은 전봉준의 격문에 등
장하는 "양반과 부호의 앞에 고통을 받는 민중들"이라는 표현과 1895년
2~3월 전봉준의 법정 진술에 등장하는, "중민衆民이 억울해하고 탄식"한
다거나 "중민이 비록 수천 명이나 되었다"는 표현을 대비시키면서, "앞
의 민중은 동태적인 개념이고 뒤의 중민은 정태적인 개념인 것으로 느껴
진다"고도 했다.[36]

동학군의 사발통문과 격문에 등장하는 민중이라는 용어가 기존 체제

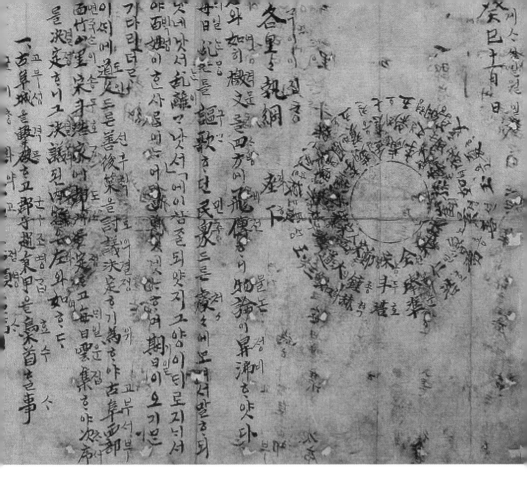

사발통문

에 도전하는 정치주체라는 의미를 동반하고 있음은 분명하다. 이 사실은 같은 시기에 「독립신문」이 민중이라는 용어를 전혀 사용하지 않았던 것과도 날카롭게 대비된다.[37] 그러나 당시 동학농민군의 민중 개념이 대체 불가능할 정도로 의미상의 독립성을 획득했던 것은 결코 아니었다. 민중 용어의 사용빈도가 높았던 것도 아니었을뿐더러, 민중은 민·중민·인민·백성 같은 다른 민 범주들과 혼용·호환되고 있었다. 김혜승은 동학 농민봉기가 "민중이 민족주의 운동의 주체가 되었을 뿐만 아니라 통치의 주체로서 스스로 인식한", 그럼으로써 "한국 민족주의 운동의 민중화" 내지 "민중에 의한 민족주의 운동"의 지평을 연 획기적인 역사적 사건이었다고 높이 평가했다.[38] 그러나 봉기의 역사적 효과·의의와 당시 농민군 지도자들이 표명했던 민중 개념 사이에는 일정한 거리가 있었다고 봐야 할 것이다. 더구나 당시 농민군 지도자들은 '군주제'를 명백히 인정했으며, '개화당'에 반대하여 "대원군을 받들어 국정을 감역케 하자는 것"을 목표로 삼았다. 그들 사이에 "유교적 충효관 및 명분론의 측면"도 여전히 남아 있었다.[39]

무엇보다 동학농민군과 지도자들이 제기한 대안적 민중 개념의 맹아萌芽는 더 자라나지 못했고, 의병운동이나 애국계몽운동 등으로 계승되지도 못했다. 식민지화 직전의 애국계몽운동 시기를 대표하던 「대한매일신보」에서는 몇 차례의 민중 용례를 발견할 수 있다. 그러나 그 의미는 '저항적 정치주체 민중'보다는 대체로 '전통적 통치대상인 민중'에 가까웠다.

필자가 국립중앙도서관의 '대한민국 신문 아카이브'(www.nl.go.kr/newspaper)를 활용하여 조사해보니, 표에서 보는 것처럼 「대한매일신보(한글

〈표 2-1〉 「대한매일신보」 국한문판의 민중 용례와 사용빈도

시기	민중 용례	사용빈도
1905년	"자국 민중"	1회
1906년	"그 민중으로 하여금 일본의 노예가 되지 않도록 하고"; "일반 민중"; "열약(劣弱)한 민중"; "民衆國家幸甚"; "토지나 민중이나 물산(物産)은"; "미개한 민중"	6회
1907년	"이천만 민중"(2회); "민중이 다수 모여"; "(친일파가) 민중을 겁내서"	4회
1908년	"민중이 처처에 회집"; "민중이나 개인 생사에"; "민중이나 개인의 살해를 암살로 규정하는가?"	3회
1909년	"이천만 민중"(일진회 문서 2건에 6회 등장); 이에 반박하는 대한흥학회 문건에 2회 등장("1900만 한국을 사랑하는 민중", "신성한 1900만 민중"); "13도 민중 대표 임시회의소"	9회 (그러나 4건의 기사)
1910년	"우리 민중의 대표자"(卽吾民衆中一代表者人이니)	1회
합계		24회

판)」에서는 1회, 「대한매일신보(국한문판)」에서는 모두 24회의 민중 용례가 발견되었다. 이 밖에 1907년에는 '중민衆民'도 1회 발견되며, 1908년에는 '회중會衆'이라는 용어도 발견된다. '공중公衆'이라는 표현도 다른 곳에서 발견할 수 있었다.40 「대한매일신보(한글판)」의 경우, 1910년 1월 21일자 "금쥰"이라는 제목의 기사에 "북방에 드러가서 민중을 모흐며"라는 대목이 등장한다. 〈표 2-1〉은 「대한매일신보(국한문판)」에 등장하는 민중 용례와 사용빈도를 연도별로 정리한 것이다. 1908년에 두 차례 등장하는 "민중이나 개인"이라는 표현은 모두 재판 심문 중에 사용된 것으로, 민중이 단순히 개인이라는 단수單數와 구분되는 복수複數의 의미로 사용되었음을 알 수 있다.

이런 상황은 조선의 망국亡國과 식민지화 이후에도 크게 달라지지 않았다. 반면에 이만열은 1981년 발표한 "민중의식 사관화의 시론"이라는 글에서 1910년의 국망國亡이 "역사의 주역"으로 민중을 발견하는 주요한 역사적 계기였음을 강조했다. 그럼에도 그 역시 민중 개념의 실제적인 변화가 일어난 시기를 1910년대가 아니라 1920년대로 설정했다.

> 역사의식에서 민중이 새롭게 환기되고 역사의 주체로 인식되는 것은 국망 이후인 것 같다. 이제 국가가 존재하지 않는 상황에서는, 국민도, 그 국민을 다스리는 지배자도, 논리적으로는 존재할 수 없었다. 외민족 치하에서, 그때까지 우리나라를 지탱해온 공동체를 하나의 존재로서 통합적으로 설정하는 것이 가능한 것은 국가도 국민도 아닌 '민족'이었다. 그리고 그 '민족'은 외민족의 사슬 속에서, 외민족의 지배와 수탈을 당하며 이를 의식하는 바로 그 '민중'을 의미할 수도 있었다. '민중'만이 이제는 현존하는 '민족'을 의미할 수 있었다. 이 나라의 전통·역사·문화 나아가서는 국권을 회복할 수 있는 존재는, 외민족의 수탈을 직접 겪으며, 외민족의 압제가 봉건 지배층의 압제 못지않게 인간

의 자유권과 평등권을 제약하고 있다고 의식한 '민중'뿐이었다. 이와 같은 맥락 속에서 민족주의 사학의 두 거장이라 할 박은식과 신채호가 그들이 초기에 '영웅 대망'의 역사관을 일정하게 비쳤음에도 불구하고, 1920년대에 '민중'을 독립운동의 기수로, 나아가서는 근대사를 이끌어갈 역사의 주역으로 인식해 갔던 것이다.[41]

한편 조동일은 한용운에게서도 단순한 '중생衆生'과는 구분되는 '저항적 민중' 개념의 단초가 1910년에 집필되고 1913년 발간된 『조선불교유신론』에서 나타나며, 이런 발상이 불교유신회를 결성할 즈음인 1921년에는 더욱 뚜렷해졌다고 보는 듯하다. 이와 유사한 맥락에서 한종만은 한용운을 '한국 근대 민중불교의 이념을 제시한 선각자' 중 한 사람으로 자리매김하면서, 자신이 편찬한 책 『한국 근대 민중불교의 이념과 전개』에서 1913년의 『조선불교유신론』과 1931년 『불교』지에 게재된 "조선불교의 개혁안" 전문全文을 소개한 바 있다.[42] 다음은 조동일의 논문에서 인용한 것이다.

평등의 진리를 구현하고자 하는 중생이라면 그냥 '중생'이라고 부르는 것이 적합하지 않다고 생각했음인지, 한용운은 '민중'이라는 말도 함께 사용했다. "불교가 민중과 더불어 동화하는 길은 무엇인가" 묻고서 교리, 경전, 제도, 재산을 모두 '민중화' 해야 한다고 주장하기도 했다 (『조선불교유신론』에서 인용한 대목임—인용자). '중생'은 부처가 되지 못한 사람이지만, '민중'은 권력 계급과 맞서 있다고 보았던 것 같다. 그래서 문제를 명확하게 하기 위해서는 '중생'이 아닌 '민중'이라는 말을 택하면서 다음과 같이 역설했다. "이제 불교가 실로 진흥하고자 할진대 권력 계급과의 관계를 단절하고 민중의 신앙을 세워야 할지며, 진실로 그 본래의 성명을 회복하고자 할진대 재산을 탐하지 말고 이 재산으로써 민중을 위하여 법을 넓히고 도를 전하는 실수단으로 삼아야 할 것이다"("불교유신회 탄생 격려"에서 인용한 대목임—인용자).[43]

　식민지 시대 전체를 통틀어 가장 거대한 민족적 저항운동이었던 3·1운동 당시 사용된 민중 개념도 국민·신민과 유사한 것으로서 "무리를 지은 백성"이라는 의미를 담고 있었다.[44] 필자가 국사편찬위원회 한국사 데이터베이스의 '삼일운동 격문檄文' 자료를 조사한 결과인 〈표 2-2〉도 대체로 이 같은 판단을 뒷받침한다.[45]

〈표 2-2〉 3·1운동 당시 격문·문서와 운동가요에 사용된 민중 용례

제목	작성자	내용
선언서(3·1독립선언서)	조선민족 대표	"2천만 민중"
조선민족 대표가 일본 정부에 보낸 글	조선민족 대표	"민중을 군대와 경찰노 위압하고"
		"2천만 민중"
「조선독립신문」 제6호	미상	"정당한 여론은 민중 다수에 재(在)ᄒ고"
		"민중이 열복(悅服)치 아니ᄒᄂ 자ᄂ 신임ᄒ고"
기관, 방략	조선민족독립대동단	"외교 고립의 영향으로 기(起)하난 민중 여론의 파열을 생(生)케 할 사(事)"
조선민국 임시정부 조직 포고문	조선국민대회 조선자주당연합회	"조선반도는 정예(精銳)한 민중의 성충(誠忠)과 진화(進化)한 시대의 대세에 의하여"
진정서	조선민족독립대동단	"민중을 노예 우(遇)하야 심지(甚至) 신교(信敎) 기업의 자유까지 구속하며"
		"인민의 사유 토지를 무(無)배상 강탈하고 민중을 무보수 강제 사역하며"
선언서	대한민족 대표 (대한민국 원년 11월)	"2천만 민중"
독립운동가 (獨立運動歌)	미상	"世界萬邦ノ民衆ニ表彰スヘク"(세계 여러 나라 민중에게 칭송되리니)

2. 거대한 전환

(1) 3·1운동 이후의 변화들

의미의 측면에서 보면 3·1운동 당시의 민중 개념은 대체로 '전통적인' 것에 머물렀다. 그럼에도 불구하고 개념의 혁명적 전환을 '촉진'했다는 점에서, 3·1운동은 민중의 개념사 전체에서 결정적인 중요성을 갖는 사건이었다. 이만열 역시 3·1운동의 의의에 주목했다. "3·1운동은 민족지도자가 민중으로 바뀌는 중요한 계기가 되었다. 그해 조직된 상해 임시정부의 헌법에 민중이 주인이 되는 국가의 수립을 명시하였다. 이것은 결코 우연이 아니다. 이것은 또한 (박은식, 신채호와 같은─인용자) 민족주의 사학자들이 민중을 역사의 주인공으로 인식하는 것과 시기를 같이하는 것이며 같은 시기(1920년대)에 신문·잡지에서 민중이 자주 거론되는 것과도 깊은 관련이 있는 것이다."[46] 필자는 민중 개념사에서 3·1운동이 갖는 중요성을, 첫째, 사용빈도의 급증, 둘째, 역사주체라는 의미 추가, 셋째, 저항성과 변혁이라는 의미 추가라는 세 가지로 정리할 수 있다고 본다.

우선, 3·1운동 직후부터 민중의 '사용빈도'가 급증 추세를 보였다. 3·1운동이 종식시킨 무단통치를 대신하여 문화통치가 시작되면서 1920년 4월 1일 탄생한 「동아일보」의 창간호에는 8개 면 중 4개 면에 걸쳐 무려 33회나 민중이라는 표현이 사용되었다(〈표 2-3〉 참조). 민중이 유행어가 된 것이 아닌가 하는 느낌이 들 정도였다. 특히 창간사에서는 민중이 무려 14회나 사용되어 민족이나 인민의 등장 빈도를 압도했다. 유근과 양기탁도 창간호 1면에 쓴 글에서 각각 5회, 2회 민중을 언급했는데, 이들은 창간 당시 오늘날의 편집고문 격인 편집감독을 맡고 있었다.[47] 창간호 이후에도 「동아일보」 지면에서는 일일이 셀 수조차 없을 정도로 빈번히 민중이란 단어가 사용되었다.

이런 상황은 1920년대 내내 유지되었던 것으로 보인다. 「동아일보」 기사 제목을 통해 국민, 인민, 민중, 대중의 네 가지 '집합적 주체'를 비교 분석한 허수는 그 결과를 다음과 같이 요약한 바 있다. "전체적으로

<표 2-3> 「동아일보」 창간호(1920.4.1)의 민중 용례

면	기사(필자)	민중		해당 기사에 등장하는 다른 유사 개념들
		용례	빈도	
1	주지(主旨)를 선명(宣明)하노라(창간사)	"조선민중"(5회); "현대 민중", "민중의 열망", "민중의 친구", "2천만 조선민중", "2천만 민중", "조선 2천만 무고(無辜) 민중", "기(幾)천만의 남녀 민중", "2천만 민중의 기관", "조선민중의 표현기관" 각 1회	14	민족(4회), 인민(3회), 만중(萬衆)(1회)
1	아보(我報)의 본분과 책임(유근)	"2천만 민중", "조선민중의 표현기관", "조선민중의 권리보호자", "조선민중의 문화 소개자", "조선민중의 기관수"	5	
1	지(知)아 부(否)아? (양기탁)	"국제 민중의 대운동", "민중의 교육"	2	국민(3회), 민족(2회)
2	축사 급(及) 축전	"민중의 복지"(경기도지사 工藤英一)	1	
2	동아 단평(短評)	"나의 부친은 정의요, 모친은 민중이라"	1	
5	조선 발전의 요결(要訣)(스코필드)	"일반 민중"(3회); "민중은 깨기를 원치 아니하고", "근면 민중" 각 1회	5	국민(6회), 인민(2회), 민족(2회), 군중(1회)
6	국가의 행경(幸慶)(정무총감 水野鍊太郎)	"사회(社會) 민중", "반도(半島) 민중"	2	
6	성서(聖書) 이상의 반향(경무국장 赤池濃)	"현금(現今)의 민중"	1	국민(1회)
6	위생사상의 보급도 일(一) 사명(조선총독부 의원장 芳賀榮次郎)	"신문은 민중의 향도(嚮導)"	1	인민(1회)
6	조선인의 약점은 당파열(黨派熱)(지방법원장 칙사 河原健之助)	"일반 민중의 지식 정도를 향상케 함"	1	민족(1회)
	합계		33	

볼 때, 1920년대에는 '민중' 개념의 빈도 수가 가장 높고, 1930년 이후에는 '국민' 개념이 강세를 보이는 점을 알 수 있다. '인민' 개념은 하향 추세를 그리며 시간이 지날수록 최저를 기록하고 있다. '대중' 개념은 1930년 전후와 1938년에 높게 나온다."[48]

둘째, 3·1운동 직후부터 전통적 민중 개념에 '역사주체'라는 새 의미가 추가되기 시작했다. 〈표 2-3〉에서 단적으로 확인할 수 있듯이, 총독부 고위 관료들의 글에서 언급되는 경우는 말할 것도 없고, 창간호에 등장하는 민중이란 말에는 역사주체나 저항주체의 의미가 거의 담기지 않았다. 민중은 국민, 민족, 인민, 만중萬衆, 군중群衆 등과 호환적 관계 속에서 혼용되었으며, 따라서 의미상의 독자성이나 차별성도 약한 편이었다. 그러나 3·1운동은 독립운동가들과 민족주의적 지식인들이 '피지배 다중의 힘', 곧 피지배 다중에 내장된 거대한 위력을 발견하고 인정하는 계기로 작용했다. 3·1운동을 계기로 민중은 역사와 사회의 큰 흐름을 바꿀 만큼 거대한 힘과 에너지를 품은 존재로 재평가되고 재인식되었다. 그것은 조만간 민중에게 역사주체라는 새로운 의미를 부여하는 의미심장하고 중대한 변화로 이어졌다. 이만열은 3·1운동을 고비로 주요 민족주의 역사학자들이 종전의 '영웅 중심 사관'을 버리고 '민중 중심 사관'을 채택하게 되었다고 주장한다.

한말 일제하의 민족주의 사학자들—예를 들면 박은식·신채호 같은 이들은 민족의 자주 독립을 강조한 나머지 초기에는 영웅 중심 사관을 일정하게 갖고 있었다. 그러나 1920년대, 그들은 역사의 주역으로서의 영웅의 존재를 더 이상 거론하지 않고 그 대신 민중을 강조하게 되었다. 민중에 의하지 않고서는 민족의 독립이 불가능함을 그들이 깨달았기 때문이다. 이것은 당시 이미 민족주의 사학자들이 앞으로 한국 민족사를 담당할 주체세력이 민중이었다는 것을 깨달았음을 의미하는

신채호

것이었다.[49]

영웅사관을 탄핵하면서 민중의 역사 주체성을 강조하는 전통은 비단 신채호만이 아니라 "조선혁명선언" 발표와 같은 해인 1923년에 출간된 황의돈의『신편 조선역사』를 비롯하여, 동시대의 역사학자인 문일평과 안확 등에 의해서도 공유되고 재확인되었다.[50] 민중의 역사 주체성은 (『동아일보』의 표현을 빌리자면) "민중의 실력이 역사적 색채를 발휘하게 된" 시대, 곧 "민중의 시대"가 도래했음을 선포하는 것으로 완성된다.[51]

셋째, 3·1운동 직후부터 민중 개념에는 '저항성 내지 변혁성'이라는 새 의미도 부착되고 있었다. 이를 통해 '백성 민중'이 '투사 민중'으로, 나아가 '혁명가 민중'으로 발전하는 거대한 선회旋回가 이루어지게 되었다. 이런 움직임을 선도한 이는 중국·일본 등 '국외'에서 활동하던 좌파 성향의 지식인이나 독립운동가들이었다. 그러나 1920년대 초 '국내'에서는 여전히 전통적인 민중 개념이 득세하고 있었다. 강정구에 의하면, "민중이라는 용어는 1920년대부터 간헐적으로 사용됐지만 거기에는 역사 변혁주체라는 개념이 빠져 있었다. 민중은 단지 대다수의 사람들이요, 지식인 혹은 지도자가 주도했던 계몽의 대상이자 대변해주어야 할 존재였다."[52] 예컨대 신극新劇 공연을 내세우며 1922년 초에 조직된 '민중극단民衆劇團'의 '민중'에서도 어떤 저항성이나 변혁성을 느끼기는 어려웠다.[53]

(2) 좌파 지식인들과 신채호의 언어혁명

김약수 등 좌파 성향 지식인들에 의해 도쿄에서 발행되던 월간지『대중시보』가 1921년 11월 월간에서 주간으로 발행주기를 변경했다. 이즈음 내세운 '강령'에는 "(1) 조선 민중으로 하야금 신사상新思想에 관한 이해를 가지게 하며……(2) 자유 평등의 민중화를 위하야……(3) 자본주의적 경제조직을 근본적으로 개혁……(4) 진정한 인류해방을 위하야 부인운동 급 민족운동의 연맹을 추구한다"는 내용이 포함되어 있었다.[54] 이 가운데 "자유 평등의 민중화"라는 표현이 특히 주목된다.

1922년 3월 중국 텐진에서 간행된, 상해 고려공산당 계열의 사회주의 선전 잡지 『투보鬪報』에는 민중을 '폭력투쟁의 주체'로 호명하는 글이 실렸다. 이 글은 "민중의 내부에 잠재되어 있는 폭력성을 예찬"하고 있다.

> 폭력! 하날에서 떨어지는 뇌정雷霆의 역力도 아니요 따으로 소사나는 화산火山의 역力도 아니다. 오직 우리 민중의 오저奧底에서 끌어 오르는 열혈의 분무噴霧가 그것이다. 민중 자체의 소유한 폭력이다. 민중 각개의 선덕善德에서 양출釀出하는 폭력이다. 그럼으로 우리의 구가謳歌하는 폭력은 진정한 정의의 역力이요, 우리의 사용하는 폭력은 선善의 위력이 그것이다.……아! 자유에 주리는 우리 민중이여. 너의 수족에 철쇄鐵刷 해제할 절대력絶對力을 가진 자는 오직 너의 자체의 소유한 위대한 폭력이 그것이다.[55]

신채호는 1925년 초에 발표한 "낭객浪客의 신년만필新年漫筆"이라는 글에서 그로부터 몇 해 전 상해에서 「민중民衆」이라는 주일신문이 발행되었다고 쓴 적도 있는데, 아마도 좌파 계열 조선인 독립운동가들의 매체였던 것으로 보인다.[56] 『대중시보』 강령에서 '민중화'의 의미가 다소 모호하고 대체로 '대중화'의 뜻에 가까웠다면, 『투보』의 글은 더욱 명료한 형태로 '저항적 민중'의 의미를 담고 있다.

마침내 1923년 1월에 이르러 신채호의 "아나키스트적 민중혁명" 개념이 등장했다.[57] 중국에 망명 중이던 신채호는 "조선혁명선언"을 통해 민중을 '혁명주체', 그것도 '폭력혁명의 주체'로 끌어올렸다. 이 선언에서 "민중은 우리 혁명의 대본영大本營"으로 규정되었다. 신채호는 참정권론, 자치론, 문화운동론, 외교론, 준비론 등 "내정독립이나 참정권이나 자치를 운동하는 자"들을 민족 내부의 적으로 간주하면서, "조선 민중이 한편이 되고 일본 강도가 한편이 되어" 벌이는 일대 격돌에서 "민중 직접혁명"을 민족독립의 유일한 활로로 제시했다.[58]

김진균은 "조선혁명선언"에서 발견되는 신채호의 민중 개념을 "민족주의적 민중관"으로 명명했고, 김종학은 "민중적 민족주의"라고 불렀다.[59] 그러나 신채호의 지적·정치적 역정의 시초부터 이런 민중 개념이 나타난 것은 물론 아니었다. 그 역정의 초기에 신채호는 "역사를 영웅 중심으로 파악"하는, 특히 한국의 경우 이순신·을지문덕·최영처럼 "이민족과의 투쟁에서 승리한 영웅을 부각"하는 애국자 대망론待望論, 영웅 대망론, 영웅숭배론 쪽으로 기울어 있었다.[60] 강만길은 신채호의 역사관이 '영웅주의 사관'에서 '국민주의 사관'을 거쳐 '민중주의 사관'으로 변천해갔다고 보았다.[61] 그에 따라 신채호의 관점에서 역사를 이끌어가는 주체 역시 영웅에서 (신)국민으로, 다시 민중으로 바뀌어갔다.

1920년대 이전에 신채호는 민중을 다른 유사 용어들과 섞어 이따금 사용했지만, 이때의 민중은 1923년 이후의 민중과는 의미가 많이 달랐다. 강만길에 의하면, "신채호는 식민지 시대 이전, 대한제국 시기의 논설에서 피지배 대중을 가리켜 주로 국민, 인민, 민 등으로 불렀으나 1908년에 쓴 「대한의 희망」에서 '상제의 희망으로 세계가 즉유即有하며 민중의 희망으로 국가가 즉유하며'라 하고, 같은 해 쓴 「역사와 애국심의 관계」에서 '피彼 허명충수虛名充數의 민중으로 어찌 국가를 유지하리오' 한 것과 같이 간혹 민중이란 용어를 쓰고 있었"지만, 그것은 "아직 역사적 개념으로 쓰여지지 않은, 일반적인 의미로 쓰여진 데 불과"했다.[62] 신용하의 표현을 따르자면, "신채호는 3·1운동 이전까지는 '민중'을 주로 계몽의 대상으로 생각한 것이 사실"이었다.[63] 신채호는 식민화 이전 시기에는 '신新국민'을 역사 발전의 주체로 간주했지만, 3·1운동을 계기 삼아

'민중'으로 선회한 것으로 보인다.[64] 그가 이전부터 민중이라는 용어를 사용했다는 사실을 생각하면, 신채호는 '백성 민중'에서 '투사 민중'으로 옮겨갔다고도 말할 수 있을 것이다. 다시 강만길의 설명을 통해 정리하자면, "애국계몽운동 시기의 추상적이고 영웅주의적이던 민족 개념은 대체로 3·1운동을 계기로 청산되고 민중이 민족의 실체로 나타나기 시작하면서 투쟁사관과 민중혁명 사상으로 발전하였던 것이다."[65] 1920년대 이전 '부국강병의 입헌군주국가'를 목표 삼던 신채호가 달라진 이유를 안병직은 다음과 같이 설명했다.

> 그것은 이미 1919년 이전과 1919년 이후의 역사적 조건이 달라진 데 기인한다. 이제 나라는 일본 제국주의의 식민지로 되었다. 조국 강토에서 일본의 자본주의가 발전함에 따라 한국의 자본주의는 몰락하여 가고 따라서 민족운동 주도 세력으로서 민족자본가의 의의도 점차 감퇴되어 갔다. 그리고 봉건세력은 민족운동을 돕기는커녕 일본 제국주의의 식민지 지배의 부속기관으로 흡수되어갔다. 이제 독립운동의 주도적 역량으로서 새로운 세력이 등장하지 않으면 안 되었다. 이러한 시대적 조건하에서 신채호는 민족운동의 주도적 세력은 민중이라는 것을 간취하고 "민중은 우리 혁명의 대본영이다"라고 선언하면서 독립운동의 목표는 "민중적 조선"을 건설하는 데 있다고 하였다. 그러면 민중이란 무엇인가. 1920년대 독립운동의 역량으로서, 또 혁명운동의 역량으로서 '민중'은 우리나라에 있어서뿐 아니라 중국에서나 일본에서도 아주 중요시되고 있었다.[66]

"조선혁명선언"의 민중 개념은 인민 개념과도 분명히 구분된다. 김종학에 의하면 "조선혁명선언"에서 인민은 "단순히 지배계층에 의해 억압받고 착취당하는 인간 무리"로, "피동적, 순응적, 비주체적, 전근대적,

朝鮮革命宣言

我　　力

民衆은　우리革命의大本營이다
暴力은　우리革命의唯一武器이다
우리는　民衆속에가서　民衆과携手하야
不絶하는暴力─暗殺・破壞・暴動으로써

四千二百五十六年　一月

義烈團

우리生活에不合理한一切制度를改造하야
人類로써人類를壓迫지못하며社會로써社會를剝削지못
하는
理想的朝鮮을建設할지니라

朝鮮革命宣言

조선혁명선언

퇴행적 존재"로 묘사되고 있다. 이에 반해 민중은 "폭력혁명의 주체"로서 "폭력혁명의 발생과 함께 비로소 세상에 태어나는 존재"이다.[67] 안병직은 신채호가 말하는 민중의 구성을, 농민을 중심으로 한 "프롤레타리아·반半프롤레타리아와 소小부르조아지의 연합체인 것 같다"고 했다.[68] 정창렬은 신채호의 파격적인 민중 개념을 두고 "한국에서의 역사인식에서 민중이 역사 발전의 주체임이 확인된 것은 신채호의 경우가 처음"이었다고 높이 평가했다.[69]

신채호가 주장하는 '민중혁명'은 민족혁명과 사회혁명의 결합이었다. 이 점은 '민중 직접 폭력혁명'인 '조선혁명'의 원대한 비전을 밝힌 다음 구절들을 통해 명백하게 드러난다. 여기서 신채호는 이민족 통치의 파괴를 통한 '고유적 조선'의 건설, 특권계급의 파괴를 통한 '자유적 조선 민중'의 건설, 경제적 약탈제도의 파괴를 통한 '민중적 경제'의 건설, 사회적 불평등의 파괴를 통한 '민중적 사회'의 건설, 노예적 문화사상의 파괴를 통한 '민중적 문화'의 건설을 역설했다.

혁명의 길은 파괴부터 개척할지니라.……건설과 파괴가 다만 형식상에서 보아 구별될 뿐이요 정신상에서는 파괴가 곧 건설이니 이를테면 우리가 일본 세력을 파괴하려는 것이 제1은, 이민족 통치를 파괴하자 함이다. 왜? '조선'이란 그 위에 '일본'이란 이민족 그것이 전제專制하여 있으니, 이민족 전제의 밑에 있는 조선은 고유한 조선이 아니니, 고유의 조선을 발견하기 위하여 다른 민족 통치를 파괴함이니라.

제2는, 특권계급을 파괴하자 함이다. 왜? '조선 민중'이란 그 위에 총독이니 무엇이니 하는 강도단의 특권계급이 압박하여 있으니, 특권계급의 압박 밑에 있는 조선 민중은 자유적 조선 민중이 아니니, 자유적 조선 민중을 발견하기 위하여 특권계급을 타파함이니라.

제3은, 경제 약탈제도를 파괴하자 함이다. 왜? 약탈제도 밑에 있는 경제는 민중 자기가 생활하기 위하여 조직한 경제가 아니요, 곧 민중을 잡아먹으려는 강도의 살을 찌우기 위하여 조직한 경제니, 민중 생활을 발전하기 위하여 경제 약탈제도를 파괴함이라.

제4는, 사회적 불균형을 파괴하자 함이다. 왜? 약자 위에 강자가 있고 천한 자 위에 귀한 자가 있어 모든 불평등을 가진 사회는 서로 약탈, 서로 박탈, 서로 질투·원수시 하는 사회가 되어, 처음에는 소수의 행복을 위하여 다수의 민중을 해치다가 마지막에는 또 소수끼리 서로 해치어 민중 전체의 행복이 끝내 숫자상의 공☆이 되고 말 뿐이니, 민중 전체의 행복을 증진하기 위하여 사회적 불평등을 파괴함이니라.

제5는, 노예적 문화사상을 파괴하자 함이다. 왜? 전통적 문화사상의 종교·윤리·문학·미술·풍속·습관 그 어느 무엇이 강자가 제조하여 강자를 옹호하던 것이 아니더냐? 강자의 오락에 이바지하던 여러 도구가 아니더냐? 일반 민중을 노예화하게 했던 마취제가 아니더냐? 소수 계급은 강자가 되고 다수 민중은 도리어 약자가 되어 불의의 압제를 반항치 못함은 전혀 노예적 문화사상의 속박을 받은 까닭이니, 만일 민중적 문화를 제창하여 그 속박의 쇠사슬을 끊지 아니하면, 일반 민중은 권리 사상이 박약하며 자유 향상의 흥미가 결핍하여 노예의 운명 속에서 맴돌 뿐이니라. 그러므로 민중문화를 제창하기 위하여 노예적 문화사상을 파괴함이니라.

다시 말하자면 '고유적 조선의' '자유적 조선 민중의' '민중적 경제의' '민중적 사회의' '민중적 문화의' 조선을 건설하기 위하여 '이민족異民族 통치의' '약탈제도의' '사회적 불평등의' '노예적 문화사상의' 현상을 타파함이니라.[70]

그러나 민중은 스스로의 깨우침과 힘만으로 이 지난한 과업을 달성해야만 한다.

민중은 신인神人이나 성인이나 어떤 영웅호걸이 있어 '민중을 각오'하도록 지도하는 데서 각오하는 것도 아니요, "민중아, 각오하자" "민중이여, 각오하여라" 그런 열렬한 부르짖음의 소리에서 각오하는 것도 아니다. 오직 민중이 민중을 위하여 일체 불평·부자연·불합리한 민중 향상의 장애부터 먼저 타파함이 곧 '민중을 각오케' 하는 유일한 방법이니, 다시 말하자면 곧 먼저 깨달은 민중이 민중의 전체를 위하여 혁명적 선구가 됨이 민중 각오의 첫째 길이다.[71]

신채호의 민중 개념은 '역사주체', '혁명의 주체', 그리고 (적극투쟁론, 독립전쟁론 등에서 확연히 드러나는) '비타협적 투쟁성' 등을 핵심적 요소들로 구성되었다.[72] 민중경제학의 개척자 중 한 사람인 유인호는 신채호의 민중 개념이 그 이후의 민중 개념(예컨대 1970년대 이후의 민중 개념)에 끼친 영향, 그리고 이들 사이의 개념적 연속성을 강조한 바 있다. 그에 따르면, "지난 70년대 이래 '민중'의 문제가 과거 이상으로 연구와 관심의 초점이 되고 있는 이때, 신채호의 민중 인식·민중 실체·민중 역할에 관한 견해는 그의 '조선혁명선언'을 단순히 '의열단義烈團'의 강령으로 머물게 하는 것이 아니다."[73]

1923년에 명료하게 제시된 신채호의 새로운 민중 개념은 그 후에도 일관성 있게 유지되었다. 그가 주도하여 소집한 1928년 4월의 '무정부주의동방연맹 북경회의'에서 직접 집필하여 발표했던 "선언문"이 좋은 예이다.[74]

우리의 세계 무산대중! 더욱이 우리 동방 각 식민지 무산대중의 피·가죽·뼈·골을 빨고, 짜고, 씹고, 물고, 깨물어 먹어온 자본주의의 강도 제국 짐승무리는 지금 그 창자가 뚫어지려 한다. 배가 터지려 한다.…… 저들은 다만 우리 민중의 고기를 먹는 입만 딱 벌리고 있다.

아, 잔학·음참陰慘·부도不道한 야수적 강도! 강도적 야수! 이 야수의 유린 밑에서 고통과 비참을 받아오는 우리 민중도 참다 못하여 견디다 못하여, 이에 저 야수들을 퇴치하려는, 박멸하려는, 재래의 정치며, 법률이며, 도덕이며, 윤리며, 기타 일체 문구文具를 부인하자는, 군대며, 경찰이며, 황실이며, 정부며, 은행이며, 회사며, 기타 모든 세력을 파괴하자는 분노적憤怒的 절규 '혁명'이라는 소리가 대지 위 일반 사람들의 고막을 울리었다.[75]

1923년의 "조선혁명선언"과 1928년의 "선언문"에서 잘 드러나듯이, 신채호가 '개인'의 자격으로 새로운 민중 개념을 설파한 게 아니라는 사실이 대단히 중요하다. 신용하가 말하듯이 3·1운동 이후 1945년까지 독립운동의 흐름은 민족주의 독립운동 노선, 공산주의 독립운동 노선, 무정부주의 독립운동 노선이라는 세 갈래로 분화되었다. 신채호는 이 가운데 '무정부주의 독립운동 노선', 즉 의열단으로 대표되는 무정부주의자 그룹을 대표하고 있었다. "앞의 두 개의 사조는 막강한 세력을 갖고 있었던 데 비하여 세 번째의 무정부주의 독립운동 노선은 그 세력이 매우 미약한 가느다란 흐름"이었을지라도 말이다.[76]

조경달의 평가처럼 신채호의 민중 개념은 "조선 정치사상에서 민중관 전환의 획기적 계기"였다.[77] 3·1운동 이후 민중 개념을 중심으로 진행된 '언어혁명'은 군주제 타파와 공화제 전환이라는 '정치혁명'과 맞물렸다. 신재호의 신개념에 의하면, 민중이 주체로 나서서 수행해야 할 혁명은 '민족혁명'과 '사회혁명'을 결합한 '동시혁명'이었고, 단순한 '독립'만이 아닌 '총체적·전면적 사회변혁'을 지향했다. 그런 면에서 신채호는 '언어혁명과 정치혁명의 중첩'에 이어 '민족혁명과 사회혁명의 중첩'마저 결합한, 한마디로 '이중의 이중혁명'을 선도했던 인물이었다고 종합할 수 있을 것이다.

신채호를 통해 민족적 민중, 민중적 민족이 동시에 탄생했다. 이미 1920년대 벽두부터 좌파 성향 독립운동가들 사이에서 상당한 공감대가 형성되어가던 새로운 민중 개념이 가장 저명한 혁명가이자 지성인에 의해 집대성되면서 체계화·공식화한 것이 아닐까. 신채호의 새로운 민중 개념은 한 개인의 독창적 사상이나 개인적 창안물에 그치지 않고 무정부주의적-민족주의적 지식인 그룹에 의한 집단지성의 산물이었다는 점, 그것이 '민중운동'이라는 이름의 거대한 변혁적 사회운동으로 발전한 사례였다는 점, 그리고 일시적 유행에 그치지 않고 1920년대와 1930년대의 식민지 조선 사회를 풍미했다는 점에서 특별한 중요성을 갖는다.

(3) 「동아일보」와 최초의 민중 정의

1924년 2월 6일자 「동아일보」에는 "미발견未發見의 민중, 민중은 역力의 원천"이라는 제목의 흥미로운 사설이 게재되었다. 민중에 대한 체계적인 개념 정의를 역사상 처음으로 시도하고 있다는 점에서도 이 사설은 특별히 주목할 가치를 지닌다. 이 사설은 '근대 한국'의 역사를 '사회의 발견 → 민족의 발견 → 민중의 발견'이라는 3단계 발전 도식으로 설명한다. 사회와 민족에 이어 새로이 발견된 민중은 누구인가? 그것은 "관官이 아닌 것"이면서 "다수자", 다시 말해 '특권계급'이 아니면서 '소수계급'도 아닌 존재로서 당시 조선에서는 "농민, 어민, 노동자를 합한 것"이고, 따라서 특권적 소수인 "재산가·지식계급·자유업자"는 정의상 제외된다.

> 민중이란 무엇인가. 민중인 고로 관리 기타의 특권계급일 수는 업다. 즉 민중의 첫재 특징은 관官이 아닌 것이다. 다음에 민중인 고로 소수계급일 수는 업슬 것이다. 그럼으로 소수인 재산가는 민중이 아니오, 소수인 지식계급은 민중이 아니오, 소수인 자유업자自由業者는 민중이

아니다. 그러면 민중이란 무엇인고. 그것은 다수자라야 할 것이니 이 의미로 보아 조선의 민중은 농민, 어민, 노동자를 합한 것이라야 할 것이다. 그 중에서 가장 다수를 점령한 것이 전全인구의 10분지 8강强이나 되는 농민인즉 조선 민중의 중심은 농민에 잇슬 것이다.

사실 「동아일보」의 이런 민중 정의는 전형적으로 전통적인 정의에 가깝다. 그런데 '운동'(사회운동)과 결합함으로써 민중 개념에도 강렬한 역동성과 더불어 저항성 혹은 현실 변혁성이 발생한다.

만일 이상의 민중의 정의가 정당하다 하면 우리의 현재의 모든 운동이 민중적이라 할가 비민중적이라 할가. 우리는 자래自來의 모든 운동이 거의 다 전全민족으로 보아 소수에 한하얏든 것을 여러 번 한탄하엿다. 지금까지의 운동은 소수 지식계급에 한한 것이 만앗슴으로 그것은 민중운동이 아니오 구태여 일흠을 지으랴면 선민운동選民運動이라 할 것이다. 이 운동에 대하야 진정으로 조선민중이라 하기에 합당한 계급은 이해도 업고 참가도 아니하엿고, 완연히 아모 관계도 업는 이민족의 관觀이 잇섯다. 우리 운동은 그것이 무엇이든지 민중에 기초를 두어야 할 것이다. 그러치 아니하고는 그 운동이 성공될 리가 업는 까닭이다. 소수의 선민끼리 각 가지로 조직을 해보고 계획을 해보더라도 그것은 소수이기 때문에 "큰 힘"이 아니 나고 "큰 힘"이 아니 나기 때문에 큰일을 일우지 못할 것이다. 최후의 승리를 어들 자가 민중을 기초한 운동일 것은 이미 토의를 초월하엿다. 우리가 일즉이 민족을 발견하드시 이제는 민중을 발견할 때가 되엇다. 민중을 발견함으로 민족의 발견이 의미를 가지게 되는 것이다. 민중을 발견함으로 진정한 문화운동, 사회운동의 목표가 확립될 것이다.

이에 따르면 민중은 직전에 발견된 민족의 실질적인 주체이자 토대가 되어야 하며, 이 경우 민족운동은 곧 민중운동이 된다. 한국이 아닌 다른 나라들의 맥락에서이긴 하나, 1920년대의 「동아일보」에는 중국의 "민중혁명"(1925.8.18, 1면), 프랑스공산당의 "민중의 혁명"(1925.2.12, 1면), 필리핀의 "혁명민중"(1927.5.18, 1면)과 같은 단어들도 등장한다.

(4) 민중운동

「동아일보」에서 '민중운동'이라는 단어가 처음 등장한 때는 1920년 4월이었다. 중국의 민중운동("지나의 민중운동") 동정을 소개하는 4월 7일자 기사부터 시작하여, 유럽(특히 영국)의 민주화운동을 민중운동으로 칭하는 기사(4월 21일자), 1차 대전 이후의 세계정세를 소개하는 맥락에서 러시아의 "민중적 대운동"을 거론하는 기사(4월 27일자)를 비롯하여 "노서아 민중운동"(5월 21일자), "중국의 민중운동"(5월 27일자), 중국의 "최근 민중운동"(6월 8일자), "일본 민중운동"(7월 29일자), 러시아의 "실제 민중운동"(8월 2일자) 등으로 기사가 이어졌다. 한국의 상황과 관련하여 민중운동이라는 용어를 사용한 것은 1920년 8월이 처음이었다. 그해 8월 20일자 사설에서 조선의 민중운동은 정치운동과 사회운동·문화운동의 양 방면을 겸유兼有해야 한다는 주장이 제기되었다. 같은 해 8월 25일자 사설에서는 독립운동이 폭력화하는 경향이 있다면서 "조선의 민중운동은 적화赤化"하고 있음을 우려하는 입장을 표명했다. 1921년 6월 12일의 "향촌으로 귀歸하라"라는 사설에서는 "민중의 참된 운동"이, 같은 해 8월 3일자(3면)에는 북청에서 열린 '학우회' 주최의 강연회 소식을 전하면서 '개인운동'과 대비되는 의미의 '민중운동'을 운위하기도 했다.

1923년 봄부터는 국내에서도 '민중운동'을 직접 표방한 사회운동 움직임이나, '민중'을 내세운 단체 결성이 본격화된다. 1923년 3월 24일에

전조선청년당대회 대표자 출석 기념사진(1923)

는 94개 단체 대표 154명과 개인 참가 56명 등 총 210명이 출석한 가운데 서울 종로의 기독교청년회관 대강당에서 "전에 보지 못하든 조선민중운동 사상에 일대 전환이라 할 만한 계급의식을 표방"한 전조선청년당대회全朝鮮靑年黨大會가 개최되었다. 총독부는 대회를 탄압하고 나섰다. 이 대회를 계기로 같은 해 4월 20일에 '조선청년총동맹'이 결성되었는데, 이 단체는 "조선 민중운동의 선구가 되기"를 표방하고 있었다.[78] 1923년 8월 이성태·정백·최창익·주종건 등이 중심이 되어 "사회주의에 립각하야 사회문데를 연구하며 이를 연구하고 실디에 운동하는 사람들의 편의를 도으며 서적과 잡지 등의 출판과 때때로 강연과 강습을 개최"할 목적으로 '민중사民衆社'라는 단체가 조직되었다.[79]

1924년부터는 이른바 '민중운동자民衆運動者들'의 연합조직이 도 단위로 결성되기 시작했다. 이 조직들은 모두 좌파 색채가 강했다. 가장 먼저 설립된 단체는 군산에 본부를 둔 '전북민중운동자동맹'이었다.[80] 1925년 2월에는 '황해도민중운동자동맹'이 창립되었고, 같은 해 3월 말에는 '경남민중운동자 간담회'가 개최되었다. 1925년 1월로 접어들자 각지의 민중운동자들이 전국적인 차원에서 연대를 도모하는 양상으로 발전했다. 화요회 주최로 그해 4월 20일 사상·노동·청년·여성·형평운동 등 4백수십 개 단체 대표 500여 명이 참여한 가운데 경성에서 열릴 예정이던 '전조선민중운동자대회'가 그것이었다. 그러나 하루 전에 총독부가 이를 금지함으로써 대회는 불발되었다. 1927년 10월 22일에는 평안도의 '관서민중운동자동맹'이 '관서민중운동자대회'를 개최했다. 1928년 5월에는 괴산청년동맹 주도로 충청도 권역의 '호서민중운동자대회'가 준비되고 있다는 사실이 보도되었다.[81]

사회운동과 민중 개념이 결합했고, 그 결과 사회운동으로서의 민중운동이 탄생했다. 지식인들의 지적 구성물이 아닌, 의심의 여지 없이 명확한 사회적·역사적 실체로서의 민중이 드디어 출현한 것이다. 사회운동의 현장에서 '담론적 민중'과 '실제적 민중'이, 진보적 지식인 그룹과 실제 민중이, '자칭自稱 민중'과 '타칭他稱 민중'이 하나로 수렴하고 일체화되는 일대 사건이 발생했다. "민중의 개념과 그 실체"를 주제로 한 1976년 11월호 『월간 대화』지 좌담에서, (1920년대를 1930년대로 착각하고 있기는 하지만) 안병직이 이 점을 명확히 짚었다. "3·1운동 이후의 민중운동에서는 자신이 역사발전의 주체가 될 수 있다는 자각 하에서 참여한 사실이 두드러집니다. 이에 해당하는 것이 1930년대의 농민운동, 노동운동, 그다음 서울에서는 민중운동이라는 간판을 직접 내걸고 하는 운동이 있었죠. 민중대표대회라는 것이 그것입니다.……근대시민적인 의식도 그때부터 아주 뚜렷하게 나타났습니다.……이때부터 진실로 민중이 역사발전의 주체가 되는 단계로 넘어가게 됩니다."[82]

'민중+운동' 및 '민중+혁명'의 언어적 조합이야말로 저항성의 핵심 지표이자, '저항주체로서의 민중'의 탄생을 알리는 핵심 지표라고 볼 수 있다. 민중운동자 조직·대회가 총독부와 시종일관 갈등 관계를 피할 수 없었던 것도 그 때문이었으리라. 경찰은 최초의 도 단위 민중운동 연합조직인 전북민중운동자동맹의 모임과 행사에 대해 1924년 11월부터 갖가지 방해를 일삼더니, 1925년 초부터는 전북민중운동자동맹의 기관지인 『민중운동』을 '출판업 위반죄'로 문제 삼으면서 조직원 전체에 대한 대대적인 탄압에 나섰다. 이른바 '민중운동사民衆運動社 사건'이 발생한 것이다.[83] 1931년 1월에도 신간회 해소 문제 등을 다룰 전국 규모의 '민중대회' 개최가 시도되었지만 당국의 심한 탄압에 직면했던, 소위 '민중대회 사건'이 발생했다.[84] 1932년 3월에는 '제주 해녀 시위사건' 관련 검속자를 조사하는 과정에서 "소화 5년(1930년-인용자) 9월 20일경에 세화리 김시화 집에서 청년 10여 인이 간담회 끝에 비밀결사 민중운동협의회를 발의한 일이 있었다는 것", 그리고 "그것이 이번 사건을 배후에서 책동하얏다는 것"이 드러나 관련 인물들이 강력한 탄압을 받기도 했다.[85]

1920~1930년대의 민중운동이 워낙 반체제 저항의 성격이 강했기에 국가(총독부)와 그토록 요란하게 충돌했던 것이다.

민중운동은 계급과 세대, 젠더를 가로질러 지역(도) 차원, 나아가 전국적인 차원에서 초계급적·초계층적 연대를 구축하고자 했다. 도 단위로 조직된 민중운동자연맹은 개인 참여도 허용했던 것으로 보이지만 대개 단체들이 주축이었고, 그런 면에서 광역 지방 단위의 폭넓은 사회운동 단체-개인 연합체 성격을 띠었다. 1924년 6월 경상남도 마산 청년들은 "'계급적 대단결'로써 '조선민중해방'을 지향한다"는 입장을 표명했고, 1925년 4월 열린 함경도 영흥청년대회에서는 "'계급적 대단결'과 '민중해방운동의 선구자가 되기를 기함'"이 결의되었다.[86] 1925년 1월 사리원에서 열린 '황해도 민중운동자 간친회懇親會'에서는 "노동운동, 농민운동, 사상운동, 청년운동, 여성운동, 형평운동, 소년운동, 기근구제, 교육문제" 등이 안건으로 상정되었고, 옹진청년마산노동회勞動會, 해주사상연구회, 홍수청년회, 재령무산無産청년회, 봉산청년회 등의 참가단체를 포괄하고 있었다.[87] 1925년 3월 개최를 목표로 추진되던 최초의 '전조선민중운동자대회'에는 사상단체, 농민단체, 노동단체, 청년단체, 여성단체, 형평운동 단체 등이 참여할 예정이었다. 다음은 1925년 2월 8일자(3면)의 「동아일보」 기사이다.

조선의 사회운동은 몇 사람 사상가의 손을 떠나 민중 속에서 점차 발달함에 따라 조선의 민중운동은 날날이 격렬하여 가는 터인데 종내 조선민중운동자의 회합은 부분역으로는 잇섯으나 운동 각 방면을 널이 망라한 전조선력 대회는 업섯슴으로 이에 사상 농민 로동 청년 녀성 형평 등 각 운동단체가 모이어 전조선민중운동자대회를 개최하고 운동의 통일과 운동의 방침을 토의코저 경성에 잇는 사상단톄인 화요회 주최로 전긔 대회를 오는 3월 중에 경성에서 개최하리라는데 상세한 사항은 추후 발표한다더라.

1920년대에 나타나는 이러한 '민중의식 내지 민중운동의 전국화' 현상은 이를 가능하게 만드는 '사회문화적 인프라' 구축과 불가분하게 얽혀 있다. 다시 말해 민중의식의 전국적 확산 그리고 전국적 규모의 민중운동 조직화를 가능하게 만드는 사회문화적 인프라가 1920년대에는 상당히 폭넓게 구축되어 있었던 것이다. 베네딕트 앤더슨은 신문과 소설이 전국적인 민족의식 형성의 유력한 '문화적 수단이자 근원'이었음을 밝힌 바 있다.[88] 로버트 단턴 역시 여러 저작을 통해 대량 인쇄문화와 서적 유통의 역사가 여론 및 민중문화 형성에 미친 효과를 강조했다.[89] 한국에서도 19세기 말부터 20세기 초에 걸쳐 대량 인쇄문화와 유통구조가 이미 확립되어 있었고, 이를 통해 신문과 잡지, 소설을 포함한 단행본 발간이 활발하게 진행되고 있었다. 철도와 통신망도 빠르게 구축되었다. 따라서 다음 구절에서 '민족의식'을 '민중의식'으로 바꾼다 하더라도 큰 무리는 없을 것이다. "전국적인 민족의식 형성의 유력한 '문화적' 수단이 신문과 소설이었다면, 그리고 전국적인 민족의식 형성의 '의례적' 수단이 국가적인 추도일·경축일에 즈음한 전국 동시 묵념이나 동시적인 국기 게양이나 전국 동시 중계방송 등이었다면, 철도와 전신은 전국적 민족의식 형성을 위한 최상의 '산업적' 수단이었다."[90]

1920년대 이후 '민중운동'은 이전의 사건들을 해석하는 용어로도 사용되기 시작했다. 예컨대 1920년대 천도교의 대표적 문화운동가로서 우파 민족주의자에 가까웠던 박달성은 동학농민전쟁을 최초의 민중운동으로 해석했다. 그는 1927년 『별건곤』(제7호)이라는 잡지에 기고한 글에서 "최초의 민중운동을 니르킨 동학당", "갑오 동학난은 조선 유사 이래의 처음 보는 일대 민중운동으로 그 영향이 조선과 일청日淸 등 동양 대국은 무론이고 멀니 세계에까지 밋첫든 것"이라는 주장을 폈다.[91] 3·1운동 역시 종종 '민중운동'으로 재해석되었음은 물론이다.

한편 북만주의 항일독립운동단체인 신민부新民府가 1927년 말 현재 『민중』(제2호)이라는 기관지를 발행하고 있었음을 총독부 자료를 통해 확인할 수도 있다.[92] 1933~1934년에는 미국의 조선인 유학생들을 중심으로 '민중대동맹'과 '민중동맹'이 잇달아 결성되었음을 「조선일보」 보도를 통해 확인할 수 있다.[93] 제주 출신 좌파 민족주의자였던 김문준을 중심으로 오사카의 조선인 노동자들은 1935~1936년에 격주간 한글 신문 「민중시보民衆時報」를 발행했다. 1935년 6월 15일 창간 당시 표방한 「민중시보」의 '강령'은 "일본 내에 거주하는 조선인 민중의 생활 진상과 여론을 보도하는 불편부당적不偏不黨的 언론기관으로서의 존립과 성장 발전을 기함", "일본 내에 거주하는 조선인 민중의 생활 개선과 문화적 향상을 촉진함을 기함", "일본 내에 거주하는 조선인 민중의 생활권 확립과 그 옹호 신장에 자資함을 기함"이었다.[94] 이 사례에서도 확인할 수 있듯이 저항적 민중 개념은 1930년대 중반까지도 유지되었다. 대한민국임시정부 관련 문서들에서도 다수의 민중 용례를 발견할 수 있지만, 거기에는 저항적 민중 개념과 전통적 민중 개념이 뒤섞여 있었다.[95]

(5) 왜 1920년대였을까?

결국 고려공산당 계열 『투보』의 글이 발표된 1922년 3월부터 신채호의 선언이 발표된 1923년 1월 사이의 어느 시점에서, 그리고 망명지 중국의 좌파 성향 독립운동가들 가운데서 민중 개념의 혁명적 대전환이 현실화했다고 판단해야 할 듯하다. 식민지 조선에서 '언어혁명'과 '정치혁명'의 중첩 발생이라는 사건, 즉 민중 개념에서 일어난 '언어혁명'과 임시정부에 의한 공화제 전환이라는 '정치혁명'이 시기적으로 겹친 1920년대 중요성은 아무리 강조해도 지나치지 않을 것이다. 3·1운동부터 임시정부 수립까지의 과정은 '독립과 혁명의 결합', 즉 독립투쟁이 정치혁명(시민혁명)의 성격을 띠었다는 점에서 독립혁명기의 미국과 대단히 유사했다. 사회주의 사상 수용과 함께, 엘리트주의·영웅주의 역사관에 도전하는 '아래로부터의 역사'라는 관점, 민중의 저항이 역사 변동의 원동력이라는 '갈등·투쟁 사관'도 자리 잡았다. 3·1운동 이후 민족의 실체가 민중이라는 인식이 확산함과 동시에 민중의 정치적 주체성이 널리 인정되었고, 일회성의 단기 폭발적이고 산발적인 저항이 아닌 조직적·지속적인 아래로부터의 사회운동인 '민중운동'이 실제로 등장하여 급속히 발전했다. 민중운동은 지역(道·市·郡) 차원에서 초계급적·초계층적 연합을 구축하고자 했으며, 나아가 전국적인 연대까지 시도했다.

신채호를 중심으로 한 좌파적-무정부주의적-민족주의적 지식인들은 민중 개념을 통해 '민족혁명'과 '사회혁명'의 적극적인 결합을 시도했다. 국가 주권을 박탈당한 식민지 민족주의자들이 기존의 '민족' 개념에 사회혁명의 요소를 추가함으로써 민중 개념에 대한 급진적 재해석을 기도했다고 해석할 여지가 다분하다. "조선혁명선언"의 민중혁명이 민족혁명과 사회혁명을 동시에 추구하는 것이었던 만큼, 새로운 민중 개념은 민족모순과 계급모순의 동시적 해결을 목표로 하는 것이었다고 말할 수 있었다. 이처럼 1920년대에 좌파 성향 민족주의자들에 의해 민중은 '민족해방과 계급해방의 동시 주체' 혹은 '민족모순과 계급모순이 복합적으로 응축된 존재'로 이해되는 경향이 강했다.

또 그로 인해 새로운 민중 개념이 민족모순을 중시하는 우파 세력과 계급모순을 중시하는 좌파 세력의 광범한 연합을 위한 기초로 작용할 잠재력도 충분했다. 다시 말해 1920년대 민중 개념에 민족주의와 계급주의가 모두 작용하고 있었다면, 민중 개념이 좌파-우파 민족주의자들 간의 '좌우합작'이나 '통일전선'을 매개하고 현실화하는 개념으로 작용할 가능성도 그만큼 증폭되었을 수 있다는 것이다. 물론 이때의 연합은 '계급연합'보다는 '정치연합'의 성격이 강할 것이다. 요컨대 민중 개념에 '통합·연대·합작의 언어'라는 기능이 부착될 가능성이 새로이 생겨난 것이다.[96]

민중 개념의 역사에서 1920년대는 그야말로 환골탈태換骨奪胎의 시기였다. 변화를 추동한 두 축은 '민족 하층' 중심의 새로운 민족 이해를 동반한, 민족운동 주체에 대한 인식 변화 그리고 사회혁명 시각의 도입이었다. 1920년대에도 민중이 유사 개념들의 위계나 네트워크에서 지배적인 위치를 차지하게 된 것은 아닐지라도, 민중 개념의 의미에서 결정적이고 혁명적인 변화가 발생했음은 분명했다. 이만열은 1920년대 초 민중 개념에 대대적인 변화가 발생한 요인을 3·1운동에서 민중의 역할, 의병운동과 해외 무장독립운동에서 민중의 역할, 민중의 의식화에 따른 생존권 투쟁 및 신분 해방투쟁과 그것의 반反식민 투쟁으로의 발전 등 세 가지로 요약한 바 있다. 여기서 이만열은 민중 개념의 '저항성·변혁성'보다는 '역사주체'의 측면에 일차적인 초점을 맞췄다.

> 첫째, 3·1운동에 나타난 민중의 역할이다. 3·1운동을 준비한 지도급 인사들은 봉건시대에 있어서의 소위 양반 계급에 속한 사람들은 이미 아니었다. 그들은 오히려 평민 지도자였고, 그런 의미에서 민중이었다. 3·1운동의 거사 계획 과정에서뿐만 아니라 3·1운동의 전국적인 동태화 과정에서는 민중이 거의 절대적인 운동 추진체였다. 여기서 역사의 주체로서의 민중에 대한 자각이 보다 뚜렷하게 되었던 것이다. 민중이 독립운동을 포함한 근대 민족사 전개에 핵심적인 주체가 되어야 한다는 당위론은 여기에서 구체화되어 갔다고 보여진다.
>
> 둘째, 의병운동과 해외 무장독립운동에서의 민중의 역할이다. 초기의 의병운동에서는 양반 유생이 지도적 역할을 차지하고 있었으나, 그런 경우에도 그 운동의 주도체는 '평민'이었다. 초기의 그러한 양상

은, 의병운동이 무장독립운동으로 발전함에 따라 평민 지도자가 출현하고 운동체 내의 민족적 결속력이 강화됨에 따라 점차 '민중'으로 대치되어갔던 것이다.

셋째로, 일제의 토지조사사업에 따른 토지 탈취 정책과 그 후의 식민지 공업화 정책에 따라, 외민족으로부터 경제적 착취를 당하는 한국의 많은 농민과 노동자들이, 1920년대의 세계사의 조류와 관련하여 점차 의식화되어갔던 사실이다. 그리하여 소작쟁의·노동쟁의 등의 생존권 투쟁이 반식민 투쟁의 성격을 띠면서 국내에서는 가장 전위적이고 격렬한 민족운동으로 전개되어갔다. 한편 이러한 추세 속에서 형평衡平운동 등의 일종의 신분 해방운동이 전개되어갔던 것을 주목하면 좋을 것이다.97

주체는 하나의 과정 즉 '주체화'라는 역사적 과정을 통해 접근되어야 한다. 객체적·순응적 피지배 다수가 정치적·역사적 주체로서의 권리를 주장하는 저항적 피지배 다수로 이행하는 '주체화'의 과정이 3·1운동에서 또렷하게 관찰되었다. 19세기 민란들로부터 개시되고, 동학농민전쟁에서 본궤도에 오른 주체화 과정이 3·1운동에 이르러 어느 정도 완결된 셈이었다. 민중의 주체화 과정은 3·1운동으로부터 얼마 지나지 않아 지속성을 갖는 변혁적 사회운동(민중운동)의 출현으로 재확인되었다. 급속히 확산한 사회주의 사상은 '아래로부터의 저항적 역사관'을 정당화해주었다. 이런 상황을 배경으로 「동아일보」가 한국 근대사를 '사회 → 민족 → 민중의 발견'이라는 3단계 발전 도식으로 설명하면서 '민중의 시대' 도래를 선포했던 것이다.

민중 재발견에 따른 민중 개념의 대전환에는 1917년 러시아혁명의 성공, 그 이후 국내로 유입·확산된 사회주의 사상, 1918년 일본의 쌀소동米騷動과 1920년대 초부터 보통선거제 도입을 위한 소위 '민중운동', 3·1운동 직후 발생한 중국의 5·4운동 등도 어느 정도 영향을 미쳤을 것이다. 3·1운동이 소기의 목적을 달성하지 못했던 반면, 체제변혁에 성공한 러시아혁명은 물론이고 5·4운동도 베이징 군벌정권을 상대로 요구를 관철하는 데 성공했다는 점에서 식민지 조선의 민족주의적 지식인들에게 영향을 미쳤을 가능성이 높다.

일본 민중예술론과 민중시파 운동의 영향도 분명히 확인된다. 민중예술에 관한 식민지 조선에서의 논전은 1920년 8월부터 1923년 9월까지 그리고 1925년 3월부터 1927년 8월까지 현철을 비롯한 여럿에 의해 활발하게 전개되었다.[98] 민중시파 운동의 영향도 주요한 등을 통해 확인할 수 있다.[99]

사회주의 사상의 영향력은 백남운 등이 주도한 '사회경제사관'이나 '계급사관'의 도입·확산으로도 이어졌다. 물론 사상적 변화의 저류에는 현실의 구조적인 변화가 자리하고 있었을 것이다. 신채호로 대표되는 변혁적 민중 개념의 등장에는 "1920년대 이후 노동자 대중의 수적 증가와 자본주의적 계급 관계의 확대 등의 현실적인 변화"도 배경적 요인으로 작용했다는 것이다.[100] 다음은 1920~1930년대 사회경제사관 발생에 관한 김진균의 설명이다.

> 일제 시대에 민족주의 민중관은 비단 민족주의 사학에서만 발전된 것은 아니다.……1920년대 말과 1930년대 초에 걸쳐 인식의 대전환이 있었고, 이 인식의 대전환에는 계급 관계에 대한 유물론적 인식이 근저를 이루고 있었다. 또한 실천적 측면에서 농민의 소작쟁의 운동이나 노동자계급의 노동운동이 민족운동을 계급운동으로 매개하고 있었던 것이며, 따라서 소위 '사회경제사관'이라고 지칭되었던 유물사관에 의한 역사과학의 발전이 있었고, 이것이 민중의 변혁주체로서의 성격을 이해하는 데 주요하게 기여했던 것이다. 따라서 일제 시대에 이미

민중에 대한 이해는 민족모순과 계급모순을 식민지의 자본주의 발전과 관련하여 상호 매개하는 수준까지 발전하였던 것이다.[101]

1920년대 초부터 일본에서 자주 사용되기 시작한 '민중운동'이라는 용어, 1921년경부터 등장한 '민중대회'라는 대중집회 형태, 1926년 창립된 '사회민중당' 같은 정당 등도 식민지 조선의 저항적 민중 개념 확산과 민중운동·민중대회라는 용어 사용에 긍정적인 영향을 미쳤을 가능성이 농후하다. '저항적·혁명적 민중' 개념이 1920년대 초 중국에서 활동하던 한국인 좌파 지식인들 사이에서 나타났다면, '민중운동' 및 '민중대회'라는 용어에서는 일본 쪽으로부터의 영향이 강하게 감지되는 것이다. 물론 처음부터 사회주의적 색채를 짙게 띠었던 한국의 민중운동과 비교할 때, 다이쇼 데모크라시의 시대 분위기 속에서 민주주의 가치가 중심이 된 일본의 '자유주의적 민중운동'은 뚜렷한 차이를 드러내기도 한다(일본 민중운동의 자유주의적 성격은 민중시파 운동, 보통선거권 획득을 목적으로 한 의회 밖의 민중운동, 우파 노동운동을 기반으로 한 사회민중당, 민중예술 논쟁을 개시했을 뿐 아니라 이후 논쟁의 양대 축을 형성한 혼마 히사오 그룹 등에서 분명히 확인된다). 대체로 민주주의의 자장 안에 머물렀던 일본 민중운동에 비해, 한국 민중운동은 민족주의적 성격을 강하게 드러내기도 했다.

필자는 이와 함께 망국 혹은 국망으로 불린 1910년의 국가 붕괴 사태로 초래된, 민중을 둘러싼 '개념지형'의 변화에도 주목해야 한다고 생각한다. 능동적 정치주체를 호명하던 기존 개념들 대부분이 갑자기 부적절해졌거나 개념적 적합성을 상실하게 되었고, 그럼에도 불구하고 그 개념적 진공 상태를 메울 적절하고 유력한 대체 개념은 아직 떠오르지 않음으로써 개념의 결핍 상태 혹은 개념의 병목 현상이 발생했고, 이런 과정과 상황이 구조적 압력으로 작용하면서 촉발된 대대적인 개념지형 변동 말이다.

필자는 제국帝國의 몰락도 3·1운동 못지않게 중대한 개념사적 의의를 지닌 사건이었다고 본다. 대한제국의 몰락은 식민지화라는 결과만 초래한 게 아니었다. 그것이 몰고 온 개념사적 파장이 만만치 않았다. 무엇보다도 그것은 새로운 사고방식의 촉진을 통한 개념적 가능성의 개방, 개념의 자유와 해방을 가져왔다. 제국 몰락은 탈脫군주제적·민국적民國的·공화주의적 사고와 상상을 조장했고, 권력에 의한 혹은 스스로의 언어적 습속에 의한 개념적 속박을 제거함으로써 개념혁명으로 이어질 수도 있을 개념적 자유·해방의 가능성을 열어젖혔다. 기존 개념들을 대신할 새로운 개념적 모색이 가능한 시공간 지평이 열린 것이고, 민중을 비롯하여 주목받지 못하던 여러 정치주체 후보 어휘들에게도 개념적 기회공간이 열린 것이다. 이처럼 제국의 몰락은 정치주체 개념과 관련한 '인식론적 전환'을 현실화할 가능성을 증폭시켜놓았다.

국가 붕괴는 기존의 개념체계와 개념 네트워크, 그에 따른 개념 서열과 우선순위도 동요시켰다. 앞서 보았듯이 1907년 정미조약 이후인 1908~1910년에 민족과 국민 개념이 급부상했고, 당시 신민과 백성 개념은 거의 퇴출 지경이 되었다. 1910년이 되자 국민 개념은 갑작스럽게 현실 적합성을 상실하고 말았다. 국가 해체를 초래한 강제적 '합방合邦' 이후 "대한제국이 제국주의에 대한 저항의 언어로 키워낸 국민 개념은 다시 일본제국주의에 의해 복종의 언어로 퇴락"했다.[102] 다이쇼 데모크라시가 종언을 고하고 천황제 파시즘으로 전환해가는 1920년대 후반 이후 국민 개념의 부적합성은 극대화되었다. 망국과 동시에 국민과 신민이 저항적 정치주체 개념의 대열에서 사실상 탈락한 가운데, 식민지화 이후 저항적 정치주체의 후보 개념은 민족, 인민, 계급, 대중, 시민, 민중의 여섯 가지 정도로 집약되었던 것 같다.

1920년대의 「동아일보」 기사를 통해 살펴보면, 노동계급, 노동운동,

무산계급, 계급전(계급전쟁), 계급쟁투(계급투쟁), 계급의식, 계급해방(운동) 등의 단어들이 창간 직후부터 빈번히 등장한다. '계급운동'이라는 어휘는 1924년 11월에 처음 등장한 이후부터 비교적 자주 발견된다. 1920년대는 정치 성향이나 사회주의 이념과도 상관없이 계급이라는 말 자체가 마치 유행어처럼 즐겨 사용된 때이기도 했다.[103] 그럼에도 계급은 당면한 민족적 위기의식, 민족운동의 중요성과 긴박성을 담기에 역부족이었다.

'대중'의 경우 독자적으로 사용되기보다는 '계급'과 유사한 의미로, 곧 '무산대중'과 같은 방식으로 주로 사용되었다. 다시 1920년대 전반기 「동아일보」 기사를 보면, 대중은 주로 좌파 인사들에 의해 통상 '무산대중', '무산대중의 운동', '(무산)대중해방운동', '대중해방', '노동대중', '인민대중', '근로대중' 등의 방식으로 사용되었다. '대중운동'이라는 단어는 1923년 1월 처음 지면에 등장하며, 1921년 당시 도쿄의 좌파 인사들이 발행하던 월간지 『대중시보』나 1925년 당시 함흥에서 활동하던 '대중운동자동맹'이라는 단체의 존재도 확인된다.[104] 1920년대에는 계급이나 대중 개념이 인민 개념과 적극적으로 결부되지도 않았다. 박명규에 의하면 "1920년대 한국 공산주의운동에서는 인민 개념보다도 무산대중, 무산계급, 노동자, 농민, 계급, 프롤레타리아 등의 개념이 더 많이 등장한다."[105]

'시민' 개념도 중요한 저항적 정치주체 호칭으로 부상하지는 못했다. 박명규의 말대로 "민족적 억압과 국가의 소멸이라는 정치적 환경이 일차적 조건으로 작용하고 있는 상황에서 개별적인 자율성과 다양성, 주체성을 옹호하는 시민 개념이 주목을 받기는 어려웠다."[106] 1920~1930년대 언론 보도를 보면 시민은 주로 '시민대회'라는 시위운동 방식으로 특정 지역의 현안이나 이권利權과 관련하여, 간혹 저항적 색채를 띠기도 하는 정치주체로 부상하곤 했을 따름이었다(당시에는 '시민운동'이라는 표현도 거의 사용되지 않았다).

'인민' 개념도 대체 개념이 되기엔 부족했다. 1920년의 『개벽』 창간사에서처럼 3·1운동 이후 인민이 "자유와 자율의 주체"로 설정되기도 했지만,[107] 앞에서 보았듯이 신채호는 "조선혁명선언"에서 인민을 "피동적, 순응적, 비주체적, 전근대적, 퇴행적 존재"로 간주했던 것이다. 1910년대의 '민중' 역시 아직은 인민과 별반 다르지 않은 용어로 사용되고 있었다.

결국 제국 몰락과 함께 민족이 압도적인 대안적 정치주체로 떠올랐다. 아울러 "(이미 해체되어버린—인용자) 국가에 대한 민족의 결정적인 우위"도 확립되었다.[108] 그러나 민족의 부상浮上은 결코 평온한 과정이 아니었다. 국가 붕괴 과정에서 민족 개념도 불가피하게 상당한 훼손과 상처를 입었다는 점에서, 그것은 극심한 진통과 동요를 동반한 부상이었다. 민족 개념에도 뚜렷한 상흔이 새겨졌다. 무엇보다 당연시되었던 민족의 동질성과 단일성 신화가 산산조각 났다. 국가 붕괴에 이르는 과정에서 민족의 내적 이질성과 분열, 갈등이 노출되었다. 국가기구를 점유한 관료들은 나라를 지키는 데 무능함을 드러냈고, 아예 외세와 영합하는 엘리트들도 있었고, 구국救國을 명분으로 나섰던 '자칭 민족지도자들'도 실패를 거듭했다.

대체 누가 민족과 민족운동의 '진정한 주체'인가? '진정한 주체' 문제를 해결할 수 있도록 민족 개념도 재구성되어야만 했지만 그 내용은 여전히 모호한 채로 남아 있었다. 그럼에도 불구하고 민족의 내적 이질성을 인정해야만 한다는 것, 그 이질적인 민족 구성원들을 대상으로 민족운동의 진정한 주체성 혹은 주체의 진정성 정도를 재평가·재정립해야한다는 사실만은 비교적 분명해졌다. 사실 민족 내적 이질성 쟁점에 제대로 접근하려면 민족 개념에 '계급적·계층적 차원'을 도입하는 것이 불가피해진다. 또 진정한 주체와 사이비 주체, 핵심적 주체와 주변적 주체를 분별해내려면, 민족적 위기에 대한 실제적 대응과 같은 '정치적 차원'을 도입하지 않을 수 없게 된다.

위에서 말했듯이 국가 붕괴는 기존 개념 위계를 요동시키는 가운데, 새로운 사고·상상의 촉진을 통한 개념적 자유, 새로운 모색을 위한 개념적 기회공간의 열림을 가능케 했다. 개념 위계의 상층부를 점하던 몇몇 개념들의 추락으로 개념적 결핍 내지 병목 현상이 발생한 가운데, 하층부에 위치하던 일부 개념들에게는 상층부로 올라설 수 있는 절호의 기회공간이 열렸다. 그러나 그것은 어디까지나 가능성의 개방, 즉 현실화 여부나 시기를 아직 가늠할 수 없는 가능성의 개방에 불과했다.

아마도 3·1운동이 이 모든 불투명함과 모호성을 정리할 결정적 계기를 제공해준 것 같다. 다시 말해 3·1운동이 '민족 개념 재구성'이라는 난제와 '개념적 결핍·병목 현상'을 일거에 해결해준 것으로 보인다. "비타협적이고 지속적인 민족운동의 주체는 다름 아닌 민중"이라는 발견이 그 중심에 있었다. "민족의 진정한 주체, 곧 민족의 실체이자 '주체 중의 주체'는 민중"이라는 명제가 성립된 것이다. 제국 몰락에 의한 개념적 가능성의 개방과 기회공간의 열림이 일종의 필요조건이었다면, 조만간 '민중'으로 명명될 저항적 정치주체의 출현이 충분조건 역할을 한 셈이었다. 민중 개념을 자신의 일부로 끌어들임으로써, 민족운동 주체의 변화 문제('진정한 주체'의 식별 문제)를 담기에 불충분했던 민족 개념의 한계도 상당 부분 극복되었다. 거의 동시에 민족주의적 지식인들을 오랫동안 사로잡아온 '유교적 엘리트주의'도 어느 정도 극복되었다.

1920년대 초에 식민지의 비판적 지식인들은 민족의 핵심부를 구성하면서 민족을 망국의 현실에서 구원해낼 주체 개념으로 민중을 선택했다. 민중이 가장 유력한 대안적 정치주체 개념으로 선택되는 과정은 민중 개념의 이중적 재구성 과정과 중첩되었다. '민중-민족의 결합'(민중 개념의 민족화)과 '민중-계급의 결합'(민중 개념의 계급화)이 바로 그것이었다. 이를 통해 민족 내부의 이질성과 분열·갈등이라는 딜레마도 (적어도 논리적으로는) 거의 해결되었다.[109] 민중을 매개로 한 민족 및 계급의 이중적 결합으로 인해, 자연스럽게 '민족 개념의 계급화' 추세도 가시화했다. 결국 '민족의 진정한 주체'는 민족 구성원들의 계급적 지위와 정치적 태도를 교차하여 판별해낼 수 있게 되었다.

식민지 지식인들은 일반 대중에게 낯선 새로운 용어를 '발명'하기보다는, 개념적 혁신을 통해 기존 개념을 '재발명'하는 쪽을 선택했다. 대중에게 이미 익숙한, 기존에 있던 단어(기표)에 새로운 의미(기의)를 집어넣는 방식의 개념 창안을 꾀했던 것인데, 이는 학자가 아닌 실천가들에게는 매우 당연하고도 타당한 선택이었을 것이다. 이때 꼭 '민중'이 아니라 '인민'이 선택될 수도 있었을 것이고, 실제로 1930년대 중반에 그렇게 되기도 했다. 요컨대 국가 붕괴를 계기로 민중이라는 평범하고 주변적인 개념에게도 개념적 기회공간이 열렸고, 3·1운동 직후부터 민중 어휘의 사용빈도가 빠르게 증가하다가, 불과 2~3년 만에 의미의 대변동과 함께 개념 위계에서의 질적인 도약이 현실화한 것이다.

결론적으로 1920년대에 실현된, 민중 개념에 대전환을 가져온 두 가지 핵심 계기는 제국의 몰락과 3·1운동이었다고 말할 수 있겠다. 민중을 둘러싼 개념혁명은 국가 붕괴 사건과 3·1운동의 합작품이었다. 이렇게 부상한 민중은 계급과 민족의 공통분모이자 결합체라는 특이한 성격을 갖게 되었다. 바로 이 사실이 중국과 일본의 민중 개념과는 구분되는 한국적 민중 개념의 독창성을 만들어냈다(〈표 2-4〉 참조).

〈표 2-4〉 1920년대 중국·일본·한국의 민중 개념 비교

구분	중국	일본	한국
민족 측면	중간 정도	약함	강함
계급 측면	약함	중간 정도	강함

한국·중국·일본의 민중 개념이 공통으로 정치 주체성과 저항성을 포

함했던 것은 사실이다. 중국에서는 군주제를 붕괴시킨 '공화共和혁명'으로서의 신해혁명辛亥革命, 제1차 세계대전 종결에 따른 파리강화회의 결과에 항거한 5·4운동의 여파 속에서 민중의 정치 주체성과 저항성이 폭넓게 인정되었다. 특히 5·4운동은 민중에 일정한 민족주의적 색채를 부여했다. 중국에서는 1910년대에 민중이 정치주체로 호명되기 시작하는 등 개념적 지위가 격상되었지만, 당시에는 좌·우파에 의해 공유되는 '자유주의적 민중'의 성격이 강했다. 1930년대 이후 좌파가 '인민'을 선호함에 따라 민중은 점차 우파의 언어로 변하면서 순응적 정치주체를 지시하는 '전체주의적 민중'으로 전락해갔다. 일본에서도 민중은 1880년대 말 처음 신조어로 등장한 이래 1910~1920년대 다이쇼 데모크라시 시대를 배경으로 democracy의 번역어 후보 중 하나로 떠올랐다는 점에서, 그리고 1920년대에 참정권 획득 운동이 '민중운동'으로 지칭되었다는 점에서, 일정한 정치 주체성과 저항성을 함축하고 있었다. 또 1910~1920년대 일본에서 노동운동 및 민중예술 운동과의 결합 속에서 때때로 민중이 '계급'과 결부되기도 했다. 그러나 일본에서 민중은 '민족'과는 거의 무관한 개념이었다.

결국 중국의 민중 개념은 계급 측면이 약했고 일본의 민중 개념은 민족 측면이 약했다. 이에 비해 식민지 조선의 민중 개념은 계급모순과 민족모순 모두의 집약체였다. 개념의 저항성에서도 식민지 조선이 단연 앞섰다. 중국과 일본의 민중 개념이 대체로 '자유주의적 민중' 수준에 머물렀던 데 비해, 식민지 조선의 민중 개념은 동시적 민족혁명·계급혁명의 주역 즉 '혁명적 민중'으로 나아갔다.

華民國八年五月四日北京學界遊街大會被拘留之北京高師愛國學生七日返校寺

5·4운동 당시 베이징사범대 학생들의 기념사진

이번 장에서 우리는 한국 근현대 민중 개념사의 '우울한 30년'을 다룬다. 1920년대의 장엄한 '등장기'는 1930년대 중반 이후 저항적 민중 개념이 역사의 뒤편 혹은 저변으로 밀려나는 '잠복기'로 돌변한다. 해방과 독립 정부 수립, 분단, 전쟁, 민주혁명을 거치는 동안에도 이런 상황은 대체로 지속되었다. 그런 가운데서도 미묘하지만 의미 있는 변화 또한 동반되었다. 이를 (1) 1930년대 중반부터 식민지 해방까지, (2) 해방 이후 1950년대 말까지, (3) 1960년대의 세 시기로 구분하여 접근해보기로 하자.

1. 인민으로의 선회

1930년대 중반 이후 좌파 진영에서 발생한 '인민으로의 선회'가 한국의 민중 개념사에서 또 한 차례의 결정적인 사건이었다. 1920년대까지 비교적 자주 사용되면서도 충분한 독립적 의미를 갖지는 못하던 '인민' 기표는 1930년대 중반 이후 계급적 인민, 사회주의적 인민, (사회주의혁명 전략의 일부인) 인민전선(people's front 혹은 popular front)의 인민이라는 새로운 기의를 획득했다. 그러자 국내외의 조선인 좌파 인사들은 기존의 민중 대신 인민을 사용하기 시작했다.

시기적으로 완전히 일치하는 것은 아닐지라도, (앞서 인용한 바 있듯이) 최정운은 이런 변화가 중국에서도 진행되었다고 주장한다. 그런데 중국에서 인민 개념의 주된 경쟁 상대는 '민중'이라기보다는 '국민'이었다. 박명규에 따르면, "중국 공산주의자들은 점차 인민을 국민으로부터 분리시키고 대립적인 범주로 정의했다. 인민은 개별적이고 구체적인 인간존재이면서 지배계급에 대한 저항의 논리를 지니는 존재로 간주되었다. 통일성·추상성을 특징으로 하는 이념으로서의 국민에 대하여 인민의 개별성·구체성은 직접적 정치참가, 혁명 봉기를 정당화하는 데 적합하다. 총체 개념으로서의 국민에 대하여 '적 배제의 논리'를 포함하는 인민은 계급투쟁을 뒷받침한다.……국민당과의 대항성을 앞세워 더욱 국민 개념을 배척하려 했던 공산당은 인민 개념을 '적 배제의 논리'를 강조하는 것으로 적극 활용했다."[1]

분석적으로 보면 식민지 조선에서 인민으로의 선회는 개념에 대한 '재규정'과 '대체'라는 두 측면으로 구성되어 있다. 우선, 공산주의자들은 '통일전선 내지 계급연합'으로 민중 개념의 내용을 재규정했다. 다음으로, 공산주의자들은 재규정된 새로운 민중 개념—즉 통일전선·계급연합으로서의 민중—을 '인민'이라는 새로운 호칭으로 대체했다. 결국 1935년 코민테른의 '인민전선 테제' 이후 '민중=인민'은 노동자계급 헤게모니 아래서의 계급연합, 혹은 노동자계급 헤게모니가 관철되는 통일전선이 되고 만다.

좌파 진영 내부에서 진행된 인민으로의 갑작스러운 선회가 갖는 중요성을 충분히 강조할 필요가 있다. 특히 두 가지 측면에서 그러하다. 첫째, 이를 계기로 정치적 저항주체로서의 민중 개념이 한국 역사에서 오랫동안 사라지다시피 했기 때문이고, 둘째, 이를 계기로 전통적 민중 개념이 다시 득세하면서 민중이 지배자의 언어로 되돌아갔기 때문이다. 이런 변화가 나타난 원인과 관련하여 황병주는 코민테른의 인민전선노선 채택, 중국공산당의 영향, 총독부의 민중 용어 사용을 꼽았다.

좌익 진영이 인민을 집중적으로 사용하게 된 이유는 명확하지 않다. 다만 1935년 코민테른 제7차 대회에서 '인민전선' 테제가 채택되면서 1930년대 후반 이후 사회주의 계열에서 인민 용어 사용빈도가 증가했던 것으로 추측된다. 아울러 중국공산당이 인민을 선호하고 있었다는 사정이 배경으로 작용했다고 보인다. 한편으로 민중은 식민지기 총독부 등 지배층의 피지배층 호명 기호로 사용되었기에, 대중의 적극적인 정치적 동원을 위해 사용하기에는 부적절하다는 판단이 개제되었을 것으로 추측된다.[2]

얼마 후 이신철도 황병주와 대동소이한 의견을 내놓은 바 있다. 그는 중국공산당의 영향에 의한 것일 개연성을 조금 더 소상하게 제시했다.

일제 시기에 민(중)을 지칭하던 대중이나 민중, 인민 등의 용어 중에 사회주의자들이 주로 인민을 사용하게 된 것은 아마도 1935년 코민테른 7차 대회 이후 '반파쇼 인민전선' 노선의 영향을 받은 것이 아닐까 한다. 현재 누가 인민이라는 번역어를 선택했는지, 어떤 의도가 포함된 것인지, 어떤 과정을 통해 전파되었는지 등에 관해 명확히 검정된 바는 없다. 그렇지만 당시 이 노선이 중국공산당을 통해 전달되었다는 점과 1933년 중국공산당이 만주에서 반일 연합전선으로 인민혁명군 건설을 결정했고, 그에 따라 동북인민혁명군이 결성되었다는 점을 주목할 필요가 있다. 김일성을 비롯한 많은 사회주의자들이 만주에서 활동하고 있었고, 그들은 중국공산당에 가입했거나 그 영향하에서 민족 해방운동을 전개하고 있었기 때문이다.[3]

러시아혁명과 제1차 세계대전 직후인 1919년 3월 창립된 코민테른은 초기부터 '노동자 통일전선' 혹은 '프롤레타리아 통일전선'을 추구했다. 이것은 "노동사계급의 다수 획득을 위한 가장 중요한 수단"으로서, 공산주의자를 주축으로 사회민주주의자, 무정부주의자, 생디칼리스트, 그리스도교 계열 노동조합과 자유주의 계열 노동조합까지 망라하여 노동자계급의 통일과 단결을 추구하는 노선이었다.[4] 파시즘의 세력 확대에 직면한 1930년대 초에 이르러 코민테른은 '인민전선'의 필요성을 강조하고 나섰는데, 이는 '노동자 통일전선'보다 훨씬 광범한 것이었다. 특히 1935년 8월에 열린 코민테른 제7차 대회는 "파시즘의 공세에 대항하는 인민 세력을 결집하는 투쟁"을 기본문제로 삼았고, 이 투쟁의 중심 임무로 '프롤레타리아 통일전선'과 '인민전선'으로 구성되는 '반反파시즘 통일전선'을 제시했다. 코민테른은 '프롤레타리아 통일전선'이 인민전선의 "중핵이고 추진력"임을 명확히 하면서도, '반파시즘 통일전선'이 "노동자계급뿐만 아니라 농민, 도시중간층, 인텔리겐차, 반파시즘적인 부르조아지 등 모든 민주 세력"을 포괄하는 것으로 규정했다.[5] 7차 대회 당시 코민테른은 상당수가 제국주의 국가였던 서구사회들에서뿐 아니라 식민지 및 반半식민지 사회들에서도 인민전선을 추구하도록 요구했다. 다시 말해 1920년대 초부터 식민지·반식민지에서 민족부르주아, 소부르주아, 농민, 노동자의 연대에 기초한 '반제反帝 민족통일전선'을 요구했던 코민테른은 1930년대 중반에는 '반제 인민전선'으로 연대의 범위를 더욱 확장했다.[6] "식민지, 반半식민지 국가에서는 반反제국주의 인민전선의 결성을 위해 활동하는 것이 공산주의자의 가장 중요한 임무이다. 이를 위해서 강화되어가는 제국주의적 착취에 반대하며, 잔인한 노예화에 반대하고, 제국주의자의 축출과 국가의 독립을 추구하는 민족해방운동에 가장 광범한 대중을 끌어들이는 것이 필요하다. 그것을 위해서는 민족개량주의자가 지도하는 대중적인 반제국주의운동에 적극 참여하고, 구체적인 반제국주의적 강령에 입각하여 민족혁명 조직과 민족개량주의 조직의 공동행동을 달성하는 데 노력할 필요가 있다."7

코민테른의 이런 요구를 수용하면서부터 식민지 조선의 좌파 세력이 민중 대신 인민이라는 용어를 집중적으로 사용했다는 것이다. 박명규는 1930년대 인민으로의 선회에 대해 다음과 같은 설명을 제공하고 있다.

사회주의자들에게서 인민 개념이 적극적으로 등장한 것은 1935년 코민테른 제7회 대회에서 반파시즘 인민전선론이 정립된 이후의 일이다. 이 대회에서는 세 종류의 통일전선론이 제기되었는데 자본주의 국가의 노동자 통일전선, 식민지 종속국가의 반제국주의 민족통일전선, 그리고 각 계급·계층의 통일전선인 반파시즘 인민전선이 그것이다. 앞의 두 통일전선은 1920년대에 이미 제기되었고 식민지 조선에서는 특히 두 번째의 논의가 영향을 미쳤다. 하지만 전 세계적인 경제위기와 파시즘의 대두 상황에서 사회주의자들은 세 번째의 통일전선을 강조했다.……이 시기(1936~1937년 - 인용자) 반파시즘을 앞세운 반제투쟁의 논리들은 일종의 국가 대 국가의 투쟁이 아닌, 파시즘 체제에 대한 반파시즘 연대를 강조하였고 그런 주체로서의 인민이 강조되었던 것이다.……경성콩그룹은 인민전선부를 두고 인민전선운동을 전개하려고 했으며 장래의 정권 형태로 '인민정부'를 고려했다고 한다.……(박헌영은 - 인용자) 인민정부라는 것은 노동자, 농민만이 아니라 광범위한 소시민, 유산계급, 양심적 기업가까지 참여하는 부르주아민주주의혁명을 통한 정치체라고 주장했다. 물론 그 과정에서 무산계급의 주도권이 관철되어야 한다는 주장을 빠뜨리지 않았지만 대체로 광범위한 통일전선에 기초하여 수립되는 인민정권을 수립할 것을 주장했다. 이들은 이 단계를 진정한 노농민주독재 권력으로 나아가는 과도기적 성격을 지닌 것으로 판단했다. 이처럼 인민 개념은 사회주의자들에 의해 정치적으로 활용되었지만 계급적인 맥락으로부터 다소 자유로운 성격을 드러냈고 광범위한 반전, 반제 계급연합을 추구했다.……인민 개념은 광범위한 대중, 극소수의 친일 세력을 제외한 모든 국민과 시민 등의 어의와 크게 차별화되지 않은 상태로 사용되면서도 분명한 정치적 지향성과 반엘리트적 성향을 내포한 것이었다.[8]

한편 황병주가 인민으로의 선회로 이끈 세 번째 요인으로 꼽았던 '지배층에 의한 피지배층 호명 기호로서의 민중'은 인과관계의 선후先後 방향이 뒤바뀌어야 한다고 생각한다. 총독부와 친일親日 세력들은 식민지 기간 내내—비단 1930년대 이후 시기만이 아니라 식민지 초기부터—전통적 민중 개념을 사용해왔기 때문이다. 1930년대 들어 총독부와 친일 세력이 민중의 사용빈도를 부쩍 늘린 것도 아니었다. 좌파 세력이 인민으로 선회하면서 민중 용어를 사실상 방기하다시피 한 '결과' 순응적 정치주체 호명 기호인 민중의 존재가 좀 더 선명한 가시성을 획득했을 따름인 것이다. 1920년대 초부터 등장하여 확산했던, 저항적 정치주체라는 신개념 민중은 지배자 언어인 구개념 민중의 여전한 지배력과 나란히 공존했다.

무엇보다, 조선총독부는 "통치의 대상, 지배의 대상으로서의 민중" 개념을 고수했다. "총독부 경무국이 발간하던 『경무휘보』에 '민중 처우와 경찰 정신', '민중의 경찰관觀' 등의 용어가 사용되고 있었고 조선총독부 관보에도 민중은 일상적으로 사용되고 있었다."[9] 1920년대에는 도쿄에서 발간되던 『民衆公論민중공론』이라는 일문日文 월간지가 식민지 조선에서도 판매되고 있었다.[10] 1930년 1월에는 친일 단체인 국민협회國民

協會 기관지 「시사신문」의 제호題號가 「민중신문」으로 바뀌어 1930년대 말까지 일간 혹은 주간으로 발행되었다.[11] 1932년 현재 경성의 민중의학사가 『민중의학』이라는 월간지를 발행하고 있었음을 확인할 수도 있다.[12] 1932년 초에는 조선체육연구회가 주도한 체조 및 검담(檢痰, 가래검사) 보급 캠페인이 '민중보건운동'으로 표현되었다.[13] 1933년에는 『민중공론』이라는 또 다른 잡지가 창간되었음을 총독부 자료를 통해 확인할 수 있다.[14]

1931년부터 1934년까지 동아일보사와 우파 민족주의 세력에 의해 전개된 '한국판 브나로드운동'은 좌파 인사들 사이에 '민중운동'에 대한 부정적 인식을 각인하는 주요 계기였을 것으로 판단된다. 「동아일보」 1931년 8월 16일자(3면) "제1회 학생 브나로드운동" 제하의 기사를 보면, 학생들로 구성된 '계몽대'가 담양, 고양, 강계, 진천, 예산, 세포, 고령, 안악 등으로 일제히 파견되어 해당 지역 주민과 학생들을 대상으로 조선문朝鮮文 혹은 한글, 일용계수법日用計數法 혹은 산술, 지리, 역사, 동화, 음악, 운동, 성경聖經 등을 강습했다고 한다. 1930년대 전반기의 브나로드운동은 신간회를 통한 좌우합작운동이 실패로 끝나고 만주사변 등 일본의 대륙침략이 본격화되는 시기에 동아일보사를 비롯한 우파 민족주의 세력이 '문화운동'의 일환으로 선택한 것(우파는 신간회 해체 이후 실력양성, 문화운동, 협동조합운동에 집중했다)이고, 엘리트주의적 계몽운동이 계층상승을 욕망하는 민중의 적극 참여와 교육열에 편승한 것이었고, 처음부터 총독부의 견제를 받는 가운데 1934년 동아일보사가 대열에서 이탈하자마자 총독부의 관제운동(문자보급운동)에 빠르게 포섭되었다.[15]

브나로드운동은 식민지 우파 세력에 의한 민중운동의 개량화·온건화와 탈민족화 추세, 그리고 파시즘 체제에 의한 민중운동 포섭과 그로 인한 민중운동의 국가화·관변화 추세가 조우遭遇한 사례라 할 만했다. 민중운동 관변화·국가화의 핵심은 '민중운동이 정치성은 유지하면서도 저항성은 상실하는 과정'이라고 말할 수 있다. 그 결과로 나타나는 '관변 민중운동'은 '하향식 민중운동' 혹은 친정부적-친체제적 성격의 '상향식 민중운동'의 형태를 띤다. 심지어 「동아일보」는 1936년 3월 중국·독일·이탈리아의 파시즘 운동을 '신新민중운동'으로, 같은 해 5월 일진회一進會 분회가 전개한 신新문화운동을 민중운동으로, 그해 6월 수원지水源池 입지 문제를 두고 포항 지역 주민들 사이에 벌어진 갈등을 민중운동으로 호명했다.[16] 이런 민중운동 용어의 남용, 용어의 우파적 이용법, 나아가 민중운동의 관변화·국가화 경향은 좌파 인사들에게 민중운동 용어의 변질이나 타락으로 비쳤을 가능성이 충분하다. 이런 상황이 좌파 인사들의 용어 차별화 욕구를 자극함으로써, 민중으로부터의 이탈 및 인민으로의 선회 움직임을 가속한 요인 중 하나였을 수 있다. 이런 상황을 전제할 경우에만, 우리는 민중이 지배층의 피지배층 호명 기호로 사용된 것이 인민으로의 전환 요인 중 하나였다는 황병주의 주장을 긍정할 수 있을 것이다.

식민지 말기로 가면 전통적 '민중' 개념마저도 '국민' 개념에 밀려 주변화되었다. 황병주가 설명하듯이 "전시총동원체제로 들어가면서 총독부에서는 국민 개념을 집중적으로 사용하기 시작했고 민중은 그 하위범주로 배치"되었다는 것이다.[17] 이런 변화는 통계적으로도 확인된다. 「동아일보」 기사 제목에 나타난 '민중'의 사용빈도와 의미상의 용례를 분석한 허수의 연구를 다시 살펴보자. 기사 제목의 '민중' 등장 빈도를 연도별로 살펴보면 〈표 3-1〉과 같다. 1920년과 1940년을 제외하고, 1920년대(1921~1929년)에 민중의 연평균 등장 빈도는 36.0회에 이르지만, 1930년대(1930~1939년)에는 연평균 22.2회에 그침을 〈표 3-1〉을 통해 확인할 수 있다. 1920년대에는 1920년(5회)부터 1925년(79회)까지 빈도가 계속 증가하다가 1928년(31회)부터 1930년(20회)까지는 감소 추세를 보였고, 1930년대에는 1931~1932년(각각 32회와 40회)과 1938년(34회)을 제외한 대부분의

《표 3-1》「동아일보」 기사 제목에 등장하는 '민중'의 연도별 빈도 추이: 1920~1940년

연도	민중 용어 등장 빈도	연도	민중 용어 등장 빈도
1920	5	1931	32
1921	22	1932	40
1922	23	1933	12
1923	32	1934	12
1924	34	1935	23
1925	79	1936	14
1926	27	1937	16
1927	53	1938	34
1928	31	1939	19
1929	23	1940	3
1930	20	합계	554

* 출처: 허수, 『식민지 조선 오래된 미래』, 286쪽에서 재구성.

해에 등장 빈도가 20회 미만에 그쳤다.

민중 용어의 사용 '빈도' 못지않게 중요한 것은 그 '용례'와 '의미'일 것이다. 허수가 제시한 "민중 개념의 용례"라는 '부표附表'를 통해 분명히 드러나듯이, 1920년대에는 '민중운동'이나 '민중(운동자)대회'를 중심으로 한 '아래로부터의 저항적 맥락'에서 민중 용어가 등장했다면, 1930년대에는 '민중보건' 등 주로 총독부의 시각을 반영한 '위로부터의 교화·계몽적 맥락'에서 민중 용어가 주로 등장했다.[18] 민중이 1920년대에 '저항 세력의 언어'라는 성격이 강했다면, 1930년대에는 '지배자의 언어' 성격이 강해진 것이다. 물론 비非정치적이거나 정치적으로 중립적인 민중 용례는 1920년대와 1930년대 모두에서 꾸준히 발견된다.

여기서 한 가지 더 생각해볼 대목은 독립운동 진영 내부에서 좌파 세

력을 양분하고 있던 공산주의 그룹과 무정부주의 그룹 사이의 '민중 개념 분화 및 차별화', 그리고 그것이 1920년대 초 무정부주의 그룹의 주도로 등장했던 저항적 민중 개념의 쇠퇴에 영향을 미쳤을 가능성 문제이다. 신채호와 의열단의 민중 개념을 논의하면서 언급했듯이, 3·1운동 이후 조선의 독립운동은 민족주의 독립운동 노선, 공산주의 독립운동 노선, 무정부주의 독립운동 노선으로 삼분三分되었다. 좌파 세력 안에서 공산주의 독립운동 노선이 강력한 다수파를 형성했다면 무정부주의 독립운동 노선은 소수파 지위를 면치 못했다. 저항적 민중 개념은 1923년 무렵 신채호를 필두로 한 무정부주의자 그룹에 의해 체계적으로 정립된 후 1920년대 중반을 거치면서 좌파 진영 전체로 확산되었다. 그런데 1935년 코민테른 제7차 대회에서 인민전선 테제가 채택될 즈음에는 공산주의 그룹과 무정부주의 그룹의 민중 개념에서 공통점보다는 차이가 부각될 가능성이 높아졌다.

이 문제에 대해 보다 정확히 이해하려면 신채호로 대표되는 식민지 무정부주의자들의 집합적 멘탈리티에 주목할 필요가 있다. 예를 들어 신채호는 1921년 10월의 '흑하黑河사변'(자유시 참변)과 1923년 8월의 '블라디보스토크 임시정부'에 대한 불인정·불허를 계기로 소련에 대한 회의懷疑를 키웠다. 아울러 공산주의 성향인 조선인 독립운동가들의 분열성에 대해서도 비판적인 태도를 취했다.[19] 뿐만 아니라 그는 프롤레타리아독재가 '공산전제共産專制'에 불과하며, 조선인 공산주의자들의 모스크바 추종은 민족주의를 배반하는 사대주의적 행태에 다름아니라고 보았다.[20] 바로 이런 맥락에서 그는 민족적 주체성을 강조하면서, "무슨 주의가 들어와도 조선의 주의가 되지 않고 주의의 조선"이 되는 상황을 "노예의 특색"이라고 비판했다.[21]

신채호의 이런 면모는 당시 조선인 무정부주의자들 사이에 널리 공유되었을 가능성이 있다. 서구의 무정부주의자들처럼 신채호를 비롯한 식민지 무정부주의자들도 프롤레타리아독재와 부르주아독재 모두를, 그리고 특권화된 지배집단이나 지도세력 모두를 배격하면서, "전체 민중 중심의 지배구조"를 선호했다.[22] 이런 태도는 엘리트주의에 대한 반감, 나아가 프롤레타리아 헤게모니 개념이나 전위정당 이론에 대한 거부감으로 이어졌을 것이다. 크로포트킨의 '민중혁명론'이 신채호에게 강렬한 영향을 미친 것처럼,[23] 식민지 무정부주의자들은 인간 및 민중에 대한 깊은 신뢰를 전제하는 무정부주의적 인간관을 대체로 수용했을 것이다. 무정부주의자들은 "인간의 본질적인 도덕성"을 인정함과 동시에, "국가는 반민중적 제도"라고 여기면서 "민중에 일차적인 가치를 부여"하고, 민중의 자발성과 창의성을 믿는다.[24] 민중이 국가 없이도 스스로 국가 역할을 수행할 수 있음을 믿는 것이다. 이런 무정부주의적 인간관과 결합함으로써 신채호를 비롯한 식민지 무정부주의자들의 민중 개념이 지닌 특이성이 완성되었던 것 같다.

이런 점들을 전제하면, 1930년대 중반 공산주의자들의 '인민으로의 선회'가 공산주의자-무정부주의자 사이에 중대한 '의미상의 분화'를 촉진하면서, 민중 개념의 미래에도 어두운 그림자를 드리웠을 가능성이 있다.

첫째, 무정부주의자들의 '수평적' 민중 개념과 공산주의자들의 '수직적' 민중 개념이 분화할 가능성이다. 무정부주의자들에게 민중 연대는 평등주의에 기초한 연대와 가까운 반면, 공산주의자들은 노동자계급의 헤게모니를 축으로 하는 권위주의적 연대를 선호한다. 엘리트주의를 배격하는 무정부주의자들은 혁명의 지도기관으로서 '인민전선=민중' 안에서 프롤레타리아 헤게모니를 관철하는 도구이자, 혁명 성공 후에는 국가권력을 장악·행사하는 수권受權 기관이 되기도 하는 노동자계급 전위정당의 지위—스피박의 표현을 빌리자면 "레닌적 지식인의 전위적 위치"[25]—에 대해서도 비판적일 것이다.

둘째, 무정부주의자들의 보다 '광범위한' 민중 개념과 공산주의자들의 상대적으로 '협소한' 민중 개념이 분화할 가능성이다. 민중 구성론 측면에서 볼 때 무정부주의자들은 폭넓은 민중 개념을 사용하는 경향이 있는 반면, 공산주의자들은 노동자계급 헤게모니가 관철되는 범위 안으로 민중의 구성을 제한하는 경향을 보인다. 더구나 "신채호의 무정부주의는 서구의 무정부주의와는 달리 일차적으로 민족해방과 민족 독립을 목적으로 한 것"이어서 "무정부주의에 있어서는 민족 문제가 큰 비중을 차지"한다는 신용하의 지적에서도 확인할 수 있듯이,[26] 식민지 조선의 무정부주의자들은 서구의 무정부주의자들보다 훨씬 넓은 민중 개념을 구사할 가능성이 높았다.

셋째, 무정부주의자들의 '낭만적' 민중 개념과 공산주의자들의 이른바 '과학적인' 민중 개념이 분화할 가능성이다. 인간의 본질적인 도덕성이라는 전제, 민중의 자발성과 창조성에 대한 믿음 등 무정부주의자들의 민중관은 러시아 인민주의populism의 낭만적 민중 개념과도 상통하는 바가 있는 반면, 공산주의자들은 과학주의의 기치 아래 생산양식 및 계급분석·모순분석에 몰두할 가능성이 높다.

넷째, 1920년대에 '민족주의적 무정부주의자들'의 주도로 탄생한 새로운 민중 개념은 '민족주의' 색채가 상대적으로 강했던 반면 '계급연합'의 성격은 상대적으로 약한 편이었다. 반면에 공산주의자들은 1930년대에 '프롤레타리아 국제주의'와 계급연합체로서의 '인민전선'이라는 양대 기치를 내걸었다. 1930년대에 공산주의자들은 국제주의를 지향함으로써 민족주의로부터 멀어져갔다. 그들은 민족이 자본가계급의 이해에 따라 만들어진 역사적 현상임을 강조하면서 '한시적 민족'론을 제기하고, '부르주아적 민족'은 '사회주의적 민족'을 거쳐 종국에는 사멸되리라고 주장했다.[27] 공산주의자들은 국제주의와 계급연합 의미를 담는 언어적 용기用器로써 민중이 충분치 않다고 판단하면서, 이를 대신하여 인민이라는 용어에 국제주의와 계급연합의 의미를 주입했을 가능성이 있다.

이런 상태에서 좌파 독립운동 진영의 다수파를 점하는 공산주의 그룹이 인민 개념, 다시 말해 '노동자계급 중심의 통일전선 내지 계급연합으로서의 민중'을 의미하는 인민으로 전환하자, 소수파인 무정부주의 그룹의 상대적으로 평등하고 광범위한 민중 개념이 쇠퇴하게 되었을 수 있다. 인민으로의 선회 움직임이 저항적 민중 개념의 최초 발원지이자 풍부한 수원지였던 무정부주의 그룹의 소수자 지위와 맞물리면서, 좌파 진영 내에서 저항적 민중 개념 자체가 역사 무대의 뒷전으로 밀려나는 사태로 현실화했을 수 있다는 것이다. 어쨌든 이런 상황에서 지배세력에 의해 장악된 우파적 민중 개념, 즉 '무저항적 민중' 혹은 '순응적 민중' 개념이 역사 무대의 전면을 점령해버리고 말았다.

필자는 일본과 한국의 차이, 특히 참정권 운동이 갖는 의미의 차이가 민중 개념에 미친 복합적인 영향도 고려해야 한다고 생각한다. 참정권 운동이 식민지 조선에서는 식민지 체제에 대한 투항이나 부적절한 타협주의로 받아들여졌을 가능성 말이다.

앤서니 기든스가 강조했듯이 서구사회들에서 시민권의 일환인 참정권과 보통선거권은 징병제 도입의 반대급부로 제공되는 패턴을 따랐다. 다시 말해 징병제 도입은 병역의무와 시민권이 교환되는 방식으로 근대적 시민권의 탄생과 확장으로 이어졌다.[28] 일본도 영국보다 한층 앞선 1873년에 일찌감치 징집제를 도입했다.[29] 그러나 일본은 징병제와 보통선거권 부여의 교환이라는 유럽식 패턴을 따르지 않았을 뿐 아니라, 오히려 군국주의로 나아가면서 국민에게 충군애국忠君愛國과 의용봉공義勇奉公을 강권했다.[30]

이런 상황에서 1차대전 직후인 1920년대 초부터 일본에서는 보통선거권-참정권 요구가 활발히 제기되었다. 당시 언론은 이를 종종 '민중운동'으로 지칭했다. 1920년대 초의 일본에서 민중운동이라는 용어는 노동운동, 평화운동, 보통선거제 도입 운동을 두루 지칭하는 것이었다. 앞서 소개했듯이, 1920~1921년 5월의 노동절에 즈음한 노동자 권익운동을 민중운동으로 호명했고, 1921년 10월 워싱턴군축회의에 즈음하여 전개된 평화운동을 민중운동으로 호칭했다(당시 '민중대회'라는 이름의 대중집회도 등장했다). 1922년 초부터 민주화운동이자 시민권(참정권) 운동의 일환으로 보통선거제 도입 운동이 본격화되고 그 후 수년 동안 계속되었는데, 이 또한 일본에서는 물론이고 식민지 조선의 「동아일보」 등에 의해 민중운동으로 명명되었다.[31]

그런데 식민지 조선에서도 "1928년 이후 민족주의 우파의 자치운동으로의 이행"이라는 변화가 나타나게 되었다.[32] 이런 운동이 일정한 성과를 거두어, '지방세 5엔 이상을 납부하는 유산자'로 선거권이 제한되기는 했지만 1931년에는 식민지 조선인들도 자문기구인 '지방의회'의 선거에 참여할 권리를 획득했다.[33] '비타협적 우파' 독립운동가나 '좌파' 독립운동가 입장에서, 자치론·실력양성론·준비론과 직결된 참정권 운동이 민중운동으로 호칭되는 상황을 용인하기는 어려웠을 것이다. 이런 상황은 (독립운동은 말할 것도 없고) '진정한 민중운동'의 대의가 훼손되거나, 민중운동의 의미가 모호해지거나, 민중운동의 급진성·변혁성이 침해되는 사태로 받아들여졌을 가능성이 농후했다.

결국 '식민 종주국'의 참정권 운동과 '식민지'의 참정권 운동 사이에 발견되는 극명한 차이가 문제였다. 식민지의 참정권 운동이나 자치운동에는 식민모국의 그것에 내포된 진보성이 거의 담겨 있지 않았다. 뿐만 아니라 식민지 조선에서 전개된 참정권·자치 운동의 정치적 성격은 식민지 인도나 필리핀에서 전개된 그것보다 훨씬 반동적이고 퇴영적이었다. 앞서 보았듯이 식민지 조선에서 참정권 운동이 본격화되기 이전인 1923년에 신채호는 "조선혁명선언"을 통해 참정권론·자치론·문화운동론·외교론·준비론을 강하게 비판하면서 '민중직접혁명론'을 그 대안으로 제시했던 바 있다. 이처럼 1920년대 초반에 참정권 운동과 자치운동은 민중운동의 대척점에 선 것, 말하자면 민중운동의 대립물이었다. 그런데 1920년대 말부터 1930년대 초에 걸쳐 참정권 운동이 세를 확대해나가면서 부분적으로나마 가시적 성과마저 산출하는 이런 상황에 직면하여, 더구나 이런 참정권 운동이나 자치운동이 종종 민중운동으로 호명되는 상황에 직면하여, 다수의 좌파 독립운동가들이 민중이나 민중운동이라는 용어를 점차 덜 사용하게 되었을 수 있다는 것이다.

2. 해방 이후

저항적 민중 개념의 실종失踪이라는 형국은 해방 후까지 이어졌다. 19세기 이래 정치주체와 관련된 주요 개념어였던 민족·인민·국민·신민·시민 중에서 해방을 계기로 신민이 완전히 사라진 가운데, 민족·인민·국민·시민이 각축을 벌이는 상황이 조성되었다.[34] 물론 정치주체 개념어를 둘러싼 해방정국의 경쟁 무대에는 민족, 인민, 국민, 시민뿐 아니라 민중도 추가해야 할 것이지만 말이다.

앞에서 살펴본 바와 같이 1930년대 중반 이후 좌파 진영과 좌파 민족운동 내에서 인민―사회주의적·계급적 인민―이 민중에 대한 경쟁 개념으로 급속히 부상했다. 특히 좌파 인사들이 저항적 정치주체로서 민중 대신 인민을 더욱 선호하게 됨에 따라 저항적 민중 개념은 급속히 약해지고 그 대신 전통적 민중 개념이 득세하게 되었다. 민중은 다시금 탈脫정치화되었으며, 10년 남짓 '저항의 언어'로 기능하던 민중은 예전처럼 '지배의 언어'로 되돌아갔다. 이런 상황이 해방 후까지 연장되어 대체로 1960년대 초중반까지 지속되었다. 황병주가 유용한 개관을 제공해준다.

일제 시기 이래 민중은 지배층과 저항 진영이 공동으로 사용하는 집단 주체 개념이었다.……해방 이후에도 일정한 혼용이 있기는 했지만, 좌익의 집단주체가 인민으로 집중되면서 민중은 우익과 미군정의 용례로 자주 등장했다. 이러한 흐름은 한국전쟁 이후 더욱 강화되어 '민중의 지팡이'라는 경찰 슬로건에서 나타나듯이 민중은 저항주체라기보다는 국가권력의 보호를 받아야 되는 수동적 '대중'으로 이해되는 경향이 강화되었다. 함석헌 등 일부 논자들이 민중을 좀 더 적극적인 내용을 가진 용어로 사용하기도 하지만, 1950년대까지 민중이 역사의 주체, 또는 정치적 저항운동의 주체라는 인식은 찾아보기 힘들었다.[35]

김진균은 사회주의 세력 몰락에 따른 계급모순 인식의 부재 그리고 '친미 종속분단국가' 확립이라는 양대 요인으로 인해, 1920~1930년대의 '민족-계급 균형적 민중 개념'이 해방 후에도 오랫동안 복원되지 못했다고 평가했다.

이러한 민중론은 해방 이후 상당한 기간 동안 침체하게 된다. 그렇게 된 데에는 크게 두 가지 이유가 있었던 것 같다. 첫째, 해방 직후 미군정 시기 동안 민족의 자주독립국가 건설을 둘러싸고 전개된 민족적·계급적 투쟁에 있어서 사회주의 민족 세력이 남한에서 제거되기 시작하였고, 그러는 사이에 자본주의 세계체제에 대한 몰이해로 인하여 계급모순이 완전히 배제된 신민족주의와 같은 민중론만이 자리를 잡게 되었다. 둘째로 한국전쟁을 겪으면서 친미 종속분단국가가 확립되는 사회상황을 들 수 있다. 이에 따라 미국 자본주의에 의해 형성된 남한 내지 남북한의 체제적 모순을 민중이 각성하기까지는 상당한 시간이 더 필요했던 것 같다.[36]

(1) 해방공간

해방 직후부터 '인민 개념의 범람'이라고 말할 수 있을 정도로 인민이 광범위하게 사용되었다. 임종명은 해방공간을 "인민의 시·공간"으로, 혹은 "인민의 시대"로 명명했다.[37]

> 1945년 8월의 해방 직후 남한은 당대 사회 거의 전全 영역에서 '인민'이라는 기표記標가 범람하던 '인민의 시·공간'이었다.……1945년 9월 선포된 조선인민공화국의 '국호'에서, 또 전국 각지에서 조직·운영되고 있었던 '인민위원회'라는 '정치기구'의 명칭에서, 또 여운형이 창당했던 조선인민당이나 근로인민당이라는 정당 명칭에서 우리는 "인민"을 쉽게 만날 수 있다. 또한 「조선인민보」와 같은 신문의 제호에서, 또 『인민』, 『인민예술』, 『인민평론』, 『인민과학』 등의 잡지명에서, 심지어 조선레코드문화협회가 주최하였던 '인민가요 현상수집'이라는 행사명에서와 같이, 인민이라는 언어는 당대 다양한 사회 영역과 문화 공간에서 목격된다. 뿐만 아니라, 인민은 사회·문화 영역 재건의 '기초'로까지 제시되고 있었다.[38]

그러나 남북분단이 가시화되면서 정치주체의 호칭으로 인민 용어를 선호하는 좌파와 국민 용어를 선호하는 우파 사이의 갈등, 즉 '인민 대 국민'의 대립구도가 선명히 부각되었다.[39] 김성보는 국민-인민 개념 대립의 함의를 이렇게 설명했다. "해방 초기 별다른 의미를 지니지 않았던 두 용어는 좌우 대립의 과정을 거치면서, 특별한 정치성을 지니는 용어로 변화하였다. 그 정치성은 국가를 구성하는 원리 또는 주권의 원천에 대한 상이한 이해 방식의 차이를 반영하며, 또한 각각 상이한 포용과 배제의 논리를 내포한 것이었다. 다만 이러한 개념적 분열은 충분한 논의

와 고민을 통해 이루어지기보다는 상대방의 용어 선점에 따른 반발과 상대방에 대한 차별화의 심리가 크게 작용한 것이었다."[40] 인민 대 국민 논쟁은 국회에서, 인민장人民葬과 국민장國民葬으로 갈린 국가적 장례로, 민국과 인민공화국으로 갈린 국호國號 논쟁으로, 인민군과 국군으로 갈린 군대 명칭 문제로 비화했다.[41] 임혁백은 제헌국회를 주무대로 전개된 인민-국민 논쟁을 자유주의(자유헌정주의)와 국가주의의 대결로, '국민'의 최종 채택을 국가주의의 승리로 해석했다.[42] 해방 당시 '38선 이북 휴전선 이남' 지역에 거주했던 이른바 '수복지구'의 주민들은 한국전쟁 후 '인민'에서 '국민'으로 거듭나야 했다. 한모니까의 지적대로 "'수복지구'는 해방과 한국전쟁을 전후로 일제, 북한, 유엔군(사실상 미군), 남한의 통치를 차례로 받았다.……그에 따라 이곳 주민들은 해방 전에는 '일제 신민'이었고, 해방 이후 '조선민주주의인민공화국 인민'이었으며, '유엔군정의 주민'을 거쳐 '대한민국 국민'이 되어야 했다."[43]

　해방 후 한국사회에서 '인민의 시대'를 구가할 정도로 인민이 부상할수록 좌파 세력 안에서 민중의 위상은 추락할 수밖에 없었다. 황병주가 말하듯이, "좌파 사회주의 계열은 인민을 집중적으로 사용해 민중을 압도했다. 일각에서 민중을 사용하기도 했지만 인민에 비할 바가 아니었으며 주요 언설이나 당명에서는 후자가 압도적이었다. 사실상 민중은 인민에 의해 대체된 것으로 보일 정도였다. 인민당, 인민위원회, 인민공화국에서 보이듯이 인민은 좌파의 고유명사처럼 되었다."[44] 더구나 인민과 국민 개념이 각축하는 와중에 민중 개념은 정치주체로서의 입지조차 찾기 어려웠다. 인민과 국민에 비해 민중의 사용빈도 역시 현저히 낮았다.

　해방 직후 건국준비위원회가 민족·민중·동포 등의 용어를 주로 사용했고, 여운형 역시 연설에서 민족과 민중을 사용했으며, 1945년 10월 김일성의 연설에서도 민족·민중·대중·인민 등의 용어가 사용되는 등 좌파 쪽에서 민중이라는 단어 사용을 의도적으로 회피한 것은 아니었다.[45]

1945년 10월 재일본조선인연맹(조련) 중앙상임위원회도 기관지로 「민중신문」을 창간했고, 이듬해 9월에는 「해방신문」으로 제호를 변경했다.[46] 그러나 임화가 구분했듯이 당시 민중은 단순히 '피치자被治者'를, 인민은 계급적 함축이 강한 '피착취 대중'을 가리켰다.[47] 해방 당시 좌파 인사들에게 민중이라는 개념은 '다수 피치자'라는 전통적 의미로 각인되어 있었던 것이다.

황병주의 말대로, 해방공간에서 "민중이 우파의 전유물만은 아니었다. 중도 우파 계열까지 포함한 '민중동맹'은 그 일례가 된다.……해방공간의 민중은 우파 및 중도파까지 아우르면서 사용된 것으로 보인다."[48] 여기 언급된 민중동맹의 경우 1946년 12월 22일에 결성되었다. 그해 11월 29일에 조직된 '민중동맹 결성 준비회'는 "조선의 건국은 소수의 지도자나 1,2 정당의 독선적 행동으로써 완성될 것이 아니고 혁명적 민중을 위시한 각계각층을 총망라하여 일체의 정치적 야욕을 일축하고 오즉 조국의 완전 독립과 민주 건국을 위한 대중운동으로뿐 대업을 완성할 수 있다"고 천명하면서, "민중의 복리 증진과 문화향상", "민중 생활의 안정"을 포함한 기본강령을 발표한 바 있다.[49] 1946년 12월 4일 좌우합작위원회가 발표한 담화에는 "입법의원에 다수의 애국자가 들어가서 우선 현 군정 각 부분으로부터 친일파 모리배 일절의 분자들을 심사審査 축출하고 그 대신에 민중이 신임하는 민주주의 애국자들이 들어서게 하는 동시에 하루바삐 행정권 전부를 이 애국적인 조선인에게로 완전히 이양하도록 노력하기를 희망한다"라는 내용이 포함되어 있었다.[50]

그러나 전체적으로 볼 때 해방공간에서 민중은 우파와 미군정의 언어에 보다 가까웠다. 1946년 2월 18일 미군정 당국이 3·1절을 국경일로 지정하는 발표문에 등장하는 "전 대한 민중", 1946년 8월 15일 군정청 주최로 열린 '8·15 세계평화 및 해방 1주년 기념식'의 대회 결의문에 등장하는 "3천만 민중", 1946년 11월 1일 '조미공동소요대책위원회'가 군정청

공보부를 통해 발표한 성명서에 등장하는 "조선 민중" 등의 표현은 모두 전통적 민중 개념에 입각한 것이었다.[51] 맥아더의 포고문 제1호는 한국인을 '조선 민중'으로 호명했다. 군정청 경무국장에 임명된 조병옥은 "경찰 본래의 사명은……민중의 생명과 재산을 보호"하는 것이라고 말했고, "민중의 순전한 협력자인 경관"이라는 표현도 사용했다. 우파 성향인사인 장도빈이 창간한 「민중일보」나 극우지인 「민중신문」[52]의 제호도 그러하다. 극우파인 이종형(이종영)이 창당한 정당인 '민중당'은 말할 것도 없다.[53] 현재 '민중서관' 출판사의 전신으로 1946년에 등장했던 '민중문고'의 민중에도 저항적 함의는 없었다.[54]

우파 주도의 신탁통치반대운동(반탁운동)을 민중운동으로 호명하는 용례도 나타난다. 1946년 1월 20일 도쿄에서는 조선건국촉진청년동맹이 재일조선인 약 2천 명이 회집한 가운데 '조선탁치반대 민중대회'를 개최했다.[55] 1947년 1월 소위 '민족진영' 42개 단체로 구성된 반탁독립투쟁위원회가 한민당(한국민주당) 회의실에서 회합하여 "부서에도 농민 시민 학생 등의 부를 설치하야 광범한 민중운동을 추진"하기로 했다는 신문 기사도 발견된다.[56]

3·1운동을 운위하면서 "민중의 혁명역량"을 언급하거나, 중국의 국민혁명과 "민중혁명"을 결합하는 방식으로 저항적 맥락에서 민중 개념이 소환되는 사례가 간혹 발견되기도 하나,[57] 해방공간에서 민중은 주로 우파 세력에 의해 탈정치화된 객체 혹은 기존 체제에 순응적인 정치주체로 호명되었다. 미군정과 우파가 민중을 선호한 이유에 대해, 그리고 해방공간에서 민중의 개념적 위상과 의미에 대해 황병주는 다음과 같이 분석한 바 있다.

> 미군정 및 우익 진영의 민중 선호는 두 가지 차원에서 그 이유를 설명할 수 있을 것이다. 첫째, 좌익 진영의 인민과의 대비이다. 좌익 진영

이 일제히 인민을 사용하게 되면서 첨예한 정치적 대립 관계에 있던 우익 및 미군정이 그것을 따라갈 수는 없었을 것이다. 둘째, 식민지기 이래 민중의 용례이다.……총독부는 민중을 자주 사용하였고 이러한 지배자의 호명 기호는 새로운 지배 권력으로 등장한 미군정으로 계승되었다고 보인다.……해방공간에서 민중은 저항성 또는 운동성이 상당히 약화되었다고 보인다. 가장 급진적이고 격렬한 변화를 추구했던 좌파의 집단주체 개념이 인민으로 집중되고 우익 및 미군정, 언론의 용례로 국한된 민중은 보수적 집단주체 또는 수동적 대중을 지칭하는 것으로 재구성된 것이다.[58]

(2) 정부 수립 이후

이승만 정권이 지속되던 1950년대에도 '우파와 지배자의 언어'로서의 민중, '순응적 정치주체 호명 기호'로서의 민중이라는 사정은 여전히 달라지지 않았다. 초대 대통령이 된 이승만 자신이 민중 용어를 자주 사용했다. 이승만은 대한국민대표민주의원 주최로 1946년 3월 1일 종로 보신각 앞에서 거행된 해방 후 첫 번째 3·1절 기념식(제27회 독립선언기념식)에서 의장 자격으로 개회사를 했다. 이때 그는 링컨 대통령의 연설을 인용하면서 people을 민중으로 번역했다. "그때에 위대한 공업功業을 위하여 허다한 장졸將卒의 생명을 희생한 것을 찬양하여 에이브라함 링컨이 말하기를 이 사람들이 목숨을 바친 것은 민중이 민중을 위하여 민중으로 정부를 조직한다는 새 정강政綱을 세운 것이니 우리 살아 있는 사람들이 그 죽은 영웅들의 뒤를 이어서 분투함으로 이 주의가 영영 서 있게 할 것이라 하였습니다."[59] 그는 초대 국회의장 자격으로 행한 1948년 5월 국회 개회사에서 "민주정체에서는 민중이 주권자이므로 주권자가 잠자코 있으면 나라는 다시 위험한 자리에 빠질 것"이라고 말했다. 3대 대통령선거에서 승리한 후 이승만은 1956년 10월 4일에 행한 "민중의 지지를 받도록 하라"는 제목의 연설에서 "자유당은 민중이 믿고 바라는 정당이 되도록 조처해야 되며, 우리는 다 자유당이 민중이 믿는 당이 되도록 힘써야 될 것"이라고 강조하기도 했다.[60]

그 이전인 1954년 12월에도 이승만은 "정당의 기반은 민중의 지지"라고 주장했었다. 1956년에 이승만의 대통령 출마를 요구하는 관변단체 중심의 시위 운동이 벌어지자 당시 언론들은 이를 '국민운동' 혹은 '민중운동'으로 명명했다. 또 1950년 12월에 경찰은 "민중과 더불어 죽고 사는 경찰"이라는 슬로건을 경찰서와 파출소마다 내걸게 했다. 경찰은 1950년대 내내 "민중의 지팡이"를 모토로 삼았다. 이승만이 주도한 "거리정치 주역" 중의 하나는 '민중자결단'이라는 이름을 갖고 있었다.[61] 1950년대에는 '종합 월간지'인 『민중공론』이 민중공론사에 의해 발행되기도 했다.[62]

민중은 반공주의와 결합하여, 반공이데올로기를 보강하는 새로운 역할을 담당하기도 했다. 새로운 민중 용법은 반공주의적 저항주체로 호명하는 것, 즉 "공산권 지배층에 대한 저항주체로서의 민중"을 소환하는 것이었다. 황병주가 말하듯이, "민중이 집중적으로 사용된 것은 반공이데올로기에 기반한 것이었다.……사실 1950년대 「동아일보」와 「조선일보」 지면을 가장 많이 장식한 민중 용례는 공산권 관련 기사였다. 기사 내용들은 공산국가 지도부에 저항하는 '민중'을 강조하는 것이었다. 인민이 사라진 상황 속에서 민중은 공산주의에 대항하는 집단주체로 호명되었던 것이다. 사실상 반공이데올로기의 민중 포섭이라고 할 수 있는 상황이었다."[63] 발화 주체가 국가나 지배층인 경우 1950년대에 민중은 정치적 역량이나 역능을 결여한 '통치·지배의 대상'이거나, 지적·윤리적 열등성으로 인한 '계몽의 대상'이거나, '공산주의에 대한 저항주체'로 자리매김되었다.[64]

다만, 함석헌이 『사상계』와 『새벽』 잡지를 무대로,[65] 그리고 당시 성균관대학교 문리대 학장이던 불문학자 손우성이 『사상계』를 통해 저항적 민중 개념을 부분적으로 되살려냈다. 1950년대 후반에 발표한 글들에서 함석헌은 민중 용어를 자주 사용했다. 그는 민주주의, 평화, 정의 등의 맥락에서 민중과 저항 행위를 결부시켰다. 함석헌은 『사상계』 1957년 3월호에 실린 "할 말이 있다"는 글에서 '나=민중=하나님'의 등식을 제시하면서, 불의에 맞서 '항의하는 민중'을 제시했다.[66] 이정복이 "최초의 민중론적 글"로 평가한 "생각하는 백성이라야 산다: 6·25 싸움이 주는 역사적 교훈"(『사상계』 1958년 8월호),[67] 그리고 "때는 다가오고 있다"(『새벽』 1959년 10월호)와 "들사람 얼(야인정신)"(『새벽』 1959년 11월호)에서는 민중을 군림하는 권력에 대항하는 '혁명 주체'로 호명하기도 했다.[68] 윤상현에 의하면 "1950년대 후반 함석헌의 글에서 '민중'은 쉽게 '민족'과 '민' 때로 '백성'으로 치환되지만 빈출 빈도 수나 강조되는 의미 등을 고려할 때, 이들은 '저항하는'='말하는' 주체로서 '민중'='민족'='민'인 것이다."[69] 서남동에 따르면, 함석헌은 "1959년 3·1절 기념예배 강연에서 민중을 역설"했다고 한다.[70] "생각하는 백성이라야 산다"에서 함석헌은 "민중의 시대"를 선언했고, 1950년대에 함석헌이 마지막으로 발표한 글인 "씨알의 설움"(『사상계』 1959년 12월호)에서는 민중을 "나라의 주인"으로 선포했다.[71] 그러나 그는 '민중의 시대에 죽은 민중'("민중의 시대에 민중이 살았어야 할 터인데 민중이 죽었으니")을 재빨리 덧붙였다. 함석헌이 민중에 어떤 개념적 독자성이나 차별성을 부여했던 것도 아니었다. 1950년대에 함석헌은 민중, 백성, 서민, 민 등을 거의 구별 없이 사용하는 경향을 보였다.[72] 1959년에는 여기에 '씨알=씨울'까지 추가했다.[73] 다만 '대중'에 대해서만은 그 용어 자체가 민중=씨울을 격하하는 것이라며 매우 비판적인 태도를 취했다.[74]

한편 손우성은 1956년에 발표한 "대통령과 민중"이라는 글에서 "민주국가의 주권자로서의 민중", "민중의 반역 정신", "항쟁하는 민중의 힘"을 강조했다.[75] 그 역시 민중에게 차별적이고 독자적인 개념적 위치를 설정한 것은 아니었다. 그는 민중·국민·인민을 거의 같은 의미로 섞어 사용했고, 민중을 단순히 "다수 인간"이나 "지배자가 아닌 인간군상의 무질서한 집합체"로 규정하기도 했다.[76] 그는 지배자의 성화聖化나 신격화神格化 책략에 잘 속으면서 단결력도 약한 존재이나,[77] 그와 동시에 국가의 주인·주권자이자 저항적 잠재력을 지닌 존재라는 '민중의 이중성'에도 주목한다. 그의 글은 '권력자에 대한 불신의 제도화가 민주주의'라는 것, 즉 민주주의 체제에서 "민중은 그대로 집정자를 믿지 못한다는 의도가 너무나 뚜렷하게 제도상에 나타나 있다"라는 통찰에 기초하고 있다.[78] 그의 글은 민중의 각성한 비판의식과 저항의식을 촉구하는 메시지로 마무리된다.

> 민중의 각 개인이 진실한 자기 권익에 자각하여, 목전의 이익에 쏠려서 양심을 팔지 않고 민중 전체의 이익을 자기 이익으로 삼아서 그 역량을 발휘하는 민중이래야 한다. 그는 자기를 억압하는 지배자를 용인하지 않으며 만일 있으면 거기 항쟁한다. 이 항쟁하는 민중의 힘이 집권자에 아부하는 파당의 힘을 능가할 때에 민주제도는 성립된다.……민중의 대다수가 개인적으로 이 노예근성을 버리고 각자의 인간 권익을 주장하며 양보하지 않을 때에 이 개별의 독립성의 총화가 민중을 강자로 만들어서 민주제도를 성립시킨다.……대통령은 제도상으로는 인민주권에 충성을 바쳐야 할 민중의 대표자이다.……민중이 주권을 자기에게 주장할 때에는 현실의 권세와 오랫동안 항쟁해야만 한다.……민중이 주권자가 되려며는 자기가 자기 힘으로 그것을 찾아야 하는 것이다.[79]

야당(민주당)의 최고지도자이던 조병옥도 1957년 5월 발표한 "이 대통령께 드리는 공개장"에서 "드높이 든 민권 옹호의 민중의 봉화와 기치 아래 최대한의 항쟁을 계속할 것"이라고 "맹세"하는가 하면, 「동아일보」는 1958년 5월의 제4대 국회의원 총선거를 앞두고 "단 한 번만이라도 용기를 내자"는 제목의 사설에서 "민주주의는 하늘에서 떨어지는 것도 아니요, 땅에서 솟아 나오는 것도 아니요, 민중항쟁을 가지고 비로소 쟁취될 수 있는 것"이라고 주장했다.[80] 이에 비해 한국전쟁 이후 1950년대의 유일한 진보정당이었던 '진보당'의 경우 민중 개념에 특별한 의미를 부여하지 않았다. 1955년 12월의 짧은 발기취지문에는 대중·국민대중만 등장할 뿐 민중은 나타나지 않는다. 1956년 11월 발표된 창당선언문에 '민중'과 '근로민중'이 1회씩 등장하지만("광범한 민중의 창조적 에네르기", "광범한 근로민중의 이익 실현"), 국민, 국민대중, 동포, 민족, 근로인민, 근로대중, 피해 대중 등과 혼용되었다. 강령 전문에서도 민중(민중, 근로민중)은 국민이나 대중과 혼용되었다.[81] 1959년 후반에 『새벽』지는 '정권교체' 특집을 싣는가 하면, 정치인, 지식인, 정간 조치를 당한 「경향신문」의 이관구 등 언론인의 기사를 연재하면서 "민중은 무엇을 원하는가" 등의 화보와 구호 등을 내보냈다. 당시 신일철이 이 잡지의 주간을 맡고 있었다. 앞에서 언급했듯이 『새벽』지에는 함석헌의 "때는 다가오고 있다"나 "들사람 얼(야인정신)"과 같은 글들이 실리기도 했다.[82]

이 절의 서두에서 언급했듯이, 해방을 맞을 당시 정치주체로 호명되던 개념은 민족, 인민, 국민, 신민, 시민, 민중 등 여섯 가지 정도였다. 강호정이 종합한 바 있듯이, 해방 후 '개념어들의 전반적인 이데올로기화' 추세, 특히 '인민 개념의 급격한 정치화-이데올로기화' 추세가 지속하는 가운데, 신민은 해방과 거의 동시에 개념으로서의 효력을 완전히 상실했다. 이후 좌파 세력은 인민을 선호하면서 국민과 시민에 대해서는 부정적인 태도를 보였고, 우파 세력은 시민과 겨레를 선호하면서 인민을 꺼렸다. 좌파와 우파 모두 민족과 백성을 긍정적 혹은 중립적으로 사용하

는 편이었다.[83]

인민과 국민의 개념 위상이 급상승하면서 양자 간에 치열한 각축이 벌어졌고, 남한에서는 국민이 승리하고 (신민에 이어) 인민이 '정치주체 개념시장市場'에서 사실상 퇴출당했다. 물론 인민이 하루아침에 그리고 완전히 퇴출당한 것은 아니었다. 임종명이 밝혔듯이 단독정부 수립 이후에도 한동안 인민 개념이 살아 있었다.[84] 다만 인민 개념의 '순치'와 '재맥락화'라는 두 방향으로 개념의 변형·변질이 진행되었다. 순치의 차원에서 인민 개념에 내포된 저항성과 사회성·역사성은 거세되었고, 재맥락화 차원에서 인민은 냉전의 맥락에 배치되면서 반공 투쟁의 주체로 새롭게 정체화되었다.[85] 근대 정치사상을 설명하기 위해 '인민주권' 개념도 살아남았고,[86] 1950년대 후반 주요한이나 조병옥, 진보당 등에 의해 인민 용어가 간혹 구사되기도 했다.[87]

해방정국에서 부정적으로 평가되던 시민 개념도 점차 '개념적 시민권'을 획득해갔다. 해방 직후 좌파는 '시민(소시민)'에 대해 부정적인 태도를 보였는데, '시민적'이라 함은 곧 '자본주의적-자유주의적인' 것을 의미했기 때문이다. 국가주의적-집단주의적 국민 개념을 강조하던 우파도 시민을 '이기주의-개인주의'의 이미지로 나쁘게 평가했다.[88] 그러나 1950년대에는 시민 용어가 대중화되고, 교과서나 학술 서적 등을 통해 긍정적인 용어로 자리 잡게 되었다.[89]

종합하자면 해방 후 1950년대 말까지 약 15년 동안 개념의 위계구조에서 진행된 변화는, 첫째, 신민에 이어 인민이 최하층으로 강등당하고, 둘째, 국민은 최상층으로 상승하고, 셋째, 위계의 중간쯤에 민중·시민·민족이 위치하는 방식으로 개념지형이 급변했다는 것으로 정리할 수 있다. 그리고 전통적 민중 개념의 지배력이 의연히 관철되는 와중에도, 간헐적일지언정 1950년대 말엽으로 가면서 저항적 정치주체인 민중이 시민사회와 정치사회 일각으로부터 약 20년 만에 재차 소환되고 있었다.

3. 1960년대

때로 저항주체를 지칭하는 용도로 사용되기도 했지만, 1960년대에도 민중은 '피지배층 일반'을 지칭하는 용어였다. 현실의 민중은 '수동적 계몽 대상'으로 간주되었다. 다만 1960년대 중반 이후 민중의 사용빈도가 증가했고 그 사용층도 비非지식인과 정치인으로까지 확산했다. 1960년대의 민중 개념사를 탐구한 유일한 연구자인 황병주는 1960년대 중반 이후 민중 용어 사용층이 확산한 배경으로 산업화·도시화에 따른 '대중사회론'의 등장, 4·19 정세 효과, 인민주권에 근거한 민주주의 담론의 확산 등 세 가지를 거론했다.[90] 황병주는 1960년대를 다음과 같이 개관한 바 있다.

> 민중은 그 자체로 재현되는 것이 아니라 민족, 국민, 시민을 설명하거나 보충하는 역할에 머물렀다.……1960년대 민중은 용례상 일정한 확산 양상을 보여주기는 했지만 집단주체 개념으로 정립되지는 못했던 것이다.……1960년대 대다수 지식인층에서 사용된 민중의 의미는 피지배층 일반을 의미하는 성격이었다고 보인다. 때로 저항주체로 거론되기도 했지만 민중은 주로 계몽 대상으로 이해되었다. 간혹 민중의 잠재적 힘을 암시하는 경우도 있었지만 민중은 명료한 집단주체로 설명되지 않았다. 즉 민중은 시민의식으로 계몽되어야 하거나 민족적 자각, 국민적 책임감을 체득해야만 하는 존재로 설정되었다. 예컨대 '국민주권'과 '인민주권'은 사용되었지만 '민중주권'은 등장하지 않았다. 이러한 점에서 민중은 국민, 인민에 비해 개념적 엄밀도나 정치적 비중이 현저하게 떨어지는 용어였다.[91]

이제 민중 개념의 시점視點에서 1960년대에 좀 더 가까이 가보자. 첫째, '사건' 측면에서 볼 때, 1960년대 민중 개념사에서 중요한 사건은 4·19혁명, 군사쿠데타, 민중당 창당, 월간지『청맥』의 창간 등을 우선 꼽을 수 있다. 둘째, '행위자' 측면에서 볼 때는 1950년대 후반부터 민중론을 펼쳐온 함석헌, 그리고 조동일·김지하·허술로 대표되는 서울대 연극반 출신 신진그룹을 주목해야 한다. 셋째, '이론' 측면에서 볼 때는 1930년대 중반 이래 사실상 사라졌던 민중 이론의 전통이 전면적으로 되살아나는 1970년대와 그 직전 10년의 관계를 어떻게 설정해야 할지, 1960년대와 1970년대를 연속성의 관점에서 접근해야 할지 단절의 관점에서 접근해야 할지가 주요 쟁점으로 떠오른다.

(1) 4·19혁명과 군사쿠데타

1960년대라는 드라마는 4·19혁명에 의해 개막되었다. 당시 고려대 학생 결의문에는 "거국적인 민중궐기"라는 표현이, 서울대 학생 결의문에는 "여하한 형태의 전제도 민중 앞에 군림하는 '종이로 만든 호랑이' 같이 헤설픈 것임을 교시한다"는 표현이 등장했다.[92] 혁명이 성공하자 "3·1운동과 4·19혁명이라는 두 민중봉기"(장면), "민중의 승리"(사상계), "법의 보호를 받지 못하고 인권이 짓밟히는 민중을 대변하여 굳세게 항쟁할 결의"(한국신문편집인협회)와 같은 말들이 쏟아져 나오고, '4월혁명민중협회'라는 단체가 결성되었다. 신문 지면에는 "민중의 시대"나 "민중이라는 새로운 위인偉人" 등의 찬사가 속출했다.[93]

허정 과도정부 수반 자신이 4·19를 '민중혁명'으로 규정했다. 그는 1960년 4월 말 행한 공무원 대상의 훈시訓示를 통해 "이번의 민중혁명에 공무원은 뒤지지 않도록 노력하지 않으면 민중은 실망하여 다시 배척을 받게 될지도 모른다고 각급 공무원들의 분발을 독려"했다.[94] 「경향신문」 1960년 4월 29일자에는 "반독재 민중혁명 제3일의 녹음綠陰은 민권의 싱

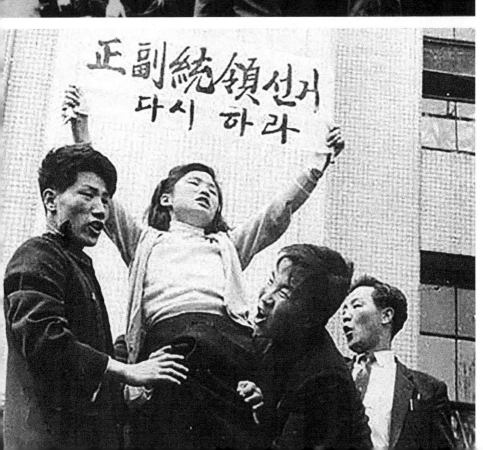

싱한 성장을 상징"한다거나, "허 수석(허정-인용자)을 비롯한 전 각료들의 의욕도 민중혁명 정신의 구현을 서두르고 있어"라는 표현이 등장한다. 같은 날짜의 「동아일보」 기사에서도 "민중혁명 운동은 그 본래의 목적을 달성하였을 뿐더러 이승만 폭정에 종지부를 치는 데까지 성공을 보게 된 셈"이라는 대목을 확인할 수 있다.[95]

김성식 고려대 교수는 1960년 5월 초 「동아일보」에 기고한 칼럼 "4·19 학생데모의 교훈"에서 당시 학생운동의 성격을 "민중의 대변代辯 운동"으로 표현하면서, 4·19로 인해 "투쟁의 민중운동과 학생운동"이 등장할 가능성이 커졌다고 평했다. 그는 4·19의 교훈을 여섯 가지로 정리했는데, 다음은 그 두 번째이다. "이번 학생운동은 민중의 대변 운동으로 평가되어야 한다. 우리 민중은 지금까지 전제정치와 제국주의 및 독재정치에 오랫동안 인종忍從의 생활을 하여 왔기 때문에 혁명에 무기력하고 현실에 무감각하였다. 그러나 학생들은 민중의 대변자로 인종의 생활을 박차고 자유와 민권운동에 선봉이 되었던 것이다."[96]

4·19에 대한 민중혁명 규정은 곧 갑오농민전쟁으로 확대 적용되었고, 이후 관행처럼 정착되어갔다. 예컨대 「경향신문」 1963년 3월 20일자 (3면)에는 "(1963년 3월-인용자) 21일은 한국 역사상 최대 규모의 민중혁명으로 우리나라 근대화의 불씨를 던졌던 동학혁명의 제69주년이 되는 날"이라는 표현이 등장한다.[97] 3·1운동을 '민중운동'으로 재해석하려는 움직임도 4·19를 민중혁명으로 규정한 전례가 있기에 가능했을 것이다. 동아일보사가 1969년에 편찬·발간한 『3·1운동 50주년 기념논집論集』이 각별한 중요성을 갖는다. 무려 76편의 논문이 실린 1888쪽 분량의 이 책에서도 천관우의 논문 "민중운동으로 본 3·1운동"과 김진봉의 논문 "3·1운동과 민중"이 특히 주목할 만하다.[98] 논집 편집에 중심적 역할을 했던 한 편집위원은 「동아일보」와의 인터뷰에서 향후 3·1운동 연구는 '지방사적 접근'에 비중을 둘 필요가 있다면서, "특색 있는 몇 사례연구

의 집적이 민중운동으로서의 3·1운동 파악에 도움"이 된다고 말하기도
했다.[99]

그러나 4·19 당시에도 국민·민족·시민 용어의 사용이 일반적이었던
반면, 민중 용어의 사용 범위는 제한되어 있었다. 황병주의 말대로, "4·19
정세 속에서 민중의 확산은 상당히 제한적인 것이었다. 전 참가층을 망
라해 중요했던 개념은 민족과 국민이었고 시민도 상당한 비중으로 사용
되었다. 이는 곧 민중이 지식인, 언론, 대학생 중심으로 사용되고 있었고
사회 저변으로 확산되지 못했던 상황의 반증으로 보인다."[100] 정상호는
4·19를 계기로 한 시민 개념의 부상과 대중화에 주목했다. 그는 "4·19를
통해 시민과 시민혁명이라는 단어는 소수 엘리트나 지식인의 전문 담론
이 아니라 일반인들이 쉽게 말하고 이해할 수 있는 '개념의 민주화 단계'
에 들어서게 됐다"고 주장했다.[101] 1950년대에는 정치주체 개념 위계의
중간부에 머물러 있던 '시민'과 '민족' 개념이 4·19혁명 정국을 맞아 상
승 곡선을 타기 시작했다고 하겠다.

그러나 1961년의 5·16쿠데타로 인해 상황은 급반전되었다. 1968년
제정된 '국민교육헌장'에서 단적으로 나타나듯 박정희 정권은 이승만 정
권과 마찬가지로 '국민' 개념을 적극적으로 활용했다. 박명규에 따르면,
"분단국가에서 '국민'이라는 정치적 범주가 대한민국에서 주로 통용되
는 정치적 주체이고 그런 점에서 반공과 반북의 함의를 뚜렷하게 담고
있었던 것이다. 실제로 박정희 정부하에서 국가 주도의 강력한 권위주
의적 억압과 통제가 강조될 때 '국민'은 정치적으로 매우 강력한 도구로
활용되었다.……국민으로서의 의무와 자격을 강조하는 것은 곧 정치적
순응과 국가권력에 대한 수용을 강조하는 측면이 있었던 것이다."[102] 국
가주의와 강하게 결착됨으로써 "국민 개념의 억압성"이 도드라졌다.[103]
쿠데타 이후 시민 개념도 4·19 당시의 저항성과 혁명성을 잃어버렸다.
박명규가 말하듯이, "군사쿠데타로 4월혁명의 시민적 성격이 곧바로 억

압되고 오랫동안 권위주의 지배하에서 잠복하게 되었다. 시민은 추상적 행정 개념이거나 아니면 '시민적 의무'와 '국가에 대한 충성'을 핵심으로 하는 수동적 범주로 자리 잡았다."[104] 나아가 5·16 이후 "좌절된 시민혁명과 원자화된 개인으로의 후퇴"에 따른 "소시민 개념의 부상"이라는 현상이 나타났고, 급기야 1970년대에는 "반공 시민 만들기" 드라이브 속에서 "관 주도 시민" 개념이 빠르게 형성되었다.[105]

한편 지배층과 주류 언론이 사용하는 민중 개념은 1950년대의 그것과 다를 바 없었다. 예컨대 1962년 1월 김종필 중앙정보부장은 '민중의 지팡이'로서의 사명을 다해줄 것을 경찰에게 당부했고, 「동아일보」는 '반공투쟁 주체로서의 민중'이라는 맥락에서 공산정권에 항거하는 소련 내의 "민중폭동"을 언급했다.[106] 1963년 1월 29일 이근삼·김정옥·최창봉 등은 '민중극장'을 설립하면서 창립선언문을 통해 "민중 속으로 연극을 침투시켜 연극의 위대한 유산을 계승하고 전위적인 자세로 미래를 바라보며 기성 극계劇界의 독선적인 경향을 거부하는 동시에 젊은 연극인들의 주장을 옹호한다"고 천명했다.[107] 1965년 1월 「경향신문」에는 "쇠퇴해가는 국민 체위를 향상시키고 명랑한 국민성을 되찾자는 각계의 운동에 호응하여 영덕교육구청이 1965년을 '군민 체위 향상을 위한 해'로 정하고 '민중체육 진흥운동'"에 나서, "민중체육을 적극 지도하고 권장하기로" 하고 우선 마을마다 축구를 보급한다는 기사가 실렸다.[108]

이 사례들 역시 정치적으로 탈색된 위로부터의 민중 용법을 보여주는 경우라 하겠다. 사정이 이렇다 보니, (국민이 국가주의적 함의를 강하게 띠고 있었음에도 불구하고) 1960년대에는 오히려 '민중'보다는 '국민'이 저항적 정치주체를 호명하는 데 애용되었다. 4·19 직후의 함석헌이나 장준하의 국민 개념, 한일협정에 반대하는 성명서를 발표했던 '재경在京 대학교수단' 등은 확실히 저항적인 맥락에서 국민을 호명했다.[109]

(2) 민중당

1964~1965년의 한일회담·협정 반대운동 당시에도 국민·민족·조국 등의 용어가 주로 사용되었고 민중은 제한적으로만 쓰였다. 1965년 5월의 '대일매국외교반대민중시위대회'처럼 저항주체로 민중이 호명된 사례는 오히려 예외적이었다. 그러나 1965년 6월 통합 야당인 '민중당民衆黨'이 등장하면서 상황이 돌변했다. 다음은 황병주의 설명이다. "1960년대 초반까지 민중은 여전히 지배와 저항 진영의 공동 용어로 사용되었으며, 주로 지식인, 언론 등에서 사용되는 상층 언어의 성격이 짙었다. 즉 저항적 성격이 특화되지도 못했고 또 그 용례가 광범위하게 확산된 상황도 아니었다. 그런데 1965년을 전후해 민중은 중요한 변화를 보여주게 되었다."[110] 황병주의 표현대로 "한국 보수 야당의 역사에서 '민중'과 같은 집단주체를 당명에 직접 노출시킨 것은 민중당이 유일했다."[111]

무엇보다 민중당 창당을 계기로 정치권과 언론에서 민중 용어 사용빈도가 폭증했다. 예컨대 「조선일보」의 경우 1960년부터 1965년 4월까지 민중이라는 단어를 35회 사용하는 데 그쳤던 반면, 민중당 창당 시점부터 1967년 2월까지는 이 단어를 무려 950여 회나 사용했다고 한다. 이와는 대조적으로, 박정희 스스로 '민중운동'이라는 표현까지 사용했을 정도로 민중을 애용하던 집권 세력은 민중당 등장 이후 이 용어 자체를 더 이상 사용하지 않게 되었다.[112]

그러나 민중당 창당선언문에는 "민중당은 민중의 당이오, 민중을 위한 당이다"라는 도입부를 제외하면 민중이라는 표현이 더 이상 사용되지 않으며, 오히려 '국민'이라는 말이 훨씬 자주 등장한다.[113] 다음은 황병주의 평가이다.

민중당의 선언문, 강령, 정책을 일별해보건대, 민중은 핵심적 가치가

굴욕외교반대성토민중시위대회(1965)

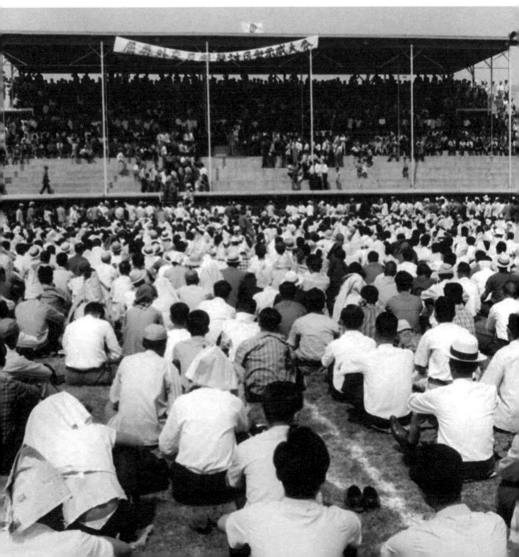

아니었다. 대의정치제도, 자유민주주의 등이 중요한 가치로 설정되었고 그것을 담보할 집단주체의 핵심은 민중이 아니라 국민이었다. 더욱이 보수정당은 곧이어 창당된 신민당을 통해 대중경제론을 제기하면서 민중으로부터 멀어진다. 1967년 대선에서 제기된 신민당의 대중경제론은 집단주체의 핵심이 국민이었고 민중은 전혀 나타나지 않았다. 즉 1965년 민중당의 창당과 짧은 생존은 한국야당사의 극히 예외적인 경우였고 그것도 내용은 거의 없는 당명만의 민중 담론이었다.……민중은 서술적 차원에서 평이하게 대중, 백성, 서민 등과 종차 없이 쓰이는 용어였던 것이다. 그렇지만 민중당의 창당은 민중이라는 용어가 광범위하게 확산되는 데 중요한 공헌을 했다. 또한 야당 당명으로 사용되면서 민중은 지배 권력의 호명 기호 성격이 약화되고 저항적 집단주체로 전화될 수 있는 계기가 주어졌다고 할 수 있었다.[114]

민중당은 1965년 6월부터 1967년 2월까지 짧은 기간만 존속했다. 민중당은 1950년대 중반 자유당과 양당제 구도를 구축했다가 군사쿠데타 이후 위축된 민주당이 1963년에 '국민의당'을 흡수 통합하고, 1965년에 다시 '민정당民政黨'과 통합하여 탄생했다. 그러나 창당한 지 불과 5개월 만에 분당分黨하여 탈당파가 1966년 2월 '신한당'을 조직했고, 1967년 2월에는 남은 민중당과 신한당이 다시 합당하여 '신민당'이 되었다. 이후 신민당은 '대중경제체제'를 표방하면서 ('반민중적'이 아닌) '반대중적' 경제체제를 비판했다.[115] 이와는 별도로 1963년 9월 창당한 '신민회'가 1967년 2월 전국대의원대회에서 당명을 변경함으로써 대한민국 역사상 두 번째의 '민중당'이 등장했다. 그렇지만 이 정당은 1972년 10월 해산될 때까지 거의 정치적 존재감을 드러내지 못했다.[116]

이처럼 민중당 등장을 계기로 야당·언론의 민중 사용빈도 급증과 여권與圈의 사용빈도 급감의 두 흐름이 엇갈렸을지라도, 민중이라는 말에 내포된 의미 자체는 그다지 변하지 않았다. 민중당의 출현이 민중 사용 빈도를 급증시켰을지언정 그 현상이 '저항적 민중' 개념의 직접적인 재활성화를 뜻하는 것은 결코 아니었다. 정치인들에 의해 민중이 '정치주체'로 인정되었음은 분명했지만 민중은 여전히 '계도·계몽·지도의 대상'에 머물렀고, 그런 면에서 아직도 상당 부분 '종속적·수동적·의존적인 존재'로 간주되었다. 예컨대 1970년대에는 보다 적극적인 민중 개념화를 모색했던 백낙청 역시 1966년에는 "한국에 관한 한 민중의 저항을 가로맡고 근대화를 위한 가장 보편적인 이상을 제시하며 또 실천하는 역사의 주동적 역할을 작가와 지식인이 가로맡아야 한다는 데는 딴말이 있기 어렵다"고 주장했다.[117] 황병주 역시 백낙청의 시민문학론은 "민중의 확산과 그 한계를 보여주는 사례"라면서, "시민문학론에서 사용된 민중은 시민의식으로 계몽되어야 할 수동적 대상에 불과한 정도"였고, "이 시기까지 백낙청에게 민중은 시민을 위한 배경에 불과한 것이었다"고 평가한 바 있다.[118] 그럼에도 불구하고 박정희 정권이 민중이라는 단어 사용 자체를 꺼리게 됨으로써, 지배자의 언어이던 민중이 피지배자의 언어로 회복될 가능성이 높아진 것만은 분명한 사실이었다.

(3) 청맥

황병주는 1964년 8월 창간되어 1967년 6월까지 발행된 월간지 『청맥』에 주목해야 한다고 주장한다. 『청맥』이 '통일혁명당의 위장단체' 중 하나로 창간되고 사실상 북한의 자금으로 운영되었다는 1968년 8월의 정부 발표가 당시 한국의 진보적 지식인들에게 큰 충격을 주었지만, "60년대 중반의 젊은 인텔리들에게 『청맥』은 당시의 교양지 『사상계』와는 또 다른 방향에서 지적인 호기심과 매력의 대상"이었고, "당시 젊은 엘리트들의 '의식의 광장'"이었다.[119] 하상일에 의하면, "『청맥』은 발간되자마자

대학생과 지식인들 사이에서 대단한 인기를 끌었다.……반체제적인 젊은 세대의 지지를 받았고, 지식인층에도 상당히 침투함으로써 당시『세대』,『사상계』와 더불어 비판적 종합잡지로서의 성가를 날렸다."[120] 이동헌의 평가도 유사하다.『청맥』은 "박정희 정권에 가장 비판적인 지식인 잡지"였고, "『사상계』에 비해 상대적으로 젊은 세대 지식인들에게 인기를 끌었고 4·19세대라고 일컬어지는 새로운 지식인층의 참여가 두드러졌다."[121]『청맥』의 이런 인기를 고려할 때 이 잡지에서 개진된 민중론이 1970년대의 민중론자들에게도 일정한 영향을 미쳤다고 보는 게 보다 합리적일 것이다. 1970년대 민중론자들은 1960년대 중반 무렵 이미 학계나 언론계에 종사하고 있었거나, 해외 유학 중이었거나 대학생·대학원생 신분이었기 때문이다.

『청맥』의 이념적 지향은 '민족주의'로 경도되어 있었다. 그런 만큼 민중 개념이『청맥』편집진과 주요 필진의 중심적인 관심사는 아니었다. 황병주가 말하듯이, "창간사뿐만 아니라 확인 가능한『청맥』의 모든 권두언에서는 민중이 단 한 번도 사용되지 않았다.……요컨대『청맥』편집진 내에서 민중은 아직 뚜렷한 자기상을 확보하지 못한 상황이었다."[122] 혹은, "『청맥』의 민중은 민족과 매우 밀접한 연관 하에 사용되고 있었다는 점을 주목할 필요가 있다. 오히려『청맥』지면에서 더 중요했던 것은 민족이었다. 민족을 주어로 놓고 민중, 대중이 뒤섞여 쓰이는 경우도 많았으며 결국 민중은 민족을 조건으로 한 개념으로 등장했다고 보인다."[123] 황병주에 의하면『청맥』에서 민중 개념이 본격적으로 부각되기 시작한 시기는 1965년 말경이었다.

『청맥』에서 민중이 보다 중요해지는 것은 1965년경으로 보인다. 1965년 말경부터『청맥』의 지면에는 '민중'이 표제어로 등장하는 글들이 산견되기 시작했다. 아울러 그 내용도 단순한 서술적 표현으로 끝나지 않는 글들이 나타나기 시작했다. 1966년 7월호부터는 '민중과 문화 창조'라는 제하의 연속 시리즈물이 시작되었다.……이어서 1966년 8월호에서는 '민중의식의 현재화'라는 대담을 게재하였는데 민중이 표제어로 등장하는 기사가 두 달 연속 게재된 것이다.[124]

'민중과 문화창조' 연재에 대해 편집자는 "일을 통한 생활 속에서 실질적이며 풍자와 해학이 예술적으로 품위 있게 나타"났던 "민중의 문화창조" 측면을 강조했고, 양재연·김세중·김영돈·임동권 등의 필자들은 "민족놀이, 전통연희, 민요 등과 같은 민속을 양반문화와 대비되는 민중의 창조적, 생산적, 능동적 문화로 위치 짓고, 민중을 민족문화와 전통의 담지자로 설정"(원문 그대로임)했다.[125]

『청맥』 필자 중에서도 특히 이진영은 1965년 11월호에 실린 "민족운동의 담당자"를 비롯해서, 1966년 3월호의 "지식인과 역사의식", 1966년 6월호의 "해방과 소비문화의 지배"와 같은 글들을 통해 "지배층과의 날카로운 대비, 역사의 주체, 민족의 실체, 민족문화의 실질적 담지자, 현실 변혁의 핵심역량 등의 의미"로 민중 개념을 사용했다.[126] 무엇보다, 16쪽 분량인 "민족운동의 담당자"에는 민중이 45회, 역시 16쪽 분량인 "지식인과 역사의식"에는 민중이 53회, 14쪽 분량인 "해방과 소비문화의 지배"에는 민중이 무려 61회나 등장한다. '사회평론가'이자 '사회학자'로 지면에 소개된 이진영은 한국 지식인들을 "중간문화수입상의 대리상"이라고 할 만큼 날카로운 탈식민주의적 문제의식을 가진 사람이었다.[127]

이진영이 민중 개념에 대해 독자적인 정의를 내리거나 민중의 구성·외연 등에 관해 논의한 것은 아니나, 그의 민중 개념은 종종 저항과 결부되었다. 아울러 그는 민족주의 및 탈식민주의 맥락에서의 민중 논의, 지식인론 맥락에서의 민중 논의, 민중문화론이나 민중예술론 등을 제시했다. 그는 서구 민족운동과 제3세계 민족운동을 비교하면서, 제3세계 민족운동을 다시 인도형·중국형·아프리카형·라틴아메리카형으로 세분했고, 한국과 유사한 중국형 민족운동의 경우 민족운동이 민중 중심으로 전개됨으로써 민족혁명과 사회혁명의 결합이 상대적으로 용이해진다는 주장을 폈다.[128] 민중문화와 민중예술을 논하는 글에서 그는 한국의 전통사회에서도 '귀족문화'가 중국을 모방한 비생산적·비창조적인 것이었던 데 비해 '민중문화'는 귀족문화의 영향을 받으면서도 생산적·창조적인 성격을 띠었고, 현대에도 "문화창조의 결정적인 주체는 한국 민중 자신이지 매판자본이나 비인간적인 특권이나 외국자본이 아니라는 점"을 역설했다.[129] 주로 이진영의 민중론을 염두에 두고 황병주는 민중당은 민중 용어의 "정치사회적 확산"에, 『청맥』은 "개념의 급진화"에 기여했다고 평가하기도 했다.[130]

이진영만큼 적극적이지는 않았을지라도, 『청맥』의 필진 중 꽤 많은 이들이 민중을 언급할 뿐만 아니라 거기에 주체성과 저항성을 불어넣으려 시도했다. 1964~1965년 당시 서울여대 강사·전임강사였던 사회학자 임희섭, 사회학자이자 『청맥』 편집장이던 송복, 해동고 교사였던 김대상, 서울대 문리대 교수였던 유홍렬, 문학평론가 이철범, 「경향신문」 논설위원이던 송건호 등이 그런 이들이었다.

임희섭은 『청맥』 1964년 12월호에 "한국의 근대화는 서구화인가"라는 제목의 글을, 1965년 4월호에 "서민의 과소욕구"라는 글을 기고했다. 그는 앞의 글에서 서구화 일변도를 경계하면서도, "근대적 가치는 보편적 가치"라면서 근대주의를 자명한 진리로 치부하는 모습을 보였다. 그와 동시에 지배계급과 구분되고 심지어 대립되는 '민기民氣'를 강조하기도 하고, "엄마의 품"인 "민중의 생활사"를 중시하는 모습을 보이기도 했다.[131] "서민의 과소욕구"에서는 이해영 교수가 1964년에 소개한 일본인 사회학자의 '민중 4단계론', 즉 '서민 → 시민 → 대중 → 인민'의 발전 단계론을 소개하면서, 한국은 아직 서민 단계에 머물러 있다고 평가했다. 따라서 체념·자조自嘲·운명관에 젖어 무저항성을 보이는 '서민적 복종 윤리'를 하루빨리 극복하고 시민 단계로, 나아가 인민의 단계로 발전해 가야 한다고 주장했다.[132]

송복은 1966년 8월호에 실린, "민중의식의 현재화"라는 주제로 주간 主幹 김질락과 행한 대담에서 『청맥』의 사명과 중점을 밝히면서 강렬한 탈식민주의적 문제의식을 드러냈다. 그에 의하면 『청맥』이 "맹목적 구 미화歐美化에 대한 도전과 우리 자신의 긍정 그리고 거기서부터 새로운 우리의 모색, 더 나아가서는 우리들의 역사는 절대로 우리들의 것이라는 데 대한 대중의식의 고취―주로 이러한 점에 치중"해왔다는 것이다. 아 울러 "거의 무의식적인 군중"과 "선진적인 지식인"을 대비시키면서 『청 맥』의 주요 대상은 후자임을 밝혔다.[133] 그런데 지식인-민중의 관계가 역전되어, 진보하는 민중의식(민중의 역사의식)에 오히려 뒤처지고 있다면 서 지식인의 분발을 촉구했다.

민중의식의 흐름과 그 흐름 속에 담겨 있는 역사의식, 그것은 항시 외 생적外生的인 것이 아니라 스스로의 역사 과정에서 생성된 자주의식 혹 은 자가발전自家發展의 의식으로 창일해 있다 해도 과언이 아닙니다. 다 만 그것을 감지하지 못한 한국의 많은 지식인들이 자기 안일 자기 영 달을 위하여 아성을 쌓고 도랑을 파서는 창창히 흐르는 민중의 역사의 식에 침을 뱉고 돌을 던지면서 자기 조소와 자기 역사 모멸의 노래만 을 구가해 왔을 뿐입니다. 그러나 민중의 역사의식의 흐름은 그에 아 랑곳없이 민족의 새로운 삶의 활로를 향하여 서서히 그리고 끊임이 없 이 움직여가고 있는지 모릅니다.[134]

김대상은 1964년 8월 창간호에 게재한 "일제 무단통치의 본질: 그 탄압의 제 양상"이라는 글을 통해 한일합병 직전 민중의 무력 저항, "무장 민중부대들", "무장민중"에 초점을 맞췄다. "1907년 헤아밀사사건을 계기로 군대를 해산하기에 이르자, 무능한 양반 정부와 강도적 일제에 대한 민중들의 반항 운동은 각종의 형태로 격화하여갔고 해산병解散兵과 애국적 민중들은 스스로 무장하여 무력투쟁을 전개하였다"는 것이다.[135] 유홍렬 역시 1966년 11월호에 기고한 "문화상으로 본 한국의 자주성"이라는 글에서 한국사의 '문화적 자주성'은 정치인이 아닌 민중에 의해 성취되었음을 강조했다. 통일신라 이후 지배층의 사대주의가 면면히 이어지는 가운데, 특히 조선시대 중기 이후 임진왜란 의병, 실학, 천주교, 동학, 독립운동을 통해 민중이 주도성을 발휘해왔다고 보았다.[136] 그는 "이씨 조선시대에 있어서는 자주성을 띤 문화는 정치인들의 힘에 의하여서보다도 민중의 힘에 의하여 이룩되었다"고 단언했다.[137]

이와는 달리 이철범은 1964년 8월 창간호에 기고한 "민족적 수난과 한국민의 병리"라는 글을 통해 민중이 권력 앞에 무력한 존재이므로, 지식인들이 민중 편에서 권력을 비판해야 한다고 주장했다. "절대군주의 권력 하에서 민중들은 실상 아무런 힘이 없었다. 민중들은 절대군주의 밥이다."[138] 그러므로 어느 시대든 권력에 굴하지 않는 지성인의 비판적 개입이 필요하다. 즉 "어떤 권력 밑에서도, 지성은 냉철한 정신을 잊지 말고, 올바로 비판해야 한다. 언제나 민중 편에서 권력 싸움에 얽힌 고질적 병리를 일소시켜야 한다"는 것이다.[139] 송건호 역시 1964년 11월호에 실린 "지성의 사회참여"라는 글을 통해 '지식인 주도의 엘리트주의'를 드러냈다. 그는 민중은 정권에 더 이상 희망을 걸지 않은 채 목마르게 '비전'을 찾고 있다고 현실을 진단했다. 그러나 "지성적 현실참여"와 달리 "민중적 참여"는 갖가지 저열함을 드러내기 쉽기에, 먼저 지식인들이 나서서 "민중에 '비전'을 제시"할 필요가 있다는 주장을 폈다.[140]

『청맥』 발행을 주도한 김질락 등이 1968년 통일혁명당 사건으로 한꺼번에 투옥되면서, 힘겹게 되살아난 저항적 민중 개념의 전통이 다시금 단절되기 쉬운 상황이 되었다. 이런 상황에서 1970년대로 접어들자 진보적 지식인사회와 대학가를 중심으로 저항적 민중 개념이 폭발적으로 퍼져나갔다. 1960년대 중후반의 민중당이나 『청맥』 필진의 민중 담론이 1970년대 민중 개념에 미친 영향은 여전히 모호한 채로 남아 있다. 그럼에도 1970년대 이후 민중론에서 중요한 역할을 담당했던 조동일, 안병무, 백낙청, 염무웅 등이 『청맥』의 필자로 참여한 바 있었다는 사실은 주목할 만하다.[141]

이 가운데 조동일과 염무웅은 임중빈이 주도했고 통혁당의 '위장단체' 중 하나로 간주된 '청년문학가협회'에도 참여했다.[142] 조동일은 통혁당 사건 당시 중앙정보부에 끌려가 직접 조사를 받기도 했다.[143] 조동일은 1965년 1월부터 이듬해 3월까지 11회에 걸쳐 "시인의식론: 시인의 사회적 위치에 관한 역사적 고찰"을 연재했고, 1964년 11월에는 이동극이라는 필명으로 "한국적 리얼리즘의 형성 과정"을 기고하는 등 『청맥』의 문학비평 중 가장 많은 분량을 집필했다. 그는 이 과정에서 조선 후기의 탈춤, 민요, 판소리, 소설 등을 분석하는 가운데 '서민문학'과 '민족문학', '민족적 리얼리즘'을 모색해나갔다.[144]

(4) 떠나는 자와 도래하는 자들

앞서 보았듯이 1950년대 말 함석헌은 민중에게 혁명 주체의 지위까지 부여할 정도로 민중 개념을 중시했고, 민중에게 강한 저항성과 주체성을 부여했다. 그러나 4·19혁명부터 5·16쿠데타까지의 '4·19정국'에서는 민중보다 국민과 민족을 중시하고, 민중의 자발성보다는 지도자와 지식인의 능동적인 계몽자 역할을 강조하고 나섰다. 지도자·지식인의 역할이 강조될수록 민중의 수동성이 부각될 수밖에 없었다. 이 시기에는 "민중이 '국민=민중=민족'으로 치환되는 대상이고, 지식인·지도자를 필요로 하는 일상의 존재"로 내려앉았고, 따라서 핵심 주체 또한 "민중=민족"에서 "민족=국민"과 "국가=민족"으로 이동하게 되었다.[145]

윤상현에 의하면, 1961년 초에 함석헌은 "지식인들이 지속적으로 사회를 혁신·개혁해야 한다는, 지식인 역할론을 주장하기 시작했다.…… 지식인이 주도하는 사회개혁이 이루어지지 않을 경우, 지도자가 민중을 이끌어가는 혁명을 주장했다."[146] 함석헌은 쿠데타를 통해 성립된 군사정권과 지속적으로 충돌했다. 그러나 이때에도 계몽 대상으로서의 민중, 그리고 지식인의 중요한 역할에 대한 강조는 여전했고, 심지어 그런 입장은 1970년대까지 이어졌다.[147] 함석헌은 1965년 9월에 서문과 한국전쟁 이후 시기 서술을 추가한 『뜻으로 본 한국역사』개정판을 내게 되는데, 그 핵심은 '선각자의 계몽'에 있었다. 그는 교육자와 종교인의 지도적 역할을 특별히 강조하면서, 이런 지식인들이 민중 속으로 들어가 민중을 드높이는 일이 긴요함을 역설했다.[148]

사실 '민중의 잠재력'에 대한 강조 측면에서만 보자면 함석헌을 따라잡을 사람이 없다. '민중=씨알'은 인류 역사의 응축인 소우주이고, 개개의 민중=씨알에는 신성神性이 내재되어 있다. 민중=씨알은 신의 육화肉化이자 지상에 강림한 신이다. 이 때문에 자신의 존엄함과 신성함과 구원 사명에 대한 민중의 '자각', 곧 민중이 자신의 엄청난 본성을 깨닫고 그에 걸맞게 사고하고 처신하는 것이 결정적으로 중요해진다. 민중의 자각은 '인간혁명', '자아 개조', '씨알 안에 자고 있는 양심을 일깨우기', '내면의 참자아 찾기' 등으로 불린다.[149]

그런데 함석헌은 '민중의 이중성'을 항상 민감하게 의식했던 것 같다. 여기서 '이상理想의 민중'은 떠받들기의 대상이지만, '실제의 민중'은 불신의 대상이 되기 십상이다. '실제 민중'에 대한 평가인 함석헌의 우민론愚民論 혹은 우민관愚民觀은 1950년대와 1960년대를 관통하여 유지되었

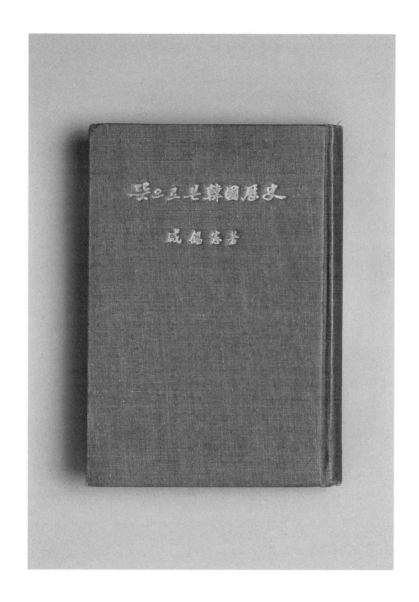

함석헌의 『뜻으로 본 한국역사』(1962)

다.[150] '이상 민중'과 '실제 민중' 사이의 이처럼 극심한 괴리를 메우는 작업이 반드시 필요하게 되는데, 그 작업의 담당자─즉 민중을 자각으로 이끄는 자─가 바로 지식인인 것이다. 문제는 이상 민중과 현실 민중 사이의 괴리가 심할수록 민중의 주체성은 부정되고, 함석헌의 민중 개념이 강한 본질주의 색채를 드러내는 경향을 보인다는 것이다.[151] 또 민중의 주체성·자발성이 부정될수록 '민중론'은 '지식인론'으로 환원될 가능성이 높아진다. 민중의 탁월한 '본성/본질'은 왜곡된 정치 현실로 인해 좀처럼 '발현'되지 못하고 있다. 오히려 정반대로 현실의 민중은 비루한 우민 상태에서 허우적대고 있다. 이를 자기 수양이나 고난을 통한 깨달음이나 지식인의 계몽·교육 등을 통해 바로잡아야 하는데, 결국 핵심은 지식인의 계몽·교육에 놓인다.

1950~1960년대에 함석헌은 민중과 씨알(씨ᄋᆞᆯ)을 동의어처럼 사용했다. 그런데 1960년대 말을 지나면서 두 개념의 차이를 강조하더니, 급기야 1970년에는 민중 개념의 한계를 지적하면서 사용 중단을 공식 선언했다. 1970년 4월 사월혁명 30주년에 즈음하여 창간한 『씨ᄋᆞᆯ의 소리』에서부터 그는 민중 대신 씨ᄋᆞᆯ이라는 말을 전면적으로 사용한다. 한마디로 민중은 정치적으로 오염된 개념이기 때문이라는 것이다. "'민중'이라는 용어도 지배층의 언어로 오염되고 있다는 판단" 아래 1971년 10월에 그는 이렇게 말했다. "민주주의는 민중이라면서 속입니다. 다 정치가와 거기 붙어먹는 학자들의 장난입니다. 나는 그것이 싫어서 아무것도 붙일 수 없는 씨ᄋᆞᆯ이란 말을 씁니다."[152] 함석헌은 민중만이 아니라 시민, 국민, 인민 개념도 기각한다. "민이란 그저 사람인데, 봉건시대에는 시민이라 속였고, 민족주의 시대에는 국민이라 하면서 속였고, 공산주의는 인민이라면서, 민주주의는 민중이라면서 속인다"는 것이다.[153]

반면에 민중의 대용어代用語가 된 '씨ᄋᆞᆯ'은 "어떤 정치적·사회경제적 제도에 의해서도 오염되지 않은 원초적인 의미의 사람이자 민"을 가리킨다.[154] 함석헌은 '민民=people'이라는 뜻으로 '씨올'을 쓰고자 하며, '지배-피지배의 관계'에서 피지배층을 의미하는 민民에 보다 적극적인 의미, 즉 목적의식적으로 결집한 사회적·정치적 인간집단이라는 의미를 부여하여 사용하고자 했다. 『씨올의 소리』 창간호에 실린 "씨올의 참뜻"에서 그는 이렇게 말했다. "민民은 단순한 사람 인人이 아닙니다. 정치인이요 사회인입니다. 서양말로 하면 people인데 people도 역시 man만은 아닙니다. 일정한 목적 밑에 뭉친 한덩어리의 사람입니다. 이러한 뜻을 나타내기 위해서 씨올이라는 말을 써보자는 것입니다."[155] 나아가 민民과 씨올을 시대적으로 구분한다. "민民 대로도 좋지만 민民보다는 좀 더 나가기 위해서, 민民은 봉건시대를 표시하지만 씨올은 민주주의 시대를 표시합니다. 아닙니다. 영원한 미래가 거기 압축되어 있습니다.……〈씨올〉이란 말은 민民, people의 뜻인데, 우리 자신을 모든 역사적 죄악에서 해방시키고 새로운 창조를 위한 자격을 스스로 닦아 내기 위해 일부러 새로 만든 말입니다."[156]

함석헌이 민중 개념에서 떠나갈 때 소규모의 신진그룹이 민중 개념을 향해 성큼성큼 다가오고 있었다. 그 핵심 인물은 조동일, 김지하, 허술 3인방이었다. 10년 안팎의 시차를 두고 채희완, 김민기, 임진택 등이 뒤따랐다. 서울대 연극반을 매개로 연결되고 문학이나 전통문화의 현대적 계승에 주된 관심이 있었던 데다, 정치적 저항수단으로 문화를 활용한 이들이었다는 점에서 이들을 '문화운동 그룹'으로 부를 수도 있겠다.[157]

조동일과 김지하는 4·19세대이자 6·3세대에 속했다.[158] 조동일은 1958년에, 김지하는 1959년에 서울대에 입학했다. 조동일과 김지하는 4·19 직후 학생운동의 주역이었고, 1964년에는 한일회담 반대 시위 운동의 주역이기도 했다.[159] 조동일과 허술은 서울대 연극반에서 함께 활동했다.[160] 김지하도 연극반 소속이었다.[161] 이영미는 1960년대 서울대 연극반에서 진행된 두 가지 의미 있는 흐름을 '창작극에 대한 관심'과 '전통 민속연희에 대한 관심'으로 요약했다.[162] 허술이 재학하던 국문과로 조동일이 편입하면서 둘의 관계는 더 돈독해졌을 것이다. 최일남과의 1984년 6월 대담에서 김지하는 판소리, 탈춤, 민요 등에서 조동일과 관심을 공유하며 함께 활동했음을 밝힌 바 있다. "제가 대학 다닐 때의 전공이 골계滑稽였습니다. 그 무렵 한 학년 위인 조동일 씨와 판소리, 탈춤, 민요 같은 것에 관심을 기울였습니다."[163] "탈춤이 좋아서 국문학 공부를 택했다고도 할 수 있을 정도"[164]였던 조동일도 국문학과 편입 이후의 활동을 이렇게 술회했다. "그 무렵에 나는 국문학으로 전공을 바꾸었다. 상징주의에 매혹되어 초현실주의로까지 나아간 불문학 공부를 걷어치우고, 탈춤으로 신명풀이를 하고, 민요와 설화에서 힘을 얻었다."[165]

조동일과 허술은 1963년 11월 19일(1회), 1964년 11월 11일(2회), 1965년 11월 19일(3회), 1966년 11월 25일(4회) 등 모두 네 차례 열린, 서울대 향토개척단이 주최한 '향토의식鄕土意識 초혼굿'을 주도했다.[166] 특히 1회와 3회 행사에서 이들의 존재가 뚜렷했다. 1회 행사 당시 조동일 작作인 〈원귀 마당쇠〉라는 제목의 1막짜리 '신광대놀음'이 공연되었고, 3회 행사에서는 허술의 각색과 연출로 가면극 〈야! 이놈 놀부야〉가 공연되었다. "탈춤의 전통에 입각해서 우리의 과거를 풍자해보는 연극"이라는 〈원귀 마당쇠〉에 대한 소개,[167] "등장인물이 모두 탈을 쓰고 관중도 단역을 맡게 한 풍자극"이라는 〈야! 이놈 놀부야〉에 대한 소개를 보더라도,[168] 이 극들이 탈춤(가면극)의 형식을 취한 것임을 확인할 수 있다.[169] 박인배는 '향토의식 초혼굿'에 조동일과 허술만이 아니라 김지하도 직접 준비에 참여했다고 적었다.[170]

이재오는 향토개척단을 저항적 학생운동 전통과 거리가 있는 조직으로 평가했다. 군사쿠데타 직후인 1961년 6월에 서울대 향토개척단의 모체母體가 결성되어 이듬해 1월 정식으로 창단되었고, 그해 7월에는 서울시내 대학 재학생 8천여 명이 일제히 하기 봉사활동에 참여했다. 이런 '학생 농촌운동'이 농촌진흥청과 농림부 후원을 받아 진행되는 등 "향토 개척단 운동은 군사정부와 공존"했다.[171] 이런 맥락에서 이재오는 향토 개척단이 "향토에 대한 애정을 민족주의적 정열의 발로로 생각하였으나 당시 학생운동의 흐름과는 상당히 빗나가는 낭만적이고 유희적인 운동에 불과"했다고 평가절하했다.[172] 초기에 군사정부의 우호적인 지원이 있었음은 분명하지만, 창단 이후, 특히 한일회담 반대운동을 거치면서 향토개척단의 성격에도 일정한 변화가 나타났던 것 같다.[173] 조동일과 허술 등의 향토개척단 활동은 정부가 후원하는 '학생 농촌운동'을 표방함으로써 감시와 탄압의 예봉을 피해 보려는 방편일 수도 있었다.

김정인에 의하면 1950년대 서울대와 고려대의 '이념서클들'은 "자본주의와 공산주의의 한계 모두를 극복할 수 있는 대안", 말하자면 '제3의 이념'으로 서유럽식 사회민주주의(서구적 사회주의)를 지향했다. 그러나 4·19 이후에는 '사회민주주의' 대신 '민족주의'가 대안적 이념으로 부상했다. 서울대의 경우 1963년 10월 결성된 '민족주의비교연구회'(민비연)가 1964년 5월 20일 '민족적 민주주의 장례식'을 주도하는 등 민족주의 전환을 이끌었다.[174] 또 홍정완은 4·19혁명 직후 대학생들의 민족주의가 다시 둘로 분화되었다고 주장했다. 그 하나는 '발전 민족주의'로서 "민족주의적 정서가 비등하는 가운데 '자유민주주의'는 한국의 현실에 적합하지 않다는 인식이 확산되기 시작"하면서, "'후진성'의 탈피, 산업화를 향한 '민족적인' 정치·경제체제의 건설, 즉 '발전체제'의 수립을 주장"하는 흐름이다. 다른 하나는 '탈냉전 민족주의'로서 "'탈냉전'적인 민족자주의 변혁론"이라는 흐름이다. 이것은 "당시 남한의 지배체제를 제국주의적 지배질서와 그에 연이은 동·서 냉전에 의해 짓눌린 예속적 체제로 파악하는 가운데, 이를 변혁하기 위한 이념과 운동을 전개했다. 이러한 변혁이념과 운동은 당대 세계적으로 크게 부상하고 있었던 '제3세계'의 반제국주의, 반식민주의 민족해방운동과의 공명, 연대의식 속에서 제기된 것이었고, '탈냉전'적인 지향 속에서 민족자주와 평화를 추구하는 것이었다."[175]

한편 인류학자인 김광억은 1960년대 초중반의 대학생들이 "정부에 의한 전통문화의 정치적 이용" 그리고 '한일국교정상화 정책'과 맞물린 "거의 무제한적인 일본 대중문화의 유입"을 "민족의 아이덴티티와 문화의 전통에 대한 일대 위협"으로 인식했으며, 그 대응책으로 향토의식 초혼굿, (박정희 정권의 민족주의 전유 형태였던) '민족적 민주주의'에 대한 장례식, 민속극연구회 등이 출현했다고 설명했다.

> 이에 대한 반응으로서 "국학"의 기치 아래 "전통문화"를 발굴하고 연구하는 운동이 조직되기 시작하였다. 이러한 움직임의 효시는 서울대학교 향토개척단이 결성되고 그들에 의하여 1963년 11월에 전통적인 가면극 혹은 탈춤의 형식을 빌고 무속의례의 요소를 동원하여 소위 "향토의식 초혼굿"을 공연함으로써 가시화되었다. 이듬해 3월에는 1500명의 대학생이 모인 가운데 "민족적 민주주의 장례식"이 거행되었다. 민족적 민주주의란 바로 박 정권이 독재자적인 지향을 은폐하고 반민주적인 이념을 호도하기 위하여 창출한 방편적인 구호라고 그들은 인식하였던 것이다.……이러한 맥락에서 최초의 조직적인 움직임은 서울대학교 학생들이 1965년에 조직한 민속극연구회라고 할 수 있을 것이다. 그들은 소위 엘리트문화 대신에 민중 또는 천민이라고 불리워지는 부류의 일반인들의 문화를 소개하고 학습하는 데에 주력하였다. 이러한 운동은 그 후 계속하여 가면극연구회, 탈춤반, 민요연구회, 풍물놀이패, 춤패 등의 조직을 낳았던 것이다.[176]

강렬한 민족주의 성향을 보인 조동일·김지하·허술의 문화운동도 당시 학생운동을 지배했던 민족주의의 큰 물결을 타고 있었던 것으로 보인다. 나아가 그들은 학생운동의 두 가지 민족주의 흐름 가운데 '발전민족주의'가 아닌 '탈냉전 민족주의'로 기울었던 것으로 보인다. 김지하는 민비연이 주도한 '민족적 민주주의 장례식'의 조사를 쓴 장본인이기도 했다.

강한 민족주의 지향에서, 더구나 그 민족주의의 성격도 유사했다는 점에서, 문화운동 그룹은 『청맥』 주도 세력과 맥을 같이한다. 더구나 조동일은 양쪽 모두에 깊이 관여한 경우이기도 했다. 그러나 필자가 보기에 '민중과 민족주의를 결합하는 방식'에서 청맥 그룹과 문화운동 그룹은 다른 모습으로 전개될 가능성이 높았다. 이진영으로 대표되는 청맥 그룹이 민중과 '제3세계 민족주의'를 결합하여 자주노선의 비동맹운동을 옹호하고 제3세계 민중과 연대하는 노선을 추구할 가능성이 높았다면, 문화운동 그룹은 민중과 '문화적 민족주의'를 결합하여 문화운동을 추구할 가능성이 높았다. 청맥 그룹이 '국제주의'와 '외교적 자주노선'으로 기우는 경향을 보인다면, 문화운동 그룹은 '일국주의'와 '전통의 현대적 계승' 쪽으로 기우는 경향을 보였다고 하겠다.

황병주는 1960년대 청맥 그룹의 민중론과 1970년대 민중론(나아가 1980년대 민중론) 사이의 연속성을 조심스럽게 인정하는 입장을 취했다. 물론 그는 이를 "연속과 단절의 이중적 관계"로 규정하고 있지만 말이다.

> 1970년대의 민중은 『청맥』에 출현한 민중과 연속과 단절의 이중적 관계에 있었다고 판단된다. '인민'과 유사한 맥락에서 사용되는 민중은 기각되었지만, 피지배층 일반을 의미하면서 저항적 계기를 강하게 띤 민중은 더욱 강화되는 관계에 있었다고 보인다.
> 이는 1970년대의 민중론이 1960년대 『청맥』에 등장했던 민중의 지

향을 통해 형성되었을 가능성을 암시한다. 보수 야당의 당명으로 사용될 정도로 광범위하게 확산된 민중이란 용어를 차용해 거기에 적극적인 저항의 계기를 부여하는 역할을 한 것이 이진영과 같은『청맥』의 비판적 지식인들이라면, 1970년대는 그것을 계승하는 한편 '인민'이라는 좌파적 지향을 기각하면서 민중론을 전개한 것이라고 판단된다. 이는 1980년대의 민중론이 마르크스주의 영향 하의 사회과학적 인식에 기반했던 것과 대비되는 상황이었다. 따라서 1960년대 '민중'은 일정한 시차를 두고 1970년대와 1980년대로 양분되어 전개된 것이라고도 할 수 있었다.

아울러 1960년대『청맥』의 민중은 민족과 매우 밀접한 연관 하에 사용되고 있었다는 점을 주목할 필요가 있다. 오히려『청맥』지면에서 더 중요했던 것은 민족이었다. 민족을 주어로 놓고 민중, 대중이 뒤섞여 쓰이는 경우도 많았으며 결국 민중은 민족을 조건으로 한 개념으로 등장했다고 보인다. 즉 1970년대 이후 민중론이 민족주의와 긴밀히 연관되는 상황임을 감안한다면『청맥』은 그것을 선취하고 있었던 것이다.[177]

1960년대와 1970년대 민중론의 연속성과 단절 문제를 논할 때, 우리가 어떤 입지를 선택하는가에 따라 판단이 달라질 수 있다는 점에 유념해야 할 것 같다. 통혁당 사건이라는 비운을 맞은 청맥 그룹의 입지에서는 '단절'의 측면이, 문화운동 그룹의 입지에서는 '연속성'의 측면이 두드러질 수밖에 없는 것이다.

통혁당 사건으로 인해『청맥』과 이진영은 '금지된 이름'이 되었다. 몇몇이 사형당하고 이진영은 월북을 선택한 그 악몽 같은 사건과 더불어 그들의 민중론도 허공 속으로 사라졌다. 요행히 살아남은 편집장 송복 스스로도 다시는 민중을 입에 담지 않았다. 1970년대 등장하는 여러 분야의 민중론자들 가운데 『청맥』이나 이진영의 영향을 언급하는 이는 전혀 없었다. 『청맥』지가 북한이 지원한 자금으로 발간되었고, 가장 활발하게 민중론을 제시했던 이진영이 통혁당 사건 발표 당시 북한에 체류하고 있었을 뿐 아니라 그 이후에도 북한에 계속 머물렀던 점 등을 고려하면,[178] 『청맥』지의 영향을 인정하는 발언은 북한과의 연계를 의심받을 수도 있는 위험천만한 행위가 되기 십상이고, 이런 사정이 (설사 의미 있는 영향을 실제로 받았을지라도) 『청맥』과 그 핵심 필진에 대해 '아예 언급하지 않기'라는 태도로 이어졌을 가능성이 높은 것이다. 반면 문화운동 그룹에게 1960년대는 독자적인 민중론을 펼치기 위한 준비와 숙성의 기간이었다. 그들이 1970년대에 펼친 민중론은 1960년대 후반에 착수한 이론화 작업의 결실이었다는 점에서 시기적으로 연속성이 분명했다.

1970년대에 제모습을 드러낸 한국 민중론에 견줘 1960년대가 단순한 '전사前史'인지 '태동기胎動期'인지에 대해서는 앞으로도 논란이 분분할 것이다. 청맥 그룹과 문화운동 그룹 모두에게 1960년대와 1970년대 민중론의 '가교架橋 역할'을 담당했다는 평가가 내려질 수도 있다. 그러나 청맥 그룹이 1970년대 민중론에 미친 효과가 공공연히 언급할 수도 인용할 수도 없는 '암묵적인 영향'에 그쳤다면, 문화운동 그룹은 1970년대 민중론에 너무나 가시적이고 직접적인 '명시적 영향'을 끼쳤다.

문화운동 그룹에서도 조동일이 가장 앞서 나갔다. 그는 불문과 대학원을 그만두고 국문과 학부생으로 재학하던 1964~1965년에 걸쳐 가명 혹은 본명으로 『청맥』에 다수의 문학비평 글을 게재한 바 있고, 『청맥』 계열의 '청년문학가협회'에서도 활동했다. 그는 『사상계』 1965년 10월호에 기고한 "순수문학의 한계와 참여"를 통해 '순수문학 비판'을 전개하기도 했다.[179] 조동일은 1968년에 "가면극의 희극적 갈등: 형성, 형식, 내용의 세 측면에서"라는 제목의 석사학위논문을 썼다. 같은 해에 교수가 되면서 그는 활동가가 아닌 이론가·연구자로 역할을 변경했다. 이때부터 "처음 몇 해 동안에는……지식인이 아닌 민중이 노동하는 생활을 하면서 이룩한 구비문학이 진정한 가치를 가진다고 여겨, 탈춤에 나타난 민중의식을 밝히고, 민요와 설화를 현지에서 조사해 연구하는 데 힘을 기울였다"고 그는 술회했다.[180]

폐결핵이라는 오랜 병마에서 벗어난 김지하도 1969년부터 본격적인 활동을 시작했다. 짧은 직장생활을 거쳐 대학 연극계의 연출가로서 문화운동에 뛰어들었다. 나중에 '민중미술'을 태동시킨 미술계 주역들이 '현실동인'을 처음 만들었을 때가 1969년인데, 그 창립선언문도 김지하가 썼다.[181]

민중 개념을 떠나 새로운 개념적 여정을 시작하는 함석헌, 그리고 민중 개념을 목적지 삼아 막 도착하는 문화운동 그룹의 행보가 첨예하게 엇갈린 시점이 바로 1970년대를 여는 그해였다는 사실은 참으로 공교롭다. 함석헌이 『씨올의 소리』를 창간하면서 민중 개념과 결별한 때가 1970년 4월이었다. 이 선택으로 인해 함석헌의 민중론은 1960년대에 사실상 멈춰버린다. 반면에 김지하가 『시인』지에 "풍자냐 자살이냐"라는 글을 실었던 때가 1970년 7월이었다. 이 글은 문학계의 첫 민중론적 저술, 혹은 민중문학의 탄생을 세상에 공표한 저술로 평가된다. 이 글을 통해 김지하는 민중이라는 용어로 하여금 '풍자의 칼'을 품도록 만들었다. 김지하는 같은 해인 1970년에 '담시譚詩'라는 새로운 판소리체 시 형식을 창안한 데 이어, 1973년에는 '마당극'이라는 연극 장르의 신세계를 열었다. 조동일도 1972년경부터 기존의 전통예술에 관한 논의를 '비판적 민중의식'과 본격적으로 결부시켜 전개했다.

1920년대에 민중 개념의 대전환을 이룬 신채호 등이 3·1운동을 통해 표출된 거대한 민중의 힘에 주목했다면, 조동일·김지하·허술 등의 문화운동 그룹은 1960년대에 4·19혁명과 6·3항쟁(한일회담 반대 투쟁)에서 민중

함석헌의 『씨올의 소리』 창간호(1970)

의 힘을 재발견하면서 오랜 기간 잠복했던 저항적 민중 개념의 재생再生, 전면적 부활을 이뤄냈다. 그들의 민중론은 1970년대에 만개했다. 이들이 1960년대에는 아직 민중 개념을 본격적으로 사용하지 않았지만, 1970년대로 들어서자마자 민중 용어를 빈번히 사용할 뿐 아니라 민중과 저항성·비판성을 긴밀히 결부시켰다. 조동일은 국문학, 민속학, 미학, 연극학 등 다방면으로 민중론의 장場을 차례로 열어나갔고, 1970~1980년대에는 대학 문화운동 전반에 독보적인 영향을 미쳤다. 조동일의 민중론은 민중신학에도 넓고 깊은 영향을 미쳤다. 김지하는 문학, 연극, 미술 분야의 민중론에서 선구자였다. 함석헌이 떠나간 빈자리를 메운 그들은 한국 민중론의 '진정한 개척자들'이 되었다.

그러나 다른 관점에서 보면, 함석헌과 문화운동 그룹의 선택은 둘 다 수긍할 만한 것이기도 했다. 특히 함석헌은 민중 용어 사용 중단을 선언함으로써, 민중 용어에 사망선고를 내림으로써, 1960년대 민중의 의미, 특히 그 한계를 더할 나위 없이 명징하게 드러낸 셈이었다. 그의 드라마틱한 행위는 지배자와 통치의 언어로 전락해버리고 정치적으로 오염돼버린 1960년대 민중 용어의 현실을 적나라하게 폭로하고 심판해버린 것이었다. 함석헌의 심판을 피할 수 없었던 것은 1930년대 중반부터 30년 넘게 오랫동안 굳어지고 당연시되던 당대의 민중 용법이었다.

재등장

기존의 민중 개념사 연구들은 1970년대, 1980년대, 1990년대 이후 등 대략 10년 주기로 민중론을 구분해왔다. 필자는 이런 구분법이 그다지 정확하지도 생산적이지도 못하다고 생각한다. 이보다는 '1980년대 중반'을 기준으로 전후 시기를 나누는 게 더욱 적합할 것으로 본다.

우선, 1970년대에 민중 논의에 뛰어든 대부분의 지식인들이 1980년대 초중반에도 여전한 활동성을 과시했다. 둘째, 그런 가운데 학생운동을 비롯한 사회운동 활동가들 사이에서 사회주의 사상·이론이 수용되어 확산하는 과정이 빠르게 진행되던 1980년대 초부터 1970년대와는 성격이 다른 민중론들이 조금씩 모습을 드러냈다. 그런 면에서 1980년대 초반이라는 시간은 민중론의 분화가 진행되면서 다소 이질적인 민중론들이 혼재하는 다소 복합적인 시간, 어떤 면에서는 이행기적 시간이었다고 말할 수 있다. 셋째, 1970년대식 민중론과 의식적으로 거리를 두면서 스스로를 선명하게 구분하려는 계급론적이고 혁명적인 민중론이 본격적으로 등장한 시기는 이른바 '사회구성체 논쟁'이 시작되었던 1980년대 중반 이후부터였다. 1980년대식 민중론에 의해 1970년대식 민중론이 관념적이라거나 비과학적이라거나 낭만적이라거나 혹은 소외론에 그치고 있다는 이유로 공공연히 비판되면서, '두 민중론의 충돌'이 뚜렷하게 가시화된 것도 바로 이 시기부터였다. 물론 1980년대식 민중론이 1970년대에 발원한 민중론을 곧 양적으로 압도하면서, 계급론적·혁명적 민중론 '내부의' 분화와 갈등으로 나아갔지만 말이다.

다른 하나의 개념사적 분기점은 1993~1994년경이었다. 1989~1991년의 사회주의 붕괴기에도 완고한 마르크스-레닌주의 혹은 주체사상 관점을 고집하던 헤게모니적 지위의 급진적 민중론들이 강력한 비판에 직면하여 급격히 쇠퇴하면서, 1993~1994년 무렵부터 새로운 민중론적 모색이 부쩍 활성화되었다.

따라서 필자는 1970년대 이후의 민중 개념사를 1985년과 1993~1994년을 분기점으로 세 개의 '세대'로 구분할 것을 제안한다. 이 경우 1970년대 초부터 1980년대 초반까지의 민중론자들을 '1세대'로, 1980년대 중반부터 1990년대 초까지의 민중론자들을 '2세대'로, 1990년대 중반 이후의 민중론자들을 '3세대'로 명명하고자 한다. 사실 이런 세대론의 가장 선명한 분기 요인이 '마르크스주의'인 점은 부인할 수 없다. 그런 면에서 민중론을 '마르크스주의 이전' 시기(1세대), '마르크스주의' 시기(2세대), '마르크스주의 이후' 시기(3세대)로 나누어도 큰 무리는 없을 듯하다.

물론 2세대 민중론자들의 압도적 다수가 마르크스주의자일지라도, 우리는 2세대 민중론을 과잉 동질화하는 오류를 범하지는 말아야 한다. 2세대에 해당하는 시기에도 마르크스주의 민중론과는 상당히 결이 다른 '비非마르크스주의적인 민중론들', 예컨대 한상진이나 김성기의 민중론, 1세대 민중론자의 여러 흐름 등이 존재했음을 기억해야 한다. 아울러, 대체로 '마르크스주의 내부'에 국한된 현상이기는 했지만 민중론 2세대의 기간은 가장 치열한 '논쟁의 시대'이기도 했다는 사실 또한 기억해야 한다. 당시 마르크스주의 민중론 내에서조차 상당한 이질성이 존재했음은 분명하다.

1970년대에 재등장한 저항적 민중 개념은 다수자, 피지배층, 다계층성, 주체(역사주체, 정치주체), 저항성이라는 의미 요소를 모두 갖고 있었다. 이런 저항적 민중 개념은 1980년대와 1990년대 이후에도 대체로 유지되었다. 필자는 민중 기의의 '지속' 측면과 함께, 1970년대 이후 민중 개념에서 유의미한 '변형'이 발생했음을 강조하려 한다. 1980년대 중반 이후의 민중 개념은 1970년대의 그것과 달랐고, 1990년대 중반 이후의 민중 개념은 1980년대의 그것과 또 달랐다. 1970년대에도 그랬지만, 1980년대에도 여러 민중론들이 공존하고 경합했다.

그러므로 1970년대 이후 민중 개념의 연속성과 단절 측면을 균형 있게 고려하는 것이 중요하다. 1980년대 민중 연구자들은 1970년대 민중 개념에 대한 비판적 성찰을 시도했고, 1990년대와 2000년대 민중 연구자들은 1980년대 민중 개념에 대해 유사하게 대응했다. 1980년대 중반과 1990년대 중반 등 대략 10년마다 기존 민중 개념에 대한 변형과 재구성 시도가 꼬리를 물고 이어졌다. 아울러 저항적 민중 개념의 학문적·지성사적 시효가 1980년대에, 늦어도 1990년대 초에 종료되었다는 잘못된 인식도 바로잡을 필요가 있다. 비록 약화된 형태로나마 민중연구의 전통은 1990년대 이후에도 뚜렷이 계승되었기 때문이다.

1. 민중의 시대

1940년대가 '인민의 시대'였다면 1970년대는 '민중의 시대'였다. 1984년 발간된 『민중』의 편찬자인 유재천은 "70년대 이후 '민중'이라는 말처럼 많이 쓰이고 떠받침을 받아온 용어도 드물 것"이라고 평가한 바 있다.[1] 1970년대가 되자 민중은 더 이상 지식인이나 엘리트에 의한 지도·계몽

대상 혹은 수동적·의존적인 존재가 아닌, 주체적·자주적이고 능동적·창의적인 존재이자 변혁적 잠재력이 풍부한 존재로 재평가되었다. 다시 유재천에 의하면, 이런 현상은 "민중을 역사의 주인공으로 파악하고 민중을 역사의 전면에 내세우려고 의도적으로 노력했던 70년대의 지적 풍토"를 반영한 것으로,[2] "민중에 대한 재인식은 역사의 주체인 민중이 정치와 경제를 비롯한 모든 영역에서 소외당하고 억압받는 상황을 극복하고 진정한 주인의 위치를 되찾아야 하겠다는 자각에서 비롯"되었다.[3] 당시 비판적 지식인들은 "사회를 구성하고 있는 대다수의 이름 없는 사람들이 나라의 주인이라고 한다면, 이 주인이 주인다운 구실을 하고 주인다운 대접을 받는 삶을 꾸려가겠다는 요구는 천만번 당연한 것"으로 여겼다.[4]

국가주의와 맹목적 애국주의에 포획된 '순응적 국민'만이 유일唯一 정치주체로 강요되는 가운데, 야당·재야 쪽에서 ('순치된 국민'과 대립되는) '저항적 국민'을 내세우기도 했지만, '저항적 민중'의 등장으로 인해 정치주체를 둘러싼 개념적 대립 구도는 '국민=체제·구조 대 민중=반체제·반구조'의 모양새로 대체 내지 재편되었다. 저항적 민중의 등장이라는 1970년대의 '개념적 돌파突破'로 인해, '인민' 못지않은 저항성과 주체성을 내포한 '민중' 개념을 발명해냄으로 인해, 비판적 지식인들은 해방정국 당시 짜인 '인민 대 국민'의 대립 구도에 포박捕縛되는, 일종의 '개념의 감옥'에서도 비로소 해방되었다. 민중이라는 어휘에 강렬한 비판적 의미가 담길 뿐 아니라 그것이 명망과 영향력을 갖춘 지식인들 사이에서 빠르게 수용되자, 지배세력과 국가도 민중 개념을 불안한 시선으로 주시하기 시작했다. 1930년대 이후 처음 있는 일이었다.

민중은 1970년대에 여러 분야에서 활동하던, 정권의 강압 때문에 제도권 바깥으로 쫓겨난 일군의 비판적 지식인들에 의해 의도적으로 또 집합적으로 구성된 개념이었다. 1930년대 후반부터 사실상 사라진 후 거의 40년 만에 저항적 정치주체로서의 민중 개념이 전면적으로 부활했다. 실종되다시피 한 (정치)주체성과 저항성이 재생되자, 민중은 다시금 저항과 참여·변혁의 언어로 변화되었다.

1920~1930년대와 마찬가지로 1970년대에도 민중론은 사회운동과 결합했고, 그럼으로써 그 실천적 성격이 극대화되었다. '역사적·정치적 주체성'과 함께 새로운 민중 개념의 핵심적 구성요소가 된 '저항성'이 민중 담론 전반에 실천적 면모를 부과하리라는 것은 자연스러운 추론이다. 하지만 1970년대에 등장한 민중 연구자들은 의도적으로 나중에 '민중운동'으로 지칭되는 사회운동 부문들과 유기적인 관계를 형성·유지하려 애썼고, 나아가 그 사회운동에 기여할 수 있기를 기대했다. 심지어 1980년대 중반에는 '민중론 자체의 사회운동화'를 추구했다. '학술운동'이라는 신조어에서 이런 의지가 잘 드러난다. 1920년대에 새로운 민중 개념이 처음 등장했을 당시에도 민중 개념은 저항적 사회운동과 긴밀히 결합했었다. 당시 독립운동 등에 적극적으로 참여한 '사회운동 활동가'였던 진보적 지식인들이 저항적 민중 개념을 만들어냈다. 사회운동이 선행하고, 사회운동의 필요에 따라 사후적으로 저항적 민중 개념이 만들어졌다고 볼 수 있는 것이다. 1970년대에도 사정은 크게 다르지 않았다.

1970년대는 저항적 정치주체로서의 민중 개념이 완전히 재생된 시기로서뿐 아니라, 한국 역사상 처음으로 민중이 본격적인 학문적 용어로 자리 잡은 시기, 민중에 대한 체계적인 연구가 시작된 시기로서도 중요했다. 1970년대 이후 민중은 사회운동·예술운동·종교운동의 이름이었음은 물론이고, 학문 영역에서도 모자람 없이 확고한 지위를 구축하게 되었다. 1920년대와 1970년대는 '저항적 정치주체로서의 민중' 개념과 강한 실천 지향성을 공통분모로 갖지만, 1920년대와는 달리 1970년대 민중 개념은 '운동 담론'의 성격 못지않게 '학문 담론'의 성격 또한 강하게 띠었다. 나아가 1970년대에 민중 이론은 다양한 분야 연구자들이 참여하는, '다학문적·학제적 연구로서의 민중연구/민중학'이라는 성격도 동시에 띠고 있었다. 이에 대해서는 이어지는 제5장~제6장에서 자세히 다룰 것이다.

이 밖에도 1세대 민중론자들이 공유하는 지점들이 꽤 있을 것이다. 예컨대 유재천은 1980년대 중반까지 민중 개념에 대한 학계의 합의 사항으로써 역사 주체성과 실체성, 피지배층, 내부구성 및 범위의 역사적 가변성을 들었다.[5] 김성재는 1세대 민중론의 공통점으로 총체적 수탈과 소외, 민중의 역사적 체험의 중요성, 탈脫서구적 접근의 필요성, 인간해방 지향, 민중을 해방 주체로 제시한 것을 꼽았다.[6] 또 배경식은 박현채(경제학), 한완상(사회학), 정창렬(역사학)의 민중론이 공유한 특징으로서, 한국적 특성을 중심으로 민중론에 접근했다는 점, 계급 문제를 염두에 두되 민중과 민족을 동일한 범주로 인식했다는 점, 민중과 계급 개념의 차별성을 강조했다는 점, 사회적 관계들의 복합적 모순관계로 민중을 인식했다는 점, 민중의 내부 구성에서 노동자 헤게모니를 필연적으로 전제하지 않았다는 점 등을 들었다.[7]

필자가 보기에 1세대 민중 개념이 보인 중요한 특징 중 하나는 개념의 포괄성 혹은 민중 구성의 광범함이다. 1세대 민중론의 이 특성이 1세대 민중론의 또 다른 특성들과 맞물렸다. 20세기의 어느 민중론을 막론하고 민족모순을 강조할수록 민중의 외연이 넓어지고, 계급모순을 강조할수록 민중의 외연이 축소되는 일반적인 경향이 나타난다. 그런데 1970년대 민중 연구자들은 민족 문제, 분단 문제, 대외적 종속성으로 집약되는 민족모순을 상당히 중시하는 면모를 공통으로 보여주었다. 다시 말해 계급모순 못지않게 혹은 계급모순보다 민족모순을 더욱 중요하게 인식하는, '민족 개념 및 민족주의와의 친화성'이 1세대 민중론의 중요한 특징 중 하나라는 것이다. 바로 이것이 1970년대 민중 개념의 포괄성을 설명해주는 한 요인일 것이다. 아울러 경제적인 차원만을 강조하지 않고 정치적·

사회적·문화적 차원까지 포괄하는 '다원주의적 접근'을 선호했다는 점역시 1970년대 민중 연구자들의 또 다른 공통분모였는데, 이 역시 당시민중 개념의 외연이 더욱 넓어지도록 만든 요인이었다.

예술과 종교, 계절적 의례·축제를 포함하는 문화적 요소들을 중시하는 것 역시 1세대 민중론의 특징이었다. 한恨이나 신명 같은 민중적 감정이나 정동情動 차원에 주목하는 것도 1세대 민중론의 성격을 규정한 중요한 요소였다. 문화적 접근 선호와도 연관된 것으로, 대부분의 1세대민중론자들은 폭발적·폭력적·광역적 저항뿐 아니라 일상적 저항 또한중시하는 공통점을 드러냈다. 이런 일상적 저항은 대개 비폭력적이고 상징적인 형태를 취하며, 그 시공간적 범위도 일시적이고 국지적인 데 그친다. 민중의 저항은 종종 윤리적·종교적으로 동기화된다. 가난·억압으로 인한 고통이나 고난·시련의 가치를 인정하고 긍정적으로 재해석하는 것, 그 속에서 초월과 구원의 가능성을 발견하는 것, 타자에 대한 개방성과 환대의 태도를 요구하고 칭송하는 것 등도 1세대 민중론에서 자주 나타나는 주제들이다. 이처럼 윤리적 차원을 중시하는 것 또한 1세대민중론의 중요한 특징 중 하나라고 할 수 있다.

이처럼 1세대 민중론자들은 네그리와 하트가 강조한 '다중'과 맞먹는, 드넓은 외연과 넘쳐나는 이질성·다양성을 드러내는 민중 개념을 선호했다. 그런데 민중 내부의 이질성과 다양성·차이가 강조될수록 그것을 가로지르고 넘어서면서 폭넓은 연대(저항연합)를 구축하는 실천적 과제가 떠오를 수밖에 없다. 또 (당연한 말이지만) 내적 이질성이 커질수록 연대 형성 문제가 하나의 항구적인 딜레마가 될 가능성도 덩달아 높아진다. 민중을 구성하는 수많은 이질적인 집단들을 연대로 이끄는 요인이나 과정에 대해 1세대 민중론자들 사이에 어떤 합의가 존재하는 것은 아니다. 1세대 민중론자들이 경제적·정치적 이해관계의 수렴 못지않게, (저항성을 내장한) '공유된 문화와 종교'를 연대의 촉매 요인으로 주장하는 것 같지만 말이다. 어쨌든 1세대 민중론자들이 연대를 논할 경우에도 특정 계급이나 집단에 어떤 특권적인 지위—그것이 지도력으로 표현되든 헤게모니로 표현되든—를 부여하지 않는 것은 분명해 보인다. 많은 1세대 민중론자들은 혁명이론의 맥락에서 노동자계급을 특권화하는 데 명시적인 반대입장을 밝혔다. 그런 면에서 대부분의 2세대 민중론자들이 노동자계급 헤게모니나 노동자계급 전위그룹의 지도력에 기초한 '수직적·위계적 연대' 양식으로 기울었다면, 1세대 민중론자들은 명시적으로 언급하지는 않을지라도 민중을 구성하는 다양한 집단들 사이의 '수평적이고 평등한 연대'를 선호하는 편이었다고 말할 수 있을 것이다.

2. 재등장 요인들

1970년대를 '민중의 시대'라 칭할 정도의 '민중 르네상스' 현상은 어떻게 출현할 수 있었을까? 저항적 민중 개념의 재등장을 가능하게 만들거나 촉진한 요인, 또 재등장한 민중 담론의 확산에 기여한 요인들은 다양할 것이다. 시기적으로 겹치는 몇 가지 요인들이 함께 작용하면서 민중론의 재흥再興을 가능하게 만들었던 것 같다. 여기서는 특히 전태일의 죽음과 사회운동 발전, 문화운동(특히 대학가 문화운동)의 등장과 급속한 확산, 주체적 학문의 추구, 제도권 바깥으로 추방당한 지식인 그룹의 형성, 민중 담론 형성 과정에의 언론·출판계 참여라는 다섯 측면에 주목하려 한다. 앞의 두 가지는 넓은 의미에서 '사회운동'과 관련되며, 뒤의 세 가지는 주로 '진보적 지식인사회'와 관련된 것들이다. 이 가운데 언론·출판계의 민중 담론 참여는 민중 담론의 '재등장'보다는 '확산 및 대중화'에 기여한 요인이라 하겠다.

(1) 전태일의 죽음과 사회운동

많은 이들이 1970년 11월 분신자살한 전태일이 민중 개념의 재발견에서 중요한 촉발 역할을 했다고 지적한다. 조영래는 1983년 처음 발간된 『전태일 평전』에서 "'근로기준법을 준수하라! 우리는 기계가 아니다! 일요일은 쉬게 하라! 노동자들을 혹사하지 말라!'는 절절한 외침에 이어진 '내 죽음을 헛되이 말라'는 강렬하고도 준엄한 명령"을 상기시켰다.[8] 실제로 많은 이들이 이 마지막 말마디를 '준엄한 명령'으로 수용했던 것 같다. 서남동과 안병무 등 조만간 민중신학을 개척하게 될 이들도 마찬가지였다.[9]

서남동은 전태일이 회심 체험, 곧 "생의 전환점"의 되는 "'아하-' 경험 혹은 깨달음"의 과정을 겪었다고 보았다. "태일은 옆의 이웃이 굶주림과 피곤에 지쳐서 각혈하고 쓰러지는 광경을 목도하고 충격받고 깨우쳐서 노동운동이라는 움직임의 세계가 자기 앞에 열려서 그리로 들어갔다"는 것이다.[10] 이는 비극적 고통과 비통함에 충격적으로 직면하여 마음이 (부서져 흩어지는 대신) '부서져 열림/깨우침'의 경지로 전진하라는 파머의 권고를 연상시킨다.[11] 안병무는 베냐민이 말한 노동자들의 시계탑 폭파와 유사한 '전태일의 성채 폭파'에 대해 말했다. "민중을 정확하게 바라보고 각계에 호소했으나 이 사회는 카프카의 『성城』처럼 그에게 차단되어 있었다. 그러므로 그는 육탄으로 이 굳은 성을 폭파하는 방법을 선택할 수밖에 없었다."[12]

나아가 민중신학자들은 전태일에게서 환생한 예수의 모습을 발견했다. 서남동은 전태일의 죽음을 "속죄양의 희생"으로 규정했고,[13] 강원돈은 "전태일 사건을 통한 예수사건의 재현과 반복을 계속적으로 증언하는 일"의 중요성을 강조했다.[14] 최형묵이 말하듯이, "민중신학은 그 사건을 '예수사건' 곧 신적인 구원사건으로 인식해버렸다. 민중신학은 전태일의 죽음에서 예수의 죽음을 보았다."[15] 김명수는 전태일 사건이 안병무가 실존주의에서 민중신학으로 전향하게 되는 결정적인 요인으로 작용했다고 주장했다.[16] 과연 안병무는 전태일 사건을 민중신학의 시점始點으로 규정했다. "민중신학이 의식적으로 그리고 자극적으로 출발한 것은 1970년이라는 시점부터입니다. 구체적으로는 1970년 11월 13일이었습니다.……민중신학은 어떤 의미에서 이 전태일의 사건을 시발점으로 생겨난 것입니다."[17] 최근 김경재는 전태일 사건이 한국 신학계에 준 충격에 대해 조금 더 자세히 설명한 바 있다.

> 민중신학이 태동한 1970년대 중반은 군부독재가 인간을 옴짝달싹 못하게 한 때다. 특별히 전태일의 분신 사건이 중요한 역할을 했다. 안병무나 서남동도 관념적으로는 위민사상을 배웠지만, '전태일이 분신하기까지 목사와 신학자는 도무지 무엇을 하고 있었느냐'는 뼈아픈 자성을 하게 된다. 이들이 그 충격 속에서 성경을 다시 보면서, 예수의 죽음을 후대에 전해준 것이 엘리트나 지성인이 아닌 갈릴리의 힘없는 이들과 여성들이었다는 것에 새롭게 눈을 떴다. 이름 없는 이들이 생명을 걸고 복음을 전승해줬다는 것을 깨달았다. 성서에 새롭게 눈을 뜬 것이다.[18]

전태일의 분신자살이 준 충격의 파장은 비단 신학계에 국한되지 않았다. 이남희에 의하면 "전태일의 분신자살은 이들 민중사학 연구자(그리고 그 외 비판적 지식인들)에게 자본주의 발전의 심화와 군사독재 체제의 기본권 유린에 맞서 역사 속에서 자신의 정당한 자리를 주장하고 권리를 찾겠다고 일어서는 한국 민중의 용기, 헌신, 희생을 상징했다."[19] 전태일로 상징되는 방대한 밑바닥 인구군을 적절하게 포착하고 명명할 공유된 기표가 절실히 필요해졌다. 그 기표가 바로 '민중'이었다.

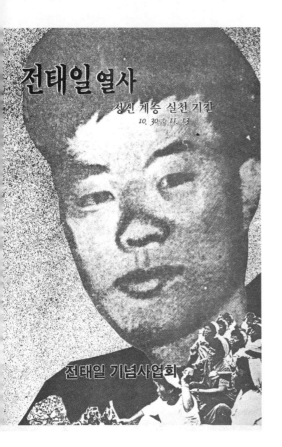

전태일의 죽음, 그리고 이
듬해 벌어진 '광주대단지사
건'을 계기로 지식인들은 밑
바닥 사람들의 비참한 삶에
비로소 눈뜨게 되었고, 자신
들이 익히 아는 시대적 부조
리를 민중의 삶·의식과 겹쳐
보는 안목을 갖게 되었다.
1970년대는 분노와 저항의식
은 가득했지만 마땅한 분출
통로를 찾지 못하던 시기였
다. 제도화된 불만 제기 통로
인 노동조합이나 정당은 제
기능을 대부분 잃어버린 시대
였다. 조금이나마 남아 있던
것들마저 '10월유신'으로 모
두 사라진 채, 모든 것이 얼어
붙어 버리는 '겨울공화국'(양
성우 시인)이 도래했다. 그래서
몸을 불사르거나, 생존 전쟁에서 매일 패배하면서 종교적 구원을 꿈꾸는
수밖에 없었다. 손쉬운 희망을 말하기가 정말 어려운 세상이었다. "배운
사람들"이 지배하는 질서는 비정하고 잔혹한 세상, 이윤만 추구하는 약
육강식의 정글 같은 세상이었다. 밑바닥 인생들은 꿈과 희망을 잃고 한
없이 비인간화되고 있었다. 스스로 "민중과 똑같이 살기를 바랐"던 작가
조세희는 1970년대의 살풍경한 세상을 『난장이가 쏘아올린 작은 공』에
담았다.[20]

전태일 열사 정신 계승 실천기간 팸플릿(1988)

"쫓겨났다니? 해고당했단 말야? 그들이 뭘 잘못했어?" / "아니." / "노조가 없었군. 그렇지?" / "있어." / "그런데 그런 부당 해고가 가능해? 노조 간부들은 뭘 하지?" / "사용자를 위해 일하지." / "그게 무슨 노조야?" / "그게 노조야."[21]

우리는 사랑이 없는 세계에서 살았다. 배운 사람들이 우리를 괴롭혔다. 그들은 책상 앞에 앉아 싼 임금으로 기계를 돌릴 방법만 생각했다. 필요하다면 우리의 밥에 서슴없이 모래를 섞을 사람들이었다. 폐수 집수장 바닥에 구멍을 뚫어 정수장을 거치지 않은 폐수를 바다로 흘려넣는 사람들이었다.[22]

아버지의 시대가 아버지를 고문했다. 난장이 아버지는 경제적 고문을 이겨내지 못했다.[23]

천국을 사는 사람들은 지옥을 생각할 필요가 없다. 그러나 우리 다섯 식구는 지옥에 살면서 천국을 생각했다. 단 하루라도 천국을 생각해보지 않은 날이 없다. 하루하루의 생활이 지겨웠기 때문이다. 우리의 생활은 전쟁과 같았다. 우리는 그 전쟁에서 날마다 지기만 했다.[24]

전태일의 죽음이 지닌 진정한 중요성은 학생운동을 포함한 사회운동에 미친 영향에서 찾을 수 있다. 이종오의 지적처럼 전태일의 죽음은 "학생운동과 노동운동의 결합, 지식인과 노동자 대중의 결합"이라는 큰 역사적 물결이 시작되는 기점起點이었다.[25] 이로부터 대학생들의 '민중 되기'와 '민중과 연대하기'의 움직임이 본격화되었다. 장세훈은 전태일 분신 사건의 파장과 의의를 다음과 같이 정리하고 있다.

이미 1960년대 중반부터 지식인들이 노동문제에 관심을 갖기 시작했지만, 이는 연구나 교육 활동을 통한 학문적 관심과 간접적인 지원의 수준을 크게 넘어서지 못했다. 그런데 1970년 11월 전태일의 분신과 관련해서 서울대에서는 법대, 문리대, 상대 등이 앞다투어 '전태일 추도식'을 갖고 데모에 나섰고, 고려대, 연세대, 숙명여대, 외국어대 등으로 추도 항의 시위가 이어져갔다. 이를 계기로 노동 현실에 대해 새로운 인식을 갖게 된 대학생들은 이후 야학 등을 통해 노동자 대중과 접촉하면서 노동문제를 체감하게 되고, 노동자를 직접적으로 후원할 뿐 아니라, 노동 현장에 직접 투신하거나 노동조합의 실무자로 참여하면서 노동운동의 주역으로 활동하며, 1980년대 이후 노학연대의 발판을 마련했다.……전태일 분신 사건을 계기로 노동조합운동의 어용화·무력화에 실망한 종교계는 한국노총과의 관계를 끊고 독자적인 노동자 의식화 교육을 시작해서, 노조 민주화의 밑거름이 되었다.……전태일 의 죽음은 노동운동과 진보적 사회세력과의 연대의 접점을 마련해서 '노동운동의 사회화'를 가능케 한 중요한 분기점이라고 할 수 있다.[26]

민중 자신의 조직화 노력 또한 1970년대 초부터 활발해졌다. 김진균은 학생운동과 민중운동을 묶어 이렇게 서술했다.

1960년대에 이루어졌던 중요한 운동들도 주로 학생집단이 담당하였고, 노동운동은 전반적으로 침체된 상태로 있었다. 민중 부문이 자신의 소외된 삶에 대한 인식을 획득하면서 주요한 민중적 요구들을 사회적 지평 위에 부각시킬 수 있었던 것은 산업화의 과정이 일정한 기간을 경과한 70년대 초반에 들어서야 비로소 가능하였던 일이다. 이 당시에도 학생운동은 여전히 민중 부문의 선도적 부분으로 역할하였지만 질적 측면에서는 상당한 변화를 경험한다. 1960년대 학생운동의 중심적 주제가 민주주의였다면 유신체제 중반 이후 민중적 현실 인식을 통한 민족주의의 심화, 이른바 민중적 민족주의의 형성 단초가 주어지는 것이다. 이 시기에는 민주화에 대한 범국민적 열망과 더불어 노동자와 농민이 조직화되기 시작하였고 많은 민주노조와 종교단체들의 활동이 활발하였다.[27]

김진균의 인용문에도 등장하지만, 전태일 사건의 여진 속에서 종교계의 발길도 갑자기 분주해졌다. 1966년에 조직된 '한국산업전도실무자협의회'가 1971년에 '한국도시산업선교연합회'로 개편되었다. 1968년 연세대 도시문제연구소 안에 설치되었던 도시선교위원회를 모체로 1971년에 '수도권도시선교위원회'가 조직되었다. 이 위원회는 1972년의 '수도권특수지역선교위원회'를 거쳐 1976년에는 '한국특수지역선교위원회'로 개편되었다. 1971년 1월에는 신·구교 연합으로 '한국산업문제협의회'가 출범했다. 이 조직은 이후 크리스찬사회행동협의체(1971년 9월), 에큐메니칼현대선교협의체(1972년), 한국교회사회선교협의체(1975년)를 거쳐, 1976년에 '한국교회사회선교협의회'(사선)로 재발족했다.[28] 그리스도교를 중심으로 한 종교계의 동참은 한국 사회운동 전체의 발전에도 대단히 긍정적인 영향을 미쳤다. 말하자면 이는 '저항적 사회운동 발전의 한국 모델'을 탄생시켰다.[29] 『한국민주화운동사2』에서 필자는 이를 다음과 같이 설명한 바 있다.

한국의 그리스도교 민주화운동은 해방정국과 한국전쟁, 그리고 4월혁명부터 5·16쿠데타까지의 '4·19정국'을 거치면서 거의 명맥이 끊긴 진보적·저항적 민중운동이 1970년대 이후 재등장하고 성장하는 데 결정적인 역할을 담당하였다. 또한 그럼으로써 진보적 종교지도자들은 그리스도교 사회운동과 저항적 민중운동의 관계라는 측면에서 독특한

'한국적 모델'을 만들어냈다. 다시 말해, 이미 존재하는 강력한 급진적 사회운동에 '맞서' '사후적으로' 등장하고 발전되었던 서구나 라틴아메리카의 그리스도교 사회운동과 달리, 한국의 그리스도교 사회운동은 저항적 사회운동의 폐허 위에서, 저항적 사회운동에 '선행하여' 등장하였고, 자신의 발전과정에서 저항적 사회운동의 '성장을 촉진'하는 역할을 담당하였던 것이다. '세속적' 사회운동과의 경쟁·긴장 관계 속에서 '종교적' 사회운동이 출현하고 성장하였던 서구 및 라틴아메리카 모델과는 달리, 한국에서는 세속적·종교적 사회운동의 상보적相補的이고 우호적인 관계가 지배적이었던 것이다. 예컨대 1970년대의 '민주노조운동'은 대부분 개신교의 '산업선교' 운동과 천주교의 가톨릭노동청년회 운동으로부터 동력을 제공받았으며, 한국사회에서 도시빈민운동의 형성·발전 과정에서도 개신교와 천주교 신자들이 결정적인 역할을 담당하였다. 천주교의 농민운동은 '국내 유일의 농민운동 조직'으로서 한국 농민운동 전체의 발전을 선도하였다.[30]

전태일 죽음의 여파는 1974년 4월 전국민주청년학생총연맹(민청학련)의 "민중·민족·민주선언"으로도 이어졌다. 이를 계기로 1960년대의 '3반反 이념'이 1970년대에 '3민民 이념'으로 변화했다. 다음은 이기훈의 설명이다. "여기에 전태일의 죽음이 결정적인 역할을 하였다. 1970년대 초부터 운동가들 사이에서는 학생운동만으로는 부족하며 민중의 삶 속으로 들어가야만 한다는 의식이 확산되었다. 이에 따라 이념서클별로 여름이나 겨울방학 기간 동안 광산, 공장 등으로 현장 활동을 다녀오기도 하였다. 그리하여 1960년대의 3반 이념(반외세·반매판·반봉건)은 1970년대에 민중·민족·민주의 이념으로 발전하게 된다. 민청학련은 1974년 4월 3일 시위에서 '민중·민족·민주선언' '민중의 소리' '지식인·언론인·종교인에게 드리는 글' 등의 유인물을 배포하였다.……자립경제와 신식민주의 청산을 추구하고 공공연하게 민중의 편임을 선언하는 이 민중·민족·민주의 3민 이념은 민중주의적 민족주의 지향을 확고히 보여주고 있다."[30] 사회운동의 발전은 그것의 이념적 정당성을 뒷받침해줄 이론을 요구하게 되는데, 마침 학계에서 뜨겁게 제기되던 한국적-주체적 이론 및 접근방법 요구와 접합하면서 자연스럽게 '민중 이론'이 등장했던 것으로 보인다.

(2) 문화운동

1960년대부터 등장한 대학가의 문화운동이 민중론 형성에 끼친 영향도 중요하다. 앞에서 보았듯이 1963~1966년에 거행된 향토개척단의 '향토 의식 초혼굿'에서 조동일과 허술의 활약이 눈부셨다. 유사한 정황에서 1965년에는 서울대생들이 민속극연구회를 조직했다는 사실도 확인했다. 1960년대 대학 연극반에서 '창작극'과 '전통 민속연회'에 대한 관심이 두 가지 흐름으로 지속되었음을 앞서 살펴본 바 있지만, 1970년대에는 두 번째가 지배적인 흐름으로 자리 잡게 되었다. 조동일은 이렇게 말했다.

> 탈춤을 공부하고자 하는 젊은 국문학도도 나타나고, 탈춤 전수를 위한 강습회에 젊은 연극학도도 찾아오게 된 것이 1960년대에 이르러서 이루어진 변화이다.……그러다가 1960년대 후반부터는 분위기가 자못 달라졌고, 1970년대 이르러서는……탈춤에 대한 관심은 거의 폭발적으로 확대되기조차 했다.[32]

이영미에 의하면 "1960년대의 맹아기를 거쳐 1970년대 중반부터 시작한 진보적 연극운동은 흔히 '마당극 운동'으로 지칭되었을 정도로 이 연극운동은 마당극이라는 새로운 연극 양식을 중심으로 발전하였으며,

초기 10년 동안의 작품은 거의 전부가 마당극이었다."³³ 김광억은 "70년
대와 80년대를 통하여 우리 사회에 가장 인상적인 문화 현상의 하나"로
"대학생을 주축으로 한 젊은 지식인들과 공장노동자들이 참여하는 새로
운 형태의 연극이 다양화되고 널리 퍼져나간 사실"을 꼽으면서, 그것이
바로 '마당극'이었다고 했다. 기성 평론가들과 연극인들의 평가절하에
도 불구하고 "마당극은 지속적으로 시도되었고 점차 대학가의 연극행사
에서 인기를 더해가기 시작하였고, 80년대에 들어서서는 오히려 그 공연
횟수나 관객의 동원 규모에 있어서 가장 주된 연극 형태로 자리 잡게 되
었다."³⁴ '전통 민속연희'에 대한 관심이 추동한 '탈춤부흥운동'과 직결
된 예술 장르가 마당극이었다. 그런데 마당극이라는 새로운 연극 양식
을 처음 개척한 사람이 바로 김지하였다.

> 마당극사의 본격적인 시작은 1973년 김지하 작, 연출의 〈진오귀굿〉으
> 로부터이다. 서구 근대연극에서 기반한 신극으로부터 출발하여 사회
> 현실에 대한 관심과 민족적인 것에 대한 관심을 가진 한 맥과 전통 민
> 속연희 부흥운동의 맥이 바로 이 작품을 계기로 결합되기 시작하였고,
> 이 지점에서 마당극은 탄생한다.
> 　전통 민속연희에 대한 관심은 1970년부터 각 대학의 탈춤반(탈춤반,
> 탈반으로 통칭된 가면극회, 민속연구회, 민속극연구회, 민속극회 등의 탈춤 동아리)
> 의 결성으로 조직화 양상을 띠게 된다.……대학 캠퍼스에서 일어난 탈
> 춤 붐은 1970년대의 문화적 사건으로, 후에 탈춤부흥운동이라고 칭해
> 졌다.……마당극은 기존 연극의 서양 연극 중심성과 순수주의에 대한
> 반성이라는 한 축과 민족적 역사의식과 민중 지향성을 구심으로 하고
> 있었던 탈춤부흥운동의 현재적 지향이, 당대 민중 현실을 향한 구체적
> 인 연극 실천 의지와 만나면서 만들어졌다. 〈진오귀굿〉은 서양 연극
> 으로부터 배워온 구성력과 탈춤과 판소리 등 전통 민속연희로부터 배

워온 표현법으로 만들어진 작품으로, 농민들을 대상으로 한 계몽극으로 만들어졌다.……〈진오귀굿〉이후 민족극 계열의 마당극 운동은 김지하의 영향을 받은 임진택, 채희완 등 68·69·70학번 세대에 의해 주도된다.[35]

이 인용문에 나오듯 1970년대 대학가에서는 탈춤반이 폭발적으로 증가했다. 1970년 부산대·서울대, 1973년 이화여대·연세대·서강대, 1975년 중앙대·한양대에서 탈춤 관련 동아리가 결성되었다. 1978년에는 공식 등록된 대학 탈춤반만 따지더라도 서울 24개, 지방 9개 등 모두 33개나 되었고, 이른바 '탈꾼'의 숫자도 수천 명에 이르렀다.[36] 1974년 10월에 있은 이화여대·연세대·서강대·서울대 등 4개 대학의 연합발표회, 1978년 6월 12개 대학이 결성한 '대학탈반연합' 등 탈춤반 사이의 연대 움직임도 활발했다. 그 형식도 마당극, 노래극, 판굿 등 다양하게 실험되었다. 탈춤부흥운동은 1977년 이후 대학을 넘어 노동자·도시빈민·농민 대상 공연과 노동자 탈춤반 형성으로 확산했다.[37] 창작 마당극의 대량생산은 그 자연스런 귀결이었다. 채희완과 임진택이 편찬한 『한국의 민중극』에 수록된 '마당굿 연희본' 14편을 기준으로 할 때, 1980년대 중반까지 생산된 마당극을 주제별로 분류해보면 민족 문제, 농촌문제, 노동자·도시빈민 문제, 사회 일반 및 시사 문제, 역사적 사실의 재해석 문제, 민중적 예수상 등을 포괄하고 있었다.[38]

앞에서 보았듯이 최초의 마당극은 김지하가 선보였다. 김지하는 1970년 『사상계』에 권력층의 부정부패를 풍자한 〈오적五賊〉을 발표함으로써 새로운 판소리체 시 형식(담시)을 창안했고, 같은 해에 문학계 최초의 민중론 글인 "풍자냐 자살이냐"를 『시인』에 발표한 데 이어, 1973년에는 최초의 마당극 작품인 〈진오귀굿〉을 창작·공연했던 것이다. 탈춤부흥운동과 마당극에 이론적 기초와 정당화를 제공하는 일은 조동일과 허술의

몫이었고, 이후 채희완과 임진택도 가세했다.

조동일은 1968년 석사학위 논문에서 정돈한 이론적 주장들을 "가면극의 공연장소와 극중장소"(1971년) 등 연이어 발표한 논문들에서 더욱 발전시키고 정교화했다.[39] 특히 1972년 『창작과 비평』에 발표한 "조선 후기 가면극과 민중의식의 성장", 1974년 『한국의 민속문화』에 수록한 "한국 구비문학과 민중의식의 성장"에서 탈춤·구비문학과 민중 개념을 적극적으로 결합하기 시작했다.[40] 1974년 논문은 탈춤(가면극)에 머물지 않고 민요와 판소리 등 구비문학 전반으로 시야를 확장한 결실이기도 했다. 그는 기존에 발표한 논문들을 묶어 1975년에 『한국 가면극의 미학』을 발간한 데 이어, 1979년에는 이를 더욱 확장하여 그의 주저主著 중 하나가 될 『탈춤의 역사와 원리』를 출간했다. 나중에 '민중극'으로 불린 탈춤에 대한 연구에서 최고의 이론적·방법론적 성취였던 『탈춤의 역사와 원리』는 곧 대학 '탈꾼들'의 필독서가 되었다. 유신정권 끝 무렵인 1979년 3월에 발행된 『탈춤의 역사와 원리』는 1986년 2월 말까지 10쇄나 인쇄될 정도로 '문화운동의 고전' 반열에 올랐다. 1965년 향토의식 초혼

김지하의 『오적』(1987)

굿에서 맹활약했던 허술도 1970년대에 이론가로 변신했다. 그는 1974년 『창작과 비평』에 "전통극의 무대공간: 그 형태 및 기능과 관련하여"를 게재했고, 1980년 발간된 『전통사회의 민중예술』에도 "인형극의 무대"를 실었다. 그는 대학 졸업 후 주로 언론계에 종사했고, 1981년에는 '한수산 필화사건'에 연루되기도 했다.[41]

이영미는 조동일과 허술에 대해 다음과 같이 평가한 바 있다. "서울대 연극반에서 활동했던 성원 중 허술과 조동일은 이후 학문적 관심으로 이를 발전시켜나갔다. 특히 조동일은……본격적인 연구서를 내놓아 1970년대 탈춤부흥운동과 마당극 운동의 이론적 기초를 마련해주었고, 민요·판소리 등 구비문학 전반에 걸친 넓은 이론적 연구로 한국문학사 서술의 새로운 장을 열었다."[42]

1970년대 초부터 문화운동의 주역으로 떠오른 채희완과 임진택은 1970년대 후반부터 이론 작업도 병행해나갔다. 마당극 이론화의 계보와 관련하여, 김월덕은 "마당극을 이론적으로 체계화하고자 하는 노력은 '문화운동' 1세대라 칭해지는 채희완·임진택으로부터 시작되어 김방옥·이상일·이영미 등의 작업을 거치면서 이론적인 종합화가 이루어졌다"고 평가했다.[43] 채희완은 민속가면극연구회 결성(1970년), 김지하 작 최초의 마당극 〈진오귀굿〉 안무(1973년), 한두레 결성(1974년), 최초의 극장 마당극 〈소리굿 아구〉 안무(1974년), 김민기 노래극 〈공장의 불빛〉 연출(1978년), 한국민족극운동협회 결성(1988년) 등을 통해 "탈춤과 마당극 운동의 대부"가 되었다.[44] 채희완·임진택과 함께 활동한 김민기는 1970년대에 '노래극' 영역을 개척했을 뿐 아니라 '민중가요' 장르의 탄생에도 결정적으로 기여했다.[45] 임진택은 1973년에 〈진오귀굿〉의 연출을 맡았고 1974년부터는 판소리로 활동 영역을 넓혔다. 그는 "판소리를 배운 최초의 대학생"이었다.[46]

채희완은 1974년 대학원으로 진학하여 1977년에 탈춤(가면극)의 '민중미학'을 탐구한 석사학위논문, 즉 "가면극의 민중적 미의식 연구를 위한 예비적 고찰"을 통해 이론화 작업에도 착수했다. 그는 1980년 『실천문학』 창간호에 발표한 "춤의 사회적 과제와 전망"을 비롯하여, "70년대의 문화운동"(1982년), 그의 편찬으로 출간된 『탈춤의 사상』(1984년), 저서인 『공동체의 춤 신명의 춤』(1985년) 등의 성과를 연달아 선보였다. 그는 1985년에 임진택과 일련의 공동작업을 진행했다. 임진택과 공동 집필한 "마당굿의 과제와 전망"과 "마당극에서 마당굿으로", 공동 편집한 『한국의 민중극: 마당굿 연희본 14편』이 그것이었다. 임진택은 판소리의 이론화 시도인 "살아 있는 판소리"를 1983년에 발표한 데 이어, 1990년에는 자신의 이론적 작업을 집대성한 『민중연희의 창조』를 출간했다.

한편 탈춤·가면극의 표현 매체도 풍물, 굿, 판소리, 민요 등으로 넓어지는 추세를 보였다. 박인배에 따르면 "표현 매체에 대한 관심과 확장은 기존 공연 써클들에서도 일어나고 있었는데, 탈춤반 쪽에서는 농촌공동체의 삶과 직접 결합되어 있었던 풍물과 굿에로의 접근이 이루어졌고, 연극반 쪽에서는 탈춤과 아울러 판소리에 대한 접근과 나아가 노동요로서의 민요에 대한 수련으로 이어지고 있었다."[47] 대학을 중심으로 한 1970년대의 문화운동은 음악(가요)과 미술 쪽으로도 확대되어나갔다. 다음은 황병주의 개관이다.

> 1970년대 문화예술계의 민주화운동은 영화, 미술, 음악, 탈춤부흥운동 등 다양한 영역에서 이루어졌지만 가장 주목할 만한 것은 대학가 중심의 탈춤부흥운동이었다. 미술계에서는 '현실과 발언' 동인 집단의 활동이 주목되었고, 노래패도 대학가에 나타나기 시작하였다. 하지만 오윤, 강요배, 손장섭 등이 참여한 '현실과 발언'은 1979년 12월이 되어서야 발족하였고, 메아리와 한소리 등의 노래패도 1977~1978년에야 결성되는 등 대부분 1970년대 후반에 집중되었다. 물론 1970년

대 초반부터 대학가에서는 〈해방가〉 〈정의가〉 〈선구자〉 등이 전해지고 있었으며, 종교계를 중심으로 〈흔들리지 않게〉 〈우리 승리하리라〉 〈오! 자유〉 같은 외국의 민권운동 노래들도 불리곤 하였다. 하지만 이를 본격적인 노래운동으로 보기는 힘들다. 다만 〈아침이슬〉(1970년)을 작곡한 김민기의 활동은 독보적인 것이었다. 김민기는 〈아침이슬〉뿐 아니라 1970년대 중반 이후로는 〈기지촌〉 〈강변에서〉와 같은 민중 현실을 담아내는 노래를 만들기 시작함으로써, 향후 노래운동에 매우 큰 영향을 미치게 되었다. 김민기의 노래들은 금지곡이 되거나 발표조차 되지 못하였음에도 불구하고 입에서 입으로 전해져 민주화운동 진영의 중요한 노래로 자리 잡게 되었다. 이러한 분위기하에서 메아리(1977년 서울대), 한소리(1978년 이화여대) 등의 노래패가 생겨나 개인 차원이 아닌 조직적 수준의 노래운동이 발생하게 되었던 것이다.[48]

이처럼 "1970년대 후반부터 대학가에서, 대중가요의 상업적 유통구조의 밖에서, 대중가요에 대한 비판적 태도를 바탕으로, 구전口傳이라는 새로운 유통 방식으로 성립된 독자적 노래문화가 탄생한다. 이를 후에 민중가요라고 칭하게 되는데, 김민기와 한대수의 노래는 대중가요를 벗어나 민중가요 속에서 재해석되면서 새로운 생명을 갖게 된다."[49] 이영미가 말하듯이 민중가요는 "수용자 대중들이 대중가요의 사랑 타령 중심의 획일성에 대한 강한 비판의식을 지니고 있었으며, 노래가 그 사회의 어두움을 극복하고 더 건강한 세상을 만드는 과정에 함께 해야 한다는 생각을 가지고 있었기 때문에, 대중가요와는 매우 다른 내용을 지니고 있었다."[50] 민중가요는 저항운동 현장과 연결되었다. 메아리와 한소리 등 '노래패들'은 "노래 공연을 올리고 노래집을 발간했다. 메아리와 한소리의 노래집에 실린 악보와 가사는 집회 현장에서 참가자들에게 배포되어 확산되었다."[51] 1980년 4월 서울대 총학생회가 발간한 소책자에는 〈홀라송〉, 〈정의가〉, 〈해방가〉 등이 수록되어 있었다.[52] 1980년대 중반이 되자 1984년 서울에서 조직된 '노래모임 새벽'을 비롯하여 노래패 출신들이 대학을 졸업하고 결성한 전문 노래운동 단체들이 전국을 빼곡히 채울 정도가 되었다.[53] 민중가요는 "1980년대 중반에 이르면 전국적으로 널리 퍼진 작품의 곡 수만도 1천여 곡에 육박"하게 되었고, 급기야 시인 채광석은 1980년대를 "노래의 시대"라고 명명하기에 이른다.[54]

1980년대에 "연극운동과 풍물운동은 대안 예술로서 기존 예술계와 차별화된 '민족극'과 '풍물굿'이라는 독자적인 장르 및 스타일의 분화를 구축하였다."[55] 나아가 '길놀이―난장亂場―군무群舞―탈놀이―뒤풀이'로 구성되는 '대동놀이'[56]가 1982년 대학 축제에서 처음 등장해 전국 대학들로 빠르게 퍼져나갔다.[57] 1980년대에 미술운동도 눈부시게 발전했고, 영화운동 단체도 등장했다. 이 과정에서 문화운동 혹은 민중문화운동의 주체인 방대한 '문화패'가 형성되었다. 문화패란 좁은 의미에서는 "70년대의 탈춤·마당극 운동을 이끌어온 주체들과 학내 문화 써클 출신들"을, 넓은 의미에서는 "탈춤·연극·풍물·민요·무용·노래·놀이 등의 문화적 기능을 가지고 민중문화운동을 담당하고 있는 주체"를 가리키며, "70년대 문화패의 주축은 대학 탈춤반 출신과 마당극의 경험을 가진 연희패들이었다."[58] 1980년 봄에는 조직 이름에 '민중문화'를 명시한 사례도 등장했다.[59] 다양한 문화운동을 포괄하는 연합단체인 '민중문화운동협의회'도 1984년에 결성되었다.

그리하여 김현화는 1980년대를 "민중문화운동의 시대"로 선언했다. "1980년대는 민중문화운동의 시대였다. 이 시대만큼 민중문화운동이 활발하게 일어난 적은 이전에도 이후에도 찾아볼 수 없다."[60] 민중문화운동협의회는 민중문화를 "민중의 삶의 양식, 이념, 생활풍속도"로, 민중문화운동을 "민중이 역사의 주체라는 관점에서 노동자, 농민, 도시빈민 등 민중의 삶이 지니는 사회적 가치체계를 연구"함과 동시에 "국가 기득권 세력에 대한 저항논리를 발전하고 계발해 문화적 투쟁을 하는 것을 목적으로" 삼는 운동으로 정의했다.[61] 1980년대 전반기 문화운동의 눈부신 발전에 대해 필자는 다음과 같이 개관한 적이 있다.

> 1979년에 결성된 '현실과 발언' 동인同人과 '광주자유미술인협의회'에 이어 1980년대 초부터 토말, '젊은 벗들', 임술년, 두렁, 시대정신, 시각매체연구소 등의 미술 소집단들, 그리고 대학의 민화반民畵班과 판화반 등 동아리들이 판화, 만화, 걸개그림, 깃발그림, 벽화 등을 망라하는 민중미술운동을 주도해갔다. 비판적 영화운동을 지향하는 최초의 대학 영화동아리였던 '얄라셩'의 멤버들이 주도적으로 결성한 '서울영화집단'(1982년 3월), 여러 분야의 젊은 예술가들이 함께 결성한 '민중문화운동협의회'(1984년 4월), 전국에 산재한 다양한 미술 소집단들을 아우르면서 저항적 미술운동을 이끈 '민족미술협의회'(1985년 11월) 등도 등장했다. 1970년대에 조직되었던 자유실천문인협의회도 1984년 12월에 '재발족'했다.[62]

민중미술 운동의 시작을 알린 '두렁'의 경우 탈춤반 출신들이 중심을 이루었고 결성 이후에도 '연행예술'과의 결합을 시도한 데서 보듯이,[63] 탈춤-마당극 운동은 미술 영역에까지 영향을 미치고 있었다. 두렁만이 아니라 광주의 자유미술인협회도 '연희패'와 결속되어 있었다. 원동석은 1984년 처음 발표한 "민중미술의 논리와 전망"이라는 글에서 이렇게 상술했다. "이 같은 운동의 양상은 실제로 언제 시작되어 어떻게 전개되고 있는가. 그 시작은 83년 서울과 광주에서 젊은 작가들이 주도하는 모임으로 거의 동시에 일어났다. 서울에서 일어난 것은 '두렁' 모임이고, 광주에서 일어난 것은 '자유미술인협회' 모임으로서, 이들은 모두 연희패(애오개, 일과놀이)와 섞이며 관계하고 있었다는 공통성을 지닌다. 이 점은 80년대 연희패가 마당굿을 민중문화로 확보하고 치열한 민중의식의 실천을 전개하였던 과정에서 얻은 체험이 '민중미술을 향한' 운동을 쉽게 시작할 수 있게 해준 데서 생긴 것이라고 본다."[64] 이 대목에서 우리는 민중미술의 단초가 된 '현실동인'의 1969년 창립선언문을 김지하가 썼다는 사실을 상기할 수도 있을 것이다.

『문화운동론』의 편찬자가 적었듯이, "60년대 후반 전통문화에 대한 주체적 인식에서 시작된 탈춤·마당극의 열기는 70년대 이래 문학에서의 실천적 작업과 더불어 80년대도 중반에 들어선 이제 노래·미술·영화에 이르기까지 예술계 전반에 혁명적인 변화를 가져오고" 있었다.[65] 채희완은 마당극(마당굿)의 역동적인 성장 및 확산 과정을 다음과 같이 정리한다. 그에 따르면 탈춤과 마당극에서 시작된 문화운동은 1980년대 전반기를 거치면서 그야말로 "총체적인 예술운동"으로, "수다한 표현 매체의 총체적 연합전선"으로 발전해갔다.

> 민속극과 현대극의 만남의 자리를 또한 '마당'으로 설정한 마당굿은 민속연희의 역사적 지속성 위에서 새로운 연극실험의 양태를 넘어 총체적인 예술운동의 성격을 띠는 것이어서 탈춤, 판소리, 굿, 풍물, 인형극, 민속놀이, 유랑연예물 등 전통연희뿐만 아니라 그림, 영상매체, 서커스, 신파극, 구전 가요, 구연 민담 등을 창조적으로 수용함으로써 이야기극·무용극·음악극·노래굿·마당춤판을 비롯하여 그림놀이, 영상매체놀이, 시놀이, 체조놀이 등 새로운 연행 장르를 개발하고 있어 하나의 통일선상에서 수다한 표현 매체의 총체적 연합전선을 이루고 있다.……여기에는 일반 민중의 삶의 문제와 투쟁을 스스로 자족적으로 표현해내는 이름 없는 촌극들을 비롯하여 의식화를 위한 교육 프로그램에 널리 활용되어온 역할극이라든가 정치적 선동극으로서의 유격적 거리굿, 종교의례의 연행화를 추구해온 예배굿, 대중집회의 현

장적 운동성을 노리는 강연굿 등이 포함되며 특히 80년대에 들어와 대학가나 민중집단에서의 축제의 한 양상으로 크게 번지고 있는 대규모 대동마당굿 그리고 4·19 등 민중적 기념일을 맞아 모인 사람 모두가 사건의 재현에 한꺼번에 연희적으로 참가하는 역사사건맞이굿 등도 포함되어 있는 것이다.[66]

1960~1970년대의 문화운동은 민중론의 산실産室이었다. 문화운동의 발전과정 자체가 민중론의 형성 과정이기도 했다. 특히 탈춤부흥운동이 그 중심에 있었다. 1980년대부터 문화운동 이론가로 활동한 박인배는 "70년대 문화운동을 이끌어온 주체로서 문화패의 형성은 70년대 초 '민중' 개념의 등장과 때를 같이한다"고 단정하면서, "그런 열기 속에서 후에 문화패 형성의 가장 큰 부분을 차지하게 될 탈춤부흥운동이 시작된다"고 설명했다. 그는 "70년대의 탈춤부흥운동이 민중문화운동의 중심으로 등장하게 된 것은 탈춤의 이념적 바탕이 민중적이기 때문"이라고 말하기도 했다.[67]

'왜 하필 탈춤·마당극이었을까?'라는 질문에 대한 대답은 조동일의 몇몇 언급을 소개하는 것으로 충분할 듯싶다. 무엇보다 조동일은 "가면극사는 가면극 자체의 역사이면서 민중 의식사라는 관점에서, 가면극의 성장은 민중의식의 각성과 함께 이루어진 것이며 민중의식의 각성에 따라 가면극의 존재, 양상, 구조, 주제 등이 발전했다는 사실"을 상기시킨다.[68]

탈춤의 역사에 관한 보다 중요한 논의는 탈춤이 민중의 연극이라는 데서 출발할 필요가 있다. 우리 전통예술의 여러 영역 중에서 탈춤만큼 민중의식을 충실하게 표현하고 민중의 입장에서 사회를 비판하는 데 과감한 태도를 보인 것은 없다. 이러한 사정을 고려할 때 탈춤의

역사는 민중생활사의 일부로서 이해하는 태도가 중요한 의의를 가질 수 있다.[69]

양반 풍자는 조선 후기 평민문학에서 두루 나타나는 주제이나, 이 주제를 가면극처럼 철저하게 심화한 장르를 찾을 수 없다. 도시가면극은 농촌가면극을 계승해서 양반의 허위를 폭로해 그 횡포에 항거하는 데 그치지 않고, 양반 문화와 윤리를 근저에 이르기까지 비판한다. 소설이나 판소리는 양반을 비판하되 기존 윤리를 어느 정도 인정하고 들어가나, 가면극에서는 이런 전제가 없다. 가면극은 처음부터 민중의 문학으로 자라났기에 상층에서 물려받은 장르적 인습이 없으며, 민중 자신이 아닌 다른 누구에게 호감을 줄 내용을 지닐 필요도 없고, 오직 민중의식의 가장 성장한 모습만 충실하게 나타낸다. 양반에 대한 풍자가 '말뚝이'라는 민중적 항거의 전형을 통해 진행되는 것도 성장된 민중의식의 반영이다. 양반과 '말뚝이'의 갈등은 신분적 구속과 이로부터 해방되자는 요구의 싸움이라는 점에서도 의의를 가지나, 근본적으로 다른 두 가지 사고방식 또는 행동양식의 다툼이기도 하다.……가면극은 봉권적 특권이 이상 더 유지되기 어려운 형편에 처했음을 말하고 민중의 해방이 임박했음을 나타낸다.[70]

이제 무당굿놀이, 꼭둑각시놀음, 탈춤의 차이점을 어느 정도 선명하게 정리해 볼 수 있는 단계에 이르렀다.……무당굿놀이는 일상생활의 사소한 모습을 확대해 보여주면서 흥미를 끌고, 꼭두각시놀음은 기존 사회의 권위와 관념을 파괴하는 충격을 일으키면서 관심을 모으며, 탈춤은 파괴할 것을 파괴하고 긍정할 것을 긍정하는 긴박한 갈등에 관중을 몰아넣는다. 그러므로 무당굿놀이의 핵심은 흉내이고, 꼭두각시놀음의 핵심은 파괴라고 한다면, 탈춤의 핵심은 싸움이다. 무당굿놀이, 꼭

둑각시놀음, 탈춤은 민속극의 세 가지 기본적인 형태이고, 우리 연극의 소중한 유산이다.……관중과 유리되어 있지 않은 창조자가 입심의 재주를 자랑하기 위해서 하는 연극이 아니고, 현실과 대결하고 현실을 개조하기 위해서 하는 연극이라면, 탈춤의 전통을 가장 소중하게 계승하고 나머지 두 가지 전통은 필요에 따라서 보조적인 방법으로 활용하는 것이 타당하다는 결론을 얻을 수 있다.[71]

대방놀이를 하는 사람들이 스스로의 유대를 공고하게 하고, 밖으로 과시하며, 적대자와 맞서는 방법으로서 가장 중요한 것은 말할 것도 없이 탈춤이다. 매구를 치고, 사또놀이를 하는 것도 모두 대방놀이이지만, 대방놀이 중에서도 가장 핵심적인 것이 탈춤이다.……이것은 일하는 사람들만 누릴 수 있는 자랑스러운 감격이고, 일하지 않고 지내기만 하는 양반 지주가 열등감을 갖지 않을 수 없게 하는 시위였다. 굿이 극으로 발전하면서, 이러한 시위의 의미는 더욱 분명하게 되었다. 겨울의 억압에 대한 반감이 양반 지주의 억압에 대한 반감으로 바뀌어서, 탈춤의 가장 중요한 주제가 선명하게 부각되었던 것이다. 놀이에 참가하는 사람들을 안으로 단결시키고 놀이에 참가할 수 없는 사람들을 밖으로 공격하는 대방놀이의 내적·외적 기능은 탈춤에서 가장 강렬하게 살아날 수 있었다.[72]

한국의 민중론은 문화운동에 의해 배태되었다고 해도 과언이 아니다. 특히 1960년대부터 문화운동을 선도한 조동일, 김지하, 허술은 한국 민중론의 산파이기도 했다. 조동일·김지하·허술부터 채희완·임진택에 이르기까지 약 20년 이상 실천(민중문화운동)과 이론(민중론)이 맞물려 돌아가는 양상이 반복되었다. 창작자·연희자와 연구자의 중첩성은 문화운동만의 도드라진 특징이었다. 이른바 '학술운동'에서는 의식적으로 이론과 실천의 통일 혹은 연구와 사회운동의 수렴·협력을 지향하면서도 연구자와 사회운동가가 비교적 명확히 구분되었던 것과는 달리, 문화운동에서는 창작자·연희자가 연구자를 겸하는 양상이 특징적이었다. 마치 마당극이나 탈춤 공연에서 관객과 연희자가 하나가 되는 것처럼 말이다.

(3) 탈식민주의적 에토스

1960년대부터 한국의 인문·사회과학계에서 일어난 주체적 학문 모색의 움직임, 혹은 탈식민주의적 문제의식의 확산 추세 역시 새로운 민중 개념 등장에 기여한 것으로 보인다. 기존의 지배적 학문 패러다임에 대한 비판과 주체적 학문에 대한 요구는 이상하리만치 거의 모든 분야에서 사실상 동시다발적으로 출현했다. 진보 학계가 아직 형성되기 이전이기도 했지만, 진보와 보수 성향 학자들을 가릴 것도 없는 공통 현상에 가까웠다. 조동일은 4·19 이후의 학계 풍경을 이렇게 묘사했다. "4·19혁명을 겪고서 식민지 시대 학문을 청산하고 학문의 자립화 시대를 맞이해야 한다는 주장이 대두했다. 우리 것에 대한 관심이 여기저기서 일어나, 학문의 반성을 촉구했다. 우리가 당면하고 있는 문제를 스스로 해결하고, 민족의식을 키우는 데 소용되는 학문을 해야 한다는 요구가 대학 안으로 닥쳐왔다."[73]

　당연하게도 이런 현상은 일종의 '학문적 민족주의' 의식에 의해 추동된 것인데, 보다 직접적으로는 한국 학계의 학문적·지적 종속성에 대한 자각에서 비롯되었다. 이는 조한혜정이 『탈식민지 시대 지식인의 글 읽기와 삶 읽기』의 첫 번째 책에서 말했던 문제의식, 곧 "제3세계의 지식인은 '식민지성'을 재생산하는 데 앞장선 사람들일 가능성이 높"으며, "우리 사회의 지식인 문화는 우리 사회의 '식민지성'을 가장 첨예하게 보여주는 현장이자 그 온상"이라는 문제의식과 맞닿아 있다.[74] 이런 식민지

성은 "서구이론의 무비판적 추수가 유행"하는 '학문적 식민주의'로도 현
실화한다.[75] 조동일은 19세기에 최한기·최제우에 의해 정점에 도달한
'한국의 독창적이고 주체적인 학문적 역량'이 20세기 들어 내리막길을
걷게 됨에 따라 "학문의 주인이 누렸던 자랑스러운 자리를 잃고, 학문의
나그네가 되고, 학문의 노예로 전락"했다고 통탄했다.[76] 김윤수가 해방
후 한국 주류 미술계를 두고 비판했듯이, "자기가 사는 사회현실과 역사
의 현장에서 비켜선 채 국제적 보편주의를 외치고 거기에 뛰어든다는 것
은 문화적인 편입이며 심하게 말하면 정신의 예속화"일 수 있다.[77] 학문
적 식민지성은 필연적으로 학문과 현실의 괴리를 낳게 마련이다. 조명
래의 말대로, "남의 나라, 특히 서구의 기성화된 학문 범주와 그 개념체
계들을 그냥 끌어들여 와 학문을 구성하는 식이 되다 보니 학문과 현실
간에 간극이 발생하지 않을 수 없었다.……우리의 역사구체성을 남의 관
점에서 부지불식간에 바라보고 이를 해석하곤 하는 점이다."[78]

　　다시 조동일에 의하면, 한국전쟁 이후 한국의 학계 인사들은 "미국에
서 좋은 것이면 한국에서는 더 좋다고 여기게 되었다. 그래서 미국판 서
양 학문의 이론·방법·학풍 등이 깊이 이해해 비판적인 검토를 할 겨를
을 주지 않고 마구 유입되었다." 양학洋學의 엄청난 위세에 눌려 국학國學
의 명맥은 "전통문화의 자료를 반드시 필요로 하는 몇몇 고전학, 특히 국
사학이나 국문학의 고전 분야"에서만 살아 있었고, "그런 학문에서조차
일반이론은 수입해다 써야 한다는 주장이 거듭 제기되었다." "철학과는
사실상 서양철학과"이고, "동양철학은 다룬다 해도 부수적인 분야에 지
나지 않는다."[79] 한완상과 백욱인은 해방 후 한국 사회과학의 현실에 대
해 다음과 같이 진단한 바 있다.

　　해방 후 일제 잔재를 청산하고 한국의 사회현실과 민중의 실천적 관심
　　에 뿌리를 내리는 주체적 학문이 차분하게 발전되어야 함에도 불구하

고 이론과 과학적 방법론의 부재라는 명목하에 구미 이론이 무분별하게 수입됨으로 인하여 학문의 주체적 발전은 더욱 왜곡되었다. 이러한 경향과 함께 1950년대부터 일방통행적으로 직수입된 미국의 학문이 1960년대의 근대화 정책을 정점으로 그 전성기를 구가하면서 정책적 사회과학과 실증주의 이론, 통계방법론 등이 한국 사회과학을 일률적으로 지배하기에 이르렀다.[80]

김진균과 조희연은 1990년 공동으로 집필한 글에서 해방 후 '한국사회의 친미·반공·분단·종속체제화'에 따른 '지적·학문적 종속화'를 큰 줄기로 제시한 바 있다. 1950~1960년대에 진행된 지적·학문적 종속화 과정은, 첫째, 일본에서 미국으로의 학문적 종주국 전환에 따른 주류 학문적 지향의 전환, 즉 미국에서의 주류 패러다임과 그 학문적 지향이 헤게모니를 갖게 되는 것, 그에 따라 한국이 미국에 종속적인 학문적 소비시장으로 정착하게 되는 것, 둘째, 미국에서의 학문적 경력이 중시되는 방식으로 학술 연구자의 충원구조가 전환되는 것의 두 가지로 압축된다.[81]

김진균에 의하면, "50년대가 지적·학문적 종속화의 기본방향이 확정되고 그 인적 충원구조의 기반이 정비되는 시기라고 한다면, 60년대 이후는 그에 대립하는 조류와 지향을 주변화시키면서 미국의 주류적인 학문 내용·방법론·지향으로 한국 학문 세계를 동질화시켜, 지적·학문적 종속을 '내면화'시키는 시기"였다. 이 과정은 정치학계에서는 "행태주의적 정치학의 광범위한 수용·확산"으로, 경제학계에서는 "근대경제학 일색으로 경제학적 내용이 재편되는 양태"로, 사회학계에서는 "구조기능주의적 이론을 지배적 패러다임으로 수용"하는 방식으로 진행되었다. 이와 유사하게 "미국 주류 사회과학의 연장"이라는 맥락에서 후진국의 사회경제적 발전모델로써 한국에 수용된 게 '근대화론'이었는데, 이것은 "미국을 중심으로 하는 현존 서구사회를 이상적인 상태로 상정하고 후진국의 비자본주의적 발전의 길을 차단하면서, 후진국을 자본주의적 발전모델에 따라 재편하여 미국을 중심으로 하는 자본주의권에 편입시키고자 하는 당시 미국의 현실적 요구가 적절히 표현된 이론"이었다는 것이다.[82] 그 결과 "낯선 서구이론의 맹목적 도입에 몰두하거나 한국 현실을 그 이론의 실험 대상으로 삼는 학문적 비주체성"이 한국 학계에 만연하게 되었다는 것이다.[83]

김정근과 박인웅은 한국 사회과학계의 '탈식민성 담론'에 관한 방대한 서지학적書誌學的 연구 작업을 진행했다. 이들은 그 결과를 1997년에 발표한 두 편의 긴 논문, 즉 "한국 사회과학의 탈식민성 담론에 관한 서지 연구(I·II), 1945~1995"에 담았다.[84] 이들은 사회과학 전반을 개관하면서도 교육학, 행정학, 사회학, 경제학, 정치학의 다섯 분야를 보다 심층적으로 탐구했다. 이 연구를 통해 김정근과 박인웅은 1960~1970년대를 거치면서 때로는 '토착화'라는 이름으로, 때로는 '주체화'라는 이름으로 학문적 탈식민주의 움직임이 거의 모든 분과 영역에서 비슷한 시기에 발생했음을 밝혀냈다. 이 연구가 잘 보여주듯이 1970년대 이후(빠르게는 1960년대 이후) '주체적 학문' 모색의 움직임은 "한국적 ○○학" 혹은 "○○학의 토착화"라는 슬로건 아래 사회과학의 대부분 영역에 해당했던 현상이었다.

필자가 보기에는 뭔가 독자적이고 독창적인 것을 갈구하는 학계의 분위기를 바탕으로, 혹은 한껏 무르익은 이런 기풍에 편승하여, 한국적 개념 및 이론의 일환으로 새로운 민중 개념·이론들이 출현하여 빠르게 확산할 수 있었던 것 같다. 학문으로서의 민중론은 한국 학계를 지배하던 기존 주류 학문에 대한 비판과 극복 시도로써 등장했다는 공통점을 보여준다. 그것은 사회학이든 역사학이든 신학이든 경제학이든 교육학이든 마찬가지였다. 초기 민중론자들 가운데 학문적 종속성·식민지성에 대해 강렬한 비판의식을 드러내지 않는 이를 찾기란 사실상 불가능한데,

이야말로 주체적 학문 창출의 수단이자 결실이라는 민중론의 면모를 잘 드러내 주는 지점이다. 요컨대 민중연구는 '탈식민지적·탈서구적' 문제의식, 곧 서구의 지적 헤게모니에서 벗어나 '한국적 학문' 내지 '학문적 자주성'을 구축해보려는 문제의식의 소산이었다.

민중론의 발전과 확산은 한국 학계에서 사회와 역사를 보는 새로운 시각, 학문을 하는 새로운 방법이 등장하고 있음을 의미했다. 민중론은 지배층에서 피지배층(민중)으로 일차적 연구 '대상'의 변화, 민중의 관점에서 사회와 역사를 재해석하는 새로운 '방법론'의 모색은 물론이고, 학문적 오리엔탈리즘과 서구 학계의 지배력에서 벗어나 지성적 '주체성·자주성'을 전취하려는 각오를 두루 포함하고 있었다. 민중론은 학문-권력 관계에 대한 무성찰성을 겨냥한 비판(곧 기존 체제 유지에 기여하는 학문, 지배자들을 위한 학문에 대한 비판), 실천 및 현실과 유리된 학문에 대한 비판을 내포하고 있었을 뿐 아니라, 서구에서 발원한 학문적 패러다임들에 대한 맹목적인 추종에 대한 비판 또한 담고 있었다.

민중이 특정 서양어의 단순한 번역어가 아닌 고유한 '한국식' 창안물임을 강조하기 위해, 외국어로 표기할 경우 minjung 혹은 Minjung을 고수하려 했던 것도 이런 학문적 주체화의 문제의식과 맞닿아 있다. 1980년대 들어 민중론에 참여한 학계의 신진 세대가 의도적으로 구미歐美 대학으로의 해외유학 자체를 꺼렸던 것도 유사한 문제의식의 소산이었다. 탈식민지적·탈서구적 문제의식과 비슷한 맥락에서, 한국을 '제3세계'의 일원으로 위치시키면서 종속이론이나 해방신학과 같은 제3세계 시각의 접근방법들과 민중론의 접점을 모색하는 움직임도 활발한 편이었다.

1970년대 중반과 후반의 한국 학계에서는 지적·학문적 종속화를 극복하기 위한 다양한 노력이 경주되었다. 김진균에 의하면 경제학에서는 '민족경제론'(박현채, 조용범)으로, 역사학 분야에서는 '분단시대의 역사학'과 '민중사학'(강만길, 정창렬, 이만열)으로, 신학 분야에서는 '민중신학'(안병

무, 서남동)으로, 사회학 분야에서는 '분단시대의 사회학'(이효재)과 '민중사
회학'(한완상)으로, 문학 분야에서는 '민족문학·민중문학' 등으로 구체화
되었다.[85] 1988년 6월 "학계의 민주화와 진보적 학술연구"를 표방하는
10개 학술단체들이 공동 개최했던 '제1회 학술단체 연합심포지엄'의 준
비위원회를 대표한 조희연, 기조발표를 한 김진균은 해방 이후의 한국 학
계 상황을 "지적·학문적 종속화"로 진단하면서, 이를 극복할 대안으로
"민족적·민중적 학문"을 제창하고 나섰다.[86] 이 글들은 1970~1980년대
'민족적·민중적 학문'의 등장에 대한 가장 광범위한 정당화 노력이라고
평가할 만했다.

1970년대의 학계에 '탈식민주의적 에토스'가 널리 퍼졌던 것은 틀림
없다. 그러나 그 정도나 성격은 다양했다. 그러므로 그것이 단순하고 소
박한 민족주의적 문제의식에 머무르는지, 아니면 본격적인 탈식민주의
까지 포함하고 있는 것인지는 더 따져봐야 할 문제이다. 필자가 보기에
는 서구중심주의와 서구적 근대성에 대한 수용성 여부에 따라 〈표 4-1〉
처럼 대략 세 가지로 탈식민주의 유형을 나눌 수 있을 것 같다.

〈표 4-1〉 탈식민주의의 유형들

탈식민주의의 유형	서구중심주의	서구적 근대성
유형1 (유사 탈식민주의)	수용	수용
유형2 (제한적 탈식민주의)	거부	수용
유형3 (전면적 탈식민주의)	거부	거부 혹은 협상

표에서 보듯이, 서구중심주의와 서구적 근대성 모두에 대해 수용적인
유형을 '소박한 민족주의' 혹은 '유사 탈식민주의pseudo-postcolonialism'로,
서구중심주의에 대해서는 거부하나 서구적 근대성은 수용하는 유형을
'제한적 탈식민주의'로, 서구중심주의를 거부하면서 서구근대성에 대해

부정적이거나 선택적·전략적 협상의 태도를 보이는 유형을 '전면적 탈식민주의'로 이름할 수 있을 것이다. 민족주의, 역사주의, 근대주의에 대한 태도가 '유형2'와 '유형3'을 가르는 기준이 될 것이다.

첫 번째 유형의 대표적인 사례는 토착화론이었다. 토착화론은 '서구=보편' 및 '비서구=특수' 도식을 축으로 하는 보편-특수 이분법을 수용하고 서구에 '보편'의 지위를 귀속시키는 경향을 보인다는 점에서 서구중심주의를 벗어나지 못한다.[87] 김진균에 의하면, "1970년대에……사회과학 이론의 보편성과 특수성의 문제, 사회과학 방법론의 토착화 문제가 중요 쟁점으로 논의되었다.……사실 토착화라는 개념 자체는 근본적으로 외국에서 생성된 방법론적 형식을 어떻게 이식할 수 있을 것이라는 문제의식으로 일종의 전파적 관점에 머무는 것이기 때문에 좀 더 본질적인 인식론적 전환을 필요로 하는 것이었다."[88]

1970년대 민중론자들은 토착화론으로 대표되는 '유형1'(유사 탈식민주의) 수준을 넘어선 것으로 보인다. 그러나 '유형2'(제한적 탈식민주의)와 '유형3'(전면적 탈식민주의)에 가까운 민중론자들은 혼재했던 것으로 판단된다. '유형2'는 사회경제사 연구자나 경제학자들에게서 자주 발견된다. 김용섭 등으로 대표되는 사회경제사 분야에서 내재적 발전론이나 자본주의 맹아론은 1960년대에 등장하여 1970년대까지 이어졌을 뿐 아니라 심지어 1980년대에도 한국경제사 연구의 주류 패러다임 위치를 점했지만, "자본주의의 진보성"만을 부각하는 한계를 보였다.[89] 이세영에 의하면 내재적 발전론은 '근대화론의 시각에 선 연구 경향'으로서, 자본주의 맹아론, 신분제 붕괴론, 실학론, 붕당정치론 등을 포함한다. 이런 접근들은 '근대사회=자본주의사회·시민사회'라는 전제 위에서 조선 후기를 중세사회의 해체기이자 근대사회로의 이행기라 보고 그 속에서 근대지향적 요소를 밝히려 시도하지만, 역사발전에 대한 진화론적 이해, 봉건제에 대해 자본주의의 진보성을 일면적으로 강조하는 근대화론의 성격을 띠

고 있다는 것이다.[90]

한국을 비롯한 "저개발국의 경제개발 문제는 총체적인 사회적 과정으로서의 근대화 문제 바로 그것"이라고 단언한 조용범도 '유형2'에 속한다.[91] '후진국 근대화'를 위한 세 유형으로 자본주의형, 사회주의형, 민족혁명형을 들고, 냉전적 이데올로기 선택을 배제한 '자주적 근대화'를 추진하기 위해 민족혁명형을 추천했던 변형윤도 비슷한 경우라 하겠다.[92] 근대화를 '당위적' 목표로 수용한 상태에서 한국자본주의와 재벌의 '전근대적' 성격을 비판하고, '자주적 근대화'의 내용을 경제·사회·정치·문화 차원에서 제시한 박현채도 크게 다르지 않았다.[93] 기존 마르크스주의의 서구중심주의, 경제결정론, 단계론적-진화론적 역사주의를 종종 비판하기는 했을지라도,[94] 마르크스주의적 성향의 2세대 민중론자 대부분도 '근대주의'를 명백히 수용하고 있었다.

많은 1세대 민중론자들은 '유형2'와 '유형3'의 경계에 걸쳐 있거나, '유형2'와 '유형3' 사이를 왕복하는 듯한 모양새를 보였다. 그들은 근대성을 '숭배'하지 않지만 그렇다고 근대성을 '거부'하지도 않았다. 그들이 거부하지 않는 근대성이 얼마나 '서구적인' 것인가에 대해 명료한 하나의 대답을 얻기도 어렵다. 예컨대 한국 민중론의 탁월한 개척자 중 한 사람인 조동일이나, 가면극의 미학적 탐구 측면에서 조동일의 뒤를 잇는 채희완 등은 확실히 '서구중심주의'를 넘어선 것으로 보이지만, 차크라바르티가 서구 근대성의 핵심으로 내세운 '역사주의'를 넘어서지 못한 것처럼 보이는 대목들도 때때로 발견된다. 특히 조동일의 1970년대 글들에는 "18세기 이래 구비문학이 발전한 과정은 바로 민중의식이 성장해온 과정이고 봉건사회를 청산하고 근대사회를 이룩하려는 밑으로부터의 운동이 전개되어온 과정"이라거나,[95] "신분적 특권을 유지하기 위해 안간힘을 쓰는 유교와 초월적인 무관심을 권장하는 불교를 한꺼번에 배척하는 것은 중세에서 근대로 이행하는 역사적 운동의 일환이라 할 수 있다"거나,[96] "관념적 허위, 신분적 특권, 남성의 횡포는 가면극을 창조한 층이 비판하던 낡은 사회社會의 세 가지 기본적인 허위이며……이 세 가지 허위가 청산되어야 근대사회가 이룩될 수 있을 것"이라거나,[97] "중세적인 질곡에서 벗어나 새로운 근대적인 생활을 시작한다"[98]는 등의 표현이 나타난다. 채희완의 1980년대 글들의 경우에도, "탈춤의 근대적 세계관", "근대적 민중의식", "신흥 민중예술의 전근대적인 역사적 한계" 등의 표현을 발견할 수 있다.[99]

역사학계 민중론의 선구자인 강만길도 1978년 처음 출간된『분단시대의 역사인식』에서 근대화의 부정적 측면을 언급하면서도, "정체 후진성론" 극복을 위해 노력했다고 하거나, "올바른 근대화"를 운위하고, 근대화를 "인간해방"과 동일시하는 등 역사주의적 근대성을 수용하는 듯한 모습을 보였다.[100] 문학계의 민중론을 개척한 백낙청 역시 서구 근대성을 이념형적 모델로 전제한 역사주의적 인식을 때때로 드러냈다. 예컨대 1974년 글 "민족문학 개념의 정립을 위해"에는 "그러한 문학(평민문학, 민중의 문학─인용자)이 그 의식 면에서나 언어 면에서 많은 선비들의 문학보다도 훨씬 근대적"이라거나, "민족 생존권의 수호와 반봉건적인 시민혁명의 완수라는 객관적으로 민중에게 주어진 사명"과 같은 표현들을 발견할 수 있다.[101]

그러나 조동일과 백낙청에게서는 '서구적 근대성의 상대화', 그리고 그에 기초한 '다중적 근대성multiple modernities'을 긍정하는 태도 또한 종종 드러난다. 이에 대해서는 이어지는 장들에서 상세히 살펴볼 예정이다.

(4) 지식인 대축출

박정희 정권은 방대한 규모의 지식인들을 제도권 바깥으로 쫓아냈다. 지식인들을 대상으로 한 대축출 내지 대숙청great purge of intellectuals이라 해도 과언이 아닐 정도였다. 세 가지 계기를 통해 교수, 기자, 대학생들이 축출되었다. 1974년 4월의 민청학련(전국민주청년학생총연맹) 사건으로 대학생들이, 「동아일보」와 「조선일보」를 중심으로 한 '언론자유수호투쟁'으로 1974년 12월부터 1975년 4월까지 기자들이, 1975년 7월 도입된 교수재임용제로 인해 대학교수들이 저마다의 직장과 학교에서 대규모로 추방당했다. 이렇게 쫓겨난 지식인들이 민중론 형성 및 전파의 주역이 되었다. 해직교수들은 주로 민중론의 형성과 생산에, 해직 기자와 학생들은 민중론의 전파와 확산에 기여했다. 학생운동과 언론, 재야세력을 통제하려던 정권의 의도가 저항세력의 조직화와 성장을 돕고, 무엇보다도 민중 연구의 출현과 급성장을 촉진하는, 애초 의도와 정반대인 결과를 초래했던 것이다.

교수재임용제 혹은 교수 계약제(기한부 임용제)를 통해 1976년까지 국공립대학에서 168명, 사립대학에서 248명 등 모두 416명이 재임용 심사에서 '탈락교수'로 판정되어 해임되었다. 당시 "정치교수, 또는 체제비판 교수를 의미"했던 탈락 사유("대학교원으로서의 품위 소실")에 해당하는 경우가 전체의 26%로서, 적어도 108명가량이 정치적 이유로 대학에서 쫓겨났던 셈이었다.[102] 이보다 앞서 민청학련 사건 관련자로 몰려 1974년 5월 긴급조치 4호 위반으로 연세대 김찬국·김동길 교수가 해직되었고, 그해 12월에는 민주회복국민회의의 '국민선언'에 참여했다는 이유로 백낙청 교수(서울대)와 김병걸 교수(경기공전)가 해직되었다.[103] 1978년 6월에는 전남대 교수 11명이 '국민교육헌장'을 비판한 "우리의 교육지표" 성명을 발표하여 송기숙 교수가 구속되고 참여자 전원이 해직당했다. 1980년 봄에도 대규모 교수 해직의 회오리가 다시 몰아쳤다. 이때는 교수재임용이라는 절차도 생략한 채 처음부터 정치적인 기준으로 해직자를 선별했다.

해직교수들은 다양한 인적 연결망human network으로 연결되었다. 이들

중 상당수는 1960년대 말부터 넓은 의미의 '재야인사 그룹'이라는 인적 네트워크로 연결되어 있었고, 그들 사이에 밀도 있고 친밀한 상호작용 관계를 유지했던 이들도 여럿이었다. 해직교수의 상당 부분을 차지하는 개신교 신자들은 해직 이전부터 '기독자교수협의회'로 엮여 있었을 뿐 아니라, 해직 후 '갈릴리교회'를 별도로 창립하기도 했다. 1978년 봄에는 '해직교수협의회'도 결성되었다. 한신대 해직교수인 안병무가 주도하는 한국신학연구소는 해직 교수들이 참여하는 연구 프로젝트를 조직함으로써, 연세대에서 해직된 직후 한국기독교장로회총회 선교교육원의 원장 직책을 얻은 서남동은 해직교수들에게 강의 기회를 제공함으로써, 인적 연결망의 형성 혹은 공고화에 기여했다. 해직을 계기로 이전에는 서로 교류가 없었던 이들 사이에도 다양한 연결망이 새로 만들어졌다. 네트워크를 통한 해직교수 집단 형성 및 밀접한 상호작용, 내적 동질화 과정은 민중론이 여러 학문 분야로 빠르게 확산되도록 만든 비결이기도 했다.

다양한 전공 분야들로 구성된 해직교수들이 1970년대에 새로운 민중론의 주생산자가 되었다. 민중신학의 창시자로 인정되는 서남동과 안병무는 모두 해직교수였다. 이 밖에도 1세대 민중신학의 핵심 인물들인 현영학, 서광선, 문동환·문익환 형제, 김찬국 등도 해직자였다.[104] 민중사회학을 창시한 한완상도 해직교수였을 뿐 아니라, 기독자교수협의회와 갈릴리교회의 핵심 멤버이기도 했다. 한완상은 해직이라는 고통스런 체험이 자신을 어떻게 변화시켰는가를 여러 차례 술회한 바 있다. 그 경험은 '옆으로부터의 시각'에서 '밑으로부터의 시각'으로 전환을 가능케 해주었고, 엘리트주의를 벗어나 스스로 민중임을 자각하는 정체성 변화를 체험하도록 유도했고, '관찰자'에서 '증인·증거자'로 역할을 변경하게끔 했고, 삶 및 상황과 더욱 밀착한 글쓰기를 시작하는 계기를 제공했다.[105]

분단사회학을 통해 민중론을 펼친 이효재, 1세대 민중사회학과 2세대 민중사회학의 가교역할을 담당한 김진균도 해직교수였다. 해직교수이던 백낙청과 염무웅은 (신경림, 김지하와 함께) 민중문학 혹은 '민중적 민족문학'을 개척한 이들로 평가받는다. 또 다른 해직교수이자 문학평론가인 김병걸도 "민중과 문학"(1984년)에 이어 『민중문학과 민족현실』(1989년)을 냈다.[106] 작가이자 해직교수였던 송기숙도 1986년과 1988년에 중요한 민중론 논문들을 발표한 바 있다.[107] 민중사학 혹은 '민중적 민족사학'을 개척한 중심인물들인 강만길, 이만열, 정창렬도 하나같이 해직교수였다.

민족경제론자로서 1970년대 중반부터 '민중' 용어를 비중 있게 사용해오면서 민중경제학의 태동에 중요한 영향을 미친 조용범도 해직교수였다. 특히 해직 직후인 1976년 11월 『신동아』에 발표한 "부조리는 어디서 오는가"라는 짧은 글에선 무려 20차례 이상 '민중' 용어를 사용했다. 1980년 해직당한 유인호는 그 직후부터 '민중경제' 혹은 '민중경제론'을 본격적으로 설파하고 나섰다. 유인호의 평전에서도 해직을 계기로 "민족·민중경제론을 본격적으로 펼치기 시작"했다고 기술하고 있다.[108] 「서울신문」 이문영 기자에 의하면, "그는 해직(80년 7월~84년 6월) 시절을 자신의 경제학 이론과 '민중 생활상의 요구'를 통합시키는 시간으로 썼다."[109] 1982년에 그가 출간한 저서의 제목은 『민중경제론』이었다.[110] 서양사학자로서는 매우 드물게 1970년대 중반부터 민중론을 펼친 노명식은 기독자교수협의회의 회장을 역임했고, 해직 이후 그는 "근대사회에서의 시민과 민중"을 『월간 대화』 1976년 11월호에 발표한 데 이어, 1979년에는 『민중시대의 논리』라는 단행본을 출간했다.[111]

민중 연구자로 변신할 비판적 지식인의 양적 축적 과정에서 교수들의 대량 해직사태는 결정적으로 중요한 계기였다. 많은 학자들이 해직 이후 본격적으로 민중연구에 뛰어들었고, 이들 대부분이 자신이 속한 학문 분야에서 가장 먼저 민중론을 개척했다. 박정희와 전두환이 교수들을 대규모로 해직하지 않았더라면 그렇게 단기간에, 그렇게 다양한 분야에서 민중론이 폭발적으로 생산될 수 있었을까? 어쩌면 1970년대 중반부터 1980년대 초반에 이르는 '민중 르네상스'는 박정희와 전두환의 합작품이라고 불러야 하지 않을까? 군사정권들은 민중론의 형성 및 확산에서 가장 중요한 '숨은 공로자'였다.

1974~1975년은 기자들과 대학생들의 대규모 해고 및 제적除籍이 감행된 때이기도 했다. 「동아일보」와 〈동아방송〉에서 130여 명의 기자와 프로듀서들이, 「조선일보」에서 30여 명의 기자들이 언론 자유를 지키려다 정권-언론사 합작에 의해 강제 해직당했다.[112] 대부분의 학생운동 핵심 인물들도 민청학련 사건에 연루되어 투옥되거나 제적당했다. 이 역시 의도치 않게 민중론의 급속한 발전을 촉진하게 되었다. 김진균·이명현 등이 참여한 "분단시대의 지식인과 민중"이라는 토론에서 작가 박태순이 말했듯이, 해직기자들과 제적생들은 1970년대 후반에 진보적 성격의 소위 '사회과학출판사'를 다수 설립했다.[113] 바로 이 출판사들이 민중론을 확산하고 체계화하는 데 중요한 통로 역할을 담당했다. 기존의 주류 출판사들에서는 외면당할 수도 있었던 1세대 민중론자들의 저작 다수가 이들 출판사를 통해 세상에 알려졌다.

이렇게 보면 (해직교수들을 중심으로 민중론이 활발하게 생산되는 가운데) 해직기자들과 제적 대학생들을 중심으로 민중론의 독자적인 확산·유통 채널이 구축되는 과정에서도 군사정권이 숨은 기여자 역할을 담당했던 셈이다. 뒤에서 살펴보겠지만, 김종철을 비롯한 몇몇 해직기자들은 '민중언론'을 중심으로 언론학 분야에서 직접 민중 이론의 '생산' 작업에 뛰어들기도 했다.

(5) 언론·출판계의 개입

민중론의 부활에 기여한 마지막 요인으로는 언론·출판계의 개입과 참여, 그로 인한 민중론 생산 독려 및 확산 역할을 들 수 있다. 무엇보다도 1976년 『월간 대화』의 특집, 1980년 월간 『신동아』의 특집, 1984년에 나란히 출간된 『한국민중론』(한국신학연구소)과 『민중』(문학과지성사)이 대단히 중요한 이정표를 만들어냈다.

사실 1960년대에도 민중 개념 및 이론과 관련된 중요한 글들은 거의 전부 전문학술지가 아닌 월간잡지에 게재되었다. 『청맥』과 『사상계』가 대표적이었다. 전문학술지들은 '민중' 자체를 학문적인 개념으로 인정하지 않았다. 전문학술지가 아닌 대중잡지에 민중론 관련 글들이 실림으로써 오히려 대중적 확산이 용이해지고 촉진된 측면도 있었을 것이다. 1966년 창간된 계간 『창작과 비평』에도 조동일과 허술 등의 중요한 민중론 저술들이 1970년대 초반에 게재되었다. 『창작과 비평』은 1970~1980년대에 문학계 민중론의 산실이 되었다. 『창작과 지평』에 수록된 글들은 학술논문 형식을 갖춘 최초의 사례들이기도 했다. 대한기독교서회에서 발간되는 월간 『기독교사상』은 민중신학과 민중사회학의 산파 역할을 수행했다. 민중신학의 시작을 알린 서남동과 안병무의 글들이 모두 1975년에 『기독교사상』을 통해 발표되었다. 해직 이후 기독교서회 편집고문직책을 얻은 한완상은 『기독교사상』에 사실상 고정기고를 하면서 민중사회학의 체계를 세워나갔다.

『월간 대화』 1976년 11월호에는 "역사와 사회 그리고 민중"이라는 특집이 게재되었다. 특집에는 송건호·안병직·한완상 3인이 참여한 가운데 "민중의 개념과 그 실체"를 주제로 한 좌담회, 노명식의 "근대사회에서의 시민과 민중", 고은의 "역사와 지식인: 그 문화적 상호 원천 관계에 대하여" 등이 포함되었다. 노명식의 글도 역사적으로 큰 의미가 있는 것

『창작과비평』창간호(1966)

이지만, 필자가 보기에 송건호·안병직·한완상 3인 좌담은 민중 개념을 대중화하는 데 가장 중요한 변곡점이었다. 정의定義와 시공간적 적용 범위 등 민중 개념과 관련된 중요한 이론적·방법론적 쟁점들이 이 좌담에서 두루 다뤄졌다. 잡지 편집자는 특집의 취지를 다음과 같이 제시했다.

우리가 일상 쓰는 용어들 가운데는 오랜 세월을 두고 거센 역사의 물굽이를 따라 조금씩 조금씩 미세한 개념적 요소들이 쌓이고 쌓인 끝에 마침내는 그 말의 외연外延과 내포內包를 손쉽게 규정할 수 없게 되버린 복잡한 용어들이 있다. 대중大衆·민중民衆이란 용어도 이에 해당한다.……역사의 어떤 단계에서는, 가령 히틀러와 스탈린이 민중民衆을 오도하고 악용惡用한 경우와 같이 민중民衆이란 개념의 형성 과정에 부정적인 풍우風雨가 휘몰아친 적도 있고 현재에도 특히 공산주의 체제에서 '피플people'의 참뜻을 왜곡하고 정치선전의 표현 수단으로 삼으려 하는 작풍作風 때문에 민중民衆이란 동양어東洋語에까지 적지 않은 혼선을 빚게 될 우려가 없지 않다. 이러한 동기動機에서, 본지本誌는 오늘날 일상생활에서 거의 무분별하게 쓰이는 듯한 대중大衆·민중民衆·시민市民·공중公衆 등의 말이 역사歷史와 사회社會 속에서 형성되어온 과정을 더듬어보고 그 말의 개념과 실체實體를 추적해보고자 이 특집을 마련했다.[114]

월간 『신동아』 1980년 7월호의 특집 "민중은 누구인가"도 민중 개념사에서 기념비적인 위치를 점하고 있다. 이 특집은 다양한 전공 및 분야의 학자와 지식인들이 참여하는, 매력적이고도 흥미진진한 토론 광장을 제공해주었다. 문학(조남현), 신학(고재식), 경제학(김윤환), 한국사(박성수), 서양사(이광주), 민속학(이상일), 철학(황문수), 행정학(안병영), 법학(한상범), 언론학(유재천)의 관점들이 총동원되었다. 특집에 무려 10편의 글이 수록되었다. 1980년 7월 『신동아』특집의 기여 중 가장 중요한 두 가지는 그때까지 민중론 논의에 참여하지 않았던 분야들을 끌어당긴 것, 그리고 민중 개념의 지지자만이 아니라 반대자나 비판적·중립적 관찰자들까지 논의에 끌어들인 것이었다. 이 특집은 민중론에서 언론이 단순한 '창작물의 확산자' 역할만이 아니라, '창작 유도자' 역할도 톡톡히 수행할 수 있음을 보여주었다.

이후 『신동아』는 1985년 7월호에서 "'민중'이데올로기와 민중운동"이라는 주제의 좌담회를 마련하기도 했다.[115] 이 좌담에는 김대환(사회학), 김윤환(경제학), 김용복(신학), 이광주(서양사학), 노재봉(국제정치학) 등 다양한 학문적 배경을 지닌 다섯 지식인이 참여했다. 『신동아』는 1987년 4월 "민중사회학 논쟁"을 '특별기획'으로 준비하여, 민중사회학 내부에서 서로 다른 입장을 가진 세 학자, 즉 한완상·한상진·조희연의 상호 논쟁을 유도하기도 했다.

출판사로 눈을 돌려 보면, 1984년에 최초의 그리고 가장 방대한 선집 選集인 『한국민중론』을 발간한 한국신학연구소를 우선 꼽을 수 있다.[116] 앞서 말했듯이 당시 이 연구소는 해직교수이자 민중신학자인 안병무의 영향 아래 있었다. 이 책에는 문학(백낙청, 김주연, 김병걸, 김종철, 김지하, 조동일), 신학(서남동), 사회학(한완상), 경제학(안병직, 박현채), 역사학(이이화, 이만열, 정창렬, 조동걸, 조광), 교육학(김인회), 불교학(고은), 종교학(황선명) 분야의 글 18편, 그리고 신채호와 정약용 관련 자료 3편이 수록되었다. 같은 해에 유재천이 편집한 『민중』을 문학과지성사가 발간했다.[117] 여기에는 편자의 서緖를 포함하여, 문학(김주연), 신학(서남동, 김용복), 사회학(한완상, 한상진), 경제학(안병직, 박현채), 역사학(이만열), 행정학(안병영), 법학(한상범), 언론학(유재천, 송건호), 불교학(전서암) 분야의 지식인들이 참여한 글 13편이 실렸다. 1976년 『월간 대화』지의 송건호·안병직·한완상 좌담도 이 책에 재수록되었다.

1989년에는 세 번째 민중론 선집인 『한국 민중론의 현 단계: 분과학문별 현황과 과제』가 돌베개 출판사에 의해 발간되었다. 이 책에는 신학(김창락), 사회학(김진균), 경제학(박현채), 역사학(정창렬), 교육학(김성재), 철학(이준모) 등 6개 분야의 민중론적 연구 성과가 수록되었다. 1984년에 발간된 앞의 두 선집이 1세대 민중론을 개관해볼 기회를 제공한다면, 1989년 선집은 1세대와 2세대 민중론을 함께 조명해볼 기회를 제공한다.

다양한 번역서의 발간에도 주목할 필요가 있다. 일부 제적생과 해직 기자들은 생계를 위해 혹은 사회운동의 일환으로 많은 외국 서적들을 번역했는데, 이들은 이를 통해 민중론의 '생산'에도 직접 기여했다. 흥미로운 사실은 이들이 파울로 프레이리나 사울 알린스키의 저작들, 중남미 해방신학 서적들에 등장하는 people을 거의 예외 없이 '민중'으로 번역했다는 것이다. 그 결과 민중이라는 용어의 대중화가 더욱 촉진되었다. 이로 인해 민중이 people의 번역어, 혹은 인민의 대용어라는 인식도 널리 퍼졌다.

발원과 확산(1)

저항적 정치주체로서의 민중 개념이 1920년대와 1970년대의 공통분모 였지만, '운동적' 담론 성격이 지배적이었던 1920년대와 달리 1970년대 민중 개념은 '학문적' 담론의 성격 또한 강하게 띠었음을 앞서 지적한 바 있다. 저항적 민중 개념이 재등장하자 비교적 짧은 시차를 두고 '민중'을 앞세운 새로운 학문 분야들이 연거푸 탄생했다. 그 선두에 민중신학이 섰다. 이게 불과 한두 분야에 그치고 말 현상이 아니라는 사실도 금세 명 확해졌다. 1970년대 중반부터 1980년대 중반까지 약 10년 동안 민중을 접두어로 사용한 '민중ㅇㅇ학' 형식의 신규 학문 장場들이 문자 그대로 '쏟아져나왔다'. 전례를 찾기 어렵고, 그야말로 전무후무한 일이었다.

김성재가 1980년 5월에 발표한 "민중교육 방법론 연구"라는 글은 당 시 민중연구가 학문적으로 상당히 확산되어 있는 상태였음을 알려준다. "이제는 적어도 공식적으로는 그리고 형식적으로는 어디서나 민중이 사 회의 역사적 주인임을 긍정한다. 그래서 오늘의 시대를 민중의 시대라 고 한다. 이에 따라 민중을 관점으로 하는, 아니 민중의 입장에서 모든 것이 논의되기 시작하였고, 논의되지 않으면 안 되게 되었다. 특히 학문 에서 이러한 논의가 활발하게 전개되어 민중신학, 민중사학, 민중경제학, 민중사회학, 민중문학, 민중교육학 등이 그 학문적 입장을 모색하게 되었다."[1] 앞서 보았듯이 1984년에 출간된 민중론 선집들은 문학, 신학, 사회학, 경제학, 역사학, 교육학, 종교학, 불교학, 법학, 행정학, 언론학 등의 분야들을 망라하고 있었다(필자는 이 선집의 편집자들이 민속학을 누락한 것은 실수라고 생각한다). 1980년대를 거치면서 민중론은 철학, 인류학을 포함한 더 많은 분야들로 판도를 넓혀갔다. 1세대 민중론은 한두 개인의 발명품이라기보다는, 학문적·실천적 상호작용 관계망 속에 놓였던 일군의 논자들이 함께 만들어낸 합작품에 가까웠다.

이처럼 1970년대부터 1980년대 초에 걸쳐 우리가 '민중연구 혹은 민중학minjung studies'이라 부를 만한 일련의 학문적 흐름이 태동하고 확대·발전했다. 의도적인 협업協業의 경험이나 사례는 적었을지라도, 마치 약속이나 한 듯이 여러 학문 분야에 속한 학자들이 거의 동시적으로 민중연구에 뛰어들었고 저마다 민중론을 발전시켰다. 이 과정에서 다학문적이면서multi-disciplinary 학제적이기도inter-disciplinary 한 연구 분야로서의 민중연구/민중학이 자연스럽게 형성되었다. 처음 등장할 당시 강한 실천적 면모를 지녔지만 학문적 담론으로는 발전하지 못했던 1920년대 민중 개념과 비교할 때, 1970년대 민중 개념의 진정으로 새로운 점, 1970년대를 1920년대와 가장 선명하게 구별해주는 점은 다학문적·학제적 연구로서의 민중연구/민중학이라는 한국적 학문의 탄생이었다고 말할 수도 있을 것이다.

제3장 말미에서도 다뤘듯이, 1970년대 민중 개념의 역사적 기원을 밝히는 문제는 녹록지 않다. 1920년대 민중 개념을 1970년대 민중 개념의 기원으로 설정하는 것은 명백히 불가능해 보인다. 1920년대와 1970년대 간의 어떤 연속성을 가정하기엔 단절의 시간이 너무 길었기 때문이다. 1970년대 민중론자들 가운데 이전 시기 민중 개념과의 계보학적 연관성을 언급하는 이 역시 거의 없었다. 1920년대의 신채호나 좌파 '민중

운동자들'은 물론이고, 1950년대의 함석헌이나 손우성도 1970년대의 맥락에서는 소환되지 않았다. 1960년대의 이진영이나 『청맥』지에 대해서는 언급 자체가 금기시되었다. 전체적으로 보면 1970년대 민중 개념의 역사적 기원이나, 역사적 연결고리는 여전히 모호한 채로 남겨져 있는 셈이다.

그런 와중에도 필자는 1970년대 저항적 민중 개념이 처음 재등장한 장소들, 이후 그것이 전파되고 확산해간 궤적은 어느 정도 가려낼 수 있다고 생각한다. 1970년대 민중론의 발원지와 확산 경로를 대략 네 가지로 압축할 수 있으리라 본다(〈표 5-1〉 참조).

〈표 5-1〉 1970년대 민중론의 발원지와 확산 경로

문화운동· 문화연구그룹 경로	민중신학 경로	독립적 경로	기타 경로
문학/국문학, 민속학, 미학, 연극학, 무용학, 미술학	신학, 교육학, 사회학, 역사학(서양사) (불교학, 유교학)	문학, 역사학(한국사), 경제학	종교학/종교사회학, 언론학, 철학, 정치학, 법학, 행정학

첫째는 필자가 제3장에서 1970년대 민중 개념의 최초 발원지로 시사한 바 있는 '문화운동·문화연구그룹' 경로이다. 이 경로는 문화운동과 긴밀한 관계를 유지하면서 '넓은 의미의 문화연구'를 수행해온 이들에 의해 개척되었다. 필자가 1960년대 '문화운동 그룹'으로 지칭했던 이들과 직결되는 흐름이다. 이 경로는 시기적으로도 가장 앞서고, 문학/국문학, 민속학, 미학, 연극학, 무용학, 미술학 등을 포함한다. 이 영역들은 서로 융합되어 선후 관계 구분이 어려울 정도로 거의 동시적인 발전 양상을 보였다.

두 번째는 '민중신학' 경로로서 신학, 교육학, 사회학, 서양사학, 그리고 불교학과 유교학을 포괄한다. 물론 현영학과 서남동을 비롯한 많은

민중신학자들이 조동일과 김지하로 대표되는 문화운동·문화연구그룹의 영향을 받았음은 분명하다. 현영학, 서광선, 서남동, 강원돈 등이 문화운동·문화연구그룹의 글들을 즐겨 인용했으며, 직접 탈춤을 연구하기도 했다. 안병무도 '마당판'을 언급한 바 있다.[2] 〈장일담〉 등 김지하 작품의 영향도 뚜렷한데, 특히 서남동의 경우가 그러하다.[3] 한恨·신명 같은 민중정동에 대한 민속학적·국문학적 연구의 영향도 비교적 뚜렷하게 확인된다. 그러나 민중신학은 문화운동·문화연구의 영역을 넘어서는 새로운 영역들을 개척해냄으로써, 민중론의 또 다른 독자적 발원지 역할을 담당하게 된다.

민중신학은 한신대학교 채널을 통해 교육학 분야 민중론을 개척했으며, 기독자교수협의회 채널을 통해 사회학과 서양사 분야 민중론의 선두주자들을 배출했다. 특히 사회학·서양사 선두주자들에게서 문화운동·문화연구그룹의 영향이 거의 감지되지 않는다는 사실은 민중신학이 '독자적 기원지' 역할을 일정 정도 수행했음을 간접적으로 입증한다. 채희완과 같은 일부 2세대 문화운동 이론가에게서는 민중신학 쪽으로부터 역방향의 영향도 확인된다.[4] 예컨대 아래 인용문은 서울제일교회를 매개로 박형규 목사, 채희완, 임진택(〈청산별곡〉), 김민기(〈공장의 불빛〉) 등이 두루 엮였던 정경을 잘 보여준다. 박 목사 자신이 민중신학자는 아니었을지언정, 그가 이끌던 서울제일교회 자체가 민중신학의 정신과 기풍이 살아 숨 쉬던 대표적인 '민중교회'이기도 했다.

"고 박형규(1923~2016) 목사가 이끌던 1970년대 서울제일교회는 민중문예 활동가의 한 터전이기도 했어요. 공연장을 구할 수 없던 문예 활동가들에게 교회 본당을 마당으로 내줬고 공연 뒤 빠져나가는 활동가들을 경찰이 덮치는 것도 막아주셨어요. 1970~80년대 그분의 삶에서 '살아 있는 예수의 상'을 보았죠." ……채희완 '창작탈춤패 지기금지' 대표의 말이다.……1970년대 대학가 탈춤운동을 이끈 채 대표는 꼭 50년 전인 1973년 서울제일교회 본당에서 마당극 〈청산별곡〉(연출 임진택) 안무를 맡아 공연하기도 했다. 그가 연출과 안무, 기획을 맡은 민중 지향적인 노래극 〈공장의 불빛〉이 처음 공연된 곳도 1978년 말 서울제일교회였다.5

세 번째는 '독립적 경로' 즉 상대적으로 독자적이고 독립적인 발전과정을 거친 경로로서 문학, 역사학(한국사), 경제학 등을 포함한다. 세 번째 경로에 속하는 학문 영역들은 민족문학, 민족사학, 민족경제론 등 민족을 접두어로 하는 '민족○○학' 형태로 명명된 학문 전통을 발전시켜왔다는 공통점을 보인다. 이 영역의 지식인들은 '민족에 대한 민중적 이해'를 매개로 자연스럽게 민중론에 동참했다. 문학은 첫 번째의 문화운동·문화연구 경로와 세 번째의 독립적 경로 모두에 속하는 것이 특징이라 하겠다. 김지하의 1970년 글이 문학계에서 민중 논의를 촉발한 것은 사실일지라도, 신경림·염무웅·백낙청 등이 주도한 문학계의 민중 논의를 모두 김지하의 영향만으로 설명할 수는 없다. 역사학도 민중신학 경로와 독립적 경로 양자에 겹쳐 있는데, 흥미로운 점은 '서양사' 분야의 민중론이 주로 민중신학의 자장 안에서 등장했다면 '한국사' 분야의 민중론은 비교적 독자적인 발전과정을 거쳤다는 사실이다.

마지막으로, '기타' 범주의 경우 민중연구의 사례는 존재하지만 영향력의 이동 경로가 다소 불분명하고, 대체로 학파나 연구그룹 형성도 미진했던 분야들을 가리킨다. 종교학, 언론학(언론인과 언론학자를 모두 포함하여), 철학, 정치학, 법학, 행정학 쪽이 그런 사례들로 우선 거론될 수 있을 것 같다.

필자는 '민중불교'를 중심으로 한 불교학이 (명료한 인과적 영향 관계가 확인되는 것은 아닐지라도) 단기간 내에 눈부신 발전을 이룩한 민중신학의 '자극'

과 '영감' 속에서 태동·발전했다고 조심스럽게 추론한다. 1980년대 말에는 '민중유교' 담론도 등장하는데, 유교학·유학의 이런 흐름 역시 '민중신학 경로' 안에 포함시켜도 무방하다고 생각한다.

필자는 민중의 시각에서 불교·유교나 그리스도교 등 '주류/지배 종교'의 교리·역사에 대한 재해석을 시도하는 것, 그리고 주류/지배 종교와 대립하면서 피지배층의 저항성을 담아 탄생한 조선 후기 혹은 식민지 시기의 '신생/주변부 종교'를 민중종교로 명명하는 것을 엄연히 구별해야 한다고 생각한다. 이런 연유로 필자는 전자를 '민중신학 경로'로, 후자는 '기타 경로'로 구분하고 있다. 후자는 주류 종교의 신학자·교학자가 아닌, 주로 종교학자나 종교사회학자·종교인류학자들의 영역이고, 민중문화·민중예술 연구와 부분적으로 중첩된다는 의미에서 '문화운동·문화연구그룹 경로'와 친화적이기도 하다.

1. 문화운동·문화연구그룹 경로

문화운동 그룹의 민중론도 탈식민주의적 에토스에 이끌려 형성되었다. 중심인물인 조동일은 탈식민주의를 필생의 문제의식으로 간직했다. 그는 1970년대 이후 자신의 관심 영역을 기존의 한국 고전문학에서 현대문학으로, 다시 제3세계문학으로 확장해왔는데, 오히려 1990년대에는 '학문의 자주성'과 '주체적인 연구 시각'의 필요성을 이전보다 더욱 강조하고 나섰다.[6] 그는 '토착화론'을 비판하면서 "학문의 주인"이 되기 위한 대안으로 "서양 학문 자체에 대한 근본적인 비판"에 기초한 '창조론'을 내세웠다.[7] 그는 1994년에 출간한 『독서·학문·문화』에서 "근대화는 서양에서만 가능했으며, 서양이 아닌 곳의 근대화는 서양 근대화의 이식일 수밖에 없었는가?"라고 비판적으로 물었다.[8] 이 질문에는 '서구적 근대성의 상대화'에 기초한 '복수의 근대성' 내지 '다중적 근대성'이라는 대답이 이미 전제되어 있다.

조동일은 1993년에 낸 『우리 학문의 길』을 통해 문학 영역에서 제1세계와 제2세계를 넘어서는 제3세계만의 독자적인 시각을 만들어내야 한다고 역설했다. "제3세계문학 이해를 위한 제1세계의 시각은 서양에서 마련된 이론에서만 필요한 논거를 구한다. 제2세계의 시각을 택해야 한다고 주장할 때면 마르크스주의자들을 대거 등장시키는데, 서양인이 대부분이고 제3세계 출신은 얼마 되지 않으며, 그 가운데 문학에 대한 고찰을 실제로 한 전문학자는 거의 없다. 제3세계의 시각으로 제3세계문학을 연구하기 위해서는 그런 잘못을 되풀이하지 말고, 문학사를 실제로 서술하면서 이론적 일반화를 위해 고심한 성과를 되도록 다양하게 모아 하나로 합치기 위해 애써야 한다. 제3세계의 시각을 확립하는 것은 어느 쪽에서 단독으로 완수할 수 없는 세계사적 과업이다."[9] 그는 "세계문학사 서술에서 서양중심주의의 잘못을 시정하는 최상의 방안을 제시하는" 것을 자기 학문 역정의 세 단계 과업 중 마지막 단계로 설정했다.[10]

문화운동 그룹은 1960년대를 거치면서 자신들이 발견하고 해석하고 체계화한 결과들을 1970년대 벽두부터 독특한 민중론으로 쏟아내기 시작했다. 가장 빠르게 움직인 이는 김지하였다. 1969년 11월에 시인으로 정식 등단한[11] 그는 1970년대 초부터 '문학적 민중론'을 펼쳐 보였다. 김지하는 1970년 7월 한국 민중론 역사에서 길이 기억될 글, 곧 이미 몇 차례 언급한 "풍자냐 자살이냐"를 발표했다. 이 글에서 김지하는 지배세력에 의한 '물신의 폭력' 희생자인 민중의 비애悲哀와 그것이 누적된 결과인 한恨을 대변하여, 시인이 '저항적 풍자'이자 '민중 풍자'를 통해 '시적 폭력'인 '풍자폭력'을 사용해야 함을 주장했다. '자살의 길'이 절망·좌절 등의 감정으로 마음이 부서진 상태를 반영한다면, '풍자의 길'은 (마치 파커 파머가 긴장을 끌어안고 긴장을 창조적으로 살아가도록 요구하는 것처럼) 부서진 마음을 극복하고 '풍자적 저항' 곧 풍자적 폭력을 활용한 저항에 나서는 것이다. 장상철은 김지하의 이 글에 대해 다음과 같은 평가를 내렸다.

> 1970년대 민중문학론의 효시로 여겨지는 글은 1970년에 발표된 김지하의 "풍자냐 자살이냐"이다. 저항적 풍자는 "민중 가운데에 있는 우매성·속물성·비겁성과 같은 부정적 요소에 대해서는 매서운 공격을 아끼지 않지만, 민중 가운데에 있는 지혜로움, 그 무궁한 힘과 대담성 같은 긍정적 요소에 대해서는 찬사와 애정을 아끼지 않는 탄력성을 그 표현에 있어서의 다양성의 토대로 삼아야 하는 것이다." "시인은 민중 풍자를 통하여 그들을 계발해야 하며 민중적 불만 폭발의 방향으로 풍자폭력을 집중시킴에 의해서 그들을 각성시키고 그들의 활력의 진격 방향을 가르쳐주어야 한다." ……이와 같이 김지하는 시인이 민중성을 획득하는 방법은 풍자를 통하여 민중적 감성에 다가가는 것이라 본다. 그렇다면 그에게 있어 민중은 누구인가. 민중은 폭력의 희생자이다. 폭력은 그 폭력의 피해자 속에서 비애로 전화된다. 해소되지 않고 지속되며 날이 갈수록 더욱더 강화되는 폭력으로 인한 축적되는 비애의 경험은 한恨이라는 정서를 만들어낸다. 시인은 이러한 한의 토대 위에서 시적 폭력으로 물신의 폭력에 항거한다.[12]

1970년 11월 김지하는 민족학교에서 행한 "민족의 노래 민중의 노래" 제하의 강연에서 민족과 민중의 관계를 이렇게 정식화했다. "민족이란 실제에 있어서 그 민족의 절대다수를 구성하는 민중 바로 그것 이외에 아무것도 아니며……민족적인 것은 민중적인 것이며 가장 민중적인 것이야말로 가장 민족적인 것이다."[13] 이석규가 말하듯이, 김지하에게 1970년 당시 '폭력의 희생자이자 한의 주체'이던 민중은 1970년대 중반 담시

〈장일담〉에서는 '예수의 현존'으로, 1980년대 중반에는 '생명의 주체'로 진화한다.[14]

문화운동 그룹을 이끈 조동일, 김지하, 허술 등은 탈춤 등 민중예술과 관련된 자신들의 이론적 발견에 대해, 특히 그것의 탈식민주의적 함의에 대해 대단한 자부심을 가졌던 듯하다. 이런 자부심의 대상은 특히 탈춤과 그것을 현대화한 마당극에 집중되었으며, 인형극, 판소리, 민화 등으로도 확장되었다. 이미 몇 차례 언급했듯이 김지하는 1973년 '최초의 마당극'을 창작해냄으로써 한국 마당극 역사에서 빠뜨려선 안 될 인물이 되었다. 김지하는 "배우와 관객 사이의 관계, 공연장에서의 관계, 즉흥적인 관계, 아메바처럼 움직이는 마당"으로 특징지어지는 마당굿이야말로 "예술과 문학, 지식 세계·사상계 전체를 통틀어서, 우리나라와 제3세계, 서구 및 동구 세계를 통틀어서 아직까지는 가장 훌륭한 살아 있는 총체적 민중예술 양식"이라고 극찬한 바 있다.[15]

1968년부터 탈춤의 미학·원리·역사를 중심으로 탈춤의 이론화 작업에 착수한 조동일은 1972년경부터 이를 '비판적 민중의식 형성'을 축으로 한 독창적 민중론으로 발전시켰다. 1968년의 석사학위논문에서 조동일은 민중이라는 용어를 거의 사용하지 않았을 뿐 아니라, 간혹 사용하는 경우에도 중립적인 용어로서 전통적인 민중 용법과 다를 바 없는 것이었다. 그러나 이 논문에는 강렬한 탈식민주의적 문제의식과 함께, 그가 1970년대에 본격적으로 발전시키고 공표하게 되는, 탈춤과 관련된 독창적인 주장들의 핵심이 대부분 담겨 있었다.[16] 조동일은 1972년 발표한 "조선 후기 가면극과 민중의식의 성장"에서부터 '비판적 민중' 개념을 거침없이 사용했다. "형식미 역시 민중적 미의식의 시대적인 결정체로 검토되어야 할 것"이라는 주장은 그의 미학적 탐구에서 지론으로 고수되지만,[17] 1972년 글은 가면극의 '형식'보다는 '내용'에 초점을 맞춤으로써 '민중 이론'의 성격을 보다 분명히 드러냈다. 1972년 논문에서 조동

탈춤(석촌호수 놀이마당, 1985)

일은 마을 공익共益 및 지주의 이익—곧 풍작과 풍어—을 전면에 표방하는 굿("굿-극")이라는 형식, '희극戱劇'이라는 형식, 그리고 '탈=가면'이라는 도구가 민중의 일상적 저항의식을 드러내면서도 지배자들의 직접적인 보복을 회피하는 훌륭한 위장 및 은폐 수단을 제공한다고 보았다.[18] 조동일은 1974년 발표한 "한국 구비문학과 민중의식의 성장"에서 가면극을 넘어 민중의식 탐구의 대상을 구비문학·평민문학 전체로 최대한 확장했다. 이 글에서 조동일은 구비문학을 "민중의 문학"으로 명확히 규정했다. 조동일은 1975년의 『한국 가면극의 미학』과 1979년의 『탈춤의 역사와 원리』 등 두 권의 단행본을 발간하면서 대학 탈패·문화패들 사이에서 거의 절대적인 영향력을 확보하게 된다. 이미 인용한 바 있지만, 조동일은 『한국 가면극의 미학』에서 탈춤(가면극)을 "민중의 연극"으로 규정하면서 "가면극만큼 민중의식을 충실하게 표현하고 민중의 입장에서 사회를 비판하는 데 과감한 태도를 보인 것은 없다"고 확언했다. 같은 책에서 그는 탈춤의 역사를 "민중 생활사"의 일부로 이해해야 하며, 동시에 "민중 의식사"라는 관점에서 접근해야 한다고도 말했다.

조동일의 독창성은 1960년대 이후 줄곧 견지된 접근방법의 참신함에서 두드러진다.

첫째, 그는 석사학위논문에서부터 가면극 연구가 '민속학'의 영역을 넘어 '연극학과 미학'의 영역으로 나아가야 한다고 주장했다. 그는 기존 가면극 연구가 "연극사演劇史의 원리 없이 형성 과정을 다루고, 미학에 대한 반성 없이 형식과 내용에 언급하는 등으로 소박한 실증實證이나 인상론印象論의 영역을 멀리 벗어나지는 못했다"고 지적했다.[19] 같은 맥락에서 그는 1975년에 이렇게 말했다. "가면극은 민속이면서 연극이다. 민속이기에 민속학의 연구대상이지만 연극이기에 연극학 또는 미학의 연구대상이다. 민속학적 연구는 활발했으나 미학적 연구는 이제 겨우 시도되고 있는 단계를 벗어나지 못하는 형편이다."[20]

둘째, 조동일은 역시 석사학위논문에서부터 역사적 연구와 미학적 연구를 통합하려 노력했다. 그에 따르면, "가면극이 굿에서 극으로 이행하고 극으로서의 발전을 이룬 과정은 민중생활의 변화와 함께 이루어졌고 민중의식의 성장으로 가능했다는 사실을 무시하고 가면극사를 이해하는 것은 방법론적 타당성을 갖지 않는다. 더 나아가서 가면극 자체의 분석에서 얻은 결과는 사회사社會史나 문화사文化史의 일반적 흐름과 결부되어 그 타당성이 입증되고 그 내용이 풍부하게 되어야 할 것이다.……역사적 연구가 미학적 연구와 별개의 것이 아님을 명확하게 할 필요가 있다."[21]

셋째, '갈등구조 분석을 통한 탈춤 원리 도출'이라는 접근방법이다. 그에 의하면, "가면극은 가면극의 문법이라고 할 수 있는 갈등구조에 따라 이해되어야 하고, 가면극 연구의 가장 긴요한 과제는 갈등구조의 체계적인 서술이다. 갈등구조의 서술은 필연적으로 주제의 파악에 귀착되고, 주제의 파악은 갈등구조의 분석을 필수적으로 요구한다."[22] 혹은, "탈춤의 역사는 그 원리에서 파악되어야 하고, 탈춤의 원리는 그 역사에 비추어서 이해해야 알아야 할 것을 알게 될 것이다. 탈춤의 원리는 구체적으로 갈등구조의 분석에서 밝혀야 하겠는데, 갈등구조는 공허한 형식일 수 없는 것이다."[23] 탈춤의 구체적인 갈등구조 분석에서 그의 번뜩이는 창의성이 잘 드러난다. 1980년대 초 채희완이 탈춤 연구의 기존 경향을 '역사민속학적 접근'과 '해석학적 접근'으로 대별하면서 전자를 대표하는 연구자로 이두현을, 후자를 대표하는 연구로 조동일을 꼽았던 것도 탈춤 갈등구조 해석의 탁월함에 주목했기 때문일 것이다.[24]

넷째, 조동일의 연구는 비교연구를 계속 시도한다는 점에서도 참신하다. 그의 비교연구는 1969년 발표된 "가면극 악사의 코러스적 성격"에서도 분명히 드러난다.[25] 여기서 그리스 연극의 코러스와 한국 가면극의 악사樂士가 체계적으로 비교되었다. 비교연구 시도는 1990년대를 넘어서도 계속되었다.

1979년 출간된 조동일의 『탈춤의 역사와 원리』를 두고 채희완은 "대학 탈춤의 문화적 운동성을 뒷받침해주는 과학적 이론"에 대한 시대적 요청에 부응하는, 그럼으로써 "탈춤 연구사에서 새로운 시대"를 연 작품으로 간주했다. 또한 "탈춤의 민중의식 발전사와 탈춤의 구조적 갈등 원리를 상호교류, 통합함으로써 역사적 연구와 미학적 연구의 통일, 내용과 형식의 통일이 어떻게 가능한가를 실증해내어 탈춤 연구에 있어서뿐만 아니라 예술 일반에 대한 연구에 있어서도 새로운 접근방법의 지평을 열어놓았다는 점에 70년대 탈춤 연구의 한 정점이자 한국 예술 분석론의 한 전형이라고 평가될 수 있을 것"이라고 칭송했다.[26]

조동일의 작업은 1980년대에도 멈추지 않았다. 1984년에는 지금까지 가장 빼어난 민중 개념사 연구 중 하나인 "민중·민중의식·민중예술"을 발표했다. 그는 1990년대 이후에도 『카타르시스 라사 신명풀이』(1997년)와 『한국의 탈춤』(2005년)을 통해 횡단적·종단적 비교연구를 망라하는 비교연극학적 고찰을 시도했다. 두 권의 책들은 모두 그리스의 '카타르시스 연극'과 인도의 '라사 연극'과 한국의 '신명풀이 연극'에 대한 비교분석을 포함하며, 세 유형에서 발견되는 상이한 연극미학 원리를 고찰한다. "연극 미학의 기본 원리는 '카타르시스'만이 아니다. 고대 그리스 연극의 원리와는 다른 '라사rasa'가 중세 인도 연극에서 발견된다. 중세에서 근대로의 이행기 한국의 탈춤은 '신명풀이'라는 또 하나의 원리로 이루어졌다."[27]

서구 연극의 '보편적 지위'를 해체하려는 탈식민주의적 문제의식이 여기서도 집요하게 작용하고 있음은 물론이다. 조동일은 한국 탈춤의 세 가지 연극적 특성으로 "공연하는 사람과 구경하는 사람이 공동체적인 유대를 가진 '대동놀이'라는 사실", "시간과 공간의 설정이 자유로워 극적 갈등을 구현하기에 유리"하다는 점, "일체의 설명을 빼고 오직 극적 갈등만으로 풍자를 하는 방법이 잘 갖춰져 있다"는 점을 꼽으면서, "서양 전래의 근대극이 연극의 완성 형태라는 생각을 버리고 연극의 새로운 활로를 민족적 전통에서 찾고자 하는 데 이 결론이 커다란 의미를 갖는다"고 덧붙였다.[28] 이미 1975년 저서에서 그는 "서구적인 근대극이 연극을 논하는 유일한 기준이라고 생각"하는 것을 명백히 배격했다.[29] 같은 책에서는 이렇게 말하기도 했다. "가면극은 근본적으로 '아리스토텔레스'적 개념의 연극이 아닌데 '아리스토텔레스'적 개념의 연극에서 추출된 서구의 제 학설諸學說로 이해하자는 접근방법이 잘못이기 때문에 착오는 필연적으로 생긴다. 가면극의 본질과 가치는 그 자체로서 해명되어야 하며 기존 학설의 한갓된 적용이 아니라 새로운 미학의 발견과 수립을 통해서 창조적으로 이론화되어야 한다."[30]

조동일은 1971년에 "가면극의 공연장소와 극중장소"라는 주목할 만한 글을 처음 발표했다. 조동일은 이 글에서 공연 장소·시간과 극중 장소·시간의 불일치·불비례 원리, 즉 공연 장소·시간과 극중 장소·시간이 서로 일치하거나 비례하지 않을 수 있다는 원리를 중심으로 서구 근대극과 한국 가면극의 차이를 체계적으로 논구했다. 여기서 공연장소는 "배우들이 연극을 하는 장소, 또는 무대상의 공간"이며, 극중장소는 "연극의 내용에 의해서 설정되어 있는 장소, 또는 작품상의 공간"을 가리킨다. 공연장소와 극중장소의 관계를 결정짓는 원리는 연극에 따라 달라지는데, 서구 근대극에서는 공연장소에 무대장치가 있어서 극중장소가 무대장치에 따라 결정되는 반면, 한국 가면극에서는 무대장치가 없고 무대장치가 극중장소를 결정하는 구실을 하지 않는다.[31] 이런 단순한 차이가 양자 간에 다른 의미심장한 결과들을 빚어낸다.

농악대의 잡색놀이나 가면극은 일체의 무대장치가 없이 진행되는데 공연장소를 떠나서 극중장소를 처음부터 따로 설정하기보다, 처음에

는 이 둘을 일치시키다가 차츰 대사와 동작으로 극중장소를 전환시키
는 편이 자유스럽다.……등장인물과 관중과의 사이에는 어떠한 장벽
도 설정되어 있지 않다.……관중은 방관자적인 제삼자가 아니고 극중
행위에 참여하는 당사자이다. 몰아沒我적인 태도를 지닐 수 없고, 적극
적인 관심을 가지고 극의 진행에, 밖으로 드러내서든지 마음속으로든
지, 개입하게 된다.……뿐만 아니라 관중의 개입으로 극중행위劇中行爲
는 현실성이 보장된다. 극중행위는 관중이 실제로 겪는 경험의 연장이
면서 극적으로 비판되어 있기 때문에 현실성을 갖는다. 이러한 현실성
은 무대장치에 의해 마련된 극중장소에서 이루어지는 아주 그럴 듯한
극중행위가 현실의 가능한 모습과 세부에 이르기까지 일치됨으로써
생기는 극적 환상幻想과는 근본적으로 다른 것이다. 극적 환상을 배제
하고 그럴 듯함에 구애되지 않는 현실성이다. 극적 환상을 표현의 수
단으로 삼지 않고 현실성을 바로 추구하는 연극은 여러 가지 불필요한
수고를 덜고, 나타내고자 하는 핵심에 바로 도달할 수 있는 장점을 갖
는다.……가면극은 배경적 사실들의 힘을 빌리지 않고 극적 갈등을 표
현함으로써 서사문학과는 구별되는 국문학의 독자적인 가치를 분명하
게 한다. 극적 환상의 창조는……연극을 몰아적인 오락으로 만들 가능
성을 지니나, 이를 거부한 가면극은……비판적 사실주의寫實主義의 명
확한 입장에 선다.[32]

특정한 극중장소의 설정이……대사와 동작에 따라서 이루어진다.……
무대장치로 극중장소를 나타내는 연극에서와는 달리 필요하다면 어떠
한 극중장소라도 설정할 수 있다. 무대장치로 극중장소를 나타내는 연
극에서는 극중장소를 전환하기 위해서는 무대장치를 바꾸어야 하고,
무대장치를 쉽사리 자주 바꿀 수 없기에 극중장소의 전환에도 한계가
있다. 그러나 가면극에서는 극중장소의 전환이 필요에 따라서 얼마든

지 가능할 뿐만 아니라……공연장소 상의 거리와 극중장소 상의 거리는 비례 관계를 갖지 않기 때문에 제한 없이 자유로운 장면 전환이 가능하다. 이 원리는……가면극 전체의 보편적인 것이다. 공연장소 상의 거리와 극중장소 상의 거리가 일치하거나 비례관계를 갖지 않는다는 것은 공연시간과 극중시간이 서로 일치하거나 비례관계를 갖지 않는다는 사실과 표리를 이루고 있다.……가면극에서는 무대가 시時·공空양면에서 제한 없이 확장될 수 있다.……무대가 시時·공空양면에서 확장 가능하다는 것은 극의 내용을 좁은 극중장소와 짧은 극중시간에다 무리하게 집어넣거나, 그럴 수 없을 때는 극의 진행을 막幕과 장場으로 토막을 내지 않아도 좋다는 뜻이다. 극의 내용을 제한된 시공에다 집어넣는다는 것은 쉬운 일이 아니며, 그렇다고 해서 막과 장을 빈번하게 바꿀 수도 없기 때문에 근대극의 극작가는 언제나 심각한 고민에 부딪친다. 이 고민을 아무리 성공적으로 해결한 극이라고 해도 갈등의 자유로운 설정과 지속적인 전개에 결함이 있기 마련이다. 그러나 가면극이 지닌 극중장소 전환의 원리는 이러한 고민과 결함이 생길 가능성을 애초 지니지 않는다. 영화는 가면극과 마찬가지로 시공상時空上의 어떤 제약이 없다. 그러나 영화에서는 서로 분리되어 있는 장면들의 연속으로 시공의 확장이 가능한데, 가면극에서는 분리나 단절이 없이 시공이 확장된다.[33]

공연장소와 극중장소가 서로 일치하거나 비례하지 않을 수 있다는 원리는 극 진행의 선후 관계에서만 나타나지 않고 동시적으로도 나타난다. 즉 극중장소에서 서로 멀리 떨어진 A, B 두 곳에서 일어나는 행위를 가면극은 동시에 한 공연장소에서 보여줄 수 있다.……영감과 할미가 서로 모르고 있는 동안에도 관중은 둘을 한눈에 본다. 한눈에 보면서 둘을 대조한다. 소실을 데리고 즐기는 영감과 영감을 찾아다니는 가련한 할미가 한꺼번에 제시되기 때문에 극적 갈등은 처음부터 날카롭게 부각되고 계속 중단되지 않고 발전한다. 근대극의 경우라면, 관중은 영감과 할미 중 한쪽만 볼 수밖에 없다. 다른 한쪽의 사정은 나중에 대사를 통해 알 수밖에 없다. 그렇지 않으려면 어색하게나마 한쪽을 다 본 후에 막이나 장을 바꾸어 다른 한쪽을 볼 수밖에 없다. 이렇게 되면 갈등은 파괴되고, 긴장도 와해된다. 영감에 비추어 할미를 보고, 할미에 비추어 영감을 보도록 하여, 영감과 할미의 사정을 동시에 제시해야만 갈등은 살아 있고 긴장은 유지된다.[34]

조동일은 공연 장소·시간, 극중 장소·시간과 관련된 가면극의 원리들이 "민중적 미의식美意識의 빛나는 결정체로서 가면극으로 하여금 비판적 현실주의의 깊은 경지에 이를 수 있게 한 형식의 하나로 작용"했다고 평가했다. 이런 견지에서 "특히 서구적인 근대극이 지니는 한계를 극복하고 민족극을 확립하고자 할 때 그 의의(가면극의 현대적 의의—인용자)는 더욱 확대된다"고 주장했다. 그는 기존 연구자들 상당수가 가면극을 두고 "시공적時空的으로 유치한 점이 많다"거나 "공간 개념을 무시한 것이니" 하는 등의 평가를 내리는 것은 "근대극의 극작술劇作術을 연극에 관한 절대적인 척도로 삼는 태도이며, 문제의식이 결여된 피상적인 견해"로서, "가면극의 가치는 근대극을 넘어설 수 있다는 데 있다"고 단정했다.[35]

조동일의 이론적 작업은 이처럼 30년 이상 줄기차게 이어졌다. 그의 작업 기간은 민중론 1세대부터 3세대 시기까지를 관통하고 있다. 탈식민주의적 문제의식도 시종 선명하게 유지되었다. 김열규도 1975년에 발표한 "굿과 탈춤"이라는 글에서 유사한 탈식민주의적 지향을 드러낸 바 있다. 그는 탈춤 연희자-관중의 역동적인 관계에서 발생하는 "관중의 현장성" 내지 "참가자적 관객"의 창출에 초점을 맞췄다. 관중의 현장성은

"관중이 구경만 하는 객에 그치지 않음을 의미"하며, "연희가 주가 되고 관객이 객이 되는 그러한 관계 이상의 것이 연희와 관객 사이에 존재하고 있음을 의미"한다. "이 경우 관객이란 말은 이미 적당하지 않다. 탈춤을 비롯한 민속연희에 있어 관객이 향유하여야 할 미적 경험을 관조에만 두는 고전적 미학은 아무런 의미가 없다. 민속연희의 미적 경험에서는 관중이 창조하는 참여자 노릇을 다하게 된다.……연희자와 관중이 한데 어울려 극의 소용돌이 속에 있게 되는 것이다.……관중은 탈춤에서 참가자적인 관객이 되는 것이다."[36]

허술 역시 1974년("전통극의 무대공간")과 1980년("인형극의 무대") 각각 발표한 논문에서 '한국 고유의 독창적 연극미학 정립'이라는 탈식민주의적 문제의식을 견지했다. 1974년 글이 가면극(탈춤)을 중심으로 분석하면서 인형극도 함께 고찰한 것이라면, 1980년 글은 인형극(꼭두각시놀음, 덜미)을 집중적으로 분석하면서도 그것을 탈춤과의 비교 맥락에서 접근한 것이었다. "전통극의 무대공간"에서 그는 기존의 전통극 연구가 민속학적 연구에 그쳤으나 탈놀음이 무엇보다 '연극'이므로 미학적 연구가 필요하다면서 "탈놀음의 본질과 가치는 그 자체로서 해명되어야 하며 그 독특한 연극미학은 창조적으로 정립되어야 한다"고 주장했다.[37] 허술은 "인형극의 무대"라는 글에서도 "우리의 전통극 전반에 공통되는 연극원리"의 탐구를 목표로 내세우면서, "인형극의 연극미학적인 제 원리가 탈놀음의 그것과 어떤 면에서 서로 공통되고 또 어떤 면에서 상이한가 하는 점을 밝히는 것은, 논의를 일반화시켜 우리의 고유한 전통극의 연극미학을 정립하고자 할 때 반드시 필요"하다고 보았다.[38]

이런 맥락에서 허술이 도출해낸 전통극의 '공연형식 특성' 혹은 '미학적 원리'는 (리얼리즘=현실주의 거부가 아닌) 사실주의寫實主義의 거부, 동시적 진행, 갈등의 양상과 소격 효과 등 세 가지로 압축되었다.[39] 한편 허술은 가면극(탈놀음)과 인형극의 차이를 다음과 같이 정리했다. "인형극은 사실주의寫實主義의 거부를 통하여 강렬한 현실성reality을 획득하고 있는 점과 극의 소격화에 의해 전체 세계상의 비판적 인식에까지 도달한다는 점에서 탈놀음과 일치하지만 소격화가 한층 철저하다는 점과 구성의 서사적敍事的 성격에서 탈놀음의 그것과 구분된다."[40]

허술은 탈식민주의적 맥락에서 "탈놀음의 특정 요소를 서구적 의미의 근대극近代劇을 위한 장식품으로 사용하는 것"을 비판하며, "전통극을 전후 관계의 논리성論理性을 결한 유치한 단계의 연극으로 보는 견해의 부당함"을 지적한다.[41] 탈춤은 관중에게 '상징적 봉기'에 동참하라고, 비판적 실천에 나서라고 촉구하며, 이는 관중의 몰아적 도취를 추구하는 서구 근대극에 대한 도전이자 그것의 한계를 극복할 방향을 제시한다는 게 허술의 판단이었다. "취발이는 관중으로 하여금 보다 적극적으로 개입할 것을 요구한다. 즉 관중의 의사를 타진하거나 또는 태도의 표명을 요구하는 등 비판적 참여를 요구하는 것이다. 이것은 서구 근대극에서의 환상무대Illusionsbühne—구체든 입방체든—가 극적 환상(이 환상이 동시에 작품의 현실성을 조성한다)에 의한 관중의 몰아적沒我的 도취陶醉로써 자칫 현실의 개별적 이해에 머물거나 혹은 단순한 향락의 조성에만 그친 데 대한 도전이며 이의 극복을 위한 새로운 가능성의 제시일 수 있다."[42] 허술은 '공간과 시간의 동시 축약'이라는 가면극의 극작기법 및 공연형식을 서구 근대극의 그것과 대비시키기도 했다.

한 대사 속에서 시간의 축약縮約이 이루어져 있으며, 이 시간은 현실의 시간과 하등의 비례 관계도 갖고 있지 않다. 탈놀음의 거의 모든 부분에서 확인할 수 있는 이와 같은 '시간의 통일'의 극복은 신장伸張과 축약을 통한 극중시간의 경과와 공연시간의 경과를 의도적으로 일치시키지 않음에 의해 이루어지는 것이다. 탈판에 의해 이루어진 이러한 시간의 문제는 공간의 문제—극중장소를 임의로 선택할 수 있는—와 복합적으로 작용함으로써 더욱 농축된 현실성reality을 창출할 수 있게 되는 것이다.……탈놀음에서의 공연장소와 극중장소의 관계가 아직 '삼통일三統一'의 그것을 완전히 극복하지 못한 서구 근대극의 그것과 어떻게 다른가……극작에 있어서 막幕과 장場의 빈번한 사용이나 근대 이래 그 숱하게 고안된 무대 장면의 신속한 전환방법 등은 서구의 근대극이 안고 있는 이러한 한계를 극복하기 위한 시도의 일단이었다고 할 수 있다.[43]

서구 연극의 무대공간 구성 방식은 구체(球體, 원형 무대)와 입방체(立方體, 프로시니엄 무대)로 양분된다.[44] 한국 전통극의 무대공간인 '탈판'은 이 가운데 '구체(원형 무대)'와 비슷해 보이나 실은 둘 사이에 중대한 차이가 존재하며, 서양의 그것에 비해 한국 전통극의 무대공간 구성원리가 한층 탁월하다는 게 허술의 주장이었다. 탈춤의 무대는 서구의 원형무대와도 질적인 차이를 갖고 있다는 것이다. 허술은 "'탈판(가면극의 무대)'을 서구西歐의 원형무대와 동일시하려는 모든 시도 역시 피상적인 데 머물 수밖에 없다"거나, "탈판의 형태를 원형무대의 그것과 비교한 것은 보다 합리적이라 하겠으나, 이 또한 서구적 개념의 원형무대가 갖는 형태 및 기능과 탈놀음의 그것과를 다각적으로 고찰하여 얻은 결론이 아니라 단지 그 외면적인 유사성에만 착안하여 내려진 단정"이라고 본다.[45]

서구적 구체(원형무대)와 탈판을 비교할 때, 무방향성無方向性, 비구상적이고 불가시적인 무대적 구조물의 존재형식, 현실성의 소거消去는 구체(원형무대)와 탈판의 "외형적 유사점"이지만, 양자는 "기능상의 차이" 또한 드러낸다. 이 차이는 '등퇴장로登退場路의 개념에서 비롯된 차이', (관중석과 무대의 구별이 불가능하다는 외형적인 측면, 극중장소에 대한 제약이 없다는 기능적인 측면에서 나타나는) '놀이판의 가변성', (관객과 배우의 관계에서 드러나는 특성으로서) '극에로의 관중의 개입'이라는 세 가지 부면에서 명확히 확인된다.[46]

서구 근대극의 원형무대와 탈판의 보다 본질적인 차이는 "극적 환상의 야기 여부"에 있다.

탈판과 서구 근대극에서의 원형무대와는 다음과 같은 본질적인 차이점이 있음을 간과해서는 안 된다. 즉 극적 환상의 야기 여부가 그것이다. 원형무대에서는 무대장치나 제 도구가 비록 비구상적이고 불가시적인 것이라 할지라도 여타의 제 요소(조명·의상·분장·음향효과 등등)와 상호보완적으로 작용하여 극적 환상을 만들어내는 데 기여하게 되나, 탈판에서는 이와 반대로 작용한다. 무형無形이고 비구상적非具象的·불가시적이라는 그 존재 양식은 일치하고 있으나 그 기능은 전혀 반대이다. 즉 탈판의 그것은 극적 환상을 거부하는 구실을 한다. 이 점에서 서구 근대극이 획득하고 있는 현실성現實性과 우리의 탈놀음이 획득하고 있는 현실성의 이해 문제가 제기된다.[47]

구체球體와 탈판의 비교에서 끝으로 하나 지적해두어야 할 것은 다음과 같은 그 미학상의 차이이다. 구체(원형무대)가, 현실과 일정한 비례 관계를 갖고 있는 극적 환경 속에서 정서의 추이 과정을 재현함으로써 극적 환상을 야기하여 관객의 감정이입을 유도함에 비하여, 탈판은 소격효과Verfremdungseffekt에 의해 관중에게 극에 대한 비판적 거리kritische Distanz와 의견의 제시Urteil를 요구하는 것이다.[48]

허술은 서구 근대극과의 차별성이 한국 인형극에서도 확인된다고 보았다. 그는 "인형극에서 발견되는 소격화 현상"을 등장인물, 인형극의 무대, 극작술의 구조 등 세 측면에서 확인할 수 있다면서 이렇게 덧붙인다. "위에 열거한 소격 효과는 단일하게 작용한다기보다는 언제나 복합적으로 작용한다고 보아야 하며 그 결과 관객은 현실에 대한 비판의식과 함께 당대의 세계상에 대한 인식을 새롭게 하는 것이다. 이 점이 인형극과 재래의 서구 연극의 예술 기능상의 결정적 차이의 하나라 하겠다."[49]

조동일과 허술은 한국 전통극이 (리얼리즘을 추구하면서도) 서구 근대극 중 리얼리즘 연극인 서사극에 견주어도 탁월한 독창성과 이점을 갖고 있다고 보았다. 조동일은 브레히트가 '서사의 원리'를 도입해 연극의 변혁을 꾀했지만, 이와 대조적으로 한국의 가면극은 서사적 구성을 최대한 배격한다는 점을 강조한 바 있다.[50] 이와 거의 동일한 취지에서 허술도 "중요한 것은 관중의 개입과 소격화가 서사적敍事的 구성 방법에 의해서가 아니라 비서사적非敍事的 구성 방법 즉 비연속성의 원리에 의하여 성취되었다는 사실"을 지적했다.[51]

> 극중시간 및 극중장소의 전환 원리는 비록 소격효과라는 동일한 미학적 원리 위에 근거하고 있지만 '서사극敍事劇'의 그것과는 다르다. 이 점에서 탈놀음과 서사극의 차이가 명확히 드러나고 있다.[52]

> (한국 전통극의—인용자) 독자적 표현역량이란 사실주의의 거부를 통하여 강렬한 현실성現實性을 획득한 것과, 비록 극적 환상에의 감정이입을 부정한다는 공통점을 지니고 있으나 서사극敍事劇의 서사적 구성원리에 대한 철저한 폭행(전통극의 극작술은 거의 폭행이라고 할 만큼 철저하게 그것을 파괴하고 있다)에 의하여 현실주의적인 역사인식歷史認識에 도달한 것을 가리킨 것이다. 전통극傳統劇에서의 현실주의는 일상적 현실을 무대 위에 기계적·수동적으로 재현한 것이 아니라, 선택·과장·왜곡에 의하여 전형적으로 표현한 것이다. 그리고 그것은 어떤 미학적 논리로도 접근할 수 없는 완강하면서도 독자적 질서(무대공간)에 의해 성취된 것이다.[53]

마당극의 공간적 다차원성과 분절성을 강조하는 맥락에서, 이영미도 한국 전통극을 현대화한 마당극과 서구 서사극의 차이에 대해 자신의 의견을 표명한 바 있다. "(마당극의 원리 중 하나인—인용자) 공간적 다차원성은 작품 전체를 사실적 모사의 연속성의 질감과는 다른 과장과 단순화가 거친 붓질로 이루어진 묵화처럼 분절적인 질감을 만들어내게 된다. 이러한 마당극의 분절성은 서사극과 사실주의에서 모두 드러나는 이성적인 의미 나눔과는 달리 훨씬 작은 단위에서부터 이루어진다. 오히려 서사극과 사실주의 연극에서와 같은 이성적인 의미 나눔은 쉽게 무시되는 경향이 있다."[54]

이처럼 한국의 전통극은 서사극과 다른 방식으로 고유한 소격효과를 산출하며, 서사극과 다른 방식으로 리얼리티를 확보한다. 조동일이 말하듯이, "가면극의 관중은 직접적 이해관계 없이 연극을 바라보기만 하는 제삼자第三者며 방관자만이 아니며, 이에 끊임없이 비판적으로 개입하는 자이고, 그러기에 극중劇中에 나타나는 바가 현실을 떠나 있는 무엇이 아니라 바로 현실의 비판적 검증檢證일 수 있다."[55] 다시 말해 "관중의 개입으로 극중행위劇中行爲는 현실성이 보장된다. 극중행위는 관중이 실제로 겪는 경험의 연장이면서 극적으로 비판되어 있기 때문에 현실성을 갖는다. 이러한 현실성은 무대장치에 의해 마련된 극중장소에서 이루어지는 아주 그럴 듯한 극중행위가 현실의 가능한 모습과 세부에 이르기까지 일치됨으로써 생기는 극적 환상幻想과는 근본적으로 다른 것이다. 극적 환상을 배제하고 그럴 듯함에 구애되지 않는 현실성이다."[56] 앞의 인용문에도 나오듯이 전통극은 "극적 환상을 표현의 수단으로 삼지 않고 현실성을 바로 추구하는 연극"이며, 조동일은 이를 "민중적 미의식의 빛나는 결정체"인 "비판적 현실주의"로 명명했던 것이다. 역시 앞서 인용했듯이 허술도 탈판에서 '시간의 축약'이 '극중장소를 임의로 선택할 수 있는 공간적 자유'와 복합적으로 작용하여 "더욱 농축된 현실성reality을 창출"한다고 했다.

한국 민중예술, 특히 가면극의 독창성과 수월성에 대한 이런 자부심은 민중예술 연구 2세대 그룹이라고 할 만한 채희완·임진택·원동석, 그리고 3세대라 할 이영미 등에게로 이어진다. 우선, 채희완은 1980년에 발표한 "춤의 사회적 과제와 전망"이라는 글에서 '민중무용'을 논하는 가운데, 서구 미학의 이분법적 개념을 초극하면서 대립적인 것들의 통일을 지향하는 '민중미학', 특히 슬픔과 웃음의 융합, 미美와 추醜의 융합을 통한 '미적 추'의 창출을 강조했다. 예컨대 "민중적인 춤은 그것이 갖는 비전문성 때문에 다소 거칠고 투박하여 정제된 맛은 없다고 하더라도, 민중 스스로의 생활 경험과 감정을 있는 그대로 드러내면서 삶의 어려움과 고달픔을 역동적인 웃음으로 자기 폭로하고 있어 골계 미 혹은 추醜의 양상을 보여주고 있다"거나, "생활의 어려움과 슬픔을 공동체적 웃음으로 대치하면서 공동의 적을 공동으로 물리쳐 예술적으로 승리를 거두는 '두레의 춤'이야말로 진정한 무용사관이 주목해야 할 대상"이라는 주장은 슬픔과 웃음을 융합하는 민중미학과 관련된다.[57] 또 다음 인용문은 미와 추를 융합하는 민중미학을 가리킨다. "민중적 무용에서 보이는 추함이나 비속성은 비미적非美的 추함이나 비미적 비속성으로 볼 수만은 없다. 거기에서의 추는 미의 본질을 규정하는 요인에 반대되는 '부정적 미'이어서 '불완전한 미'가 아니라 '미의 부정'이며, 이때의 추와 미는 동격의 대립 개념이다. 그러므로, 민중적 무용에서의 추는 예술에 있어서 가장 적극적이고 변증법적 형태를 가지는 '미적 추'로서 현대예술에 있어서 가장 확대된 미적 영역을 도괄시켜 주는 '성격적인 것'이다"(원문 그대로임).[58]

이영미는 탈춤과 판소리를 창조적으로 계승한 현대극인 '마당극'에 초점을 맞췄다.[59] 그는 마당극이 "한국의 현대 연극사의 다른 어떤 연극 양식과도 다른 독특한 의의"를 지닌다면서 이를 네 가지로 요약했다. "첫째, 마당극은 근대 이후 한국 연극의 일반적 경향인 전통 단절성과 이식성에 정면으로 도전하여 전통 민속연희의 적극적·심층적 계승에 성공한 근현대 한국 연극사에서는 보기 드문 자생적 연극 양식이라는 점, 둘째, 이 때문에 현대 연극 양식 중 세계 중심권 연극들에서는 보기 힘든 한국 내지는 아시아적 연극어법을 가장 풍부하게 지니고 있는 연극 양식이라는 점, 셋째, 한국의 사회현실에 대한 가장 적극적인 형상화를 시도한 가장 당대적이고 한국적인 특성을 지닌 연극이라는 점, 넷째, 어느 정도의 대중화에 성공하여, 지식인과 시민으로부터 시작하여 기층민중에 이르는 다양한 계층의 수용층과, 서울에서 제주도까지 전국적인 확산이 이루어진 양식이라는 점"이 그것이다.[60] 이영미는 1996년에 처음 선보인 저서 『마당극 양식의 원리와 특성』의 결론부에서도 마당극의 의의를 재차 압축적으로 제시한 바 있다. 그것은 "당대 한국인들의 구체적인 삶에 접근한 연극", "한국 연극사에서 창조의 맥이 끊겼던 판소리나 탈춤 등 민속연희를 가장 전면적이고 심층적으로 계승한 연극", "세계의 근현대 연극사에서 볼 때, 중심이 아닌 주변부의 미학과 경향을 정면으로 받아들여 체계화한 연극 양식", "단지 제3세계 연극으로서의 의의만을 지니는 것을 넘어서서 연극 일반, 더 나아가 예술 전반에 대한 새로운 깨달음을 가능하게 해준다는 것"이었다.[61] 여기서 우리는 강렬한 탈식민주의적 문제의식을 감지하게 된다.

이런 탈식민주의적 접근은 "마당극이 기득권을 가진 서구 근대극 형식의 '전복'을 내세웠던 만큼, 우리의 마당극 논의에 있어서는 오히려 서구의 기존 연극미학에 저항하는 '반미학' 혹은 '탈미학'의 관점을 견지해야 할 것"이라는 김월덕의 문제의식도 이와 상통한다.[62] 이때 '반미학'과 '탈미학'은 민중신학자 서남동이 말하는 '반신학'이나 '탈신학'과 매우 흡사하다. 서남동에게 '반신학'과 '탈신학'이 '반서구신학'과 '탈서구신학'을 의미했던 것처럼, 김월덕이 말하는 '반미학'과 '탈미학'도 '반서구미학'과 '탈서구미학'을 의미했을 것이다.

그런데 대체 마당극의 그 무엇이 이런 엄청난 성취를 가능하게 했다는 것인가? 이영미는 "마당극을 움직이는 핵심 원리인, 판의 성격, 시공간의 운용, 관중과의 관계, 미적 특질, 인간과 세상에 대한 태도 등이 거의 전통 민속연희로부터 받아들인 것"임을 강조한다.[63] 이런 전제 위에서 그는 '마당극 양식'의 핵심 원리를 공간적 다차원성과 시간적 분절성, (관중-연희자의 동질성과 합의에 기초한) 전일성을 바탕으로 한 집단적 대화, 연희자-관중 간 집단적 대화를 통한 놀이와 유희, 대중의 자긍심과 자기 신뢰, 그와 연관된 낙관적 세계관과 인간관 등으로 제시한다.[64]

이영미는 서구 연극이 추구하는 '카타르시스'와 마당극이 추구하는 '신명'을 '예술체험'이라는 관점에서 비교하기도 했다. 양자는 "몸에 끼인 응어리를 풀어 밖으로 밀어냄으로써 해방감과 쾌감을 느끼는 예술체험"이라는 유사성에도 불구하고, 내향성·정신성·개인성·비극성(카타르시스 체험) 대 외향성·육체성·집단성·희극성(신명 체험)이라는 뚜렷한 차이를 드러낸다.[65] 이영미의 이런 분석은 조동일의 비교연극학적 연구를 즉각 연상시킨다. 이영미에 의하면 마당극은 널리 알려진 진보적 '제3세계 연극들'과도 선명하게 차별적인 면모를 드러낸다.

> 1970년대 이후 남미나 필리핀 등의 진보적인 제3세계 연극들은 바로 이러한 구미의 고급문화 중심의 연극지형도에 근본적인 문제제기를 하고 있는 존재들이다. 그러나……국경을 넘어 알려지고 있는 제3세계의 연극들, 예컨대 칠레의 보알이나 필리핀의 PETA의 연극들은 자신들만의 성과를 충분히 축적하고 있음에도 불구하고 연극원리와 미학에 있어서는 구미의 것에 많은 것을 기대고 있는 경향이 있다.
>
> 이에 비해 마당극은 양식의 특성과 원리가 구미의 연극원리와는 다

른 비서구적·동양적·한국적인 공연예술의 원리를 체계화시켰으며, 이 중 상층예술의 미학과는 다른 서민예술의 미학, 대중적인 미학과 예술 경향을 정돈하여 독자적 연극원리를 갖춘 체계화된 양식으로 만들어낸 보기 드문 예라고 할 수 있다. 이로써 마당극은 제3세계 연극의 중요한 한 양식으로 기록될 수 있을 것이다.[66]

한편, 조동일일 뿐 아니라 심우성, 김열규 등도 1970년대부터 민중에 대한 '민속학적' 연구를 수행했다.[67] 여기에 이상일이나 김홍규, 서대석 등도 마땅히 추가되어야 할 것이다. 먼저, 민속학자이자 배우인 심우성은 『창작과 비평』 1972년 겨울호에 발표한 "한국 민속인형극 소고"라는 글에서, 민속학계를 포함하여 만연한 서구극 추종 관행을 비판한 바 있다. "기존의 채록본들은 8막 또는 10막으로 분석되고 있는 데 대하여 본고에서는 먼저 이견을 갖는다.……전통극의 채록 보존이란 막중한 사명감에 앞서 해결되어야 했던, '우리 극劇'의 극형식 상의 독자성에 대하여 배려함이 없이 서구극의 상식적 골격 위에 수용 편입하는 식의 방법에 의한 성급한 작업이 아니었던가 하는 점이다."[68] 심우성은 1978년에 『민속문화와 민중의식』을 출간했다. 그는 이 책에서 '민속예술'에 초점을 두면서 민속문화에 담긴 '민중의식'을 다각적으로 분석했다. 그는 "민중의 습속"이 곧 민속이며, 민속학은 "민중의 문화를 그 대상으로 하여 민중의 거짓 없는 생활사의 줄기를 보는 학문"이라고 규정한다.[69] 이 책에는 책의 표제어와 동일한 제목의 장("민속문화와 민중의식")이 포함되어 있는데, 1973년 6월 처음 발표된 이 글에서 심우성은 민간신앙·연희·민요를 중심으로 민속문화를 고찰한 후 민속문화에 담긴 민중의식의 저항적 성격을 강조했다.

민중의식은 일차적으로 저항의 형태로 나타난다. 민속문화가 반봉건,

반외세의 성격을 띠었다 함은 그 단적인 예이다.……신앙 연희 민요 등등 모든 형식을 통하여 나타난 민중의식이 그 시대가 갖고 있는 모순의 해결을 그 내용으로 하고 있다는 사실에서 그것은 더욱 명백한 것으로 된다. 즉 역사 속에는 항상 무명의 집단으로 흘러오면서도 실제로는 역사와 생활과 생활의식을 형성해온 민중이야말로 가장 주체적인 단위이다. 이것이 우리의 민중사民衆史에 표백되어져야 할 민중의식이다. 우리는 역사 속에서 지배층의, 또는 다른 민족의 악랄한 탄압과 질시 속에서도 스스로 자기 발전을 해왔던 꿋꿋한 민중의식의 발현과정을 충분히 보아왔다. 우리는 그 속에서 진정한 민중의 힘을 확인하고 역사에 대한 확신을 가져야 한다.[70]

1980년대 들어서도 다양한 장르의 민중예술 내지 민중연희民衆演戲에 관한 연구들이 활발하게 이어졌다. 조동일은 민중예술을 "민중이 창조하고 민중의식을 나타내는 예술"로 간명하게 정의한 바 있다.[71] 국문학자인 김홍규는 1980년에 『전통사회의 민중예술』이라는 책을 편찬했다. 이 책에는 조동일의 "서사민요와 웃음", 김열규의 "바리데기", 이상일의 "굿의 양면성", 서연호의 "하회탈춤의 연극적 구조", 이부영의 "원령전설과 한의 심리", 김홍규의 "판소리에 있어서 비장", 허술의 "인형극의 무대" 등이 수록되었다. 김홍규는 책 머리말에서 제작자·제작품·향수자 3자 사이의 소외 관계로 특징지어지는 '대중예술'과 대비시켜, '민중예술'을 "만드는 자와 즐기는 자가 일체화된 경험의 지평에서 서로를 확인할 수 있는 예술"로 독특하게 정의하면서, 제작자·제작품·향수자 3자 사이에 "상업적 분배와 소비의 차원을 넘어선 예술적 창조와 공감의 연대"가 성립한다면 이를 민중예술로 불러 마땅하다고 했다.[72]

이상일은 "민중은 누구인가"라는 주제의 『신동아』 1980년 7월호 특집에 "한의 삶을 역전시키는 힘"이라는 글을 발표한 바 있다. 그는 이 글에서 민중을 일방적으로 찬양·미화하는 지식인들을 비판하면서 '민중의 이중성'을 역설했다. 아울러 민중의 삶 그 자체인 '한恨의 삶'을 역전시키는 힘의 근원은 민속문화·기층문화에 있으며, 민중의 "면면한 지속성" 그리고 민중이 품어온 "한의 강력한 힘과 폭발력"에 주목해야 한다고 주장했다.[73] 1981년에 발간한 『한국인의 굿과 놀이』에서 이상일은 민중을 중심에 놓고 '전통' 내지 '전통문화'를 해석해야 함을 강조한 바 있다.

> 전통 담당자라는 이 전통의 3대 구성요소(민속재[民俗財], 전통권[傳統圈], 전통담지주체를 가리킴―인용자) 가운데 마지막 요소는 민중이라는 인간집단이며 그들의 정신이 결국 전통을 전통답게 하는 기본이라는 사실을 지적하고 싶다. 이 민중은 다이내믹한 존재다. 그들은 역사를 창조하고 그 역사를 파괴하기도 한다. 왜냐하면 그 역사는 그들 생활상의 반영이고 그 생활상은 그들의 의식과 행위의 결산이기 때문이다. 우리는 전통을 생각할 때 민중이라는 커다란 에너지의 총체가 갖는 의식이나 행위를 생각하지 않을 수 없다. 과거의 역사는 지배계급이라는 왕조의 역사 등 상층의 역사를 기록해 나왔으나 실상 그들의 기록이란 인간 기록의 극히 일부에 지나지 않는다. 따라서 새로운 역사는 이 거대한 피의 원천인 민중이라는 측면에서 쓰여져야 하는 것이다.[74]

이상일은 1984년 발표한 "놀이문화와 민중의식"이라는 글에서 놀이문화에 대한 민중사적 접근을 시도했다. 그는 "노동 형태와 연관된 놀이여야 비로소 놀이문화는 민중사와 연결될 수 있다"는 관점에서, "놀이문화와 민중의식은 놀이의 제의적 발생과 연관된 근원성根源性에 대한 성찰과 함께 공동작업을 위한 노역의 분담과 사전·후의 위락 그리고 위락에 의한 공동체의식 내지는 정체성의 공감에서 두드러진다"고 주장했다.[75]

한국민속 예능 시리이즈 우표(6)
KOREAN FOLK DANCE SERIES

REPUBLIC OF KOREA
팔목중(봉산탈춤)

REPUBLIC OF KOREA
팔목중(봉산탈춤)

대한민국 우표

10

10

1975년 6월 20일 발행   대한민국 체신부

문학평론가인 김병걸도 1983년에 처음 발표한 "민중과 문학"이라는 글에서 자신의 탈춤 해석을 내놓은 적이 있다. "탈춤은 농민들의 억압된 심정을 활짝 열어주며 울적한 기분을 통쾌감으로 바꾸고 패자의 심리를 승자의 심리로 바꿔놓는 정화의 구실을 한다. 탈춤에서의 풍자 놀이는 한마디로 양반의 굴레로부터 해방되려는 농민들의 반항과 욕구의 표지다."[76]

극작가인 오종우는 1980년 『실천문학』 창간호에 기고한 "진정한 연극을 위한 새로운 실험"이라는 소론에서 한국의 현대 연극 혹은 신극에 대해 신랄하게 비판한 바 있다. 그것은 "지배계층을 위한 군신적 풍류, 지식인적 세련미의 공허한 심미감, 문화적 외세주의 내지는 귀족주의, 역사의식의 빈곤에서 연유하는 삶의 현실과의 괴리 등으로 파악되고, 마침내는

봉산탈춤의 팔목중 우표(1975)

상업주의의 첨단을 차지하는 동시에 기존 체제의 충성스런 시녀로서 역할"하거나, "문화적 귀족주의와 음풍농월, 공허한 심미감"에 빠져 있다는 것이다.[77] 오종우가 대안으로 제시하는 "진정한 연극", "새로운 연극"의 핵심은 '연극의 민중화'이다. "삶의 정서가 곧 민중의 정서임을 믿고 삶의 밑바닥을 묘사함으로써 바로 거기에 소재한 민중의 힘의 분출을 뜨겁게 포용하는 작업—이것이 진정한 연극을 약속하는 새로운 실험이다."[78]

1980년대 초부터 모습을 드러낸 민중미술도 탈식민주의적 에토스를 공유한다. 민중미술 옹호자들은 대개 서구에서 도입된 '모더니즘 추상미술'과 '민중적 리얼리즘'을 대립시키는 논의 방식을 취한다.

한국전쟁 후 "1950년대 모더니즘 미술의 이식"은 한국 미술사의 중요한 사건이었다. 『민중미술 15년』의 편집자인 최열과 최태만은 책의 머리말에서 이렇게 말했다. "1950년대 모더니즘 미술의 전개는 전후 한국사회가 받아들인 서구문화 가운데 가장 날카로운 문화 현상이다. 대체로 그것은 우리 사회의 현실보다는 서구화를 지향하는 관념을 반영했다. 따라서 그것은 서구 지향형 미술가들의 발자취이자 한국사회의 주체적 요구에 따른 발생사라기보다는 이식과 수용의 발자취라고 하겠다."[79] 모더니즘 미술의 지배력은 1970년대까지도 여전했다. 김현화에 의하면, "1970년대 미술계에서는 모더니즘 미술을 표방한 단색화 운동이 위세를 떨쳤다.……단색화 계열의 미술은 한국 현대미술사에서 중요하게 다루는 미술운동이지만 미국 현대미술의 절대적인 영향으로 잉태되었다."[80] 김윤수의 설명처럼 "해방 후 우리 미술사에서 질적 변화"로 "50년대 말에서 60년대 초에 걸쳐 나타난 추상미술 운동"을 꼽을 수 있는데, "이는 곧 우리 미술의 서구미술에의 편입 과정이었고 국내적으로는 거기에 대응하는 질서의 재편성 과정이었다. 이후 20년간은 이 과정의 연속이고 그간에 있었던 온갖 변화도 이를 심화시켜갔을 따름이다."[81]

1979년에 발표된 '현실과 발언'의 창립취지문은 기존 미술계를 "유한층의 속물적인 취향에 아첨하고 있거나 또한 밖으로부터의 예술공간을 차단하여 고답적인 관념의 유희를 고집함으로써 진정한 자기와 이웃의 현실을 소외, 격리시켜왔"다고 비판했다.[82] 같은 해 발표된 '광주자유미술인협의회'의 창립선언문도 기존 미술계를 "① 쾌락적 탐미 ② 복고적 허영 ③ 회고적 감상 ④ 새로운 조형에의 광신 따위로 사회의 인간적 진실을 버리고 조형적 자율과 사치와 허영의 아름다움이 갖는 허망의 늪으로 빠져들어 갔다"고 통렬히 비판했다.[83] 1984년 6월 '삶의 미술전'을 준비한 이들은 취지문에서 기존 미술계를 이렇게 공박했다. "그간의 미술은 모더니즘에 부응하는 전위적 미술이든, 과거의 외형적 유산에 집착하는 보수적 미술이든 결과적으로 삶과 유리된 미적 가치관만 양산하였습니다. 전자는 구미 미술의 외형적 재탕에 그침으로써 삶이 배제된 창백한 현실주의를 초래하였고, 후자는 현실적 삶의 상황에 접근하기를 회피하거나 이를 왜곡시킴으로써 시대정신이 박약한 안일주의에 머무르고 있습니다."[84]

이제 1970년대부터 진보적 미술평론을 활발히 펼치다 1980년대 이후 민중미술에 대한 독보적 이론가로 활약했던 원동석에 초점을 맞춰보자. 원동석은 리얼리스트인 만큼 "예술 영역의 자율성과 독립성이라는 근대적 신화"에 대해 매우 비판적이며, "민중과의 만남에 의한 민중의 예술"을 대안으로 제시한다.[85] 1983년 10월 가평군 대성리에서 사흘 동안 회동한 옥봉환, 김봉준, 장진영, 홍성담, 최열, 홍선웅, 문영태 등 9인은 전국 단위의 '미술공동체'를 결성함과 동시에 "현실주의에 기초한 민중적 민족미술"을 추진하기로 합의했다.[86] "리얼리즘에 기초한 민중적 민족미술"이 '민중미술'에 대한 당대의 정의였던 셈이다.

원동석은 1977년 발표한 "한국 추상미술의 외세주의"라는 글에서 "'현대문명=서구화'라는 등식으로 달리는 피상적인 문화 현상"을 극구 경계했다.[87] 그는 한국 미술계에 팽만한 '외세주의'를 이렇게 비판했다.

> 자기의 감성을 국제화·세계화하는 것을 진보적이라 믿는 사람들은 예
> 술의 성지—파리를 찾는 것을 화업의 숙원처럼 생각하고 그곳의 유행
> 되는 스타일이 자기 나라에 없을 때 낙후된 것처럼 떠들고, 행여 파리
> 진출에 성공하면 개선장군처럼 선전한다.……자기 예술의 현장 복귀
> 가 미학적으로 무슨 의미가 있겠느냐는 코스모폴리탄적 사제, 그 추상
> 미학에 붙잡혀 있는 망령……이미 외계 공간에 대한 재현으로부터 해
> 방된, 자기 내부공간을 위한 탐색의 추상미학은 "그림 자체를 하나의
> 현실"(J. 모리스)로 믿는 데서 한국 작가를 망령의 포로로 만들고 있는 것
> 이다.[88]

원동석은 탈식민주의적 문제의식에 기반하여, 모더니즘 추상미술과
함께 현대 한국 미술계를 양분해온 '한국 전통화'의 문제점을 극복할 대
안을 조선시대 민화에서 발견한다. 1984년에 발표한 "민중그림은 가능
한가: 옛 민화와의 접속을 위한 제언"이라는 글에서 그는 "근대적 원근
법에 구애되어 서양적 시형식視形式의 조형어법에 기울어진" 현대 전통
화와 대비되는 민화의 독특하고 창조적인 시형식과 표현기법을 분석했
다. 서구미학과의 대결의식이라는 측면에서, 민화(민중미술)의 시형식에
대한 이런 분석은 앞서 소개한 탈춤·인형극·판소리 등 민중극의 미학이
나 무대구성 원리 분석과 상통한다고 하겠다.

> 민화에는 익살, 꿈, 믿음, 따뜻함, 조용함, 겸손, 멋, 신바람, 깨달음이라
> 는 한국미 일반의 감성이 고루 갖추어져 있다. 더욱이 원초적 생명감
> 의 맥박이, 세련된 기교의 고급 그림보다 풍부한 점에서 소박한 진실
> 의 통로를 찾을 수 있다. 또한 표현기법의 측면에서 집단적 유형과 도

식적 묘법이 몰개성, 비창의성, 상투성을 형성할지라도, 자유자재로운 즉흥성이 있으며 정통화법의 표현질서를 모두 수용하여 자기화하는 풍부함이 있다. 대체로 민화의 시형식視形式, 표현기법을 망라하면 다음과 같다. ① 대상의 대소·비례 관계의 무시, ② 공간의 상하·원근의 무시, ③ 공간의 분할과 연속의 임의성, ④ 역원근법과 삼원법의 병용, ⑤ 시점의 이동에 따른 물상 전개의 다면화와 물상 표현의 상궤성 이탈, ⑥ 시간의 동시성 표현, ⑦ 주제 설정의 이중 삼중적 결합에 따른 이미지 복합의 자유로움, ⑧ 색채 표현의 대비 효과 및 화면의 평면화에의 복귀, ⑨ 전달의 간결성, 명확성, 즉흥성 등. 이상의 요소들은 오늘의 전통화가 근대적 원근법에 구애되어 서양적 시형식의 조형어법에 기울어진 것에 비하여 훨씬 다양한 공간인식을 제공한다. 그 다양성은 서양의 현대미술이 탐구한 표현방법까지 내포하고 있으며 동양사상의 기조를 간직한 점에서 전통의 재발견이라는 자료 가치가 있다.[89]

2. 민중신학 경로

(1) 신학

한완상은 한국사회학이 민중사회학으로 전변하는 것을 '코페르니쿠스적 전환'이라고 표현했다.[90] 김창락은 한국신학에서 민중신학이 출현한 것을 두고 "신학의 코페르니크스적인 위대한 전환"이라고 평가했다.[91] 안병무는 "민중의 눈으로 세계와 역사를 보고, 더 나아가 성서를 보는 해석학적 관점이 형성되어 가고 있"다면서 이를 "신학하는 방법의 혁명적 전환"으로 표현했다.[92]

이런 목소리의 반향反響은 계속되었다. 2003년 한국신학연구소 창립 30주년 기념사업으로 민중신학 관련 글들의 영인본인 일곱 권짜리『민중신학자료』를 펴내면서, 당시 연구소 이사장이던 김성재는 '발간사'에서 "한국의 민중신학은 서구 전통신학의 패러다임과는 근본적으로 다른, 다시 말하면 전통신학으로부터의 해방과 동시에 전통신학에 대한 혁명적 전환의 신학"이라고 선언했다.[93] 민중신학자 서광선은 "민중신학의 대전환大轉換은 철학과 형이상학 혹은 서구적 인식론으로부터의 전환"이라면서 다음과 같이 덧붙였다. "한국의 민중신학은 정치신학적으로는 해방신학의 한국화이며, 문화신학적으로는 한국문화의 주체성主體性의 자각에서 나온 것이다. 서구적인 신학의 인식론과 방법론으로부터 비판적인 전환을 시도하고 나선 셈이다. 수입輸入이나 이식移植이 아니라, 한국문화와 역사적 현실 안에서 독자적으로 성서를 해석하고 신학을 해나가는 신앙의 체험적 몸부림인 것이다. 이러한 의미에서 민중신학은 독특한 한국의 신학이라는 특수성을 지닌다고 하겠다."[94]

서남동은 서구신학과의 강렬한 대결의식을 '반신학·탈신학 테제'에 담았다. 안병무도 "이제는 정말 자립적 신학 전개에 분발해야 할 때"가 왔다고 선언했다.[95] 안병무는 '자주적 신학', '한국적 신학'이 모색되어야 함을 강조하면서 다음과 같이 부연했다. "한국적 신학 모색은 두 가지 동기를 갖는다. 하나는 서구신학의 지배에서 해방되어야 한다는 것이요, 다른 하나는 한국인으로서의 자기 발견이다. 우리는 서구신학을 소화하는 것이 바로 신학하는 일로 생각했다. 그러므로 그들이 제기한 물음을 우리 물음으로, 그들이 얻는 대답을 우리 대답으로 받음으로 우리 자신은 쇠퇴하여왔다. 그러나 서구신학이 아무리 객관적임을 강조해온(강조해도—인용자) 그들의 역사와의 관련에서 형성된 것이기에 저들의 문화와 신학을 분리하기 어렵게 되어 있다. 그러므로 그리스도교의 본질과 서구신학을 구분해야 한다."[96]

유동식은 민중신학의 기여 중 하나로써 "주체적 한국 신학을 전개한 일", 즉 "그 주제에 있어서나 신학 방법론에 있어서나 새로운 한국적 지평을 열어 놓았다"는 것을 들었다.[97] 김경재도 민중신학이 해방신학과 더불어 세계 신학계에 준 충격을 이렇게 설명했다. "서구신학이 2천 년 간 성서해석학에서 정치 경제적 시각은 커트해버리고, 문헌적이고 훈고학적인 연구에만 매진해왔는데, 성서의 문맥을 제대로 보려면 정치적 바닥 사람들이 어떻게 살았는지 조명을 비춰볼 때만 제대로 보인다고 하니, 서양인들이 깜짝 놀랐다. 자기들이 모르고 잊어버렸던 것을 후진국 신학자들이 이야기하니, 독일신학자들이 민중신학을 높이 평가했다. 민중신학은 남미의 해방신학과 거의 동시대에 다른 지역에서 나타났다."[98] 민중신학의 등장은 주류 신학으로부터의 독립이며 '신학의 해방'으로서, 김창락은 마르크스의 경구를 빌려와 새로운 신학의 출현을 선포했다. "지금까지 신학은 현상을 유지하는 데 봉사했다. 신학의 참된 기능은 세계를 변혁하는 데 있다."[99]

민중신학자들이 '학문적 식민성의 거부'라는 맥락에서 서구신학을 거부하는 데 대해 황용연은 다음과 같이 해설한 바 있다. "초기 민중신학자들이 유럽과 미국의 신학교에서 자신들의 학문을 배운 사람임을 감안할 때 이 개념화 거부는 동시에 자신들의 신학적 골격을 세우게 한 서구신학에 대한 거부의 의미도 함께 띠고 있다고 보인다. 한국의 민중 현실에 서구신학이 맞지 않는다는 그들의 자각이 이러한 거부를 추동한다는 것이다. 따라서 이 맞지 않음이라는 지점은 한국 학계 내의 식민성 이슈와 맞닿는 지점이 되고, 이런 의미에서 민중이라는 용어는 탈식민주의적 함의를 갖게 된다."[100]

민중신학의 시작은 언제인가? 결론부터 말하자면 1972~1974년 사이에 몇몇 신학자들에게서 민중신학적 아이디어들이 숙성되어가다가,

1975년 봄부터 보다 체계화된 형태로 민중신학의 핵심 주장들이 출현하기 시작했다고 정리할 수 있을 듯하다.

구약학자 문희석은 1970년대에 들어서면서 한국에서 "이상한 신학의 분위기"가 만들어졌다고 말한 바 있다.[101] 안병무의 경우 1960년대부터 '민중'이라는 어휘를 자주 사용하다가,[102] 1972년에 민중신학의 단초가 되는 글을 처음 썼다. "내가 '민중'을 신학의 테마로 해서 글을 쓴 것은 1972년으로 거슬러 올라갑니다. 「예수와 민중(=오클로스)」이라는 짤막한 글을 쓴 것이 1972년이었으니까요. 감옥에 들어가기 3년 전이었지요."[103] 서남동은 현영학이 "한국신학대학 학보에 민중에 대한 짧은 글"을 썼다는 사실을 상기시킨 바 있다.[104] 당시 이화여대 문리대 학장이던 현영학은 1973년 6월 「한국신학대학보」에 "한국 기독교의 활로: 민중 속에 성육신해야"라는 글을 발표했다. 이 글에서 현영학은 탈놀이 등 민중문화에 대해 언급한 바 있다.[105] 문희석은 자신이 1973년부터 '민중신학적 색채'의 글을 쓰기 시작했다고 회고했다.[106] 서남동은 1975년 2월 처음 공개한 자신의 민중신학적 주장들이 1974년 8월부터 여러 차례 반복해왔던 것이라 주장했다. "나의 논문의 줄거리는 내가 작년(1974년-인용자) 8월부터 강연과 설교의 행각行脚에서 스무 번도 넘게 되풀이한 것을 결국 활자화한 것"이었다.[107] 다른 곳에서도 그는 "민중이란 실체를 나의 신학의 중심과제로서 설정한 것은 다분히 의도적이라고 할 수 있겠는데, 그렇게 한 것은 1974년부터……퇴수회에서 「예수와 민중」이란 제목으로 주제강연을 했는데, 이것이 나의 민중신학의 외적인 출발"이었다고 말했다.[108]

이정희는 1973년 5월 20일 '한국기독교 유지 교직자 일동'의 명의로 발표된 "한국 그리스도인 선언"을 민중신학의 공적인 시작을 알린 사건으로 해석했다.[109] 이 선언문의 작성에는 서남동이 깊이 개입했다고 한다.[110] 민중이라는 단어가 담기지는 않지만, 이 선언에는 민주화운동에 동참하려는 단호한 결의만이 아니라 곧 본격적으로 펼쳐질 민중신학의 주제들이 압축적으로 제시되어 있었다. 같은 맥락에서 1974년 11월에 강문규·강원용·고용수 등 66명의 이름으로 발표된 "한국 그리스도인의 신학적 성명" 역시 중요한 지위를 점하고 있다.[111] 한편 필자는 민중신학의 시원始原에 대해 다음과 같이 서술한 바 있다.

> 한국 개신교는……1970년대 중반 무렵부터 토착적 진보신학인 민중신학을 창안해냈다. 스스로 "'민중'을 신학의 핵심적 주제로 설정하고, 그 것을 체계화하고, 그렇게 하여 이룩된 민중신학이 모든 신학의 중심이 돼야겠다고 주장한 사람"으로 자부한 서남동은 자신이 이런 문제의식을 명료히 한 것이 1974년부터였다고 밝혔다. 그가 『기독교사상』 1975년 2월호에 기고한 "예수·교회사·한국교회"는 민중신학의 출발을 알린 글이다. 서남동 자신은 이 글을 "예수는 민중과 자기를 동일화했고 '민중의 소리'를 대변하며 소외된 민중을 해방한다는 것, 그런데 그 후 교회사에 있어서 제도화된 교회는 그 민중을 저버렸다는 것, 그러나 지금은 복음이 다시 민중의 종교로 될 수 있는 지평이 열렸다는 것, 그리고 한국교회는 민중의 소리를 듣고 대변해야 하며, 또 대변하기 시작했다는 것"으로 요약하였다. 같은 해 3월 1일에는 한국기독자교수협의회가 보름 전에 출감한 동료 교수들을 환영하는 '3·1절 강연회' 자리에서 안병무가 "민족·민중·교회"라는 제목으로 강연하였다. 한완상과 김찬국은 이 강연도 민중신학의 출발을 알린 사건으로 평가하였다.[112]

민중신학의 탄생에서 '1975년 봄'의 중요성은 아무리 강조해도 지나치지 않을 것이다. 서남동은 1975년 4월에 발표한 "민중의 신학"에서, 그해 3월에 일어난 일들의 중요성을 강조했다. 기독자교수협의회 주최의 3·1절 강연회에서 안병무가 "민족·민중·교회"라는 주제로 행한 강연, 3

월 6일 위르겐 몰트만이 "민중의 투쟁 속에 있는 희망"이라는 주제로 연세대에서 행한 강연, 3월 10일 천주교정의구현전국사제단이 발표한, 민중을 24회나 언급하고 있는 "실로 놀라운 문서"인 "민주 민생을 위한 복음운동을 선포한다"는 선언문 등이 그것이다.[113]

　보다 구체적으로 살펴보자면, 서남동이 『기독교사상』 1975년 2월호에 "예수·교회사·한국교회"라는 글을 써서 예수가 민중(암하레츠)과의 무조건적 동일화·동일성을 보여주었다는 것, 이처럼 민중의 종교였던 그리스도교가 지배자의 종교로 변했다가 20세기 후반기에 다시 민중의 종교로 변화하고 있으며 한국교회도 이 흐름에 동참하고 있음을 주장했다.[114] 그로부터 두 달 후인 『기독교사상』 1975년 4월호에서 "예수·교회사·한국교회"에 대한 김형효의 비판 글에 대해 답변하는 가운데, 서남동은 "민중의 신학"이라는 표현을 사용했다. 1975년 3월 1일 있었던 안병무의 강연 "민족·민중·교회"도 『기독교사상』 1975년 4월호에 게재되었다.[115] 서남동은 1980년에 행한 한 강연에서 "신학자들도 민중이라는 주제를 내걸고 '민중신학'을 시작"했던 시기를 1975년으로 못박기도 했다.[116] 안병무는 "몇 사람들이 거의 동시에 민중신학을 발표했는데 거기에 관해서 미리 서로 대화를 나누지 않았습니다"라고 말했다.[117] 이런 '이심전심以心傳心의 출발'에는 1960년대 후반부터 매주 진행되던 '독서모임'이 중요한 역할을 했을 것으로 추측된다. 이 모임에는 안병무, 현영학, 유동식, 서남동 등이 참여하고 있었고, 1969년에는 서광선도 합류했다고 한다.[118]

　서남동은 1980년대 초에 이미 민중신학자들의 '학파'가 형성되고 있다고 말했다. 그는 1980년 봄에 민중신학이 "학파를 형성하고 있는 중"인데, "민중신학회의 발족이 그것"이라고 했다.[119] 민중신학은 개신교 청년신자들 사이에서 빠르게 영향력을 확장해나갔다. 예컨대 '기독교장로회 청년회 전국연합회' 소속 신자들은 1976년 8월에 열린 전국교육대회에서 "민중신학 고백서"를 발표하고 민중해방 투쟁과 '민중선교'에 헌신할 것을 선언했다. "우리 자유의 젊은이들은 억압당한 민중을 해방하기 위해 끝까지 투쟁할 것을 선언한다. 왜냐하면 이것이 바로 예수의 뒤를 따르는 민중선교의 길이기 때문이다." 대중집회에서 민중신학-민중선교가 자연스레 공개문서에 등장할 정도로 대단히 빠른 속도로 민중신학이 대중화되어간 것이다. 결국 "1970년대 말 특히 1980년대 초반부터는 민중신학이 기독청년운동의 가장 중요한 신학적 기반으로 자리 잡게" 되었다.[120]

1977년에는 문희석이 최초의 민중신학 단행본인 『민중신학』을 출간한다.[121] 문희석 자신은 이 책을 "민중에게 건네는 첫인사"라고 표현하면서, "저 도전자들에게 어떤 구심점 같은 것을 마련해주기 위해서라도 '민중'을 긍정하고 위험과 수난 속에서 떠는 민중에게 신학적인 삶의 근거와 확신을 제시하고, 방황하는 가난과 수모의 '민중'에게 동참한다는 신학자의 눈짓이라도 보여주기 위해서"라는 집필 동기를 밝힌 바 있다.[122]

1979년 10월 아시아기독교협의회(Christian Conference of Asia: CCA) 주관으로 신학연구모임Asian Theological Consultation이 서울의 아카데미하우스에서 열렸다. 민중신학이 국제적 조명을 받게 된 최초의 계기였다. 이때 발표된 논문들이 CCA 산하 신학위원회Commission on Theological Concerns에 의해 1981년 싱가포르에서 *Minjung Theology: People as the Subjects of History*(민중신학: 역사주체로서의 피플)라는 영문 책자로 출간되었다.[123] 두 번째 민중신학 단행본이 민중신학 정초자定礎者들의 공동 작업으로, 그것도 영문으로 출간되었던 것이다. 민중신학의 존재가 국내보다 국외에 먼저 알려진 셈인데, 이는 '민중신학의 국제화'가 얼마나 앞서갔는가를 단적으로 보여준다. 이 책의 한국어판 격인 『민중과 한국신학』은 'NCC신학연구위원회'의 편집으로 1982년에야 출간되었다.[124] 1984년에는 1981년 영문판 및 1982년 국문판과 거의 동일한 내용을 수록한, 『民衆の神学』(민중의 신

학)이라는 제목의 일본어판도 출간되었다.[125] 1979년 10월 학술회의는 민중신학의 영문 명칭이 'Minjung Theology'로 결정된 자리이기도 했다. 민중신학은 다국적 학계 인사들의 국제적 합의로 명명이 이뤄진 진기한 사례였다. 이후 1986년에 딘 W. 펌이 미국의 한 출판사를 통해 '제3세계 해방신학들'을 소개하는 가운데 '아시아 해방신학'의 일환으로 민중신학을 비중 있게 다룸으로써, 이 신학의 국제적 명성은 더욱 높아졌다.[126]

민중신학의 요체는 무엇인가? 문동환은 1세대 민중신학의 문제의식과 핵심 주장을 다음과 같이 요약한 바 있다.

> 서남동, 안병무를 필두로 하는 제1세대 신학자들은 민중들이 고난의 길을 걷는 동안 새삼스럽게 발견한 민중들을 감격 가운데 증언하는 일에 시종일관했다고 할 수 있다. "저 민중들을 보라. 하나님은 저들과 함께 계신다. 그리고 저들이야말로 역사의 주체요, 저들이야말로 역사를 구원하는 메시야다. 우리 모두의 구원이란 저들의 삶에 호응함으로써 얻을 수 있는 것이다. 그리고 교회의 과제란 저들의 호소에 응해서 저들의 한을 풀어주는 일이다"라고 목소리 높여 외쳤다.[127]

민중신학 1세대의 일원인 김용복은 "민중신학의 기본주제"를 일곱 가지로 제시했다. 그것은 민중 되기=육화(민중 코이노니아), 저항(정치신학, 메시아적 정치), 민중의 체험에 입각하여 성서를 다시 읽기(그 결과 성서를 "민중의 책"으로 재발견하기), 민중운동의 역사적 경험 중시(민중신학은 "역사적 사건/현존의 신학"이라는 것), 민중의 문화적-종교적 경험 중시('한의 종교'와 탈춤, 문화 행위에서의 민중교육 등을 중시), 사회분석 활용, 한국적 신학 추구 등이었다.[128] 1976년 3월 김경재는 "역사신학적 관점"에서 민중신학의 성격을 일곱 개 명제들로 정리한 바 있다.

첫째, 역사의 지배자는 하나님이시지만 역사의 주체자는 민중이다. 둘째, 성서적 구원사는 구체적인 현실 역사를 떠나서 발생하는 것이 아니며 현실 역사를 속량해가는 창조적 투쟁 과정이다. 셋째, '하나님 나라가 이루어지이다'라고 기도하는 민중의 신학은 초월주의적 타계주의他界主義와 합리주의적 세속주의를 거부한다. 넷째, 민중의 신학은 개체의 구원과 전체의 구원은 상호의존적이며 유기체적 상관관계 속에 있다고 믿는 대승적大乘的 기독교이다. 다섯째, 민중의 신학은 민중의 삶 전반에 있어서 소외 현상의 극복을 선교 과제로 삼는다. 여섯째, 민중은 경제적 척도만으로 구분되는 사회학적 계급 그 이상의 무엇이다. 따라서 민중의 신학은 '지배적 소수자의 독재'와 '프롤레타리아의 독재'를 동시에 거부한다. 일곱째, 한반도의 조국통일은 정치적 과제일 뿐만 아니라 그것은 한 민족의 집단적 회개와 화해로서의 종교적 과제이기도 하다.[129]

민중신학의 2세대 혹은 3세대 연구자들은 1세대 민중신학의 핵심을 어떻게 이해했을까? 우선, 김창락에 의하면 민중신학의 주장은 다음과 같이 요약될 수 있다. "하나님께서 편파적으로 민중을 편드시고 예수 그리스도께서 민중의 고난 속에 현존하시며 예수의 죽임 당함과 부활을 통해서 민중의 좌절이 희망으로 역전한다는 신앙고백 속에서 민중은 역사의 주인으로 각광을 받게 되는 것이다."[130] 최형묵은 "민중신학의 고유성"을 "민중의 자리에서 사물을 보는 시각의 고유성"에서 찾았다.[131] 김진호는 1세대 민중신학의 특징을 탈맥락화와 재맥락화라는 용어로 설명했다. "민중신학은 신앙을 우리의 상황으로부터 탈맥락화하게 하는 서양의 신학을 해체하고, 구체적인 한국의 사회문화적 상황과 접목되게 하는 재맥락화의 시선을 제시한다. 서남동이 제시한 이른바 '두 전통(한국의 민중전통과 성서의 민중전통)의 합류' 개념은 그 점을 보여준다. 이러한 합류에서 안병무의 성서해석학적(나아가 인식론적인) 준거 개념인 '민중의 눈'이 도출된다."[132]

강원돈은 1세대 민중신학의 기여를 민중 현실의 발견, 서구신학에 대한 안티테제, 신학 방법론과 해석의 축의 변경 등 세 가지로 요약한 바 있다.[133] 권진관은 제1세대 민중신학의 특징을 성서에서 민중(오클로스)의 발견, 이야기하기의 방법(민중에 대한 사회경제적 분석 대신에 민중의 사회전기 혹은 민중의 이야기를 선호하는 것), 한恨과 단斷의 변증법, 운동의 신학과 현장의 신학, 가난과 고난과 약함의 그리스도 등 다섯 가지로 요약했다.[134] 황용연은 초기 민중신학자들의 주요 개념들을 증언의 신학, 사건의 신학, 민중사회전기, 한의 사제, 민중메시아, 두 이야기의 합류, 사회적 고난·고통·배제 등으로 정리했다.[135]

함석헌 사상과 민중신학의 관계, 특히 민중신학의 태동과 성격 형성에 미친 함석헌의 영향에 대해서는 여전히 논란이 분분하다. 안병무와 서남동이 '민중'과 '씨울'의 유사성을 강조한 것은 사실이다. 서남동은 씨울이 존재론적-우주론적 차원의 개념이고 민중이 역사적-사회적 차원의 개념이라는 안병무의 견해를 공감의 맥락에서 소개한 바 있다.[136] 서남동은 1980년에 행한 공개강연에서 함석헌으로부터 받은 영향을 술회한 바도 있다. "1959년, 60년대로 들어오기 이전에 함석헌 선생님이 3·1절에 기념 강연을 하신 일이 있습니다. 그전에도 많은 글 가운데 읽은 일이 있습니다만, 민중에 관해서 굉장히 역설하고 거기에 대한 민중론은 제가 지금 그대로 따라가는 민중론입니다."[137]

민중신학의 내용 가운데 특히 '민중 고난사관'이나 '민중메시아론' 등에 함석헌의 민중론이 영향을 미쳤을 가능성이 높아 보인다. 한국기독교교회협의회 신학연구위원회가 편집한 『민중과 한국신학』(1982년)에는 1세대 민중신학 형성에 기여한 20편의 글이 엄선되어 수록되었는데, 여기에

"씨알의 참 뜻"과 "절망 속의 희망" 등 함석헌의 글이 두 편이나 포함되어 있다. 이는 민중신학계 스스로가 함석헌의 역할을 인정하고 있었음을 보여주는 명백한 증거이다. 안병무와 함석헌·유영모가 오랜 기간 교류를 이어간 것도 사실이고, 특히 안병무-함석헌의 관계가 그러하다.

그러나 함석헌의 '씨알사상'보다는 유영모·함석헌의 '동양사상'이 안병무에게 더 큰 영향을 미친 것은 아닐까? 나아가, 필자는 함석헌과 민중신학 양자의 보다 근원적인 차이에 주목해야 한다고 본다. 함석헌이 씨알의 '본성'을 강조한다는 점에서 '본질주의적' 접근에 가깝다면, 안병무와 서남동은 '과정'과 '사건'을 강조하는 '구성주의적' 접근에 가깝다는 것이다. 신의 현현顯現 통로이자 순간인 '사건'을 통해 민중의 정체성이 형성·변형됨과 동시에, 흩어진 어중이떠중이이며 극도로 이질적인 사람들 사이에서 연대체로서의 민중이 형성되어간다는 것이 민중신학의 핵심 주장 중 하나이다. 함석헌이 민중신학에 끼친 영향이 간과되어서도 안 되겠지만, 양자의 중대한 차이 또한 강조되어야 한다. 그렇기에 민중신학에 대한 함석헌 씨알사상의 영향을 과도하게 설정해서는 안 된다는 게 필자의 판단이다.

(2) 교육학

한국에서 민중교육론은 파울로 프레이리의 이론을 중심으로 1970년대 초부터 활발하게 소개되었다고 한다.[138] 김광식도 1970년대 이후 민중교육 논의와 실천이 본격적으로 대두했으며, 당시 민중교육에 관한 논의는 학계·종교계(개신교계)·민중운동의 세 분야에서 "동시에" 일어났고, 1970년대에는 세 분야가 "혼재"했다고 주장했다.[139]

필자가 보기에 교육학계의 민중론은 두 갈래 흐름을 포함한다. 양자의 관심은 사회교육·성인교육 등의 측면에서 상당 부분 중첩되면서도 서로 엇갈리고 구별된다. 하나는 문동환·김성재 등 한신대 기독교교육과를 중심으로 형성된 흐름이고, 다른 하나는 김인회·노영택·김신일 등이 각기 개척한 흐름이다. 김인회는 이화여대-연세대 교수를 역임한 교육학자였고, 김신일 역시 서울여대-서울대 교수를 역임한 교육학자였던 데 비해, 노영택은 역사학계에서 민중교육 담론을 제기한 경우였다. 전자가 대학의 독립적인 학과라는 제도적 기반을 갖고 있었고 1970년대 말에 민중교육 관련 연구소까지 설립하면서 하나의 연구그룹을 형성했던 데 비해, 후자는 대체로 개인적인 차원의 연구에 머물렀다고 할 수 있다. 전자가 민중신학과 긴밀히 연결된 흐름이라면, 후자는 민중신학과 독립적인 흐름이었다.

1987년에 『스스로 말하게 하라: 한국 민중교육론에 관한 성찰』을 낸 허병섭[140]까지 포함하는 '한신대 그룹'은 같은 대학에 재직하던 안병무 등의 민중신학자들과 자연스럽게 연결되었고, 그 자신 민중신학 1세대의 일각을 이루고 있기도 했다. 말하자면 신학과 중첩된 교육학, '신학적 교육학'이었던 셈이다. 반면에 김인회와 노영택의 민중교육론을 민중신학의 영향으로 설명하기는 어렵다. 김인회는 1960년대부터 교육학계의 주체성 회복 움직임을 주도해왔고, 동시에 교육학자로서는 극히 드물게 1960년대 말부터 무속·무교巫敎 연구를 지속해왔다는 점에서,[141] 앞서 다룬 문화운동-문화연구그룹이나 민속학-종교학 계열과도 중첩되는 부분이 있다. 김인회의 문제의식은 1980년대 초 미국에서 박사학위를 받은 후 연세대 교육학과 교수가 된 한준상으로 계승되었다. 노영택은 1977년의 단국대학교 사학과 박사학위논문("일제하 민중교육운동사 연구")을 기초로 『일제하 민중교육운동사』를 1979년 2월 출간했는데, 이 책은 '민중교육'과 '민중운동'이 중첩된 영역을 다루고 있다. 1970년대 말 미국에서 박사학위를 받은 김신일은 1985년에 "민족교육의 역사와 현실"을 발표한 데 이어, 1988년에는 "민중교육론의 전개와 사상적 배경"이라는

글을 발표한 바 있다.[142]

민중교육론 역시 기존 제도교육 및 교육학에 대한 비판적 성찰에서 시작되었다. 김인회는 1970년대 한국 교육학 논쟁의 중심에 서 있었고, 1980년대 초 교육학계에 민중 개념을 선구적으로 도입한 장본인이기도 했다.[143] 김인회는 "학교교육을 통한 민중 통제"라는 관점에서 한국 학교교육의 현실을 신랄하게 비판하기도 했다. "일제식 교복, 성적, 석차, 학교 차, 졸업장, 일본 교과서의 모방과 번역, 외국 교육이론에의 무분별한 집착, 입시경쟁과 과열 과외, 학교교육에 대한 관료적 통제 등등 우리 교육 속에서 계속되어온 여러 특징들이 학교교육을 통해 민중들의 의식과 가치관을 획일화하는 데 기여해왔다." 그리하여 "우리의 학교교육은 민중들로 하여금 독자적으로 사고하고 창조적으로 상상하며 자율적으로 행동하기보다는, 획일적으로 사고하고 단세포적으로 판단하며 피동적으로 행동하는 생활에 적응하도록" 만들어왔다는 것이다.[144] 김신일도 학력學歷에 의한 사회적 지위 분배, 교육의 관주도官主導, 도구주의적 교육관과 같은 '식민교육의 잔재'가 1960년대까지 강하게 존속하면서 학교교육이 사회통제 수단으로 활용되어왔다고 주장했다. 그는 1970년대 이후 정책으로 구체화되고 교육 현장에도 실제로 반영된 '발전교육' 또한 도구주의적 교육이론이자 식민지교육론의 변형에 불과하다고 비판했다.[145]

김성재 역시 학교교육과 한국 교육학계 현실에 대해 매우 비판적이었다. 이데올로기적 측면에서 볼 때 한국의 민중교육은 "학교교육의 절대론을 주장하는 체제 유지적 관점의 교육학에 대한 비판으로 연결되면서 제3세계와 서구 교육학계 일부에서 제기되기 시작한 교육의 갈등주의적 관점이 부상한 데서 제기되었다."[146] 그러나 한국의 기존 교육학계는 "민중교육을 수용할 내적 기반을 갖고 있지" 못했을 뿐 아니라, 오히려 적극적으로 배척하는 쪽에 가까웠다. "우선, 우리나라의 교육학은 다분히 학교교육을 중심으로 해서 구축된 것이기 때문에 학교교육 외의 민중교육을 연구대상으로 할 수 없었다. 둘째, 기존의 교육학은 식민지·신식민지 하에서의 이데올로기 전수자인 교사를 양성하기 위한 교직과목으로 구성되었기 때문에 비판적 사회변혁을 위한 의식화 교육론은 논의조차 불가능했다. 셋째, 다른 학문의 영역도 마찬가지이지만, 우리나라 교육학도 구체적인 한국 현실을 기반으로 발전된 것이 아니기 때문에 자본주의 사회의 유지를 위한 교육적 기능을 정당화하기 위한 틀을 유지할 뿐이었다. 이에 민족현실·민중현실을 올바로 직시하면서 민중이 주인 되는 세상을 만들자는 민중교육론은 기존 교육학계의 입장에서 보면 분명 좌경화된 것일 수밖에 없는 것이다."[147] 그러니 1970년대 이후의 한국 민중교육론은 "한국의 제도교육이 갖는 계급재생산적·비민주적·반민족적 성격"을 비판하고, "기왕의 제도교육을 부정하는" 데서 출발할 수밖에 없었다는 것이다.[148]

다시 김성재에 따르면 한국의 학문 영역에서 민중교육론이 본격적으로 논의되기 시작한 것은 1970년대 중반부터였다. 1978년에는 '한국기독교민중교육연구소'가 설립되기도 했다.[149] 문동환이 『현존』 1979년 5월호에 발표한 "민중교육론"이라는 비교적 짧은 글이 초기 민중교육론을 체계화한 대표적인 성과라 할 만했다.[150] 브라질의 민중교육 연구자이자 실천가인 파울로 프레이리의 『교육과 의식화』가 1978년에 채광석·심지연의 번역으로, 『페다고지: 민중교육론』이 1979년에 성찬성의 번역으로 소개되었다.[151] 역시 1979년에는 파울로 프레이리를 비롯하여, 이반 일리치, 에브리트 라이머 등의 글이 묶인 『민중교육론: 제3세계의 시각』이 김쾌상·채광석 등에 의해 번역되었다.[152] 민중교육학 분야는 국내 학자들의 창작물 못지않게 제3세계와 서구 출신 진보적 교육학자 저작의 '번역물'이 큰 비중을 차지했다는 게 특징이었다.[153]

1980년 5월에는 김성재가 "민중교육 방법론 연구"라는 논문을 발표했다. 김인회는 1983년 발간된 『한국사회연구』 1집에 "식민지 교육학은 극복되었나"라는 글을 게재했고, 같은 해에『교육과 민중문화』라는 제목의 저서를 출간했다. 1984년 한국신학연구소가 편찬한『한국민중론』에도 김인회의 "민중과 사회교육"이라는 글이 실렸다.[154] 1985년 발간된『한국민중교육론』에는 한준상의 글 "민중교육의 교육사회학적 이해"가 게재되었다. 여기서 한준상은 민중교육에 관한 두 가지 사회학적 패러다임으로 '체제 유지적 집단의식화 촉진 이론'과 '갈등론적 개인의식화 촉진self-consciousness raising 이론'을 제시한 후 두 패러다임을 체계적으로 비교했다. 이때 '개인의식화 촉진 민중교육'은 식민지·신식민지 혹은 제3세계에서 무산자들에게 현실을 파악·인식하고 극복하도록 돕는 것으로 규정되었다.[155] 1986년에 한준상은 파울로 프레이리의 1985년 저작인 *The Politics of Education*(교육정치학)을『교육과 정치의식: 문화, 권력 그리고 해방』이라는 제목으로 번역해 출간하기도 했다.[156] 사실『한국민중교육론』집필에는 문동환·김성재·허병섭 등의 한신대 그룹과 연세대 교육학 학맥의 한준상, 그리고 이미숙·정환규 등의 소장학자들, 민중교육 현장 활동가들이 두루 참여함으로써, 마치 기존 민중교육 담론의 여러 갈래들이 하나로 수렴한 듯한 모습을 보여주었다. 같은 해인 1985년에는 기독교야학연합회가 '민중선교로서의 야학'이라는 시각을 담은 민중 야학 안내서인『민중야학의 이론과 실천』을 펴냈다.[157]

한편 YMCA중등교육자협의회 회원들을 중심으로 1985년 5월 창간된 비정기 무크『민중교육』의 필자와 출판사가 창간호 발간 직후 국가의 대대적인 탄압을 받은 '민중교육지 사건'이 발생했다. 이 사건은 민중교육 담론을 '교육민주화운동'으로까지 확장하는 효과를 가져왔다. 김성재에 의하면, "민중교육은 1985년『민중교육』지 사건을 계기로 제도교육권 내부에 초중등 교사들에 의해 교육민주화운동으로 집결되었다.……이러한 교육민주화운동은 지금까지 민중교육을 제도권 밖의 운동으로만 생각하여 왔던 인식을 넘어 제도권 안의 참된 민주·민족교육으로서 민중교육을 추구한다는 면에서 매우 중요한 의미를 지닌다."[158]

앞서 언급한 바 있듯이 김인회는 한국의 학교교육이 '민중 통제'의 수
단으로 기능해왔다고 주장했다. 그는 학교교육과 사회교육을 대비시키
면서도, 사회교육을 다시 '체제 지향적 사회교육'과 '대항적 사회교육'으
로 구분했다. 이 가운데 농민·노동자 등을 대상으로 삼던 '대항적 사회
교육'이 통상 '민중교육'으로 불려왔다. "저들을 의식화하여 빼앗긴 저
들의 인간성과 권익을 다시 찾도록 하자"는 의도로 행해진 대항적 사회
교육은 "민중을 위해 저들을 획일화하고 도구화하는 사회교육에 대항하
는 사회교육"인 셈이었다. 그러나 김인회는 '체제 지향적 사회교육'은
물론이고 '대항적 사회교육'도 민중을 "미숙한 존재로 전제"하면서 "일
방적 설득과 획일적 의식, 집단적 감정 유발의 방식으로 교육시켜야 할
대상으로 간주"하는 문제를 공유하고 있다고 날카롭게 비판한다. 그는
"'민중을 위하여'라는 구호의 위험성"에 대한 프레이리의 경고를 상기시
키면서, "민중을 이미 교육의 대상으로 객관화시키는 민중관"에 근거한,
"민중이 가지고 있는 특수한 세계관을 존중하지 않는 교육적 정치적 프
로그램은 설령 그 의도가 선의적인 것이라 할지라도 민중에 대한 문화적
침략이 된다"고 지적했다.[159] 김인회가 제안하는 민중교육의 대안적 방
향은 다음과 같다.

> 가장 바람직한 사회교육은 민중 자신에 의해 전개되는 것이어야만 생
> 명이 있고 지속성이 있다는 점을 강조해야 할 것 같다. 민중에 의한 사
> 회교육은 '민중을 위해서'라는 식의 표현을 쓰기 좋아하는 종류의 지
> 도자에 의해서가 아니라 민중 속에 속해 있는 지도자에 의해서 민중과
> 더불어 계획되고 추진되어야만 한다.……민중 속에 속해 있는 지도자
> 인가, 민중을 이용의 대상으로 삼는 지도자인가 하는 것은 그의 학력
> 이나 지식이나 직업이 민중과 같으냐의 여부에 의해서보다는 그가 민

중과 같은 가치관·사고방식으로 민중을 이해하며 민중과 공감하는가, 그리고 또 그 결과 당연하게 민중과 같은 삶을 사는가의 여부로써 가름될 수 있으리라고 본다.[160]

(3) 사회학

1981년에 집필된 『민중사회학』의 머리말에서 한완상은 한국 현실과 동떨어진 기존 한국 사회학을 신랄하게 비판했다. 그 사회학은 "심각한 문제가 있어도 문제없는 것처럼, 불안해도 안정되어 있는 것처럼, 전쟁을 겪었어도 아무 일이 일어나지 않았던 것처럼, 사회가 심각하게 병들었어도 건강한 것처럼 생각하도록 은근히 유도해준 그러한 보수적 사회학 의식"에 이끌려왔다는 것이다. 비판에 이어 그는 다음과 같은 자기반성적 질문을 던졌다.

> 사회학이 사회현실과 현상을 그 연구의 과녁으로 삼는다면 한국사회학은 마땅히 오늘의 한국사회의 현실과 현상을 분석하고 관찰하고 비판하고 이해하여야 할 것이다. 특히 이 현상과 현실의 문제점을 파악해야 할 것이다. 그 문제의 구조와 핵을 꿰뚫어 보아야 할 것이다. 그런데 이러한 사회학적 통찰력을 창조적으로 활용할 수 없게 하는 학문 안팎의 제약 속에서 나도 모르게 자학적 지식인으로 바뀌지고 있음을 발견한 것이다.……왜 한국사회학은 자기의 역사현실과 사회현실을 객관적으로 정확하게 그리고 거시적으로 관찰-파악할 수 없는가?[161]

한완상은 한국의 전통적 사회학이 보인 두 가지 특징을 '대미종속성'과 '이데올로기적 성격'으로 제시하면서, 1970년대에 와서 일어난 비판의 산물이 "민중지향적이고 '예언자적' 사회학"이었다고 말했다.[162] 조희연도 '제도권 사회학의 보수적 아카데미즘에 대한 도전'을 '민중사회학'의 좌표로 삼는다. "70년대는 급속한 경제성장의 시대이면서 동시에 유신 시대로 불리어지는 고도의 정치적 폐쇄의 시대였다. 이러한 폐쇄적 상황 속에서 한국의 사회학은 아카데미즘이란 보호막 속에서 현실 긍정적 논리로 안주해온 것이 사실이다. 바로 이러한 아카데미즘의 안주와 침묵 속에서, 사회학의 보수성과 대중들 속에 굳게 뿌리박은 허위의식의 벽을 깨뜨리며 뚜렷한 사회과학적 외침으로 존재해온 것이 바로 '민중사회학'이다."[163]

1988년에 처음 발표한 "민중사회학의 이론화 전략"이라는 글에서 김진균도 "(한국 사회학계를 지배해온—인용자) 이론적 시각들이 한국의 분단·종속구조적 문제를 해명하거나 해결하는 데 적합하지 않았거나 또는 문제의 본질을 왜곡·은폐하는 기능을 수행해왔다"고 비판했다. 따라서 민중사회학을 정립하려면 "지금까지 한국 사회과학계에서 주도적이었던 (그리고 그것은 궁극적으로 식민지적 지배질서를 옹호했던) 이론 내지 시각을 배제"해야 한다고 주장했다.[164] 그에 따르면, "민중론 또는 민중사회학에 대한 요청은 그간 한국 인문사회과학계의 주류 방법론에 대한 비판에서 촉발되기도 하였다. 분단구조에 겹친 세계적인 냉전구조는 한국의 학계로 하여금 미국 주류 사회과학 이론에 종속되게 하였으며, 그것은 궁극적으로 한국 사회과학계의 이론적 지향을 미국 자본주의의 제국주의적 지향에 대한 자발적인 수용으로 체계화하게 하였다. 따라서 그간 한국 사회과학은 몰역사성을 특징으로 하였으며, 한국의 구조적 변동에 대한 모순의 성격을 이해하는 것을 방해하고 변동의 촉진 세력을 기능적 엘리트(종속적·매판적)로 설정하게 하였다."[165]

이번에는 민중사회학의 작명자인 한완상에 다시 초점을 맞춰보자. 무엇보다 민중신학은 서울대학교에서 해직당한 사회학자 한완상에게 깊은 영향을 미쳤다. 한완상은 1976년에 해직된 후 대한기독교서회의 상임 편집고문으로 일하면서 "민중신학자들과 가깝게 지내게 되었다."[166] 한완상 자신의 목소리를 들어보자면, "그러한 선교의 입장(하나님의 선교―인용자)에 서 있던 기독교서회 편집고문으로 일하게 되었다. 그리고 70년대 한국 지식인 가운데서 인권과 민주화 운동에 앞장섰던 기독자교수협의회 총무 일을 맡게 되면서 민중신학자들과 행동-성찰을 함께해나갔다. 이때 민중에 대한 인식이 새롭게 이뤄졌다."[167] 한완상의 논저들 가운데서도 신학적인 혹은 종교사회학적인 성찰을 시도하는 다수의 글들에서는 민중신학의 영향이 보다 직접적으로 감지된다.[168] 그는 1980년에 두 번째로 해직을 당한 이후 3년 동안 미국에 체류하면서 1983년 9월부터 1984년 8월 복직 때까지 약 1년 동안 유니온신학교 목회학석사 과정을 직접 이수하기도 했다.[169] 그는 1987년에 평신도 교회인 '새길교회'를 창립하여 길희성, 이삼열, 김창락과 함께 '말씀증거자'(설교자)가 되었다.[170]

민중에 대한 사회학적 성찰이 이미 진행 중임을 엿보인 사건은 1976년 11월 『월간 대화』의 좌담이었다. 한완상은 좌담의 여러 대목에서 민중사회학적 주장들을 내놓았는데 민중 정의도 그중 하나였다. 그는 대중·공중·시민 등의 개념과 구분하여, 민중을 "수는 많지만 피지배자의 입장에 서 있고 반드시 단일 계층적인 것이 아니고 그 속에는 여러 계층적인 요소가 복합적으로 병존하는, 그러면서도 부당한 정치권력에 대해서는 과감히 저항하는 세력"으로 정의했다.[171] 그는 1977년에 자신의 지적 역정에서 '민중사회학 이전' 단계에 해당하는 『현대 사회학의 위기』를 출간했다. 이 책은 그가 민중사회학적 문제의식을 본격적으로 발전시키는 계기로 작용한 해직 사건 이전부터 준비해오던 것이었다(다만 급작스런 해직으로 출간 시기가 늦춰졌을 뿐이었다).[172]

한완상의 민중사회학적 구상은 1978년 6월 출간된 『민중과 지식인』을 통해 처음 공개되었다. 대단한 인기를 얻은 이 책을 통해 민중 개념의 정의, 즉자적-대자적 민중의 구분 등이 널리 알려졌다. 이 책에 수록된 민중 관련 글들, 예컨대 "민중은 역사의 주인이다", "지식인·시인·민중", "사회과학·체제·민중" 등은 모두 1978년 2~3월 사이에 집필되었다.[173] 그는 같은 해 8월 『문학과 지성』에 발표한 "민중사회학 서설"에서 민중사회학을 체계화했다.[174] 민중사회학의 출생신고서이기도 했던 이 글에서 그는 한국의 즉자적 민중 이해, 대자적 민중의 발생과 전개 연구, 지배이데올로기 비판, 한반도 통일 문제 연구를 민중사회학의 네 가지 연구 영역으로 제시했다. 그는 두 번째 해직 직전인 1980년 4월 『민중과 사회: 민중사회학을 위한 서설』을 출간했다.[175] 이제 민중사회학의 골격이 완성된 셈이었다. 『민중과 사회』의 일부 내용을 제외하고 새로운 내용을 일부 추가하면서 주석을 꼼꼼하게 단 책이 1984년 7월에 나온 『민중사회학』이다.

　홍미로운 사실은 1975년에 각각 연세대와 고려대 사회학과의 교수가 되는 송복과 임희섭이 이미 1960년대 중반에 『청맥』 지를 통해 일찌감치 민중 논의에 참여한 적이 있다는 것이다. 앞에서 본 바와 같이, 송복은 『청맥』 1966년 8월호에 게재된 "민중의식의 현재화"라는 주제의 대담에 참여하여, "민중의식의 흐름과 그 흐름 속에 담겨 있는 역사의식, 그것은 항상 외생적인 것이 아니라 스스로의 역사과정에서 생성된 자주의식"이라는 주장을 펼친 바 있다. 임희섭 역시 『청맥』에 기고한 두 편의 글에서 민중 개념을 사용한 바 있다. 그러나 송복이나 임희섭이 당시 논의를 정연한 '민중사회학'으로 발전시켰던 것은 아니다. 그것은 10년가량 지난 후 한완상의 몫이 되었다.

　1990년대 초의 시점에서 한완상은 "70년대 이른바 민중 지향적 사회학의 지평을 열었던 한 사람"으로 자임했지만,[176] 1980년대 초까지 그는 민중사회학을 개척한 '여럿 중의 한 사람'이 아니라 거의 유일한 사람이었다. 그는 사회학 경계를 넘어 민중론 전반에 관해 가장 체계적이고 방대한 사회과학적 논의를 전개한 사람이었다. 김종철의 평가에 따르면 한완상은 "민중의 개념과 실체에 관해 과학적인 접근을 본질적으로 시도한 사람"이었다.[177] 그러나 한완상은 '김대중 내란음모 사건'에 연루되어 1980년 5월부터 6개월 동안 감옥생활을 하는 등 투옥과 해직을 거의 동시에 당했고, 이듬해 10월 모교인 에모리대 방문교수 자격으로 방미하여 3년간 그곳에 머무르는 등 꽤 오랜 '학문적 공백기'를 맞게 된다.[178] 그의 민중사회학적 역정은 1984년 여름 서울대 사회학과 복직 이후 비로소 재개되었다.

민중사회학에서 한완상의 공백을 메우면서 그 맥이 단절되지 않도록 이어준 사람이 서울대 사회학과의 또 다른 해직교수였던 김진균이었다. 민족 요인과 계급 요인의 중요성을 균형 있게 인정했던 김진균은 한완상에 비해 계급 요인을 더욱 중시했고, 마르크스주의에 대해서도 보다 개방적인 태도를 취했다. 한완상이 '민중 형성'의 양대 축 가운데 '의식 형성'에 치우쳤다면, 김진균은 '연대 형성' 측면을 강조하면서 민중을 무엇보다 '계급연합'으로 이해하려 했다. 따라서 여러모로 김진균은 1세대 민중론과 2세대 민중론의 가교역할을 수행했다고 평가할 만한 사회학자였다.

1984년경부터 또 다른 서울대 사회학과 교수인 한상진이 민중 논의에 뛰어들었다. 1985년 7월에는 당시 이화여대 사회학과 교수이던 김대환이 『신동아』의 "'민중'이데올로기와 민중운동" 좌담회에 참여했다. 그는 여기서 "우리 사회에서 민중이라는 말이 상당히 실감 있게 받아들여진 시기는 대체로 70년대 말에서 80년대로 넘어오는 시기"였으며, "민중운동에 있어서 지식인의 역할을 역사적으로 고찰해보면 부정적인 면이 많이 나타나고 있"다면서, 새마을운동의 성공 요인 중 하나로 지식인이 참여하지 않은 것을 꼽기도 했다.[179] 한편 송복은 1990년 출간된 『한국 민중론 연구』에 "민중에 대한 사회학적 분석"이라는 글을 게재했다.[180] 이 논문에서 그는 학생운동을 중심으로한 마르크스주의적 민중론자들을

'급진세력', '체제 공격자들', '프로 좌익' 등으로 지칭하면서, 이들이 산업화에 따른 상대적 빈곤감(박탈감)과 사회적 잉여의 증대, 한국사회에 특징적인 '세대 간의 차이'로 인해 등장했다고 설명한다. 무려 25년 만에 민중연구로 되돌아온 셈이지만, 그것이 후속 연구로 이어지지는 않았다.

한완상과 비슷한 시기에 이효재는 '분단사회학', 나아가 '분단시대의 한국학'을 제창하면서 자신만의 독특한 민중론을 선보였다. 그는 『창작과 비평』 1979년 봄호에 "분단시대의 사회학"을 실은 데 이어, 1985년에 같은 제목의 단행본을 발간했다.[181] 이효재 민중론의 독창적인 면모는 두 가지로 집약된다. 하나는 그가 사회학에서는 처음으로 '한(恨)'과 같은 민중적 정동 내지 집합감정을 중시한 '사회심리학적 민중론'을 펼쳤다는 것이다. 다른 하나는 그가 처음으로 민중론을 페미니즘과 결합했다는 것이다. 최초의 '페미니즘적 민중론'을 펼쳤던 셈이다.

(4) 서양사

서양사학자 중에서 일찍부터 민중론 생산에 참여한 이는 노명식과 이광주이다. 사학자들은 역사학계의 민중론을 논하면서 일부 인사들을 '서양사학자'라는 이유로 간단히 배제해버리곤 하지만 이는 부당하다. 민석홍·양병우 등과 함께 한국 서양사학 1세대로 여겨지는 노명식은 기독자교수협의회 회장을 역임한 데다 해직교수이기도 해서 민중신학자들과의 연관 관계가 뚜렷이 확인되는 사례이다. 그의 저서인 『민중시대의 논리』에는 "예수의 역사적 배경"이라는 글이 실려 있고, 이 책에 수록된 "평화주의의 역사적 타당성"이라는 글도 그리스도교 색채가 강한 편이다.

노명식은 1976년에 이미 '역사학적인' 관점에서 체계적인 민중 개념과 민중론을 개진한 바 있고, 이를 1979년 책에서 더욱 발전시켰다. 1979년 책의 머리말에서 밝혔듯이 "최근 몇 년 동안 내 머리에서 맴도는 문제는 민중시대에 관한 것"이었다.[182] 부정적인 관점에서 '대중'을 민중과 대비시킨 여느 민중론자들과는 달리, 노명식은 '대중'에 대해 독특하게 긍정적인 주장을 전개했다. '대중사회의 민중'이 바로 대중이며, 대중사회는 시민사회보다 민중사회가 더욱 잘 구현된 역사발전단계였다는 것이 그의 지론이었다.[183] 이런 시각이 반영된 노명식의 1980년 저서 『프랑스혁명에서 빠리꼼뮨까지: 1789~1871』은 1980년대 대학생들의 필독서 중 하나가 되었다.[184]

우리는 민중론에 참여한 또 다른 서양사학자인 이광주도 주목해야 한다. 그와 민중신학의 연계는 확인되지 않는다. 그는 『신동아』1980년 7월호의 민중론 특집에 "민중의 서구적 논리와 계보"라는 글을 발표했다. 여기서 그는 서구에서 '정치 주체성'의 역사적 형성 과정을 다뤘다. 그에 의하면 민중은 프랑스혁명과 파리코뮨 등을 통해 '역사 창조의 주체'로 상승했다. '혁명의 시대'에 혁명 참여를 통해 민중 개념의 대전환이 발생했다는 것이다. 특히 1871년 3~5월의 파리코뮨은 "민중에 의한 권력의 형성이라는 신화"를 창출했다.[185] 그는 민중 형성과정에서 프랑스대혁명이 갖는 의의를 다음과 같이 설명했다.

> 민중이 역사에 획기적 전환을 마련한 것은 프랑스대혁명이었다.……지난날 그처럼 국가사회의 체제로부터 소외되었던, 18세기 후반기에 이르러서도 기껏하여 비정치적 문화의 개념으로서 경시된 민중은 이제 처음으로 공공선公共善, 즉 공화국에 주체적으로 참여하는 정치적 시민이 되었다. 민중이 단순한 개인적 인간이 아닌 정치적 덕성, 다시 말하여 참가하는 의지를 갖춘 그 시점에서 근대적 국민국가가 탄생되었던 것이다. 이러한 민중 개념의 전환의 이데올로기적 계기는 무엇이었던가.
>
> 모든 것을 논의한 계몽주의의 자유의 정신과 진보의 사상은 특히 '루소'의 『사회계약론』에서 주장된 만인의 '일반의지'에 기초지어진

주권재민의 원리에 이르러 그 절정에 달하였다. 이제 이 근대적 민주주의의 원리에 고무되면서 민중은 독자적 이데올로기 즉 평등을 지향하는 세력으로서 정치사회적 상승의 길을 걷게 되었다. 스스로 조직된 대중으로서의 변신이다. 이 대중의 출현에 또 하나의 계기를 마련하여 준 것은 대혁명의 과정에서 등장한 시민군의 존재와 일반병역제도 및 그와 때를 같이한 의무교육제도의 시행이었다.[186]

이광주는 『신동아』 1985년 7월호에 게재된 "'민중'이데올로기와 민중운동"이라는 주제의 좌담에도 참여했다. 앞서 언급했듯이 이 좌담회에는 김대환, 김윤환, 김용복, 이광주, 노재봉 등 5인이 참여했다. 여기서 이광주는 (프랑스대혁명과 파리코뮌이 아닌) '2차 대전 이후'로 민중 개념 전환의 시점을 수정했다. 아마도 1980년 글에서는 프랑스 사회를 분석 대상으로 삼았지만 1985년 좌담에서는 서구사회 전체로 시야를 확대한 것이 입장 변경의 이유인 것 같다.

대체로 민중이라는 말은 역사적으로는 부정적인 의미에서 쭉 쓰여져 왔습니다. '아리스토텔레스'는 데모크라티아의 데모스를 불안하고 변덕스러운 존재라고 부정적으로 표현하고 있는데, 이러한 '아리스토텔레스'의 생각은 대체로 1930년대까지 이어져 와 인민주권을 근대의 정치적 원리로 주창한 '루소'를 포함해서 대체로 민중에 대해서는 부정적으로 표현해왔습니다. 그러던 것이 2차대전 이후 플러스적인 심볼로 대두되고 있는데 이것은 제2차 산업혁명 이후 매스 프로덕션이 만들어낸 새로운 현상입니다. 그 이전까지는 유럽의 정치사는 말할 것도 없거니와 사상사나 문화사에 있어서도 민중을 마이너스적인 것으로 보았어요. 기껏해야 민속학적인 차원에서 민중이 이해되었을 뿐이지요.[187]

1980년 글에서 이광주는 대중과 민중을 동의어처럼 사용했다. "1789년에서 개시되고 1871년에 이르러 새로운 모럴과 논리를 획득하게 된 혁명의 시대 속에서 대중은 이제 역사 창조의 주체로서 출현하였으니 '대중의 시대'의 개막이라고 할 것"이라는 표현이 이를 단적으로 보여준다.[188] 그러나 1985년 좌담에서는 민중을 "플러스적 심볼"─적극적이고 의식적이며 행동적이라는 의미에서─로, 대중을 "마이너스적 심볼"─'소비사회의 대중'과 같은─로 사용했다.[189] 아울러 1980년 글의 후반부에서 이광주는 민중의 지위 상승의 결과 실현된 '대중민주주의'의 위험성을 경고하는 데 주력했다.[190] 이광주는 1985년 무렵부터 한국에서 '망탈리테사'(심성사) 연구가 시작되도록 만든 장본인이기도 했다.[191] 사회학자 김영범이 이를 받아들여 1990년대 이후 조선 후기 민중문화 연구를 진행하면서 망탈리테사 관점에서 민중론 정립을 시도하게 된다.

(5) 불교학, 유교학

민중의 시각에서 주류·지배 종교의 교리와 역사에 대한 재해석을 시도한다는 점에서 민중신학과 민중불교, 민중유교는 여러모로 닮았다. 특히 민중불교와 민중유교가 개신교 민중신학의 긍정적인 자극을 받아 발흥發興했을 가능성이 높다는 점에서 '민중신학 경로'의 한 축으로 볼 수 있을 것이다. 민중유교는 민중불교에 비해서도 등장 시기가 꽤 늦은 편이지만 여기서 함께 다루기로 한다.

불교학 분야에서 '민중불교론'이 활발하게 연구된 시기는 1980년대이나, 전서암(전재성)의 "민중불교론"이 『월간 대화』 1977년 10월호에 이미 게재된 바 있다. 교계 전체에 영향을 미칠 정도는 아니었을지언정 이미 1975년에 몇몇 청년들에 의해 '민중불교회'가 조직되었던 것을 보면, 불교계에서도 이미 1970년대 중반경부터 '민중불교'라는 용어가 사용되고 있었음을 짐작할 수 있다.[192] 1976년에는 한국대학생불교연합회의 하계수련대회가 '민중불교 실천을 위한 전진대회'라는 이름으로 개최되었고, 그 자리에서 전재성(전서암)이 "민중불교론"을 발표했다.[193] 홍사성은 이 대회를 "'민중불교'라는 용어를 최초로 공식화"한 자리로 평가했다.[194] 이때 발표된 전재성의 글이 수정·가필되어 1977년 10월 『월간 대화』 폐간호에 "민중불교론"이라는 제목으로 게재되었던 것이다. 이로써 "대중잡지에 민중불교란 말이 처음 등장한 셈이 됐다."[195] 1978년에는 '민중불교연구회'가 결성되기도 했다.[196]

1980년 12월 『한국 근대 민중불교의 이념과 전개』가 출간되었다. 이 책의 엮은이인 한종만은 한용운, 박중빈, 백용성, 박한영을 한국 민중불교의 '선각자들'로 제시했다. 한종만은 책의 머리말에서 "한국 불교의 민중화"를 역설하면서 이렇게 말했다.

> 우리의 주위에 살아 있는 민중이 다름 아닌 부처이다. 그 민중(衆生)의 불성佛性이 죄악으로 가려지게끔 내버려 둔다면 그것은 일종의 자기방기自己放棄가 아닐 수 없다. 민중과 접하여 그들의 고통을 함께 나누면서 진실의 빛을 민중의 가슴 속에 불어넣어야 한다. 그리하여 무명無明과 이기심利己心에 근원한 불의와 증오로부터 인간을 해방시켜야 한다. 그러기 위해서는 모름지기 불교를 민중화하여 민중불교를 건설해야한다. 산간에서 거리로, 승려에서 민중에로 일대 혁신革新을 꾀해야 한다. 도시·농어촌·공장·탄광지대, 그 어디고 생명이 숨 쉬고 있는 곳에서는 부처님의 원음圓音이 울려 퍼지도록 해야 한다.[197]

이 책에는 "미륵신앙과 민중불교"라는 글도 실렸는데, 글의 저자로 표시된 '표일초'는 고은 시인의 필명이었다.[198] 1983년에 고은은 "미륵신앙과 민중불교"를 "전면 개작"한 "미륵과 민중"이라는 논문을 발표했다.

고은은 이 글에서 미륵을 "민중종교의 원천적 천재"로 높게 평가했을 뿐 아니라, "석가는 사회사적으로 보아 노예제 또는 봉건제 사회의 부처이고 미륵은 민중 전체와 해방의 시대를 상징한다"고까지 주장한다.[199] 이 글에서 그는 "미륵을 바탕으로 한, 민중의 세계개조를 위한 역사운동", 나아가 "미륵혁명의 민중사"라는 관점에서 중국과 한국의 역사를 개관했다.[200] 이를 통해 발견해낸 민중의 미륵사상을 그는 이렇게 요약했다. "새 세상이 와야 한다, 새 부처가 와야 한다는 것이 곧 미륵신앙의 민중적 요청이며 미륵의 세계야말로 민중의 진정한 불교 세계이며 그런 세상이 올 테면 당장 와야 한다는 민중의 피맺힌 삶으로 이루어진 것이 미륵에 대한 희망인 것이다."[201] 그가 고찰했던 중국·한국의 불교사 자체가 "미륵불교에 의한 민중의 형성과정"이었으며, 그러기에 "미륵신앙은 민중을 재난과 고통으로부터 해방시키는 혁명신앙이며 해방신학"이라는 것이 고은이 도달한 결론이었다.[202]

이후 1985년 출간된 여익구의 『민중불교입문』과 한국대학생불교연합회의 『민중불교세미나1』을 필두로 1980년대 중반부터 1990년대 초에 이르기까지 다수의 관련 단행본들이 출간되면서, '민중불교 담론'의 전성기를 맞게 된다. 문찬주는 1980년대 민중불교론의 양대 이론가로 여익구와 법성을 들고 있기도 하다.[203] 『민중불교의 탐구』의 편집자는 책의 머리말에서 민중불교의 의의를 다음과 같이 정리한 바 있다. "현대 한국불교에서 가장 주목할 만한 현상 가운데 하나는 '민중불교'로 불리우는 진보적 종교운동이다. 불교권 내 소장 지식인들에 의해 주도되어온 민중불교는 한국사회의 구조적 모순을 불교적 관점에서 파악하고 해결하려는 실천운동의 성격을 띠고 있다. 민중불교가 현대 한국 불교에 끼친 영향은 매우 광범하다. 불교의 자주화와 사회의 민주화를 위한 불교 대중의 열망은 '민중불교운동'이라는 형식을 통해 표현해왔으며, 어떤 의미에서는 한국 불교의 역사적 흐름 자체를 전변시키려는 힘의 원천이 되고 있다."[204] 1985년 5월 등장한 불교계 최초의 진보적인 사회운동단체 연합조직의 명칭도 '민중불교운동연합'이었다.

1980년대 말이 되자 1988년 창립한 민중유교연합을 중심으로 '민중유교' 담론도 확산되었다. 이 단체는 한글 축문祝文·지방紙榜 보급운동을 전개하기도 하고 시국성명서를 발표하기도 했다.[205] 창립 이후 이 단체의 회장을 역임한 서정기는 1997년에 『민중유교사상』이라는 단행본을 출간하여 민중유교의 사상체계를 정립하기도 했다.[206] 이 책은 민중유교론, 우주론, 인생론, 정치론, 역사관, 혁명론 등 6개의 장으로 구성되어 있다. 특히 1장인 "민중유교론"에서는 '제왕유도'의 도덕정치, '관료유도'의 예법정치, '성현聖賢유도'의 영웅정치, '선비유교'의 사림士林정치를 모두 비판하면서 그 대안으로 민중유교를 내세운다. "유교의 복고적 퇴행적 허구성을 깨끗이 척결하는 민중유교혁명"을 통해 "유교의 민중화"를 이룩하자는 것인데, 유교의 민중화는 "유교인이 일상생활 속에서 민중과 더불어 틈이 없이 사귀는 건전한 인간관계를 형성하여 서로 부담 없이 자연스럽게 더불어 살면서 깊은 유교의 지혜를 민중의 것이 되게 하며, 민중과 더불어 같이 공유하는 것"을 가리킨다.[207]

사실 민중유교 담론의 핵심은 서정기가 1988년 민중유교연합 창립에 즈음하여 언론사에 기고한 "유교의 민중화선언"에 집약되어 있다. 이에 따르면 민중유교는 "민중을 주체로 한 일동평등사회를 추구"한다. 이를 위해 "'요순'의 제왕유교"는 "민주공화의 체제로 전환해야" 하고, "'탕무'의 관료유교"는 "관권 만능을 통제하고 민중 자치제도로 전환해야" 하고, "'공맹'의 성현유교"를 극복하여 "영웅이나 구세주가 나오기를 기다릴 것 없이 대동단결하여 진취적으로 현실을 개혁하고 새 역사를 창조해야" 하고, "'정주'의 선비유교"를 극복함으로써 "각각 주체적으로 분발하여 연합조직을 통한 정치세력화를 기해야" 한다는 것이다.[208]

제
6
장

발원과 확산(2)

1. 독립적 경로

(1) 문학

김재용은 1980년대 이후의 한국 근대문학 연구에서는 "극우 반공의 파시즘 체제하에서 산출된 문학에 대한 편협한 인식과 그것에 기초한 문학사 인식"을 돌파하는 것이 주요 과제였다고 보았다.[1] 그리하여 "1980년 이후의 근대문학 연구는 이전의 공식화된 문학관과 문학사에 대한 일대 비판으로 시작"되었으며, "냉전 시대의 극우 반공 체제하에서 수립된 근대문학 유산의 정전正典을 '전면적으로 거부'"하게 되었다. 부연하자면, "이기영이나 임화를 비롯한 카프 문인들은 물론이고 이태준이나 정지용과 같은 문학인!도 우리 문학의 유산에 들어올 수 없었던 이전 시대의 분위기는 1980년대 이후의 연구자들에게 질곡으로 인식되었다. 이 질곡을 깨뜨리는 것, 바로 이것이 1980년대 근대문학 연구자들이 공통적으로 느끼고 있는 그들에게 주어진 시대적 임무였다."[2]

탈냉전적 시각에서 20세기 '근대문학 유산의 정전'을 새롭게 정립하는 일 못지않게, 보다 긴 안목으로 민중 중심 시각에서 한국 문학사를 재구성하는 과제 또한 중요하게 대두했다. 이와 관련된 작업은 이미 1970년대부터 활발하게 진행되었다. 앞서 보았던 조동일의 국문학사 연구도 그 일환이었다. 백낙청도 1974년에 "민족문학 이념의 신新전개"라는 제목으로 처음 발표했던 글[3]에서 '민족'과 '민중'의 이중적인 기준으로 문학사를 재해석하는 작업을 시도한 바 있다. 이에 따라 조선왕조 말기 연암 박지원의 소설은 민족적이지만 민중적이지 않고, 식민지 시대 언문일치운동은 민중적이지만 민족적이지 않은 반면, 18세기 이후 '평민문학'은 두 기준으로 보았을 때 아주 뛰어난 문학 유산이 된다고 보았다.[4] 1974년 글에 피력된 백낙청 자신의 문학사적 평가를 직접 들어보자.

> 조선왕조의 말기로 내려오면 올수록 실제로 민중이 즐기고 민중을 움직일 수 있는 문학에서 민족문학의 전통을 찾아야 할 필요성이 커진다. 그런 의미에서 18세기 이후 두드러진 발전을 이룩한 평민문학(구비문학과 민중유희를 포함하여)에 대한 근년의 활발한 연구는 민족문학 유산의 정당한 평가를 위해서는 물론 장차 민족문학의 올바른 전개를 위해서도 필수적인 작업이다. 민족문학이 민중적이어야 할 필요성이 절실하게 느껴질수록 과거 민중들 자신의 놀이와 이야기와 노래의 문학사적 비중이 커질 것도 당연하거니와……우리가 동학에서 하나의 큰 봉우리를 이루었다가 의병운동과 일제하 독립운동으로 이어지는 민중운동의 큰 줄기를 의식할 때 위정척사냐 친일 개화냐 하는 식의 양자택일론의 허망함을 깨닫게 되듯이 민족문학의 큰 진로 역시 이인직이냐 황매천이냐 하는 갈림길과 전혀 별개의 왕도王道가 있을 수 있음을 우리는 과거 민중문학의 전통의 재발견을 통해 실감할 수 있는 것이다.[5]

탈식민주의 관점에서 '제3세계의 시각'을 도입하는 일도 1970년대 후반부터 주요 과제로 부각되었다.[6] 백낙청은 1980년 발표한 "민족문학론의 새로운 과제"라는 글에서 "선진국의 선진성이라는 것에 대해서도 좀 더 사려 깊은 검토가 요구된다"면서, "70년대의 민족문학론은 현대 한국 문학의 본령이 바로 제3세계문학의 현장이라고 규정함으로써 세계문학을 보는 우리의 시각에도 큰 전환을 가져왔다"고 평했다.[7] 1970년대부터 민족문학론의 맥락에서 민중문학론을 전개해온 백낙청은 1979년에 발표한 "제삼세계와 민중문학"이라는 글에서 민족문학, 민중문학, 제3세계문학의 관계를 다음처럼 정리했다.

바람직한 선진적 제3세계문학이 되는 것은……어디까지나 그곳 민중의 민족적 주체성을 옹호하는 문학이면서, 국가나 민족 자체를 절대시하여 생활하는 민중 위에 군림시키는 일이 없는 문학이라야 하는 것이다. 제3세계의 정치나 경제에서와 마찬가지로 그 문학에서도 이렇게 독자성에의 요구와 진정한 세계성·개방성에의 요구가 팽팽한 긴장을 이루고 있다. 그리고 이 경우에도 올바른 성취의 기준은 어디까지나 민중 자신의 기본적인 욕구의 실현이 될 것이며 그런 의미에서 진정한 제3세계문학은 민족문학이자 민중문학일 수밖에 없다. 딱히 민중 자신이 집필한 문학이라는 지나치게 좁고 매우 비현실적인 의미에서의 '민중문학'이 아니라, 그때그때의 시대적 제약 속에서는 최대한도로 민중의 것이었고 그리하여 민중이 각성해갈수록 자신이 작가로서나 독자로서나 혹은 미처 깨닫지 못했던 후원자로서나 그 문학의 주인이었음을 인정하게 되는 그러한 '민중문학'이다. '민족문학'은 말하자면 이러한 민중문학이 우리 시대에 구체화되는 한 중요한 형태이며, 민족 문제가 절실한 곳에서는 바로 현 단계의 민중문학 그 자체로 되는 것이다.[8]

한편, 역사적으로 평가할 때 문학은 민중운동·문화연구그룹과 함께 가장 일찍 1970년대 민중론의 서막을 열었다고 말할 수 있다. 성민엽은 자신이 편집한 『민중문학론』(1984년)에서 1970년대 민중문학론을 대표하는 세 편의 글을 소개한 바 있다. 그 첫째가 『시인』 1970년 6·7월 합본호에 실린 김지하의 "풍자냐 자살이냐"라는 글이었다. 성민엽의 판단이 옳다면 김지하의 이 글이 1970년대 민중론의 효시嚆矢가 되는 셈이다. 성민엽은 『창작과 비평』 1973년 봄호에 게재된 신경림의 "문학과 민중: 현대 한국문학에 나타난 민중의식"을 민중문학을 개척한 두 번째로 글로, 『월간중앙』 1974년 7월호에 실린 백낙청의 "민족문학 이념의 신新전개"를 세 번째 글로 배치했다. 성민엽은 이 가운데 김지하의 글에 대해서는 "70년대 민중문학론의 효시이면서, 오늘날까지도 창작 방법론 차원의 논의로서 거의 유일한 것"으로, 신경림의 글에 대해서는 "'민중의 문학, 민중을 위한 문학'이라는 비평 규준을 세우고 있는데, 이 범주의 최초의 글"로, 백낙청의 글에 대해서는 "「시민문학론」(1969)에서 「제삼세계와 민중문학」(1979)에까지 이르는 백낙청 교수의 이론적 발전과정 중의 중요한 분수령을 이루면서 그의 이론적 작업에 있어서 민중문학론적 지향이 본격화된 시초"로 평가했다.[9]

1970년대라는 '민중문학 형성기'에 계간지 『창작과 비평』이 중요한 역할을 떠맡았다. 이를 황병주는 다음과 같이 서술한 바 있다. "민중의 육체와 목소리에 민중의식이 현전한다는 『창비』 특유의 민중문학론은 이처럼 역사학계가 발견한 민중의식의 전폭적 수용과 민중적 삶의 현장에 대한 강한 애착이 결합된 형태로 출발했다. 시기적으로 보면, 역사학 관련 담론이 지면의 대부분을 차지했던 1970년대 초반을 경과하면서 전통적 민중의식이라는 자원을 확보한 『창비』의 문학비평가들은 1973년을 전후로 한 시기부터 본격적으로 민중문학론을 전개한다. 이러한 움직임은 '현대 한국문학에 나타난 민중의식'이라는 부제를 달고 나온 신경림의 「문학과 민중」에서 본격화한다."[10] 1980년에는 자유실천문인협의회가 창간한 『실천문학』이 민중문학 담론의 생산 대열에 가세했다. "보천보 뗏목꾼들의 살림"이라는 제목이 붙은 창간사는 이렇게 선언했다. "새 역사는 오고야 만 것이다. 우리 민족의 실체인 대다수 민중의 존엄성이 바야흐로 착실하게 떠오르고 있다."[11]

앞서 『청맥』과 관련해서 간략히 소개한 바 있지만, 필자는 문학계 민중론의 개척사에서 이철범도 주목해야 할 인물이라고 생각한다. 김지하가 독특한 민중론을 전개한 지 불과 한 달 후인 1970년 8월 경향신문 논설위원이던 문학평론가 이철범이 『한국 신문학 대계』 상권上卷을 출간했다. 이 책의 4장 "민중의 저항정신"에 흥미로운 주장이 등장한다. 거기서 이철범은 신문학新文學의 거듭된 실패를 언급하면서, 한국의 현실에 뿌리박은 리얼리즘 문학의 필요성을 강조하는 맥락에서 식민지화에도 굴하지 않는 민중의 의지와 생명력을 토대로 한 '민족문학'이 필요했다고 역설한다. 자결한 민영환을 기리는 '충절의 노래', 의병장 이은찬과 전해산이 감옥에서 지은 한시漢詩들, 안중근의 시 등이 그런 민족문학의 사례로써 제시된다.

어떠한 권력이라 하더라도, 결코 팔아먹을 수도, 파괴하려야 할 수도 없는 민중의 의지와 생명력, 그것이 가장 무서운 존재다.……왕성한 민중의 생명력, 그 어떠한 고문拷問도, 어떠한 강제노동에도 결코 굴복하지 않는 생명력이야말로, 벽을 뚫을 수 있다. 사실 우리의 문학은 그 생명력에다 뿌리를 박고, 거기다 역사의식의 방향 제시기提示器를 달아주어야 한다.……신문학의 역사는 단순히 식민지화 과정을 통해 서구의 지식, 풍물을 앵무새처럼 모방한 데서 가장 보잘것없는 실패를 했다. 오히려 식민지화의 과정에서 억압되었던 민중의 역사, 그들의 저항에 뿌리를 박고, 식민지화의 과정을 몽땅 부인하며 아울러 신기新奇한 이즘의 모방을 거부하는 그 점에서 한국의 역사적 현실을 파헤치고, 그

현실에 깔려 있는 한국 사람의 고뇌를 체험으로 표현하는 리얼리즘을 통해서, 한국의 전통은 신문학과 연결지어졌어야 한다.[12]

비록 민중문학이 아닌 민족문학을 논하고 있을지라도, 위 인용문에는 '저항적 민중' 개념이 뚜렷이 등장하고 있다. 이철범은 『한국 신문학 대계』 출간 직후 가진 언론사 인터뷰에서도 식민지 시대는 '오욕의 역사'였는데, 그것은 정치적 측면에서뿐 아니라 "민중의 반항과 의지, 그 역사적 진실을 밝혀냈어야 할 문학에 있어서도 마찬가지였다"고 재차 주장했다.[13]

강정구는 우리가 임헌영에게 주의를 기울이도록 만들었다. 임헌영은 1970년에 민중이 국가의 탄압에 맞서 "참된 역사"를 '창조'하는 힘이라고 주장했고, 1973년에는 민중이 "민족의식 발굴 작업"의 기본 관점이 된다고 주장했다는 것이다.[14] 조현일은 염무웅과 신경림을 한국 민중문학 역사에서 "최초의 정초자"로 규정했다.[15] 조현일은 민중문학 담론 형성에서 임중빈의 몫을 상기시키기도 했다.

임중빈은 염무웅과의 대담 "진정한 문학의 평가"(1971)에서 김정한 문학에 대하여 "수난받는 다수 민중, 그들의 생활에 기초를 둔 뜨거운 애정"을 표시하는 "'민중문학'의 미더운 진지를 구축"했다고 하면서 '민중문학'이라는 용어를 사용하기 시작한다.[16]

신경림은 그 자신 '민중시'의 개척자 중 한 사람으로 인정되지만, '문학적 민중론' 형성에서도 매우 중요한 인물이었다. 그는 1973년 발표한 글에서 "민중의 문학"을 "민중의 생활감정에 뿌리박은 문학, 민중의 감정 및 사상을 집약 승화함에 기여하는 문학"으로 규정했다. 그는 한국문학의 반민중성, 문학과 민중의 괴리를 질타했다. 그는 해방 후 좌우 이데

올로기 싸움 속에서 '비판적 혹은 리얼리즘적 입장'이 완전히 축출됨으로써 한국문학 자체가 현실기피증·사회공포증 환자가 되어버렸고, 그것이 '문학의 민중 배제'와 '민중의 문학 외면'이라는 결과로 이어졌다고 진단했다.[17] "문학에 있어서의 민중의 배제, 문학에 대한 민중의 외면"으로 "민중도 시를 떠났고, 시로부터 민중의 추방, 시에 대한 민중의 외면은 상승작용을 하면서 시와 민중은 더더욱 남남이 되어 있다"는 것, 이처럼 "민중 배제의 문학"이 지배력을 발휘함에 따라 "문학은 극단적으로 지식 귀족화하고 소시민화한다"는 게 신경림의 냉정한 현실 진단이었다.[18] 신경림은 1973년 『월간중앙』에 발표한 "민중과 지식인"이라는 글에서 독특한 지식인론을 전개하기도 했다. 그가 추구하는 바람직한 지식인상像 내지 지식인-민중 관계는 '지식인의 정체성과 역할 인식을 유지한 채 민중 속에 서 있기'라고 요약할 법하다.

지식인은 민중 속에 서 있어야 한다. 민중 속에서 그들의 목소리로 얘기하고 노래를 해야 한다. 그리고 지식인의 지식은 자기 자신의 영달이나 출세를 위해서가 아니라 민중의 문화적 및 경제적 발전 향상을 위해서 활용되어야 한다. 지식인이란 결코 독립된 계층일 수는 없다. 그

신경림의 『농무』(1979)

들이 민중 속에서 벗어날 때 그들은 참다운 지식인의 목소리를 잃고 퇴색한다. 민중 속에서 굳건히 서 있는 자만이 참다운 지식인의 영예를 얻을 수 있다.[19]

이런 관점에서 신경림은 최시형을 중심으로 한 동학의 북접北接 세력, 3·1운동의 지식인들, 1930년대 브나로드운동에 참여했던 지식인들을 비판했던 반면, 진주민란과 영해민란을 주도했던 동학교도 이필제, 동학농민전쟁을 주도한 전봉준·김개남·손화중 등을 높이 평가했다.[20] 여기서 '지식인' 자리에 '시인'이나 '작가'를 대입시켜도 완전히 무방할 것이다. 이를 통해 신경림이 지향했던 '민중의 시인', '민중의 문학'이 무엇을 의미했을지를 보다 분명히 알 수 있기도 하다.

신경림은 민중 부재의 상황이 서서히 극복되어가는 과정으로 한국 현대문학사를 서술한다. 그는 "4·19의 여명으로 열리기 시작한 60년대에 들어서면서" "민중에 대한 자각"의 흐름이 더욱 현저해졌으며, 소설 등 산문보다는 시 쪽에서 이런 움직임이 더욱 두드러졌다고 보았다. "우리 시문학에 있어서의 민중에 대한 자각은 김수영, 신동엽 등으로부터 비롯"되며, 그 뒤를 이은 조태일과 김지하는 "민중의 시인, 민중의 생활감정에 뿌리박은 시인이라 불리어 마땅하다"고 주장했다. 뒤이어 소설에서 일어난 "민중의 존재에 대한 각성의 움직임"은 "이호철의 시민의식의 강화, 하근찬 등의 농촌문제에 대한 더욱 깊은 관심의 표명"으로 나타났다. 특히 30여 년만에 문단에 복귀한 김정한을 두고 "농민문학의 한 정점"으로 평가했다. "도시인이나 지식인의 입장을 고수하지 않고 곧 농민이 되어, 그들의 생활감정, 그들의 사상 위에서 얘기를 전개해나갈 수 있었다는 데 그의 강점이 있다. 그의 소설은 한국에 있어서의 농민문학의 한 정점을 이룩한바, 참다운 농민문학과 민중의 문학이 동의어임은 새삼 강조할 필요가 없을 것이다." 아울러 방영웅에 대해 "민중으로부터 사랑을 받아 마땅한 요소를 천래적으로 몸에 지닌 작가"로, 이어 이문구와 황석영을 "문학의 소시민화小市民化, 귀족화에 강력하게 제동을 건" 작가로 평가했다.[21]

염무웅은 1979년에 낸 평론집 『민중시대의 문학』에서 '민중문학'에 대해 다음과 같이 규정한 바 있다. "민중시대의 문학의 주체는 물론 민중문학이다. 그러나 이 시대에 있어서도 민중문학이 문학의 유일한 형태인 것은 아니다.……그것은 민중시대의 역사적 현실화에 참여한 모든 계층의 생활을 포용한 문학일 것이다.……새 시대의 민중문학은 이 모든 문학들을 전면적으로 흡수하고 그 바탕 위에서 진정 인간다운 삶의 차원을 향해 주체적으로 재창조되는 문학이어야 한다."[22] 염무웅은 『민중시대의 문학』에 수록된 첫 번째 글인 "민족문학관의 모색: 식민지 문학관의 극복 문제"에서, 한편으로는 문학과 민중예술·민중문화의 접목을 시도하는 차원에서 판소리 소설 등을 '민중문학'으로 명명하는가 하면, 다른 한편으로는 역사학과의 결합을 시도하는 차원에서 '민중적 민족주의' 역사학을 수용하여 '민족문학'의 시대구분에 활용하면서 시대별 민족문학의 공과를 민중적 관점에서 평가하기도 했다.

리얼리즘을 평가의 규준으로 삼는 염무웅 역시 황석영의 1971년 작품 〈객지〉에 대해 "근년의 문학사에서 노동문제가 본격적으로 다루어지고 또 예술적인 성공에 이른 최초의 작품"으로 평가하면서, "전태일사건이 70년대 사회사社會史의 시발점이었듯이 작품 『객지』의 발표는 70년대 소설사의 출발점이 된다"고까지 주장했다.[23] 신경림처럼 염무웅도 김정한의 작품을 높이 평가했다. 김정한의 소설은 "괴롭고 고통스러운 농촌 현실의 실상에 대한 진실한 증언"으로서, "어떠한 절망론에도 타협하지 않는 굳센 낙관적 전망"을 유지하면서 "수동주의나 허무주의를 극복하고 민족문학의 뛰어난 전형을 창조하였다"는 것이다. 아울러 김정한이 그리는 민중은 비하와 찬양의 이분법을 넘어서는 강렬한 현실성을 지니고 있다고 보았다. "김정한 소설은 농촌과 농민에 대한 이러한 피상적 관찰과는 날카롭게 구별되는 강렬한 현실성을 지닌다. 그는 농민을 가난하고 무지한 군중으로 비하하지도 않으며, 반대로 순박하고 인정스럽다고만 찬양하지도 않는다."[24]

조현일은 염무웅과 신경림의 민중문학론에서 세 가지에 주목할 것을 요청했다. "첫째, 농촌문학, 농민문학을 대상으로 민중문학론을 전개한다. 당대의 민중은 일차적으로 농민이었던 것이다. 물론 이후 곧바로 도시 변두리의 삶, 노동자들로 중심이 이동한다. 둘째, 해방공간의 좌익 정치세력과 이와 연관된 문학을 민중문학의 문학사적 전통으로 확립한다. 이는 불과 20년 전의 생생한 기억의 복원을 의미하며 유신 치하의 전투적인 문학사 구축이라 평가할 수 있다. 셋째, 김정한, 황석영, 이문구, 방영웅의 작품, 특히 김정한과 황석영에 대한 평론을 통해 민중문학론을 구체화한다."[25]

백낙청은 1974년에 발표한 "민족문학 개념의 정립을 위해"에서, '민족문학'을 "민족의 주체적 생존과 인간적 발전이 요구하는 문학", "열강의 제국주의적 침략으로 민족의 생존과 존엄 자체가 위협받게 된 상황에서 요구되는 특수한 개념―한국의 경우 주로 일본 식민지 통치하 우리 민족과 민중의 반식민·반봉건적 요구에 부응한 문학"으로 규정했다. 그리고 특정 작품의 "민족문학사적 위치를 확정"하는 "결정적인 기준"을 "반식민·반봉건 의식 및 이러한 의식의 작품화 능력"으로 제시했다.[26] 아울러 그는 민족문학과 민중 담론의 결합이 불가피함을 다음과 같이 역설했다.

민족문학이란 그 어느 시기에건 민족 구성원의 대다수를 이루는 민중을 외면할 수 없지만 우리나라의 경우 항일 민족운동의 시발점이 종래 지도계급의 이념적·실천적 파산기와 겹침으로써 민족문학이 민중에 바탕을 두어야 할 필요성이 더욱 가중되었다. 즉 일본 제국주의의 침략에 대해 민족 주권을 수호하는 일을 양반에서 기대할 수 없음이 너무 명백해진 결과 그 대안으로서는 민중 스스로가 이 과업을 떠맡는 길 밖에 없었고 이러한 역사적 사명이 안겨진 민중의식을 표현하고 일깨우는 문학만이 참다운 민족문학이 될 수 있다는 논리가 한국의 근대문학을 지배하게 된 것이다.[27]

이성욱은 1974년에서 시작하여 백낙청 문학관의 변화를 추적했다. 우리도 이를 따라가 보자. 이성욱은 1974년에 정립된 백낙청의 민족문학론을 "주체적 측면에서는 민중적 입장의 관철을, 객관적 측면에서는 분단극복의 문학을 주장"하는 것으로 이해하면서, 당시 백낙청의 민족문학관을 "민중적 입장에서의 분단극복 운동에 복무하는 문학"으로 요약했다. 백낙청은 1978년에 발표한 "민족문학의 개념 정립을 위해"에서 "민중적인 문학"이 수행해야 할 구실은 "반식민지·반봉건 시민혁명의 문학적 과업"임을 재차 밝혔다. 1984년에 발표한 "민족문학과 민중문학"에서는 활발해진 민중문학 논의를 "70년대 민족문학론의 심화 과정"으로 해석하면서도, "문학운동 주도 세력으로서의 민중에 대한 '과학적'이고 '구체적'인 인식이 부족"했던 점, "운동의 이론이나 조직 또는 작품생산에 있어서 민중의 주도성이 제대로 반영되지 못했다는 점"을 기존 민족문학론이 드러낸 한계로 거론했다. 1985년에 발표한 "민중·민족문학의 새 단계"에서는 "노동자문학의 출현을 민중·민족문학의 새 단계로 보는 견해"에 반대함으로써 "민족문학론의 기본논리"를 고수하면서도, "민족문학의 참된 성취는 '각성된 노동자의 눈'이라는 척도에 의해 가능해진다"는 새로운 입장을 제시했다.[28]

백낙청은 1980년대를 시작하는 시점에서 발표한 "민족문학론의 새로운 과제"에서 당대를 "민중이 주인노릇 하는 시대", "민중 스스로가 자기 운명을 알아서 결정하고 실행하며 더욱 깊이 깨닫는 시대"로 간주했다.[29] 그러면서 민족문학-민중문학의 관계와 그 역사에 대해 독특한 설명을 내놓았다.

어디까지나 민족 성원 대다수의 삶에 의해 규정되어 그와 더불어 역사 속에서 그 의미가 변전하는 것이 민족이며, 그 점에서 진정한 민족문학은 민중문학의 성격을 띠지 않을 수 없는 것이다. 그렇다고 '민족'과 '민중'이 같은 말이 아니듯이 '민족문학'과 '민중문학'이 동일 개념일 수는 없다. 민족문학론과 민중문학론이 서로 줄 것을 주고 받을 것을 받으며 각기 더 높은 차원으로 발전하는 작업이야말로 80년대 우리 문단의 주요 과제의 하나일 것이다.

돌이켜보면 민중문학론은 70년대 초의 문단에서 민족문학론이 본격화되기 전에 이미 제기되었었다. 그러나 가령 신경림 씨의 "문학과 민중"(1973)이나 필자 자신의 "문학적인 것과 인간적인 것"(1973)에서는 민중문학을 말하면서도 분단 현실에 대한 구체적인 성찰에는 이르지 못했으며, 김병걸·신경림·염무웅 제씨의 농민문학론들(1970~72)에서 이미 민족적인 것과 민중적인 것의 결합을 노리고 있었지만 분단체제의 인식이라는 면에서는 역시 미흡한 것이었다. 다른 나라 민중이 아닌 한국의 민중이 살고 있는 삶은 그들이 8·15와 더불어 남북으로 갈라진 나라의 민중임을 감안하지 않고서는 올바로 이해할 수 없기 때문에, 애초에 민중문학론을 펼치던 이들 자신도 민족문학론의 전개에 자연히 힘을 기울이게 되었다.[30]

성민엽은 백낙청의 "놀라운 자기갱신의 노력"에 경의를 표하면서, 백낙청이 1974년 이후 민족문학론·제3세계문학론과 민중문학을 접목함에 따라 1975년부터 '시민문학'의 문제의식이 뒤로 물러나게 되었다고 보았다.[31] 전상기 역시 1974년부터 백낙청에게서 새로운 민중관이 나타났다고 보았다.[32] 장상철도 1974년에 이르러 민중이 백낙청에 의해

'참다운 민족문학의 기초'이자 '시민혁명의 주체'로 간주된다는 사실을 강조했다.[33] 그러나 강정구는 그 시기를 1969년으로 앞당겼다. 백낙청의 지적 역정을 개관할 때, 1965~1966년에 행위 주체성은 지식인에게 우선적으로 귀속되고 민중은 지식인의 계몽 대상에 그쳤지만, 1969년에 이르러 민중은 지식인과 함께 역사변혁 주체(민중-지식인 공동주체)로 올라서며, 1974년에 이르면 민중이 핵심적인 혹은 유일한 역사변혁 주체로 부상한다는 것이다.[34]

위에서 일부 언급되기도 했지만, 1970년대부터 1980년대 초까지 '역사 속의 민중'—대부분 저항적 민중—을 그린 대작들이 쏟아져나왔다. 민중을 시야의 중심에 둔 '역사소설의 전성기'가 도래한 것이다. 1969년부터 집필하기 시작하여 1995년에 5부작으로 완결된 박경리의 『토지』는 개화기부터 식민지 시대까지를 다루었다. 1970~1975년에 걸쳐 『세대』에 연재된 홍성원의 『남과 북』은 한국전쟁 시기에, 1972~1974년 『현대문학』에 연재된 후 1975년 간행된 유현종의 『들불』은 농민저항과 동학농민전쟁에, 1974~1984년 사이 「한국일보」에 연재되고 1984년에 전 10권으로 완간된 황석영의 『장길산』은 조선 숙종 시대의 녹림당과 서울 노비들의 살주계殺主契에, 1979~1983년 「서울신문」에 연재되었다가 1984년 9권으로 완간된 김주영의 『객주』는 1870~1880년대의 보부상들에, 1981년부터 연재를 시작하여 1987년에 7권까지 출간된 문순태의 『타오르는 강』은 1886년 노비세습제 폐지 후 1911년까지 '해방 노비들'의 토지개간과 저항에 초점을 맞췄다.[35] 1983년부터 『현대문학』에 연재되기 시작하여 1986~1989년에 걸쳐 전체 10권으로 출간된 조정래의 『태백산맥』은 여순항쟁과 뒤이은 빨치산들의 저항을 다뤘는데, 여기서는 지식인뿐 아니라 소작농과 그 후손들, 머슴, 백정, 무당 등의 민중 구성원들이 주역으로 등장한다.[36]

소설가 박태순은 1977년에 15편의 기행문을 담은 『국토와 민중』을 출간했다. 여기에는 "두메산골의 유랑민들", "영산강 들녘의 농민문화", "소백산맥에 맺힌 민중의 한", "국토와 민중" 등의 글들이 포함되어 있다.[37] 문병란은 1970년대부터 '농민시'를 중심으로 '민중시'들이 활발하게 창작되고 있었음을 김준태, 문병란, 신경림, 이시영, 김지하의 시편들을 통해 밝히고 있기도 하다.[38] '청사' 출판사는 1984년부터 '청사 민중 시선選'을 연이어 발간해냈다.

국문학자이자 문학평론가인 조남현은 『신동아』 1980년 7월호에 "문학으로 본 대중과 민중"이라는 글을 실었다. 민중문학에 대해 중립적 입장을 취한 그는 "지난 70년대에 넓게는 한국문화, 좁게는 한국문학에 있어서 상당한 세력을 가졌던 개념 중의 하나는 '대중문학'과 '민중문학'이란 것이었다"고 평가했다.[39] 성민엽은 『예술과 비평』 1984년 가을호에 발표한 "민중문학의 논리"라는 글에서 "70년대 초부터 80년대 중반에 접어든 오늘에 이르기까지 여러 첨예한 문학 논의들에 공통적으로 나타나는 중심적 용어가 '민중문학'이었음에도 불구하고, 그것은 그 개념 규정에 있어서 거의 합의를 이루지 못하고 있다"면서도, '민중의 문학'에 대한 1970년대의 합의를 "민중적 현실의 문학적 형상화"로 제시했다.[40]

(2) 역사학

강만길은 1960년대 이후 '국사학 주체성론'의 대두에 주목하면서도 그것의 한계 또한 명확히 비판했다. 그는 국사학 주체성론의 대표적인 '역기능'으로, 비학문적·반역사적 기술과 같은 식민지 시대 민족사학의 한계를 답습하고 있는 점, 복고주의적 경향, 영웅주의의 팽배, 국가주의적 풍조 등을 들었다.[41] 1980년대에 실증주의사학과 민중사학이 경합했다는 윤택림의 말대로, 민중사학자들은 민족주의 사학을 부활시키고 지배적 지위로까지 끌어올린 '실증주의사학'을 일차적인 경쟁 상대로 설정했다.[42] 윤택림은 다른 글에서 실증주의사학에 대해 '국수주의적 민족주의와 근대화론에 입각한 엘리트주의적 역사학'이라는 평가를 내렸다.

> 해방정국 속에서 맑시즘에 기반하는 사회경제사는 남한의 역사서술에서 제거되었다. 민족주의사학은 일제의 식민사학의 잔재와 함께 전후 실증주의사학에 의해 재생되었으나, 군사정권의 경제발전을 뒷받침하는 반공이데올로기와 근대화 이론에 기반하는 국수주의적 사학으로 변형되었다.……대부분의 역사 연구는 근대화론에 입각하여 엘리트의 입장에서 민족주의운동을 보았고……단지 한국이 낙후되었다는 식민사관을 극복하기 위해 근대화와 경제발전을 강조하였고, 그것은 군사정권의 경제개발을 위한 이데올로기적 도구 역할을 했다.[43]

강만길 자신은 학문적 대안으로서 1975년 전국역사학대회에서 '분단사학'(분단 시대의 사학론)을 제시했다. "현 단계 한국사학은 분단시대의 사학으로서 제약을 탈피하여 민족통일을 위한 역사학이 되어야 한다고 제창"했던 것이다.[44] 그는 역사학의 '현재성'을 강조하면서, 시대적 과제해결을 중시하는 '사론史論'의 필요성을 역설했다.[45] 이런 관점에서 그는 '해방 후 시대'를 '분단시대'(통일운동의 시대)로, '식민사학 극복론'을 '분단체제 극복론'으로 대체해야 한다고 주장했다.[46] "20세기 후반기 즉 해방 후의 시대는 민족분단의 역사를 청산하고 통일 민족국가의 수립을 민족사의 일차적 과제로 삼는 시대로 보지 않을 수 없으며, 이와 같은 역사의식을 바탕으로 하는 경우 이 시기는 '분단시대' '통일운동의 시대'로 이름하지 않을 수 없는 것이다.……20세기 후반기를 '해방 후의 시대'로 부르는 데 반대하고 '분단시대' '통일운동의 시대'로 부르는 역사의식은 분단체제를 기정사실화하여 그 속에 안주하는 일을 경계하고, 그것이 청산되어야 할 시대임을 철저히 인식하면서 청산의 방향을 모색하려는 데 그 본질적인 목적이 있는 것이다."[47] 강만길이 주창한 '분단사학'이 민중 개념과 결합하여 역사학계의 민중론이 탄생하게 되는 것이다.

정창렬은 민중사학의 등장 배경을 좀 더 상세히 분석했다. 그에 따르면 1960년대 이후 한편으로는 "민족의식의 재각성 내지 부활의 한국사학에서의 표현"이 타율성론과 정체성론으로 대표되는 "식민주의적 한국사관·한국사학에 대한 비판"으로 표출되고, 다른 한편으로는 "한국사의 주체적 발전과 내재적 발전"이 새롭게 강조되면서 그 사학사적인 배경으로서 신채호와 백남운이 재발견됨과 동시에 "자본주의 맹아론과 그 연장으로서의 '개항기를 개화기로 파악함'"으로 나타났다고 보았다.[48] 그러나 자본주의 맹아론과 개화기론은 "한국 근현대사에서의 제국주의의 지배를 한국 민족의 반제 민족해방투쟁의 구체적 역사과정에서 파악·인식할 수 없었다는 한계"를 드러냈으며, 이런 한계를 극복하기 위해 민중사학이 등장했다는 게 정창렬의 입론이었다.[49]

> 이러한 한계를 돌파하기 위하여 1970년대 후반기부터는 한국 근대사의 기본적 성격을 민족해방투쟁사의 시각에서 파악·인식하려는 경향이 나타나게 되었다.……민족의 입장은 계승하되, 한국 근대사회의 주체적 발전의 방향을 자본주의사회가 아닌 다른 성격의 사회에의 방향에서 정립하려는 노력이 나타나게 되었다. 이러한 과정에서 그 담당 추진 세력으로서의 인간집단을 민중에서 찾으려는 노력이 함께 나타나게 되었다. 이것이 민중사학의 성립이었다고 생각된다. 그러한 노력이 이론적으로 자각되어 나타난 것이 식민지반봉건사회로서의 한국 근대사회의 특징화였다.[50]

한편, 민중사학의 역사적 뿌리를 추적하는 작업은 생각보다 복잡해 보인다. 조동일은 손진태의 신민족주의 사관에 대해 "관념론과 유물론을 하나로 합쳐, 어느 한쪽에 치우치지 않는 총체적인 역사를 서술하려 했다"면서, "역사학자이면서 민속학자이기도 해서, 기록된 자료와 구비 전승을 함께 활용하면서, 지배층과 민중 사이의 문화적인 교섭과 상호작용을 해명하는 것을 실제 연구의 긴요한 과제로 삼았다"고 높이 평가한 바 있다.[51] 혹자는 (앞서 살펴본 바 있던) 유홍렬이 『청맥』 1964년 11월호에 게재한 "문화상으로 본 한국의 자주성"이 민중 중심 사관의 최초 사례라고 주장할지도 모르겠다. 이 글에서 그가 "조선시대에 있어서는 자주성을 띤 문화는 정치인들의 힘에 의하여서보다도 민중의 힘에 의하여 이룩되었다"는 논지를 펼쳤기 때문이다.

동아일보사가 편찬하여 1969년에 출간한 『3·1운동 50주년 기념논집』에 각각 "3·1운동과 민중"과 "민중운동으로 본 3·1운동"을 게재한 김진봉과 천관우도 주목해야 할 인물이다. 당시 국사편찬위원회 편사관보編史官補였던 김진봉은 3·1운동에 모든 계층과 직업군이 참여했음을 강조하면서, 바로 그로 인해 이 운동이 '민중운동'의 성격을 띠게 되었다고 보았다.[52] 이 글에서 김진봉은 "민중의 항쟁", "민중의 항일정신", "민중의 피해" 등을 상세히 논했다.[53]

조맹기는 『천관우의 언론사상』에서 언론인이자 역사학자인 천관우가 "민중의 관점에서 역사를 보았다"고 평가했다.[54] 그러나 천관우의 역사관이나 민중관이 항상 그랬던 것은 아닌 것 같고,[55] 대체로 1969년 "민중운동으로 본 3·1운동"이 민중 개념 변화의 분수령이 되었던 것으로 판단된다. 천관우는 1950년대 초부터 민중이라는 용어를 사용했지만, 여기에 항상 뚜렷한 저항성이 담겼던 것은 아니다. 그가 사용하는 민중은 대체로 전통적 용법에 머물렀지만, 때로 저항적 함의를 품기도 했다.[56] 그러다가 1969년 무렵부터 이전의 다소 모호하던 민중 용례에서 벗어나 '저항적 민중'이 더욱 강조되기 시작하는 것으로 보인다. 1974년 발간된 천관우의 『한국사의 재발견』은 5개 부로 구성되었는데, 5편의 글이 수록된 5부의 제목이 바로 "민족·민중"이었다. 여기서 천관우는 '민중운동'의 정의와 사례를 소개하는가 하면, 신채호의 '민중직접혁명론'을 소개하기도 한다.[57] 어쨌든 『한국사의 재발견』 5부에는 3쪽의 짧은 추도사인 "최수운과 동학교문"(1964년에 처음 발표됨)에 5회, "독립협회의 의회개설운동"(1958년)에 14회, "민중운동으로 본 3·1운동"(1969년)에 19회, "조감 3·1운동"(1971년)에 19회, "한국 민족주의의 역사"(1973년)에 18회 등 '민중'이라는 어휘가 무려 75차례나 등장하며, 그 상당수가 정치적(정치 주체적)·저항적 맥락에서 사용되고 있다.

국사편찬위원회의 『한국사』 편찬사업에 참여하여 1974년 "몽고의 침입에 대한 항쟁"을 집필하면서 민중의 주체적 역할을 '발견'한 강진철도 최근 윤용혁이나 임형수의 연구를 통해 재조명되고 있다.[58] 비록 그가 '민중'이라는 단어의 사용을 꺼리기는 했지만,[59] 몽골의 침입에 맞서는 대몽對蒙 항쟁·항전의 '주체'로서 지배세력(무인정권)이 아닌 농민·노비 등 민중을 적극적으로 부각했다는 것이다.

이기백은 민중사학과 관련해서 가장 논란이 분분한 역사학자이다. 민중신학자 서남동이 추어올린 탓에 이기백은 졸지에 민중사학의 태두泰斗가 되어버렸다.[60] 또 다른 1세대 민중신학자인 현영학도 이기백을 민중사학자로 평가한 바 있다.[61] 문학평론가 김종철은 "민중을 역사의 주체로 부각시키는 데서는 대단히 미흡"하지만, 이기백의 『한국사 신론』을 두고 "국사를 왕조나 지배세력 위주로 기술한 종전의 역사 저술들에 비하면 역사 속의 민중에 대해 상당한 관심을 보인 책"으로 평가하면서, "민중은 어느 시대에 있어서나 사회의 대다수를 차지하는 기층 세력"이었으며 "민중 없이는 사회 자체의 존립조차도 불가능했다"는 이기백 자신의 말을 인용한 바 있다.[62]

그러나 필자가 보기에 이기백은 '오인된 민중사학자'일 가능성이 높다. 사실 정확히 말하자면, 민중신학이 이기백의 영향을 받았다기보다는 이기백이 민중신학 혹은 민중론 일반의 영향을 받은 쪽에 더 가깝다고 해야 할 것이다. 베스트셀러였던 이기백의『한국사 신론』이 처음 출판된 때는 1967년 3월이었다. 1976년 9월에 이 책의 또 다른 개정판이 발행되었다. 1967년 초판에 '민중(의)생활'이라는 소제목이 통일신라시대와 고려시대에 한 차례씩 등장할 뿐 대개는 '농민'―생산, 생활, 반란, 동학농민전쟁을 서술할 때―으로, 조선시대에는 '서민'―서민예술, 서민문학을 서술할 때―으로 표현했고, 식민지 시대에 '민족자본과 농민·노동자의 상태'라는 소제목에서 '노동자'가 한 차례 등장한다. "민중생활" 혹은 "민중의 생활" 부분 역시 '피지배 다수'라는 전통적인 민중 개념을 답습하고 있었고, 이기백의 민중 용어에는 그 어떤 저항적·정치적 요소도 포함되지 않았다.

초판 이후 여러 차례 개정판을 냈다곤 하나『한국사 신론』의 목차는 거의 변화가 없었다. 다만 1976년 개정판에서는 기존 16장에 '종장終章'을 추가했고, 그 내용은 1절 "한국사의 대세"와 2절 "한국사상의 집권자와 민중"으로 구성되어 있었다. 낙관적·진보적·목적론적 역사관에 입각하여, 1절은 '지배세력의 사회적 기반의 점진적 확장'을 중심으로, 2절은 '민중의 주체화와 지위 상승'을 중심으로 서술되었다. 특히 1976년 개정판에 추가된 내용 중 마지막 부분인 "지배세력과 민중"이라는 소절에서는 민중이 사회의 기층 세력으로 사회의 존립을 떠받친다는 것, 지배세력의 민중 의존성, 민중이 저항을 통해 (직접 지배세력이 되지는 못할지라도) 역사적 전환의 계기를 마련한다는 것, 19세기 말엽 이후 4·19에 이르기까지 민중이 점진적으로 지배세력으로 상승해왔다는 것 등의 주장이 포함되었다. 이기백에 의하면, "지배세력을 중심으로 하고 한국사의 흐름을 파악하려고 할 때에 일어나는 또 하나의 문제는 지배세력과 민중과의 관계이다. 한국사의 오랜 기간 민중은 지배세력의 지배 대상이 되었을 뿐이다. 따라서 역사의 표면에 그 모습을 나타내지 못하였고, 그 결과 기록을 통하여 그들의 과거를 더듬기도 어려운 형편이다. 그러면서도 이에 대한 이해 없이는 한국사 자체를 이해할 수가 없는 존재가 민중이다."[63] 서남동을 비롯한 민중론자들이 가장 즐겨 인용한 대목이기도 하다. 어쨌든 이를 통해 오히려 이기백 자신이 1970년대 저항적 민중론의 영향을 받아 '민중사관'과 엇비슷한 내용을 1976년 개정판에 추가했을 가능성이 높음을 알 수 있다. 더구나 1980년대 중반 이후 민중사학이 본격적으로 등장하자 이기백은 그것이 유물론에 기초한, 그러나 과학성과 객관성을 결여한 계급사관에 불과하다고 힐난했다.[64] 이기백은 결코 민중사학자가 아니었던 것이다.

민중사학의 개척자로 내외의 인정을 받는 이는 강만길이다. 강만길은 1970년대 초반부터 생활과 의식 차원으로 구성된 '민중세계'를 기준삼아 "민족사의 주체적 발전"을 평가하자는 입장, 즉 민중의 생활 개선과 민중의 의식 각성 여부 및 정도로 역사의 진보·발전을 판단해야 한다는 입장을 견지했다.[65] 그런데 1978년에 초판이 나온 『분단시대의 역사인식』에서는 민중이 단지 역사발전·진보의 '지표'에 그치지 않고, 역사발전·진보의 '주체'이자 '동력'으로 규정되었다.

『분단시대의 역사인식』은 여러 시점에 발표된 글들을 묶은 책인데, 이 책 마지막 부분에 실린 두 편의 실학 관련 글들을 대조해보면 1974년이 강만길의 민중관에서 중요한 전환점이었음을 알게 된다. 마지막 장인 "실학의 민중생활 개선론"은 "실학사상과 정책 반영"이라는 제목으로 『문학과 지성』 1973년 가을호에 발표된 글이고, 바로 앞 장으로 배치된 (천관우의 『한국사의 재발견』에 대한 서평 글인) "실학론의 현재와 전망"은 같은 제목으로 『창작과 비평』 1974년 겨울호에 게재되었다.[66] 1973년 논문에서 '서민대중'은 1978년 책에서 '민중'으로 수정되었고, "민중세계의 역량이 이 시기의 역사를 한 걸음씩 전진시킨 원동력"이라는 표현까지 포함된 '결론' 부분이 1978년 책에 통째로 추가되었다. 반면에 일부 내용이 추가되고 수정되기는 했을지라도, 1974년 논문에 등장하는 '민중'이라는 용어는 1978년 책에도 동일하게 사용되었다. 결론 부분의 "민중에게서 진정한 민족의 주체를 구하면서"라는 표현도 그대로였다.[67] 민중 속에 자리 잡은 양심적 재야지식인(일종의 '유기적 지식인')인 실학자들과 민중의 만남·합작, 실학자들에 의한 민중 대변 및 이익 옹호를 강조하는 것이 1974년 글의 목적이었다. 따라서 강만길은 1973~1974년 무렵에 민중 개념을 전면적으로 수용한 것으로 보이며, 1974년부터 1978년 사이에 민중의 '역사적·정치적 주체성'에 대한 인식도 심화해간 것으로 판단된다. 강만길은 1984년에 『한국근대사』와 『한국현대사』를 간행해 민족적·민중적·통일 지향적 관점에서 한국 근현대사를 체계화했다.[68]

1976년 『아세아연구』 지면을 통해 처음 발표된 조광의 "정약용의 민권의식 연구"도 주목해야 할 저술이다. 이 논문은 1984년에 한국신학연구소가 편찬한 『한국민중론』에도 수록되었다. 여기서 조광은 정약용이 실학자들의 민본民本사상 혹은 위민為民사상을 넘어, 민중을 역사와 정치의 객체가 아닌 주체로 인식했으며, 이런 맥락에서 민중의 참정권·공직 담임권·저항권 등 '민중의 권리' 곧 민권民權을 인정했다는 과감한 주장을 개진했다. 정약용은 "단순한 민본주의적인 시책에만 만족하지 않고, 민중의 위치에서 민중의 권리를 주장"했으며, "민본 혹은 위민 의식 속에는 민중을 단순한 객체로 파악하는 경향이 잔존되어 있는 것이지만, 정약용은 이러한 사상 방식을 지양하고서 민중을 주체로 파악하는 민권 의식을 가지게 되었"다는 것이다.[69]

이이화도 1970년대 말부터 자신의 독자적인 민중론을 선보이기 시작했다. 다음은 이이화의 민중론에 대한 배항섭의 설명과 해석이다.

이이화는……『뿌리깊은 나무』의 주요한 필진으로 참가하였다.……제

30호(1978년 12월)에는 "진주사람 이필제와 조선시대의 민중반란"을 통해 본격적으로 조선시대 민중운동을 다루기도 했지만, 민중에 대한 그의 독특한 감각 내지 이미지는 제16호(1977년 6월)에 게재된 "그들의 이름 앞에는 성이 없었다"라는 글에 잘 표현되어 있다.……민중에 대한 이러한 생각은 『허균의 생각』(1980)에서 좀 더 추상적인 개념으로 요약되었다. 여기서 그는 "생산자이면서도 그 관리에는 참여할 수 없었고, 사회의 제일차적인 구성원이면서도 그 구성원으로서의 권리는 제대로 누리지 못한" 존재를 "피지배층", 곧 민중으로 파악하였다.……온갖 모순과 갈등이 얽히고설킨 채 흘러가는 역사의 흐름 속에서, 때로는 타협하고 때로는 투쟁하는 삶의 과정 속에서 "인간답게 살고자 하는 꿈틀거림", 곧 민중의 끈질긴 생명력과 저항의 에너지를 발견해내는 것, 이이화 민중사는 바로 그러한 인식을 바탕으로 하고 있었다.[70]

이이화는 1980년에 쓴 "허균이 본 호민"이라는 글에서 '민중의 저항성'을 부각시켰다(이 글 역시 1984년 발간된 『한국민중론』에 수록되었다). 이이화에 의하면, "『호민론』에서 허균이 내놓은 것은 백성을 위해서 군주와 집권자가 있는 것이지 군주 개인이나 집권 세력을 위해서 백성이 있는 것이 아니라는 것, 착취당하는 계급은 언제인가 반드시 모순된 정치제도 및 정치 현실을 개혁하려고 일어난다는 것, 얼핏 보기에 민중은 무기력하고 우매한 것 같지만 때를 만나면 무서운 저항세력이 된다는 것 따위로 간추릴 수가 있다."[71]

『신동아』 1980년 7월호에 박성수는 "한국사에 나타난 민중운동"이라는 글을 실었다. 이 글에서 그는 "민족이란 말은 본시 민중이란 뜻이었다"면서, "민중을 떠나서 민족이 없다는 사실을 다시금 강조하여야" 한다고 주장했다.[72] 그는 '4대 민중운동'으로 갑오농민전쟁, 1907~1910년의 의병전쟁, 3·1운동, 4·19혁명을 꼽으면서도 이 모두가 "민중 봉기 →

귀족 반동 → 유산流産이라는 슬픈 3막극"으로 귀착되었다고 했다.[73] 박
성수는 이 글에서 민중과 연대한 지식인들을 "민중지식인" 혹은 "민중적
지식인"으로 명명하기도 했다.[74]

역사학계의 민중론 형성에서 이만열의 중요성은 아무리 강조해도 지
나치지 않을 정도이다. 1981년에 발표된 "한국사에 있어서의 민중"과
"민중의식 사관화의 시론"이 특별한 위치를 차지한다. 두 글의 중요성은
1984년에 발간된 최초의 민중론 선집들에 나란히 게재된 사실에서도 확
인된다. 앞의 글은 유재천이 편찬한 『민중』에, 뒤의 글은 한국신학연구
소가 편찬한 『한국민중론』에 각각 실렸다. 무엇보다 두 글은 민중사관의
관점에서 시도된 최초의 통사적 연구라는 점에서 큰 의의를 지닌다. 한
국 민중 개념사에서 1920년대와 신채호에 주목하도록 해준 것도 빠뜨릴
수 없는 공로이다.

정창렬은 1982년 발표한 "백성의식·평민의식·민중의식"에서 1890년
대부터 1920년대까지 한국 근대사에서의 '민중 형성사', 더 정확히는 '민
중의식 형성사'를 추적했다. 그는 1985년 박현채와 공동으로 편집한 『한
국민족주의론III: 민중적 민족주의』의 머리말을 집필했다. 거기서 그는
기존의 한국 민족주의 연구를 통해 "민족으로서의 삶의 한복판에 민중
이 자리 잡고 있음"을 확인했다면서, 민중은 "제계층·제계급의 역량의
연합이라는 점에서 객관적·사회적 실체"이기도 하고 "변혁과 반反변혁
이라는 정치적 정세 변화 속에서의 운동 개념"이기도 하다고 강조했
다.[75] 또 1989년에는 민중사학의 형성 과정을 중심으로 한국 사학사를
정리하기도 했다.[76] 배경식은 정창렬의 민중론을 다음과 같이 요약한 바
있다. "정창렬은 민중을 계급·계층 역량의 연합체라는 점에서 객관적 사
회적 실체이며 기본모순과 부차적 모순의 관계 변화에 따라 내부구성이
항상 변동하는 정치적 운동사적 개념이라고 규정했다. 또한 의식 면에
서 민중은 하부구조에 의해 수동적으로 규정당하는 계급·계층임에 그

치지 않고, 스스로를 새로운 저항의 주체로 정립해 나아가는 주체적 자기 창출의 존재라고 했다."[77]

몇몇 사학자들은 1980년대 초 '민중운동사' 영역에서 의미 있는 연구 성과들을 생산했다. 1970년대의 분산적 연구 성과들이 '민중운동'의 관점으로 묶여 출판되기도 했다. 1981년 9월과 10월에는 변태섭·김윤곤·정석종·고승제 등의 한국인 학자들과 몇몇 일본인 학자들의 연구 성과들을 모은 『전통시대의 민중운동(상): 만적의 난에서 평안도 농민전쟁까지』와 『전통시대의 민중운동(하): 홍경래의 난에서 이필제 난까지』가 연이어 출간되었다. 1982년에는 김의환·강재언과 일본 학자들의 연구 논문을 모은 『근대조선의 민중운동: 갑오농민전쟁과 반일의병운동』이 발간되었다.[78]

19세기 조선 사회를 대상으로 정치, 경제, 사상·철학, 문학, 사회, 민중운동(민란), 종교 등을 망라하는 다양한 분야 학자들의 다각적인 접근을 담고 있는 『19세기 한국 전통사회의 변모와 민중의식』(1982년)도 주목되는 저작이다.[79] 1985년에는 이현희가 『동학혁명과 민중』을 출간했는데, 그는 이 책에서 동학-천도교를 철두철미 '민중운동'의 맥락에서 다뤘다.[80] 이 밖에도 앞에서 언급한 서양사학자 노명식과 이광주의 글들, 노영택의 1977년 박사학위논문과 1979년 저서도 역사학계 민중론 형성에 기여했다고 보아야 할 것이다.

늦어도 1970년대 말 즈음에는 역사학계에도 민중 담론이 꽤 퍼져 있었던 것으로 보인다. 1979년 10월 「조선일보」에 기고한 "민족사관과 민중의 재발견"이라는 제하의 칼럼에서, 당시 '서울대 인문대 조교수'이던 한영우는 1970년대를 "새로운 한국사의 체계를 모색하는 단계", "사관을 둘러싼 논의가 비교적 활발하게 전개"된 시기로 평가하면서, 다음과 같은 총평을 덧붙였다. "신민족주의 사관과는 별도로, 신채호의 1920년대 사관을 재평가하면서 민족사관의 민중적 기반을 강조하는 논의도 적지 않았다. 대체로 70년대의 민족사관 논의는 입론의 발상은 조금씩 다르더라도 민중을 강조하는 쪽으로 많이 기운 것은 사실이다. 그러나 민중의 개념이 무엇인가는 아직 명백하게 정립된 것 같지 않다."[81] 정창렬은 "계급모순을 배제하지는 않지만 그것보다는 민족모순을 더욱 중요하게 파악"하는 경향, 아울러 "문화공동체로서의 민중, 사회운동의 담당주체로서의 민중을 중시하는 경향……민중을 하나의 역사적 실체로 파악·인식하려는 경향"이 1970년대 후반부터 1980년대 초반까지의 민중사학이 드러낸 특징이었다고 평가한 바 있다.[82]

(3) 경제학

경제학계에서 민중 개념을 처음 제시한 사람은 경제사 전공자인 안병직이었다. 그는 『창작과 비평』 1973년 가을호에 실린 "단재 신채호의 민족주의"라는 글을 통해 신채호의 민중 개념을 상세히 분석했다.[83] 이 논문은 한국사에서 처음으로 저항적 정치주체로서의 민중 개념을 선명하고도 일관되게 제시한 신채호의 민중론에 주목하게 만들었을 뿐 아니라, 1920년대에 동아시아 3국(조선, 중국, 일본) 모두에서 주체적·저항적 민중 개념이 중요하게 사용되었다는 사실을 밝혔다는 점에서도 중요하다. 앞서 인용했듯이 "1920년대 독립운동의 역량으로서, 또 혁명운동의 역량으로서 '민중'은 우리나라에 있어서뿐만 아니라 중국에서나 일본에서도 아주 중요시되고 있었다"는 것이다. 그러나 이 글에서 당시 중국이나 일본에서의 민중 용례나 의미에 대한 더 이상의 설명은 없었다. 아울러, 1970년대 민중론자들 가운데 처음으로 '세력연합(연합체)으로서의 민중' 개념을 명확히 밝혔다는 점에서도 안병직의 1973년 글은 큰 의의를 지닌다. 여기서 그는 "신채호가 말하는 '민중'은 프롤레타리아·반프롤레타리아와 소부르조아지의 연합체인 것 같다"고 결론지었다.[84]

안병직은 "민중의 개념과 그 실체"라는 주제로 열린 1976년 11월의 『월간 대화』 좌담회에도 참여하여 보다 일반적인 맥락에서 민중 개념의 여러 측면들에 대해 의견을 밝히는가 하면, 1920년대에 "민중운동이라는 간판을 직접 내걸고 하는 운동"에 대해서도 처음으로 밝히기도 했다.[85] 안병직은 1980년에 출간된 『한국 근대 민중불교의 이념과 전개』에 "「조선불교유신론」의 분석: 그 사회사상사적 측면을 중심으로"라는 글을 게재하기도 했다.[86]

경제학계에서는 1970년대 후반부터 민중연구가 본격화되었다. 이보다 앞선 1974년 2월 고려대 경제학 교수인 조용범이 『월간조선』에 발표한 "한국 경제학의 상황과 문제"라는 글에서 민중 문제를 비중 있게 다룬 바 있다. 물론 그는 '민중경제학'을 지향했다기보다는, "국민경제의 자주·자립의 실현으로 민족경제의 확립"을 목표로 삼는 '민족경제론자'였다.[87] 보다 구체적으로, 스스로 "민족지식인民族知識人"임을 자임한 조용범은 민족경제를 "범세계적인 자본운동의 과정에서 한 민족이 민족적 순수성과 전통을 유지하면서 그에 의거 생활하는 민족 집단의 생활기반"으로서, "경제적 민족주의의 근거이며 외세의 지배하에서도 면면이 계승되는 민족사의 정통"으로 개념화했다.[88] 그렇지만 조용범이 '민중'을 도외시한 채 '민족'만을 내세웠던 것은 아니다. 그는 1973년 출간한 『후진국 경제론』에서 "4·19민주혁명의 과정에서 제시된 전 민중적全民衆的 요구로서의 자립경제"라는 구절에 덧붙여, '자립경제'는 "민중적 입장에 있어서는 그들 또한 잘살 수 있는 경제를 뜻한다"는 설명을 제시한 바 있다.[89] 아울러 1960년대의 경제개발계획이 "자립을 위한 민족의지의 구체화가 아니라 민중의 참여 없는 자본만의 이윤 추구의 과정"이 됨으로써 "민중의 경제적 소외"를 낳았다고 비판했다.[90]

조용범은 1974년 글을 통해 이번에는 민중 문제를 '한국 경제학의 정체성'과 직접 연루시켰다. 한국에서는 "민중의 생활과의 괴리"를 드러내는 경제학이 지배적인 반면 대다수 경제학 연구자들이 "권력 지향·권력 추종적인 성향"을 보이는데, 이런 문제는 경제학자들의 출신계층으로 인해 더욱 심화된다. "경제학 연구 종사자들은 그 출신계층에 있어서 생활하는 민중의 출신이 아니라 재산적 기초를 갖는 계층의 출신"이었다는 것이다.[91] 이런 상황에서 "민중의 생활이 없는 경제학"이 횡행하게 된다.

> 경제학이 국민 대다수를 구성하는 민중의 생활과 관련을 갖지 않을 때 그것은 더욱 불모不毛의 것이 되고 만다. 역사의 진전은 항상 민중의 생활상의 요구에 있으며 따라서 실천과학으로서 경제학의 자기 사명은 이들 대다수 민중의 생활상의 요구를 정확히 파악, 이를 실현시키는 것이어야 한다. 그러나 그간의 우리나라 경제학 연구는 이와 같은 민중의 요구와는 결합됨이 없이 민중의 편에서가 아니라 부조리한 현상을 질서로서 고수, 자기 이해를 관철시키는 편에 의식적이거나 무의식적이거나 서 왔다. 그리고 이와 같은 민중의 생활로부터의 경제학 연구의 유리는 현실적인 주류를 이루는 경제학 연구자들이 사대적 연구풍토 속에서 정부 정책의 수립에 직접 참여하고 이들이 정신적으로 국제인으로서 자처할 뿐 아니라 법률적으로 이중국적자가 아니면 외국 시민인 데서 더욱 심화되고 있다.[92]

이런 맥락에서 조용범은 한국의 경제학자들이 "(사회 속에서−인용자) 구체적으로 생활하는 민중의 요구와 자기 연구를 결합시키는" 방향으로 나아가야 한다고 주장했다.[93] 조용범은 『신동아』 1976년 11월호에 처음 발표한 "부조리는 어디서 오는가"라는 비교적 짧은 글에서도 '민중'을 20회 이상 언급했다. 그는 유럽을 사례로 '르네상스적 자유'와 '청교도적 자유'를 구별하면서, 사실상 '이기적 자유'의 동의어인 '르네상스적 자유'가 지배하는 경제에서는 "일부 특권계급이나 부유층의 이해만을 염두에 두고 '국민의 후생'이나 '민중의 부유', 그 가운데서 특히 이름 없는 민중 일반의 번영 등을 일절 상관하지 않고 또는 매점적 독점이나 투기에 의해 민중의 필수품의 가격을 인상하고 민중들의 근로의 소산인 생산물의 가격을 낮추며 때로는 화폐에 곤궁한 민중을 고리대적 금융에 의해 착취하는" 일들이 일상사가 된다고 보았다.[94] 이에 비해 "도덕적 순수성을 갖는 (청교도적—인용자) 인간 유형의 사람들이 한 사회를 구성하는 민중의 결정적인 부분을 차지하는 곳에서 한 사회의 건전성은 기대될 수 있을 것"이라고 했다.[95] 불행히도 해방 후의 한국사회는 '청교도적 인간형'(청교도적 자유를 추구하는 인간 유형)보다는 '르네상스적 인간형'(르네상스적 자유를 추구하는 인간 유형)이 '민중의 결정적인 부분'을 차지하게 되면서 사회 전체가 '천민자본주의'를 향해 질주하게 되었고, 이것이 '부조리의 한국적 배경'을 이루고 있다는 게 조용범의 판단이었다.[96] 경제학 영역으로 민중 개념이 도입되는 과정에서 조용범이 수행한 선구적인 역할에 대해 응당하게 강조할 필요가 있다.

1978년 4월 박현채의 『민족경제론』이 출간되었다. 이 책은 훗날 "한국의 독자적 정치경제학 체계로서의 '민족경제론'의 출현을 선언한 것"으로 평가받았다.[97] 박현채 역시 '민족경제론'에서 출발하여 민중 개념을 접목함으로써 일종의 '민중적 민족경제론'으로 나아가는 지적 역정을 밟아갔다. 박현채는 자신이 1970년대부터 주창해온 '민족경제론'의 맥락에서 민중 논의를 전개했는데, 여기서 '민중론'은 "민족경제론의 주요 구성 부분의 하나"이고, '민중'은 "민족경제의 주체"로 파악된다.[98] "역사의 주체로서의 민중" 그리고 "민족운동의 주체로 되는 민중"이라는 인식은 "민중은 민족 바로 그것"이라는 주장으로까지 이어진다.[99] 그는 이를 "민족주의적인 것의 민중적 요구에의 수렴"을 핵심으로 하는 '민중적 민족주의'로 정식화했다. 다시 말해 "역사적 과정 그리고 현상에 대한 분석은 민중적 요구 즉 민중적 민족주의의 큰 흐름만이 민족의 진정한 해방의 실현에 의한 자주독립, 민주주의적 변혁의 실현 그리고 분단의 극복에 의한 자주적이고 통일된 민족국가의 확립에 보다 긴밀한 자체 이익을 갖고 있다"는 것이다.[100]

박현채에게 민중적 민족주의는 비단 한국 상황에만 적합한 용어가 아니며, 한국을 포함한 '식민지 종속형 자본주의사회' 전반에 적용할 수 있는 것이기도 했다. "세계사적 연관 속에서 한 나라의 민족주의는 자본 상호 간의 결합에 대하여 민중적인 것으로 되면서 민족의 자주·자립을 위한 노력을 민중적 민족주의에서 구하게 된다. 우리나라의 경우에서처럼 민족의 자주·자립과 통일 그리고 민주주의에서 민중적 민족주의의 역할이 강조되고 있는 상황은 없다."[101] 이런 맥락에서 『박현채 평전』의 집필자 김삼웅은 박현채가 "민족이 곧 민중이고 민중이 바로 민주주의라는 삼위일체의 등식을 신념화"했으며, "그의 수많은 경제평론에는 주제가 무엇이든 민족·민중·민주가 바닥에 깔려 있다"고 말했다.[102]

민중 개념에 대한 박현채의 지속적이고도 다각적인 천착은 다른 진보적·비판적 경제학자들의 추종을 불허한다. 경제학적 민중론은 박현채에 의해 체계화되면서 최고의 경지에 도달했다고 말할 수 있다. 특히 『민족경제론』에 실린 "민중과 경제"라는 장에서 박현채는 민중의 정의나 범위 등을 포함하여 민중 개념을 집중적으로 탐구했다. 박현채는 1978년 12월에는 『민중과 경제』를 출간했는데, 거기에도 "민중과 경제"라는 제목의 또 다른 글이 수록되어 있다. 박현채가 민중 개념에 대해 보다 체계적인 연구와 논의를 진행한 시점은 1980년대였지만, 1980년대에 지속적으로 발표된 민중 관련 글들은 1978년 논문들을 더욱 다듬고 확장해가는 과정이었다고 볼 수 있다.

박현채는 1978년의 "민중과 경제" 서두에서부터 다원적인 민중 정의, 그리고 능동성-피동성을 모두 갖는 민중의 이중성을 명확히 밝혔다. 민중은 "역사에 있어서 부富나 권력, 그리고 명성이나 특권적 지위에 가깝지 않은 생활을 하는 사람들의 총칭"으로, "정치권력이라는 관점에서 본다면 피지배 상태에 있는 사람들이고, 경제활동이라는 관점에서 본다면 한 사회에 있어서 주로 사회적 생산의 직접 담당자로 되면서 노동의 산물의 소유자로 되지 못하고 노동의 산물에서 소외된 사람들이며, 사회적 지위라는 관점에서는 지도되는 저변底邊에 있는 사람들, 즉 피동적인 성격을 지니는 사람들(서민 또는 대중)"이면서, 동시에 "정치권력에 대해서 저항하고 기존의 권력에 대항하는 정치운동에 참여하고 있는 사람들, 노동조합이나 농민조합에서의 활동을 통해 직접적 생산자로서의 여러 조건의 개선에 노력하고 있는 사람들, 그리고 지역 기타의 사회적 제 집단에서 저변의 소리를 대표하고 있는 사람들, 즉 능동적 성격을 갖는 사람들(인민 또는 시민)"이기도 하다.[103]

박현채는 민중의 주된 구성이 노동자계급이라는 점에서, 이전 사회구성체들과 비교할 때 "민중의 성격은 근대 자본주의사회에서 가장 주체적"이라고 간주하면서도, 민중의 이중성이라는 맥락에서 "역사는 근대자본주의사회에서 민중이 전체주의를 위한 수단으로 전락함으로써 자기 배신의 쓰라림을 맛보는 역사적 시기가 있었다는 것을 1930년대의 유럽에서 보여주고 있다"고 지적하는 것을 잊지 않았다. 나아가 그는 객관적인 '민중 구성'의 역사적 변화를 추적하는 것뿐 아니라 주관적이고 미시적인 '민중의식'의 차원에까지 관심을 기울이는데, 이 역시 민중의 이중성 극복이라는 문제의식과 맞닿아 있다. "역사적으로 일정한 발전 단계에서 역사적으로 존재하는 민중은 공통의 것으로서의 민중의식을 갖는바, 민중의식은 역사적인 한 시대에서 구체적인 민중이 갖는 체험이나 소망이 공동 체험이나 소망으로 자각되고 어떤 추상적인 가치 가운데 응축된 것이라고 이야기될 수 있다고 주장되었다. 민중의식은 그것이 보다 능동적이고 주체적인 것으로 되기 위하여는 민족의식 → 계급의식의 다음에 오는 것으로서 민중의식이어야 하며 이것만이 민중이 갖는 이중적 성격 속에서 능동적인 것을 보장한다는 것이다."[104]

박현채는 1985년에 발표한 "한·미·일 경제유착의 민중사적 의미"라는 글에서 거시적인 국제경제 관계에 대한 '민중사적民衆史的' 고찰을 시도하기도 했다. 이 글에서도 그는 "민족주의적인 민중적 실천"의 부진이 "반민족적이고 반민중적인" 국제경제질서를 재생산하는 요인으로 작용하고 있다고 보았다. "그간의 선진 자본의 운동이 낳은 한국 자본주의의 상황은 민중 생활을 열악한 것으로 만들고 있을 뿐만 아니라 경제생활 이외의 정치·사회·문화·군사적인 면에서 민중의 요구나 민족의 요구를 부정하고 있다는 데서 반민족적이고 반민중적이다. 그리고 그렇게 될 수밖에 없었던 이유는 자본의 논리 관철에 대응하는 민족주의적인 민중적 실천이 이것을 극복할 만큼 강력하지 못했다는 데 있다. 민족의 자주·자립과 통일 그리고 민중의 소외로부터의 해방은 바로 이와 같은 한·미·일 간의 경제적·종속적 결합 관계를 대등한 자주적 관계로 변화시키는 데서 비로소 그 단서가 주어질 수 있다."[105] 박현채가 1984년에 발표한 "땅·민중·경제"라는 논문에서 민중은 땅의 이용, 땅에 대한 권리, 땅이 주는 산물·혜택에의 참여로부터 배제된 사람들, 한마디로 "땅에서 소외된 사람들"로 규정되었다. 이 글에서 그는 이런 역사-보편적 규정이 지속되는 가운데서도, 경제제도의 역사적 변동으로 인한 토지소유형태의 변화에 따라 '민중과 땅(토지)'의 관계와 민중의 삶이 어떻게 달라져 왔는가를 추적했다.[106]

안병직의 1973년 글이 경제학적이라기보다는 역사학적인 것이었음을 감안한다면, 박현채의 1978년 저작이 최초의 본격적인 '민중경제학적' 저술이었다고 평가할 수 있을 것이다. 박현채 스스로도 이런 선구적 역할을 자부한 바 있다.

민중의 개념과 그 성격에 대한 논의에서 나 또한 그것에 크게 개입해왔다. 1978년에 출간된 『민중과 경제』(정우사)와 『민족경제론』(한길사)에 "민중과 경제"라는 이름으로 두 편의 글을 실었고 1984년의 『한국자본주의와 민족운동』(한길사)에서 "민중과 역사"라는 이름으로 민중의 개념과 역사에서의 자기 역할을 밝히고자 했기 때문이다. 이 글들에서 나는 민중이란 기본적으로 직접적 생산자이면서 사회적 생산의 결과에 대한 참여에서 소외된 피억압자·피수탈자·피지배자라고 규정하고 역사적으로 민중을 개념 지었다.[107]

1982년에 발표한 "해방 후 한국 경제와 민중 생활의 변화"라는 글에서 박현채는 경제적 측면을 중심으로 '민중 생활사' 탐구에도 나섰다. "해방 후 한국 경제의 발자취를 보면서 그 안에서의 민중 생활의 변화를 보고자" 한 것인데, 사회경제적 불평등의 심화 추세 속에서 '민중의 빈곤화' 과정이 지속되었음을 밝히려 했다.[108] 아울러 이 경제학자는 민중 생활의 개선을 위해 정치적 해결책을 촉구하는 것으로 글을 마무리하고 있다. "경제적으로 주어진 민중 소외의 상황이 시정되지 않은 채 민중의 생활상의 요구에도 불구하고 그릇된 성장 정책이 지속되고 있는 것은 이것을 민중적 이해利害에 기초하여 시정할 수 있는 수단과 힘이 민주주의적 절차에 의해 주어지고 있지 않기 때문이다."[109]

문학계 민중 논의와의 접목을 시도했던 것도 박현채의 독특한 면모를 보여준다. 1983년 『실천문학』을 통해 발표한 "문학과 경제: 민중문학에 대한 사회과학적 인식",[110] 그리고 1985년 김병걸과 채광석이 편집한 논문 선집인 『민족, 민중 그리고 문학: 80년대 대표평론선』에 실린 "민중과 문학"이 그런 사례들이다.[111] 이를 계기로 그는 시인詩人 고은을 통해 경제학자로는 처음으로 민족문학작가회의 회원(평론분과)이 되기까지 했다.[112] 박현채는 "민중의 자기해방, 삶과 노동의 원초적 관계의 회복을 위한 노력은 민족적 요구인 민주주의, 통일, 자주와 함께 우리의 문학, 우리의 경제학이 걸머져야 할 거부할 수 없는 과제"라면서 이를 경제학과 문학 공통의 역사적 과제로, "민중의 쪽에 서서 민중을 대상으로 하여 역사적 진실을 밝히고 민중과 더불어 새로운 창조에 참여하는 것"을 문학의 독특한 과제로서 제시했다.[113] 나아가 그는 '문학과 경제'의 관련에 대한 논의는 "문학의 민중문학으로의 전화轉化에서 오는 요구의 반영"이라는 입장을 취했다. 바로 이런 맥락에서 그는 "① 역사적 진실을 ② 생활하는 민중의 쪽에 서서 민중을 대상으로 하여 ③ 주어진 사회적 상황에서 발현되는 삶의 고뇌와 인간적 요구를 ④ 감성적인 일상적 표현에서 추구하고 ⑤ 역사에서 민중의 사회적 실천에의 요구에 답하는 것"을 민중문학의 고유한 '사명'으로 제시하면서, "민중문학에 대한 이와 같은 규정은 문학과 경제와의 상호 관련을 불가결한 것으로 하기에 이른다"고 주장했다.[114]

프랑스의 역사학자인 쥘 미슐레가 1846년 파리에서 처음 선보인 *Le Peuple*(인민)이 1979년 5월 경제학자인 전기호에 의해 『민중』이라는 제목으로 번역·출간되었다.[115] 제목에서도 명확하듯이 역자는 peuple(people)을 민중으로 번역했다. 당시 경희대 경제학과 교수이던 전기호는 "역자 후기"의 서두에서 자신은 민중에 대해 잘 모른다고 토로하면서도, 조금 뒤 그럴듯한 민중 정의를 제시한다. "일반적으로 민중이란 권력을 갖지 않고 노동생산물의 분배 과정에서 주체적인 역할을 담당하지 못하는 인간군人間群을 말하는 것으로 생각된다. 이것은 역사적 계층분화의 소산이며, 근대 자본주의사회에 있어서 민중의 주된 구성은 근로 계층으로 된다. 따라서 이를 배제하고서는 어떤 사회문제도 제대로 해결될 수 없다."[116] 나아가 한국에서 '주체적 민중의 출현'이 가능해지기 위한 조건을 다음과 같이 서술했다.

민중의 본질은 구체적 역사적 상황에 따라 매우 다양하게 나타나므로 단순한 감각과 일시적 동기만으로는 옳게 인식될 수 없다. 그것은 미슐레가 말하는 "하층계급의 사람들"의 체험과 소망을 공동의 것으로 자각하고, 그것을 어떤 추상적인 가치 가운데 응축한 이른바 민중의식을 자기의 것으로 만들려는 부단한 자기와의 투쟁을 통하여 비로소 올바로 인식될 수 있는 것이다.……자기의 객관화 없이는 올바른 민중에의 애정이 생겨날 수 없고, 민중에 대한 농도 짙은 애정 없이는 확대되는 사회적 불균형 속에서 광범한 저변을 형성하고 있는 기층적 인간집단의 소망인 민주주의, 평화, 민족적 통일, 그리고 인권회복 등의 "민중적 과업"을 자기의 것으로 할 수 없기 때문이다. 시민혁명을 겪고 산업혁명을 경험하던 미슐레 시대의 위기의식을 자기가 속해 있던 사회계층의 위기로 자각했을 때 미슐레의 『민중』이 출현했듯이 일제의 식민지적 체험과 오늘날 분단 시대의 위기의식을 우리가 속해 있는 민중의 위기로 자각할 때 우리의 민중은 보다 주체적인 것으로 될 것이다.[117]

한편 유인호는 1982년에 발표한 "식민지 시대의 민중경제"라는 글에서 민중과 경제의 관계, 특히 "민중을 중심으로 한 경제 상황"을 '민중경제'라는 용어에 담았다.[118] 이 글에서 그는 식민지 시대의 민중경제가 "한편으로는 반봉건적인 굴레와 다른 한편으로는 자본주의 '질서'라는 이중의 올가미 속에서 약탈자(그것이 일본인이건 조선인이건)의 뜻에 맞도록 '생존'을 강요당하는 것이었다"고 결론지었다.[119] 1978년에 나온 『한국경제의 실상과 허상』이라는 책에서는 '민중'이라는 단어 자체가 거의 언급되지 않는 것을 보면, 유인호의 민중론은 "식민지 시대의 민중경제" 논문이 발표되고 『민중경제론』이 출간된 1982년경부터 본격화되는 것으로 보인다.[120] 안병직, 조용범, 박현채에 비해 약간 늦은 출발이었던 셈이다. 물론 유인호는 1980년대 이전에도 때때로 민중을 언급하고 있었다. 그는 1978년 10월 「대학신문」에 기고한 "고도성장·불균형성장"이라는 칼럼에서 민중의 역사와 생활의 관점에서 '근대화' 개념을 재해석해야 한다고 주장한 바 있다.

우리는 '근대화'를 어떤 '이념형'으로 또는 '쟁점'으로만 매몰시킬 것이 아니고 살아 있는 '민중의 역사' 속에서 내일을 향해 걸어가는 '대중의 생활'에서 그것의 개념·목표·수단이 찾아져야 할 것이다. 과연 지난날의 가난과 비참과 모순의 원인은 규명되었으며 또한 해결되었는가, 민중을 지배하고 억압하고 사기하던 제 요인은 제거되었는가. 경제적 물량의 확대는 반드시 이러한 '제 요인'의 제거를 전제조건으로 하지 않는다고 할 때 '고도성장'이라는 사실이 '근대화 논의의 쟁점'으로 부각될 수밖에 없는 것이다.[121]

유인호는 이른바 '서울의 봄' 시기인 1980년 4월에 유신헌법을 대신할 새로운 헌법에 반드시 포함되어야 할 '경제 기본권 7대 규정'을 발표하면서, 그 첫 번째로 "분명히 민중의 이익을 희생시킴으로써 형성된 개인의 재산이라고 인정될 때는 그 재산은 민중에게 귀속되어야 하며, 재산권의 행사는 민중에게 있다"고 명시했다. 그는 이 밖에도 "경제 질서는 민중의 기초적 수요를 충족하고 균형 있는 민족경제의 자주화·자립화를 실현하는 방향에서 조정되어야 하며"(2항), "근로자와 농어민 그리고 소상품생산자를 위시한 사회적 약자의 경제적 지위는 보장되어야 하고 시장경제 원리에 따르는 희생의 강요는 배제되어야 하며"(3항), "근로자·농어민·소상품생산자의 권리는 법률로써 제한되지 않으며, 다만 그 권리의 행사가 민중의 생활과 민족경제의 균형 있는 발전에 저해적 요인이 되어서는 안 된다"(4항)는 내용을 적시했다.[122]

유인호는 1992년에 작고했다. 15주기를 맞는 2007년 열린 기념심포지엄에서 김종걸은 '유인호 경제학'을 "민족·민중·민주 경제론"으로 명명했고, 이런 명명은 2015년 김창근에 의해 반복되었다. 2012년 출간된 『유인호 평전』의 저자 조용래는 그를 "민중경제학자"로 못박으면서, 그의 경제학을 "민족·민중·민주를 앞세운 비판경제학", 보다 구체적으로는 "민중, 민족, 민주가 삼위일체로 고리를 형성한 비판경제학으로서의 민족·민중·민주 경제론"으로 규정했다.[123] 조용래는 유인호의 민중 개념 사용에 대해 다음과 같이 정리한 바 있다.

> 유인호는 저서 곳곳에서 민중을 앞세우고 있으나 민중의 의미에 대해 따로 내놓은 논문은 없다. 다만 유인호는 『민중경제론』 서문에서, "70년대란…권력과 민중의 대결장이었으며 대결의 지속은 '민중시대의 개막'을 알리게 하였다", "역사는 민중의 요구를 외면하고서는 진행될 수 없다는 점이며 경제의 주인은 민중"이라고 주장하며 '민중시대의 탄생 배경'과 '역사적 주체로서의 민중의 역할'에 대해 지적하고 있다. 유인호가 유학 시절에 쓴 일기에는 민중이라는 말이 아예 등장하지 않는다. 대신 '인민'이라는 말이 자주 나온다.……일단 유인호의 민중은 예의 민족 개념과 연계하여 본다면 식민지 지배에 시달리던 인민이고, 매판 관료에 휘둘리는 백성이요, 반봉건적 생산관계 속에서 억눌린 사람들, 대외 의존성이 팽만한 경제구조의 피해자 등으로 정리할 수 있을 것이다.……유인호의 '민족'이 '대외적인 자주성' 개념으로 요약될 수 있다면 '민중'은 우리 사회 내부의 힘 관계에서 밀리고 처진 이들의 존재이기 때문에 이 둘은 사실상 동전의 양면과 같은 관계다. 보통 유인호 경제학에서는 '민중·민족·민주' 중에서 '민중'이 세 가지 주제어의 포괄적인 개념으로 앞자리에 배치되지만 유인호는 식민지 문제의 청산, 일본과의 관계 등에서는 '민족'을 앞자리에 내세우는 '민족·민주·민중'을 주장한다.[124]

위의 인용문에도 등장하는 대목이지만, 유인호는 『민중경제론』의 머리말에서 "허구의 고도성장" 시기였던 1970년대에서 얻게 된 "어느 누구도 부인할 수 없는 한 가지 교훈"으로, "앞으로의 역사는 민중의 요구를 외면하고서는 진행될 수 없다는 점이며 경제의 주인은 민중이어야 된다는 점"을 제시했다. 그는 1970년대를 관통해서 지속된 "권력과 민중의 대결"을 통해 "민중시대"가 열렸다고 판단했다.[125] 아울러 1970년대를 지켜보고 논평하는 가운데 유인호 자신이 획득한, 적지만 소중한 성과로서 "민중의 확인"을 꼽았다. "이 기간에 잃은 것과 얻은 것을 생각해본다. 잃은 것은 많고 얻은 것은 적다. 얻은 것은 적지만 그러나 그것은 나에게는 무엇과도 바꿀 수 없는 소중한 것들이다. 다름 아닌 민중의 확인이며, 진정한 자주·독립을 위한 경제이론의 모색이다."[126]

경제학자인 김윤환도 민중 논의에 두 차례 참여한 바 있다. 하나는 『신동아』 1980년 7월호에 "현대 산업사회와 민중운동"이라는 글을 기고한 것이고, 다른 하나는 "'민중'이데올로기와 민중운동"이라는 제목으로 『신동아』 1985년 7월호에 게재된 5인 좌담회에 참여한 것이다. 김윤환은 의회민주주의와 간접민주주의의 '허구성'을 극복하려는 직접민주주의, 참여민주주의, 경제민주주의·산업민주주의와 복지사회를 지향하는 입장이었다.

1980년 글에서 김윤환은 각성되고 단결한 민중이 민주화의 추동력 역할을 담당할 수 있다고 보았을 뿐 아니라, 자본주의·사회주의를 막론하고 '현대 산업사회'가 공통으로 안고 있는 '강자에 의한 계급지배' 문제를 극복하고 '새로운 체제'를 모색하는 운동으로 민중운동을 자리매김했다. "민중운동은 새로운 체제를 모색하는 운동의 일환으로 고찰할 수 있다. 자본주의사회도, 사회주의사회도 필연적으로 강자가 민중을 지배하는 계급지배가 되지 않을 수 없다. 공산주의사회도 공산당 지도부를 장악한 관료들로 구성된 파워엘리트로서의 새로운 계급에 의해 지배당하고 있다고 볼 수 있다. 그러나 현대 산업사회의 민중은 각성되어 단결된 힘으로 보다 민주주의적인 사회를 만들 수 있다는 것이다."[127] 그럼에도 불구하고 김윤환은 민중에 대한 부정적인 견해를 드러내기도 했다. 그는 1980년 글에서 민중을 대중과 사실상 동의어로, 그러면서 '시민·공중에서 대중·민중으로의 역사적 퇴화'를 거친 부정적 존재, 즉 비합리적·감정적·충동적 존재로 보았다.[128] 그러나 1985년 좌담에서는 민중과 대중을 구분하고, 민중에 대해 일관된 긍정적 개념화를 유지했다. "민중은 대중이라든가 군중과는 분명히 차이가 있다고 봅니다. 대중이라는 것이 무지·무원리·무조직한 일종의 수동적인 군중으로서 파악될 수 있다면 민중은 의식적이고 주체적인 존재로 보는 게 일반적인 경향인 것 같아요. 이 의식적·주체적인 민중이 현대에 있어서 여러 가지 정치·경제제도와 충돌해서 사회적 이슈들을 만들어내는 게 오늘날의 상황이 아닌가 생각됩니다."[129] 김윤환은 기독교사회문제연구원이 편찬하여 1982년 5월 발간한 『민중과 경제』에 "노동과 경제윤리"라는 글을 싣기도 했지만, 여기서는 민중에 대해 거의 언급하지 않았다.[130]

본격적인 '경제학적' 민중론을 개척한 이는 박현채임이 분명하다. 그런 면에서 민중경제론 혹은 민중경제학의 등장은 상당 부분 그의 덕분이라고 하겠다. 그러나 조용범의 1974년 글이 지닌 중요성을 간과해선 안 될 것이다. 거기서 조용범은 민중이라는 용어를 빈번히 사용했을 뿐 아니라, 지배층과 기득권층의 이익을 정당화하는 기존 주류 경제학·경제학자들과 분명히 선을 긋고, "역사의 진전은 항상 민중의 생활상의 요구에 있다"고 선언하면서 대안적 경제학을 "민중의 생활상의 요구를 정확히 파악·실현시키는 실천과학"으로 명확히 규정한, 그럼으로써 '민중적 민족경제학' 내지 '민중경제학'의 밑돌을 놓았던 인물이었기 때문이다. 1982년에 출간한 자신의 저서 제목을 『민중경제론』으로 명시하고 나선 유인호도 민중경제론·민중경제학의 역사에서 빠뜨려선 안 될 인물임이 분명하다. 1985년에 김낙중이 '민중적 민족경제론'을 제창한 바 있다는 사실도 기억되어야 할 것이다.[131]

1970년대와 1980년대 초반에 경제학적 민중론을 펼친 이들은 대개 '참여적 지식인들'이었고, 유인호와 박현채가 그중에서도 더욱 돋보였다.[132] 1978년 출간된 박현채의 『민중과 경제』, 그리고 한국기독교사회문제연구원이 편집하여 1982년 5월에 출간한 『민중과 경제』, 이 책에 수록된 유인호("식민지 시대의 민중경제")와 박현채("한국경제와 민중 생활의 변화")의 글들, 그로부터 꼭 두 달 후인 1982년 7월 출간된 유인호의 『민중경제론』은 '민중경제론' 혹은 '민중경제학'의 탄생을 세상에 알린 전령사들이었다.

2. 그 밖의 경로

이번 절에서는 민중종교 연구와 관련된 종교학 및 인접 분야들, 그리고 언론학(커뮤니케이션/저널리즘), 정치학, 철학, 법학, 행정학 등의 분야들을 한꺼번에 다룰 것이다. 먼저 넓은 의미의 종교 연구religious studies 분야를 살펴보자.

한국 민중론에서는 이른바 '민중종교'에 대한 연구도 중요한 부분을 차지했다. 보다 구체적으로 동학(천도교), 증산교, 정감록, 식민지화 전후의 대종교·원종·원불교 등에 대한 연구가 일차적으로 포함된다. 박해기의 천주교, 불교의 미륵사상도 때때로 민중종교운동의 한 유형으로 간주되었다. 민중종교들은 기존 체제에 대한 저항과 순응 모두를 고무할 수 있지만, 1980년대에는 저항에 기여하는 측면이 강조되었다. 민중종교는 대안적 이념의 자원들을 제공할 수 있고, 그럼으로써 기존질서의 절대성을 해체하거나 상대화하며, 민중을 구성하는 다양한 집단들 사이에 연대의식과 윤리의식을 제고하는 역할을 수행할 수 있다.

1980년 9월 출판된 황선명의 『민중종교운동사』가 그 시발점이었다.[133] 황선명은 이 책에서 지상천국을 추구하는 '천년왕국운동'과 '광조적狂躁的 종교운동'이라는 시각에서 민중종교운동에 접근했다. 세계적으로는 멜라네시아·폴리네시아, 남·북 아메리카, 아시아 등의 광범위한 사례들을 소개했고, 한국사에서는 고대로부터 개항 후 근대기까지의 사례들을 두루 분석했다.

1983년 12월에는 『한국 근대 민중종교 사상』이 출간되었다. 여기에는 총론 격의 권두 논문(황선명)을 위시하여, 동학(안진오), 증산교(배용덕), 대종교(신철호), 원불교(김낙필), 미륵불교(고은)를 다룬 글들이 수록되었다. 이 가운데서도 황선명과 고은의 글에서 민중종교 사상이 보다 선명하게 나타난다. 이 책을 편찬한 '학민사 편집부'는 기획 의도와 개요를 다음과 같이 소개하고 있다.

> 민중은 지배자의 역사에는 기록되지 않는 민중 자신의 문화양식을 창조·전승한다. 이 점은 종교에 있어서도 마찬가지이기 때문에 관제·왕실·귀족 종교를 통해서는 결코 민중의 삶과 신앙에 접근할 수 없다. 그것은 민중에게 내세來世 신앙, 타력他力 신앙을 강제함으로써 현실의 모순에 대해 체념하게 하여 현세의 지배질서를 강화하거나, 지배층의 자기만족을 위한 장식품의 기능밖에 할 수 없기 때문이다. 이와는 달리, 한반도에서 수천 년을 살아온 민중의 삶에 용해되어, 삶 자체의 일부가 되어, 때로는 역사의 표면으로 소용돌이쳐 오르고 때로는 수백 년을 밑바닥으로 흘러와서, 지금도 살아 있는 우리의 민족종교·민중종교를, 오늘의 시점에서 조명해보려는 생각으로 이 책을 엮게 되었다.[134]

이 책 권두 논문인 "후천개벽과 혁세사상"에서 황선명은 다음과 같이 말했다. "혁세사상은 민중의 심의心意 현상 속에 깊숙이 뿌리를 내리고 있으며, 특정한 사회적 조건이 성숙하면 표층에 나타나는 것이다. 어떠한 사상이나 정신도 그 시대 상황의 요청에 따라 형성되는 것이므로, 이러한 역사사회적인 조건을 따져볼 때 후천개벽사상이 김항(일부)의 독창적인 사색의 결과만은 아니며, 또 그것이 조선 말기 민중의 집단적인 동향에 그처럼 큰 영향을 미칠 수 있었던 것도 이러한 개벽에의 소망이 민중의 구체적인 종교적 욕구에서 우러나왔기 때문이라고 본다."[135]

성균관대학교 대동문화연구원이 '대동문화연구총서' 두 번째 책으로 1984년 2월 출간한 『한국인의 생활의식과 민중예술』에도 민간신앙 혹은 민중종교에 관한 두 편의 글이 수록되었다.[136] 심리학자인 이부영의 "민간신앙과 집단적 무의식", 그리고 국문학자이자 민속학자인 서대석의 "무속과 민중사상"이 그것이다. 특히 서대석은 무속을 신관, 세계관, 인간관, 윤리관을 포함하는 "민중문화사상의 한 범주"로 취급하면서, "이러한 사상이 민중의식, 또는 다른 민중문화와 어떻게 접맥되는가를 검토"하고 있다.[137] 1985년에는 종교학자 류병덕이 『한국 민중종교 사상론』을 선보였다.[138] 개화기부터 식민지 시대까지의 민중종교에 일차적으로 주목한 이 책에서 그는 최제우의 동학사상, 김항의 정역正易사상, 강일순의 신명神明사상, 나철의 삼일三一철학, 박중빈의 일원一圓철학 등 다섯을 "한국 민중종교 사상의 주류主流"로 간주했다. 그러면서도 시야를 해방 후 시기까지 넓혀 계룡산과 모악산 일대의 '민중종교들'을 비롯하여 다양한 신종교들을 소개했다.

1980년대 후반 종교사회학이나 사회사(역사사회학)를 전공한 일군의 사회학자들도 민중종교 연구에 가세했다. 동학과 정역正易을 중심으로 구한말 '신흥종교의 혁세革世 정신'이 민중의 자기 인식에 미친 영향을 탐구한 박승길, 최제우-최시형-전봉준-손병희로 이어지는 동학의 전승과 사회운동을 연구한 박명규, 동학의 종말론적 성격을 분석한 한도현과 한완상, 만주에서 독립운동을 펼친 원종元宗을 연구한 조성윤 등이 대표적인 사례에 해당한다.[139] 1980년 마경일은 미국 신학자 하비 콕스의 1973년 작 *The Seduction of the Spirit: The Use and Misuse of People's Religion*(영의 유혹: 인민종교의 이용과 오용)을 『민중의 종교』라는 제목으로 번역하기도 했다. people's religion을 '민중의 종교'로 번역한 것이다.[140]

다음으로 언론학 분야이다. 언론계와 언론학계에서 민중 담론의 시초는 『월간 대화』 1976년 11월호에 게재된, "민중의 개념과 그 실체"라는 주제로 열린 안병직·한완상과의 3인 좌담에 참여한 송건호에서부터였다고 말할 수 있겠다. 앞서 언급했듯이, 정의와 시공간적 적용 범위 등 민중 개념과 관련된 중요한 이론적·방법론적 쟁점들이 두루 다뤄진 이 좌담은 민중 개념의 대중화 과정에서 매우 중요한 변곡점이었다. 이후 유재천이 또 다른 주요 인물로 떠올랐다. 그는 『신동아』 1980년 7월호에 "70년대의 민중에 대한 시각"이라는 글을 발표했을 뿐 아니라, 1984년에는 민중론 선집인 『민중』을 직접 편찬했다. 유재천은 『민중』에 1980년 글을 재수록함과 동시에, 책의 총론 글인 "민중 개념의 내포와 외연"을 새로 집필했다. 이 두 글은 1970년대와 1세대 민중론에 대해 매우 유용한 개관을 제공해준다.

'민중언론' 담론이 널리 퍼진 시기는 1980년대 초부터였다. 당시 민중 언론 담론의 두 초점은 권력과 자본에 굴종적인 기성 언론에 대한 비판, 그리고 민중언론의 형성 및 활성화에 대한 기여 문제로 집중되었다. 송건호·이태호·김종철 등이 참여한 가운데 1984년 12월에 출간된 『민중과 자유언론』은 1980년대 민중언론 담론 및 운동의 성과를 집약하고 있다. 이 책의 편집인인 정동익은 머리말에서 1984년 3월 동아자유언론수호투쟁위원회·조선자유언론수호투쟁위원회가 발표한 성명인 "투위 9주년을 맞으면서"의 일부를 인용했다. "오늘의 한국 언론의 가장 큰 특징은 권력에 의한 피동적 제도언론에 그치지 않고 한술 더 떠 적극적으로 민중을 억압하고 민중을 우민화시키는 박해자로 전신했다는 데 있다. 그리하여 원래 민중의 것이어야 할 언론기관을 빼앗긴 민중은 자구책으로 각종 유인물 보고서 회지 벽보 등을 통한 새로운 형태의 민중언론을 발전시키고 있다."[141]

같은 책에 "민중적 진실의 묵살과 왜곡"이라는 글을 실은 김종철도 같은 성명을 일부 인용했다. "오늘의 언론의 가장 큰 특징은 권력에 의한 피동적 '제도언론'에서 그치지 않고 이에서 더 나아가 적극적으로 민중을 억압하는 박해자로 전환되었다는 데 있다. 그리하여 통일적 관계에 있어야 할 언론과 민중 간에는 심각한 적대관계가 조성되어 있다."[142] 김종철은 이 글에서 "민중적 진실의 묵살과 왜곡, 권력에 대한 굴종과 야합으로 얼룩져" 있는 1970년대 중반 이후 10년간의 한국 언론사言論史를 비판적으로 서술하는 한편, '권력-언론복합체'라는 말에서 드러나는 "한국 언론의 반민중적 성격"을 고발했다.[143] 또 이태호는 같은 책에 수록된 "제도언론과 민중언론"이라는 글에서 '제도언론 대 민중언론'의 대립 도식에 기초하여, 1984년 현재 대학가의 민중언론 사례로 신문류·소책자류·보고서류를 나열함과 동시에, 재야 영역에서 노동·농민·빈민·민족 문제를 다루는 민중언론 사례들까지 소상히 소개했다.[144]

김종철은 존 다우닝의 1984년 작 *Radical Media: The Political Experience of Alternative Communication*(급진적 매체: 대안적 커뮤니케이션의 정치 경험)을 『변혁과 민중언론』이라는 제목으로 1989년 1월에 번역·출간했다.[145] 김종철은 '급진매체radical media'를 굳이 '민중언론'으로 번역했다. 번역서 출간 당시 김종철은 「동아일보」 해직기자이자, 1988년 창간된 「한겨레신문」의 논설위원이었다. 이 책 부제인 "미국·서구·동구의 저항매체"에서도 드러나듯이, 이 번역서를 통해 민중언론 담론의 시야를 국제적인 방향으로 확대한 셈이었다. 실제로 이 책의 연구대상은 자유민주주의 체제인 미국, 파시즘 붕괴 직후의 포르투갈, 1969년의 격렬했던 가을 이후의 이탈리아, 소비에트식 사회주의에 맞서 반란을 일으키던 시기의 동유럽을 포함한다. 여기서 다우닝은 "민중이 자본, 국가, 교회, 그리고 다른 억압적 권력 기관들에서 독립하여 '자신의' 매체를 건설할 수 있는 가능성"을 탐색한 후, 그 대안으로써 '자주관리 매체 self-managed media'를 제시한다.[146]

김종철은 "역자 해설"을 통해 민중언론을 "정치적 해방, 경제적 평등, 문화적 자주를 위해 '복무'하려는 신문·라디오·방송·영화", "민중 또는 피지배계급의 자유롭고 풍요로운 삶을 이루기 위해 일하는 매체", "대중에게 그 운동(사회변혁운동―인용자)과 투쟁(생존권 투쟁―인용자)의 정당성을 선전하고 활동가들과 시민을 정치적으로 교육하고 지배계급의 물리적·이데올로기적 공격에 맞서 자신을 방어할 도구로 이용할 매체"라고 정의했다.[147] 아울러 한국의 상황을 다음과 같이 평가했다. "우리나라의 운동가들이 그 과정(민족민주운동―인용자)에서 가장 필요하다고 느낀 것은 민중언론, 즉 제도언론의 사실 왜곡과 은폐와 조작을 폭로하고 대중의 정치·사회·문화 의식을 높이는 수단으로 활용할 매체였다. 84년 봄부터 이런 매체들은 운동권의 각 부문에서 활발하게 만들어지기 시작해서 이제는 수를 헤아릴 수 없이 많아졌다."[148]

이번에는 철학 분야를 살펴보자. 초기 민중론에 참여한 철학자로는 황문수와 장일조를 들 수 있다. 황필호와 이준모는 조금 늦게 동참한 경우였다. 우선, 황문수는 『신동아』 1980년 7월호에 "민중의 역설성"이라는 제목의 소론을 발표했다. 짧지만 흥미롭고 경청할 만한 주장들을 다수 제시한 글이었다. 필자는 한국의 허다한 민중론 문헌 가운데 가장 돋보이는 글 중 하나가 황문수의 "민중의 역설성"이라고 생각한다. 특히 두 가지 측면에서 그러하다. 하나는, "민중의 실체를 찾아보려고 애쓰면 애쓸수록 민중은 더욱 짙은 안개 속으로 물러나 버리는", "민중이란 말은 분명히 구체적인 형태를 가진 어떤 것을 가리키는 듯하면서도, 막상 그 실체를 밝히려고 하면 어디에도 민중은 없는 것 같고, 그러면서도 추상적인 것은 아닌 듯한 역설성逆說性", "천의 얼굴을 가진 사람들"이라는 표현처럼,[149] '텅 빈, 부유하는 기표'라는 민중 개념의 특징을 '민중의 역설성'이라는 통찰로써 제대로 포착하고 있는 점이다. 다른 하나는, '잠재력의 잠재적 존재'("잠재적 힘을 가진 잠재적 집단")라는 표현에서 잘 드러나듯이,[150] '잠재력과 가능성의 존재'로서의 민중 특성을 정확히 제시하고 있다는 점이다.

민중신학의 아성이던 한신대에 재직했던 장일조는 민중신학과의 관련 속에서, 불교계 대학인 동국대에 재직했던 황필호는 민중불교와의 관련 속에서 각기 철학적 민중론을, 더 정확하게는 '종교철학적 민중론'을 전개했다. 장일조는 철학자인데도 특이하게 민중'신학'에 대해 두 편의 논문을 발표했다. 1984년에 발표한 "한국 민중신학에 대한 몇 가지 테에제"와 1992년에 발표한 "죽재를 위한 하나의 대화"가 그것이다.[151] 여기서 '죽재'는 서남동의 아호雅號이며, 서남동은 장일조의 결혼식 주례자이기도 했다.

민중불교-해방신학을 비교 연구한 철학자 황필호도 특이한 경우이다. 황필호는 "해방신학과 민중불교의 비교분석"이라는 논문을 1989년에 발표했다. 그는 민중불교와 해방신학의 공통점을 '종교의 궁극 목표'에서 발견한다. "종교인이 사회에 참여해야 하는 근본적인 '종교적인 이유'는, 종교의 궁극 목표가 언제나 '나의 구원'과 더불어 '너의 구원'을 추구한다는 데 있다.……종교의 마지막 목표는 언제나 '나'에서 '우리'로 전진하는 것이다. 상대방을 우리의 수단인 '나의 그것'의 관계로부터 인격적인 만남인 '나와 너'의 관계로 승화시키는 것이다."[152]

1989년 당시 한신대 기독교교육과 교수였던 이준모는 『한국 민중론

의 현단계: 분과학문별 현황과 과제』에 "민중의 주체성과 역사·사회성: 총체적 민중철학을 위한 서설"이라는 글을 실었다. 그는 이 글이 "서설적인" 글이며 "민중철학의 체계를 적극적으로 수립하는 과제를 자임하지 않고 다만 이를 위한 방법적인 단초를 제시하는 데에 만족하려고 한다"고 밝혔다.[153] 이준모는 여기서 서양철학 및 동양철학의 '지배철학'(플라톤과 헤겔의 일부, 동양의 유교)과 '해방철학'(헤겔의 일부와 마르크스, 최제우와 최한기)의 사례들을 대비시키는 맥락에서, 민중에 대한 총체적 이해로서의 '민중철학'은 이미 오래전부터 존재해왔다고 주장했다. 학문적 엄밀성은 다소 떨어질지라도, 1986년에 이미 '다리 출판사 편집부'가 저자인 『민중철학』이라는 책이 발간되어 있었다.

정치학에서는 구범모, 노재봉, 신복룡, 이정복, 길승흠 등이 민중 담론의 생산 혹은 비평 작업에 참여한 바 있다. 우선, 구범모는 1967년에 한국의 정치학이 지난 20년 동안 드러내 온 "불모성", 곧 "내 나라의 정치 현상을 과학적으로 다루기 위한 정치적 계기를 갖지 못했"던 이유 중 첫 번째로 "한국 민중 속에 약동하는 정치의식을 인식하고 그를 과학적으로 분석하려는 주체성을 결여하고 있었음"을 꼽았다.[154] 그러나 아쉽게도 이런 문제의식이 민중에 대한 정치학적 연구로 이어졌던 것은 아니었다.

국제정치학자 노재봉은 "'민중'이데올로기와 민중운동" 주제의 『신동아』 1985년 7월호 좌담회를 주재했다. 여기서 그는 민중이 "학문적인 개념으로서 성립되기는 어렵다"고 주장했다. 또 1980년대 한국의 '민중운동'에 대해 극도로 부정적인 태도를 보이면서, "민중운동이 사회발전에 공헌하려면 정당이라는 조직으로 제도화되고, 그런 장치 속에서 움직여주어야 한다"고 주문했다.[155] 그가 이 좌담에서 일본의 다이쇼 데모크라시 시기에 발흥했던 '민중운동'을 처음 거론했던 일은 특히 주목할 만하다.[156]

또 다른 정치학자인 신복룡은 1985년에 출간한 저서 『동학사상과 갑오농민혁명』을 통해, '갑오농민혁명'과 관련하여 '혁명 이념의 보편화' 정도와 '혁명에 대한 참여 의지의 열도熱度'의 두 측면에서 파악되는 "민중의 지지기반의 심도心度" 문제를 검토했다. 그는 동학 내부의 남·북접 분열, 유생儒生 세력과의 제휴 실패, 보부상 집단과의 연대 실패 등을 예로 들면서, 동학 혁명군이 "횡적橫的으로 이룩해야 할 계층적 유대라는 점에서 갈등을 극복하지 못했을 뿐만 아니라 지식이나 전략의 면에 있어서도 종적縱的인 유대를 맺는 데 실패"했음을 강조한 바 있다.[157]

1987년에는 서울대 정치학과 교수인 이정복이 "한국에 있어서의 민중론"을 발표한 데 이어, 이를 발전시킨 "민중론의 정치학적 분석"이라는 글을 1990년 발간된 『한국 민중론 연구』에 실었다. 『한국 민중론 연구』에는 서울대 정치학과 동료 교수인 길승흠의 "한국의 경제성장과 민중 개념의 변천"도 수록되었다. 이정복은 한국 민중론에 대해 역사적이고 유형론적인 분석을 시도했고, 길승흠은 학생운동권·김진균·한완상의 민중론을 각각 계급적·종속적·정치적 민중주의로 유형화했다.[158]

한편, 법학자인 한상범은 1979년에 『시민사상과 민중의 복권』이라는 책을 펴냈다.[159] 이 책의 제3부인 "민중과 정치와의 거리"에는 "민중에게 정치권력이란 무엇인가?"라는 장이 포함되어 있고, '산업화 시대'의 문제들을 다루는 제4부의 첫 번째 장에서도 '공단 여공' 등 노동자를 중심으로 한국의 반反인권적인 민중 현실이 분석되었다. 한상범은 『신동아』 1980년 7월호에 "민중론의 전개 방향"이라는 글을 발표했고, 이 글은 유재천의 1984년 『민중』 선집에도 동일한 제목으로 수록되었다. 이 글에서 한상범은 현대의 민중을 '자각된 주체'로 정의하면서, 대중사회 속의 무비판적이고 수동적인 '대중'과 대조시켰다. 그는 "현대에 있어서 민중은 자각된 주체로 성장되고 있을 뿐만 아니라……수동적 객체인 상

태에 있는 민중이란 수준은 이미 벗어나고 있다"고 보았다.[160]

안병영은 행정학자로서는 매우 드물게 초기 민중론에 참여한 사례였다. 그는 『신동아』 1980년 7월호에 "역사의 주체로서의 민중"이라는 글을 게재했고, 이 역시 유재천의 『민중』 선집에 같은 제목으로 수록되었다. 그는 민중이 "학문적 필요에 의해 창출된 분석적 개념이라기보다 이념적 함의가 담긴 실천적 개념"에 가깝다면서, 중립적 관찰자의 시각으로 의식화와 지식인 역할론, 대중과 대비된 민중 개념화, 민속과 민중 생활사, 갈등론적 사회관 등 기존 민중론을 개관했다. 그러면서 기존의 민중관과 관련하여, "사회구조를 지배집단과 피지배집단으로 양분하는 논리의 단순성과 그것이 안고 있는 흑백 인식의 위험성", "지배-피지배의 도식은 구조적 사고력을 강조하는 나머지 개인적 차원의 문제는 '사사화私事化'의 메커니즘으로 경시하는 경향"과 같은 문제를 지적하기도 했다.[161]

급진화

밀층

지금까지 살펴보았듯이 민중 개념은 20세기 들어 파란만장한 역정을 거쳐왔다. 조선이 일본의 식민지로 전락한 사태가 변화를 향한 거대한 구조적 압력을 만들어냈다. 특히 식민지 상황에 대한 거족적 저항이었던 3·1운동 직후 발생한 개념적 창신創新으로 민중 기표에 '정치주체'와 '저항성'이라는 새로운 기의가 추가되었다. 이로써 민중에 대한 새로운 정의가 등장했다. "한 사회의 다수를 이루는 피지배층으로서, 역사발전의 주체이자 강한 저항적·변혁적 잠재력을 지닌 존재로 간주되는 이들"이 그것이다. 그러나 이 정의가 20세기 후반까지 곧장 이어진 것은 아니었다. 1930년대 이후 민중 기표를 둘러싸고 다양한 기의들이 혼재하면서 경합했다. 그러다 1970년대에 이르러 1920년대의 새로운 정의에 부합하는 민중 용례가 30~40년 만에 재등장했다. 1980년대에는 민중 개념에 대한 정치적-이데올로기적 억압과 거친 공방攻防을 거치면서 그 의미가 단단하게 굳어졌다.

다양한 용법들이 혼재함으로 인해 그 의미가 항상 과잉이고 미결정 상태였던 민중 개념이 '저항적 정치주체인 다수 피지배층'이라는 하나의 단일한 기의로 안착하게 된 결정적인 계기는 역설적이게도 지배층의 개넘적 억압, 그중에서도 전두환 정권의 민중 개념에 대한 파상적이고도 지속적인 공격이었다. 그런 면에서 민중 개념사에서 1980년대의 현저한 특징 중 하나는 '개념의 상대적인 동질성'에 있었다고 볼 수 있다. 1980년대는 1920년대 이후 사상 처음으로 피지배층과 지배층이 사실상 동일한 의미로 민중, 즉 '급진적이고 반항적인 정치주체 민중'을 말하는 시대가 되었다.

1. 개념의 전성기

1980년대는 민중 개념의 급진화, 대중화, 정치화의 시대였다. 1970년대가 '민중 개념의 전면적 부활'로 특징지어지는 시기였다면, 1980년대는 ('민중의 시대'라는 표현조차 진부해 보일 정도로) '민중 개념의 전성기'로 평가될 만했다. 1980년 5월 발표한 글에서 김성재는 이렇게 말했다. "오늘 우리 사회에는 민중이라는 말이 깊은 관심의 대상이 되고 있다. 민중정당, 민중경제, 민중문화에서 심지어 민중극단, 민중출판사, 민중서점 등 민중이라는 말이 오늘에 만들어진 말이 아님에도 갑자기 새로 만들어진 유행어처럼 널리 퍼지고 있다.……역사상 민중이 사회의 전면前面에, 전 영역에 이렇게 등장한 예가 없었다."[1] 김병익은 5년 후인 1985년의 시점에서 민중이 한국사회의 "중심 개념"으로 수렴되고 있는 양상을 기술한 바 있다. 길지만 인용해본다.

> 80년대로 넘어오면서 보다 깊이 있게 천착되고 보다 폭넓게 확산되어 온 민중문학론은 올 들어 새로운 국면을 맞이한 것으로 주시되어야 할 것 같다.……우리가 이렇게 말할, 그것도 85년도에 이르러 괄목할 단

계로 지적해서 말할 수 있는 데에는 여러 객관적인 물증들이 주목되기 때문이다. 가령 지난해 『예술과 비평』 『문예중앙』 등 그 체질상 진보적일 수 없는 일간신문사들이 경영하는 계간지에서 특집 혹은 대담으로 다루어 본 민중문학(예술)이 올해의 2월호 『현대문학』과 『한국문학』 등 완고한 월간 전문 문학지에서 역시 좌담과 특집으로 본격적인 접근을 얻고 있으며, 지난 연말의 『민중문학론』(성민엽)이 편집 간행된 뒤를 이어 그 진보적인 문학론을 과학주의적으로 또는 역사적으로 구체화시키는 젊은 비평가들의 평론집이 지난 5월에 간행되었다는(성민엽의 『지성과 실천』, 정과리의 『문학, 존재의 변증법』) 사실은 이제 그것이 단편적으로 외쳐지는 것만으로는 그치지 않고, 기존의 정통적인 문학 세계에 그 주장들이 깊숙하게 틈입하여 자리 잡아 가고 있음을 드러낸다. 그러나 보다 적극적인 예는 이전의 민중문학론의 중심 매체였던 『실천문학』이 부정기 간행물인 무크지로부터 계간지로, 정식으로 정기간행물로 등록되어 새로운 모습으로 출발하기 시작했으며, 지난해 가을에 젊은 세대를 주축으로 개편된 자유실천문인협의회가 올부터 거의 정기간행물에 준하는 무크지를 이미 너댓 권 간행했다는 사실에서 찾을 수 있을 것이다. 그것은 명실공히, 민중문학 운동이, '장외'에서 혹은 지하에서 불온시하는 눈초리와 싸워가며 전개하던 차원에서, '장내'로 혹은 지상으로 뛰쳐 들어와 제도적 공인 아래 당당하게 활동할 수 있게 된 사실을 뜻한다. ······아마도 여기에는 '민중'이란 용어가 표제로 그리고 그 내용 주제로 사용되고 전개되는 숱한 출판물들의 공간과, 최근 『말』이란 제호로써 '민주·민족·민중 언론을 향한 디딤돌'이 되려는 '민주언론운동협의회'의 기관지가 창간된 점, 재야의 다기한 운동 단체들을 유기적으로 연계시키는 '민주통일민중운동연합'이 구성되어 본격적인 활동을 벌이기 시작한 점도 첨가되어야 할 것이다. ······이제 우리 사회는, 문학이든 지식인이든, 40대든 20대든, 나아가 그것에

실천문학

창간호
1985년 봄

✛ 실천문학사

계간 『실천문학』 창간호(1985)

지지하든 비판하든, 민중과 민중문학에 대한 논의가 무관심의 대상으로나 소수의 무시될 수 있는 구호로 치지도외 할 수는 없는 단계에 이르렀다. 그럴 만큼 그것은 일반적인 어사로 확장될 추세에 놓여 있으며 우리 사회와 의식들에 진지한 관심을 갖는 사람들에게 그것은 결코 제외되기는커녕 소홀히 할 수 없는 개념으로 파급되고 있는 것이다. 어쩌면, 우리가 70년대를 '유신'이란 어휘로 압축시킬 수 있다는 바로 그런 의미에서 80년대를 '민중'이란 단어로 표상할 수 있을 정도이다. 그러니까, 민중은 기성 정치인들의 의정 단상에서부터 대학생의 수필에 이르기까지 고급한 학문 체계로부터 대중가사와 만화의 비평에 이르기까지 모든 부면, 모든 영역에 두루 도입되어 사용되고 그 모든 것들의 새로운 움직임들에 대한 중심 개념으로 수렴되고 있는 것이다. 이제 그것은, 아직은 공식 문화권에서 지배적인 이념으로 인정되지는 못하고 있다 하더라도, 더 이상 소수적이거나 전위적, 지하적인 발언의 영역으로만 멈출 수 없게 되었다.(인용자의 강조)[2]

1980년대에는 민중론이 학문적으로도 상당히 확산된 지경에 이르렀다. 이미 소개했다시피 1980년대 벽두인 1980년 5월에 김성재는 "민중을 관점으로 하는, 아니 민중의 입장에서 모든 것이 논의되기 시작하였고, 논의되지 않으면 안 되게 되었다"면서, "특히 학문에서 이러한 논의가 활발하게 전개되어 민중신학, 민중사학, 민중경제학, 민중사회학, 민중문학, 민중교육학 등이 그 학문적 입장을 모색하게 되었다"고 말한 바 있다. 우석훈은 "우리나라에서 민중이라는 단어가 가장 전면에 등장했던 마지막 시기는 1987년 민중항쟁" 때였다고 보았다.[3] "87년 6월항쟁은 우리나라에서 민중이라는 이름으로 불렸던 일련의 경제적 주체들이 이론적으로 가장 화려한 위치에 달했던 순간이라고 할 수 있고, 상당히 많은 이론가들은 '민중'이라는 단어를 사용하는 데 전혀 거리낌이 없어 보였다. 87년 이후 진행된 사회구성체 논쟁을 비롯한 내부의 논쟁 중에서 '민중'이라는 단어는 각 진영이나 이론가의 개인적 편향에 따라 다르게 정의될 수 있지만, 한국 사회 및 경제에 대한 분석에서 가장 핵심에 자리하고 있었다. 87년 대선에 노태우 전 대통령이 '보통사람의 시대'라는 구호 아래 이른바 중산층에 대한 일종의 정치 담론을 전면화시킬 때만 해도 우리나라에 대한 경제사회적 분석에서 '민중'이라고 불리는 매우 특별한 개념이 분석 우선순위에서 뒤로 밀리는 일이 벌어질 것이라고 생각한 사람은 아무도 없었다."[4]

1980년대와 1990년대 초를 거치면서 저항적 민중 개념은 정치·사회운동·문화·예술·종교·교육 영역으로, 심지어 의학·체육·과학기술 영역으로까지 급속히 확산했다. 1980년대가 되자 '민중'을 표방한 전국 규모의 사회운동단체들이 속속 등장했다. '민중운동'으로 통칭된 각 부문 운동의 연합체들 역시 민중을 내걸었다. 1984년 4월 창립된 민중문화운동협의회(민문협), 같은 해 6월 결성된 민중민주운동협의회(민민협), 1985년 3월 민민협과 민주통일국민회의(국민회의)가 통합된 민주통일민중운동연합(민통련), 1985년 5월 출범한 민중불교운동연합(민불련) 등이 그러했다.[5] 민문협은 『민중문화』를, 민불련은 『민중법당』을 기관지로 발행했다. 1983년경부터 공단·빈민촌·농촌 등 민중 속으로 들어가 민중 중심의 교회를 건설하는 '민중교회운동'이 시작되었다. 1984년 이후 민중교회 숫자가 급격히 증가하더니, 1987년에는 한국민중교회연합(한민련)을 결성하기에 이르렀다. 1990년에는 한민련이 독자적인 '민중찬송가'를 편찬해 발간했다.[6]

1980년 광주 오월항쟁의 법적인 명명은 '민주화운동'으로 정착되어갔지만, 1980년대 초부터 사용되던 '민중항쟁'이라는 용어가 결국 준準공식어의 지위를 확보하게 되었다.[7] 1988년 총선을 앞두고 창당한 '민중의당'처럼 민중을 내건 진보 정당도 처음 등장했다.[8] 무크 형식의 『민중』과 『민

중교육』 등 민중을 내건 잡지가 출현한 때도 1980년대였다. '부정기 사회
비평지'를 표방한 『민중』은 1983년과 1985년 청사 출판사에 의해, 『민중
교육』은 1985년과 1988년 실천문학사에 의해 발행되었다. 『민중』은 "한
국사회가 걷는 역사적 노정路程을 민중적 시각을 통해 점검하고 보다 나
은 미래에 대한 전망과 건전한 민중의 사회를 구현하기 위한 의지를 높여
보고자 출발"했다는 취지를 책 표지에 밝혔다.[9] 1990년대에도 '민중교육
운동' 단체들이 여럿 존속하고 있었다.[10]

　　민중문화운동, 특히 마당극을 중심으로 한 민중연희의 큰 장場이었던
'전국민족극한마당'은 1988년에 시작된 이래 1999년 제 12회 행사에 이르
기까지 1990년대 내내 매년 성황리에 계속되고 있었다. 첫 행사는 1988년
3~4월 서울 미리내예술극장에서 17개 연극단체가 참여한 가운데 개최되
었고, 그해 12월 초 '전국민족극운동협의회'(민극협)가 결성됨에 따라 1989
년의 제2회 행사부터는 민극협의 주관으로 열리게 되었다.[11] 결성 당시
민극협에는 서울의 '극단 연우무대'와 '놀이패 한두레' 등 8개, 부산의 '극
단 자갈치' 등 2개, 광주의 '극단 토박이' 등 2개, 대구의 '놀이패 탈' 등 2
개, 대전의 '놀이패 얼카뎅이' 등 16개 시에 소재한 28개 연극단체들이 가
담했다. 이들은 창립선언문에서 '민족극'을 "민족현실을 민중적 입장에
서 극복하는 것을 형상화하는 연행행위", 혹은 "민주화와 분단극복을 위
해 은폐·왜곡된 민중사실을 드러내고 이를 민중적 전망과 세계관 속에서
형상화하는 연행행위 모두를 지칭하는 개념"으로 정의했다.[12] 민중미술
운동의 연장선 위에서 '민중만화운동'도 1980년대 후반에 출현했다. 민
중만화가인 장진영 교수에 의하면, "각 대학마다 민중만화 동아리들이 결
성되고, 만화동아리 연합틀인 서울지역대학생만화패연합(1988)이 결성되
어진다.……만화문화의 민주화는 '바른만화연구회'(1988)를 거쳐 '우리만
화협의회'(1989)와 '우리만화를 위한 연대모임'(1997), 또 '우리만화연대'라
는 조직틀로 변화하면서 현재를 이어가고 있다."[13]

'민중의학'이라는 용어도 등장했다. 예컨대 1986년에는 니시 가츠조西勝造의 의학서가 양동춘에 의해 『민중의학의 철학적 기초』라는 제목으로 번역·출간되었다.[14] 1984년에는 조홍섭의 편역으로 '민중과학기술론' 혹은 '민중과학론'을 펼치는 책이 출간되었다.[15] 1990년대 초 대학가에서는 체육대 학생들을 중심으로 '민중체육운동'이 확산하기도 했다. "엘리트 체육이나 프로 중심의 스포츠가 민중체육으로 바뀌어야 한다는 민중체육운동이 대학가에서 확산되고 있는 가운데" 1990년 7월 전국 12개 체육대학 중 성균관대·이화여대·한양대·경희대·동아대·조선대 체육대학의 학생대표들이 모여 "민중이 주체가 되는 체육문화 정착을 위해" 전국체육대대학생대표자협의회(전체협)를 결성하기로 결의했다는 것이다.[16]

1980년대에는 제도권 안팎에서 '진보 학계'가 본격적으로 형성되었다. 김진균은 1980년대 초반부터 1987년까지를 "진보적 학술연구 및 활동의 태동기이자 확산기"라고 규정했다.[17] 조명래의 설명에 따르면, "국가 역할, 산업자본의 성격, 노동자계급의 현실, 한국자본주의의 종속성 등과 같은 테제들이 비판 사회과학적 안목으로 논의되기 시작한 것은 80년대 초반 전후 진보적인 이론들이 등장하면서부터였다. 진보 학술운동은 대체로 소장층 학자들에 의해 주도되었으며 분과학문을 놓고 본다면 사회학, 정치학, 경제학 분야에서 그 열기가 일기 시작했다."[18] 1980년대 중반 이후 학생운동을 겪은 이들의 국내 대학원 진학 경향이 강해졌고, 이 과정에서 진보적 소장 연구자 집단이 형성되었다.[19] 기존의 지배적 학문 패러다임들에 대한 지적-인식론적 단절을 공동으로 겪은, 한국적인 형태의 '학문적 코호트 집단'이 탄생한 것이다.[20]

분산된 개별 학자들에 의한 고립적인 연구가 1970년대 민중연구의 특징이었다면, 학문 분과별로 하나 혹은 그 이상의 연구단체들이 결성되어 민중연구를 조직적·체계적·집단적으로 모색했던 것이 1980년대의 중요

한 특징 중 하나였다. 예컨대 역사학계에서는 1984년에 창립된 역사문제
연구소와 망원한국사연구실, 1987년 결성된 한국근대사연구회, 1988년
결성된 한국역사연구회, 1988년 설립된 구로역사연구소(1993년에 역사학연
구소로 개편) 등이 민중사학의 본산이었다. 사회학에서는 1984년 7월 최초
의 '비판적 학술연구단체'로 출범한[21] '산업사회연구회'가 계급론적 민
중연구를 발전시켰다. 이 단체는 이후 '산업사회학회'(1996년)를 거쳐 '비
판사회학회'(2007년)로 재편되었다. 1987년에는 진보적 소장 경제학자 모
임인 '우리경제연구회'의 공동작업 성과로서 조선시대부터 3·1운동까지
를 다룬 『한국 민중경제사』가 출간되기도 했다.[22] 각 분과별 활동을 결집
하는 움직임은 1988년 6월 3일 개최된 '학술단체연합심포지움', 그에 이
은 그해 11월 5일의 '학술단체협의회' 창립으로 절정에 이르게 되었다.[23]
1988년 6월 심포지엄에는 망원한국사연구실, 역사문제연구소, 한국근대
사연구회, 문학예술연구회, 사회철학연구실, 여성사연구회, 여성한국사
회연구회, 한국농어촌사회연구소, 한국산업사회연구회, 한국정치연구회

〈표 7-1〉 진보적 학술운동의 확산[24]

『80년대 한국 인문사회과학의 현단계와 전망』(1988.8, 학술단체협의회 창립)	『현대 한국 인문사회과학 연구사』(1994.10, 한국산업사회학연구회 창립 10주년)	『한국 인문사회과학의 현재와 미래』(1998.11, 학술단체협의회 창립 10주년)
① 총론(김진균), ② 경제학(이병천·윤소영), ③ 역사학(이세영), ④ 정치학(정해구), ⑤ 사회학(임영일), ⑥ 여성학(지은희·강이수)	① 정치학(정영태), ② 사회학(이기홍), ③ 법학(강경선), ④ 공간환경학(조명래), ⑤ 교육학(정재걸), ⑥ 국문학(김재용), ⑦ 철학(김창호), ⑧ 북한학(산업사회연구회 북한사회연구반)	① 총론-인문과학(최종욱), ② 총론-사회과학(김동춘), ③ 경제학(양우진), ④ 역사학(박찬승), ⑤ 정치학(정영태), ⑥ 사회학(유팔무·김호기), ⑦ 여성학(김혜경·이박혜경), ⑧ 법학(박홍규), ⑨ 공간환경학(강현수), ⑩ 교육학(이종각), ⑪ 철학(우기동), ⑫ 언론학(조항제)

등 10개의 연구단체들이 참여했다.[25] 사회학에 국한된 언급이기는 하나, 한완상은 '민족·민중사회학'이 "뚜렷한 대안적 패러다임"이자 "거센 대항헤게모니"로 자리 잡으면서 "제도학계 내외에서 어느 정도 지배적인 영향력을 행사하기에 이르렀다"고 평가했다.[26] 〈표 7-1〉은 진보적 학문의 분야별 연구사硏究史 및 발전 현황을 다룬 논문 선집을 한데 모은 것으로, 이를 통해 1988~1998년 사이 학술운동의 확산 과정을 한눈에 파악할 수 있다.

1980년대 중반 무렵부터 마르크스주의에 기초하여 계급론적 민중론을 전개하는 2세대 민중론자들이 대거 등장했다. 그런데 (몇 차례 언급한 바 있듯이) 1세대와 2세대 민중론의 '가교' 역할을 담당함으로써 민중 개념의 '연속성'을 매개해준 이들도 일부 있었다. 경제학자인 박현채와 역사학자인 정창렬, 사회학자인 김진균이 대표적인 사례였다. 이들은 1세대 민중론자들처럼 1970년대 혹은 1980년대 초부터 민중 논의에 참여했으면서도 다른 1세대 민중론자들보다 '계급 요인'을 좀 더 중시했다는 공통점을 보여준다. 보다 정확하게 말하자면, 이들은 1980년대 이후 민중론의 양대 축을 이루게 되는 '민족'과 '계급'이라는 두 요인을 유기적으로 결합시킨, 또한 '객관적 존재'와 '주체적 실천'이라는 두 측면을 결합한 민중 개념을 발전시켰다. 그런 면에서 이들은 2세대 민중론이 등장하는 데 선구적인 역할을 담당했다고도 볼 수 있다. 이와 관련하여 1985년에 박현채와 정창렬이 공동으로 편집한, "민중적 민족주의"라는 부제를 달고 있는 『한국민족주의론Ⅲ』은 특히 주목할 만하다. 이미 소개했듯이 이 책 머리말에서 정창렬은 민족의 중핵은 민중이라는 것, 민중은 "계층·계급의 역량의 연합"으로서 "객관적·사회적 실체"이자 "변혁과 반反변혁이라는 정치적 정세 변화 속에서의 운동 개념"이기도 하다고 강조한 바 있다.[27]

1980년대 들어 민중연구는 거의 모든 인문사회과학 분과들로 확산했다. 1970년대부터 존재감이 두드러졌던 문학과 신학 분야는 1980년대에도 활발한 성과를 산출했다. 1970년대와 1980년대 초를 거치면서 민중문학이 형성되는 과정은 성민엽이 편집한 『민중문학론』(1984년 12월), 김병걸과 채광석이 편집한 3부작인 『역사, 현실 그리고 문학: 80년대 대표평론선1』(1985년 7월), 『민족, 민중 그리고 문학: 80년대 대표평론선2』(1985년 7월), 『민중, 노동 그리고 문학: 80년대 대표평론선3』(1985년 12월)으로 집약되었다. 『민중문학론』에 실린 편집자 자신의 글("민중문학의 논리")은 1970년부터 1984년까지 민중문학이 형성되는 과정을 일목요연하게 보여준다. 특히 1983~1984년 사이에 발표된 채광석과 김도연의 글들은 '문학 생산 주체'로서의 민중, 민중에 의해 창조된 '생활문학'으로의 '문학 장르 확산', '운동 개념으로서의 문학' 등의 문제들을 제기함으로써, 1980년대 중반 이후 지배적 패러다임으로 자리 잡게 되는 '2세대 민중문학'의 본격적인 등장을 알렸다.

한편 1970년대에 여러 분야에서 민중연구를 처음 개척했던 이들 대부분이 1980년대에도 왕성하게 연구를 계속했다. 조동일에 대해서는 이미 언급했지만, 민중신학 1세대를 이루는 이들도 오히려 1980년대에 더욱 열정적인 활동을 통해 완숙한 성과물들을 내놓았다. 안병무·서남동을 비롯한 상당수 민 중신학자들이 1980년대에 세계적인 명성을 얻었다. 사실 민중신학이야말로 한국의 다양한 민중연구들 가운데 국제적인 학문적·담론적 영향력을 어느 정도 확보한 유일한 사례일 것이다(민중미술이 그 뒤를 따랐다). 민중신학의 창시자 중 한 명인 안병무는 1987년 5월 자신의 책 머리말에서 이렇게 말했다. "민중신학은 바야흐로 세계적인 신학으로 위치하게 되었다. 구라파 특히 독일 여러 대학들에서 〈민중신학 세미나〉가 열리고 있고 그곳의 유학생들이 모국에 응원을 요청하는 사례가 빈번해졌다. 미국도 예외가 아니어서 민중신학에 관심 있는 교수와 학생들이 한국에 와서 공부를 하거나 자주 신학연구소를 방문하기도 한다. 이미 민중신학을 테마로 한 박사학위논문도 여러 편 나왔고, 지금 진행 중인 것은 상당수에 달한다. 그중에는 한국학도만이 아니라 외국인들도 여럿 있다."[28] 민중신학이 국제적으로 알려지면서 일부 외국인 신학자들도 민중신학 연구에 참여했고, 이는 역으로 국내 신진 신학자들의 더 많은 연구 참여를 자극했다. 이런 선순환 과정을 거치면서 자칭 민중신학자의 수는 크게 늘어났고, 그 안에서 대략 10년 주기에 따라 '민중신학 세대'를 구분하는 움직임도 자연스레 등장했다.

이런 가운데 1980년대 중반 이후 새로 출현한 급진적 민중신학 흐름들은 1970년대에 먼저 출현한 흐름들과 때로는 갈등적이고 때로는 협력적인 관계를 맺으면서 '나란히' 발전했다. 예컨대 김진호에 의하면 1980년대에 민중신학의 1세대와 2세대는 "별 의사소통 없이 공존"했다.[29] 1세대는 2세대의 도전을 수용하여 몇몇 개념들을 확장하거나 새로이 창안하는 방식으로 자기혁신을 기도했고, 2세대는 그 결과를 받아 급진적 재해석을 시도했다. 신학과 정치경제학, 신학과 유물론을 화해시키려는 시도는 서구적 이원론을 해체하며 뒤집는 '몸'에 대한 강조를 비롯하여, 서남동의 '계시의 하부구조' 개념, 안병무의 '공公'과 '물物' 개념, 김용복의 '하나님의 정치경제' 개념 등 1세대 민중신학자들의 착상을 더욱 발전시키는 방식으로 진행되었다.[30] 민중신학은 1세대-2세대 간 '비적대적 협업'의 드문 사례였다고 할 만하다. 물론 이 협업이 항상 매끄러웠던 것은 아니지만 말이다. 혹자는 1980년대 중후반에 진행된, 1세대를 대표하는 한완상과 2세대 성향 제자들의 민중사회학적 협업을 떠올릴 수도 있을 것이다. 이처럼 민중신학이나 민중사회학 사례에서 보듯이 2세대 민중 개념이 1세대 민중 개념을 단순히 '대체'한 것은 아니었다. 말하자면 민중연구에서도 '비동시성의 동시성' 혹은 '상호침투에 의한 혼종화'와 유사한 현상들이 나타났던 셈이다.

각각 1982년 6월과 1990년 3월에 나온 민중신학 논문 선집인 『민중과 한국신학』과 『1980년대 한국 민중신학의 전개』를 예로 들어보자.[31] 편

〈표 7-2〉『민중과 한국신학』(1982)과『1980년대 한국 민중신학의 전개』(1990)의 저자 분석

1982년 선집에만 등장하는 저자	1982년과 1990년 선집에 모두 등장하는 저자	1990년 선집에만 등장하는 저자
함석헌, 김정준, 문희석, 박준서, 황성규, 주재용	현영학, 안병무, 민영진, 서남동, 김용복, 서광선, 김성재	송기득, 강원돈, 김창락, 고재식, 김이곤, 최형묵, 조하무, 박재순, 김홍수
6명	7명	9명

찬자는 『민중과 한국신학』의 경우 한국기독교교회협의회NCCK 신학연구위원회, 『1980년대 한국 민중신학의 전개』는 한국신학연구소였는데, 두권 모두 한국신학연구소에서 출판되었다. 『민중과 한국신학』에는 1970년 4월부터 1982년 3월까지 발표된 20편의 글들이, 『1980년대 한국 민중신학의 전개』에는 1982년 봄부터 1989년 말까지 발표된 25편의 글들이실려 있다. 가톨릭 신학자인 서인석을 제외하고, 1982년 선집에 수록된글들의 저자를 일별해보면 함석헌(2), 현영학(2), 안병무(3), 김정준, 문희석, 박준서, 민영진, 황성규, 주재용, 서남동(2), 김용복(2), 서광선, 김성재등 13명으로 나타난다. 1990년 선집에 논문이 실린 저자들은 현영학(2), 안병무(6), 서광선(2), 송기득, 강원돈(2), 김창락(3), 고재식, 김용복(2), 서남동(2), 민영진, 김이곤, 최형묵, 조하무, 박재순, 김성재, 김홍수 등 16명이다(괄호 안의 숫자는 수록된 글의 편수임). 저자들을 분석한 〈표 7-2〉에서 보듯이, 전체 22명 가운데 1982년 선집에만 등장하는 저자가 6명, 1982년과1990년 선집에 모두 등장하는 저자가 7명, 1990년 선집에만 등장하는 저자가 9명이다. 이처럼 1982년과 1990년 선집에 모두 등장하는 저자들, 곧1970년대뿐 아니라 1980년대에도 중요한 민중신학적 연구 성과를 산출한 이들이 결코 적지 않고, 민중신학 전체에서 이들이 차지하는 비중과 명성도 높은 편이라는 사실을 강조할 필요가 있다는 것이다.

1970년대 후반에 처음 모습을 드러냈던 '민중불교학' 내지 '민중불교

론' 분야에서도 1980년대 중반 이후 주목할 만한 성과들이 여럿 출현했다. 단행본을 중심으로 소개하자면, 여익구의 『민중불교입문』(1985년)과 『민중불교철학』(1988년), 법성(근본불교연구소)이 편찬한 『민중선을 말한다』(1988년), 진상 등이 참여한 『민중불교를 말한다』(1988년), 법성 등의 공저인 『민중불교의 탐구』(1989년), 법성의 『앎의 해방 삶의 해방: 근본불교의 인식론과 실천론』(1989년) 등이 1980년대를 대표하는 민중불교 연구 성과물들이다.[32] 『민중불교의 탐구』에는 "민중불교운동의 이념과 교리적 배경"(법성), "민중불교의 역사적 전개"(최석호), "민중불교운동의 평가와 전망"(홍사성), "민중불교 이념의 비판적 고찰"(박경준), "민중불교운동의 전개과정"(김종찬), "동남아의 진보적 불교운동과 민중불교"(정승석), "해방신학과 민중불교의 비교분석"(황필호) 등 7편의 글들이 수록되어 있다. 1988년 2월부터 「불교신문」이 7회에 걸쳐 "민중불교란 무엇인가"라는 특집을 게재했다. 1989년 5월 8일에는 한국교수불자연합회와 불교신문사 주최로 "민중불교 어떻게 볼 것인가"를 주제로 한 학술심포지엄이 열렸고, 여기서 이기영·한상범·연기영 등이 주제발표를 하기도 했다.[33] 이런 과정을 거치면서 한편으로는 민중불교론이 더욱 체계화되었고, 다른 한편으로는 불교계 안에서 민중불교라는 용어가 점차 대중화되었다.

1980년대에는 1970년대에 비해 훨씬 많은 역사학자들이 민중연구에 관심을 보였다. 앞서 보았듯이 민중연구 대열에 뒤늦게 뛰어든 소장 역사학자들은 1980년대 들어 역사문제연구소, 망원한국사연구실, 한국근대사연구회, 한국역사연구회, 구로역사연구소 등을 연이어 만들어내면서 무서운 속도로 '민중사학'을 발전시켜나갔다. 민중사학자들은 특히 '민중운동사' 영역에서 다수의 개인적, 집단적 연구 성과들을 산출했다. 특히 1986년에는 한국민중사연구회의 집단창작물인 『한국민중사1,2』가 등장했다.[34] 1989년 민중사학을 주제로 열린 좌담에서 김인걸은 한국근대사연구회가 1987년에 편찬한 『한국 중세사회 해체기의 제 문제: 조선 후

기사 연구의 현황과 과제(상,하)』와 역사문제연구소가 1988년에 편찬한
『한국근현대 연구입문』을 비롯하여, 1988년에 나온 『1862년의 농민항쟁:
중세 말기 전국 농민들의 반봉건투쟁』(망원한국사연구실 19세기농민운동사분과),
1989년의 『한국사 강의』(한국역사연구회), 『한국근대민중운동사』(망원한국사연
구실 한국근대민중운동사서술분과), 『3·1민족해방운동연구』(한국역사연구회·역사문
제연구소)를 그때까지 민중사학의 주요 성과로 꼽았다.[35] 민중사학은 미답
의 영역이던 현대사, 민중운동사, 북한사 연구를 개척해나갔다. 김득중에
의하면, 민중운동사 연구의 부상은 "한국 현대사를 이끈 주체로서 민중을
발견하는 과정"이었으며, "1년에 고작 한두 편 정도의 현대사 논문밖에
생산하지 못하던 역사학계가 1980년대 중·후반기에 들어서는 수십 편씩
의 현대사 논문을 발표하기 시작했다."[36] 김인걸은 국사편찬위원회의 『한
국사연구휘보』에 실린 현대사 관련 논문 수를 조사하여 이 논문들이 1980
년대 후반에 집중적으로 발표되었음을 밝혔다.[37]

　사회과학계에서 민중연구가 가장 활발했던 곳은 사회학 쪽이었다.
1970년대에 민중 개념 연구에 참여한 거의 유일한 사회학자였던 한완상
이 1980~1981년 『민중과 사회: 민중사회학을 위한 서설』과 『민중사회학』
을 연이어 내놓은 후 해직과 미국 망명으로 공백기를 맞았지만 다른 다수
의 연구자들이 새로 가세했다. 앞서 말했듯이 한완상의 서울대 사회학과
동료 교수이기도 했던 김진균과 한상진이 대표적인 경우였다. 특히 한상
진은 김진균·박현채·정창렬처럼 이미 1970년대부터 활발하게 연구 활
동을 전개했지만 1980년대 중반에 비로소 민중 논의에 참여한 경우였다.
동시대의 계급 중심적 민중 개념과 비판적 긴장을 유지하는 가운데 '중산
층 중심의 민중' 개념을 주창하면서 이를 '중민中民이론'으로 발전시킨 한
상진의 민중연구를 주목할 필요가 있다.[38] 그의 민중연구에 대해서는 뒤
에서 다시 언급할 것이다. 아울러 1980년대에 대학원에서 공부한 신진 사
회학자들이 민중연구 대열에 대거 합류했다.

〈표 7-3〉 1980년대 민중론의 학문적 확산

신동아 특집 "민중은 누구인가" (1980.7)	한국민중론 (1984.8)	민중 (1984.11)	한국 민중론의 현단계: 분과학문별 현황과 과제 (1989.9)	한국 민중론 연구 (1990.12)
문학(조남현) 신학(고재식) 경제학(김윤환) 한국사(박성수) 서양사(이광주) 민속학(이상일) 철학(황문수) 행정학(안병영*) 법학(한상범*) 언론학(유재천*)	문학(백낙청, 김주연*, 김병걸, 김종철, 김지하, 조동일) 신학(서남동*) 사회학(한완상) 경제학(안병직, 박현채) 역사학(이이화, 이만열, 정창렬, 조동걸, 조광) 교육학(김인회) 불교학(고은) 종교학(황선명)	문학(김주연*) 신학(서남동*, 김용복) 사회학(한완상, 한상진) 경제학(안병직, 박현채) 역사학(이만열) 언론인(송건호) 불교학(전서암) 행정학(안병영*) 법학(한상범*) 언론학(유재천*)	신학(김창락) 사회학(김진균) 경제학(박현채) 역사학(정창렬) 교육학(김성재) 철학(이준모)	문학(김재홍) 사회학(송복) 정치학(이정복, 길승흠)

* 동일한 글이 재수록된 경우임.

〈표 7-3〉은 1980년대에 '민중'을 키워드로 한 선집들 혹은 잡지사 특집에 참여한 이들의 전공분야를 정리해놓은 것이다. 1970년대와는 비교할 수 없을 정도로 다양한 분과의 학자들이 민중연구에 뛰어들었음을 금세 확인할 수 있다.

1990년 초에는 '역사과학으로서의 민속학'을 지향하는 진보적 민속학자들의 연구단체인 '한국역사민속학회'가 등장했다.[39] 이들은 민속학과 역사학의 적극적인 결합을 통한 '민중생활사' 연구를 추구했다. 주강현의 표현을 빌리자면 "한국역사민속학회는 학회 명칭에서 '역사민속학'을 표방했지만 내용적 측면에서는 '민중생활사' 구현을 최대 목표로 설정했다."[40] 이 학회는 1990년에 『역사 속의 민중과 민속』을 출간했다.[41]

민중 개념이 인문사회과학 전반으로 확산됨에 따라, 자연스럽게 민중연구가 학제적-다학문적 연구 주제 중 하나로 떠올랐다. 그 자신 대표적인 민중신학자 중 한 명이었던 안병무는 1984년 발간된 『한국민중론』의 머리말에서 다학문적 민중연구의 필요성을 강조한 바 있다. "민중은 생동하는 실체이기 때문에 민중을 어떤 한정된 학문의 영역에 맡겨버리면 쉽게 박제된 허상虛像을 그리고 만다. 그러므로 가능한 한 여러 각도에서 물어야 한다."[42] 1980년대에 민중 개념은 새로운 학문적 패러다임 내지 접근방법을 모색하기 위한 영감과 에너지의 원천으로 작용하기 시작했다. 자신이 속한 개별 학문 영역을 새로운 시각에서 바라보고 재검토하도록 자극하는 역할, 예컨대 "민중이라는 키워드를 통해서 본다면 철학은, 지리학은, 체육학은 어떻게 재해석·재구성될 수 있을까?" 같은 질문이 도처에서 제기되었다. 이런 현상은 1970년대에도 국지적으로 존재했지만 1980년대에는 거의 모든 학문 분야를 가로질렀다.

2. 마르크스주의 민중론의 지배

김정인이 말했듯이 "1980년대 초중반 학생운동에서 가장 두드러진 특징 중 하나는 급진적인 이념체계의 전면화"였고, "급진화의 결정적 계기는 5·18의 비극이었다."[43] 김진균은 1970년대와 1980년대의 차이를 자본주의적 재편에 따른 계급모순과 계급갈등의 전면화, 소시민적 민주화운동에서 계급·민족모순 해결을 위한 변혁운동으로의 이행, 진보적·변혁적 인식의 정착과 확산으로 요약하면서, 1980년대를 "사회구조·사회운동·사회 인식의 모든 차원에서 질적으로 다른 시대"로 규정한 바 있다.[44] 원종찬은 1980년대를 "혁명적 낭만주의 시대"라고 불렀다.[45]

광주민중항쟁과 참담한 민간인학살, 학살극을 딛고 억압적으로 군림했던 '제2기 군부독재 체제', 그리고 (막스 베버의 '세계의 탈마법화/탈주술화' 테제를 빌리자면) '세계 인식의 탈마법화'는 세상에 대한 점진적 개선의 길을 한편으로 기각하고 한편으로 초월하는 '혁명의 상상'을 촉발했다. 세계 인식의 탈마법화는 한국전쟁 이후 냉전체제에서 공고화된 두 가지 신화, 즉 반공주의 신화와 친미주의 신화의 균열을 가리킨다. 세계 인식의 탈마법화와 급진화 과정에서 1985~1986년이 매우 중요한 시기였다.[46] 정영태는 마르크스주의나 정치경제학적 이론과 방법론 도입을 "혁명적인 변화"로 규정하면서, 논의의 다양화와 심화 등 그것이 한국 정치학계에 초래한 긍정적인 효과들을 강조한 바 있다.[47] 한국의 학계, 특히 사회과학의 모든 분야에서 미국의 압도적 영향력을 고려할 때, 1980년대 초중반부터 무서운 기세로 몰아친 사회운동 영역에서의 '반미주의' 확산은 '학문적 탈식민주의'를 향한 강력한 압력과 추동력을 만들어냈다.

1980년대는 '논쟁의 시대'이기도 했다. 핵심 쟁점은 혁명 노선, 그리고 그 논리적 기초를 이루는 현실분석 문제였다. 학생운동과 청년운동은 가장 일찍부터 논쟁이 벌어진 사회운동 영역들이었다. 논쟁의 뜨거운 열기는 이념적 급진화를 부추기는 경향이 뚜렷했다. 연이은 논쟁은 사회운동 영역에서 혁명주의와 마르크스주의의 지배력이 확장되는 과정이었다.

이용기는 학생운동과 청년운동을 중심으로 1980년대 변혁론 및 사회구성체 논쟁을 1980~1983년의 준비기, 1984~1985년의 1단계 논쟁(CNP 논쟁), 1986~1987년의 2단계 논쟁(NL-CA 논쟁), 1988~1990년의 3단계 논쟁(NL-PD 논쟁)의 네 시기로 나눠 개관한 바 있다.[48] 전명혁에 따르면, 학생운동의 논쟁은 1980년대 초 '깃발MT 대 반反깃발MC'의 대립 구도를 이루다가(〈표 7-4〉), 이후 '깃발MT' 진영이 '민민투CA' 진영으로, '반깃발MC' 진영이 '자민투NL' 진영으로 진화했다.[49] 이에 따라 논쟁의 구도도 1980년대 중반에 이르러 시민민주주의변혁론CDR, 민족민주변혁론NDR, 민중민주변혁론PDR의 대립으로 바뀌었다(〈표 7-5〉). 이 논쟁은 당시 'CNP 논쟁'으로 불렸다.[50] 1980년대 중반을 넘어서면서 자유주의 색채를 띤 시민민주주

〈표 7-4〉 1980년대 전반기 학생운동의 변혁론 논쟁[51]

전사 (1970년대)	서울역 시위 (1980.5.15)	조직사건	주요 문건	사건	논쟁	노선
현장론	회군(回軍)	무림	야학비판 (1982)	야학연합회사건	반(反)깃발 (MC)	대중조직 건설
정치 투쟁론	반(反)회군	학림	학생운동의 전망(1982)	전민학련사건 (1981), 민주화 추진위원회사건 (1985년 여름)	깃발 (MT)	전위조직 건설

〈표 7-5〉 1980년대 중반기 학생운동 진영의 변혁론 논쟁[52]

구분	사회구성체 (모순구조)	변혁운동의 단계	변혁운동의 대립물	변혁운동의 주체세력	연대 세력	제휴 세력
시민민주주의 변혁론(CDR)	주변부자본 주의사회	시민민주주의 변혁	외세, 국내독점자본, 군사정권	노동자, 농민, 도시빈민, 진보적 지식인	도시 중산층	
민족민주변혁론(NDR)	신식민지 예속국가 독점자본 주의사회	민중민주주의 변혁	외세, 국내독점자본, 군사정권	노동계급	농민, 도시빈민, 학생운동, 진보적 지식인, 선도세력	도시중산층
민중민주변혁론(PDR)	국가독점자 본주의사회	민중민주주의 변혁	외세, 국내독점자본, 군사정권	노동계급	농민, 도시빈민	학생운동, 진보적 지식인, 도시중산층

의변혁론CDR이 사실상 퇴출당하고, 주체사상의 영향까지 겹치면서 '민족민주변혁론'NDR이 '민족해방민중민주주의변혁론'NLPDR으로 발전함으로써, 1980년대 후반기 논쟁의 구도는 '민족해방민중민주주의변혁론' NLPDR과 '민중민주변혁론'PDR의 양 진영 대립으로 최종 재편되었다.[53]

1985년에 계간지 『창작과 비평』을 무대로 한 사회구성체 논쟁이 개시되었다. 김진균과 조희연은 이 논쟁이 지닌 "전환적 의의"를 세 가지, 즉 잠재적 대립이 분명히 분리되어 각자의 논리 체계를 정립하게 되었다는 점, 축적된 연구 성과를 총괄하여 재구성하고 올바른 방법론적 원칙을 규명했다는 점, 변혁이론·실천이론을 심각하게 검토함으로써 민족적·민중적 학문의 실천적 성격을 강화했다는 점으로 제시했다.[54] 정수복은 사회구성체 논쟁의 성격을 "계급해방과 민족해방 사이의 관계와 우선순위에 대한 논쟁"으로 간단히 요약한 바 있고, 김동춘은 논쟁의 초점을 "한국 자본주의의 종속성과 독점성의 관련성, 자본축적 체제의 특성과 발전단계, 국가의 성격과 지배체제의 규명"으로 압축한 바 있다.[55] 김동춘의 설명을 조금 더 들어보자. 또 이어지는 인용문에서 보듯이, 유팔무와 김호기는 논쟁의 양대 주제를 사회구성체론·사회성격론과 사회변혁론으로 정리했다.

> 80년대 이래 한국의 사회과학은 한국 자본주의의 성격과 단계를 어떻게 파악할 것인가, 한국 자본주의의 종속성과 독점성을 어떻게 연관시킬 것인가 하는 문제를 둘러싸고 씨름하였다. '자본주의'는 80년대 한국 사회과학의 가장 중요한 화두였는데, 그것은 60, 70년대에 풍미하였던 '근대'라는 담론을 비판하면서 제기된 것이다. 80년대의 수많은 자본주의 개념(종속자본주의, 독점자본주의, 국가독점자본주의, 신식민지 국가독점자본주의, 식민지 자본주의)은 당시 연구자, 지식인의 상황 규정이었고, 자기 인식이었다. 대체로는 자본주의적 모순과 자본주의의 종속성에 기인

~랑하는 천만노동자동지들이여 ! 무엇을 망설이는가 !

각 조여오는 저들의 총칼은 천만노동자를 죽음으로 몰아넣고 있
노동자가 침묵을 지키는 날, 저들의 끝없는 탐욕은 마침내 우리
부모, 아들딸을 영원한 노예로 만들고 만다.
자 !
~오르는 임투의 열기를 하나로 결집하자 !
~리봉오거리에서 모든 민주화세력과 함께 집결하여 저들 한
~는 반민주, 반민족, 반민중세력을 규탄하자 !

우리의 결의

1. 일당 7,000원 최저생계비 쟁취하자.
1. 8시간 노동제 확보하자.
1. 언론, 집회, 결사, 파업의 자유 쟁취하자.
1. 노동운동 탄압하는 군부독재정권 타도하자.
1. 민중수탈로 배불리는 독점재벌 물리치자.
1. 민주장정 가로막는 미·일제국주의 몰아내자.

4월 16일 오후 7시 가리봉오거리로 !

4월 16일 오후 7시 가리봉오거리로 !

반제반파쇼 민중투쟁위원회

한 모순 중 어느 것이 선차적인가 하는 문제제기, 즉 전통적인 좌파의
민족민중적 시각과 그것에 대한 반비판이 중심적인 이슈가 되었다.[56]

한국 자본주의의 성격은 어떤 것이고 또 어떤 변화를 겪고 있는가, 그
리고 앞으로의 전망은 어떠할 것인가.……핵심적인 쟁점이 되었던 것
은 종속성 혹은 식민지성이었으며, 지속적인 경제성장은 그러한 종속
성 혹은 신식민지성에 어떤 변화를 초래할 것인가, 즉 지속성장을 통
해 자립적인 선진자본주의로 나아갈 것인가, 아니면 남미처럼 종속이

민중대회 선언문(1980년대)

심화되고 경제위기에 빠지고 나아가서는 혁명적 위기가 발생할 것인가 하는 점이었다.……사회변혁론은 사회변혁을 위한 전략·전술적인 성격의 논의로서 사회구성 혹은 사회성격에 대한 이론적 진단에 기초하여 수립·설정되는 실천적인 성격을 지녔다. 여기서 입장과 노선은 크게 민주·민족, 민중적 입장과 노선으로 나뉘었는데, 국가모순, 민족모순, 계급모순 중 어느 것이 전략적으로 우선시되어야 하며, 전술적으로 어떤 모순에 대한 투쟁이 효과적인가 하는 논의가 쟁점을 이루었다. 이와 같은 변혁론에서는 동시에 '변혁주체' 문제와 '계급구성'의 문제, 그리고 '혁명과 사회(변혁)운동'의 문제, 그리고 변혁의 대상이 되는 '국가'의 성격, '지배계급'의 성격이 또 다른 초점을 이루었다.[57]

사회운동가들 사이에서 지배력을 확장했던 혁명주의와 마르크스주의는 민중론을 개척해온 진보적 지식인사회에도 직접적이고도 지대한 영향을 미쳤다. 무엇보다 민중론 내에서 변혁노선, 계급론, 모순론의 중요성이 급상승했다. 1980년대 중반 이후 민중론은 혁명론과 단단히 결합했다. 그 결과 1세대 민중론에서는 인문학이 중심을 이루거나 인문학-사회과학 양자의 균형이 대체로 유지되었던 데 비해, 2세대 민중연구에서는 사회구성체 논쟁이 중심을 차지하고 그 여파가 거의 모든 학문 분과로 미치기 시작함에 따라 사회과학의 주도성이 더욱 돋보이게 되었다. 조명래는 1980년대 "진보 학술운동의 등장은 역사 이래 '최초의 자의식적인 사회과학 혁명'의 시작을 의미"한다고까지 주장했다.[58] '사회과학 서점'이나 '사회과학 출판사'라는 말들이 상징하듯, 1980년대 중후반의 한국사회에서는 '사회과학'이라는 말이 색다른 의미로, 사실상 마르크스주의와 유사한 의미로 사용되었다.[59] 김진균은 사회과학 안에서도 사회구성체 분석에서 강점을 보인 경제학과 계급구조 분석에서 강점을 보인 사회학의 주도성이 두드러졌다고 보았다.[60] 보다 구체적으로, "논의와 토론, 논쟁은 분과 학문적 경계가 없는 참여 속에서 종합 사회과학적으로 이루어졌다. 물론 자본주의론과 관련해서는 주로 경제학 전공자들이, 계급론과 관련해서는 사회학 전공자들이, 국가론과 관련해서는 정치학 전공자들이 논의 과정에서 주축을 이루었다."[61]

그러나 사회운동계의 논쟁이 당시 진보 학계에 미친 영향이 '기계적인' 방식으로 움직인 것만은 아니었다. 다시 말해 사회운동 논쟁과 학계 동향이 반드시 조응 관계를 이루지는 않았다. 우선, 1980년대 초 '깃발MT 대 반깃발MC'의 1단계 논쟁이 한창 진행되던 시기에 민중론 쪽에서는 '주변부 자본주의론'에 기초한 민중론이 주로 논의되고 있었다. 요컨대 깃발-반깃발 논쟁'은 민중론에 거의 영향력을 행사하지 못했다고 할 수 있다. 또한, 2~3단계 논쟁이라 할 수 있는 CNP 논쟁과 NLPDR-PDR 논쟁은 민중론에 보다 강하고 직접적인 영향을 미쳤지만, 사회운동 영역의 이데올로기적 판도와 민중론 학계의 이론적 판도는 뒤집힌 구도, 혹은 탈구dislocation라 부를 만한 구도에 가까웠다. 사회운동 쪽의 논쟁이 학계에 중요한 영향을 끼치기는 했으되, 그 영향의 내용 및 결과는 거의 정반대로 나타났던 것이다.

여하튼 '혁명적 낭만주의'의 시대 분위기 속에서 민중 개념에서도 '급진적 전환'이 발생했다. 1980년대에 새로 등장한 젊은 민중론자들에 의해 이전의 민중론은 소시민적이거나, 관념적이거나, 비과학적이거나, 소외론적이거나, 비계급적이거나, 인민주의적이거나populist, 낭만적인 것으로 비판되었다.[62] '감상적 온정주의'라는 비판도 가세했다.[63] 학생운동을 중심으로 혁명론 논쟁이 가열되면서 점점 많은 이들이 '개량주의'나 '기회주의'라는 낙인을 두려워하게 될수록 '1970년대식 민중론'과 자신들의 민중론을 구별하고 차별화하려는 욕구는 더욱 강해졌다. 그럴수록 이전의 민중론에 대한 비판의 강도는 더욱 높아져 갔다. 대신 마르크스주의와 역사적 유물론, 사회구성체론이 새로 도입되면서 "과학적·변혁론적 민

중관"이나 "과학적 민중론", (민중사학의 모토이기도 했던) "과학적·실천적 역
사학"이 고창高唱되었다.[64]

　민중 개념의 급진화는 1980년 광주항쟁 직후부터 가시적으로 나타난
학생운동의 급진화와 맥을 같이하는 것이었다. 학생운동을 거쳤거나 그
에 동조적인 이들이 대학원에 대거 진학하면서 민중 개념의 급진화가 빠
르게 진행된 것이다. 1980년대 중반 이후 '민중 개념의 혁명론적 재구성',
곧 당면한 혁명의 성격을 규명하고 그 혁명의 관점에서 민중 개념을 대대
적으로 재구성하는 작업이 진행되었다. 다른 분야들에 비해 1세대와 2세
대 간의 단절보다는 연속성의 측면이 두드러진 편이었던 민중신학에서
조차 1세대와 차별화하려는 2세대의 욕구는 강렬하게 분출했다. 채희동
이 2세대 민중신학의 특징을 여섯 가지로 훌륭하게 정리한 바 있다.

　　첫째, 미래의 한국 신학은 기독교 신앙과 정치적 실천을 매개하는 데
　　필요한 신학적 해석학의 일반이론을 정립하여야 한다. 이 신학적 해석
　　의 일반이론은 신학과 정치경제학의 결합을 방법론적 기축으로 삼는
　　다. 둘째, 신학적 해석학의 일반이론은 기독교운동의 정치 노선에 대한
　　합의를 도출하고 이를 뒷받침하는 신앙의 내적 근거를 확보하기 위해
　　보다 과학적인 현실분석 방법을 끊임없이 수용·개발할 필요가 있다.
　　셋째, 미래의 한국 신학은 교회를 지배하는 전통적인 아이덴티티를 극
　　복하기 위해 교회의 지배적인 신앙유형의 이데올로기적 성격과 정치
　　적 기능을 비판적으로 검토하고 기독교 대중을 전통적인 아이덴티티
　　로부터 해방시킬 수 있는 효과적인 이데올로기적 실천방법을 개발할
　　필요가 있다. 넷째, 미래의 한국 신학은 우리의 사회뿐만 아니라 교회
　　의 역사와 성서의 해석 그리고 교리의 재해석에 이르기까지 정치경제
　　학적 분석 방법과 이데올로기비판을 수미일관하게 적용할 필요가 있
　　다. 다섯째, 이러한 일련의 작업은 새로운 기독교적 세계관을 필요로

한다. 이 세계관의 중심 개념은 '물'과 '삶'이다. 이 세계관의 근거는 성서를 통해 확인되는 하느님의 운동의 현상학이며, 이 하느님의 운동에 참여하는 민중의 혁명적 해방실천이다. 여섯째, 새로운 기독교의 세계관은 마르크스주의의 유물론적 세계관의 도전을 회피하지 않고 그 도전을 정면으로 받아들여 올바르게 응답하는 데 필요하며, 새로운 기독교적 세계관은 마르크스주의의 종교비판 이후의 기독교를 건설하는 데 필요불가결하다.[65]

2세대 민중론을 가장 체계적으로 제시한 이는 사회학자인 백욱인이었다. 백욱인은 1980년대의 '과학적·변혁적 민중론'이 단번에 등장한 게 아니라, 적어도 두 단계를 거쳐 형성되었다고 주장했다. 첫째 단계는 1980년대 초반으로 이때 '주변부 자본주의론'에 기초한 민중론이 나타나면서 처음으로 민중 개념이 혁명론과 결합했다고 한다. 두 번째 단계는 1980년대 중반의 사회구성체 논쟁을 거치면서 "민중론의 과학화"가 이뤄짐과 동시에, 한상진의 "중산층적 민중론"이 제기되면서 "민중론의 분화"가 진행된 시기였다.[66] 첫 번째 단계와 관련하여, 한국 학계에서 1980년대 초는 '제3세계 발전론들' 가운데 1970년대까지 지배적 지위를 차지했던 근대화이론을 대신하여 마르크스주의 계열인 종속이론, 세계체제이론, 생산양식이론 등이 대안적인 '한국사회 발전론'으로 급속히 확대되던 시기였다. 1985년에 쓴 글에서 양종회는 종속이론과 세계체제론이 "한국사회의 발전 연구에 중대한 전환점을 마련"했다면서,[67] 사회학계를 중심으로 1960년대부터 1980년대 전반기까지 제3세계 및 한국사회 발전론의 흐름을 다음과 같이 정리했다.[68]

제3세계 발전론은 시대적으로 선후의 구분이 가능하다. 근대화론이 1960년대까지 지배적이었다고 한다면 후발효과이론을 비롯한 그에 대한 비판이 1960년대 후반에서 1970년대에 걸쳐서 나왔다. 1970년대에는 자유주의적 전통에 대한 대안으로 종속이론, 세계체계이론 등이 본격적으로 등장하였으며, 종속이론에 대한 비판과 함께 생산양식이론이 활발하게 논의되기 시작한 것은 1970년대 후반이다.

이러한 이론이 한국에 수용된 것도 대략 같은 순서라고 할 수 있다. 1960년대에는 근대화이론을 한국에 소개하고, 적용해보려는 소수의 노력이 있었고, 1970년대에는 근대화이론의 수용과 함께 그에 대한 비판과 한국적 현실에 맞도록 새롭게 정립하려는 노력도 등장하였다. 그러나 그것은 어디까지나 자유주의적 전통하의 노력이었고 근본적인 시각의 변동은 없었다. 급진적인 마르크스주의 이론인 종속이론, 세계체계이론, 생산양식이론 등이 본격적으로 소개된 것은 1980년대에 들어와서부터이다. 이 급진적 시각은 오늘날 젊은 사회학자들에게 급속도로 번지고 있으며, 야심적인 연구 성과도 하나둘 나오고 있는 실정이다. 동시에 일부 기성 사회학자들의 반성도 매우 활발하여 한국 사회의 변동을 바로 볼 수 있는 조망을 정립하려고 노력을 기울이고 있다.[69]

이처럼 종속이론을 비롯한 다양한 제3세계 이론들이 한국 학계로 수입되기 시작하고, 그것이 다시 민중 개념과 결합했던 1980년대 초는 민중론에서 '시각의 지구화'가 이뤄진 때였다고도 볼 수 있겠다. 민중 개념과 연관된 이런 지구적 관점global perspective은 1980년대의 학계와 사회운동권에서 다양한 '신식민주의neocolonialism' 담론으로 표출되었으며, 1990년대 이후에는 '탈식민주의postcolonialism' 담론으로 이어졌다. 그렇다면 백욱인이 말하는 두 번째 단계이자 최종적 발전 형태인 소위 '과학적 민중론'은 어떤 것이었나? 백욱인은 무엇보다 사회성격론-변혁론-민중론의 상호관련성을 강조한다.

과학적 민중론은 사회구성체론에 입각하여 토대와 상부구조에 의하여 규정되는 사회의 객관적 모순을 밝혀내고, 이러한 모순의 담지자이자 극복 주체인 민중의 사상적, 정치적, 조직적 결집과 변혁주체로의 형성 과정을 정향지우는 것이어야 한다.……사회변혁에 관한 문제는 한 사회의 기본성격에 대한 해명을 기점으로 하여 변혁주체의 형성(실천적 계급론), 변혁을 위한 구체적 실천방법의 모색(전략과 전술)으로 이어지는 것이다. 그렇기 때문에 사회성격론, 변혁주체론으로서의 민중론, 실천적 변혁에의 전망은 서로 긴밀하게 연관되어야 한다.……변혁주체의 설정과 형성에 관한 문제는 사회구성체론과 변혁론을 매개하는 실천적 계급론의 가장 핵심적인 영역일 뿐 아니라 이론과 실천을 통일시키는 매개점이다.[70]

백욱인은 과학적 민중론이 정립되려면 네 가지 요건이 충족되어야 한다고 주장했다. 그것은 객관적 과학성, 역사적 계승성, 운동적 실천성, 민중적 당파성을 가리킨다. 부연하자면, "과학적 민중론의 정립을 위해서는 민중의 사회과학적 개념화가 이루어져야 한다. 이는 정치경제학적 접근에 의한 과학성의 확보, 역사적 접근에 의한 역사성의 확보, 운동적 접근에 의한 실천성의 확보라는 과제를 안게 된다." 여기에 덧붙여 "민중 구성 내부에서 특정 계급의 선도성과 지도성 관철"이라는 의미의 '민중적 당파성'이 추가되어야 한다는 것이다.[71]

역사학자 이용기는 1세대 민중론에서 2세대 민중론에로의 이행을 "소외론적 민중관"에서 "과학적·변혁론적 민중관"에로의 전환으로 표현하면서, 과학적·변혁론적 민중관의 핵심 내용을 다음과 같이 제시한 바 있다. "민중은 모순을 집중적으로 체현한 자이기 때문에 적절한 계기(주로 올바른 지도)가 주어진다면 필연적으로 투쟁·저항·변혁에 뛰어들 존재로 파악되며, 모순의 과학적 분석을 통해서 추출할 수 있는 분석적 범주로서 노동계급의 헤게모니 하에 결집된 계급연합으로 실체화된다. 논자에 따라서 민족·계급모순의 분석을 달리하기에 민중의 범위와 내적 구성을 어떻게 설정할 것인지의 문제에서는 다양한 의견이 제시되었다. 그런데도 민중은 민족모순과 계급모순의 변증법을 통해 주조되는 통일적 실체이며, 궁극적으로 자기해방을 향해 전진하는 목적론적 주체로 인식된다는 점에서 공통점을 갖고 있다."[72]

한편, 민중 개념의 실천론을 둘러싼 학계의 논쟁 역시 학생·청년운동 영역과 유사한 구도로 진행되었지만, 변혁론들 간 우열 관계의 차이는 뚜렷했다. 즉 학생운동권에서는 곧 민족해방민중민주주의변혁론NLPDR으로 발전하는 민족민주변혁론NDR이 더 큰 인기를 얻었던 반면, 학계의 민중 연구자들 사이에서는 처음부터 민중민주변혁론PDR이 더욱 우세했다. 1980년대 후반 학계 주도의 사회구성체 논쟁과 사회운동계의 변혁론 논쟁은 뒤얽혀 전개되었고, 그런 만큼 이 시기에 사회운동에 대한 학계의 영향력은 매우 컸다고 볼 수도 있었다. 그러나 사회운동가들 사이에서 지배적인 민중이론과 진보적 연구자들 사이에서 지배적인 민중이론이 현저하게 탈구 내지 괴리된 모습을 보였던 것도 사실이었다. 그 때문에 사회운동 소수파와 학계 다수파의 민중 개념이 수렴되는 양상이 나타났고, 그 결과 시간이 지날수록 학계의 영향력은 민중민주변혁론PDR을 고수하는 민중민주파 혹은 평등파에 한정될 수밖에 없게 되었다. 한완상은 이렇게 표현했다. "엄밀히 말해 사회구성체 논쟁이 전개된 양상은 학술계와 운동계에서 다르다. 즉 학술계에서는 '신식민지 국가독점자본주의론'이 논쟁을 거의 주도한 반면, 운동계에서는 '식민지 반자본주의론'이 압도적으로 석권하였다."[73]

앞서 말했듯이 1985년부터 학생·청년운동 진영에서는 세 가지의 변혁론으로 대표되는 이른바 'CNP 논쟁'이 요란하게 전개되는데, 〈표 7-5〉에 정리된 각각의 변혁론에서 '변혁운동의 주체세력'과 '연대 세력'과 '제휴 세력'이 '민중 구성론'을 이룬다고 하겠다. 1980년대 변혁론 논쟁의 핵심 쟁점 중 하나가 민족모순과 계급모순의 상대적 우위성 문제였다. 이때 민족모순을 강조하는 논자들일수록 민중 개념의 범위를 넓게 설정하는 반면, 계급모순을 강조하는 논자들은 민중 개념의 외연을 상대적으로 좁게 설정하는 경향을 보였다. 1986년부터 뚜렷하게 모습을 드러냈던 학생운동 내부의 두 그룹을 예로 들어보자. 이 중 다수파였던 이른바 '반제'反帝 혹은 'NL' 그룹은 민족해방민중민주주의혁명론NLPDR에 입각하여, 변혁의 동력 혹은 주체인 민중의 범위를 "광범위한 애국적·민족적 민중 역량", 더 구체적으로 "노동자계급이 중심이 되어 농민, 학생, 지식인, 중소상공업자, 양심적 민족자본가, 애국적 군인 등 광범위한 민족의 성원을 망라"하는 것으로 제시했던 반면, 소수파 그룹 중 '반제반독점민중민주주의변혁론'을 주장하던 이들은 "노동자계급의 독자성과 중간층의 동요성을 강조"했다.[74] 1988년 6월 처음 열렸던 학술단체 연합심포지엄에서 이세영은 "민족 문제를 중심으로 민중을 파악하는 것이 민중사학의 현 단계"라고 진단하면서, "민중사학론에 의하면 현재 한국사회의 민중은 신식민지 하에서 민족해방의 주체로서 노동자계급을 중심으로 하여 농민, 도시빈민, 진보적 지식인 등을 두루 포괄하고 있는 개념"이며, "그 구성은 일부 매판적 세력을 제외한 모든 민족적 세력(대표적인 예로 민족부르주아지)으로 확대될 수 있다"고 보았다.[75] 여기서 보듯이, 사회과학자들이 주도한 1980년대 후반 진보 학계의 민중 논의에서도 소장 역사학자들의 입지는 상당히 독특했던 것 같다.

이런 차이에도 불구하고 전체적으로 볼 때 1980년대 들어 계급모순의 중요성이 한층 강조되었던 점을 감안하면 1980년대의 민중 범위가 1970년대에 비해서는 비교적 협소해졌다고 평가할 수 있겠다. 사회학자 공제욱이 작성한 〈표 7-6〉은 계급구조 분석을 중시하는 민중민주변혁론 PDR 쪽의 '민중 구성'을 잘 보여주는 사례 중 하나이다. 그는 광의의 민중

은 중산층을 포함하지만, 민중의 주요 구성 부분은 노동자, 농민, 도시빈
민이라고 보았다.[76] 1989년 발간한 저서 『사회계급론』에서도 공제욱은
민중을 노동계급, 반프롤레타리아트, 농민, 중간제계층의 네 범주로 제
시했다.[77]

〈표 7-6〉 민중의 계급적 구성[78]

지배관계	부문 간의 구분		
	기업(조직) 부문	비공식부문	농업 부문
지배계급	자본가계급		
중산층	샐러리맨층	상층 쁘띠부르주아지	
민중	공식부문 노동자층	하층 쁘띠부르주아지 (반프롤레타리아트)	농촌 쁘띠부르주아지 (자영농)
		비공식부문 노동자층	농업노동자

NLPDR-PDR 진영 간 대립을 축으로 한 사회운동계·학계의 논쟁이 큰
흐름을 규정하는 하나의 '주제'라고 가정한다면, 민중론 형성 과정에 참
여해온 다양한 하위 분야들은 자기들의 특수성과 내부 세력 관계를 반영
하는 저마다의 '변주들'을 발전시켰다.

먼저 문학계의 예를 들어보자. 1985년 진보 학계에서 사회구성체 논쟁
이 시작되자 민중문학의 성격과 진로를 둘러싼 논쟁도 곧 뒤를 이었고
1980년대 말까지 지속되었다. 1985년 7월 김병걸과 채광석이 두 번째 '80
년대 대표평론선選'을 내면서 "문학과 문학운동에 대한 과학적 이해 태도
가 심화되고 있고 기층 민중의 문학 주체로서의 출현이 거듭되는 데 따른
새로운 논의들이 활발해질 것"이라고 예측했던 그대로였다.[79] 1989년 출
간된 『민족민중문학론의 쟁점과 전망』 편집자인 김사인과 강형철은 1980
년대 후반의 논쟁을 1970년대 이래의 '민족문학론'을 비롯하여 '노동해방
문학론', '민족해방문학론'의 세 갈래로 정리하면서, 여기에다 (노동해방문

학론과 정치적 입장이 유사한) '민중적 민족문학론'을 추가할 수 있다고 보았다.[80] 『민족문학 주체 논쟁』의 편집자인 정한용은 1987~1988년 논쟁의 쟁점을 다음과 같이 요약한 바 있다. "문학이 현실을 타파하고 민중을 일깨워야 한다는 점에서는 암묵적으로 동의하면서, 그 생산 주체가 누구인가, 생산 주체의 사회계급 구성은 무엇인가, 방법상에 있어 당파성에 복무할 것인가 아닌가, 등의 문제에선 상당한 대립을 보이고 있다. 이 논쟁에 참여하는 민족문학 4세대들을 유형별로 나눈다면, 크게 『문학과 사회』를 중심으로 한 일군의 무리와 계급성을 중시한 일군의 무리로 나눌 수 있고, 다시 후자는 소위 'ML파'와 '주사파'로 세분할 수 있겠다."[81]

문단 바깥 관찰자의 시선에서 「한겨레신문」의 조선희 기자는 이 논쟁의 쟁점을 보다 간명하게 "(1) 주체: 누가 써야 하는가, (2) 미학: 무엇이 민중문학인가, (3) 방법: 어떻게 써야 하는가"의 세 가지로 압축했다. 조 기자는 1년여 논쟁을 통해 형성된 대립 구도를 다음과 같이 정리했다.

지난해(1987년–인용자) 여름 무크 『전환기의 민족문학』에 실린 문학평론가 김명인 씨의 글 "지식인 문학의 위기와 새로운 민족문학의 구상"은 문학계에 꽤 큰 충격을 던졌다. 그는 역사 속에서 변혁의 힘을 잃은 채 몰락의 운명에 처한 소시민 계급과 소시민 계급에 속한 지식인 문학의 위기를 지적하고 사회변혁의 주체로 일어서고 있는 민중, 특히 노동자 계급이 결국 민족문학의 주체로 서야 한다고 선언했던 것이다. 이 이론에는 '민중적 민족문학'이라는 이름이 붙여졌다. 이 선언은 '문학은 지식인의 고유 영역'이라는 일반의 고정관념을 크게 뒤흔들었고 비평계에서도 즉각 반론을 불러일으켰다.……이어 1년 동안 '민중적 민족문학론'을 둘러싼 찬반 토론이 왕성해지면서 10여 편의 논쟁성 비평들이 쏟아져 나왔다. 이 논쟁은 올 들어 『창작과 비평』 『실천문학』 『문학과 사회』 등 계간지 창간과 함께 보다 속도감 있게 진행되면서 대략 백낙청

씨를 정점으로 한 기성의 민족문학론과 김명인, 백진기 등 젊은 비평가 그룹의 민중적 민족문학론, 정과리, 홍정선, 성민엽 등 『문학과 사회』 편집 동인들이 각기 조금씩 다른 목소리로 들고나오는 '다원주의' 민족문학론 사이에서 삼각의 구도를 갖췄다. 여기에 '민중적 민족문학'과 닮은꼴인 조정환의 '민주주의 민족문학론'이 덧붙여졌다.[82]

치열한 논전이 벌어진 것은 연구자 단체가 분립한 역사학계나, 작가 단체가 분열된 미술계에서도 마찬가지였다. 유홍준은 사회구성체-변혁론 논쟁의 여파로 1987년 이후 문화예술 전반, 특히 미술계가 직면하게 된 두 가지 도전을 이렇게 설명한 바 있다. "'현실과 발언'의 존재가치에 결정적 타격을 준 것은 아마도 6월항쟁과 7·8·9월 노동자 대투쟁이라는 정치적, 사회적 변혁을 겪으면서 일어난 문화예술운동 전반의 체질 개선 요구의 흐름이었다. 세월은 미술인에게도 두 가지 사항을 강력히 요구하고 있었다. 하나는 보다 과학적이고 합리적인 전망 속에 자기를 정리하고 처신하면서 운동에 임해줄 것이었다. 이른바 '사구체 논쟁'에서 '신식국독자'와 '식반론'이 입에서 입으로 옮겨지는 개념의 난무를 맞은 것이다. 또 하나, 막연히 인식되던 민중에서 한 단계 더 뛰어넘어 노동자·농민이 진짜로 역사의 전면에 부상하기 시작했고, 창작에 있어서도 이 기층민중의 심성과 정서에 토대를 둔 작품을 요구하고 있는 것이었다. 한마디로 지식인으로 교육받고 지식인으로서 사고하고 행동한다는 것이 송두리째 부정되면서 새로운 자기 점검을 요구한 것이다."[83]

결국 미술계는 "NL 계통, PD 계통"으로 쪼개지고 말았다. 김정헌의 회고에 의하면, "민미협이 만들어지고 나서 주로 현장미술전 같은 것들, 김봉준, 두렁, 뭐 이렇게 현장에 직접 들어가서 뛰어야 된다 그랬어. 그때 NL 계통, PD 계통으로 둘로 조금씩 미술 쪽이 쪼개지기 시작하는데, 홍성담 쪽이 NL이라고 봐야 하고 김봉준은 PD라고 봐야 하는데, 뭐 그렇다고 김봉준만 그런 것이 아니고 많은 친구들이 노동 현장과 결합해야 한다 그래가지고, 김정환 시인은 아예 민문연, 문화예술인 조직을 만들어서 (미술가들이) 거기서 학습도 받고 그랬어.……신학철이나 박불똥도 학습하고 그랬을 거야."[84] 박인배는 1980년대 후반 '민중문화운동' 진영의 이론적 대립을 최승운으로 대표되는 PD 계통의 '이데올로기 생산활동론'과 연성수로 대표되는 NL 계통의 '현장문화운동론'으로 대별했다.[85]

필자가 보기에 2세대 민중론의 가장 큰 기여는 '연합 혹은 연대로서의 민중' 개념을 명확히 정립한 점이다. 우리가 민중을 '형성적·과정적 존재'로 이해할 때, 1세대 민중론이 '민중 형성'의 양대 축 가운데 '의식 형성' 측면을 강조하면서 의식화·민중교육과 지식인의 역할을 논하는 데 치중했다면, 2세대 민중론은 '연합/연대 형성'의 측면을 규명하는 데 주력했다. '의식 형성'과 '연합 형성'이 한 쌍으로 유기적으로 결합해야만 '민중 형성' 과정이 온전해진다는 점이 2세대 민중론에 와서야 비로소 분명해졌다.

또한, 자본주의로의 이행 과정에서 발생하는 '계급 분화'의 중요성을 강조했던 것, 그로 인해 (지배-피지배 계급의 적대적 분화뿐 아니라) 민중을 구성하는 다양한 계급·계층 간의 '이질성'이 심화함을 강조했던 것도 2세대 민중론자들의 또 다른 기여이다. 그런데 민중 내부의 증가하는 이질성으로 인해 '연합 형성'의 문제가 긴급한, 그러나 항상적 딜레마에 가까운 과업으로 떠오르게 된다. 계급 분화에 대한 강조로 말미암아 2세대 민중론자들에게 연대의 난제는 무엇보다 '계급연합 구축' 문제를 의미하게 된다. 바로 여기서 '계급연합 혹은 계급동맹으로서의 민중' 개념이 탄생하게 되는 것이다. 한국사회에 대한 정밀한 계급구성 및 계급모순 분석을 발전시킨 것도 2세대 민중론의 탁월한 장점이었다.

그것이 무엇이든 모든 형태의 연합 형성은 기본적으로 '정치적 프로젝트'이다. 연합으로서의 민중 개념을 정립함으로써 민중 형성의 정치적 차원, 그리고 그것의 중요성을 적절히 부각시킨 것도 2세대 민중론자들의 큰 공헌이다. 실제로 2세대 민중론자들은 연합 형성을 위한 구체적인 방법들을 논의했다. 통일전선, 인민전선, 노동자계급 헤게모니, 전위정당 같은 용어들도 연합 형성을 위한 정치적 방책方策이나 방략方略, 전술과 전략 차원에서 등장했다. 우리는 민중 이론을 '(민중)구성론'과 (변혁론을 포함하는) '실천론'으로 양분할 수 있을 것이다. 그런데 민중 이론의 분화와 체계화, 즉 구성론과 실천론의 분화, 그리고 각각의 체계화를 이룩한 것도 2세대 민중론의 또 다른 공로였다고 하겠다.[86]

민중이 소망하는, 민중이 온갖 질곡에서 해방된, 민중이 진정한 주인 혹은 주체가 되는 '대안적 사회상'에 대한 논의를 진전시키고 구체화한 것도 2세대 민중론의 기여였다. 대안 사회모델을 구상하거나 거기에 도달하기 위한 정치적-이데올로기적 프로그램을 마련하는 데 다양한 형태의 사회주의나 사회민주주의 담론이 활력소를 제공했다.

마지막으로, 민중 개념을 '변혁'이라는 발상과 접목함으로써, 민중을 단순한 '저항주체'를 넘어 '변혁주체'로까지 끌어올린 것도 2세대 민중론자들의 기여였다고 말할 수 있을지도 모른다. 물론 이에 대해서는 평자마다 판단이 다를 것이다.

2세대 민중론의 가장 현저한 특징은 민중 개념과 마르크스주의의 전면적 결합이었다고 말할 수 있다. 반면에 1세대 민중론자들 대부분은 공공연히 반反마르크스주의 혹은 비非마르크스주의를 표방했다. 예컨대 한완상은 스스로의 정치적 정체성을 "다원적 민주주의자", "진보적 자유주의자"로 규정한 바 있다.[87] 다른 1세대 민중론자들도 크게 다르지 않았을 것이다.

마르크스주의를 민중론 내부로 전면 수용한 결과 중 하나는 '근대주의'와 '서구중심주의', (서구중심주의와 결부된) '보편주의'의 부흥일 수 있다.

사회학자 김동춘처럼 "마르크스주의의 보편주의적, 서구주의적 편향"을 인정하거나, "마르크스주의 사고 역시 근대적 사고의 연장"임을 인정한 다면 말이다.[88] 민중교육론에 대해 논하는 가운데 한숭희 역시 "과학적 사회주의는 근대성의 인식론적 문제를 극복하지 못"했다는 지적에 공감을 표하면서, 1980년대 초중반 이후 드러난 "근대주의적 사고방식의 잔재로서의 맑스주의적 연역적 사고방식과 엘리트적 역사해석"을 비판한 바 있다.[89] 배항섭은 2세대 민중 개념에 입각한 민중사학이 근대주의를 벗어나지 못했고, 1990년대까지의 민중운동사 연구가 "서구 중심적·근대 중심적 인식에 규정"되고 있으며, "민중운동사 연구는 서구적 경험을 준거로 한 발전론적·목적론적 역사 인식에 입각하여 민중운동이 역사의 진화론적 전개 과정을 증명해주는 표상이라는 점을 선험적으로 전제하여 왔다"고 지적했다.[90] 2세대 민중론의 이런 성격은 몇몇 1세대 민중론자들에게서 뚜렷하게 드러나는 반反서구중심주의나 탈식민주의, 반反근대주의 지향과 충돌할 수 있다.

1988년 11월 7일 열린 '한국 민중론의 학문적 정립을 위한 대토론회'에서 발표된 논문들은 『한국 민중론의 현단계』라는 책자에 담겼다. 이 책의 서문에서 김성재는 사회구성체 논쟁이 "일본식 논의의 직접적 반영"이며 한국 학계의 학문적 주체성·자주성을 약화시켰다고 비판했다.[91] 사회학자 박영신은 1985년에 "깊은 성찰 없이 제3세계라는 이름을 마구 쓰는 것은 서구를 비판한다는 겉바람을 타고 서구의 새 유행에 비주체적으로 매몰되는 또 다른 자기 상실의 행각일 뿐"이라고 질타한 바 있다.[92] 또 다른 사회학자인 이기홍은 진보적 사회학자들이 주류 사회학을 '비판하면서 답습하는' 모순된 모습을 보이고 있으며, "수입된 이론의 학습이 연구를 대신하는 학문 상황"을 개탄했다. "수입된 외국이론의 '자기화'로 점철된 사회구성체 논쟁은 학습 수준을 벗어나지 못한 것이었으며, 이것은 결국 이론 생산능력의 저발전을 스스로 폭로하는 것에 다름 아니다.……이론

을 생산하는 것이 아니라 '선진국'의 이론을 수입하여 한국사회에 적용해
온 '이론 수입상'이 지배해온 것이 주류 사회학의 전통이었다. 즉 진보적
사회학도 이론의 수입에 관한 한 주류 사회학의 전통을 뿌리부터 지양하
지 않고 답습하고 있으며 이 점에서 '진보'라는 수식어가 무색하다고 하
겠다."93 정치학자 정영태도 1990년대 들어 진보적 정치학 연구가 '소강
상태'에 빠지게 된 이유 중 하나로 "외국으로부터 수입한 이론에 대한 의
존도가 여전히 높다는 점", 그리고 "'유행'에 지나치게 민감한 학문적 '청
산주의'와 '경박성'이 '세기적' 변화가 있었던 최근에 들어 더욱 강하게
나타남으로써……현실의 변화가 있을 때마다 이론은 물론 가치관까지도
하루아침에 바꾸어버리는 '조령모개식'의 변신"을 공박했다.94 이런 주
장들이 사실이라면 2세대 민중연구는 1세대 민중연구를 추동했던 핵심
동력 중 하나인 '한국적 학문 창출 욕망' 측면에서도 후퇴했다는 평가를
받을 만하다.

　1980년대에 '계급'과 '민족'이 민중 구성론의 두 축으로 부상하고 계급
요인과 민족 요인이 조합되는 다종다양한 결합 양식들이 논의됨으로써
민중 개념의 풍부함이 배가되었음은 분명하다. 반면 1980년대 이후 '민중
개념의 계급주의적-혁명주의적 전환'과 함께 많은 연구자들에 의해 민중
이 people 혹은 인민과 사실상 동의어로 취급되면서, 또 민중이 people
의 번역어로 간주되면서,95 1세대 민중론자들이 추구했던 한국적 독창성
과 고유성이 퇴색하고 민중 개념의 '통속화'와 '탈脫한국화'가 촉진되었
던 것 또한 사실이다. 앞서 보았듯이 1980년대는 사회구성체 논쟁과 혁명
론 논쟁 등 다양한 변혁이론이 백출했던 시기였는데, 역설적으로 이 논쟁
과정에서 토착어이자 한국적 발명품일 수도 있었을 minjung이 people로
'역逆번역'되는 기이한 현상이 발생했다. 또 '계급주체'라는 성격이 강해
짐으로써, 2세대 민중 개념이 1930년대 중반 이후 그리고 해방 직후의 '인
민' 개념과 실제로 비슷해졌다. 다시 말해 2세대 민중 개념은 이미 1930

년대부터 익숙하던 사회주의적-계급주의적 인민 개념과 거의 다르지 않게 되었다. 1세대 민중론자들에 의해 종종 고유어로 주장된 민중이 2세대 민중론자들에 의해 인민의 대체어 혹은 people의 번역어로 왜소화됨에 따라 민중 개념에 담긴 의미의 풍요로움이 축소된 측면이 있음을 부인할 수 없다.

1세대 민중론의 특징이었던 '다원적 민중 개념'은 2세대로 와서 경제적-계급적 차원을 중심으로 한 '단원적單元的 민중 개념'에 가깝게 바뀌었다. 한완상은 "민중의 복합적 성격, 즉 계급 복합적 성격"을 환기시키면서, "80년대의 한국적 마르크스-레닌주의 사회학은 민족보다는 계급을 더 중요시할 뿐 아니라, 민중이라는 다소 복합적인 실체보다 계급이라는 보다 동질적인 실체를 더 중요시"한다고 지적한 바 있다.[96] 거듭 지적해왔듯이, 경제주의적-계급주의적 민중 개념의 특징 중 하나는 이전에 비해 민중의 외연을 비교적 협소하게 제한하는 경향이 강하다는 것이다. 2세대 민중론이 빠지기 쉬운 '경제적-계급적 환원주의'를 경계하는 목소리도 점점 증폭되었다.

2세대 민중론자들은 '과학 대 비非과학/전前과학' 및 '관념론 대 유물론' 이분법을 즐겨 사용했다. 윤리, 감정·정동, (한으로 연결되는) 고통 등의 영역들은 비과학적이라거나 관념적이라는 이유로 민중연구 목록에서 퇴출당하기 일쑤였다. 1980년대 들어 (전투적인 문화'운동'은 활성화되었을지언정) 과학성이라는 슬로건에 밀려 1세대 민중론에서 비교적 풍성하게 발견되던 문화, 감정, 공동체 전통, 생활세계, 민중전기 분석은 뒤로 밀려났다. 그 빈자리를 딱딱한 계급 분석과 합리주의적 혁명전략 분석이 채웠다. 1세대 민중론을 특징지었던 '문화적 접근'은 '과학적 민중론'의 정립에 도움이 되지 못하는 '문화주의적 편향'으로 비판받았다.[97] 민중문화 연구자들의 신명론, 놀이론, 공동체문화론도 2세대 민중론자들의 비판 대상이 되었다.[98]

민중 구성론·실천론과 관련된 수많은 이론들, '사상투쟁'이라 불릴 만큼 격렬하게 진행되었던 논쟁들에도 불구하고, 과학성에 대한 과도한 강조로 인해 1980년대를 거치면서 민중론 자체가 동어반복적인 느낌이 들 정도로 단조로워졌음을 부인하기 어렵다. 1세대 민중론의 다색성多色性이 퇴색하면서 압도적 지배력을 확보한 마르크스주의 민중론으로 단색화된 것이다. 일부 예외를 제외하면 2세대 민중론자들이 집단적 익명성 속에 함몰된 것처럼 보이는 데 비해, 1세대 민중론자들(그리고 1980년대에도 1970년대 민중론의 연장선 위에서 활동했던 이들)은 중구난방이라는 느낌마저 들 정도로 자유분방하고 개성이 넘쳤고 제각각이었다. 1980년대 중반 이후 활약한 계급론적 민중 연구자들이 자주 범했던 오류 중 하나는 1세대 민중론의 특징이었던 내적 이질성과 다양성을 간과 내지 과소평가했던 점이었다. 그들은 이전 시대의 민중론을 과도하게 단순화하면서 소외·관념·낭만·인민주의 등의 용어들을 동원하여 1세대 민중론자들을 마치 한덩어리처럼 취급했다. 반면 '논쟁의 시대'라는 시대규정이 불러일으키는 착시에도 불구하고 2세대 민중론은 훨씬 동질적이었고 넓은 공통 지반을 갖고 있었다.

민중문화·민중예술에 주목했던 1세대 민중론이 '저강도의 일상적 저항'을 효과적으로 부각시킬 수 있었다면, 2세대 민중론에서는 민중의 미시정치·일상정치 차원이 통째로 실종되다시피 했다. 이는 1세대 민중론에 비해 문화적 접근이 확연히 약해진 탓이기도 했지만, 민중의 저항성(나아가 혁명성)을 강조한 나머지 민중을 '동질적인' 존재로 이미지화함과 동시에, 권력-민중 관계를 단순화한 탓도 컸다. 김득중이 지적하듯이, 2세대 민중 개념은 "지배계급에 대항하는 주체로서의 성격에만 주목하여, 민중 내부의 차이보다는 내적 통일성이 강조되는 경향이 있었다. 이러한 경향은 저항의 주체이자 타협하기도 하는 존재로서 민중을 바라보았던 1970년대 민중론에서, 민중을 80년대의 사회구성체론으로 파악하고 계급적인 관점에서 정의하면서 더욱 굳어져갔다."⁹⁹ 1세대 민중연구에서 돋보였던, 일상생활 속에서 발견되는 민중의 다면성多面性이나 다성성多聲性이 2세대 민중론들에서는 크게 후퇴한 게 사실이었다.

민중 특유의 개념적 긴장과 역동성도 1980년대 들어 얼마간 위축된 것 같다. 민중 구성론에서 계급·모순 분석이 발전하면서 점점 독자적인 연구 영역으로 정립되어감과 동시에, '실천론·변혁론의 자립화' 추세 역시 현저했던 데 비해, 구성론과 실천론의 연결은 다분히 '기계적으로' 이뤄지는 문제점이 자주 드러났다. 민중 개념의 역동성은 그 개념의 급진성이나 변혁론에서 곧바로 도출되는 것이 아니라 '구성론과 실천론의 변화무쌍한 결합 방식들', 무엇보다도 '구성론과 실천론 사이의 팽팽한 긴장'에서 발생하는 것이기 때문이다. 과학주의를 명분으로 문화·감정·윤리·유토피아주의 등이 배척되고 계급적·경제적 환원주의가 횡행함으로써, 또 다원적 접근이 단원적 접근으로 퇴행함으로써 민중 개념의 역동성이 감소한 데 이어, 구성론과 실천론의 기계적 접합으로 개념적 역동성이 한 번 더 감소하기에 이른 것이다.

1세대 민중론이 주력했던 민중의 '의식 형성' 문제와 관련하여, 1세대 민중론에서는 교육자(지식인)와 피교육자(민중) 사이의 상호적 정체성 변화의 측면이 강조되었지만, 2세대 민중론에서는 민중의 비판적 의식 형성 문제가 선진적 의식의 보고寶庫인 소수 전위 지식인의 일방적 '지도' 행위로 이해되는 경향도 나타났다. 때로는 의식 형성 문제가 일방적인 '선전·선동'의 문제로 축소되기도 했다.

2세대 민중론의 두드러진 특장特長이기도 했던 '연합 형성'과 관련해서도 몇 가지 논란거리가 제기되었다. 일부 2세대 민중론자들은 연합 형성을 위한 정치적 프로젝트를 '지적·도덕적 지도력' 차원이 결여된 정치적 책략(전략·전술) 차원으로 왜소화했다는 비판을 받을 수도 있었다. 과학주의 슬로건에 밀려 연대의 윤리적 차원은 종종 경시되곤 했다. 연합·연대의 성격과 관련하여, 특정 계급·집단의 특권을 인정하지 않았다는 점에서 1세대 민중론자들이 민중을 구성하는 부문 사이의 비교적 평등하고 민주적인 연대·연합을 추구하는 쪽에 가까웠다면, 2세대 민중론자들은 (노동자계급 혹은 전위정당을 정점으로 한) 수직적이고 위계적인, 심지어 때로는 위압적이고 권위주의적인 연대·연합을 추구하는 쪽에 가까웠다는 평가를 받을 수도 있다. 일부 1세대 민중론자들이 주장했던 '민중의 인식론적·도덕적 특권' 같은 측면들은 주변으로 밀려나거나, 노동자계급만의 특권으로 축소되었다.

지금까지의 논의를 정리해보자. 1세대 민중론과 비교할 때 1980년대 중반 이후 등장한 2세대 민중론은 몇 가지 중요한 차이를 드러냈다. 2세대 민중론의 특징들을 민중 개념화, 민중 연구자들, 민중 개념·연구와 지배 권력의 관계라는 세 범주로 나눌 수 있을 듯하다.

우선, 민중을 개념화하는 방식에서 2세대 민중론 특유의 면모들이 드러났다. 첫째, 민중 '구성론'과 관련된 계급 이론과 모순 이론의 발전, 둘째, 구성론과 함께 민중 개념의 양대 축을 이루고 있는 '실천론'이 거의 독립적 영역을 이룰 정도로 다양한 변혁이론(혁명론)으로 고도화·체계화되었던 점, 셋째, 민중 개념이 '계급론·모순론'과 '혁명론'의 결합으로 구체화했던 것, 넷째, 논쟁의 시대라 불릴 정도로 사회구성체 이론 및 (그에 연동된) 변혁이론과 관련된 민중론들이 백출했던 것, 다섯째, 그럼에도 불구하고 민중론과 마르크스주의의 접합에 기초한, '마르크스주의적 민중론'의 압도적인 지배력이 유지되었던 것, 여섯째, (민중이 한국 지성계가 창안해낸 고유 용어임을 강조했던 1세대 민중론자들과는 달리) 민중 개념의 보편적 적용 가능성을 강조하면서 민중을 국제적 소통 가능성이 훨씬 높은 용어인 인민 혹은 people과 동일시했던 점, 일곱째, 민중의 저항성을 두드러지게 강조하면서 민중을 '변혁주체'로까지 끌어올린 것, 여덟째, 민중 형성에서 '의식 형성'보다 '연합 형성'이 한층 중시된 것, 아홉째, 민중이 무엇보다 '계급연합'으로 인식된 것, 열째, 계급연합 구축에서 '노동자계급의 특권적 지위'가 인정된 점, 열한째, 민중과 계급연합을 동일시함에 따라 계급 개념으로 포착되지 않는 다양한 사회적 집단들이 제외됨으로써 민중의 범위와 외연이 전반적으로 축소된 점, 열두째, 그러면서도 계급모순과 민족모순의 상대적 비중을 부여하는 방식에 따라 민중의 범위 설정에서도 의미 있는 차이가 나타났던 것, 즉 민족모순을 중시하는 민중론자들은 민중 범위를 비교적 넓게 확대하는 반면 계급모순을 중시하는 민중론자들은 민중 범위를 비교적 좁게 제한하는 경향이 나타났던 점 등이 지적될 수 있을 것이다.

다음으로, 민중 연구자들과 관련된 2세대 민중론의 몇몇 특징들도 발견된다. 첫째, 개별적으로 활동하던 민중 연구자들이 학문 분과별로 혹은 학문 분과를 넘어 집단적으로 조직화한 것, 둘째, 학문 활동과 사회운동(민중운동)의 수렴 혹은 경계 흐리기, 셋째, 그 결과인 '학문의 사회운동화' 현상 등을 들 수 있을 것이다. 특히 '학술운동'이라는 용어는 학문의 운동화 현상을 집약적으로 보여주는 용어이다. 학문 활동과 사회운동의 결합은 1920년대 이래 민중 개념사의 면면한 전통이었지만, 1980년대 들어 보다 의식적으로 양자의 결합이 추구되었던 것이다. 1988년에 김진균은 당시 학술운동, 과학운동, 비판적 아카데미즘, 연구자운동, 지식인문화운동 등으로 불리던 진보 학계의 움직임이 양대 과제의 해결을 지향한다고 보았다. 그 하나는 "학술운동의 내포 심화를 가능케 하는 학술운동의 이론적 과제", 즉 "변혁에 기여하는 민족적·민중적 학문의 정립"이고, 다른 하나는 "학술운동의 외연 확대를 가능케 하는 학술운동의 정치적 과제", 즉 "민족적·민중적 학문 연구자의 집단적 운동역량화"였다.[100]

마지막으로, 민중 개념·연구와 지배 권력의 관계에서도 2세대 민중론의 몇 가지 특징들이 나타났다. 첫째, 민중 개념에 대한 권력의 억압, 그리고 그로 인한 민중론 진영과 권력 간의 격렬한 갈등, 둘째, 국가권력의 후원을 받는 '관변 민중연구'와 진보 학계의 민중연구가 분화하여 양자 간에도 치열한 경쟁이 벌어졌던 점, 셋째, (국가권력과 직간접적으로 연결되기도 하면서) 민중 연구자들에 대한 '보수 학계'의 견제와 배제 움직임이 동반되었던 점 등이 그것이다. 이것이 우리가 이 장의 마지막 절에서 집중적으로 살펴볼 쟁점이다.

3. 결이 다른 연구들

1980년대 후반기가 '단색單色의 시대'였던 것만은 아니다. 무엇보다 대부분의 1세대 구성원들이 1970년대나 1980년대 초에 저마다 구축한 민중론적 입론을 1980년대 내내 밀고 나갔다. 1918년생인 민중신학 개척자 서남동이 1984년에 사망하기도 했지만, 대부분의 1세대 민중론자들은 1980년대에도 건재했다.

민중사회학을 창시한 한완상은 조금 특이한 경우였다. 그가 민중사회학적 저작을 활발하게 발표했던 1990년대 초까지로 한정할 경우, 필자는 1976~1980년의 '전기 한완상'과 1986~1992년의 '후기 한완상'을 구분해야 한다고 생각한다. 첫 해직 기간인 1976~1980년 사이에 민중사회학의 골격을 만든 한완상은 1980년의 두 번째 해직 및 투옥, 이어진 미국 망명으로 학문적 공백의 시기를 겪게 된다. 그러다 1984년 서울대 사회학과 교수로 복직한 이후 제자들과의 공동작업이나 단독 작업을 통해 기존의 민중사회학을 확장해나갔다.[101] 이 가운데서도 1986년 백욱인과 함께 집필한 "민중사회학의 몇 가지 문제점들", 1987년 김성기와 함께 집필한 "한恨에 대한 민중사회학적 시론", 1992년에 단독으로 쓴 "한국에서 시민사회, 국가 그리고 계급"이 특히 중요했다.

전기 한완상에게는 '연대로서의 민중'이라는 문제의식 자체가 약했고, 있다 해도 '지식인-민중 연대' 수준에 머물러 있었다. 그러나 후기 한완상은 안토니오 그람시의 헤게모니, 시민사회, 대안적-대항적 헤게모니, 도덕적 지도력, 진지전, 유기적 지식인 개념 등을 끌어들여 '연대로서의 민중' 개념을 발전시킴과 동시에, '연대 형성'(민중 형성)을 시민사회 내 '대항헤게모니 형성'의 문제로 정식화했다. 이를 통해 한완상은 그람시로 대표되는 '온건하고 유연한 마르크스주의'까지 포용하는 방향으로 민중사회학의 범위를 확장해나간 것이다. 그러면서도 그는 1991년의 한국사회학회 회장 취임 강연인 "90년대 한국사회학의 진로, '전통'과 '정통'의 비적합성을 지양하며"와 1992년 한국사회학회·한국정치학회 공동학술발표회 기조 발제문인 "한국에서 시민사회, 국가 그리고 계급"을 통해 급진 마르크스주의적인 2세대 민중론을 강하게 비판하기도 했다.[102]

1984년경부터 마르크스주의적 민중론과 확연하게 구분되는 독자적 민중론을 정립해간 한상진도 1980년대 민중연구에서 독특한 위치를 점하고 있다. 그는 1980년대 중반부터 2세대 민중론과의 정면 대결을 불사했다. 다른 학문 분야들과 비교할 때 민중사회학에서는 최초 주창자일 뿐 아니라 여러 권의 관련 논저를 낸 한완상의 위상이 독보적이었다. 1980년대에 민중사회학에 대해 체계적인 논의를 진행한 이는 한완상의 서울대 사회학과 동료 교수이기도 했던 김진균과 한상진이었다. 김진균이 한완상의 민중사회학을 '급진화'했다면, 한상진은 한완상의 민중사회학을 '온건화'했다. 한완상이 민중 구성론에서 여러 계급·계층·사회집단들 사이에 어떤 우열을 전제하지 않았던 데 비해, 김진균은 노동자계급의 중심성과 헤게모니를, 한상진은 (신)중간계급에 우선성을 부여했다. 한상진은 진보적 정치의식과 참여 지향성을 지닌 고학력 중산층 중심의 민중 구성론 및 실천론을 '중민中民이론'으로 명명했다. 그는 1987년 6월항쟁에서 맹활약했던 이른바 '넥타이부대'를 지켜보면서 이런 생각을 더욱 굳혔다. 결국 한상진은 '민중사회학'에서 시작하여 '중민사회학'으로 이동해간 셈이었다.

"민중은 일차적으로 정치적인 수준에서 결정된다"는 언명처럼, 한상진의 민중론은 철저히 '정치적 민중' 개념에 기초했다. "민중은 어느 정도 깨어 있는 정치의식과 상징을 공유하고 있는 집단들로 구성된다. 즉 참여를 원하면서 공통의 적에게 분노를 느끼는 집단들로 구성된다.……민중은 본질적으로 정치적인 집합체로 나타나며……정치적 수준에서 민중을 본다면 이것은 역사의 특정 국면에서 다양한 세력의 연합으로 등장"한다.[103] 여기서 정치의식, 상징, 분노, 심성, 갈증과 같은 문화적·상징적·감정적 요인들이 강조되고 있다는 점도 주목된다. 정치적 연합의 중요성, 세력연합으로서의 민중을 강조한다는 점에서 한상진의 민중론은 1세대 민중론과 구분된다. 여기서의 민중이 '계급연합'이 아닌 '정치연합'이라는 점에서 한상진의 민중론은 마르크스주의 성향의 2세대 민중론과도 구분된다.

한상진은 1984년에 발표한 논문에서 '민중을 주체화하는 데 기여할 새로운 연구방법론'을 탐색하기도 했는데, 여기서도 사회구조와 '민중 생활세계'에 대한 균형 있는 고려가 강조되었다. 이것은 "민중을 역사의 주체로 부각시키는 방법론"이라는 게 한상진의 판단이었다. 이 방법론의 특징은 "한편으로는 민중의 생활세계에 작용하는 구조적 제약 요인들을 냉철히 분석하면서 다른 한편으로는 그 안에서 전개되는 민중의 실천 능력을 사회구조의 재생산 모델에 의해 밝히는 데 있다." 여기서 제시된 방법론의 두 축 가운데 전자는 "역사의 주체로서의 민중의 실천적 역량을 가로막고 있는 요인들을 역사적-구조적 방법에 의해 규명하는 작업"으로, "제약 요인들의 분석은 결국 민중이 상황을 보다 정확히 이해하고 그 위에서 그들의 실천 능력을 제고시키는 데 도움이 되는 지식을 생산하는 데 목적"을 둔다. 방법론의 두 축 중 후자는 "민중이 과연 어떻게 그들의 삶을 꾸려가고 있으며 상황을 인식하고 이에 대처하고 있는가를 조직적으로 연구하는 부분이다."[104] 그는 "민중 생활에 대한 새로운 접근"의 사례로 예술 분야(민중문학, 음악, 미술, 연극·마당극, 춤)와 출판 분야를 개관하면서, 특히 출판 분야의 다양한 실험적 시도들과 관련하여 "일상적인 삶을 살아가는 평범한 사람들 그리고 진정한 의미에서, 역사를 만들어가는 주체로서의 민중에게 말할 기회를 주고 그들의 말에 의해 역사의 의미를 조명해본다는 의미에서, 민중 중심적인 혹은 민중이 주체가 되는 그런 새로운 방법론이 비록 조야하고 초보적인 형태일망정 분명히 시도되고 있다"고 평가했다.[105] 민중연구의 '방법론'을 체계적으로 숙고했다는 점, 이때 사회구조라는 거시적 차원뿐 아니라 '민중 생활세계'라는 미시적·일상적 차원도 균형 있게 중시했다는 점 또한 한상진 민중론의 장점이자 기여라 할 만했다. 다시 언급하거니와, 한상진의 민중론은 1990년대 초에 '중산층이자 민중'인 중민을 변혁운동의 중심에 두는 '중민이론'으로 발전했다.[106]

2세대 민중론과의 갈등은 덜했지만, 정치학자인 최장집은 다원주의적 민중 개념을 추구하고 정치적 차원을 중시한다는 점에서 한상진과 겹치는 부분이 많았다. 사실 1970~1980년대의 민중연구에서 정치학자의 존재는 미미한 편이었다. 그런데 1993년에 펴낸 책에서 최장집은 주목할 가치가 충분한 독특한 민중 개념을 제기했다. 그는 2세대 민중론을 부분적으로 수용하면서도 다원적이고 역동적인 민중 개념화를 시도했다. 그는 민중이 객관적으로 존재하는 계급(계급1)과 사회적·정치적 수준에서 계급의식을 갖는 실천 주체로서의 정체성을 갖는 계급(계급2) 사이에, 시민사회와 정치사회 모두에 존재하며, 객관적이며 동시에 주관적인 범주라고 보았다.[107] 민중이 정치사회 안에도 존재한다는 주장은 민주화 이행

이후 정치사회에의 참여 기회가 열린 1990년대의 상황을 반영하는 주장이다.

최장집은 민중을 경제적 수준, 정치적 수준, 세계체제와 남북분단 수준, 언술의 수준 등 네 수준에서 인식되는 존재로 보았다. 그는 '언술의 수준'에서 "민중이라는 언술의 형성은 지극히 한국적인 것"임을 강조했다.

1) 민중은 자본주의 생산관계와 노동분업 내에서 피지배적 지위에 객관적으로 위치하고 있는 사회집단이다. 노동과 자본이라는 대립적 위치에서의 노동자집단을 중심으로 농민과 하층 서민 계층까지를 결합하는데, 이는 주로 경제적 수준에서의 민중을 뜻한다.

2) 민중은 강력한 권위주의 통치하에서 국가의 강권력에 의해 시민으로서의 자유와 정치참여가 제한됨으로써, 그들에게 영향을 미치는 결정 과정, 즉 정치과정에서 소외되거나 배제된 집단이며, 이는 정치적 수준에서의 민중이다.

3) 민중은 제국주의적 외세, 특히 미국의 영향을 부정적으로 담지하며, 특히 한국이 그동안 세계체제 내에서 진영 대립의 최전방 대치선에 위치한 결과, 또 그 힘의 외표화로서 분단 조건하에서, 이 조건 때문에 그들의 물질적, 정신적 생활에 직·간접적으로 부정적 영향을 받는 사회집단을 말한다. 이는 중심 종속적 주변 관계를 중심으로 한 세계체제와 남북분단 수준에서의 민중을 뜻한다.

4) 민중은 언술 수준에서도 존재한다. 우리나라에서의 민중은 계급으로서 언표화言表化되기보다 민중으로 되어왔다. 마르크스의 계급이론만으로서는 설명되기 어려운 한국의 역사적 사회구성체의 특수성 때문에, 정치적, 사회적 수준 등 여러 수준에서의 사회계급 간 경계의 포괄성, 포섭성, 유도성 때문에, 계급적 언술이 반공을 지도이념으로 하는 권위주의체제하에서 중심적 억압의 대상이 되기 때문에, 민중이라

는 언술의 형성은 지극히 한국적인 것이다. 뿐만 아니라 민중은 현재적 사회집단에 대한 언표일 뿐 아니라, 일제하 민족독립운동, 해방 후 자주적 민족국가 수립 운동 과정에서 "억압의 경험에 대한 기억"을 공유하는 전통으로서의 역사 속에서의 집단적 행위자로 인식된다.[108]

최장집이 민중을 경제와 정치 수준에서만이 아니라, 세계체제·남북분단 수준과 언술의 수준에서도 변별해낼 수 있는 존재로 간주한 것, 덧붙여 한국 근현대사에 점철된 다양한 억압 경험을 공유하는 '기억공동체로서의 민중' 측면을 부각한 점은 특별히 높이 평가할 만하다고 필자는 생각한다. 아울러 민중의 경제적 측면 그리고 계급의 '중심성'을 반복해서 강조하는 대목에서, 그가 계급주의적인 2세대 민중론을 부분적으로 수용하고 있음을 확인할 수 있다.[109]

비록 드물지만 1980년대에도 민중의 일상생활이나 생활세계, 민중문화, 민중의 감정문화나 민중정동, 민중의 기억문화, 민중 이야기 등에 주목한 몇몇 연구가 있었다. 민중예술·민중연희에 관한 1980년대 중반 이후의 연구들이 우선 꼽힐 만하다. 인류학자인 김광억은 민중문화운동, 특히 전통 탈춤을 계승한 현대 마당극을 연구했다. 그의 마당극 연구가 다른 문화 연구자들과 구분되는 점은 마당극을 빅터 터너의 개념인 '사회극 social drama'으로 다룬 데서 찾을 수 있다. 단지 문화·예술 영역에 머무는 것이 아니라, 사회운동과 정치 영역으로까지 확장해서 마당극을 다룬 점에 김광억의 독창성이 있는 것이다. 그의 글은 마당극을 매개로 한 예술과 정치의 결합, 마당극을 둘러싼 저항적 사회운동과 국가권력의 충돌을 생생하게 제시한다.

김성기와 김영범도 1980년대를 대표하는 '문화적 민중론자'였다. 김성기는 1986년에 민중문화운동에 관한 사회학적 연구논문을 발표한 후,

1987년에는 한완상과 공동으로 민중의 한恨을 '집합적 감정/정동collective emotions'이라는 관점에서 해석한 논문을 작성했다.[110] 김영범은 1980~1990년대에 걸쳐 민중의 '집합의식'을 일관되게 탐구했다. 그는 '담론 분석' 방법을 판소리에 적용한 1985년도 석사학위논문을 1986년 학술지에 발표했고, 1991년 '망탈리테사'(심성사)에 관한 논문을 발표한 후, 1995년에는 『정감록』에 나타난, 유토피아적 미래를 지향하는 '민중의 사회적 상상' 혹은 '민중의 집단망탈리테'를 연구한 논문을 생산했다.[111]

김영범과 김성기는 조선 후기 탈춤이나 판소리 등 민중예술을 탐구했고, 풍자를 통한 민중의 일상적 저항과 대안 담론 형성 과정에 주목했다. 김영범의 표현을 빌리자면, 민중예술을 통해 "사회지배층과 권력 통치층의 행태 및 사고방식이 주로 풍자와 암유暗喩로써 우회적으로, 그러나 때로는 노골적인 직설도 불사되는 방식으로 비판받게 된 것"이었다.[112] 김영범은 판소리 담론 분석을 통해 '불문역不問域' 내지 '논외역論外域'이던 중세적 사회질서와 이념을 담론의 장으로 끌어들여 '논가역論可域'으로 변환시키면서 민중의 독자적 담론 영역을 점진적으로 확장해 갔던 과정, 그리고 지배문화와 민중문화의 역동적 상호작용 과정을 분석했다. 1987년 논문에서 김성기와 한완상은 민중이 일상적으로 겪는 억압과 수탈이 한이라는 집합적 감정으로 응고되는데, 그것은 슬픔과 절망·좌절뿐 아니라 때로 힘·희망·자기실현·저항정신으로 나타날 수도 있다고 주장했다. 후자의 가능성은 굿과 탈춤의 집단적 신명에서 주로 발견된다. 어쩌면 이런 글 자체가 1세대 민중 패러다임이 2세대 계급론적 민중론의 헤게모니 속에서도 여전히 활력을 유지하고 있음을 보여준다고도 하겠다.

김성기·김영범 두 사람은 민중을 연구하는 색다른 접근방법을 모색하는 데도 열심이었다. 김성기는 1980년대 후반부터 포스트구조주의와 포스트모더니즘을 민중론과 결합시키려 시도했고, 김영범은 1990년대에 민중 집합의식 연구의 연장선 위에서 망탈리테사(심성사) 관점에서의 민중론을 추구했다. 1987년 발표한 "후기구조주의의 시각에서 본 민중"에서 김성기는 2세대 민중론의 본질주의적·실체론적 민중 개념을 비판하면서, 그 대안으로 라캉적 민중관, 즉 '실체'가 아닌 '상징'으로서의 민중 개념 제시했다.[113] 김성기는 그람시에서 라클라우로 이어지는 포스트마르크스주의를 한국 학계에 소개하는 데도 앞장섰다. 그는 1986년 글에서 이미 "새로운 지적·도덕적 세계관"의 정립이 "사회변혁에 있어서 문화적 헤게모니를 성취해가는 과정"이며, 사회변혁에서 "지적, 도덕적 헤게모니"의 획득이 결정적으로 중요함을 역설한 바 있다.[114] 1990년에 라클라우와 무페의 *Hegemony and Socialist Strategy*(헤게모니와 사회주의전략, 1985년)이 『사회변혁과 헤게모니』라는 제목을 달고 한국어로 처음 출간되었을 때 그 대표 번역자가 바로 김성기였다.[115] 이런 그의 입장이 공동 연구작업을 통해 '후기 한완상'에게도 일정한 영향을 미쳤을 것이다.

1980년대에 대학원을 다닌, 곧 대부분의 2세대 민중론자들과 동년배인 김성기와 김영범은 자신들의 독특한 민중론 때문에 곤혹스런 비판에 직면해야 했다. 김성기는 "문화주의적 편향"에 빠진 사람으로 공격받았고, 김영범도 "저 엄혹한 질풍노도의 시절에 그것(담론적 접근이나 심성사적 접근—인용자)은 겁 없이 '결을 거스르는' 사고노선이었을 테고, 그 후과로 암중모색의 독행 탐사를 해야만 했다"고 고백한 바 있다.[116]

김성기·김영범과 동년배였던 사회학자 공제욱도 특이한 사례였다. 1980년대에 그는 계급 연구자로서 마르크스주의적 민중론에 기운 전형적인 2세대 민중론자였다. 그런데 1990~2000년대에도 자본가계급을 중심으로 계급연구의 맥을 이어나가는 한편, (주로 2000년대 이후에는) 민중의 일상생활·놀이와 권력의 미시적 상호작용을 파고들었다.[117]

1980년대 중반 제주도에서 현지조사를 수행한 후 1989년 미시간대에서 박사학위를 받고 1990년대 초부터 한국 학계에도 논문을 발표하기 시작한 인류학자 김성례도 1940~1950년대 가공할 국가폭력에 희생되어 '원 怨'과 '한恨'을 품은 '잡귀雜鬼' 취급을 받아온 이들을 심방(제주 무당)의 무교 巫敎 의례를 통해 되살려내고 역사적으로 복권復權시키는 과정을 연구했 다.[118] 그에 의하면 4·3 희생자를 위한 무교 의례는 공식적·지배적 기억 에 대한 대항 기억counter-memory으로서의 민중기억을 구성하는 과정이고, 희생자들의 '원한 담론'이 대항담론으로 작용하여 국가의 공식 담론을 뒤 엎는 과정이며, 공식 역사에 도전하는 민중의 독자적 역사를 구성하는 과 정이며, 희생자들이 '폭도'에서 국가폭력 '희생자'로서 정체성이 변형되 면서 해원解冤되는 과정이다.

1990년대 초부터 일본인 사회학자인 마나베 유코真鍋祐子는 한국의 민 중운동에서 작동하는 '한의 역학力學'을 탐구했다.[119] 전통적인 죽음관에 비출 때, 사회운동이나 민주화운동 과정에서 자결하거나 국가폭력으로 희생된 젊은이들은 한을 품은 원혼冤魂이 될 수밖에 없다. 그러나 유족과 지인·동료들은 고인이 남긴 유지遺志를 널리 공유하면서 현실화하려는 노력인 '유지의 사회화' 기제를 통해 사자死者를 원혼에서 고귀한 '열사烈 士'로 상승시킴과 동시에 죽은 자와 산 자의 연대를 공고히 다진다.

작가이자 국문학자인 송기숙은 민중 설화說話를 연구하는 가운데 1986 년과 1988년에 한국 민중론 전체에 큰 기여가 될 글들을 발표했다. 1986 년 나온 "한국설화에 나타난 민중혁명사상"이라는 글이 특히 주목할 만 한데, 여기서 송기숙은 민중 설화가 어떻게 동학농민전쟁의 기원을 이루 게 되는가를 밝혔다. 요컨대 19세기 민중이 참언·유언비어·설화·소문· 속담과 같은 자신들만의 독자적인 의사소통 매체들을 생산하고 활용했 다는 것, 민중이 설화들에 등장하는 다양한 기표-기의를 조합하고 재배 치하는 천재적인 집단지성을 발휘하여 자신들이 소망하는 '변혁적 의미' 를 생산해냈다는 것이다.

1980년대 중반부터 여익구와 함께 민중불교의 양대 이론가로 꼽혔고 민중선禪·노동선禪 운동을 주도한 실천적 승려였던 법성도 2세대 민중론 패러다임과는 결이 다른 민중론을 펼쳤다.[120] 필자가 보기에 민중-지식인 이분법을 넘어서는 '철학적 민중론', 그리고 서구적 주체-객체 이분법을 넘어서는 '역사적·상호주체적 개방성'으로서의 중도中道 및 연기론緣起論 해석, 모든 형태의 이데올로기적 신비화와 제도 우상화를 부정하는 무정부주의적인 지향이 중요하다.

법성은 한국 불교사가 "철학의 비민중화와 민중의 비철학화로 점철되어온 역사"였다면서, 민중이 주인 된 해방사회인 정토淨土는 "노동계급과 지식계급의 양분법이 사라진 사회며 일하는 자의 철학과 철학하는 자의 일이 통일된 시대", 곧 민중이 "철학적 민중"이 되는 시대라고 주장했다.[121] 또 그에 의하면 중도는 "있음과 없음, 주체와 객체가 서로 적대적으로 분리되지 않는 세계의 실상"이자 "유무 고락의 대립이 없는 역사의 개방성"이다.[122] 또 연기론은 "모든 존재를 상호의존의 관계와 상호주체적인 개방성 속에서 파악"하는 것으로, "객체에 의한 주체의 노예적 종속과 주체에 의한 객체의 도구적 이용을 동시에 지양함으로써 삶들의 주체적이고 개방적인 의사소통의 지평을 확보해"주며, "주체가 주체가 아닌 주체이며 객체가 객체가 아닌 객체인 곳에서 주-객의 진정한 하나됨이 이룩될 수 있음"을 말한다.[123] 법성은 새로운 체제·제도를 세우되 그것의 고정화를 경계해야 함을 강조하는 취지에서, "부정하되 부정함이 없고破而不破 세우되 세움이 없는立而不立 부정과 긍정의 실천, 민중이 자기를 해방하되 해방한다는 생각도 없으며無住妙行 민중 주체(보살 Bodhisattva)의 고착된 틀도 세우지 않는無相, 창조적 활동"을 지향하자고, 또한 "모든 이데올로기의 신비화와 낡은 사회, 모든 낡은 것들에 대한 우상화를 끝까지 부정"하자고 권한다.[124]

1980년대의 끄트머리에서 신영복의 『감옥으로부터의 사색』이 출현했다. 제목이 보여주듯이 감옥에서 주고받은 서간집인 이 책은 본격적인 학술적 논의는 아닐지라도 민중과 관련된 몇 가지 의미 있는 내용을 담고 있다. 신영복은 주로 '감옥 속의 민중'을 숙고했다. 신영복 자신의 오랜 감옥생활은 '민중의 이중성'을 사유하고 관찰하기에 유리한 환경을 제공했다. 그는 민중에 대해 어떤 환상도 품지 않은 것처럼 보인다. 1983년 5월에 쓴 편지에서 그는 "십수 년의 징역살이"를 통해 민중은 "어디엔가 기성의 형태로 존재하는 것이 아니라 항상 새로이 '창조'되는 것"이라고 생각하게 되었다면서, "감상과 연민이 만들어낸 민중이란 이름의 허상"을 배척하고, "민중을 불우한 존재로 선험先驗하려는" 감상주의와 "민중을 신성시하는" 감상주의를 모두 경계해야 한다고 했다.[125]

그러면서도 신영복은 신학자들이 사용한 '민중의 인식론적 특권' 담론, 나아가 '민중의 윤리적-도덕적 특권'과 유사한 주장을 펼쳤다. 그는 1984년 5월에 쓴 편지에서 세상을 밑바닥에서 올려다볼 수밖에 없는 민중이야말로 세상의 비밀을 더 잘 파악할 수 있다는 이른바 '맨홀 논리'를 제시했다. "맨홀에서 작업 중인 인부에게 길 가는 사람들의 숨긴 곳이 노출되듯이, 낮은 자리를 사는 수인들에게는 사람들의 치부恥部를 직시할 수 있는 의외의 시각이 주어져 있습니다."[126] 신영복은 민중의 '인식론적 특권'뿐 아니라 '도덕적 특권'도 주장하는 것으로 보인다. 이에 대한 정자환의 해설에 의하면, 민중은 "낮음으로 인해 바른 눈을 가질 수 있고 상처받기 쉬운 입장에 있어서 있을 수 있는 모든 상처를 알아볼 수 있으며 알몸이어서 자신뿐 아니라 모든 남들의 가식이나 분식에서 해방되어 바라볼 수 있고 맨손이므로 해서 물리적 자리 차지함에서 벗어나 맑은 정신으로 창의력을 발휘할 수" 있다.[127] 민중의 도덕적 우위를 드러내는 이런 일련의 주장들을 정자환은 낮음의 사회학, 상처의 사회학, 알몸의 사회학, 안 가짐의 사회학 등으로 명명하고 있기도 하다.

통혁당 사건에 연루되어 신영복과 함께 법정에 섰던 기세춘이 1992년 초부터 민중 논의에 처음 합류했고, 이후 왕성한 저작 활동을 통해 민중 논의를 풍부하게 만들었다. 독특하게도 기세춘은 세간에 널리 알려지지 않았던 묵자墨子와 그의 겸애兼愛 사상을 들고나왔고, 이후 노자와 장자로 논의 대상을 확대해갔다. 사실상 처음으로 본격적인 묵자 소개와 급진적 재해석을 시도한 1992년의 『묵자: 천하에 남이란 없다』에서, 기세춘은 묵자를 민중해방을 위한 투사로 소개하면서도 '민중'보다는 '인민' 용어를 선호하는 모습을 보였다.[128] 기세춘은 1992년 10월부터 1993년 2월까지 이어진 문익환 목사와의 옥중서신 교환, 이에 앞서 1992년 6월부터 12월까지 이어진 홍근수 목사와의 편지를 묶어 1994년 『예수와 묵자』를 펴내게 되는데, 민중신학이 자주 논쟁의 초점이 되었던 대화가 기세춘에게 '인민에서 민중으로의 전환'을 촉진한 계기였던 것으로 보인다. 그 결과 1995년에 출간한 『우리는 왜 묵자인가』에서는 인민 대신 민중 용어를 전면적으로 사용하면서 민중론을 심화해갔다.

이후 기세춘은 『동양고전 산책1』(2006년), 『장자』(2007년), 『노자 강의』(2008년)를 통해 묵자에 그치지 않고 노자와 장자로 민중사상가民衆思想家의 계보를 확장했다. 그는 문익환·홍근수와의 대화에서 민중신학자들이 말하는 민중메시아론이 묵자의 현인賢人에게서 더욱 급진적인 형태로 나타난다고 주장하는가 하면, 장자의 시대에는 '도인道人의 민중 하방下放' 혹은 '도인의 민중화'에 따라 민중이 '세속의 신선'으로 격상된다는 주장을 펼쳤다.[129] 허무와 저항이라는, '불가피한' 민중의 양면성(이중성)에 대한 기세춘의 통찰은 노자와 장자에 이르러 더욱 깊어진다.[130] 도덕·정치·법·경영 등으로 나타나는 '정언'이 지배자(승자)의 담론이라면 '반어와 역설'은 민중(패자)의 담론이며, 지배적 도덕이 민중에게 질곡으로 작용한다는 통찰도 기세춘의 것이었다.[131] 기세춘은 2세대 민중론에 가까운 마르크스주의자들의 '묵자 비판'을 직접 반박하기도 했다.[132]

4. 개념에 대한 억압

1980년대는 민중 개념에 대한 정치적 억압이 심한 시대이기도 했다. 그로 인해 '민중 개념의 정치화' 추세가 더욱 촉진되었다. 국가권력의 개입에 기초한 민중론 공격, 바로 이 점이 한국의 민중 개념사에서 1980년대를 매우 독특하게 만든 요인 중 하나였다. 아울러 권력의 지지·후원을 받는 '관변 민중연구'의 활성화, 그에 따른 '민중연구의 정치화'도 1980년대 민중 개념사의 또 다른 특징이었다. 민중 개념의 정치화가 국가권력의 '정치적' 개입에 의한 것이었다면, 민중연구의 정치화는 국가권력의 '학문적' 개입에 의한 결과였다.

(1) 개념 전쟁: 국가의 억압과 저항

1965년에 '민중당'이 통합 야당으로 등장하면서부터 집권 세력이 '민중'이라는 단어 자체를 거의 사용하지 않게 되었다고 이미 얘기한 바 있다. 또 "이 말(민중—인용자)이 꽤 널리 쓰이게 된 것이 겨우 최근 몇 해 사이의 일이고 아직도 완전한 자유 분위기는 못 되는 것 같다"거나 "민중이라는 말만 해도 수상쩍게 보는 사람들이 많던 풍토"를 지적한 1979년 당시 백낙청의 발언,[133] 민중이란 단어를 가리켜 "70년대에는 집권층이나 관료들이 기피하던 이 말" 혹은 "70년대 후반에 지배세력이나 다수의 보수적 문화인들이 그토록 혐오하고 기피하던 이 말"이라고 했던 김종철의 발언에서 보듯이, 1970년대에도 지배세력이 민중이라는 단오를 혐오했던 것은 분명하다.

그러나 민중이라는 어휘에 대한 정치권력의 공공연하고도 집요한 '개념적 억압'이 횡행한 때는 분명 1980년대였다. 1970년대에는 여전히 민중은 저항언어이자 지배언어로 공존·혼용되고 있었다. 1975년 12월에 있었던 「경향신문」의 새마을운동 관련 좌담이 좋은 예일 것이다. 여기서는 새마을운동을 민중운동으로 발전시켜야 한다는 주장이 펼쳐졌다.[134] 그런데 1980년대로 접어들면서 분위기가 일변한 것이다. 이런 맥락에서 한상진은 "이른바 '좌경용공'에 대한 불안과 공포를 불러일으킴으로써 민중의 상징을 불순한 것, 좌경적인 것, 폭력적인 것으로 고착"시키고 단죄하려는 정부의 개념적 억압을 언급했다.[135]

1980년대에 민중론을 전개하는 책들은 종종 판매금지를 당하곤 했다. 단지 민중이 제목에 포함되었다는 사실만으로도 판매금지 대상이 되기도 했다. 『민중시대의 문학』(염무웅), 『민중과 한국신학』(NCC신학연구위원회 편), 『민중사회학』(한완상), 『한국 민중교육론』(한완상 외), 『한: 신학·문학·미술의 만남』(서남동·이철수), 『민중신학의 탐구』(서남동), 『한국 민중경제사』(우리경제연구회), 『한국민중사1, 2』(한국민중사연구회), 『한국의 민중극』(채희완·임진택 편), 『민중미술』(민중미술편집회), 『민족의 문학 민중의 문학』(자유실천문인협의회), 『한국민중문학선1: 농민시 묶음』(박선욱 편), 『한국 민중문학선2: 노동시 묶음』(박선욱 편), 『민중시2』(문병란 외), 『민중시인 시선집1』(문익환 외), 『민중시인 시선집2』(김광석 외), 『민족·민주·민중선언』(김삼웅), 『살아 있는 민중』(송효익), 『민주 통일3: 민주생활과 민중운동』(민주통일민중운동연합), 『민중의 함성』(조민우), 『일본 민중운동사』(윤대원), 『민중연극론』(아우구스또 보알), 『민중의 외침』(페니 러녹스), 『민중운동의 인식과 전략』(로빈 코헨 외), 『필리핀 민중운동사』(레나토 콘스탄티노·레티샤 콘스탄티노), 『실천하는 민중의 역사관』(모리스 콘퍼스), 『민중조직론』(베르니 켈프) 등이 그런 사례들이다.[136] 민중과 관련된 다양한 분야들이 고루 망라되어 있음을 한눈에 알 수 있다. 이 밖에도 『민중교육』지 사건, 『한국민중사』 사건은 단순히 해당 서적 판매금지를 넘어 관련자들의 구속 사태까지 불러왔다. 방송에서도 민중은 금기어였다.

전두환 시절 결혼한 지 얼마 되지 않아 이번엔 남편이 감옥에 갔다.……
방송사 선배들을 찾아가 '알바' 자리를 부탁했다. 그러다 시작한 프리
랜서 방송작가. 전두환 시절에 프로그램 말미에 책 소개를 하다가 '민
중'이란 단어를 썼다고 녹화가 중단되고 난리가 났다. 그리고 바로 그
프로그램 제작에서 짤렸다. 임신한 몸으로 광화문 거리에 엎드려 눈물,
콧물 흘리며 구토를 해댔다.[137]

'민중'이라는 단어가 들어간 단체나 활동은 과잉억압의 희생양이 되곤
했다. 특히 민중미술의 경우 '혈전' 혹은 '육박전'이라고나 불러야 할 정
도로 높은 강도의 충돌이 1980년대는 물론이고 1990년대까지도 이어졌
다. 수사당국이나 정부, 심지어 집권당(민주정의당)이나 대기업(현대그룹)까
지, 민중미술 자체가 지배 권력과 진보적 미술가들이 격돌하는 갈등의 장
場이 되어버렸다. 민중미술에 대한 공격은 전방위적이었다.[138] 〈표 7-7〉
은 '현실과 발언' 창립전이 열린 1980년부터 민중미술에 대한 탄압과 저
항의 역사를 정리한 것이다.

'민중불교' 또한 유사한 고통을 겪어야 했다. 1985년 4월 불교계의 진
보적인 평신도(재가)와 성직자들(승가)은 '민중불교운동연합'(민불련)을 결성
했는데, 창립식장에서 무려 140여 명이 연행되는 등 출범 당시부터 군부
정권의 강력한 탄압을 받았다. 1989년 6월 노태우 정권은 민불련 기관지
인 『민중법당』 5호에 게재된 운동론 관련 글을 빌미로 민불련 자체를 '이
적단체'로 규정하고 당시 임원 전원을 국가보안법으로 구속했다. 이로 인
해 민불련은 사실상 활동 정지 상태에 빠지고 말았다.[139]

〈표 7-7〉 민중미술에 대한 탄압과 저항 일지140

년	월	사건 개요
1980	7	서울현대미술제 최민화 작품 '시민' 철거(당국).
	10	'현실과 발언'전 전시장 폐쇄(당국).
	11	'2000년'전 전시작품 철거(당국).
1982		김정헌, 신경호, 임옥상, 홍성담, 김경인, 강광을 소위 '불온작가'로 지목하여 작품을 탈취하고 경고장을 발부하거나 각서를 강요(당국). 홍성담은 보안사령부로 연행·취조 당함.
	10	김봉준 만화 '농사꾼 타령' 압수(경찰).
1984	4	최민화 만화 '세오랑캐' 압수 및 연행(경찰).
	5	홍성담 판화 '대동세상' 2천 점 탈취(경찰).
	5	김경주, 이준석 걸개그림 '광주항쟁 백인신장도' 탈취(경찰).
1985	7	'20대의 힘'전 전시를 봉쇄하고 작품을 압수하고, 그 작가들인 김준호, 장진영, 손기환, 장명규, 박불똥, 박영률, 박진화, 김우선을 즉심에 회부(경찰). 이에 저항하여 민중미술탄압대책위원회를 구성하고 항의농성 전개.
	8	두렁 걸개그림 '민족통일도' 탈취(경찰).
	8	박홍규 가택을 수색하여 작품 탈취(경찰).
	8	'민중의 시대 회화'전, '임술년'전, '푸른 깃발'전 대관 취소(경찰 압력).
	8	김봉준 '조선민중 수난 해원탱' 탈취(경찰).
	8	장진영, 김우선, 정정엽 '통일염원도' 탈취(경찰).
	11	그림달력 '민족미술 열두마당' 탈취(경찰).
1986	2	문제작가전 신학철 작품 일부 철거(경찰).
	5	이은홍을 국가보안법 위반 혐의로 구속(보안사).
	6	발언전 출품작 5점에 대해 철거 요구(경찰).
	7	신촌 벽화 '통일과 일하는 사람들' 파괴(구청).
	8	정릉 벽화 '상생도' 파괴(구청). 작가인 유연복, 김진하, 최병수, 홍황기, 김용만을 연행하여 광고물관리법 위반으로 입건(경찰).
	8	성균관대 수원캠퍼스에서 민미협 회원 전시작품 탈취(경찰).
	11	김원주, 김성민, 이종률의 안성 내리 벽화 파괴(당국).
	11	원동석을 연행하여 구류 5일 처분(경찰).
1987	2	고 박종철 집회 관련 곽대원 입건(치안본부).
	3	반고문전 전시장 행사 봉쇄(경찰).
	6	민미협 사무실을 수색하여 걸개그림 2점 압수(경찰).
	7	가는패 장터전 작품 탈취, 작가 연행, 전시 봉쇄(경찰).
	7	최민화의 장례 그림 '그대 뜬눈으로' 파괴(경찰).
	8	이석규 열사 장례를 지원한 곽영화를 연행, 이후 기소유예 처분(경찰).
	9	이상호, 전정호 걸개그림 '백두산자락 아래 밝아오는 통일의 새날이여' 탈취 후 작가를 국가보안법 위반 혐의로 구속(경찰).
	9	민미협 대표 주재환을 연행하여 입건(경찰).
	9	'여성과 현실'전에서 김인순 외 5인 작품 '평등을 향하여'를 탈취 후 반환(경찰).
	10	'만화정신' 관련으로 손기환을 국가보안법 위반 혐의로 구속(경찰).

	10	건국대에서 최민화 조각 '청동투사상' 탈취(경찰).
1987	11	여성미술연구회 그림엽서 7천여 매 탈취(경찰).
	11	송만규 작품 '그날이 오면' 탈취(민정당).
	12	최정현 만화 '반쪽이 만화' 3천 부 탈취(경찰).
1988	5	새한병원노조 집회장의 제주 바람코지 걸개그림 '상생해방도' 탈취(경찰).
	8	통일염원거리전을 폐쇄하고 작가를 연행(경찰).
	3	가는패 걸개그림 '노동자'와 판화 102점 탈취(현대그룹).
	4	남북교류 제의 관련으로 민미협 대표 김정헌을 연행(합동수사본부).
	4	제주4·3추모제 행사 걸개그림 운반 중 작품 2점 탈취 및 김동수 수배(경찰).
	4	가는패 대표 차일환 수배 및 이진우 연행(경찰).
	4	4·3추모전 작품 운반 도중 탈취(경찰).
	6	한국피코노조 130일 투쟁 및 외자기업노조 투쟁 보고대회 때 여성미술연구회 등지의 걸개그림 탈취(경찰).
1989	6	걸개그림 '민족해방운동사'를 비롯하여 판화·걸개그림·깃발·회화를 파괴하고 방화(경찰). 청년미술위원회가 미술작품파괴규탄대회 개최.
	7	'민족해방운동사' 평양축전 출품 및 국가보안법 위반 혐의로 홍성담 연행(안기부).
	8	'민족해방운동사' 평양축전 출품 관련으로 차일환·백은일·정하수·전승일·이태구·신동욱·이효진 구속, 송만규·송문익·최열 수배, 안인기 연행(안기부). 8~9월, 이에 항의하여 민미협·민미련·학미련 등이 농성, 작품전, 규탄대회를 개최. 12월, 민미련이 홍성담 석방촉구대회 개최.
	8	작품 '모내기'로 신학철을 국가보안법 위반 혐의로 구속(경찰).
	11	이종률을 국가보안법 위반 혐의로 구속(경찰).
1990	1	홍성담에게 간첩죄를 적용하여 징역 7년을 선고(서울지방법원). 2월, 함부르크인권재단이 홍성담을 '후원 양심수'로 선정. 3월, 엠네스티가 홍성담을 '고난받는 세계의 예술가'로 선정. 5월, 독일·미국·일본에서 홍성담후원회 결성. 8월, 국내에서 홍성담후원회 결성.
	4	송만규 연행(안기부).
	11	'젊은 시각 내일에의 제안' 전 출품작 철거를 요구하고 도록 배포를 금지(당국). 작가 선정 평론가 심광현·박신의가 항의성명 발표, 예술의전당 미술부장 윤범모가 항의성명 발표 및 사퇴.
	3	서울민미련 회원인 오진희, 유진희, 최열, 박미경, 최민철, 이성강, 조정현, 임진숙, 최애경, 정선희, 김원주를 국가보안법 위반 혐의로 구속(치안본부). 이에 항의하여 민미련이 구속자 석방 촉구 항의농성.
1991	6	서울민미련 회원 이진우를 국가보안법 위반 혐의로 구속(치안본부). 서울민미련 회원 오진희에게 징역 1년 6개월 선고(법원).
	8	서울민미련 회원 최열에게 징역 1월 6개월, 정선희에게 징역 2년 선고(법원).
	9	서울민미련 회원 박영균을 국가보안법 위반 혐의로 구속(치안본부). 민미련 회원 차일환을 국가보안법 위반 혐의로 구속(치안본부). 12월, 구속미술가 석방을 촉구하는 '12월전' 개최.

* 여기서 민미협은 민족미술협의회, 민미련은 민족민중미술운동전국연합, 서울민미련은 서울민족민중미술운동전국연합, 학미련은 전국학생미술운동연합의 약칭임.

(2) 민중연구의 정치화

민중 개념에 대한 억압이라는 맥락에서 정권의 적극적인 후원을 받으면서 이른바 '이데올로기비판교육'의 일환으로 수행된 '관변官邊 민중 개념사 연구'가 적지 않았던 게 1980년대의 특징이기도 했다. 이데올로기비판교육은 1981년 초부터 시작되었다. 다음은 정학주의 설명이다.

> 이데올로기비판교육은 1981년부터 대학을 중심으로 본격화되었다. 문교부는 1981년 1월 17일 전국학생처·과장회의를 통해서 이데올로기비판교육회를 설치하도록 권장하였다. 이러한 권장을 받아들여 제1차로 서울대학교, 연세대학교, 이화여자대학교, 한국외국어대학교, 전남대학교, 경북대학교, 부산대학교, 인천대학교 등의 대학이 연구회를 조직 운영하였다. 이러한 이데올로기비판교육은 과거와는 다른 방법으로 전개되었다. 즉 과거의 폐쇄적이고 경험 위주의 반공교육을 벗어나 학생들로 하여금 공산주의의 이론적 배경을 이해하고 그 허상과 실상을 올바로 인식함으로써 사상적 무장을 할 수 있도록 하기 위한 것이었다.[141]

관변 민중연구의 비판은 압도적으로 마르크스주의적인 2세대 민중 개념을 겨냥하고 있었다. 예컨대 백양출판사가 1985년에 편찬해 출간한 『프롤레타리아, 민중론 그리고 자유민주주의』라는 제목의 책자에서는 민중이데올로기(민중론)의 전개 양상과 민중 개념을 분석한 후, 민중민주주의, 민중통일론, 민중문학, 민중미술, 민중교육 등 다섯 가지 주제 영역들을 별도로 다뤘다.[142] 이와 유사하게 1987년 자유평론사가 발간한 『한국의 좌경사상과 민중 이데올로기』에서는 1980년대 민중론을 민중민주주의론, 민중통일론, 민중혁명론, 민중경제론, 민중종교론, 민중교육론, 민중문학·예술론 등 일곱 분야로 나누어 소개하고 비판했다.[143]

이 밖에 대학이데올로기비판교육교수협의회[144]와 이 단체가 발간한 학술지인 『대학사회와 이데올로기』,[145] 국민윤리학회[146]와 그 학술지인 『국민윤리연구』,[147] 현대사상연구회,[148] 한국정신문화연구원,[149] 국방부 정훈국,[150] 대검찰청이나 서울시 경찰국 등의 공안기관,[151] 한국반공연맹[152]과 그 기관지인 『자유공론』[153] 등에 민중론 비판 연구물들이 자주 게재되었다. 송대성, 한용원, 전득주, 장수련, 백형조 등은 민중론을 비판하는 단행본을 발행했다.[154] 민중연구 분야 자체가 진보 학계의 연구와 관변 연구라는 대립적인 두 진영으로 분화하는 가운데, 관변 민중연구의 가세와 진영 간 경쟁으로 인해 민중연구는 양적 측면에서 폭발적인 증가세를 보였다.

학술 영역에 대한 권력의 개입, 특정 학자들에 대한 권력의 후원은 많은 부작용을 낳았다. 기존 민중 연구자들이 대부분 민중에 대해 긍정적인 개념화를 시도했다면, 권력의 후원을 받는 민중 연구자들은 민중에 대해 부정적인 개념화를 시도했다. 가치 중립적인 연구는 거의 찾아보기 어려웠다. 그런 와중에 민중 '개념'의 정치화를 넘어, 민중 '연구'의 급속히 정치화가 촉진되었다. 민중에 대한 긍정적인 접근을 시도하는 연구자들이 학문과 사회운동의 경계를 모호하게 만들었던 것처럼, 민중에 대한 부정적인 접근을 시도하는 연구자들은 학문과 권력의 경계를 모호하게 만들었다.

특히 정권의 지원을 받는 연구들은 거의 예외 없이 '정치적으로 오염된' 연구였다고 부를 만했다. 이 연구들은 과도하게 목적의식적인 연구, 사실상 결론을 미리 정해놓고 진행하는 연구, 이론투쟁·사상투쟁·이데올로기투쟁의 수단으로 전락해버린 연구, 권력에 의해 주문생산 되는 연구라고 해도 과언이 아니었다. 권력의 지배수단으로 전락한 '관변 민중연구'야말로 '권력-지식 공모'의 가장 전형적인 사례였다. 이런 억압적 분위기에 편승하여 '제도권 학계' 혹은 '보수 학계'도 민중연구를 억압하고

배척했다. 보수 학계의 공격은 대부분 민주화 이후까지 이어졌다.[155]

이처럼 민중 개념에 대한 우호적 접근과 비판적 접근이 첨예하게 엇갈렸다는 것, 개념사 연구 자체가 과도하게 정치화되는 경향이 강했다는 것, 따라서 민중 개념에 대한 중립적-객관적 연구가 드물었던 것이 1980년대의 또 다른 중요한 특징들이었다. 권력의 개입에 덧붙여, 학자들 사이의 적대적 분위기 속에서 차분한 개념사적 연구가 행해지기는 어려웠다. 민중이란 기호記號가 그토록 난무하는데도, 그 기호의 역사적 기원·의미·변화 과정 등을 심층적으로 파고드는 연구는 거의 없다시피 했다. 진보 학계의 민중연구가 1990년대 이후에도 약화된 형태로나마 명맥을 이어간 데 반해, '관변 민중연구'는 1990년대 들어 완전히 자취를 감췄다. 한국사회의 민주화 이행과 더불어 관변 민중연구가 급속히 퇴조·소멸했던 것이다. 정치 상황의 변동에 따른 이런 극심한 부침浮沈은 관변 민중연구가 자생적 기반이 매우 취약한, 반공 권위주의 레짐의 반영 혹은 산물이었음을 간접적으로 입증한다.

민중 개념에 대한 정치적 억압과 관변 민중연구의 활성화가 함께 작용하면서, 항상 복합적이고 다중적이었던 민중 기의는 1980년대 들어 상대적으로 동질적이고 단일한 것이 되었다. 1920년대 이후 60여 년 만에 처음 있는 일이었다. 앞에서 보았듯이 저항적 정치주체로서의 민중 개념이 급속히 확산하던 1970년대에도 민중 기표에는 다양한 기의들이 섞여 있었다. 비로소 동질적이고 단일한 의미를 획득했지만 금지된 언어, 그것이 1980년대 민중 개념의 현주소였다. 민중이 금지되고 처벌받는 언어가 되면서, 한편으로는 민중이 발화자의 이념적·정치적 정체성을 드러내는 지표이자 상징이 된다는 점에서 '정치의 언어'가 되고, 다른 한편으로는 발화행위에 일정한 심리적 긴장이 부수되고 약간의 용기마저 요구된다는 점에서 민중이 격정 혹은 혐오를 촉발하는 '감정의 언어'가 되어갔다.

제 8 장

미
돈
ㅇ

1990년대 초부터 혹은 늦어도 1990년대 중반 무렵부터 민중 개념에 또 한 차례의 거대한 지각 변동이 진행되었다. 무엇보다 '변혁적 민중' 개념의 사용빈도가 급격히 감소했다. 아울러 민중 개념의 힘과 영향력이 전반적으로 또 급속하게 쇠퇴했다. 그 와중에 기존의 민중론자들은 제각기 다양하고도 이질적인 선택들로 나아갔다. 1990~2000년대에 걸쳐 민중 개념은 '시민' 및 '다중' 개념과의 경쟁 관계 속에 놓이게 되었다. 아울러 1980년대 중반부터 1990년대 초까지를 풍미했던 마르크스주의적-계급주의적 민중 개념에 대한 비판적 성찰에 기초하여 '민중 개념의 재구성' 작업이 민중론 진영 일각에서 진행되었다. 1980년대에 번성했던 '관변 민중연구'는 1990년대 들어 갑작스레 소멸했다.

이번 장에서는 사회운동과 진보 학계를 중심으로 1990년대 이후 급전急轉된 환경을 먼저 분석해볼 것이다. 이어서 민중 개념·이론의 쇠퇴를 '민중(개념)의 죽음' 담론을 중심으로 살펴보고, 소위 '97년체제'가 등장한 이후 이런 불리한 형세가 반전되는 징후들을 점검해볼 것이다. 또 민중론의 위기에 직면한 기존 민중론자들의 엇갈리는 선택을 결별, 대체, 고수, 재구성·재발견의 네 가지로 나눠 살펴볼 것이다. 마지막으로, 1990년대 중반 이후 '재구성된 민중 개념'의 요소들을 정리해보려 한다.

1. 급전된 상황

1987년 이후 한국 사회운동에서 일어난 변화를 조희연은 다섯 가지로 요약한 바 있다. 첫째, 1987년 노동자대투쟁 이후 민중운동 내에서 노동운동의 중심성과 주도성이 더욱 강력해졌다는 것, 둘째, 1987년 이후 민중정치-민중운동과 시민정치-시민운동이 경쟁하면서도 동시적으로 활성화되었다는 것, 셋째, 1990년대 중반 이후 시민운동이 분화하여 '진보적 시민운동'(참여연대, 인권운동, 평화운동 등)이 출현하여 "민중정치·시민정치의 중첩 및 공존 현상"이 나타났고 심지어 "민중정치·시민정치의 연대"도 나타났다는 것, 구舊사회운동과 신新사회운동이 분리된 서구와 달리 한국에서는 양자의 연대 필요성이 제기되었다는 것, 넷째, 시민운동을 집중 조명하고 긍정적으로 보도한 반면 민중운동에 대해 부정적으로 보도한 '보수 언론'이 주로 작용한 결과, 시민운동과 민중운동 사이에 지속적인 긴장이 조성되었고, 그로 인해 "민중정치가 공론의 광장에서 주변화되는 양상"이 나타났던 것, 다섯째, "일반민주주의투쟁 영역의 재발견 및 진보적 개입을 위한 노력의 결과" 민중운동 측의 변신도 진행되었던 것 등이 그것이었다.[1]

1987년부터 민주화 이행이 시작된 이후 소위 '시민운동'이 현란한 성장세를 보였다. 6월항쟁을 이어받은 노동자대투쟁에서 보듯이 민주화 이행기에 '민중운동' 역시 놀라운 발전을 구가했다(〈표 8-1〉 참조). 1990년대에 한국 지성계에서도 민중과 시민 사이의 개념적 경쟁이 전개되었지만, 시민사회에서는 민중운동과 시민운동의 경합이 더욱 강하게 병행되었

6월항쟁 당시 서울시청 앞 보행로 독재 규탄 문구(1987)

<표 8-1> 1987년 이후 민중운동의 발전

시기	주요 동향
1987년 5~6월	민주헌법쟁취국민운동본부 결성 및 6월항쟁(대통령직선제 쟁취)
1987년 7~9월	노동자대투쟁
1988년 12월	한국민족예술인총연합(민예총) 결성
1989년 1월	전국민족민주운동연합(전민련) 결성
1989년 3월	전국농민운동연합(전농연) 결성
1989년 5월	전국교직원노동조합(전교조) 결성
1989년 11월	전국빈민연합(전빈련) 결성
1990년 1월	전국노동조합협의회(전노협) 결성
1990년 4월	전국농민회총연맹(전농) 결성
1991년 12월	민주주의민족통일전국연합(민통련) 결성
1995년 11월	전국민주노동조합총연맹(민주노총) 결성

다. 민중-시민의 '개념적 경합'은 시민사회에서 벌어지던 '운동적 경합'을 반영했던 것인지도 모른다. 그러나 적어도 1990년대 초까지 양자는 '나란히' 발전했다. 주도권 경쟁은 있었을지라도 '민중운동과 시민운동의 동시적인 급성장'이 1980년대 말부터 1990년대 초까지 한국 시민사회의 뚜렷한 특징이었다. 정치사회에서는 민중의당, 민중당, 통합민중당 등이 연이어 등장했다. 이처럼 수십 년 만에 진보정당이 재등장하는 등 민주화 이후 민중정치를 포함한 제도정치의 발전도 눈부셨다.

이미 1990년대 초부터 상당수 학자들이 서구사회들이 몇십 년 전 거쳐간 '구사회운동에서 신사회운동으로의 전환'이라는 경로를 한국도 거쳐가고 있다고 주장하고 있었다. 심지어 김성국은 이런 전환을 "'계급운동의 시민운동에로의 수렴'이라는 세계사적 운동법칙"이라면서 '보편적 법칙'의 수준으로까지 올려놓았다.[2] 1992년에 이시재는 이렇게 주장했다. "새로운 사회운동이 필요한 까닭은 전적으로 우리가 안고 있는 사회문제들이 종래의 분석틀로서는 충분히 해석해낼 수 없는 것들이기 때문이다.

1990년대의 사회문제들—즉 도시문제, 환경문제, 교육문제, 여성에 대한 사회문제 등—은 종래의 사회이론—노동이론과 계급이론—으로는 충분히 설명될 수 없는 것들이다. 이러한 문제들은 그 속성으로 보아 노동운동을 중심으로 하는 계급운동과 적대와 연합의 구조, 즉 전선 형성의 구조가 전혀 다르다. 전선이 다를 뿐만 아니라 변경을 요구하는 사회구조상의 수준이 서로 다르다는 것이다.……여성문제, 환경문제, 도시문제, 교육문제 등의 새로운 사회운동의 영역을 계급분석의 외연 확장을 통해 설명하려는 노력이 있으나 그것은 경험적인 현실의 수준에서 일어나고 있는 변화의 다차원성과 복잡성을 무리하게 단순화하는 것이다."[3] 민중운동-시민운동의 경합 상황이 비교적 명료하게 가시화된 1990년대 중반의 시점에서 박재묵 역시 한국의 민중운동-시민운동 분화를 유럽의 구사회운동-신사회운동의 분화라는 맥락에 빗대어 설명했다.

> 구사회운동과 신사회운동의 구분이 유럽의 운동사적 배경에서 이루어진 것이라면, 최근의 한국의 사회운동 구조의 변화를 반영하는 것이 '민중운동'과 '시민운동'의 구분이다. 1987년 6월항쟁을 전후한 시기에 절정기를 맞았던 변혁 지향적 운동이 1990년대에 들어오면서 다소 약화되고, 다른 한편으로 환경, 반핵, 경제정의, 소비자 문제, 교육, 언론, 지방자치 등의 매우 다양한 사회적 쟁점을 중심으로 한 개혁 지향적 운동이 세력을 크게 확장하게 되었다. '민중운동'과 '시민운동'의 구분은 우선 변혁 지향적 운동과 개혁 지향적 운동이 공존하고 그로 인하여 두 세력 간에 일정한 긴장이 존재한다는 사실을 반영한다.
> 우리는 '민중운동'을 주관적으로 특정 계급 혹은 계급의 연합(민중)과 동일시하는 세력이 주체가 되어 계급 특수적 쟁점을 가지고 전개하는 운동이라고 정의할 수 있다. 이런 점에서 민중운동은 '구사회운동' 또는 '계급운동'으로 지칭되기도 하고, 변혁운동이라고 불리기도 한다.

이 운동에서는 다양한 사회문제를 표출시키는 불평등한 계급구조와 이에 바탕을 둔 정치적 지배구조 즉, 체제가 변화의 목표가 되며, 여기에서 주된 방법은 변혁이다. 다른 한편으로 '시민운동'은 주관적으로 시민 일반과 동일시하는 세력이 범시민적 쟁점을 가지고 전개하는 운동으로서, 사회의 기본구조나 체제보다는 사회문제 그 자체의 개선 내지 완화를 추구한다. 이런 점에서 '시민운동'은 '새로운 사회운동'과 동의어로 사용되기도 한다.[4]

그 자신 민중 개념을 둘러싼 논쟁에 참여하기도 했던 또 다른 사회학자 박형준은 1990년대 초에 '사회운동 이념의 분화'에 초점을 맞추고 민중운동과 시민운동의 분화를 도식화하여 설명하기도 했다(〈표 8-2〉).

〈표 8-2〉 1990년대 사회운동의 이념적 분화 양상[5]

유형	민중운동	시민운동
이념적 기반	마르크스주의	자유주의, 생태주의, 포스트 자유주의, 포스트마르크스주의 혼합
이념적 목표	사회주의	시민사회 중심 민주주의
규범적 가치	노동자계급 및 노동운동 중심성, 국가권력의 획득, 개량주의의 부정	정치적 다원주의, 시민적 연대의 가치, 참여민주주의, 점진적 개혁주의
이슈	이슈의 집중성 강조, 노동자계급의 정치세력화, 계급이익에 기초한 이슈 개발	이슈의 분산성 강조, 시민운동 기반의 제3정치세력화, 공공선에 기초한 이슈 개발

많은 이들이 1990년대를 지나면서 '시민운동 우위, 민중운동 퇴조'의 흐름이 뚜렷해졌다고 진단했다. 1990년대를 "민중운동과 시민운동의 공존과 갈등" 시기로 본 박재묵도 이와 유사한 판단을 내렸다. "1980년대를 민중운동의 확장기라고 한다면, 1990년대는 한마디로 시민운동의 성장

기라고 할 수 있다. 1990년대로 들어오면서 민중운동은 국내외적 상황 변화로 부분적으로 이념과 목표의 재조정을 겪게 되었고, 그 세력도 점차로 퇴조하는 징후를 보여주고 있다. 반면에 다양한 쟁점을 중심으로 전개되는 시민운동은 비교적 빠른 속도로 성장하고 있다."[6] 1989년 여름 창립된 '경제정의실천시민연합'(경실련)을 선두로 1990년대 초에 이르면 "세계적으로 유례가 없을 정도의 시민단체의 폭발적 증가" 현상이 나타났으며, 정상호에 의하면 "1990년대의 한국만큼 시민단체의 폭발advocacy explosion을 경험한 국가도 드물"었다.[7] 1993년 현재 시민운동 영역 중 '환경운동'만 하더라도 무려 200여 개의 단체들이 활동하고 있었다.[8]

한편, 1980년대 말부터 이른바 '민중정치'도 활성화되었다. 〈표 8-3〉에서 보듯이 시민정치가 사회운동 차원에서 시민운동·환경운동 등에 기초한다면, 민중정치는 노동(조합)운동이나 농민운동 등 민중운동에 기반을 두었다.

〈표 8-3〉 민중정치-시민정치 특성 비교[9]

구분	시민정치	민중정치
정당운동	정치개혁시민연합 등	민중당, 민주노동당 등
사회운동	시민운동, 환경운동 등	노동(조합)운동, 농민운동 등
비고	시민정치를 국민정치와 동일시	민중정치에서 노동정치 중심화

민중정치 세력은 주로 진보정당 운동 형태로 선거정치에 적극적으로 참여했다. 〈표 8-4〉는 1987년 민주화 이후 등장한 진보정치의 세력화 시도들을 조희연이 요약한 것이다. 민중정치 세력의 선거 참여는 1987년 대통령선거에서 '독자후보'로 출마했던 백기완이 그 출발이었다. 1987년 대선을 앞두고 진보적 사회운동 진영은 비판적 지지, 후보단일화, 독자후보의 세 입장으로 분화했다. 독자후보론은 '민중후보'로 백기완을 추대했

<표 8-4> 1987년 이후 진보정치의 세력화 시도들[10]

국면	민중 진영의 진보정치 세력화 전술	결과
1987년 대선	독자후보	후보 사퇴.
1988년 총선	민중의당	당선자 없음.
1992년 총선	민중당	50명의 후보 출마, 당선자 없음(유효득표율 1.5%)
1992년 대선	민중후보	20만여 표(1.0%) 득표.
1997년 대선	국민후보(국민승리21)	30만 6천여 표(1.6%) 득표.
2002년 지자체선거	민주노동당	광역의원 정당투표 8.1% 득표.
2002년 대선	민주노동당	95만 7천여 표(1.6%) 득표.
2004년 총선	민주노동당	정당명부식 투표 206만 6천여 표(1.6%) 득표, 비례대표 8석, 지역구 2석 등 10석 획득(원내 제3당 지위 획득).

지만, 백기완은 선거 종반 야권野圈 후보단일화를 위해 후보직을 사퇴했다. 1988년 4월의 13대 총선을 겨냥하여 민중을 표방한 첫 진보 정당인 '민중의당'이 출현했다. 1990년에는 이우재·장기표 등의 주도로 '민중의당'과 '한겨레민주당'이 통합하여 또 다른 민중정당인 '민중당'이 결성되었고, 1992년에도 '통합민중당'이 등장한 바 있다. 그러나 1988년 이후 민중운동의 정치세력화, 특히 합법정당 문제를 둘러싼 이견으로 민중정치는 내내 약세를 면치 못했다.[11] 다음은 백기완이 다시 '민중후보'로 출마했던 1992년 대통령선거 당시를 회고하는 박용진 국회의원의 말이다.

나에게 1992년 14대 대통령선거는 여름방학의 시작과 함께 찾아왔다. 내가 소속된 학생운동 단체에서 그해 겨울 대선에서 재야단체 독자후보인 '민중후보' 지지 선거운동을 하기로 결정했고, 학교에서의 준비 책임이 나에게 떨어졌다. '여름 대선 정치학교'라는 이름으로 정치캠프를 열고, 농촌봉사활동을 떠나는 학생들을 상대로 '민중 대통령'이라는 표어가 인쇄된 작업 모자를 판매해 활동 자금을 마련했다. 대통령 선거운동 비용과 후보 기탁금 등을 마련하기 위해 여름에는 수박 화채를 팔고, 겨울에는 귤도 팔고, 기념 버튼도 팔았다.……그 고생 끝에 백기완 후보가 대학로에 설치된 높은 연단 위에서 "세상을 바꾸기 위해 민중이 정치의 주인이 되어야 한다"고 사자후를 토할 때 금방이라도 새 세상이 올 것만 같았다. 대학로를 가득 메운 사람들 중 유독 20대 초반 청년들이 많았고 백기완 후보는 그 청년들을 미래에 대한 희망으로 들썩들썩하게 만들었다.……젊은 시절 우리는 그런 희망을 '민중권력'이라는 투박한 단어에 담아 외쳤다.[12]

이 인용문에는 희망과 낙관의 분위기가 넘쳐나지만, 김영삼 후보의 당선으로 끝난 1992년 12월의 14대 대통령선거는 민중정치 세력의 참담한 실패로 끝났다. 백기완 후보는 전체 투표수 24,095,170표 중 득표율 1.0%에 해당하는 238,648표를 얻는 데 그쳤다.[13] 민주화에도 불구하고, 민중운동의 외형적 성장에도 불구하고, 왜 수십 년 만에 부활한 민중정치와 진보정치는 이처럼 약세를 면치 못하고 실패를 거듭하게 되었을까?

1987년 6월부터 1991년 말까지 3~4년 동안 민중운동-민중정치 세력은 하나의 거대한 '판단 착오'와 하나의 거대한 '시대착오'를 범했다. 판단 착오는 1987년 대통령선거에서의 패배를 가리키며, 시대착오는 1989~1991년에 걸친 현실사회주의 붕괴기에 드러난, 세계사적 시간과 한국사적 시간의 탈구 내지 부정합을 가리킨다. 1987년의 대통령선거 패배라는 "처절한 기억"[14]이 '작은 집합적 우울'을 초래했다면, 1989~1991년의 탈구·부정합은 '보다 큰 집합적 우울'을 낳았다.

6월항쟁에서 성공적으로 연대했던 민중운동-야당 세력은 대선 국면에서 분열했다. 위에서 언급했듯이 1987년 대선을 앞두고 민중운동-민중정치 세력은 비판적 지지, 후보단일화, 독자후보의 세 입장으로 분열되었다. 백기완의 후보직 사퇴에도 불구하고 김대중·김영삼 두 야권 후보의 단일화 실패로 인해 1979~1980년 신군부 쿠데타의 주역인 노태우가 대통령으로 당선되었다. 그것은 지나친 낙관론이라는 희극적 성격, 결과적 패배라는 비극적 성격이 결합된 희비극과도 같았다. 대선 패배는 단지 일회적인 영향에 그치지 않고, (한국식의 '민주화 이후 체제'인) 소위 '87년체제'로 굳어져 오랜 기간 여파가 이어졌다.

무엇보다, 87년 대선 패배는 한국의 민주화 과정을 매우 독특하게 만들었다. 아래로부터의 '운동정치'가 보수 양당 세력의 타협에 의한 헌법개정을 강제했음에도, 대선 패배로 정치적 주도권은 보수 양당 중심의 '제도정치'로 재차 넘어갔다. 정해구는 민주화 이행 과정에서 드러난 한국만의 특징으로, 권위주의 체제의 온건파가 주도하는 자유화liberalization가 아니라 민주화운동이 민주화 이행의 중심 역할을 담당했다는 사실, 그리고 독재정권으로부터 어렵게 쟁취해낸 '정초선거founding election'에서 민주화운동 세력이 패배함으로써 보수세력이 재집권했다는 사실을 지적했다.[15] 이런 한국적 특징은 '타협적 민주화 이행'과 '민주적 공고화의 지체'라는 한계를 초래했다.[16]

필자가 보기에 정초선거(1987년 대통령선거) 패배로 심각한 상처를 입은 87년체제의 가장 큰 문제는, 첫째, 절차적-정치적 민주화를 넘어서는 실질적-사회·경제적 민주화가 지체된 것, 그로 인해 경제·사회·정치 영역에서 '민중 배제 레짐'이 계속된 것, 둘째, 분단체제 아래 지속된 '우경반쪽 정치지형'을 해체하고 제도정치권에 강력한 교두보를 확보하는 데 실패함으로써 '정치사회 내 진보정치 부재' 상황이 여전했다는 것이다. 최태욱은 "'경제의 민주화'를 제대로 이뤄내지 못했"던 점을 87년체제의 핵심적 한계로 지적했다.[17] 따라서 87년체제의 한국 민주주의는 "사회·경제적 약자들을 구조적으로 배제하고 소외시키는 절름발이 민주주의"에 다름 아니라는 게 최태욱의 진단이었다.[18] 『다중적 근대성의 탐구』의 역자들도 한국의 민주화가 "부의 재분배와 대중의 참여를 보장하는 실질적 민주화로 나아가지 못하고 있"다면서, 이를 "얼어붙은 민주주의frozen democracy"로 명명했다.[19]

김호기는 87년체제가 드러낸 문제들로서 세 가지로 압축했다. 첫째, 사회·경제적 민주화의 지체, 즉 민주화는 이행 단계를 지나 공고화 단계로 이어져야 하는데 한국에서는 정치적 민주화에서 사회·경제적 민주화로의 전환이 더뎠다는 것, 둘째, 사회·경제적 전환의 방향도 (사회·경제적 민주화 지향이 아니었음은 물론이고) '국가 주도'에서 '시장 주도'로 전환되었으며, 그 결과 1997년 외환위기 이후 신자유주의적 구조조정과 사회적 양극화가 강화되었다는 것, 셋째, 사회갈등의 분출, 즉 민주화 과정이 진행되면서 군부 권위주의 아래 억압되었던 사회갈등이 분출하고 사회균열이 다원화되어 왔다는 것이다.[20] 박상훈은 87년체제의 1990년대적 표출 양상을 (교착이나 정체, 평형을 넘어) "시장권력에의 굴복"으로 요약했다. 그에 의하면, "한국의 민주화 이후 체제에서 특징적인 것은 민주주의 확대를 지향하는 힘과 현상 유지 혹은 시장체제로의 전환을 선호하는 힘 사이의 갈등이 짧은 기간 만에 전자 우위에서 후자 우위의 체제로 전환되었다는 데 있다. 운동에 의한 민주화의 충격은 매우 강력해서 노태우 정부 시기에도 강한 분배 효과를 낳았지만, 1990년대 초반을 경유하면서 점차 축소되고 그 자리를 시장의 권력효과가 대체했다." 그리하여 한국사회는 "1990년대 중반을 기점으로 시장 우위 체제로 전환되었고 민주주의가 갖는 분배 효과는 역전되었다"는 것이다.[21] 최장집은 87년체제를 "지역당 구조/지역당 체제"로 규정하기도 했다. 손호철은 "87년체제의 핵심 중 하나는 정치적 민주주의에 대비되는 정당민주주의의 후퇴, 곧 3김 정치"라면서, '3김 정치'의 폐해로서 제왕적 대통령제, 사당私黨 체제, 지역주의의 세 가지를 들었다.[22]

주목할 사실은 최장집이 '지역당 체제'를 "두 대표적 생산자집단인 노동자, 농민들이 정당으로 조직되거나 대표되지 못한 구체제의 변형"으로 규정한 것이다.[23] 이 구체제는 1950년대 중반 이후 고착된 우경반쪽 정치 지형인 '보수 양당 독점체제', 나아가 손호철이 '국가보안법 체제'라고 부른 '48년체제'와 결코 다르지 않다.[24] 박찬표 역시 "보수적 패권 체제"인 '48년체제'가 민주화 이후의 한국사회를 여전히 지배하고 있다고 주장한 바 있다.[25] 1988년 6월 총선에서 야당이 승리하여 '여소야대' 정국으로 재편함으로써 대선 패배의 충격에서 부분적인 분위기 반전이 이뤄졌지만, 1989년 3월(문익환)과 6월(임수경)의 방북 사건을 계기로 '공안정국'이 도래했고, 1990년 1월에는 '여소야대'를 '여대야소' 정국으로 억지 전복하는 '3당합당'이 결행된 데 이어,[26] 1991년 4~5월 '분신정국' 당시 박홍 서강대 총장의 배후조종 세력 주장과 유서대필 사건 조작을 계기로 다시 '공안정국'으로 회귀함으로써 민주화 이전의 권위주의 통치가 재생되는 일련의 흐름은 87년체제의 한계를 전형적으로 또 극명하게 보여주었다. 뉴딜연합과 같은 계급 대타협의 시도는 전무했고, 실질적 민주화 혹은 사회·경제적 민주화는 지지부진했다. 노동운동을 비롯한 민중운동의 성장도 억제되었다. "1987년 '노동자대투쟁' 이후 19.8%까지 치솟았던 노조 조직률은 꾸준히 하락"했다.[27] 민중의 정치세력화 역시 부진한 가운데 1990년대 이후에도 보수양당제 정치지형은 공고하기만 했다.

1989~1991년의 현실사회주의 붕괴 과정과 맞물린 시대착오 혹은 시대 역류逆流가 불러온 충격과 정신적 상처도 컸다. 이 과정은 소련공산당 서기장 고르바초프가 1986년부터 추진한 개혁 정책인 '페레스트로이카'에서 시작하여, 1989년 11월 베를린장벽 붕괴, 1990년 10월 독일 통일, 1991년 여러 동유럽 사회주의국가들의 도미노 붕괴, 1991년 12월 소비에트연방(소련) 해체로 이어졌다. 같은 시기에 한국 사회운동의 역사 경로는

두 가지 역설, 즉 정치적 '민주화'가 이념적 '급진화'를 촉진하는 역설, 그리고 세계적 수준에서의 '탈사회주의화'와 한국적 수준에서의 '사회주의화'가 중첩되는 역설을 드러냈다. 세계적 전망에서 볼 때 당시 한국 민중운동의 색다른 행보는 '기괴하다'고 얘기할 수 있을 정도였다.

민주화가 '사상의 자유화'를 동반하는 현상은 지극히 자연스럽지만, 한국에서는 민주화가 사회운동 영역에서 '사상의 급진화'로 이어졌다.

베를린장벽 붕괴(1989)

'민주화'가 진행될수록 '급진화'가 더욱 빠르게 진행되는 역설은 민주화 과정에서 검열이 폐지되자 좌파 번역서와 북한 서적 출판이 홍수를 이룬 현상에서 단적으로 드러났다. 앞서 언급했듯이 운동권 대학생들이 '마르 크스-레닌주의 원전'을 본격적으로 학습·탐독하기 시작한 시기는 1985 년 후반기부터였지만, 민주화가 시작된 1987년 이후 마르크스-레닌주의 의 관점을 반영하는 각종 번역서들이 봇물 터지듯 쏟아져나왔다. 1988년 말부터 1989년에 걸쳐 주체사상을 선전하는 책들이 한꺼번에 출간되었 다. 1988~1989년에는 이에 반발하여 마르크스-레닌주의 관점에서 주체 사상을 비판하는 서적들도 여러 권 출간되었다.[28] 박현채와 조희연이 편 집한 『한국 사회구성체 논쟁』 등 사회구성체 논쟁을 소개하는 책들도 이 시기에 다수 출간되었다.[29] 1986년부터 '자본론 해설서들'이 나타나다 1988년부터 1991년까지 강신준, 이상돈, 김수행 등에 의해 여러 판본의 『자본론』 번역서가 선을 보였다. 1991년부터는 『칼 맑스/프리드리히 엥 겔스 저작 선집』이 번역되어 나오기 시작했다. 각 부문의 전국적 조직화 등 민주화 이후 민중운동의 발전이 눈부셨던 사실 역시 '혁명운동 고조 기' 혹은 '혁명 적기適期'라는 상황 판단을 유도하여 급진화를 정당화했을 수도 있다.[30]

1950~1960년대부터 '탈脫소련' 내지 '스탈린적 마르크스주의로부터 의 탈주脫走' 움직임을 지속해온 서유럽 마르크스주의자들이 1980년대 현 실사회주의 위기로부터 받았을 충격이 상대적으로 적었던 데 비해, 한국 의 마르크스주의자들은 사실상 이론적·심리적 무방비 상태에서 현실사 회주의 위기에 직면하게 되었다. 페레스트로이카가 전 세계 진보 진영에 서 (소련식 사회주의로부터의 이탈이라는 의미에서) 탈사회주의화가 본격적으로 시 작됨을 뜻했다면, 페레스트로이카가 시작된 바로 그 시기부터 맹렬한 속 도로 '마르크스주의의 정통화' 과정을 밟아나간, 다시 말해 서유럽의 '수 정 마르크스주의'를 통해 마르크스주의에 뒤늦게 입문한 후 '수정 마르크

스주의'를 비판·폐기하면서 '정통 마르크스주의'로 전진해갔던 한국에서는 좌파 인사들이 사회주의권 붕괴의 충격에 속수무책으로 노출될 수밖에 없었다.

한 시대가 종말을 맞음에 따라, 일종의 종말론적 우울과 불안이 한국의 '운동사회'를 급습했다. 이소영은 한국의 운동사회 구성원들이 1991년에 현실사회주의 붕괴, 분신정국, 유서대필 사건을 중첩적으로 경험하는 동안 사회주의혁명을 향한 '열정passion 정동'에서 '상처받은 애착attachment 정동'으로의 전환을 겪게 됨으로써 '우울증적 주체'로 변형되었다고 보았다.[31]

한국의 급진적 사회운동 세력이 1987~1991년에 걸친 판단 착오와 시대착오로 입은 내상과 외상은 넓고도 깊었던 것 같다.[32] 진보정치의 약세와 거듭되는 패배의 밑바닥에는 이런 '시대적·집단적 우울'이 자리 잡고 있었던 것은 아니었을까? 이용기에 의하면 여러 겹의 혼란, 즉 "현실사회주의권의 붕괴로 인한 '사상'의 혼란, 절차적 민주주의의 확보와 사회적 역동성의 퇴조에 따른 '전선'의 혼란, 그리고 민중의 분화와 대중운동의 침체로 인한 '실천'의 혼란"이 차곡차곡 쌓였다.[33] 이처럼 혼란스럽고 우울한 상황에서 질서정연하게 새로운 진로를 모색한다는 것은 애초 불가능한 일이었고, 어쩌면 분열과 지리멸렬은 거의 필연이었다. 그 와중에 많은 이들이 기존의 거대 보수 야당과 급성장하는 시민운동으로 흡수됨에 따라, 결국 보수 양당 중심 정치지형이라는 87년체제의 한계는 더욱 뚜렷해질 수밖에 없었다.

이처럼 세계사적 변동을 포함한 다양한 요인들이 급진적 민중운동이 1990년대 초에 맞닥뜨릴 가혹한 운명을 중층결정했다. 소련 해체로 사회주의 붕괴가 완성되는 1991년 말부터 1992년 초가 한국 사회운동의 급진화 과정에 강력한 제동력과 역류의 힘이 발생한 시기였음은 분명해 보인다. 김영삼 정부 초기인 1993~1994년에 이르러 역류는 대세로 변했다. 김원은 1993년 무렵 학생운동권의 분위기를 이렇게 묘사했다. "1991년 소련 연방의 붕괴, 분신의 기나긴 대열이 이어졌던 5월 투쟁 그리고 민중운동의 참담한 패배로 종결된 1992년 12월 대통령선거 이후, 한국사회에서는 운동의 위기라는 담론이 사회화되었다. 그리고 모두 '변화'해야 한다는 목소리를 이구동성으로 내뱉기 시작했다. 80년대 운동에 대한 고백성사가 시작되었다."[34] 배성준은 "마르크스주의의 위기를 공식적으로 부정하는 견해도 있었지만, 현실사회주의의 붕괴라는 현실 앞에서 마르크스주의에 대한 회의나 청산이 대세를 점했다"고 전하고 있다.[35] 판단 착오와 시대착오의 부정적 충격이 중첩되면서, 마르크스주의 성향의 급진적 민중운동은 최장집이 다음처럼 반문할 만큼 놀라운 속도로 붕괴했다. "운동권과 담론 그 자체의 해체는 훨씬 더 빠르게 진행되었다. 오늘의 시점에서 볼 때 한국의 운동권에 대해 제기할 수 있는 질문은 1980년대를 통해 그것이 어떻게 그렇게 광범하고 급진적으로 성장해서 권위주의를 붕괴시켰느냐 하는 것보다, 그토록 격렬하고 광범했던 민중운동이 왜, 어떻게 그렇게 빨리 사라졌는가 하는 점이다."[36]

진보 학계의 상황도 사회운동과 그리 다르지 않았다. '정통 마르크스주의의 퇴조'는 1990년대 학계의 공통적 특징이었다.[37] 앞의 〈표 7-1〉에서 보았듯이 1988년 학술단체협의회 창립 심포지엄 당시보다 1998년에 학술단체협의회 창립 10주년 심포지엄을 할 당시에는 더욱 많은 분야의 진보적 학술운동 단체들이 참여하는 등 학술운동의 폭은 1990년대를 지나면서 오히려 확장되었다. 그러나 같은 기간 동안 마르크스주의 지향의 학술 진영은 크게 위축되었다.

박찬승이 말하듯이, 1980년대 말부터 1990년대 초까지 한국 진보 학계에서 발견되는 "정통 맑시즘의 부흥"은 지극히 "한국적인" 현상이었다.[38] 그로 인해 외국의 좌파 지식인들에 비해 부정적 영향도 훨씬 심각했다. 김동춘의 지적대로 "사회과학의 위축 혹은 이론적 혼미는 한국만의 현상은 아니지만, 우리에게는 그것이 보다 심각한 양상으로 나타났다."[39] 박찬승은 인문학 쪽보다는 사회과학자들이 더 큰 충격을 받았다고 보았다. "사회주의권의 충격은 특히 사회과학자들에게 커서 실용주의에 입각한 포스트마르크스주의(탈마르크스주의)를 주창하는 이들이 나타났다. 이들은 라클라우와 무페의 이론을 받아들여 마르크스의 형이상학적·본질주의적·종말론적 요소를 비판하고, 그 대신에 다원성과 자율성과 행위자로서의 인간 주체성과 민주주의 프로젝트의 중요성을 강조하였다. 사회과학계의 반응이 이 같이 빨랐던 반면 인문학 특히 역사학계의 반응은 상대적으로 더디었다."[40] 1991년에 한완상도 "탈냉전의 세계적 조류 속에서 계급보다 인간을, 경직화된 이념보다 유연한 실익을 더 존중하고 도모하는 시대정신이 조성되면서 정통 마르크스주의 이론과 방법론에 보다 철저하려는 노력이 오히려 '역사 적합성'을 훼손시키는 처지에 이르고 있는 것 같다"면서, 이것이 1990년대를 맞는 한국 사회학에 닥친 새로운 위기라고 진단했다.[41]

다시 〈표 7-1〉을 소환하자면, 1988년의 인문·사회과학 연구사 선집에는 '마르크스주의적 에토스'가 넘쳐났고 1998년 선집에서는 '탈마르크스주의 에토스'가 뚜렷했던 데 비해, 현실사회주의 붕괴 직후 시점인 1994년 선집의 경우에는 위기의식을 공유하고 정통 마르크스주의에 대한 비판·성찰을 수용하면서도 여전히 '마르크스주의적 에토스' 및 '마르크스주의적 기획의 유효성과 적실성'을 인정하는 글들이 다수를 차지했다. 철학 분야를 집필한 김창호의 다음 주장이 대표적이다.

현존 사회주의 개혁과 몰락은 한국사회에서 맑스주의 연구 및 운동에 커다란 충격을 주었다. 그 충격에 따라 맑스 철학의 연구에서는 무엇보다 우선 기존의 정통 맑스주의에 대한 보다 '근원적'인 반성이 요구됨과 아울러 중요한 몇 가지 철학적 쟁점들이 두드러지게 되었다. 나아가 사회주의 붕괴는 사회주의의 자기 인식으로서의 맑스주의의 정당성에 결정적 위협이 되었던 것과 마찬가지로 한국사회에서도 기존의 맑스주의가 한국사회와 한국사회 이행을 설명하는 자기 인식이 될 수 있는가에 대해 심각한 의문을 제기하게 되었다. 물론 문제의 본질은 소련을 위시한 사회주의의 붕괴가 아니라 기존의 한국사회에 대한 인식의 구체성의 결핍이었음에도 불구하고 사회주의 붕괴는 한국사회에서의 맑스 연구자들에게 위기의식을 불어넣기에 충분할 정도로 심각하게 영향을 미치고 있다.[42]

단지 '현실사회주의의 실패'일 뿐 '사회주의 자체의 실패'는 아니라는 주장이 1994년 선집에는 자주 등장한다.[43] 그럼에도 불구하고 이 선집을 통해 마르크스주의적 학문의 퇴조 현상을 뚜렷이 감지할 수 있기도 하다. 예컨대 정치학 분야를 집필한 정영태는 1990년대 이후 "진보적 정치학 연구의 소강상태와 정치학계의 전반적인 보수 회귀"를 언급하고 있다.[44] 법학 분야를 집필한 강경선은 1989년 창립된 민주주의법학연구회의 학술지 『민주법학』을 사례로, 4호까지는 "맑스적 시각의 소개"가 많이 나타났지만 1992년 발간된 5호부터는 이런 경향이 현저히 줄었다고 했다.[45] 사회학 분야를 집필한 이기홍은 "진보적 사회학의 현재 상황은 '전반적인 교착과 침체'"로 특징지어진다면서, 1990년대 진보적 사회학의 흐름을 "사회구성체 논쟁의 퇴조, 맑스주의의 위기에 상응하는 '위기 및 정체', 그리고 그것에 이어지는 새로운 조류들의 등장"으로 제시했다.[46] 그는 이렇게 덧붙였다. "물론 '80년대식 사고'라고 조롱 섞인 지적을 받는 맑스주의 '사수론'의 흐름도 가느다란 명맥을 유지하고 있으며 알뛰세적인 접근에 노골적으로 의지하는 '전화론'의 경향도 좀 더 뚜렷하게 존재하기는 하지만 전반적인 이론적 형세에서 의미 있는 역할을 하는 것으로 보기는 어렵다."47

역시 1994년의 글에서 정영태는 진보 학계의 입장이 1990~1993년 시기에 어떻게 분화했지를 소개하고 있다. 여기서 입장이 갈라지는 핵심 쟁점은 '현존 사회주의의 좌절 요인'을 어떻게 설정하느냐였다.

> 핵심적인 쟁점으로 떠오른 것은 '현존 사회주의의 경직성 또는 (절차적 의미에서의) 비민주성은 사회주의이론 또는 맑시즘―특히 프롤레타리아독재론과 사회주의로의 이행에 있어서의 혁명적 단절론―자체의 근원적인 한계인가, 아니면 소련식 맑스주의만의 문제인가'라는 것이었다. 후자의 입장을 취했던 이들은 초기에는 현존 사회주의의 문제를 프롤레타리아독재론의 '스탈린식 왜곡'에서 찾았으나 결국은 프롤레타리아독재론에 대한 레닌의 입장이 모호했기 때문에 스탈린주의를 배태할 수밖에 없었다고 하면서 소련식 맑시즘 전반을 비판하게 되었다. 그렇다고 해서 맑스까지 부인하지는 않았으며, 오히려 소련식 맑시즘에 의해서 '왜곡된' 맑스에 대한 재해석을 시도하였다. 반면, 전자의 입장을 취했던 이들은 스탈린주의와 레닌주의는 물론 맑스 자체에 대해서 (거의 완전히) 부정하면서 맑스 이외의 다른 사상가에게로 관심을 돌리게 된다. 물론 이들 가운데서도 '진보정치운동'에 있어서의 노동자계급운동의 '중심성'을 인정하느냐 하지 않느냐에 따라 다시 두 입장으로 갈라지게 된다.48

정영태는 현실사회주의 좌절의 요인을 "소련식 맑스주의만의 문제"로 보는 대표적인 논자로 김세균과 손호철을 제시했다. 또 "사회주의이론 또는 맑시즘 자체의 근원적인 한계"(특히 "프롤레타리아독재론과 사회주의로의 이행에서의 혁명적 단절론")에서 좌절 요인을 발견하는 대표적인 논자들을 그 대안 모색의 방향 측면에서 "마르크스주의 내부"(그람시주의)에서 찾는 부류와 "마르크스주의 외부"(푸코의 담론이론, 무페·라클라우·보비오 등의 민주주의론과 시민사회론)에서 찾는 부류로 다시 나누고, 강문구를 전자의 대표자로, 박형준·한상진·이병천을 후자의 대표자로 각각 들었다. 또 "사회주의이론 또는 맑시즘 자체의 근원적인 한계"를 주장하는 이들 중 "진보정치운동에서 노동자계급운동의 중심성 인정 여부"와 관련해서는, "프롤레타리아독재론과 혁명적 단절론, 그리고 노동계급운동의 중심성을 부정하였음은 물론, 운동주체의 다원성과 운동주체의 담론에 의한 구성원리, 그리고 특히 시민사회운동의 중요성을 강조"하는 대표적 논자로 박형준과 이병천을, "프롤레타리아독재론과 혁명적 단절론은 비판하였으나 노동계급운동의 중심성을 부인하지는 않았으며 그렇다고 해서 시민운동의 중요성도 부인하지는 않"는 대표적 논자로 최장집을 꼽았다.[49]

김동춘은 1990년대를 "(마르크스주의적 — 인용자) 사회과학의 전면적 후퇴 시기"로 규정하면서, 진보적 사회과학자들의 대응을 세 범주로 구분했다. 첫째, 정치경제학적 개념틀에 입각한 '자본주의' 개념을 버리고 '근대' 혹은 '근대화'로서 자본주의를 보게 된 경향들로서, 중진자본주의론, 식민지근대화론으로 대표되는 신근대화론neo-modernism으로 대표되는 흐름, 둘째, 유럽의 탈/후기구조주의 이론, 조절이론이나 신사회운동론, 포스트포드주의 이론 등을 받아들여 넓은 의미의 '탈근대주의적' 문제의식을 갖고 1990년대 한국사회의 변화나 신사회운동, 문화 현상 등에 관심을 갖는 경향들, 셋째, 한국 자본주의의 성격이 본질적으로 변하지 않았다고 전제하고 마르크스주의적 정치경제학이 현실분석에 여전히 유효하다는 입장이 그것이다. 이 중 세 번째 입장은 다시 '완고파'와 '개량파'로 구분 가능하다고 보았다.[50]

2. 민중의 죽음?

(1) 민중의 죽음 담론

1980년대 말부터 시작된 한국사회의 민주화 이행에 따라 합법적인 정치 공간들이 급속히 팽창하는 가운데 1980년대 민중론에 수반되었던 혁명론의 설득력이 점차 약화되었다. 이런 흐름은 1990년대 초까지 이어진 사회주의국가들의 연이은 붕괴로 가속화되었다. 이런 변화에 발맞춰 1980년대 중반부터 '지배적 담론'의 지위를 점해온 마르크스주의적-계급론적 민중 개념이 부적절하다는 인식이 학계에 빠르게 확산되었다.

손석춘의 표현에 의하면 그것은 "민중의 죽음이라는 음울한 담론이 힘을 얻어가는" 상황이기도 했다.[51] 상당한 국제적 명성을 얻은 민중신학에 대해서조차 1990년대 초가 되자 "종언이라는 이야기"가 나올 지경이 되었다.[52] 1993년 당시 경실련 사무총장이던 서경석 목사는 "민중신학의 위기"라는 글에서 유물론과 결합하면서 "민중신학의 대중성 상실"이 나타났다면서, "혁명에 의해서가 아니라 투표에 의해 정권이 바뀌어지는 세상이 되면 민중은 주목 대상의 자리를 광범위한 중산층에게 내주어야 한다"고 주장했다.[53] 김영범은 1990년대 이후의 삭막한 풍경을 다음과 같이 회고한다.

> 민중이 학술·비평 담론의 최대 화두요, 필살기적 주제처럼 되던 풍경이 1990년대 이후로 바뀌었다. 미혹의 숲을 빠져나가듯 사람들은 민중론으로부터 멀어져갔고, 낡고 무거운 외투인 듯 미련 없이 벗어던졌다. '과학'과 '실천'을 내걸었던 민중사학의 예봉도 속절없이 꺾이더니, '무너진 극장'처럼 거대담론의 잔해만 남게 되었다. 세계사적 격변과 지성사적 대전환, 그리고 국내 사회·문화 현실의 심대 변동은 엇물리고 겹

치면서 그런 결과를 빚어냈다. 그 후로는 민중을 운위하면 촌닭 신세가 되거나 시대착오증 환자로 치부될지도 모를 지경이 되었다.[54]

다음의 인용문들은 1990년대 구로역사연구소를 중심으로 민중사학이 처한 현실을 적나라하게 보여준다. 앞의 것은 윤대원의 회고이고, 뒤의 두 인용문은 박한용의 회고이다.

돌이켜 보니 정말 많은 일들이 주마등처럼 스쳐 간다. 망원한국사연구실은 내가 연구자로서 연구와 실천의 꿈을 실현할 수 있는 곳이라서 선택한 곳이었다. 이후 여러 우여곡절 끝에 구로역사연구소로, 역사학연구소로 이름을 바꾸었지만 우리 모두의 꿈과 이상이 서린 곳이다. 짧은 역사지만 그 속에는 10여 명의 선후배들이 오직 '역사연구와 실천으로 사회변혁에 이바지하겠다'는 서로에 대한 믿음과 동지애만으로 척박한 현실에 맨몸으로 부딪혀온 숱한 희생과 땀이 배어 있다. 연구소의 정체성과 진로를 놓고 서로 얼굴을 붉히면서까지 비판과 질타가 거침없이 오간 숱한 날들, 민중의 언어로 말하기 위해 누구든지 빨간 펜을 거침없이 들었던 수정 작업들, 주변의 번뜩이는 감시와 사찰에 마음 졸이던 순간들, 대중 교육의 현장에서만 느낄 수 있었던 민중의 눈빛들, 긴장과 축제가 어우러졌던 역사기행들 그리고 무엇보다도 연구소에서 수련회 장에서 체온을 함께 나누며 느꼈던 서로에 대한 믿음과 열정들. 그러나 어느 순간 이 믿음과 열정마저 변화하는 현실에 능동적으로 대처하는 데 한계를 드러내면서 연구소는 정체의 늪 속에 빠졌고 매너리즘에서 헤어나지 못하고 있었다. 연구소의 정체성과 활동은 세계적 냉전 해체 이후 다가온 신자유주의와 포스트모더니즘이라는 높은 파고 앞에서 사실상 방향성을 잃어버리고 말았다.[55]

이러한 상황(현실사회주의 붕괴와 소비에트연방의 해체—인용자) 속에서 그동안 우리가 내세웠던 민중 주체의 과학적인 역사연구의 진정한 내용은 무엇이며, 또 실천적 내용이 뒷받침되지 못할 때 이러한 주장이 무슨 의미를 지닐 수 있겠는가 등등의 문제에 대해서 스스로 깊이 고민하기에 이른 것이다.……1993년 8월 구로역사연구소는 역사학연구소로 이름을 고쳤다. "구로연이라는 명칭이 지역적인 한계를 지닌다는 점"과 "'구로'라는 상징성이 가지는 의미가 부담스럽다"는 것이 그 이유였다.[56]

저 역시 마찬가지이지만 좀 더 역사학 논문답게 치밀하게 연구하고 더 풍부하게 서술하지 못한 문제가 있었죠. 그런 수준에 머물다가 갑자기 소련이 무너진 겁니다. 이제 막 사랑에 눈뜰 사춘긴데 세계사는 이혼에 대한 문제를 낸 것이죠. 그리고 우리는 갑자기 빨리 늙어버렸어요.[57]

목포에서 활동한 민중미술가 박석규는 외부의 비판, 내부의 무력감과 방향 상실에 안팎으로 갇혀버린 신세를 이렇게 토로했다.

민주화가 되어버리니까 사실은 그때부터 민중미술 하는 사람들이 힘이 빠져버린 거예요. 전에는 우리가 어떤 목표를 가지고 했거든? 그런데 그때부터는 투쟁의 목표가 없어져 버린 거지. 구심점이 없어져 버렸다고 할까? 구 소련도 해체되어버리고 동구권도 해체되고. 그래가지고 인제 우리는 무엇을 어떻게 해야 할 것인가. 우리 민중미술을 하는 사람들은 고민을 했어.……그때 민중미술이 비판받은 것은 프로파간다의 성격이 아주 짙은 포스터 같은 그림이었지.[58]

김정헌의 말처럼 "90년대 초반에 이르러 민중미술의 활력이 급격히 수그러든" 것도 부정할 수 없는 현실이었다.[59] 마당극 운동도 그러했다.

이영미의 지적대로 "1980년대 말부터 1990년대 초반까지 이렇게 고조되었던 민족극 계열 마당극은, 1992년을 계기로 그 기세가 수그러들기 시작한다."[60]

1990년대 초에 민중론이 전반적으로 위축된 것은 분명한 사실이었다. 그러나 정확히 말하자면 집중적 비판의 대상이 된 것은 '민중론 그 자체'가 아니라 마르크스주의적 색채를 띤 '2세대 민중론'이었다. 1992~1997년의 5~6년은 동네북 신세로 전락한 2세대 민중론에 대한 비판이 도처에 넘쳐났던 '비판의 시대', 혹은 2세대 민중론자들에 의한 '자기비판의 시대'였다. 1980년대 말부터 1990년대 초에 걸친 판단 착오, 시대착오, 시대역류의 누적된 역효과와 충격파가 1990년대 초반부에 집중적으로 표출되자 2세대 민중론의 빠르고 전면적인 몰락이 불가피하게 되었다. 죽은 것은 '민중'이 아니라 '마르크스주의 민중론'이었다. 그런데 2세대 민중론이 1980년대 중반부터 1990년대 초까지 워낙 압도적인 지배력을 구가한 민중론 패러다임이었기 때문에, 1990년대 들어 직격탄을 맞은 2세대 민중론이 급속히 약화하자 '전체로서의 민중론' 역시 필연적으로 위축될 수밖에 없었다.

그러나 1990년대 초중반의 시기가 민중론의 전반적인 위축 가운데서도 대안적 민중론을 고통스럽게 탐색하는 때이기도 했음을 기억하는 것이 중요하다. 뒤에서 살펴보겠지만 이 기간 동안 어려움 속에서도 관련 학회, 연구소, 학술지를 지켜내거나 신설했던 민중신학이 그 중심에 있었다. 특히 민중신학자 김진호가 1993년 『신학사상』에 발표한 "역사주체로서의 민중: 민중신학 민중론의 재검토"는 모순에서 직접 실천 주체를 도출하는 '구조 환원론'과 '계급 환원론'을 비판하면서, '실체론적 민중론'에 맞서는 '형성론적 민중론'을 제시하고, '정치연합으로서의 민중'을 명확히 제기하고, 민중의 이중성을 '고난 담지자'로서의 민중과 '역사주체'로서의 민중으로 정식화하는 등 사실상 '3세대 민중신학'의 등장을 알리는 귀중한 글이었다. 이런 방향전환에 기초하여 그는 1997년 『시대와 민중신학』에 발표한 "민중신학의 계보학적 이해: 문화정치학적 민중신학을 전망하며"에서 '정치경제학적 민중신학'과 대비되는 '문화정치학적 민중신학'을 제창하고 나섰다.[61] 앞서 소개한 사회학자 김성기와 김영범의 고군분투도 주목할 만하다. 김진호를 비롯한 젊은 민중신학자들 그리고 김성기·김영범은 라클라우·무페 류의 포스트맑스주의를 비롯하여, 포스트모더니즘, 망탈리테사 등을 이론적·방법론적 무기로 삼아 1990년대의 지성사적 난국을 힘겹게 돌파해가고 있었다. 1990년대 초중반 암중모색의 결실은 이른바 '97년체제'의 도래 이후 본격적으로 나타나게 된다.

한편 혁명주의적 사회운동이 급격히 위축됨에 따라, 1990년대를 거치면서 민중 개념은 점점 혁명이론들과 분리되어갔다. 민중 기표에 담긴 실천성과 저항성의 기의는 그대로 유지되었을지라도, 그것이 혁명적 실천·저항으로만 제한되지는 않게 된 것이다. 1990년대 이후에도 '민중민주PD파' 혹은 '평등파', '민족해방NL파' 혹은 '자주파'라는 용어는 살아남았다. 1990년대 이후의 정치 영역에서 민중은 자주파가 아닌 평등파의 상징적 기호로 기능하기도 했다. 다시 말해 민중적 사회운동(민중운동)이나 민중정치 영역에서 '민중'을 강력하게 표방한 곳은 양대 민중정치 세력 가운데 대체로 평등파 쪽이었다는 것이다. 주지하듯이 민중민주파는 민중민주주의혁명PDR 지지세력의 약칭이고, 민족해방파는 민족해방민중민주주의혁명론NLPDR 지지세력의 약칭이다. 그러나 민중민주파니 민족해방파니 하는 용어들은 1990년대를 지나면서 더 이상 혁명이론으로 기능하지 않게 되었다. 그런 면에서 민중과 연관된 혁명이론의 시효는 1980년대 말까지, 혹은 사회주의블록의 붕괴 과정이 마무리되는 1990년대 초까지였다고 하겠다. 1990년대 이후 이 용어들은 '혁명 없는 혁명이론'이나 '혁명이론(혁명 시대)의 흔적'으로, 혹은 단순한 진보적 정파들의 약칭으로만 남게 되었다.

(2) 97년체제 출현과 반전의 징후

현실사회주의 붕괴에 따른 냉전체제 해체, 냉전 시대 종식이 1970년대 후반부터 본격화한 '신자유주의적 세계화'의 가속을 의미함을 깨닫는 데에는 오랜 시간이 필요치 않았다. 한국에서는 1997년 말 외환위기에 따른 국제통화기금IMF 구제금융 및 관리체제를 계기로 '신자유주의 사회'로의 급격하고도 격렬한 재편이 시작되었다. 그 결과 '신자유주의의 한국식 버전이자 재현'인 '97년체제'가 모습을 드러냈다.

김정훈은 "IMF 외환위기는 소위 '87년체제'와 단절되는 새로운 질을 가진 체제, 즉 '97년체제'를 형성시켰고, 이는 신자유주의적 정책을 통해 사회적 양극화를 심화시키고 나아가 민주주의를 후퇴시킨 것으로 주장되고 있다"고 말했다.[62] 그러나 앞서 소개한 박상훈의 진단에 의하면, 87년체제의 한계로 인해 1990년대 초중반을 거치면서 '97년체제'는 숙성 과정을 이미 거치고 있었다. 'IMF사태'는 이런 변화를 가속화하고 전면화한 계기였을 따름이다. 1990년대 초중반에 '민주주의 확대를 지향하는 힘'과 '현상유지 혹은 시장체제로의 전환을 선호하는 힘' 사이의 갈등이 1990년대 초중반을 거치면서 후자의 우위로 역전되었고, 그 역전의 과정이 사실상 완결되고 공고해진 것이 바로 97년체제였던 것이다. 다시 말해 97년체제는 87년체제의 한계 속에서 1990년대에 급진전된 '시장권력의 확대, 시장체제로의 전환' 과정을 완성하면서 질적으로 고도화한 것이었다. 김정훈의 인용문에서 또 하나 주목할 대목은 97년체제가 '민주주의의 후퇴'를 초래했다는 것이다. 한국 민주주의의 허약성과 보수성을 드러낸 87년체제는 97년체제를 배태했지만, 그 97년체제는 다시금 민주주의 위기를 촉진하는 악순환을 만들어냈다. 민주주의의 후퇴와 위기는 사회·경제적 민주화, 민중정치의 활성화 전망을 더욱 어둡게 만들었다. 정치사회의 진보적-민중적 재편은 요원한 과제처럼 보였다. 필자는 2012년에 이

렇게 주장한 바 있다.

보다 심각한 민주주의의 위기는 "민주주의의 이름으로" 기존의 특권
체제가 정당화되고, "민주주의의 이름으로" 신자유주의가 수용되고
'욕망의 정치'가 기승을 부리는 세태이다. 박상훈은 "민주주의의 이름
으로 신자유주의가 수용될 때의 파괴력"에 주목하면서, "오늘날 한국
사회가 직면한 비극의 기원은 신자유주의가 아니라 신자유주의와 대
면해야 할 민주주의의 허약함"이라고 주장했다.……결국 한국 민주주
의의 허약성과 보수성이 97년체제로의 이행을 낳았지만, 97년체제가

외환위기 당시 금모으기에 나선 국민들(1997)

자리를 잡을수록 그것이 다시금 '민주주의의 위기'를 촉진하는 악순환이 작동되고 있는 것이다.……97년체제가 단단하게 자리 잡으면서, 정치·경제 영역을 넘어 시민사회, 특히 교육과 공론장마저 시장권력과 국가권력의 수중에 다시 장악되는 '역逆근대화' 혹은 '재再봉건화'까지 거론될 지경에 이르렀다.[63]

민주주의의 이름으로 민주주의가 잠식되고 파괴되는 사태는 진보당이 1956년 11월 창당 당시 '당의 성격과 임무'에서 "민주주의의 이름 밑에 일종의 반전제적 독재정치가 행해지기에 이르렀다"면서 "한국판 '보나파르티즘'이 성립 발전하게 되었다"고 개탄했던 일을 연상케 한다.[64]

신자유주의 사회이자 시장사회인 97년체제의 또 다른 얼굴은 '민중 삶의 질적 하락과 불안정화'로 압축되는 사회경제적 잔혹함이었다. 사회·경제적 민주화의 지체로 인한 민중의 정치적 역량 부족, 낮은 노동조합 가입률, 정치사회 내 진보정치의 약세와 보수정치의 초강세 등 87년체제의 유산이 그대로인 상황에서 국내외적으로 자본·시장의 지배력만 극대화하자 97년체제의 충격이 더 크게 작용할 수밖에 없었다. 민중은 무방비 상태에서 일방적으로 희생을 강요당했다. 사회의 신자유주의적 재편은 전반적인 '위험사회화 경향'을 동반했다. 사회경제적 양극화에 따른 중간계급의 해체와 하향 계층이동, 연공서열제·종신고용제 붕괴에 따른 고용 안정성 후퇴, 만성적인 실업 위협, 조기퇴직과 부족한 노후 대비 등이 정규직 노동자들을 습격했다. 반강제적 조기퇴직 이후 살인적 과잉경쟁에 노출되는 영세 자영업자들도 크게 늘었다. 다른 한편 점점 고착되는 이중 노동시장 구조 속에서 저임금과 장시간 노동, 열악하고 차별적인 근로환경, 외주화된 위험에 시달리는, 계약직·파견·하청 등 비정규-간접고용 노동자층이 급증했다. 점점 많은 이주노동자들이 노동시장 최하층을 메우고 들어왔다. 비정규 노동자 처지와 다를 바 없는, 자영업자의 외양을 한 특수고용노동자층도 증가했다.

백원담은 97년체제를 "신자유주의적 통치성", "신자유주의적 축적체제", "한국의 고용·노동체제 자체가 '저임금-불안정 노동체제'와 '노동기본권의 미보장'으로 유지"된다는 의미에서 "불안정 노동체제", 동시에 "기업가적 정신으로 개인·집단·조직·사회체를 주체화"하고 "기업가적 개인의 탄생"으로 특징지어지는 체제로 규정하면서,[65] "노동자 민중"이 처한 곤경과 "비상사태"를 다음과 같이 압축적으로 제시했다. "압축성장의 주역이었던 노동자 민중은 오늘날 영화에서처럼 생존 자체가 어려운 비상사태에 몰려 있다. 1997년 IMF 외환위기를 계기로 본격화된 '97체제(신자유주의 시장화, 민영화)에 그 진원이 있다. 김대중 정부는 국민의 정부를 표방했지만 신자유주의 축적체제를 재벌 위주 구조조정으로 공고화했고, 정리해고제, 파견제, 공공부문 사유화와 민영화가 가속화되면서 그 피해는 고스란히 노동자 민중에게 전가되어 한국사회의 불평등과 양극화는 증폭되었다."[66]

이중노동시장 문제가 심각하게 논의될 정도로 노동자계급의 내부 분화가 맹렬하게 진행되었고, 그에 따라 노동자계급 하위집단 간의 이해관계도 분절·이질화되었다. 이주노동자들까지 가세하면서 한국의 노동자계급은 갈기갈기 찢어졌다. 내적 이질성과 이해관계 분화로 인해 노동자들의 계급적 단결은 힘들어졌고 계급 내적 갈등이 발생할 가능성은 커지게 되었다. 약화된 고용안정성과 강화된 경쟁에 시달리면서도 양극화된 노동시장에서 상대적으로 유리한 지위에 있는 대기업-정규직 노동자계급 일각에서는 주관적·객관적 차원에서 체제에 포섭되는, '계급 배신'으로 비칠 수도 있는 현상 또한 나타났다. 성민엽은 1990년대 이후 중간층뿐 아니라 노동자계급까지 체제에 포섭됨으로써 1980년대적 의미의 "계급적·계층적 실체로서의 민중은 더 이상 존재하지 않는" 상태가 되었다고까지 말했다.[67] 최근 백원담도 1990년대 이후 "노동조합 중심의 경제투쟁의 한계 안에서 머물러 왔던" 노동운동은 "'조합주의'에 갇혀 위계화된 노동의 분할구조를 혁파하는 연대성을 실현하지 못하는" 모습을 자주 드러냈다고 비판했다.[68] 1987년 노동자대투쟁을 통해 모습을 드러냈던 '전투적 노동운동'과는 판이한 양상이었다.

1990~2000년대는 "대량생산과 대량소비의 유기적 결합에 따른 한국 자본주의의 고도화" 시기였고,[69] 이는 그만큼 체제의 피지배층 포섭 역량이 커졌음을 뜻했다. 더구나 부동산·주식 투자 열풍, 그에 기초한 '마이카 붐'과 1989년 해외여행 자유화 조치에 따른 해외 관광 활성화 등 1980년대 말부터 1990년대 초에 걸친 '소비폭발' 현상은 (대기업 노동자들을 포함하여) '중산층 의식'을 가진 이들을 폭넓게 확산시켰다. 김홍중이 얘기하듯이 97년체제는 '진정성 레짐의 해체와 스노비즘에 의한 대체'로 특징지어지기도 하는 시기였던 것이다. "진정성은 우리 사회의 지배적 주체 형성 기제로서 그 역할을 다하고 97년 이후의 신자유주의적 세계화 속에서 급격하게 약화되어간다. 그 과정에서 새롭게 등장하는 마음의 레짐을 나는 스노비즘과 동물화의 경향에서 발견한다."[70]

97년체제의 등장은 민중 개념의 역사에서도 미묘하지만 중요한 변화를 초래한 것으로 보인다. 이전에 볼 수 없었던 새로운 민중 범주들의 대량 출현, 노동자계급 내부의 분화와 이질화 등 97년체제 이후 나타난 현상들은 기존 민중론과 민중 개념의 재구성을 요구하는 '도전'이다. 낯선 유형의 민중 범주들을 어떻게 자리매김해야 하는가? 2세대 민중론이 내세우던 노동자계급의 특권적 지위 주장은 폐기되어야 하지 않겠는가? 저항적 민중의 중심세력은 '더 아래로' 바뀌어야만 하는 것 아닌가? 노동자계급 내부의 차이와 이질성, 다양성에 주목하게 만드는 새로운 민중론은 과연 어떤 것이어야 하는가?

1997년 말의 외환위기와 IMF 사태는 고투苦鬪 중인 민중 개념에 의미 있는 반전의 계기를 마련해줄 수도 있었다. 신자유주의적 세계화와 신자유주의적 사회 재편에 부수되는, 혹은 그것이 창출하는 방대한 새 유형의 민중 범주들의 존재, 민중의 갈수록 악화하는 삶의 질은 민중론 혁신의 자극제로 작용할 수 있었다. 그런 면에서 97년체제는 민중론에 '도전'과 함께, 1990년대 이후 침체일로를 거쳐온 민중론 진영에 재활성화를 위한 '기회'를 제공하기도 했다고 말할 수 있다. 87년체제는 마치 '시민'이 '민중'을 대체할 듯한 착시를 일으켰지만, 97년체제는 '다중multitude인 민중'의 등장을 재촉했다. 어떤 면에서는 87년체제가 민중 개념을 동요시키거나 위기에 빠뜨렸지만, 97년체제는 새로운 에너지와 상상력을 공급함으로써 민중 개념을 위기에서 구해냈다고도 말할 수 있겠다. '시민'과 '다중'의 도전은 민중론의 시야와 범위를 확장하는 데도 도움이 되었다고 할 수 있다. 시민이 민주화 이후 새롭게 열린 합법적 사회운동 및 정치의 시공간을 사유하는 데 유리하다면, 다중은 기존 체제 내부로 포획된 노동자계급을 대신할 새로운 민중을 사유하는 데 유리하다.

한편 우석훈은 우리로 하여금 '시민의 시대'가 97년체제와 중첩된다는 사실에 유의하도록 요구한다. "90년대 초반에 시민이라는 개념이 등장하기 시작한 이후로, 우리나라에는 아시아에서 보기 드물게 대규모로 시민단체들이 등장하게 되었고, 마치 민중이라는 개념은 전혀 설명틀 내에서 효력이 없는 것처럼 뒤로 사라지고 그야말로 '시민'의 시대가 90년대에 만개하게 된다.……90년대는 그야말로 시민의 시대라고 할 수 있고, 그 시민 시대의 한가운데를 관통하는 사건이 바로 IMF 경제위기와 세계화 담론이라고 할 수 있다."[71] 그러나 시민운동은 97년체제가 대량 생산하는 곤경과 비참에 대응하는 데 상대적으로 무력했으며, 그로 인해 "시민운동이 절정기에 달했던 2000년에서 2002년을 경계로" 위기를 겪기 시작했다는 게 우석훈의 진단이었다.[72] 97년체제가 제공해준 기회, 혹은 새로운 개념적 상상력의 공간은 1999년부터 2000년대 초까지 세계 각지에서 거세게 일어난 '반反세계화 운동', 2007~2008년 세계금융위기를 거치면서 민중론 혁신 및 3세대 민중론 등장을 촉진했다. 이런 맥락에서 97년체제 이후 ('증가하는 개혁적 중산층'에 기초했던) 시민 개념의 지배력이 다소 약해지고, (네그리와 하트의 다중 개념이 확산하는 것과 거의 동시에) '민중 개념의 귀환歸還'을 촉구하는 목소리가 커지는 현상이 나타났던 것이다.

'민중사학'이 '민중사'라는 이름으로 재생된 것도 97년체제 덕분이었다. "1997년 IMF 경제위기 이래 신자유주의의 확산이 가져온 사회적 불평등의 심화, 노동과정의 유연화와 자기개발 담론의 열풍은 탈근대 담론에 대한 성찰을 요청하면서 다시금 민중사학이 풍미했던 시대와 민중사학의 의미를 되돌아보게 만들었다"는 것이다.[73] 97년체제 아래서 종전의 학문지형도 재차 변했다. 김동춘은 한국 사회과학이 1980년대에는 한국 자본주의의 '모순'에 집중했지만 1990년대에는 한국 자본주의의 '성공'에 집중했고, 97년체체 이후 다시금 한국 자본주의의 '실패'에 주목하게 되었다고 주장했다.[74] 정영태는 한국 정치학의 동향과 관련하여, 1993년 김영삼 정권의 등장부터 IMF 관리체제로 돌입하게 되는 1997년 말까지를 "현존 사회주의권과 마르크스주의에 대한 근본적인 문제제기와 함께 새로운 대안을 모색해온 시기"로 규정하고, 1998년 초 이후를 "신자유주의적 사회개조가 진행되면서 각종 모순과 문제점을 드러내면서⋯⋯비판적 정치경제학을 대체할 수 있는 대안으로 모색되었던 각종 이념이나 이론들이 한국적 현실에서는 부적합하다는 인식이 확산되면서 80년대 '비판적 정치경제학'이 다시 주목을 받게 되는 시기"로 간주했다.[75]

백원담은 97년체제의 희생자들로 비정규직 노동자, 여성노동자, 이주노동자, 일용직 노동자, 난민 등 '새로운 민중'을 거론하면서,[76] '민중운동'의 건재함을 재확인한다. "여기서 주목할 것은 민중운동이 소실된 것이 아니라는 점이다. 오히려 민중의 내포가 확대된 만큼 다양한 주체들에 의해 다양한 의제들이 포괄되고 그것이 상호작용을 하면서 가장 적실한 지점에서 구체적 사안을 가지고 오늘의 광범위한 전선을 형성해나간다.

이러한 광범위한 민중 의제를 향한 결집과 항거야말로 한국 기층 민중운동의 건재를 확인하게 한다. 무엇보다 이것이 일국적 현상이 아니라 신자유주의적 글로벌 축적체계의 파국에 대응하는 본연적 집단주의라는 점을 새겨볼 필요가 있다."[77] 이런 변화된 기류가 새천년 벽두인 2000년 5월 15일에 '인터넷 민중언론'인 「민중의 소리」가 창간된 배경으로 작용하고 있었을 것이다.

3. 엇갈리는 선택

(1) 떠난 자, 남은 자, 되돌아오는 자

1990년대 초반 2세대 민중론이 전방위적 공격의 타깃으로 떠오르고 민중론이 전반적으로 위축된 형세 속에서, 민중론자들의 반응은 다양했고 선택은 엇갈렸다. 그 결과 1990년대 중반 이후 민중 개념을 둘러싼 학문 지형은 더욱 복합적으로 변했다. 보다 구체적으로 1990년대 초반 이후 민중 연구자들의 선택은 크게 넷으로 나뉘었다. 이를 각각 '결별', '대체', '고수', '재구성 혹은 재발견'이라는 키워드로 요약할 수 있을 것이다.

우선, 많은 연구자들이 민중연구 자체로부터 멀어져갔다. 민중연구 자체를 '중단'하거나, 민중 개념을 전면적으로 '폐기'한 것이다. 1993년 초에 백욱인이 "많은 진보적 연구자들이 민중이란 개념을 헌신짝처럼 던져버리는 현실"로 한탄했던 바로 그 선택이다.[78] 둘째, 민중 개념을 유사한 다른 개념으로 대체 혹은 전환하자고 제안하는 이들도 있었다. 이런 맥락에서 몇 가지 대안적 개념들이 모색되었는데, '시민' 개념과 '다중' 개념이 가장 유력하게 부각되었고, 때로 '서발턴'이나 '정체성 집단identity group'

개념도 제안되었다.[79] 셋째, 기존의 마르크스주의적인 민중 개념의 유효성과 타당성을 계속 주장하면서 2세대 민중론을 고수하는 이들도 있었다.[80] 넷째, 다른 상당수 연구자들은 2세대 민중론과의 '단절'을 전제 삼아, 민중 개념의 '재구성' 혹은 1세대 민중론의 '재발견·재해석'을 매개로 민중연구를 계속해나갔다. 특히 민중신학과 민중사학, 민중미술 영역에서 네 번째 선택이 두드러졌다. 여기서는 '민중사학'이라는 용어 자체를 기피하면서 '민중사'로 전환했던 역사학계의 신진연구자들이나, '포스트 민중미술' 명명을 제안했던 민중미술 후속 세대처럼 자신들의 집단정체성을 드러내는 명칭의 수정까지 시도하는 일도 있었다.

네 가지 선택지 가운데 '결별'과 '대체'는 모두 민중 개념의 '시효 소멸'을 선언하는 쪽에 가깝다. 이들은 민중 개념에서 '떠난 자'에 해당한다. 이런 선택을 한 이들이 압도적으로 많았다. 많은 분야에서는 별다른 논쟁과 비판의 목소리조차 없이 민중론이 갑작스러운 침묵으로 빠져들었다. 민중이 그냥 조용히 사라져버린 것이다. 1980년대에 민중이 '강요된 금기어'였다면, 1990년대에는 '자발적 금기어'가 되어버렸다. 그리하여 손석춘의 표현을 빌리자면, 1990년대 이후 학계에서 민중을 언급한다는 것 자체가 구시대적 사고에서 벗어나지 못한 "지적 나태"의 징표로 간주되어 "학계의 돈키호테"가 될 각오를 해야 할 일이 되었다. "그랬다. '민중'은 이제 빛바랜 사진처럼 학계 안팎에서 폐기되거나 '죽은 개' 취급을 받고 있다."[81]

'민중ㅇㅇ(학)'이라는 기표의 등장이 상대적으로 늦은 편이었거나 '민족ㅇㅇ(학)'의 전통이 강했던 쪽일수록 '민중ㅇㅇ(학)'이라는 기표를 재빨리 던져버리는 경향도 나타났다. 아마도 민중 기표의 출현이 늦었을수록 애초부터 '2세대적-급진적 색채'가 강했을 공산이 컸기 때문이 아니었을까. 민중미술과 민중만화의 예를 들어보자. 1세대 민중론 형성기인 1970년대부터 '현실과 발언' 동인을 비롯한 진보적 움직임이 존재했던 민중미술의 경우, 1980년대 민중미술이라는 용어가 등장·확산하는 와중에도 '민족미술'과 '민중미술' 용어가 별 마찰 없이 공존했고, 1980년대 후반부터 해외로 진출하면서 Minjung art(민중미술)가 국제적 지명도까지 얻게 됨에 따라 '민중미술'이라는 기표의 수명이 1990년대 이후까지 늘어났다. 이에 비해 '두렁' 동인 등 민중미술 운동의 연장선 위에서 1980년대 후반에 와서야 비로소 활성화되기 시작한 '민중만화' 장르의 경우 1990년대 이후, 특히 1995년 이후 활동의 침체 상태에 빠졌고, 그와 더불어 '민중만화'라는 기표도 더 이상 사용하지 않게 되었다(다만 '노동만화'라는 기표는 2009년경까지 사용되었다).[82]

한편, '고수'나 '재구성·재발견'의 길을 선택한 이들은 상대적으로 소수였다. 2세대 민중론 고수론자는 극소수에 불과했고, 개념의 재구성 혹은 재발견을 통해 민중연구를 지속해간 이들은 신학과 역사학·미술 정도에 머물렀다. 특히 '집단적' 차원에서 민중론 작업을 해나간 곳은 연구회·연구소·학술지 같은 학문적 하부구조를 유지한 신학과 역사학 정도에 그쳤고, 나머지 분야들은 분산된 채 각개약진하는 '개별화' 경향을 보였다. 신학과 역사학은 마치 통과의례처럼 2세대 민중론과의 심각한 '인식론적 단절/분리' 절차를 거쳤다.

그러나 신학과 역사학 사이에도 중요한 차이가 나타났다. 신학의 경우 '남은 자'에 가깝다면, 10년 이상의 공백기를 거친 역사학의 경우 '(일단 떠났다가) 되돌아온 자'에 가까웠다. 민중미술 역시 1990년대 이후에도 명맥을 유지한 경우에 해당하는데, 그런 면에서 신학과 유사성을 보였다고 하겠다. 문학의 경우 대다수가 떠났지만 2000년대 이후 소수일지언정 민중문학적 관심을 되살리려는 노력이 재생했다는 점에서 역사학과 비슷하다. 역사학의 경우 일정한 '인식론적 단절에 이은 새 출발'—'민중사학'과의 단절과 '민중사'라는 새 출발—이라는 경로를 밟았다면, 신학의 경우 '1세대 민중론의 재발견·재해석'과 함께 '새로운 접근방법 수용'을 병행하는 모습을 보였다. 새로운 이론적·방법론적 자원으로는 탈식민주의, 포스트마르크스주의, 포스트구조주의, 탈근대주의 등이 선호되었다. 역사학의 경우 여기에 일상사, 미시사, 문화사, 아래로부터의 역사학 등이 추가되었다.

한국 민중론과 관련된 가장 큰 오해 중 하나는 민중 개념과 민중론이 1980년대와 함께 끝났다는 통념이다. 그러나 민중 개념의 시효가 1980년대에 이미 종료되었다는, 꽤 널리 퍼진 견해는 객관적 사실과 부합하지 않는다. 거의 모든 학문 영역을 호령했던 당당한 위세는 사라지고, 개념의 영향권이 몇몇 '국지적인' 영역들로 축소되었을지라도 말이다. 요컨대 민중론은 1980년대 말에 종료된 것이 아니며, 그로부터 다시 수십 년이 흐른 지금까지도 약화된 형태로나마 지속되고 있는 것이다. 1970년대에 정립된 '저항적 정치주체인 민중' 개념이 1990년대 이후에도 대체로 유지되었다는 점에서 개념의 의미론적 연속성도 뚜렷했다. 물론 1990년대 이후 민중 개념에서 중요한 의미론적 변화가 나타났던 것 또한 분명한 사실이었다(이는 이 장의 마지막 절에서 다룰 주제이다). 이제부터는 '남은 자'와 '되돌아오는 자'를 중심으로 1990년대 중반 이후의 동향을 개관해보자.

(2) 민중신학

민중신학 내에서도 위기 담론은 1990년대 이후 꾸준히 나타나고 있었다. 1990년에 박재순은 "70년대 중반에 태동된 민중신학이 80년대 초까지는 세계 신학계의 주목을 받으며 다양하고 풍부한 신학적 성과를 거두었으나 그 후 민중신학 작업은 상대적으로 침체 상태에 빠진 것 같다"고 말한 바 있다.[83] 2010년에도 거의 비슷한 목소리를 들을 수 있다. 권진관에 의하면 "민중신학은 한국의 대표적인 신학으로 세계에 잘 알려져 있다. 그러나 국내에서는 민중신학이 약화되어 동력을 많이 잃었다."[84] 민중신학

위기 담론의 진원지는 '기독교사회운동'과 '민중교회', 그리고 개신교의 '제도권 학계' 세 군데였던 것 같다.

우선, 1990년대 이후 '급진적 기독교사회운동'의 급속한 약화가 2세대 민중신학을 위기로 몰아넣었다. "제2세대 민중신학은 기독교사회운동, 청년운동을 자양분 삼아 전개됐는데, 그러한 운동이 소멸됨에 따라 제2세대 민중신학은 존립의 위기에 접어들었다"는 것이다.[85]

두 번째로, '민중교회 위기론'이 '민중신학 위기론'으로 이어졌다. 1990년대에 민중신학자들은 1987년 조직된 민중교회연합과 긴밀한 협력관계를 유지했다.[86] 1992년 2월에는 민중교회연합이 "민중신학과 민중교회"를 주제로 심포지엄을 주최하기도 했다.[87] 그러나 이후 민중교회의 지속적인 약화 혹은 방향 전환, 특히 1997년에 기독교장로회 교단의 '민중교회연대'가 '생명선교연대'로 변신했던 일이 주목된다.[88] 또한 1993년 이후 "민중교회운동의 좌절과 불투명한 앞날로 말미암아 민중교회운동을 이탈하는 목회자가 속출하여, 지금까지 유지되어온 민중교회 운동의 틀에 지각 변동이 일어"났다는 것이다.[89]

기독교사회운동과 민중교회운동에서 발원한 민중신학 위기 담론의 부정적 영향은 '2세대 민중신학'에 집중되었다. 기독교사회운동과 민중교회운동을 종합하여 김진호는 다음과 같이 평가했다.

민중신학이 태동하기 전이나 태동 무렵인 1970년대 전후에는 주로 서양의 급진신학적 전통을 참조하면서 발전하던 기독교사회운동이 1980년대 이후에는 주로 20, 30대 청년층을 중심으로 급속하게 민중신학적 관심에 경도되는 양상이 두드러졌다. 특히 민중교회운동이나 기독교 노동운동·농민운동·빈민운동, 그리고 기독교 청년운동 등의 영역에서 민중신학과의 대화가 활발했다. 그러나 1980년대 말과 특히 1990년대 이후 기독교사회운동의 급속한 몰락, 그리고 민중교회의 탈민중신

학 선언 등, 민중신학적 운동 영역은 급속한 해체의 길로 접어들었다.[90]

세 번째로, 1990년대를 거치면서 '제도권 학계 내부의 민중신학', 즉 신학대학 교수직을 지닌 연구자들의 민중신학 연구가 크게 약화된 것으로 보인다. 김진호에 의하면 "서양에서 민중신학 같은 정치신학에 대한 관심이 퇴조하는 1990년대 이후에는, 제도권 내부의 민중신학 자체가 괴멸되는 양상을 두드러지게 나타내고 있다."[91] 조금 더 부연하자면, "한국 교회와 신학대학들에서 민중신학은 강력한 제재를 당했다. 반면 세계 신학계나 교회는 한국을 대표하는 신학으로 민중신학을 높이 평가해왔다. 그런데 제도권 내부의 민중신학이 1980년대 후반 이후 더 이상 창조적인 작업을 생산해내지 못하게 되자, 서양의 신학계나 교회(에서)는 민중신학에 대한 관심도가 크게 낮아졌다. 이에 제도권 내부의 민중신학은 존속의 위기를 겪게 된다."[92] 제도권 학계의 이런 변화는 기존 신학 교수들이 민중신학에 흥미를 잃고 관심의 방향을 전환하거나, 민중신학 전공자들이 교수로 임용되는 데 실패하거나, 대학원 과정의 신진연구자들이 민중신학 연구를 기피하기 때문에 나타난다고 할 수 있겠다.[93]

한국 제도권 학계에서 민중신학 연구가 주변화됨에 따라, 민중신학의 국제적 명성도 이전에 비해 낮아진 듯하다. 2001년 펴낸 『반신학의 미소』에서 김진호가 다음과 같이 말했듯이 말이다. "그로부터(1970년대 후반으로부터─인용자) 20여 년이 지난 오늘 우리는 "아직도 그것이 살아 있어?"라는 말을 들으며 민중신학을 붙잡고 있다. 아무도 민중신학 때문에 정치적 위험을 감수할 필요가 없다.……또 그만큼 급진적 신학 담론으로서의 국제적 위상이 거의 없어졌다고 해도 과언이 아니다. 간혹 서양의 일부 학자들이 고고학 유물을 조사하듯 이곳을 찾아와서 '죽은 말'을 검토하다가, 아직도 그 문패를 붙잡고 있는 우리를 신기한 듯 쳐다보며 대견하다는 듯한 표정을 짓곤 한다."[94]

〈표 8-5〉 민중신학의 세대별 계보와 성격[95]

구분	1세대 민중신학	2세대 민중신학	3세대 민중신학
체제 비판적 언술의 유형	◦ 강한 공동체주의적 사회 (군사독재) ◦ 분절성에 대한 극단적 억제 ◦ 군부파시즘 체제	◦ 강한 공동체주의적 사회 (군사독재) ◦ 분절성에 대한 극단적 억제 ◦ 예속파시즘/식민지예속 체제	◦ 약한 공동체주의적 사회 (문민독재) ◦ 분절성에 대한 유연적 포섭 ◦ 거시/미시 권력의 네트 워크 체계
대안 체제 인식	◦ 억압적 공동체주의에 대 한 일탈적·해체적 구호 로서의 '민주화' ◦ 변화에 대한 사회이론의 부재 ◦ 사회윤리적 실천론, 실 천철학의 부재(탈이론 주의)	◦ '계급적 해방'(민중민주 주의), '민족적 해방'(반 제 자주화) ◦ 목적론적-마르크스주 의적 변혁론 ◦ 대안적 공동체주의(프 롤레타리아독재, 민족 자주공동체)	◦ 권력 해체적 운동'들' ◦ 비목적론적 권력 해체 주의 전략 ◦ 차이의 정치학(타자성 의 분절적 접합)
신학적 지향	◦ 증언의 신학(소시민적) ◦ 규범체계의 (일탈적) 해 체 ◦ 비결정론적 대항담론	◦ 운동·변혁의 신학, 물(物) 의 신학 ◦ 규범체계의 해체, 계급 론적 재구성 ◦ 계급결정론적 대항담론	◦ 문화정치학으로서의 신 학(체계와 생활세계 모 두에 관심) ◦ 규범체계의 근본적 해체 ◦ 비결정론적 대항담론

　결국 1990년대 이후의 민중신학 위기 담론은 '전체로서의 민중신학의 위기'라기보다는, 국지적인 위기, 즉 '제도권 민중신학'의 위기이자 '2세 대 민중신학'의 위기였다고 할 수 있겠다. 김진호는 1997년 발표한 "민중 신학의 계보학적 이해"에서 '3세대 민중신학'의 등장을 세상에 알리면서, 이를 2세대의 '정치경제학적 민중신학'과 구분하여 '문화정치학적 민중 신학'으로 명명했다. 그는 민중신학 1세대, 2세대, 3세대의 차이와 특징을 도식화하기도 했다(〈표 8-5〉).

　〈표 8-6〉은 1982년, 1990년, 2010년, 2017년, 2018년에 각각 발간된 민 중신학의 논문 선집에 수록된 필자들을 한데 모은 것이다. 이 표는 신진

〈표 8-6〉 주요 민중신학 선집의 수록 저자들

1세대	1세대, 2세대	3세대(일부는 2세대)		
민중과 한국신학 (1982년)	1980년대 한국 민중신학의 전개 (1990년)	다시 민중신학 이다(2010년)	민중신학의 여정 (2017년)	민중신학, 고통의 시대를 읽다 (2018년)
김성재, 김용복 김정준, 문희석 민영진, 박준서 서광선, 서남동 서인석, 안병무 주재용, 함석헌 현영학, 황성규	강원돈, 고재식 김성재, 김용복 김이곤, 김창락 김홍수, 민영진 박재순, 서광선 서남동, 송기득 안병무, 조하무 최형묵, 현영학	강원돈, 강응섭 권진관, 김영철 김윤규, 김종길 김희헌, 류장현 박일준, 이병학 최형묵, 홍주민	강원돈, 김기석 김진호, 김희헌 박일준, 박재형 신익상, 이숙진 이인미, 장윤재 정경일, 최순양 최형묵, 허주미 Philip Wickeri Volker Küster Wati Longchar	김윤동, 김진호 김희헌, 박재형 박지은, 신익상 이상철, 이영미 이정희, 정경일 정용택, 최순양 최형묵, 홍정호 황용연
14명	16명	12명	17명	15명

연구자의 충원이 활발했음을, 다시 말해 (수십 년에 걸친 지속적인 활동 능력을 보여주는 이들도 있지만) 선집에 이름을 올릴 정도의 역량을 갖춘 이들이 꾸준히 새로 등장하고 있음을 보여준다. 1982년 선집이 민중신학 1세대를 망라하고 있다면, 1990년 선집에서는 익숙한 1세대(김성재, 김용복, 민영진, 서광선, 서남동, 안병무, 현영학)와 함께 강원돈, 김창락, 박재순, 조하무, 최형묵 등 새로운 세대(2세대)의 민중신학자들을 다수 발견할 수 있다. 2010년, 2017년, 2018년 선집에는 강원돈·최형묵 등 일부 2세대 민중신학자들을 제외하면 대부분 3세대 민중신학자들이 포진하고 있다. 강응섭, 권진관, 김기석, 김영철, 김윤동, 김종길, 김진호, 김희헌, 류장현, 박일준, 박재형, 박지은, 신익상, 이상철, 이숙진, 이영미, 이인미, 이정희, 장윤재, 정경일, 정용택, 최순양, 허주미, 홍정호, 홍주민, 황용연 등이 3세대 민중신학자로 분류할 만한데, 연령과 상관없이 주된 활동 시기와 신학적 지향 측면에서 그러하다는 것이다(필자는 권진관이나 이정희 등을 2세대보다는 3세대 성향의 신학자로 보아야

한다고 생각한다).

민중신학의 경우 1990년대 이후에도 일일이 열거하기 어려울 정도로 방대한 연구물 목록을 자랑한다. 1990년대에 고전을 면치 못하거나 사실상 사멸해버린 다른 민중론 분야들과 비교할 때 민중신학은 확실히 예외적인 사례였다. 물론 민중신학 역시 1990년대 들어 이전에 비해 약세를 면치 못했을지라도 말이다. 2세대 민중론자들 대부분이 1990년대 이후에도 '민중신학자'라는 정체성을 계속 유지·고수했던 것도 민중신학만의 특징이었다.[96]

'새 시대를 준비하는 젊은 민중신학자들의 모임'이라는 이름으로 결집한 일단의 민중신학자들은 1991년부터 매월 토론모임을 가지면서 '함께 보는 민중신학' 시리즈 다섯 권을 발간한 데 이어,[97] 1994년 3월에는 『시대와 민중신학』이라는 학술지를 창간했다.[98] 『시대와 민중신학』은 무크이자 동인지 형태로 1994년 창간호부터 1997년 4집까지 연 1회씩 '시대와 민중사'라는 출판사를 통해 발간되었고, 1998년 나온 5집부터는 발행주체가 '새 시대를 준비하는 젊은 민중신학자들의 모임'에서 그 후신인 '제3시대그리스도교연구소'로 바뀌었다(아울러 출판사도 '시대와민중사'에서 '다산글방'으로 바뀌었다). 『시대와 민중신학』 6집은 한 해를 건너뛴 2000년에 발간되었고, 이후 2002년에 7집, 2003년에 8집, 2006년에 9집, 2008년에 10집, 2009집에 11집이 나왔다. 2009년부터는 『제3시대』라는 새로운 제호로 민중신학 관련 논문들을 계속 선보이고 있다.

1992년에는 '한국민중신학회'가, 1993년 초에는 '민중신학연구소'가 연이어 창립되었다. 민중신학연구소는 창립 이후 매년 학술심포지엄을 개최했고, 1995년부터는 『민중신학입문』과 『민중은 메시아인가』와 같은 단행본 시리즈도 발간하기 시작한 데 이어, 2000년에 계간 학술지 『민중과 신학』을 창간했다.[99] 한국민중신학회 역시 창립 직후부터 회보會報인 『숨』을 발행했고, 2023년 현재까지도 매달 월례세미나를 개최하는 등 건재하다. 연구모임들을 통해 새로운 연구자들도 계속 충원되었다. 한국신학연구소가 발간하는 『신학사상』,[100] 한신대학교 한신신학연구소가 발간하는 『신학연구』, 대한기독교서회가 발행하는 월간 『기독교사상』 같은 정기간행물에도 민중신학 관련 논문들이 꾸준히 실리고 있다. 한국신학연구소는 2003년에 민중신학의 기원과 발전 과정을 일목요연하게 개관할 수 있도록 『민중신학자료』 영인본을 발간했다.[101] 전부 일곱 권으로 구성된 이 자료집엔 이르게는 1966년 글부터 발간 당시까지 방대한 문헌들이 발표 순서대로 수록되어 있다. 다른 민중연구 분야들과 비교할 때 이런 선구적인 문헌학적 프로젝트는 단연 돋보이며, 민중신학을 '연구하기에도 좋은' 영역으로 만들어놓았다.

국제적 교류·협력 활동도 활발한 편이었다. 그러나 교류의 주 방향은 '서구'에서 '아시아'로 전환되었다. 1985~1990년 사이 한국신학연구소와 도미사카그리스도교센터에 속한 한국·일본 신학자들은 세 차례에 걸쳐 양국을 왕래하며 '민중신학합동협의회'를 가졌다.[102] 특별히 주목할 만한 움직임은 1997년부터 한국과 인도를 오가며 개최되었던 민중-달릿신학자 대회Minjung-Dalit Theological Dialogue였다. 양국의 진보적 신학자들이 구성한 '민중-달릿신학자협의회'가 이 대회를 주관했다. 카스트제도와 힌두근본주의에 짓눌린 달릿 및 부족tribals의 시각을 담은 달릿신학Dalit Theology과 한국의 민중신학이 만난 것이다. 처음 몇 년 동안 매해 열리던 달릿-민중신학자대회는 2000년대 들어 격년 개최로 변경되었다.[103]

1990년대 이후 민중신학에 대한 서구 신학계의 관심이 뜸해졌다고는 하나, 이 시기에도 민중신학을 주제로 한 외국어 저서나 해외 박사학위논문은 꾸준히 생산되었다. 저서에는 국내에서 발간된 민중신학서의 외국어 번역본도 물론 포함된다. 〈표 8-7〉과 〈표 8-8〉에는 1980년대 이후 국외에서 작성된 민중신학 관련 박사학위논문 22편과 외국어로 발간된 민중신학 관련 단행본 24권이 포함되어 있다. 국외 박사학위논문 22편 가운데 1990년대 이후에 생산된 것이 19편이었다.[104] 국내 유관 기관에 등록되었거나 국립중앙도서관이 소장하고 있는 논문 위주로 집계한 것이어서, 이 수치는 외국인이 대부분 제외된 한국인 연구자 중심의 '최소치'라고 할 수 있다. 외국어 단행본 24권 가운데 1990년대 이후 발간된 것이 18권이었는데, 이 역시 국립중앙도서관 소장 도서 중심이라 최소치에 가깝다.[105]

민중신학의 놀랄 만한 생명력은 양적 통계에 근거한 추세 분석을 통해서도 입증된다. 부침과 굴곡은 있었을지라도 유일하게 단절을 겪지 않은 분야가 바로 민중신학이었다. 〈표 8-7〉과 〈표 8-8〉은 1970년부터 2021

〈표 8-7〉 민중신학 관련 연구물의 시기별 생산 추이(1)

구분	1970~1979	1980~1989	1990~1999	2000~2009	2010~2019	2020~2021	합계
단행본	2	36	53	32	33	1	157
학술지 논문	12	64	124	115	92	14	421
학위논문	0	55	92	39	29	6	221
합계	14	155	269	186	154	21	799

* 학술지 논문에는 전문학술지 성격이 다소 약한 정기간행물도 일부 포함되어 있음. 그러나 '신앙인아카데미'가 발행하는 『몸울림』에 김진호가 연재해온 "민중신학 깊게 읽기" 시리즈 글들은 통계에 포함하지 않음.

〈표 8-8〉 민중신학 관련 연구물의 시기별 생산 추이(2)

구분	1970년대		1980년대		1990년대		2000년대		2010년대		2020~2021	합계
	전	후	전	후	전	후	전	후	전	후		
단행본	0	2	12	24	31	22	10	22	18	15	1	157
	2		36		53		32		33			
학술지 논문	0	12	17	47	85	39	60	55	44	48	14	421
	12		64		124		115		92			
학위 논문	0	0	7	48	59	33	21	18	18	11	6	221
	0		55		92		39		29			

년까지 민중신학 연구물을 10년 혹은 5년 주기로 구분하여 집계한 것이다. 연구물은 다시 단행본, 학술지 수록 논문, 학위논문의 세 범주로 나누었다.[106]

〈표 8-7〉을 보면 민중신학 관련 연구 활동이 1990년대에 절정에 도달한 것처럼 보이지만, 〈표 8-8〉을 보면 1990년대 전반기와 후반기가 확연히 다름을 분별할 수 있다. 단행본, 학술지 논문, 학위논문 모두에서 1990년대 후반기에는 상대적 침체 양상이 나타나며, 단행본의 경우 2000년대 전반기에도 침체를 벗어나지 못했다. 그러나 2000년대 후반기에 이르면 학위논문을 제외한 단행본과 학술지 논문 부문 모두에서 활력을 회복하는 모습을 보였다.

1990년대 말과 2000년대를 거치면서 민중신학 재흥을 외치는 목소리는 계속 울려 퍼지고 있었다. 민중신학을 소환하는 근거도 다양했다. 세기말인 1999년에 최형묵은 이렇게 말했다.

> '민중의 시대가 지났다'는 이야기가 심심치 않게 들려온다.……그 근거로 곧잘 사회의 다원성이 운위되었고 이어 주체의 다양성이 제기되었다. 그러나 나는 사회의 다원화와 주체의 다양화야말로 오히려 '민중'의 의의를 새삼스럽게 생각할 수 있는 조건이라고 생각한다. 거시적인 정치경제 차원에서뿐 아니라 다양한 얼굴을 한 일상의 여러 공간에서 각자의 삶을 영위하며 해방을 추구하는 수많은 사람들, 이들을 통틀어 뭐라 말할 것인가? 역시 '민중'이라 이름할 수밖에 없다. 민중은, 일상의 이면을 지배하는 힘을 의식하지 못한 채 살아가는 '대중'으로서의 존재 방식을 뛰어넘는 다양한 주체들을 일컫는 이름이며, 민주적 절차상의 정치적 주체로서의 '시민'을 포괄하는 이름이기도 하다. 말 그대로 다원화된 사회에서의 다양한 주체들을 일컫는 가장 적절한 이름이 바로 민중이다.[107]

『안병무 평전』을 쓴 소설가 김남일은 독일 신학자 폴커 퀴스터의 말을 소개한 바 있다. "안병무 선생님이 살아계신다면, 세계화에 희생당하고 있는 지구촌 곳곳의 희생자들 가운데서 예수를 찾고 있는 전 세계 해방신학자의 대열에 힘차게 합류하시려 했을 것이다."[108] 2007년 10월 죽재서남동기념사업회 창립총회 선언문의 마지막 단락은 다음과 같았다. "그동안의 시행착오와 급격하게 변화되는 세계현실의 막강한 힘 앞에서 좌절하거나 체념하고, 분열된 자신의 모습에 힘을 잃은 신앙 동지들이 다시 모여야 할 시대적 카이로스가 왔다. 올곧은 믿음으로 민중교회 현장을 지키는 사람들, 생명목회 동지들, 여성생태신학 운동가들, 기존 교회 틀 안에서 변혁을 갈망하는 목회자들과 평신도들, NGO 시민활동가들, 생명평화운동 창달에 힘쓰는 문인과 예술인들, 그리고 제도권 안팎의 신학자들이 다시 모두 연대의 손을 서로 잡고, 오늘의 병들어버린 한국 기독교와 사회를 아름답게 변혁해 내야 한다."[109] 이정용이 1988년에 편찬하여 출간한 *An Emerging Theology in World Perspective: Commentary on Korea Minjung Theology*(세계의 시각에서 본 신흥 신학: 한국 민중신학에 대한 논평)의 2010년 한국어판 추천사에서 시카고신학대학의 서보명 교수는 21세 민중신학의 사명에 대해 이렇게 썼다. "그렇다고 민중신학의 정당성이 없어진 것은 아니다. 오히려 '포스트모던'의 이름 아래 모호해지기 쉬운 인간됨의 기본 조건들, 세계화라는 자본주의의 현대적 모습 속에서 경제적·문화적·문명적으로 소외던 사람들의 '한'을 외치는 세계의 신학으로 발전할 시기가 된 것은 아닐까?"[110]

1세대 민중신학자 중 한 사람인 김용복은 2000년에 '민중신학 위기론'을 단호히 부정했다. "오늘 민중신학은 그 영향력을 상실하였다고 말하는 사람들이 있다"면서도, 민중신학은 "정태적인 신학"이 아니고 "행동의 신학"이기에 시공간적으로 초점을 맞춰야 했고 그에 따라 역동적인 변화를 계속해갈 수밖에 없다는 게 그의 주장이었다. "이 변화는 발전적인 것이었으며 민중신학의 기본주제를 지속하는 것이었다. 이런 의미에서 민중신학은 변화하는 상황 속에서 지속적으로 변화를 추구하는 신학일 수밖에 없을 것이다."[111] 유사한 취지에서 김명수와 권진관 역시 민중신학의 지속적인 유효성을 전제로 변화와 혁신, 창조적 계승의 필요성을 강조했다.

민중신학의 유산과 전통을 새롭게 이어가는 일은 귀중한 일이라고 생각하고 자부심을 갖는다. 민중신학은 닫힌 이론 체계가 아니라, 열려서 살아 있는 민중의 성서적 지혜를 추구함으로써 오늘의 현실을 설명해내고, 대안적 현실을 보여줄 수 있는 예언자적인 신학으로 나아가야 한다고 본다.……새로운 민중신학은 계속 모색되어야 한다. 분명한 것은 민중신학은 언제나 우리를 둘러싼 상황, 특히 민중의 상황에 조응하는 신학이 되어야 한다는 것이다.……민중신학은 시대마다 시대적인 화두를 발견하고 그 화두를 사회를 향해 던져야 한다.[112]

한국사회가 예전보다 경제적으로 잘살게 되었다고 해서 과연 민중계층이 사라졌다고 볼 수 있는가?……그렇지 않다. 보수 정권이 들어선 이후, 부익부 빈익빈의 사회 구조화로 말미암아 사회의 양극화 현상은 예전보다 더욱 심화되고 있을 뿐이다. 예를 들면 비정규직 노동자, 청소년 실업자, 노인, 중소기업이나 중소상인, 외국인노동자들을 포함해 삶의 뿌리를 잃어버린 사회적 소수자들의 열악한 현실은 오늘날 중요한 사회문제로 부각되고 있다. 한국사회에서 민중이 사라진 것이 아니라, 단지 민중의 범주가 달라졌을 뿐이다. 예전에는 사회에서 삶의 터전을 상실한 도시 근로자, 농민, 도시빈민이 민중의 주요 범주에 속했다면, 지금은 앞서 언급한 사회의 소수자들이 그 범주에 속한다.[113]

민중신학의 행운은 걸출한 선학先學들을 다수 보유했다는 점, 그로 인해 1세대 민중신학의 유산이 매우 풍요로웠다는 점, 1세대 민중신학자들이 서로 긴밀히 교류하면서 민중신학의 창조성과 질적 수준을 상당히 높은 수준으로 끌어올려 놓았다는 점에 있었다. 민중신학 1세대는 1930년대생인 서광선·김용복을 제외하면 대부분 1910~1920년대생이었다. 1975년에 민중신학의 본격적인 논문들이 처음 발표되던 당시 서남동과 문익환은 57세, 안병무는 53세, 현영학과 문동환은 54세, 김정준은 61세, 김찬국은 48세였다. 서남동, 안병무, 현영학, 문익환·문동환 형제는 식민지 말기 일본으로 유학했다가 해방 후 다시 북미 혹은 유럽으로 유학을 다녀온 이들이었다. 대부분의 1세대 구성원들은 이미 수십 년의 학문적 연륜을 쌓은 완숙한 상태에서 민중신학을 창안했다.

많은 3세대 민중신학자들이 (서구 학계로부터 도입한 새로운 방법론·이론을 활용하기도 하면서) 1세대 민중신학의 지적 유산을 재발견·재해석하는 방식으로 1990년대의 학문적 난국을 견뎌냈다. 이는 마르크스주의 민중론과의 철저한 단절 속에서, 마르크스주의 민중론의 폐허 위에서 불확실한 새 출발을 도모해야 했던 다른 분야들, 대표적으로 역사학과 뚜렷이 구분되는 민중신학만의 독특한 면모였다. 역사학자들은 2세대 민중론과 동일시된 '민중사학'이라는 명칭이 부활하는 사태를 용납할 수 없었다. 되돌아갈 아름다운 과거, 일종의 황금시대가 있었다는 것, 이는 민중신학만의 행운이었다. 역사학 후배들에게 '극복과 청산의 대상'만 있었다면, 신학 후배들에게는 '모방할 스승들'과 '다시 읽을 고전古典들'이 있었다. 나아가 1981년 김정준, 1984년 서남동, 1994년 문익환, 1996년 안병무가 차례로 작고하자, 추모 성격을 띤 기념논문집이나 기념학술사업의 형식으로 이들이 남긴 주요 민중신학 개념·이론을 재음미하는 작업이 줄을 이었다. 특히 안병무의 죽음을 계기로 비교적 일찍 작고한 서남동에 대한 회고적 연구도 부쩍 활발해졌다.

(3) 민중사

'민중사학'은 1990년대에 사실상 몰락했다. 역사문제연구소 민중사반民
衆史班은 1990년대를 경과하면서 민중사학이 급격히 소멸했다면서, 그 배
경으로 "현실사회주의권의 붕괴라는 세계사적 격변", "민주화 시대로의
이행이라는 한국사회의 내부적 변화", "근대주의적 인식론에 대한 회의
를 담고 있는 새로운 학문 사조의 유입"을 들었다.[114] 민중사반의 일원인
배성준은 민중사학의 소멸 시점을 1990년대 초반으로 설정하면서 그 배
경을 사회주의 붕괴와 민중운동 퇴조의 두 가지로 압축했다.[115]

민중사반에 의하면, "1990년대 현실사회주의의 붕괴가 가져온 마르크
스주의의 위기와 거대담론을 비판하는 탈근대 담론의 수용은 '민중'과 더
불어 '민중사'로 나아갔던 '민중사학'의 기반을 해체했다. 변혁운동의 주
체로서의 '민중', 사회변혁과 민중해방으로 전진하는 민중을 서술하던
'민중사', 학문(연구)과 운동(실천)의 결합을 추구하던 '민중사학'은 어느새
낡은 유물이 되었다."[116] 허영란은 2009년 봄의 시점에서도 여전히 한국
민중사·민중운동사 연구의 침체를 언급하고 있었다.

> 오늘날 한국에서 민중이나 민중사는 너무 평범한 것이거나 좀 낡은 용
> 어가 되었다. 아래로부터의 역사학은 더 이상 참신한 구호가 아니며
> 역사학이 사회변혁에 기여해야 한다는 문제의식 역시 철 지난 구호가
> 되어버렸기 때문이다. 민중운동사에 대한 학계의 관심은 지난 수년간
> 침체되었다. 국가나 민족 중심, 지배층 중심의 역사학 연구를 반성하
> 는 가운데 새로운 역사학을 기다리는 학계와 사회의 요구가 커졌지만,
> 그것은 민중사 내지 민중운동사와는 거리가 있었다.[117]

그러나 민중사학은 몰락했을지언정 1980년대에 민중사학의 산실로 기

능하던 여러 연구단체들은 1990년대에도 건재했다. 여기에다 서울사회
과학연구소(서사연)의 '역사분과'도 1990년대에 새로 가세했다.[118] 이 연구
단체들은 10여 년의 공백 끝에 '민중사'라는 이름으로 민중적 역사학 전
통이 부활하는 데 주역 역할을 담당하게 된다. 그 선두에는 2005년 가을
에 탄생한 역사문제연구소 민중사반이 섰다. 민중사반이라는 작은 연구
집단의 존재는 '민중사학의 부활'과 '민중사학의 민중사로의 전환'을 동
시에 보여준다.

역사문제연구소는 1991년부터 일본의 아시아민중사연구회와 교류하
기 시작했고, 이 과정에서 민중사반이 태동했다. 특히 2000년을 전후하여
"과거 민중사학의 한계를 넘어 새로운 방향으로 민중사를 추구하려는 흐
름이 생겨났다." 민중사반은 2009년 12월 "경계에 선 민중, 새로운 민중
사를 향하여"라는 주제로 심포지엄을 개최한 데 이어, 2013년에는 기존의
논의와 연구 성과를 집약한 『민중사를 다시 말한다』를 발간했다.[119] 민중
사반과 아시아민중사연구회는 공동으로 『민중 경험과 마이너리티: 동아
시아 민중사의 새로운 모색』이라는 단행본을 2017년에 출간하기도 했다.
이 책의 일본어판은 2015년에 먼저 출간되었다.[120] 2008년 11월 "위기에
선 역사학: 민중사의 새로운 모색"이라는 주제로 열린 역사학연구소 창립
20주년 심포지엄과 이를 책으로 묶은 『한국 민중사의 새로운 모색과 역사
쓰기』(2010년)도 민중적 역사학이 부활하는 역정에서 중요한 이정표를 이
룬다.[121]

이번에는 민중사학과 민중사 연구의 시기별 추이를 확인해보자. 민중
신학에서와 마찬가지로, 1970년부터 2021년까지 민중사학 및 민중사 연
구물을 10년 혹은 5년 주기로 구분하여 집계했으며, 연구물은 단행본, 학
술지 수록 논문, 학위논문 범주로 나누었다. 단행본의 경우, 한국 현대사
에서 '민중항쟁'의 성격에 대해 학계의 합의가 어느 정도 형성된 광주항
쟁과 제주4·3항쟁에 관한 저술은 모두 포함시켰지만, 4·19혁명, 6월항쟁,

<표 8-9> 민중사학/민중사 관련 연구물의 시기별 생산 추이(1)

구분	1970~1979	1980~1989	1990~1999	2000~2009	2010~2019	2020~2021	합계
단행본	0	27	14	19	31	8	99
학술지 논문	2(1)	16(6)	29(10)	65(31)	110(76)	24(16)	246(140)
학위논문	3(2)	14(4)	23(10)	18(10)	19(16)	2(2)	79(44)
합계	5(3)	57(10)	66(20)	102(41)	160(92)	34(18)	424(184)

* 괄호 안의 수치는 '한국사'만 따로 집계한 것임. 단행본의 경우 '광주항쟁'을 제외하고 집계한 수치임.

<표 8-10> 민중사학/민중사 관련 연구물의 시기별 생산 추이(2)

구분	1970년대 전반	1970년대 후반	1980년대 전반	1980년대 후반	1990년대 전반	1990년대 후반	2000년대 전반	2000년대 후반	2010년대 전반	2010년대 후반	2020~2021	합계
단행본	0	0	8	19	9	5	9	10	14	17	8	99
(단행본 소계)	0		27		14		19		31			
학술지 논문	2(1)	0	2(0)	14(6)	8(4)	21(6)	32(9)	33(22)	53(39)	57(37)	24(16)	246(140)
(학술지 소계)	2(1)		16(6)		29(10)		65(31)		110(76)			
학위논문	2(1)	1(1)	3(0)	11(4)	11(6)	12(4)	9(5)	9(5)	6(6)	13(10)	2(2)	79(44)
(학위 소계)	3(2)		14(4)		23(10)		18(10)		19(16)			

* 괄호 안의 수치는 '한국사'만 따로 집계한 것임. 단행본의 경우 '광주항쟁'을 제외하고 집계한 수치임.

<표 8-11> 민중사학/민중사 관련 단행본의 시기별 생산 추이[123]

구분	1970~1979	1980~1989	1990~1999	2000~2009	2010~2019	2020~2021	합계
연구서		16	7	9	17	2	51
번역서		4		4	5	4	17
제주 4·3		6	6	3	6	2	23
여순사건					1		1
4·19혁명		1	1	2			4
부마항쟁					1		1
광주항쟁		15	37	67	69	21	209
6월항쟁				1	1		2
합계		42(27)	51(14)	86(19)	100(31)	29(8)	308(99)

* 괄호 안의 수치는 광주항쟁 연구서를 제외한 것임.

부마항쟁, 여순사건의 경우 이 혁명·항쟁·사건들을 '민중항쟁'으로 명확히 규정한 책들만 집계에 포함했다.[122] 그 결과는 〈표 8-9〉와 〈표 8-10〉에 실려 있다. 또 〈표 8-11〉에서 보듯이 단행본의 경우 광주항쟁에 관한 서적이 워낙 많으므로, 〈표 8-9〉와 〈표 8-10〉에는 광주항쟁 관련 단행본을 제외한 통계만을 담았다.

그런데 이 표들만 보아서는 '민중사학의 소멸'이라고까지 거창하게 말했던 1990년대 진보 역사학계의 변화가 그다지 실감나지 않는다. 이는 5년 혹은 10년 주기 분류 방식의 한계가 실제 현실을 은폐 내지 왜곡한 탓이다. 민중사학·민중사 관련 학술지 수록 논문은 (표에서 분류 기간의 경계 혹은 사각지대에 해당하는) 1998~2000년의 3년 동안 전무했고, 2001년에 1편, 2002년에 1편에 불과했다. 따라서 1998~2002년의 5년 동안 단 2편에 그쳤을 정도로 극심한 침체에 빠져 있었던 것이다. 단행본 중 일반 '연구서'를 5년 단위로 나눠보면, 1980~1984년 5권, 1985~1989년 11권, 1990~1994년 4권, 1995~1999년 3권, 2000~2004년 4권, 2005~2009년 5권, 2010~2014년 7권, 2015~2019년 10권, 2020~2021년 2권 등으로 나타난다. '1980년대 후반'과 '2010년대 이후' 연구서 발행이 활발했고, 1990~2004년 사이에는 연평균 1권도 발행되지 않았음을 확인할 수 있다. 기간을 더 세분해보면, 1993 ~1995년의 3년 동안에는 완전한 공백, 즉 민중사학·민중사 관련 연구서가 단 한 권도 생산되지 않았음을 알 수 있다.

한국사 쪽의 부진을 동양사나 서양사 분야의 민중사학·민중사 관련 연구물이 보충하는 양상도 때때로 나타난다. 특히 학술지 수록 논문의 경우 1990년대 후반기와 2000년대 전반기의 한국사 쪽 침체 상황과 대조적으로, 동양사·서양사 분야에서는 상당한 활성을 유지했음을 〈표 8-10〉을 통해 확인할 수 있다. 학위논문도 학술지 논문이나 단행본과는 다소 다른 흐름을 보였다. 학위논문의 경우 동양사·서양사 분야는 1980년대부터 2000년대까지 꾸준함을 유지했고, 1990년대에 가장 활발했다가 2010

년대에 다소 위축되는 모습을 보였다. 한편 한국사 분야의 학위논문은 1990년대 이후 꾸준함을 유지했고, 2010년대에 전성기를 맞았다.

2000년대에는 상황이 많이 달라졌다. 2002년까지 극심한 침체 상태였던 학술지 논문 부문은 2003년 이후 되살아나 2000년대 후반부에는 완전히 회복했고, 2010년대에 더욱 활성화되어 2020년대까지 그 기세를 유지하고 있다. 단행본에서도 2000년대 이후 활력을 되찾는 양상이 뚜렷하다. 다 죽었다던 민중적 역사학이 어떻게 소생할 수 있었을까?

앞서 소개했듯이 민중사 연구자들은 "1997년 IMF 경제위기 이래 신자유주의의 확산이 가져온 사회적 불평등의 심화, 노동과정의 유연화와 자기개발 담론의 열풍"이 민중을 재발견하도록 만들었다고 분석했다. 배성준도 거의 동일한 목소리를 냈다. "1990년대 초반 현실사회주의의 붕괴 및 대중운동의 퇴조와 더불어 민중사학이 사라지고 기억에서 잊힐 만한 시간이 흐른 요즈음, 민중과 민중사라는 이름이 다시 회자되기 시작했다. 세계적 차원에서 신자유주의가 심화되면서 가지지 못한 자들의 삶이 위협받고 저항의 근거가 파괴되어가는 가운데, 민중 개념 및 민중사에 대한 재평가가 모색되고 있는 것이다."[124] 이용기는 "하층민에 대한 관심과 배려, 민중의 저항 가능성에 대한 신뢰, 엘리트 중심의 역사 인식에 대한 비판" 등 1980년대 민중사학이 제기한 기본정신은 2000년대에도 여전히 유효하다고 평가했다.[125] 허영란도 '민중' 개념을 계속 사용하는 이유로 "현실의 이해 및 변혁", "공동선 추구", "차이의 바탕에서 공동의 실천, 연대의 상상과 모색" 등을 들었다.[126]

(4) 민중문학

'오랜 공백 끝에 일부의 회귀'라는 패턴에서 문학은 역사학과 비슷한 구석이 있다. 1995년의 시점에서 성민엽은 민중문학의 몰락에 가까운 상황을 두고 이렇게 반문했다.

> 80년대 문학이 그것만으로 이루어졌던 것은 아니지만, 적어도 민중문
> 학은 80년대 문학의 한 중심적 흐름으로 활동하였고 그 역장을 다른 흐
> 름들에 두루 미쳤다. 80년대 문학으로서 민중문학과 전혀 무관한 곳에
> 있을 수 있었던 것은 없었다고 해도 과언이 아니다. 심지어 민중문학
> 에 반대하는 입장조차도 그 반대의 입장 자체가 그것의 정체성의 일부
> 를 이루었던 것이다. 그러나 지금은 오직 적막뿐이다. 아무도 민중문
> 학에 대해 이야기하지 않는다. 한 소설가는, 그 자신 80년대에 민중문
> 학 계열의 대표적 작가 중의 하나였음에도 불구하고, 자신의 새로운 소
> 설집이 민중이라는 말과 관련하여 해석되는 것을 극구 거절했고, 민중
> 문학의 전위를 자처했던 한 비평가는 공공연하게 민중문학의 소멸을
> 선언했다. 때로는 80년대의 민중문학이 과연 존재하였던 것인지가 의
> 심스러워질 정도이다. 여기에는 80년대의 민중문학을 기억에서 지워
> 버리고 싶어하는, 일종의 집단 무의식이 있는 것일까.[127]

그로부터 15년 가까이 지난 2011년의 시점에서 천정환은 말했다. "'민
중문학'은 잊혀진 역사적 과거가 되었고, '민중문학'이라는 말 자체가 사
어가 되다시피 했다."[128] 1990년에 정자환이 "한국의 민중사회학과 민중
문학에서의 민중 개념 비교"를, 김재홍이 "한국문학 속의 민중의식 연구:
민중시를 중심으로"를 각자 발표한 이후 민중문학에 대한 학문적 논의는
오랫동안 중단 상태를 유지했다. 10년 후인 2000년 이봉범이 『방앗골 혁
명』(1962년)을 중심에 두고 오유권의 작품세계를 "민중 지향적 농민문학"
으로 접근한 글을 발표하여 오랜 정적을 깼다.[129] 2001년에는 맹문재가
개화기부터 1990년대까지 '노동시'를 집중적으로 분석한 저서 『한국 민
중시 문학사』를 내놓았지만,[130] 이내 익숙한 침묵으로 되돌아갔다.

강정구가 2005년부터 신경림을 중심으로 1970년대 문학계의 민중 개념을 분석한 회고적 연구의 성과를 연이어 발표하면서 오랜 침묵도 결국 끝이 났다. 그는 "신경림 시에 나타난 민중의 재해석"(2005년), "진보적 민족문학론에서 민중 개념의 형성 과정 연구"(2007년), "진보적 민족문학론의 민중시관民衆詩觀 재고: 신경림의 시를 중심으로"(2007년), "진보적 민족문학론의 민중 개념 형성론 보론"(2009년), "1970년대 민중-민족문학의 저항성 재고再考"(2009년) 등을 연이어 발표했고, 2011년에는 김종회와 함께 "민중 개념의 다양성과 그 변천 과정: 신경림의 민족문학론을 대상으로"를 발표했다.[131] 김성진은 1990년대 이후 민중문학의 퇴장과 망각 상황이 2006년 김원의『여공』출간 이후 중단되었으며, 이후 민중문학에 대한 연구나 노동자 글쓰기에 대한 재발견이 이어졌다고 주장했다.[132]

경제학자인 우석훈이 2007년에『사회비평』지면을 통해 '시민에서 다시 민중으로' 돌아갈 것을 주장하고 나서자, 같은 해 김명인은『실천문학』에 발표한 글을 통해 '민중 개념의 귀환' 혹은 '민중 재호명'을 요구하는 우석훈의 견해에 동의한다는 뜻을 밝혔다. 1980년대에 '민중적 민족문학론'을 제창하면서 2세대 민중문학 논쟁의 주역 중 한 사람으로 활약했던 그가 오랜 민중론적 공백 이후 '되돌아온' 것이다. "다시 민중을 부른다"는 제목의 글에서 김명인은 "민중 개념을 복원해야 할 필요"를 이렇게 제기했다.

최근 양극화의 급격한 진전에 의해 중산층의 하향 분해와 빈곤층의 궁핍화가 급격하게 진행됨에 따라 형성되고 있는 사회적 박탈계층들을 통칭하여 1970~1980년대적 의미의 '생존권에 기반한 민중'으로 재호명하자는 논의가 있는 것으로 안다. 이런 맥락의 민중 재호명에 원칙적으로 공감하면서 나는 반신자유주의 투쟁 주체의 구성이라는 보다 적극적인 맥락에서 민중 개념을 다시 복원해야 할 필요를 느낀다.……
실업자를 포함한 정규·비정규 노동자계급, 여성, 농민, 도시빈민, 이민자, 각종의 소수자 등 신자유주의 시장독재 체제의 현재적·잠재적 희생자들이 민중의 이름으로 하나의 반신자유주의 '연합'을 이루어 신자유주의 시장독재에 전면적으로, 또 세계적 규모로 저항운동을 전개하는 것이 지금 우리가 기대할 수 있는 최대치의 전망이고 희망이라고 할 것이다.[133]

김명인이 문학을 넘어 민중론 일반을 논의했다면, 2011년과 2014년에 천정환은 '민중문학'에 대한 적극적인 재평가·재인식을 요구하고 나섰다. 민중적 글쓰기를 중심으로 민중문학을 재고再考한 "서발턴은 쓸 수 있는가: 1970~80년대 민중의 자기 재현과 '민중문학'의 재평가를 위한 일고"(2011년), 민중문학을 평가절하하는 수단이기도 한 '80년대적인 것'과 '90년대적인 것'의 상투적 이분법에 도전하는 "1980년대 문학·문화사 연구를 위한 시론(1): 시대와 문학론의 '토픽'과 인식론을 중심으로"(2014년)가 그것이다.[134] 같은 시기에 신동엽 시의 변혁성에 초점을 맞춘 이황직의 연구, 1980년대의 민족문학론(백낙청), 민중적 민족문학론(김명인), 노동해방문학론(조정환), 민족해방문학론 등을 두루 고찰한 전승주의 연구도 발표되었다.[135]

2015년 10월 "작가들이 발로 쓴 한국 현대사: 전태일에서 세월호까지"라는 부제가 붙은 『민중을 기록하라』가 발간되었다. 다양한 세대에 속하는 22명의 작가와 시인들, 그리고 정치사학자 김원과 문학평론가 장성규가 참여한 '르포문학/기록문학 프로젝트'의 귀중한 결실이었다. 실천문학 편집부는 이 책 머리말에서 '현장'과 '현실'과 '서사'를 등지고 '내면'과 '문체'에 몰두하는 1990년대 이후 한국문학의 흐름을 비판하면서 리얼리즘 정신의 복원을 요구했다. "오늘의 한국문학은 지나치게 일방적이다. 작가들은 진작부터 현장을 등진 채 골방으로 들어갔고, 이후 작품의 주된 배경이 공장과 거리에서 아파트와 카페로 바뀌는 동안, 서사 대신

내면을 들여다보는 일이 대세를 이루었다.······그 과정에서 문체가 서사를 현저히 압도했다. 나아가 21세기에 접어들자 '현실'은 작가의 가장 중요한 참고 목록의 지위마저 의심받는 지경에 이르렀다.······오늘 우리가 목격하듯 서사를 홀대하는 풍토는 마땅히 개선되어야 한다. 우리 문학이 현실을 떠날 때, 현실도 우리 문학을 외면할 것이기 때문이다."[136] 편집부는 또 표지에 "이 책을 통해 독자들은 우리 시대의 모순을 온몸으로 살아가면서도 늘 역사 바깥으로 사라지던 민중들의 삶을 생생히 실감할 수 있다"고 적었다.

『민중을 기록하라』에는 1970년 전태일 사건부터 2014년 세월호 사건까지 40여 년의 한국 현대사가 농축되어 있다. 1990년대 이후의 민중문학적 시도가 더 이상 1970~1980년대에 대한 '회고적' 연구에 머물지 않고, 당대 민중이 살아 숨쉬는 삶의 현장으로까지 '현재화'된 것이다. 그런 면에서 이 책을 '두꺼운 민중문학 부활 선언문'으로 해석되도 되지 않을까? 원영혁은 '서발턴'의 번역어인 '저층底層'을 형상화한 2000년대 이후의 중국문학(저층서사)과 한국의 민중문학을 비교한 연구서를 2016년에 출간했다.[137] 민중문학 연구가 국제적 비교연구로 진일보한 것이다.

2015년 이후에는 한층 많은 이들이 민중문학을 연구대상으로 삼았다. 이 시기에 손유경, 조현일, 이철호, 전상기, 배하은, 김성진, 문윤희, 김나현, 김인옥 등이 민중문학에 대한 다각적인 접근과 해석을 시도했다. 손유경은 민중의 현장과 육체를 재현하는 방식에 중점을 두고 『창작과 비평』의 민중문학 담론을 분석했고, 문윤희는 『실천문학』에 수록된 민중시들을 집중적으로 분석하는 박사학위논문을 작성했다. 김나현도 신경림·이성부·조태일을 중심으로 민중시의 '주체 구성 전략'을 분석했다. 전상기는 근현대의 한국문학장場을 무대 삼아 대중·시민·민족·다중 개념과의 역동적인 상호작용 관계 속에서 민중 개념에 접근했고, 김성진은 1980년대에 채광석·김도연·김명인이 각기 제시한 민중문학론의 가능성과 한계를 탐구했다. 조현일은 신경림·염무웅·백낙청을 중심으로 1970년대 전반기 민중문학에 대해 '정치신학적 접근'을 시도했다. 백낙청의 초기 비평에서 발견되는 '본마음' 개념을 파고든 이철호의 글에서도 조현일과 유사한 문제의식을 읽어낼 수 있다. 김인옥은 김지하의 담시 〈오적〉을 민중문학의 관점에서 접근하면서, 그 안에 스민 '동학사상'을 찾아내고자 했다.[138]

최근 몇 년 동안에는 배하은이 가장 활발하게 민중문학 관련 논의를 펼쳐왔다. 그는 2017년에 "1980년대 문학의 수행성 연구: 양식과 미학을 중심으로"라는 제목의 박사학위논문을 작성한 이래 여러 편의 논문을 발표했고, 2021년에는 박사학위논문을 수정하고 보완한『문학의 혁명, 혁명의 문학』을 출간했다.[139]

(5) 민중미술

민중미술도 1990년대 초의 시대적 역풍을 피해 갈 수는 없었다. 민주화 이후 민중미술가들이 '힘이 빠지고 고민에 빠졌다'는 박석규의 회고, "90년대 초반에 이르러 민중미술의 활력이 급격히 수그러든" 현실을 언급한 김정헌의 언론 인터뷰를 앞서 소개한 바 있다. 1980년대 민중미술계에서는 '전시장 활동'과 '현장 활동'이 분화하면서 2세대 민중미술가들은 후자 쪽에 주력했다. 그러나 1990년대 이후 현장 활동이 역력히 쇠퇴했고, 그로 인해 많은 2세대 민중미술가들이 당혹감에 사로잡혔다. 현장 활동이 위축됨에 따라 민중미술은 자연스레 "현장 활동에서 전시장으로 복귀"하게 되었다.[140]

그렇다고 민중미술 활동, 그리고 그와 관련된 학술적 담론이 1990년대에 단절된 것은 아니었다. '현실과 발언'(현발) 측은 1990년에『민중미술을 향하여: 현실과 발언 10년의 발자취』를 발간했다. 이 기회에 오윤, 손장섭, 심정수, 김정헌, 노원희, 민정기, 임옥상, 박재동, 강요배, 안창홍, 박불똥 등 '현실과 발언' 동인이던 쟁쟁한 작가들의 작품세계도 재조명되었다. 1994년에는 최열과 최태만이 편찬한 『민중미술 15년: 1980~1994』가 출간되었다. 편자들은 책의 머리말에서 민중미술의 미술사적 중요성과 독자성에 대해 드높은 자부심을 드러냈다. "6·25전쟁 뒤 우리 남한 미술이 새로운 단계를 맞이한 때를 꼽아보라면 누구든 주저 없이 두 가지를 들수 있을 것이다. 그 하나는 1950년대 모더니즘 미술의 이식이다. 또 하나는 1980년대 리얼리즘 미술의 발생, 발전이다." 편자들은 여기에 "민중미술의 독자성이란 의심의 여지가 없는 것"이라고 덧붙였다.[141] 이론가들은 민중미술의 미학적 성격을 '리얼리즘 미술'로, 더 구체적으로는 '비판적 리얼리즘' 혹은 '민중적 리얼리즘'으로 명명해왔다. 또 민중미술의 독자성과 독창성에 대한 자신감은 'Minjung art'라는 고유명사를 고집하는 태도에서도 넉넉히 확인된다.

1985년에 출범한 한국민족미술협의회(민미협)는 창립 10주년을 맞는 1995년 1월에 "전국 12개 지역 미술운동 단위를 묶는" 전국민족미술인연합을 창립했다.[142] 2017년과 2021년에 걸쳐 1세대 민중미술가들과의 인터뷰 모음집인 『민중미술, 역사를 듣는다』가 두 권의 책으로 출판되었다.[143] 이 책들은 민미협 창립 30주년인 2015년에 기획되었다. 2021년 1월에 민중미술 전문연구서인 김현화 작 『민중미술』이, 그해 12월에는 1세대 민중미술가인 김정헌의 회고록 『어쩌다 보니, 어쩔 수 없이: 민중미술과 함께한 40년』이 나왔다.[144]

1990년대 중반과 2000년대 중반에는 '포스트 민중미술' 논의도 등장했다. 현시원에 의하면, '포스트 민중미술'은 "민중미술의 성과를 연장하면서도 1980년대의 한계를 벗어나고자 하는 새로운 세대의 특성"이자, "새로운 민중미술을 모색하려는 하나의 모티브인 동시에 과거 경직된 민중미술의 한계를 벗어나려는 자극제"이기도 했다.[145] '포스트 민중미술' 논의를 검토한 후, 현시원은 "현실과의 소통, 현실참여라는 문제제기와 실

민중미술 15년
1980-1994
94.2.5-3.16

국 근대사 - 모내기), 유채, 130×180cm, 1993

임옥상, 〈하나됨을 위하여〉, 종이부조 · 먹 · 혜채, 266×235×15cm, 1989

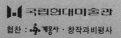

개막일시 : 1994년 2월 4일 15:00

머니 - 요조숙녀〉,
릴릭, 150×180cm, 1993

국립현대미술관
협찬 : 계몽사 · 창작과비평사

광주시각매체연구소, 〈바람맞이〉, 걸개그림, 1987

천을 통해 미술과 사회의 관계라는 본질적 문제를 고민했던 민중미술의
유산은 오늘날 더욱 절실히 요구되는 태도"라고 결론짓고 있다.[146]

민중미술은 1990년대 들어 이른바 '제도권'으로 진출했다. 1994년에
국립현대미술관이 기획·전시한 〈민중미술 15년〉전, 1995년에 시작된 '광
주비엔날레'가 그것이었다. 둘 모두 참여 여부와 의미를 둘러싸고 민중미
술가들 사이에 찬반 논란이 분분했고, 그 와중에 광주비엔날레에 대항하

〈민중미술 15년 1980~1994〉전 리플릿(1994)

는 '안티비엔날레'로서 '광주통일미술제'가 열리기도 했다.[147] 그러나 1990년대와 2000년대 이후 오윤·임옥상·이종구·신학철 등의 작가가 "미술계에서 대단한 중진으로 인정받고", 성완경·원동석·김윤수·윤범모 등 '민중미술평론가들'도 "널리 인정받았다"는 것은 분명한 사실이었다.[148]

1990년대의 난국을 돌파한 민중미술의 강한 생명력은 '국제적 인정'에 힘입은 바 크다는 점도 지적해야겠다. 한국의 민중론 가운데 민중미술은 민중신학과 함께 국제적으로 널리 알려진 분야이다. "한국 현대미술사의 많은 경향들 중에서도 민중미술만이 국제무대에서 한국적 현대미술로 평가되는 유일한 예"라는 윤난지의 언급처럼, 한국 현대미술의 여러 경향 중 민중미술은 국제화에 성공한 드문 사례 중 하나인 것으로 보인다.[149] 노해나는 민중미술의 첫 해외전시가 성사된 1986년부터 2012년까지의 흐름을 다음과 같이 요약했다.

> 민중미술은 1987년 민주화 체제로 전환된 이후 국내에서 그 열기가 사그라들었지만, 1988년 이후 해외에서 제3세계 미술로 소개되기 시작했다.……민중미술은 한국의 정치적 미술로 해외 전시에서 다수 소개되었다. 1986년 동경도미술관에서 〈제3세계와 우리들 제5회전: 민중의 아시아전〉, 같은 해 타이베이에서 〈한국 민중판화전〉, 1987년 〈민중미술: 한국의 새로운 정치적 미술Min Joong Art: New Movement of Political Art from Korea〉(에이 스페이스, 토론토; 마이너 인저리, 뉴욕), 1988년 〈민중미술: 한국의 새로운 문화운동Min Joong Art: A New Cultural Movement from Korea〉(아티스츠 스페이스, 뉴욕)이 전시된 바 있다. 또, 1993년 〈태평양을 건너서: 오늘의 한국미술Across the Pacific: Contemporary Korean and Korean American Art〉(퀸즈미술관, 뉴욕)과 1999년 〈세계의 개념주의: 다양한 기원들, 1950~1980년대(Global Conceptualism: Points of Origin, 1950s~1980s)〉(퀸즈미술관, 뉴욕)에서 민중미술이 포함되어 소개된다. 민중미술과 동시대

비판적 미술의 양상을 조명하는 전시들도 있었다. 2005년 독일 쿤스트 할레 다름슈타트에서 열린 〈배틀 오브 비전The Battle of Visions〉, 2007년 후쿠오카아시아미술관의 〈민중의 고동: 한국미술의 리얼리즘 1945 ~2005 民衆の鼓動: 韓国美術のリアリズム 1945~2005〉, 2007년 뉴질랜드 뉴 플리머스의 고벳-브루스터아트 갤러리의 〈액티베이팅 코리아Activating Korea: Tides of Collective Action〉, 2012년 〈정치적 대중 되기: 대중문화와 민주주의의 교차점에서의 한국미술 1980~2010Being Political Popular: South Korean Art at the Intersection of Popular Culture and Democracy 1980~ 2010〉(UC 어바인 아트 갤러리, 캘리포니아)을 꼽을 수 있다."[150]

이 가운데서도 1988년 9월부터 11월까지 뉴욕 아티스츠 스페이스Artists Space 갤러리에서 열린 〈민중미술: 한국의 새로운 문화운동〉 전시회는 학계의 특별한 관심을 받았다. 더글러스 가브리엘이 말했듯이, 민중미술로서는 이 전시회가 "남한 외부에서의 첫 번째 주요 전시first major showing"였다.[151] 오경은은 1988년 뉴욕 전시회가 민중미술의 국제화뿐 아니라 초기 민중미술 이론가들이 시야를 확대하고 사고를 전환하는 모멘트로도 작용했다고 설명했다. 다시 말해 민중미술을 "민중이 외국자본 혹은 전 지구적/국제적 자본의 지배에 대항하는 메커니즘"으로 간주하던 입장에서 벗어나, 지구성-국지성의 이분법을 극복하고 "차이의 복수성을 긍정하는 네트워크의 형성"으로 나아가는 계기가 되었다는 것이다. 따라서 "1988년 민중미술전은 근대 권력구조에 대항하려는 다층위의 노력 속에서 민중미술이 미술계 내 전 지구적 네트워크를 형성하여 '제국주의'적 권력 기계를 대체한다는 점에서 탈중심화된 '제국'의 가능성을 재확인시켜준다"는 것이다.[152]

(6) 기타

앞서 우석훈이나 김명인의 예에서 보았듯이, 20세기 말부터 사회경제적 양극화를 촉진하는 신자유주의적 지구화에 따라 불안정노동을 비롯하여 다종다양한 박탈 집단들이 등장하는 상황에 주목하면서 민중 개념을 부흥復興시킬 것을 주장하는 이들이 하나둘 나타났다. 여기서는 앞에서 언급한 신학, 역사학, 문학, 미술학 외에 주목할 만한 움직임 몇 가지를 간략히 검토해보자.

1990년대 이후 '민중교육론'의 흐름이 사실상 끊어지다시피 한 상태에서, 민중교육론의 오랜 공백을 깨뜨리면서, 한숭희는 '사회교육학'과 '신사회운동'이라는 새로운 이론적·역사적 맥락에서 민중교육을 재해석한 연구서를 2001년에 펴냈다. 그해 『민중교육의 형성과 전개』라는 제목의 책을 출간하기 이전에도 그는 1995년에 발표한 "민중교육의 이론과 실천: 참여 지향적 성인교육 이론의 정립을 위하여"를 비롯하여 관련 논문들을 꾸준히 발표해왔다.[153] 한숭희는 전 지구화 현상, 지식기반사회의 헤게모니 장악, 포스트모더니즘의 일상화, '민중'이 '시민'으로 대체되는 운동주체 성향의 변화 등으로 대표되는 '새로운 상황'에서, "오늘날의 민중교육운동이 어떠한 방향으로 재정립되어야 할 것인가에 대한 고민"의 산물로 이 책을 내놓는다고 머리말에서 밝혔다.[154] 그는 새천년을 맞는 시점이야말로 민중 개념의 적실성 인정과 민중교육의 잠재력 활성화에 적기일 수 있음을 강조한다.

진보주의 운동의 전반적인 위기 속에서 그 재구조화를 모색하고 있는 오늘날에 있어서 평화운동, 환경운동, 여성운동 등 우리나라에서의 신사회운동의 시작은 이전의 단일한 흐름에 새로운 변화의 바람을 일으켰다. 시민들—사실은 중산층—의 목소리가 커지고, 과거의 진보주의

운동의 핵심이 흐려진 상황에서 민중교육이라는 개념은 더 이상 존재하지 않는 것처럼 보이는 상황 속에서도 오히려 민중이라는 개념은 그 자신을 객관적으로 재평가받을 수 있는 바탕 위에 섰다고 믿는다.[155]

구사회운동의 주요 오류 중의 하나가 교육에 대한 정치적, 도구주의적 접근이라고 할 때, 구사회운동의 맥락에서 이루어진 20세기의 라틴아메리카와 기타의 지역의 민중교육은 마찬가지의 오류를 범하였다. 반면, 후기 맑시즘과 탈근대주의postmodernism를 포괄하는 신사회운동의 이론적 잠재력은 정치적 통제와 도구주의로부터 교육적 측면을 자유롭게 한다. 다시 말해, 신사회운동의 출현으로, 기존의 정치경제적 결정주의로부터 벗어나 교육·문화 영역의 상대적 자율성이 보장됨으로써, 민중교육의 교육적 잠재력을 재활성화할 수 있는 계기가 마련되었다.[156]

이처럼 한숭희는 교육에 대한 '정치경제적 결정주의'와 '정치적·도구주의적 접근'에서 벗어나, 신사회운동·포스트마르크스주의·포스트모더니즘에 바탕한 대안적인 민중교육 모델을 추구했다. 그는 신사회운동의 맥락에 기초하여 자율적인 '담론 생산력'의 증진에 매진하는 '시민지식연대'를 21세기에 걸맞은 "민중교육의 새로운 패러다임"으로 제시한다. "시민지식연대는 다양한 시민운동단체들 스스로가 문화일꾼으로서의 공공담론 영역의 수호자로서 그 바퀴를 굴러가게 만들 수 있는 의사소통적, 해방적 지식의 생산자 및 축적·공유자로서의 역할을 자임하는 데에서 시작한다. 이것을 위해서 시민지식창고운동, 문화일꾼 양성 프로그램, 학습조직/학습공동체/학습네트워크운동 등이 지속적으로 펼쳐져 나가야 한다."[157] 그리고 이런 노력이 세계적·지구적 차원으로 확대되어야 한다고 주장했다.

1987년에 처음 출간되었던 허병섭의 『스스로 말하게 하라: 한국 민중교육론에 관한 성찰』이 2009년 '복간'되었다. 이 책의 복간사를 박형규 목사가 썼다. 박 목사는 첫 출간으로부터 20년 이상의 세월이 흘렀음에도 민중교육론의 이념이 여전히 적실성을 갖고 있음을 97년체제, 보다 구체적으로는 2007~2008년 세계금융위기와 2009년 용산참사에서 찾고 있다.

오늘날 세계적인 금융위기 속에 가난한 사람들은 더욱 불안하고 외롭고 의지할 데가 없는 삭막한 세상임을 절감하고 있을 것이다. 그러나 1970, 1980년대의 암울한 시기에 『스스로 말하게 하라』에서 민중이 역사의 주인임을 일깨우고 그들과 더불어 자유와 정의의 세상을 향해 함께 배우고 함께 조직하며 민주화의 물결을 만들었던 것을 다시 한 번 기억해야 할 것이다. 2009년 초, 용산 뉴타운 개발 문제로 발생한 용산참사도 지역 주민, 지역 세입자들의 설움과 이해관계를 잘 이해하고 그들의 요구를 올바르게 받아들이고 협의해나가는 만남과 조직이 없었기 때문에 발생한 것이 아닐까 생각해본다.……『스스로 말하게 하라』의 복간은 민중들이 자신들의 정당한 요구와 정의를 위해 일어설 수 있도록 돕는 진정한 섬김의 지식인이 새롭게 요구된다는 반성의 기회를 지식인들에게 주는 것이며, 민중들의 가슴 속에 맺혀 있는 한과 아픔을 털고 민중이 다시 한번 공공의 선을 향해 스스로 나설 수 있도록 배우고 조직하는 힘을 주는 계기가 될 것이다.[158]

'민중사회학'은 1990년대 이후 연구가 거의 단절되었다. 한상진의 중심 개념은 '민중'에서 '중민'으로 이동했다. 1980년대에 2세대 마르크스주의 민중론자들과 치열한 학문적 전투를 벌였던 한상진은 이 과정에서 '중민'이라는 새로운 기표, 새로운 개념을 발명했다(여기서 중민은 민중의 호환 개념으로 예로부터 사용된 '衆民'이 아니라 '中民'을 가리킨다). 그는 1990년대 이후에는 중민이론 정립에 매진했고, 이런 취지에서 2011년 '중민사회이론연구재단'을 설립했다(2019년에 '중민재단'으로 명칭이 변경되었다). 그러나 앞장에서 소개한 김영범, 김성기, 공제욱은 1990년대 이후 민중사회학의 공백기를 메운 이들로 기억되어야 한다. 특히 김영범은 2010년에 출간한 『민중의 귀환, 기억의 호출』에서 "민중사는 제 본령을 얻고 풍부한 내용과 의미로 부활할 것이라 믿는다"고 쓰기도 했다.[159]

민중사회학의 극심한 부진은 창시자였던 한완상이 1990년대 초부터 연구 현장을 떠나 교육행정가 혹은 고위공직자 경력을 이어갔던 사정도 어느 정도 작용했을 것이다. 그런 면에서 한완상이 2008년에 발표한 "민중신학의 현대사적 의미와 과제: 21세기 줄씨알의 신학을 바라며"라는 글은 주목할 만하다. 여기서 한완상은 함석헌의 '씨알' 개념과 네그리·하트가 제안한 '다중' 개념을 적극적으로 수용하는 모습을 보였다. 한완상은 정보화·정보혁명과 관련하여 '비판적 네티즌'을 '줄씨알netroots'로 새로이 명명하면서, '민중=줄씨알=다중'이라는 과감한 명제를 내놓았다. 이 줄씨알들이 "세계화로 국민국가의 경계를 넘어 존재하는 제국Empire에 대한 대안적이고 대항적인 힘으로 작동하는 21세기의 대자적 민중"이라는 것이다.[160] 그는 '네티즌=줄씨알'을 "대자적 씨알", "창발적 개아個我", "창발적 줄씨알" 등으로 다양하게 호명하면서, "정보혁명이 불러일으키는 이 같은 줄씨알들의 저력을 주목하지 않고서 21세기 민중신학 그리고 민중사회학을 거론하기 어렵"다고 주장했다.[161]

1990년대 말부터 2000년대 초까지 이어진 김진균의 '후기 민중사회학'도 대단히 흥미진진하다. '후기 김진균'의 민중사회학은 '원통적圓通的 사고', '화이부동和而不同'과 '상자이생相資以生' 사상으로 압축될 수 있다. 민중은 '세력연합'이자 '형성적 존재'로서, '민중 형성'의 양축이 '의식 형성'과 '연대 형성'이라고 할 때, 김진균의 '후기 민중사회학'이 놀라운 것은 연대 형성을 사고하는 방식에서 가히 혁명적인 변화가 감지되기 때문이다. 1990년대 말 이후 김진균은 노동자계급의 특권적 지위와 중심성·주도성을 강조하던 종래의 위계적-수직적 연대관觀을 버리고, 차이와 다양성을 존중하는 민주적-수평적 연대관으로 확실히 옮겨갔다. 그는 1998년에 "화합하고 평화롭게 연대하고 관계를 맺지만 상대를 나와 동일하게 만들지 않는다"는 화이부동 정신을 강조하면서, "한 가지 기준을 가지고 모두를 동일화시키고자 한다면 그것은 억지이고 또한 폭력일 것이고 그 사회적 관계에서는 강자와 노예가 있을 뿐"이라고 주장했다.[162] 김진균은 2003년에 원통적 사고와 상자이생에 대해 다음과 같이 설명한 바 있다.

> 지구 어느 위치에서든지 그 위치가 주축이다. 이 원통적 사고는 지구촌 인류를 수평적 관계로 사고하게 한다.……지구가 하나의 우주를 유기적으로 구성하는 한 개체라고 생각하고 원통적 단일 개체라고 인식한다면 그 속에 있는 구성요소로서의 주체들은 차이로써 균형을 이룰 것이다.……차이를 인정하되 원통적 사고를 해나가는 것이 필요하다. 그리고 작은 주체들조차 '민중'의 개념에 넣는다면, 아직은 민족국가 형태 안에 있는, 그리고 한민족처럼 통합되어야 하는 미완성의 민족국가 형태 안에 있는 민중들 사이의 연대를 통해 주체들 사이에 정치적 패권과 경제적 착취가 배제된 상자이생相資以生의 길을 뚫어갈 수 있으리라 기대해본다.[163]

언론인 출신 언론학자인 손석춘은 2015년에 『민중언론학의 논리』라는 제목의 단행본을 간행했다. 이는 '민중언론학'을 책 제목으로 내세운 첫 사례였다. 21세기에 왜 민중언론학이 필요한가?

> '민중'이란 말이 '불온한 개념' 또는 '죽은 개'가 된 오늘, 나는 그 말을 불온시하고 죽인 언론을 비판하며 민중언론학을 제안한다.……해방

70년, 분단 70년을 맞으며 '민중언론학'을 제기하는 이유는 모든 사람이 언론인이 될 수 있는 우리 시대—21세기를 살아가는 모든 사람은 직접적이든 간접적이든 정보과학기술혁명의 영향을 받고 있다—에 뜻을 같이하는 사람들을 만나고 싶어서다. 지금 이 순간도 트위터, 페이스북, 블로그, 모바일메신저 등으로 다양하게 '언론 활동'을 하는 모든 사람들, 곧 네티즌에게 바로 당신이 '21세기 민중'이라는 사실을, 당신의 언론 활동이 더 풍부해지려면 학문적 '무장'이 필요하다는 사실을, 정보혁명 시대의 민중인 네티즌이 자신과 이웃을 '민중'으로 옳게 호명할 때 비로소 개개인의 삶이 풍요로워질 수 있다는 진실을 공유하고 싶어서다.[164]

손석춘은 "민중의 언론 활동이 곧 '민중언론'"이라면서, 민중언론학에 대해 "민중언론을 위한 학문", "민중을 위한 언론학", "민중의 언론학", "민중언론의 학문" 등 다양한 정의를 제시했다.[165] 민중언론학에 대한 가장 상세한 정의는 "21세기 민중인 네티즌이 진실과 공정의 언론 활동으로 자신의 삶을 창조적으로 구현해내는 실천적 학문"이라는 것이었다.[166] 그가 민중언론학을 제창하고 나선 또 다른 이유는 언론학계에 편만한 "지적 사대주의"에 대한 비판의식 때문이었다. 그에 의하면, "한국학계는 미국식 연구방법이나 이론적 논의를 절대적 기준으로 삼음으로써 우리 현실을 분석하고 대안을 모색하는 연구를 얕잡아보거나 '학문적 논의'가 아니라고 폄훼하기 일쑤다. 과연 그들은 신봉하는 연구방법과 수입한 이론으로 어떤 학문다운 논문과 저서를 내놓고 있는지 정말이지 묻고 싶을 정도다. 대학과 언론이 지적 사대주의에 매몰되어 있는 나라에서 정치인들이 사대주의를 벗어나기를 기대하기란 난망 아닐까."[167]

사실 넓은 의미의 '민중문화운동' 영역 가운데 1990년대 이후 민중미술보다 더욱 성공적이었던 사례는 '민중가요' 내지 '민중음악' 쪽이었다고 할 수 있다. 대중화와 확산이라는 측면에서 그러하다는 것이다. 민중가요의 경우 1990년대 이후, 그리고 2000년대 이후에도 촛불집회 등 다양한 시위·집회 현장을 통해 널리 전파되었다. 그중 일부는 폭넓은 대중적 호소력을 갖는 유행가이자 애창곡이 되었고, 심지어 '국민가요'로 인정받기도 했다. 정경은은 2008년에 민중가요 연구서인 『한국 현대 민중가요사』를 발간했다. 1990년대에 집중적으로 마당극에 관한 이론화 작업을 진행하여 그 성과를 1996년 『마당극 양식의 원리와 특성』이라는 단행본으로 출간한 이영미의 경우도 민중문화운동의 계승 혹은 연속성과 관련하여 반드시 언급할 필요가 있다고 생각한다(이영미의 책은 2001년에 재출간되었다).

4. 재구성된 민중

민중론의 위기 앞에서 민중론과의 결별도, 기존 민중론의 고수도, 새로운 기표로의 대체도 아닌, 민중 개념의 재구성 혹은 재해석이라는 길을 선택한 이들은 과연 어떤 일을 했던가? 1990년대 중반 이후 그들에 의해 재구성된 민중 개념은 어떤 것이었나?

"민중사학이 제기했던 '아래로부터의 역사'라는 지향과 역사학의 실천성을 계승하려 하지만, 그것은 변화된 현실에 조응하여 비판적으로 재구성·재해석되어야 한다"면서, 허영란은 역사문제연구소 민중사반이 추구해온 '새로운 민중사'의 윤곽을 밝힌 바 있다. 그는 "민중사반이 어렴풋하게나마 그리고 있는 민중에 대한 새로운 이해의 관점"을 일상적 주체, 다성적 주체, 모순적 주체, 근대를 상대화하는 방법적 매개이자 초超민족적 주체라는 네 가지로 요약한 바 있다.

좀 더 구체적으로 소개하자면, "첫째, 민중은 투쟁하는 주체(운동적 주체)에 앞서 일상적 삶을 살아가는 생활자(일상적 주체)"라는 것, "둘째, 민중은 계급연합으로 실체화되는 단일한 주체가 아니라 다양한 구성과 정체성을 내포한 다성적多聲的 주체"라는 것, "셋째, 민중은 자기 '외부'에 존재하는 권력에 의해 일방적으로 억압되거나 규정받고 그에 항상적으로 저항하는 존재가 아니라, 지배와 저항 또는 종속성과 자율성을 동시에 담지하고 있는 모순적 주체"라는 것, "넷째, 민중은 근대 프로젝트로 수렴되는 근대적 주체가 아니라, 오히려 근대를 상대화할 수 있는 방법적 매개"이며 "일국 단위의 변혁을 수행하는 주체가 아니라, 국가와 민족의 경계를 넘나들고 때로는 그것을 무화시키는 트랜스내셔널한 주체"라는 것이다.[168] 이와 유사하게 이용기도 새로운 민중사의 초점으로, 첫째, 민중의 일상성에 주목하는 것, 둘째, 민중의 다양성·다성성多聲性과 중층성을 인식하는 것, 셋째, (지배와 저항의 이분법에서 벗어나) 민중의 자율성과 예속성의 긴장 관계, 지배와 저항의 복잡한 맞물림에 주목하는 것 등 세 가지를 제시한 바 있다.[169]

허영란과 이용기가 제시한 민중의 일상성, 다성성, 모순성, 혼종성, 초민족성, 그리고 근대와의 다양하고 유동적인 관계성 등이 새로운 민중 개념에 접근하는 데 훌륭한 길잡이임은 의심의 여지가 없다. 사회학자인 최현은 보다 실천적인 맥락에서 '진보 주체'의 설정과 형성 문제에 접근하기 위해 유념해야 할 사항들을 다섯 가지로 압축한 바 있다. 경청할 가치가 충분한 제안이고, 민중 개념 재구성 작업에도 유용하게 활용될 수 있다고 생각한다.

① 국가권력, 자본과 주류 문화에 의해 고통받고 저항하는 모든 집단은 진보의 주체로 인정되어야 한다. ② 진보의 주체를 형성하는 조건은 정치적 억압, 경제적 불평등, 문화적 배제 등 다면적이다. ③ 주체를

분석하는 데 계급, 시민권(법적 보호) 유무, 범주적 속성(성, 지역, 장애 유무, 교육수준, 세대 및 문화적 배경 등)에 따른 차별, 관계망을 고려해야 한다. ④ 보편적 계급이나 보편적 집단은 존재하지 않기 때문에 다양한 주체는 협상과 협력을 통해 공통의 목표를 모색해야만 한다. 따라서 목표는 정해져 있지 않으며, 현실의 문제와 그 해결을 위한 주체들의 협상을 통해 구성된다. 다만, 인권(자유, 평등, 정의)과 환경이 이러한 목표의 구성과정에서 가이드라인으로 제시될 수 있다. ⑤ 진보적 주체는 국가 안팎(국가, 시민사회, 초국적 기구, 초국적 시민사회 등)에서 모두 실천해야 하지만, 아직까지 국가는 가장 중요한 주체의 실천 영역이다.[170]

여기서 필자는 허영란과 이용기가 제시하는, 1990년대 이후 재구성된 민중 개념에 대해 좀 더 숙고해보고자 한다.

우선, 민중의 다양한 구성과 다양한 정체성을 강조하는 '다성성', 다시 말해 '민중의 복수성複數性'에 대한 강조는 '행위와 행위자의 복수성'에 대한 주디스 버틀러의 강조와 상통한다. 버틀러는 "단일한 하나의 행동에 순응하거나 단일한 요구로 환원되지 않는 방식으로, 수렴하면서 또 분기하는 자신들의 목적들을 실행해내는 신체들의 복수성"을 주장하는데,[171] 계급을 비롯한 온갖 형태의 환원주의에 대한 반대도 주목되거니와, "수렴하면서 또 분기하는 목적들"은 김진균이 강조한 화이부동和而不同의 정신과도 연결된다고 할 만하다. 민중의 다성성과 복수성이 강조된다면 민중이 제기하는 목표와 요구들도 다양할 수밖에 없고, 그 과정에서 나타날 연대 역시 "복수적 형태의 연대"일 수밖에 없다.[172]

네그리와 하트가 제안한 다중 개념도 유사한 문제의식을 드러낸다.[173] 다중 개념에서도 연대와 공통성의 측면뿐 아니라 다양성과 이질성, 특이성의 측면들 또한 강조된다. 다양성과 특이성이 (연대를 방해하는 요인으로 작용한다기보다) 많은 이점과 미덕의 측면을 갖고 있음을 강조한다는 점에 주목할 만하다. 『다중』의 한국어 번역자들이 일목요연하게 정리해주었듯이, 주권 및 제국이 강요하는 '좌표화'(좌표들 내의 고정적 위치 부여) 그리고 좌표 내 위치 부여에 의해 생겨나는 '정체성identities'이기를 거부하는 것이 '특이화'이다. 특이성들singularities은 공통된 것the common을 토대로 사회적으로 상호작용하고 소통하며, 동시에 그 사회적 소통이 공통된 것을 더욱 확대된 형태로 생산해낸다. 특이화의 과정 자체가 공통된 것의 생산(소통, 관계, 삶 형식의 생산)이라는, 공통성과 특이성 사이의 확장적 동학이 여기에 작동하며, 특이성과 공통성 사이의 역설paradox 관계를 바탕으로 다중이라는 새로운 주체성이 출현한다. 다시 말해 다중은 생명정치적 생산 속에서 공통된 것을 생산하는 특이한 주체성들을 가리킨다.[174]

아울러 1990년대 이후 민중론에서 지배-피지배 관계의 복합성을 강조하는 것, 달리 말해 지배-저항의 이분법에서 벗어나 양자의 복합적인 얽힘, 뒤섞임, 혼성성 내지 혼종성hybridity, 양자의 다양한 조합 방식들, 지배층에 대한 저항과 모방·선망의 공존, 구하의 표현을 따르자면 "민중의식의 모순적 경향들"[175]에 대한 강조로 나아가는 것은 결국 1970년대부터 민중 개념화에서 강조되었던 '민중의 이중성'에 대한 탐구를 더욱 심화하는 문제라고도 볼 수 있다. 권오왕의 표현을 빌리자면 민중은 점점 '하이브리드 민중hybrid minjung'으로 비칠 것이다.[176] '저항의 항상성 가정'은 '순응의 항상성 가정'과 마찬가지로 부당하다. 민중의 저항성과 자율성에 대한 과도한 설정 등 민중에 대한 온갖 형태의 이상화와 미화, 또 민중 기표의 유동성·가변성을 경시하는 모든 형태의 '비역사적 본질주의'는 이제 비판을 피할 수 없게 되었다.

민중 개념과 혁명론의 결합, 심지어 민중론이 혁명론의 일부로 편입되어 독립성을 잃는 듯한 모습까지 나타났던 것이 2세대 민중론의 특징 중 하나였다. '혁명의 시대', '민중운동의 시대'라는 상황정의처럼 민중의 저항이 도처에 편만한 것으로 인식될 때, 저항의 근원을 규명하는 데 무관심해지거나 저항을 당연시하기 쉽다. 우리가 '거대 저항들'에만 주목할 경우 저항의 미시적인 원인들에 둔감해지거나, 섬세한 접근보다는 투박한 설명에 만족할 가능성이 증가한다. 이런 상황에서 일상적 삶 속에서의 작은 저항들은 아예 눈에 들어오지 않거나, 그런 것들을 애써 찾아내고자 하는 학문적 욕망조차 감소하기 쉽다.

현실사회주의가 역사에서 사라지고 사회주의혁명의 꿈이 백일몽처럼 부서졌을 때, 민중론자들은 비로소 '일상적 저항'에 주목하기 시작했다. 일상성에 대한 강조에서 잘 드러나듯이, 1990년대를 지나면서 민중 개념과 혁명론의 분리 추세가 이어졌다. 민중 개념과 혁명의 분리로 민중 개념·이론의 독자성이 되살아날 계기가 마련되었지만, 그렇다고 민중-혁명 분리가 '혁명성'에서 '일상성'으로의 일방적인 전환을 의미하는 것은 아니다. 20세기 민중 개념의 핵심 특징인 '저항성'과 '정치적 주체성'이 통째로 사라지는 것도 아니다. 따라서 정확히 말하자면, 1990년대 민중 개념의 재구성은 혁명적 저항과 일상적 저항, 높은 수준의 저항과 낮은 수준의 저항, 폭력적 저항과 비폭력적 저항 모두를 포함하는 본래의 개념으로 되돌아가는 것이라고 할 수 있다.

민중론-혁명론의 분리를 통해 저항의 기원과 미시 과정에 대한 보다 세심한 관심이 가능해질 것이다. 지배자 앞에서 겉으로 드러내는 '순응적인 제스처'와 '복종의 의례' 속에서도 저항의식이 살아 꿈틀댈 가능성과 그 작동 방식을 탐구하는 문제도 중요해진다. 민중의 다양한 '저항 기술들'이 새롭게 조명되고, 심지어 민중의 모방 행위와 침묵, 무언의 시선 속에서도 저항적 잠재력을 발견할 수 있다. 이런 접근에서는 차이와 다름에 대한 재평가도 가능해진다. 차이는 지배에 완전히 포섭되지 않음, 지배자에 의해 영원히 동일화될 수 없음, 그리하여 차이 속에서 그리고 차이를 통하여 지배로부터 일정한 자율성을 유지함으로써 그것이 저항의 자원으로 활용될 수도 있음을 의미한다.

민중이 반드시 '근대적 주체'를 지향하는 것은 아니며, 오히려 "근대를 상대화할 수 있는 방법적 매개"로 작용할 수도 있다는 허영란과 민중사반의 주장은 정당하다. 다양한 근대, 다양한 세속성의 존재 가능성을 열어두는 '다중적 근대', '다중적 세속성multiple secularities'의 관점에서 민중 개념에 접근해야 마땅하고 옳을 것이다. 나아가 민중이 '서구중심주의적 근대' 자체를 신비화·신화화·자연화하기는커녕 그것을 상대화하고 지방화하는provincialize 탈식민주의적 주체가 될 수도 있음을 우리는 인정해야 할 것이다. 탈식민주의적 에토스라는 프리즘을 통해 비교할 때, 민중은 다양한 정치주체 개념들 가운데 단연 으뜸이었다. 다만 그것이 2세대 민중론에서 다소 약해졌다가, 1990년대 이후 본연의 모습을 되찾아가고 있다고 하겠다.

허영란과 민중사반은 민중이 '초민족적 주체' 혹은 '트랜스내셔널한 주체'가 될 수 있다고도 말했다. 이런 새로운 민중 개념화에서는 오랫동안 한국 민중 개념의 특징 중 하나였던 '민족·민족주의와의 친화성'이 약해지는 반면, '민중과 민족의 점진적 분리'가 불가피해질 것이다. 민족주의 문제를 비판적으로 성찰하고 재사유하게 된 것, 또 민중의 초국경적이고 국제적인 차원을 숙고하게 된 것은 1990년대 이후 새로운 민중 개념화의 주요 요소 중 하나이다. 장단기 이주노동자, 난민, 국제결혼이나 국제입양을 통해 가족이 된 부부와 자녀 등 류장현이 "떠돌이 민중"이라고 불렀던 사람들이 새삼 우리의 시야에 들어왔다.[177] 떠돌이 민중에는 '디아스포라 한인韓人들' 상당수도 당연히 포함되어야 한다. 이들을 포함하는 '확장된 민중extended minjung' 개념을 새롭게 구성하는 것은 현 단계 민중론이 직면한 중요한 과업 중 하나이다.

최근 민중-민족 개념의 관계에는 탈동조화decoupling의 흐름만 존재하는 게 아니다. 민중-민족의 재동조화recoupling라고 부를 만한 움직임도 동시에 진행 중이다. 탈동조화가 민족주의의 부정적 측면들, 혹은 민족주의의 포로 상태가 만들어내는 맹목盲目 효과나 사각지대에 주목한다면, 재동조화는 탈냉전 시대 동북아시아 평화를 위한 길로서의 분단체제 해체 문제에 주목한다. 이를 통해 역사상 처음으로 '민중 개념과 평화 개념이 수렴하는' 양상, 말하자면 민중론의 평화주의적 차원이 처음으로 가시화되었다. 또 2001년 이후 우리 사회는 분단·냉전체제의 희생양이자 또 다른 유형의 '소수자 민중', 즉 '종교적·사상적 평화주의'를 실천하는 양심적 병역·집총거부자들을 비로소 (재)발견하게 되었다. 우리의 상상과 실천은 분단체제 해체를 통해 아시아 평화를 도모하기 위한 '한반도 민중'(남한과 북한)의 연대, 나아가 한국·중국·일본·러시아를 아우르는 '동북아 민중'의 연대로 연장될 수 있다.

민중의 일상성에 다시 주목하게 되자 2세대 민중론자들에 의해 비과학적·낭만적·관념적이라는 비판을 받으면서 위축되거나 사라졌던 소중한 접근방법, 즉 민중에 대한 문화적 접근이 되살아나게 되었다. 이 역시 재구성된 민중 개념의 특징 중 하나라고 할 만하다. 이에 따라 민중의 감정문화, 민중의 집합적 정동에 관한 논의도 자연스럽게 재활성화되고 있다. 이를 생산양식mode of production에서 '생활양식' 혹은 '삶의 양식'mode of living으로의 전환이라고 부를 수 있을지도 모른다.

민중 내부의 이질성·차이·다양성을 인정하게 되자, 이는 곧 민중 내부의 차별·억압에 대한 감수성과 예민함으로 발전했다. 자신의 '외부'에 대해 민중은 '소수자 연합'이 되지만, 자신의 '내부'에 대해 민중은 동질화와 단결을 강조하며 이질성을 제거하거나 억압하는, 한마디로 '동일성의 폭력'을 행사하는 '다수자 기획'으로 작용할 수 있다. 여기서는 민중 목소리의 다양함(다성성)뿐 아니라, 목소리의 부재, 혹은 강요된 침묵 등이 문제시되는 것이다. 이런 맥락에서 여성, 장애인, 성소수자, 무슬림 등 소수파 종교인, 소수 종족을 비롯한 여러 유형의 민중 범주들, 그야말로 '소수자 중의 소수자', '타자의 타자', '민중 속의 민중'인 이들이 관심 대상으로 떠올랐다. 2018년 출간된 『민중신학, 고통의 시대를 읽다』에는 성소수자, 여성, 청년, 난민 등 사회적 약자들에 대한 민중신학적 접근을 시도한 글들이 수록되어 있다.[178] 이처럼 민중 내부의 소수자 억압·차별 문제를 진지하게 논의하기 시작한 것도 1990년대 이후 민중 개념 재구성의 중요한 요소이다.

'연대'라는 화두를 붙들고 씨름하게 된 것도 민중 개념 재구성의 중요한 부분을 이룬다. '민중 연대' 혹은 '연대로서의 민중'은 다차원적인 현상이다. 연대의 문제영역을 수평적 연대, 취약성과 불안정성의 연대, 국제적 연대, 기억의 연대라는 네 가지로 좁힐 수 있겠다.

첫째, 수평적이고 민주적이고 평등하고 등가적인 연대 구축의 문제이다. '연대·연합으로서의 민중' 개념을 확고히 정립한 것은 2세대 민중론의 탁월한 기여였지만, 그것은 지적·도덕적 지도력에 근거한 '(헤게모니적) 정치연합'이라기보다는 '계급연합'에 가까웠고, 내부에서 특정 계급을 특권화하는 권위주의적이고 위계적이고 수직적인 연합이었다. 3세대 민중론은 연합으로서의 민중 개념을 2세대로부터 계승하면서도, 연합의 성격을 보다 민주적이고 평등한 방향으로 재설정하려 한다. 이들은 차이를 억압하는 대신, 차이를 존중하고 차이에 기초하는 연대를 자극하고자 한다. 2세대 민중론과 가까웠으면서도 '원통적 사고'와 '화이부동' 원칙에 기초한 연대를 주장한 '후기 김진균'도 같은 입장이라 하겠다.

둘째, 취약성·불안정성의 연대 문제이다. 신자유주의 시대를 살아가는 민중의 특징을 압축적으로 보여주는 용어는 '불안정성precarity'이다. 다시 버틀러에 의하면 불안정성은 "어떤 인구가 제대로 작동하지 않는 사회적·경제적 지원체계 탓에 남들보다 더 많이 고통받으며 상해, 폭력 그리고 죽음에 더 많이 노출되는, 정치적인 문제로 초래된 어떤 상태"로서, "불안정 상태의 차별적 할당"이자 "정치적으로 초래된 극대화된 취약성

과 노출 상황을 특징짓는 말"이기도 하다.[179]

온갖 부정적이고 고통스러운 감정을 자아내는 원인인 불안정성은 '연대의 기초'로도 작용한다. 불안정성이라는 공통의 조건에 처한 이들이 상호의존성을 점차 인식하면서 '살만한 삶livable life에 대한 요구'를 통해 연대하는 방식으로, 불안정성은 다양한 형태의 저항을 관통하고 가로지르면서 '연대의 에토스'를 강화한다는 것이다.[180] 버틀러는 사회적 약자들의 숙명인 '취약성vulnerability' 역시 "우리 모두가 공유하는, 피할 수 없는 타자에의 의존" 내지 "상호의존성"을 인식하게 만듦으로써 연대의 가능성을 높여준다고 보았다.[181] 네그리와 하트 역시 버틀러의 불안정성과 취약성 개념에 주목했다. 이에 따르면 네그리와 하트가 지구화 시대의 대안으로 제시하는 '어셈블리assembly'는 민중의 취약성과 불안정성에 기초한 정치적 결합체가 되는 셈이다. 버틀러가 지적하듯이 신자유주의가 지배하는 오늘날 "불안정성은 그런 다양한 종류의 운동 모두를 관통"하고 있기 때문에,[182] 불안정성이야말로 신자유주의에 대항하는 민중적인 저항연대의 기초로 작용할 수 있다. 민중은 이처럼 불안정성과 취약성, 상처받음과 상처받기 쉬움에 기초한, 1970년대 이후 한국의 민중론자들이 애용해왔던 용어를 다시 쓴다면 공통의 '한恨'과 '고난·고통'에 토대한 정치적 결합이 되어가는 셈이다.

일찍이 서남동이 예수와 민중의 관계를 "고난의 연대"로 규정한 바 있거니와,[183] 3세대 민중신학자들은 민중신학을 '고통의 신학'으로 재차 정초定礎하려 한다. 『민중신학, 고통의 시대를 읽다』의 필자들을 대표하여 이상철은 이렇게 물었다. "한恨과 고통에 대한 발견에서 민중신학이 탄생했다 할 수 있을 만큼 고통은 민중신학의 중요한 주제 가운데 하나였습니다. 그렇다면 고통 안에서 고통으로부터 고통에 맞서고자 하는 민중신학의 이론적 분투가 오늘날 사회비판에 기여할 수 있는 것은 무엇일까요?"[184] 3세대를 대표하는 민중신학자의 한 사람인 김희헌은 서남동 30주기를 앞

둔 2013년의 시점에서 이렇게 반문했다. "1990년대부터 가시화된 세계화의 과정에서 득세한 신자유주의는 인간의 정신마저 잠식하고 교회로 하여금 축복과 힐링이라는 즉자적인 해법이 동원된 성공주의에 취하도록 만들었다. 반대로 민중신학은 후퇴와 답보를 거듭하고 있는 듯하다. 그러나 이제 정직하게 묻자! 무엇이 이 세계를 구원할 참 종교의 목소리인가? 더 큰 소비의 풍요인가, 더 깊고 넓은 고통의 연대인가?"[185] 정치사학자인 김원도 지식인과 민중(서발턴) 간 '고통의 연대'를 말한 바 있다.[186] '고통의 연대'라는 지향은 민중의 상호의존성에 기초한 '상자이생'을 강조했던 '후기 김진균'의 민중사회학, "모든 존재를 상호의존의 관계와 상호주체적인 개방성 속에서 파악"하는 불교적 연기론에 기초한, 승려 법성이 이끈 '민중선民衆禪 운동'과도 상통한다.

셋째, 국제적인, 나아가 지구적인 차원의 연대 문제이다. '연대로서의 민중'의 국제적 차원을 숙고하게 된 것이 3세대 민중론의 중요한 특징 중 하나이기도 하다. 앞서 인용한 대목에서 김명인도 '세계적 차원의 반反신자유주의 민중연합', 즉 "민중의 이름으로 하나의 반신자유주의 '연합'을 이루어 신자유주의 시장독재에 전면적으로, 또 세계적 규모로 저항운동을 전개"할 것을 주장한 바 있다. 1999년에 김진균 역시 "현재 지구촌 민중은 '지구촌' 차원에서 서로 연대해서 투쟁하는 문제를 깨닫고 있다"면서, "이 대중투쟁은 계급과 인종, 지역, 성 그리고 세대에 의하여 분리되거나 격리되어 있던 사람들을 하나의 연대로 인식케 할 것"이라고 예견한 바 있다. 한숭희도 폭넓은 연대에 기초한 민중교육운동이 세계적 차원에서 전개되어왔고, 또 앞으로도 그러해야 한다고 주장했다.

> 60~70년대를 통하여 남미의 경험이 민중교육운동의 중요한 모델을 제공했다고 하면 80년대와 90년대는 그것을 교훈 삼아서 세계 각 지역의 민중교육 사례들을 하나로 모으고 그들 사이의 국제적인 연대와 연결

고리를 마련하는 노력들이 두드러지게 나타났다. 또한 후기맑스주의 운동의 영향 하에서의 민중교육운동은 계급적 차원의 투쟁을 넘어서서 인류 전체의 생활세계를 위협하는 제 문제, 예컨대 평화, 환경, 여성 문제들이 중심 이슈로 등장하고 있으며, 그 문제의 해결이 지역 혹은 계급적인 한계를 초월하여 인류의 생존이라는 대명제 아래에서 이루어지고 있다.[187]

넷째, '역사 속의 민중'과 형성하는 '기억의 연대' 문제이다. 기억연대는 특정한 시대 경험을 공유하는 세대 내부에서 형성되는 '기억의 코호트집단'뿐 아니라, 세대를 가로질러 형성되는 '기억공동체'를 모두 포함한다. 이전에는 정치·경제·문화 등 '사회구조' 측면 위주의 민중 정의가 지배적이었다면, 민중 개념을 역사화하면서 횡단적-공시적 차원을 종단적-통시적 차원으로까지 확장한 것이 기억의 연대이다. 한국에서도 민주화 이후 '억압된 기억의 해방'이 다종다양한 유형과 사건들에 연루된, 강요된 망각의 어둠 속에 내던져 있던 '역사 속의 희생자 민중'을 되살려 공론장의 조명 아래로 소환했다.

억압된 기억의 해방도 민주화의 산물이었다. 수십 년 동안 '기억의 감옥'에 갇혀 있던 빨치산, 보도연맹 구성원들을 비롯한 한국전 전후 민간인 피학살자들, 월북 예술인들, 양심적 병역거부자들, 한국군에 학살된 베트남인들, 베트남전쟁에 참전했던 한국군 포로와 고엽제 피해자들, 북파공작원들HID, 고문에 의해 간첩으로 제조되어 처벌받은 이들, 5·18 희생자들, 수많은 의문사 희생자들, 연좌제 대상자들, 한센인들, 선감학원 원생들, 창원·서산·장흥 등의 개척단들과 서울의 근로재건대, 형제복지원 등 전국의 수많은 '복지수용소'에 감금되었던 이들의 한 맺힌 사연들이 다소간의 시차를 두고 소설로, 수기로, 영화로, 다큐

멘터리로, 드라마로 소개되고 되살아나고 회자되었다.[188]

　민주화 이행이 시작된 직후인 1988년부터 정부 차원에서 시작된 '과거청산' 혹은 '과거사청산' 움직임은 현재까지도 '진실·화해를 위한 과거사정리위원회'(진실화해위)를 중심으로 장기에 걸쳐 계속되고 있다. 이 과정에서 '회복적 정의restorative justice' 구현을 통해 맺어진 기억연대는 20세기를 넘어 동학농민군으로까지 한 세기 이상 확장되었다.[189] 앞에서 보았듯이 최장집은 1993년에 기억공동체의 측면을 아예 민중의 정의에 포함시켰다. 그에 의하면 "민중은 현재적 사회집단에 대한 언표일 뿐 아니라, 일제하 민족독립운동, 해방 후 자주적 민족국가 수립 운동 과정에서 '억압의 경험에 대한 기억'을 공유하는 전통으로서의 역사 속에서의 집단적 행위자"이기도 한 것이다. 김원도 1999년에 "과거 민중들의 '억압의 경험에 관한 전통과 기억' 속에 존재한 집단적 행위자"라는 규정을 민중 정의의한 요소로 간주한 바 있다.[190]

　또 앞에서 보았듯이 김성례는 제주 4·3 희생자들을 위한 무교 의례를 매개로 형성되는 기억공동체와 생자生者-사자死者 연대를, 마나베 유코는 민중운동 과정의 국가폭력 희생자와 자결자自決者를 기억하고 기리는, '유지의 사회화' 기제를 매개로 형성되는 생자-사자 연대를 탐구했다. 일본군 위안부(성노예)나 조선인 징용노동자 문제에서 그러했듯이, 기억의 연대도 종종 국제적 연대의 필요성을 제기한다. 1999~2000년 주간지 『한겨레21』의 연속 보도를 계기로 격렬한 기억투쟁이 점화되었던, 베트남전쟁 당시 한국군의 민간인학살 문제도 '국제적 기억연대' 속에서 공론화되었다.[191]

지난 반세기의 민중 개념사에서 1970년대 민중론자들은 통상 1세대로, 1980년대 민중론자들은 2세대로, 1990년대 이후 민중론자들은 3세대로 불렸다. 필자 나름의 구분법을 따르자면, 1970년대 초부터 1980년대 전반부까지의 민중론자들이 1세대, 1980년대 중반부터 1990년대 초까지의 민중론자들이 2세대, 1990년대 중반 이후의 민중론자들이 3세대가 된다. 지금까지 '4세대' 민중론자로 자임하거나 지칭되는 지식인들은 존재하지 않는다. 4세대가 부재하다는 점에서 1990년대와 2000년대 이후의 민중연구를 하나의 연속체로 간주해도 무방할 것이다. 어쨌든 논의의 열성과 활성은 이전보다 감소했을지언정, 민중론자들로 구성된 핵가족은 1990년대를 경과하면서 확대가족으로 몸집을 불린 셈이 되었다.

3세대 민중론자들은 마르크스주의적 2세대 민중 개념에 비판을 가하면서도, 일정한 개념적 재구성 과정을 거친 후의 창신昌新된 민중 개념을 계속 사용하자고 제안한다. 물론 이들이 새로운 민중 개념과 관련해서 높은 수준의 합의에 이르렀다고 보기는 아직 어렵다. 여하튼 한국의 민중 개념은 이처럼 비판과 혁신을 거듭하면서도 일정한 계보학적 연속성을 유지해왔다. 세대론 혹은 계보론은 1990년대 이후에도 민중 담론의 생명력을 계속 유지해왔거나, 얼마간의 공백기 이후 되살려내는 데 성공한 몇몇 분야들에서 지금도 즐겨 사용된다.

1세대 민중론과 3세대 민중론이 서로 다른 것은 당연한 일이다. 탈식민주의적 에토스는 1·3세대를 관통하며 양자를 묶어줌과 동시에, (종종 서구중심주의로 귀착되곤 했던) '보편주의'를 지향한 2세대와 이들을 선명하게 차별화한 요인이었다. 그러나 1세대와 3세대 사이에도 미묘한 차이가 발견된다. 비록 문제의식의 질적 수준은 천차만별이었을지라도, 1970년대에 초기 민중론자들을 자극하고 사로잡았던 '학문적 탈식민주의'에 대한 결기와 열망, 오랜 공백을 뚫고 저항적 민중 개념을 전면적으로 재생시킨 원동력 중 하나였던 그 강렬했던 의지가 3세대 민중론자들에게서는 별로 강하게 감지되지 않는다. 주체적 학문의 창출, 지적 종속성 탈피, 학문의 탈서구화 노력의 한가운데서 서서히 구체화한 것이 1세대 민중론이었다. 일부 1세대 민중론자들은 자신들의 독창성을 강조하기 위해 민중의 번역어로 minjung을 고집했고, 민중과 people의 동일시를 단호히 거부했다. 반면에 3세대 민중론의 이론적·방법론적 무기가 된 포스트모더니즘, 포스트구조주의, 포스트마르크스주의, 일상사·미시사·문화사는 물론이고,

심지어 '탈식민주의'마저도 외부로부터 '수입된' 경우가 많다. 전체적으로 볼 때 3세대 민중론자들이 1세대 선배들보다 한층 세련된 탈식민주의 논리를 구사하는 것은 사실일지라도 말이다.

1세대와 3세대는 지식인들이 처한 삶의 정황 측면에서도 많이 달랐다. 1세대 민중론자들이 '민주화 이전' 세대라면, 3세대 민중론자들은 본격적인 지적 활동을 수행한 시점 면에서 '민주화 이후' 세대에 속한다. 1세대 민중론은 난무하는 국가폭력 아래서 형성된, 말하자면 '고통의 산물'이었다. 지식인 대축출로 인한 해직과 고문·투옥의 쓰라린 경험 속에서 태동한 것이 1세대 민중론이었다. 민중의 고통에 대한 공감 못지않게, 몸소 겪은 처절한 고통이 일련의 결정結晶 및 정련 과정을 통과하며 독특한 민중 개념으로 표출되었다. 3세대 민중론은 97년체제가 강요한 민중의 고통을 자양분 삼아 대두하고 성장했다. 하지만 현실사회주의 붕괴와 결합한 1990년대 초의 시대적·집단적 우울과 지적 환멸 분위기에 영향받았을지 언정, 민주화 이후 시대를 살아가는 3세대 민중론자들이 숨 막히는 실존의 위기를 매일 실감하고 고민하면서 글을 쓴 이들은 아니었다. 어느 세대를 막론하고 모든 민중론은 고통이라는 주제와 숙명적으로 연결되어 있지만, 민중론자 자신이 겪어야 했던 고통의 무게와 깊이·색깔은 세대마다 꽤나 달랐던 것 같다.

이런 차이들에도 불구하고 필자는 3세대 민중론자들이 1세대 민중론자들과 닮아가는 양상이 대단히 흥미롭다는 점을 강조하고 싶다. 3세대 민중론은 2세대 민중론과의 이론적 대결을 통해, 2세대 민중론에 대한 치열한 성찰을 통해 탄생했다. 2세대 민중론자들이 1세대를 비판하면서 자신들의 새로운 민중 개념을 정립해나갔듯이, 3세대 민중론자들도 2세대를 비판하면서 나름의 새로운 민중 개념을 모색했다. 자연스럽게 민중 개념의 대대적인 재구성이 이뤄졌는데, 이 과정에서 3세대는 2세대에 의해 비판받았던 1세대와 상당히 유사한 민중 개념에 도달하게 된 것처럼 보인다.

2세대와 비교할 때 3세대적 민중 개념은 다성성과 혼종성을 강조하며, '다양한 진보들'을 인정하는 보다 유연한 실천론으로 선회하는 특징을 보여준다. 이전의 계급주의적 민중 패러다임이 기계적 경직성과 폐쇄성·환원주의 경향을 종종 보였다면, 1990년대 중반 이후의 민중 개념은 환원 불가의 다원주의적 민중 패러다임 쪽에 보다 가깝다고 말할 수 있다. 그런데 민중에 대한 다원적 접근이나 민중의 내적 다양성에 대한 강조는 결과적으로 3세대의 민중 개념을 1세대의 그것과 더욱 밀착하게 만들고 있다. 그럼에도 3세대 민중론자들은 2세대 민중 개념의 한계를 극복하기 위해 자신들이 대안으로 내세우는 새로운 민중 개념이 여러모로 1세대의 그것과 유사하다는 사실을 잘 모르는 것 같다.

이미 언급한 바 있듯이 민중론 계보학의 가장 선명한 분기 요인은 '마르크스주의'였다. 2세대 민중론의 특징이 마르크스주의 수용이었다면, 1세대는 '마르크스주의 이전의pre-Marxist' 민중론이었고, 3세대는 '마르크스주의 이후의post-Marxist'의 민중론이었다. 전쟁 세대이자 냉전 세대이기도 했던 1세대의 다수가 반공이데올로기에 결박되기 쉬웠다는 의미에서 '반反마르크주의적'이었던 데 비해, 탈냉전 시대를 배경으로 등장한 3세대의 대부분은 반공이데올로기로부터 비교적 자유로웠다는 의미에서 '탈脫마르크스주의적'이었다. 어쨌든 '비非마르크스주의적 민중론'이 1세대와 3세대를 묶는 또 하나의 공통점이었던 셈이다.

필자는 2세대 민중 개념을 대신하는, 저항적 정치주체를 지칭하기 위해 제안된 대안 개념들alternative concepts 가운데 특히 '다중'이 1세대의 다채롭고 자유분방한 민중 개념과 상당히 유사하다고 본다. 필자는 "실업자를 포함한 정규·비정규 노동자계급, 여성, 농민, 도시빈민, 이민자, 각종의 소수자 등 신자유주의 시장독재 체제의 현재적·잠재적 희생자들"이라는, (위에서 김명인에 의해 나열된) 신자유주의 시대 민중의 외연은 조정환이 2000년대에 새롭게 제안하는 '다중' 개념의 외연과 대체로 비슷하다고 판단한다.[1] 공교롭게도 김명인과 조정환은 모두 1980년대에 문학계의 대표적인 2세대 민중론자들이었다는 점에서, 두 사람은 '2세대 민중론의 3세대적 변형/대체'를 보여주는 특이한 사례라 하겠다.

2000년 넘는 세월 동안 민중 개념의 의미는 지루할 정도로 변화가 없었다. 그러나 이 단조로운 역사는 정확히 100년 전에 갑작스럽게 끝나고, 3·1운동 이후 민중 개념은 격변에 돌입한다. 20세기 이후의 민중 개념사는 1920년대 초부터 1930년대 전반부까지의 '대전환', 1930년대 중반부터 1960년대 말까지의 '잠복', 1970년대 초부터 1980년대 전반부까지의 '재등장', 1980년대 중반부터 1990년대 초까지의 '급진화', 1990년대 중반부터 현재까지의 '재구성'이라는 파란만장한 5막극을 거쳐 왔다. 시대가 교체될 때마다 민중 개념의 의미는 격렬하게 요동치곤 했다. 그러면서도 지배세력과 체제 도전세력이 '변혁적 민중' 기의에 예외적으로 동의했던 1980년대를 제외하면, 민중 개념의 양면성, 즉 '지배언어로서의 민중'과 '저항언어로서의 민중'이라는 두 측면 사이의 갈등도 꾸준히 이어졌다.

사실 이 책의 주장은 '재구성 과정 속의 민중'이라는 한마디로 요약될 수 있다. 민중 자체가 그러하듯 민중 개념도 끊임없는 재구성 과정 안에 놓여 있다. 1990년대 이후 이 과정이 더욱 빨라졌다. 그러나 이렇게 갱신된 민중 개념조차도 조만간 새로운 재구성의 역정으로 진입하게 될 것이다.

제1장 동아시아의 민중 개념

1) 中文大辭典編纂委員會 編,『中文大辭典』第五册, 臺北: 中國文化大學出版部, 1982, pp. 804~813; 단국대학교 동양학연구소 편,『한한(漢韓)대사전』제7권, 단국대학교 출판부, 2004, 1031~1039쪽 참조. 아울러 국사편찬위원회 한국사데이터베이스의 '한국역사용어'에 대한 '시소러스검색'을 활용하면, '백성'의 유의어들로 검려(黔黎), 검수(黔首), 백민(白民), 범민(凡民), 생령(生靈), 생민(生民), 서민(庶民), 여민(黎民), 여서(黎庶), 여원(黎元), 적자(赤子), 창맹(蒼氓), 하민(下民) 등을 확인할 수 있다[http://thesaurus.history.go.kr/TermInfo.jsp?term_id=20980088(2020.4.21 검색)].

2) 박명규,『국민·인민·시민: 개념사로 본 한국의 정치주체』, 소화, 2009, 125쪽.

3) 위의 책, 123쪽.

4) 도회근, "사회통합을 위한 국민 개념 재고",『저스티스』134(2), 2013, 435쪽.

5) 김윤희, "근대 국가구성원으로서의 인민 개념 형성(1876~1894): 민(民)=적자(赤子)와『서유견문(西遊見聞)』의 인민",『역사문제연구』21, 2009, 308~309쪽.

6) 이석규, "조선 초기 관인층(官人層)의 민(民)에 대한 인식",『역사학보』151, 1996, 47~48쪽.

7) 위의 글, 39~40, 47~48쪽.

8) 조법종, "삼국시대 민·백성의 개념과 성격에 대한 검토",『백제문화』25, 1996, 90~93, 98~102, 132쪽. 한편 피지배층 내부에서도 일정한 분화가 진행되어 "관인 등 지배 신

분층을 표현하는 용어와 구분되어 나타나고 있는 것과 동일한 맥락에서 노비 등의 신분과 구분"됨으로써, "민·백성으로 표현되는 존재들은 관인(官人) 신분층과 구분되며 노비 신분층과도 구별되는 신분집단"이 되었다(같은 글, 96쪽).

9) 이나미, "민(民) 개념의 변화와 한국 정치주체의 변동", 『사회과학연구』 13(1), 2005, 2~3쪽.

10) 이창일, 『민중과 대동: 민중사상의 연원과 조선시대 민중사상의 전개』, 모시는사람들, 2018, 33~34쪽.

11) 이석규, "조선 초기 관인층(官人層)의 민(民)에 대한 인식", 47~55쪽.

12) 위의 글, 56~57쪽.

13) 이석규, "여말선초 신흥 유신(新興儒臣)의 민에 대한 인식", 『조선시대사학보』 31, 2004, 13~25쪽. 이석규에 의하면, "신흥 유신들은 자신과 같은 본성을 지닌 민을 '동포'·'동류'로 표현하면서 양자를 상보의 관계로 보았지만, 그렇다고 자신들과 민을 완전히 동일시한 것은 아니었다. 여전히 민은 상하·존비·귀천의 측면에서 자신들과 분명하게 구분되는 존재였다. 이 구분을 가능케 하는 근거로 신흥 유신들이 내세운 것은 유교적 도덕의 실천 능력이었다. 민도 자신의 선한 본성을 드러내는 도덕의 실천이 불가능한 것은 아니지만, 그것은 관인층의 도움이 없이는 어려운 일이었다.…… 민은 덕성을 지니고 있지만 어둡고 우매하여 이 덕성을 제대로 발현시키지 못하기 때문에 재상자(在上者)가 앞에서 이끌어주어야만 하는 존재로 묘사되고 있다. 민은 스스로 도덕을 실천할 수 있는 능력이 하열(下劣)하다는 점에서 재상자로서의 관인층과 구분되는 것이고, 그 결과로 관인층의 통치를 받아야 하는 타율적인 존재라는 것이다. 이는 고려 말에서 조선 초기에 이르는 시기의 관인층이 갖고 있던 일반적인 인식이었다. 민을 천민(天民)이라 하면서도 한편으로는 항상 유교적 도리를 모르는 무지한 존재로 생각하였다. 무지한 민은 자신의 욕망대로 행하다가 끝내는 죄에 빠질 수밖에 없었다. 때문에 민은 끊임없이 관인층에 의해 교화되어야 했다"(같은 글, 28~29쪽).

14) 장현근, "민(民)의 어원과 의미에 대한 고찰", 『정치사상연구』 15(1), 2009, 148~155쪽.

15) 위의 글, 156쪽.

16) 박병석, "중국 고대 유가의 '민' 관념: 정치의 주체인가 대상인가?", 『한국동양정치사상사연구』 13(2), 2014, 64쪽.

17) 위의 글, 64~65쪽.

18) 김동택, "민족 개념을 통해 본 동아시아의 갈등구조", 『21세기 정치학회보』 24(2), 2014, 66쪽.

19) 최영진, "유교 국가론에 있어 통치 주체와 객체의 문제", 『동양철학연구』 53, 2008, 150쪽.

20) 이창일, 『민중과 대동』, 54쪽.

21) 최정운, "조선시대의 민중세계를 다룬 소설 『임꺽정』의 공(功)과 과(過)", 『한국사 시민강좌』 41, 2007, 90쪽.

22) 조동일, "민중·민중의식·민중예술", 한국신학연구소 편, 『한국민중론』, 한국신학연구소, 1984, 92~93쪽.

23) 정창렬, "한국에서 민중사학의 성립·전개 과정", 정창렬 외, 『한국 민중론의 현단계』, 돌베개, 1989, 9쪽. 유사한 맥락에서, 정창렬은 1894년 11월 12일 동학농민군이 정부군·지방군·민(民)을 상대로 발표한 호소문을 "주체적 민족의식 확립의 역사 속에서의 현실적 필요라는 요구에서 이루어진 민중적 관점의 첫 사례"로 간주했다(같은 글, 13쪽).

24) 김진하, "민중론에 대한 실증적 접근", 서강대학교 석사학위논문, 1990; 장상철, "1970년대 '민중' 개념의 재등장", 『경제와 사회』 74, 2007, 4쪽에서 재인용.

25) 공자 외, 『사서삼경: 동양사상의 기본을 읽는다』, 차주환 외 역, 을유문화사, 2001.

26) 최정운, "조선시대의 민중세계를 다룬 소설 『임꺽정』의 공(功)과 과(過)", 90쪽.

27) 1982년 중국문화대학출판부가 발간한 『중문대사전』의 '민중' 항목에서도 "人民衆多也"라는 뜻의 용례로 『춘추곡량전』의 "民衆城小則益城"을 소개하고 있고, 단국대학교 동양학연구소가 편찬한 『한한대사전』의 '민중' 항목에서도 "백성이 많음"이라는 뜻의 용례로써 동일한 구절을 제시하고 있다. 中文大辭典編纂委員會, 『中文大辭典』 第五冊, p. 811; 단국대학교 동양학연구소, 『한한(漢韓)대사전』 제7권, 1038쪽.

28) 조동일, "민중·민중의식·민중예술", 103쪽.

29) 이하의 중국 고전들에 대한 소개는 온라인판 『두산백과사전』인 '두피디아'(www.doopedia.co.kr)에 의존했다.

30) 中文大辭典編纂委員會, 『中文大辭典』 第五冊, p. 811.

31) 단국대학교 동양학연구소, 『한한(漢韓)대사전』 제7권, 1038쪽.

32) 강희남, 『민중주의』, 푸른돌, 2001, 33~34쪽.

33) 최정운, "조선시대의 민중세계를 다룬 소설 『임꺽정』의 공(功)과 과(過)", 91쪽.

34) 김형열, "마오쩌둥(毛澤東) 문화사상의 이론 기원과 민중문화관(民衆文化觀)", 『중국학』 68, 2019, 351쪽.

35) 위의 글, 352쪽.

36) 위의 글, 353쪽.

37) 위와 같음.

38) 「동아일보」 1920년 4월 7일자 1면에 게재된, '어린아(於麟兒)'라는 필명의 필자가 쓴 "상해잡신: 지나의 민중운동(1)" 기사 참조.

39) 동아일보, 1934.4.11, 1937.7.7.

40) 김형열, "마오쩌둥(毛澤東) 문화사상의 이론 기원과 민중문화관(民衆文化觀)", 358쪽.

41) 박명규, 『국민·인민·시민』, 109쪽.

42) 개념들의 네트워크 속에서 민중 개념에 접근할 때, 필자는 민중 개념과 다른 정치주체 개념들의 관계를 호환 관계, 대항 관계, 결합 관계의 세 가지로 유형화할 수 있다고 본다. '호환 관계'는 민중과 유사성을 띠고 있어서 서로 대체하여 사용할 수 있는 개념들과의 관계를, '대항 관계'는 민중과 경쟁·갈등하는 개념들과의 관계를, '결합 관계'는 민중과 서로 끌어당기면서 상호침투하는 경향이 있는 개념들과의 관계를 가리킨다.

43) 마오쩌둥은 1939년 12월 1일 발표한 "지식인을 대량으로 받아들이자"라는 글에서, "지난 3년 동안 우리 당과 우리 군대는 지식인을 받아들이는 면에서 상당한 노력을 하여 수많은 혁명적 지식인을 당과 군대, 정부 사업에 참여시켜 문화운동과 민중운동을 하게 하였으며, 통일전선을 발전시켰다"고 말한 바 있다. 김형열, "마오쩌둥(毛澤東) 문화사상의 이론 기원과 민중문화관(民衆文化觀)", 361쪽.

44) 芳賀登, 『民衆槪念の歷史的變遷』, 東京: 雄山閣出版, 1984, pp. 364~366. 제목과는 달리 이 책은 피지배층을 지칭하는 '민(民)' 계열 어휘들에 대한 서술이 대부분을 차지한다. '민중'이라는 말 자체가 19세기 말에 처음 등장한 신조어였기 때문인데, 따라서 정작 '민중' 개념에 대한 설명은 책의 마지막 부분에 가서야 비로소 등장한다.

45) 최정운, "조선시대의 민중세계를 다룬 소설 『임꺽정』의 공(功)과 과(過)", 90~91쪽.

46) 芳賀登, 『民衆槪念の歷史的變遷』, pp. 351~352.

47) ibid., p. 356.

48) 김문봉, "민중시파 연구(Ⅰ)", 『인문과학연구』 10, 1992, 24쪽.

49) 김종학, "단재 신채호의 아나키즘의 정치사상사적 의미: 식민지 조선의 민족주의와 민중 개념의 형성", 서울대학교 석사학위논문, 2006, 4쪽의 각주 9.

50) 박양신, "다이쇼 시기 일본, 식민지 조선의 민중예술론: 로맹 롤랑의 '제국' 횡단", 『한림일본학』 22, 2013, 35~36쪽.

51) 芳賀登, 『民衆概念の歷史的變遷』, p. 355.

52) 시오다 쇼오베에, 『일본 노동운동사』, 우철민 역, 동녘, 1985, 56~62쪽. 그리고 「동아일보」, 1921년 5월 6일자 1면의 사설인 "노동제일(祭日) 일본 노동자의 각성"도 참조할 것.

53) 동아일보, 1921.10.18, 1921.10.19.

54) 시오다 쇼오베에, 『일본 노동운동사』, 70쪽.

55) 위의 책, 68~72쪽.

56) 동아일보, 1930.12.18, 1932.4.17.

57) 芳賀登, 『民衆概念の歷史的變遷』, p. 354.

58) 김문봉, "민중예술론고", 『일어일문학』 10, 1998, 244쪽.

59) 김문봉, "민중시파 연구(Ⅰ)", 18, 20, 26, 30쪽.

60) 위의 글, 35쪽.

61) 위의 글, 35~36쪽.

62) 김문봉, "민중예술론고", 244~245, 272쪽.

63) 이석, "1910년대 민중예술 논쟁 재고: 혼마 히사오의 민중예술론을 중심으로", 『일본사상』 34, 2018, 246쪽. 1979년 「조선일보」 신춘문예 당선 평론에서 박호영은 "'민중'이란 말은 원래 본간구웅(本間久雄)이 1916년 「가무기극(歌舞伎劇)의 장래」 「민중예술의 의의 및 가치」 두 글에서 사용하기 시작한 것으로 추측된다"고 썼다. 역사적 사실관계에 오류가 있을지언정, 일찍부터 일본의 민중 개념에 대해 관심을 가졌다는 점은 높이 평가할 만하다[박호영, "한국 근대 민요시의 위상(상)", 「조선일보」, 1979.1.9, 5면].

64) 박양신, "다이쇼 시기 일본, 식민지 조선의 민중예술론", 39쪽.

65) 김문봉, "민중예술론고", 20쪽.

66) 위의 글, 245~272쪽; 이석, "1910년대 민중예술 논쟁 재고", 259~266쪽 참조.

67) 박양신, "다이쇼 시기 일본, 식민지 조선의 민중예술론", 34쪽.

68) 김문봉, "민중시파 연구(Ⅰ)", 22, 27~28쪽; 김문봉, "민중예술론고", 264쪽. 민중시파 의 이론가였던 가토 가즈오는 탈계급적 입장에서 '만인(萬人) 민중설'에 가까운 입장 을 제시하기도 했다(김문봉, "민중예술론고", 265~272쪽 참조).

69) 김문봉, "민중예술론고", 244, 272쪽.

70) 이석, "1910년대 민중예술 논쟁 재고", 260쪽.

71) 박양신, "다이쇼 시기 일본, 식민지 조선의 민중예술론", 40쪽.

72) 필자의 한문 해독 능력 부족으로 아래의 표들에 제시된 수치들은 다소 부정확할 가 능성이 있다. 그럼에도 큰 시대적 흐름을 파악하기에는 충분하리라 생각한다. 한편, 조사 과정에서 필자는 고전 번역자들이 '民'은 '백성'으로, '衆'은 '민중'으로, '民衆'은 대개 '백성'(간혹 '민중')으로, '人民'은 '백성'(간혹 '사람')으로 번역하는 경향이 강 함을 확인했다. '民衆'을 '민중'으로 번역한 사례가 때때로 발견되기도 하지만, '백 성'으로 번역하는 사례가 압도적으로 많았다. 특히 고전 번역 작업이 1970년대 이후 진행된 경우에는 '民衆'이나 '人民'을 그대로 '민중'이나 '인민'으로 번역하지 않고 굳이 '백성'으로 번역하는 '관행 아닌 관행'이 지배하고 있다는 것도 이채로웠다. 이 용어들에 내포된 정치성과 이데올로기성, 그리고 특히 1970년대 이후 민중의 기의가 크게 달라졌음을 반영하는 현상이 아닐까 생각한다.

73) 『중국사서 고려 · 발해유민 기사』는 국사편찬위원회가 2016년에 『구오대사』, 『신오대 사』, 『송사』, 『요사』, 『금사』, 『원사』, 『명사』와 『명실록』에서 고려 · 발해 유민과 관련된 기사들을 발췌한 자료로서, 대상 시기는 918년부터 1392년에 이른다. https://db. history.go.kr/introduction/intro_cnkb.html(2022.10.27 검색).

74) 『中國史書 高麗 · 渤海遺民 記事』의 『金史』 卷135 列傳73 外國下 高麗 大定 11年(1171 년) 3月; 『高麗史』 卷九十九의 列傳 卷第十二 諸臣.

75) 이나미, "근 · 현대 한국의 민 개념: 허균의 "호민론"을 통해 본 국민 · 민중 · 시민", 『한 국동양정치사상사연구』 13(2), 2014, 162~163쪽. 필자가 검색해본 바로는 이 문구는 인조 4년(1626년) 7월 20일자 『승정원일기』에 등장한다.

76) 이와는 다른 해석도 제기되었다. 예컨대 이창일은 정약용과 최한기에게서 '민본(民 本)' 사상에서 '민권(民權)' 사상으로의 인식 전환, 즉 [민유방본(民惟邦本), 민귀군경 (民貴君輕), 민심천심(民心天心), 군민동체(君民同體), 민지부모(民之父母), 여민동

락(與民同樂), 천생증민(天生蒸民) 등 여러 갈래로 나타났던] 구래의 '유교적 민본주의' 사상을 초월하여, 군왕과 사대부를 넘어 민중으로까지 정치주체를 확장함으로써 '민중 국체(民衆國體)'의 입장에 좀 더 가까워지는 변화가 나타난다고 보았다(이창일, 『민중과 대동』, 28~32, 153, 161~163, 288쪽). 허균의 민중론에 대한 최정운의 연구[최정운, "조선시대의 민중세계를 다룬 소설 『임격정』의 공(功)과 과(過)"], 민중적 관점에서 허균의 '호민(護民)' 개념을 재해석한 이이화의 연구(이이화, "허균이 본 호민", 한국신학연구소 편, 『한국민중론』, 한국신학연구소, 1984), 역시 민중적 관점에서 정약용에 접근한 조광의 연구(조광, "정약용의 민권의식 연구", 한국신학연구소 편, 『한국민중론』, 한국신학연구소, 1984)에서도 유사한 논지가 펼쳐진다.

77) 해당 구절은 다음과 같다. "何樣妖人, 作此無倫妖惡之語, 爲惑衆撓民之計, 非特不道, 此亂民也, 卽當追捕, 明示典刑"[어떤 요망한 사람이 이 윤기(倫紀)가 없는 요악(妖惡)한 말을 지어내어 민중을 미혹시킬 계획을 하는지 이는 부도(不道)할 뿐만 아니라 곧 난민(亂民)이니, 곧 추포(追捕)하여 전형(典刑)을 밝게 보여야 마땅하다].

제2장 대전환

1) 임헌영, "민중", 한국문학평론가협회 편, 『문학비평 용어사전(상)』, 국학자료원, 2006, 755쪽.

2) 백낙청, 『인간해방의 논리를 찾아서: 백낙청 평론집』, 시인사, 1979, 155쪽.

3) 이상록, "함석헌의 민중 인식과 민주주의론", 『사학연구』 97, 2010, 177쪽.

4) 송호근, 『인민의 탄생: 공론장의 구조 변동』, 민음사, 2011; 송호근, 『시민의 탄생: 조선의 근대와 공론장의 지각 변동』, 민음사, 2013.

5) 한숭희, "성인문해의 문화담론적 분석", 『사회교육학연구』 3(1), 1997, 29쪽; 한숭희, 『민중교육의 형성과 전개』, 교육과학사, 2001, 161~162쪽.

6) 해방 후 미군정기인 1946년 초부터 계획되었던 초등교육 의무교육제도가 전쟁 중이던 1951년부터 시작되고 전쟁 후 본궤도에 오르면서 1950년대 말에는 의무교육제가 완전히 정착되는 단계에 이르렀다. 전후(戰後)에는 성인들을 대상으로 한 '문맹퇴치사업'도 국가적 역점사업으로 추진되었다. 초등학교 의무교육은 일반의 교육 열풍에

불을 붙이면서 연쇄적으로 중등학교 및 대학교 학생 수의 금팽창을 낳았다(강인철, 『시민종교의 탄생: 식민성과 전쟁의 상흔』, 성균관대학교출판부, 2019, 121~129쪽). 그것은 '젊은 문해인구'의 급증을 의미했다. 식민지 조선에서도 1920~1930년대에 입학난을 초래할 정도로 높은 '교육열'이 나타난 바 있었고, '실력양성운동'까지 가세하여 '교육 만능론'이라 할 정도로 교육과 계몽의 중요성이 강조되었다. 비록 이런 움직임이 취학률과 문맹률에 획기적인 변화를 만들어내지는 못했지만, 당대의 교육열이 청년세대 가운데서 문해인구 증가에 긍정적인 작용을 했을 것임은 분명하다(정준희, "1930년대 브나로드운동의 사회적 기반과 전개 과정", 연세대학교 석사학위논문, 2018, 5~17쪽 참조). 그렇다고 해서 1920~1930년대의 문해인구 증가 현상이 식민지체제에 대한 비판의식과 결합한 것은 아니었다. 이와는 대조적으로, 해방 후 만들어진 이른바 '48년체제'에는 국가주의적 요소들뿐 아니라 미국의 압력에 의한 자유주의적 요소도 깊이 침투했으며, 그것이 공식 교과과정과 교육내용에도 반영되었다(강인철, 『시민종교의 탄생』, 365~377쪽). 이승만 정권 등장 이후(특히 1948년 12월의 국가보안법 제정 이후) 제헌헌법의 자유주의 정신이 결정적으로 훼손되고 민주주의는 형식적인 것으로 전락해갔지만 말이다.

7) 김용구, "『한국개념사총서』 발간사", 박명규, 『국민·인민·시민: 개념사로 본 한국의 정치주체』, 소화, 2009, 7쪽.

8) 박명규, 『국민·인민·시민』, 39쪽.

9) 송규진 외, 『동아시아 근대 '네이션' 개념의 수용과 변용: 한·중·일 3국의 비교연구』, 고구려연구재단, 2005, 특히 38~45, 106~116쪽 참조.

10) 박은숙, "동도서기론자의 '민부국강(民富國強)'론과 민중 인식: 『한성주보』를 중심으로", 『한국근현대사연구』 47, 2008, 13~16, 33~39쪽. 전정희는 이와 대조적인 주장을 편 바 있다. 그는 실학파(실학사상)의 '민(民) 관념'과 비교할 때 개화파(개화사상)는 천부인권의 인간관, 사회분업으로서의 사민(四民)관, 업적주의로의 지향, 민권론 등의 측면에서 질적인 단절과 비약을 보여준다는 것이다(전정희, "개화사상에서의 민(民)의 관념", 『정치정보연구』 7(2), 2004, 87~104쪽). 이나미 역시 유길준, 「한성순보」, 「독립신문」 등에서 '국민'을 "근대 공화국의 구성원이자 정치의 주체"로 인식하는 모습이 발견된다고 보았다(이나미, "근·현대 한국의 민 개념", 154~155쪽).

11) 과거로 더 소급하더라도, 민에게 유일하게 인정된 주체성은 '노동·생산의 주체', 그

조차 종종 노동의 자유마저 상실하는 주체, 그리고 '군역과 납세의 주체'라는 것뿐이
었다. 이창일, 『민중과 대동』, 152쪽 참조.

12) 김동택, "민족 개념을 통해 본 동아시아의 갈등구조", 62쪽.

13) 위의 글, 62~63쪽.

14) 강인철, 『시민종교의 탄생』, 209~215쪽; 박노자, "'국민'이라는 감옥: 구한말의 국민
담론을 중심으로", 박노자 외, 『'탈영자들'의 기념비: 한국사회의 성과 속─주류라는
신화』(당대비평 특별호), 생각의 나무, 2003 참조.

15) 김윤희, "근대 국가구성원으로서의 인민 개념 형성(1876~1894)", 308~309, 314, 326
~327쪽. 구한말 시기 인민의 의미와 용법에 대해 이나미는 다음과 같은 설명을 제공
해준다. "구한말에는 다른 유사한 어떤 개념보다도 '인민'이 가장 많이 쓰였다. 그런
데 그 의미는 백성과 유사하지만 백성에 비해 더 평등한 관계를 전제로 사용되어졌
다. 예를 들면 문명화된 외국 사람들을 가리킬 때는 거의 '인민'이란 표현을 사용하
는데, 이는 우리나라 사람에 대해 신민과 백성을 자주 사용하고 있는 것과 대조를 이
룬다. 외국의 경우라도 후진국이라고 생각되거나 그런 대접을 받은 나라에 대해서는
백성이라는 표현을 썼다.……이는 전통적으로 지배층을 의미하는 인과 피지배층을
의미하는 민 개념을 같이 사용함으로써 인민이 지배, 피지배층을 모두 포괄하는 '모
든 사람'이라고 하는 의미를 백성보다 더 강하게 지니게 되었다는 것을 추론해볼 수
있다"[이나미, "민(民) 개념의 변화와 한국 정치주체의 변동", 8쪽].

16) 박명규, 『국민·인민·시민』, 152~153쪽. 김윤희의 표현처럼, "'인민'은 입법부에 의
해 대표되는 정치적 주체로서의 '국민'에 선행하는 개념"이었다[김윤희, "근대 국가
구성원으로서의 인민 개념 형성(1876~1894)", 314쪽].

17) 이나미, "민(民) 개념의 변화와 한국 정치주체의 변동", 4쪽.

18) 김소영, "갑오개혁기(1894~1895) 교과서 속의 '국민'", 『한국사학보』 29, 2007, 175
~180쪽.

19) 이나미, "근·현대 한국의 민 개념", 153~154쪽.

20) 박명규, 『국민·인민·시민』, 151~152쪽.

21) 이나미, "근·현대 한국의 민 개념", 154쪽.

22) 정용화, "안과 밖의 정치학: 19세기 후반 개화개혁론에서 국권·민권·군권의 관계",
『한국정치학회보』 34(2), 2000, 19쪽.

23) 김소영, "갑오개혁기(1894~1895) 교과서 속의 '국민'", 198~203쪽.

24) 다음 두 인용문은 김동택 논문의 일부이다. "이렇게 광범위하게 정의된 백성 개념은 인민, 신민, 국민이라는 용어에도 적용될 수 있는 것으로, 이것들은 서로 호환될 수 있었다. 나아가 사람이나 인류라는 단어까지도 같은 의미로 사용되고 있었다.……주어진 정치체제에 속한 사람은 모두 백성, 인민, 신민, 국민이라 불릴 수 있다면 거기에는 어떤 주체적인 의미도 부여되기가 힘들다. 그리하여 이런 인간집단들이 정치체제의 구성원으로서 기존 정치체제의 개조나 변화에 어떤 역할을 할 것이라는 개념이 자리하기에는 거리가 멀게 된다"[김동택, "「독립신문」에 나타난 국가와 국민의 개념", 『한국의 근대와 근대경험』(이화여자대학교 한국문화연구원 봄 학술대회 자료집), 한국문화연구원, 2003.5.20~21, 133쪽]; "인민, 백성, 국민, 신민(臣民), 동포, 형제 등이 아무런 제약 없이 넘나들며 사용되고 있는데, 이러한 용어 사용에서 그 내용을 채우고 경계를 획정하는 주권에 대한 관심이 없었던 것은 물론이고 주권을 가진 인민으로서의 국민이란 개념도 찾아볼 수 없다. 「독립신문」에서 인간의 천부 권리에 대한 것이 하느님과 연결되어 가끔 등장하지만 그것으로부터 어떤 정치적 권리를 연역하는 내용은 나타나지 않았으며 오히려 그것이 아무런 논리적 매개 없이 충성, 도리, 복종과 같은 전통적인 백성 개념으로 연결되고 있다"(같은 글, 143쪽).

25) 김동택, "대한매일신보(大韓每日申報)에 나타난 '민족' 개념에 관한 연구", 『대동문화연구』 61, 2008, 412~413쪽.

26) 위의 글, 413쪽.

27) 권보드래, "근대 초기 '민족' 개념의 변화: 1905~1910년 대한매일신보를 중심으로", 『민족문학사연구』 33, 2007, 192~208쪽.

28) 강호정, "새로운 국가의 주체와 공동체 지향의 언어: 해방기 시에 나타난 시어로서 '민족'의 유사개념을 중심으로", 『우리어문연구』 31, 2008, 230쪽.

29) 강동국, "근대 한국의 국민·인종·민족 개념", 『한국동양정치사상사연구』 5(1), 2006, 17~31쪽.

30) 위의 글, 31~32쪽.

31) 박명규, 『국민·인민·시민』, 98~103쪽.

32) 한승연, "일제 시대 근대 '국민' 개념 형성 과정 연구", 『정부학연구』 17(1), 2011, 84쪽.

33) 김정호, "동학, 사발통문(沙鉢通文), 그리고 동학농민혁명", 『동학학보』 25, 2012, 61쪽.

34) 오지영, 『동학사』, 대광문화사, 1984, 123쪽.

35) 정창렬, "한국에서 민중사학의 성립·전개 과정", 9쪽.

36) 정창렬, "백성의식·평민의식·민중의식", 한국신학연구소 편, 『한국민중론』, 한국신학연구소, 1984, 157쪽.

37) 반면에 「독립신문」에는 '국민'이 98회, '인민'이 1,532회, '백성'이 2,466회, '신민'이 162회, '동포'가 148회, '인종'이 161회, '관민'이 152회 등장한다. 김동택, "「독립신문」에 나타난 국가와 국민의 개념", 116, 120쪽.

38) 김혜승, "동학농민운동의 민족주의적 평가에 기초한 '한국민족주의의 민중화'에 대한 검토", 『한국동양정치사상사연구』 2(2), 2003, 187쪽.

39) 김정호, "동학, 사발통문(沙鉢通文), 그리고 동학농민혁명", 66~67쪽.

40) 필자가 조사한 시점은 2020년 3월이었다.

41) 이만열, "민중의식 사관화의 시론", 한국신학연구소 편, 『한국민중론』, 한국신학연구소, 1984, 211쪽.

42) 한종만 편, 『한국 근대 민중불교의 이념과 전개』, 한길사, 1980, 13~119쪽.

43) 조동일, "민중·민중의식·민중예술", 116쪽.

44) 김종학, "단재 신채호의 아나키즘의 정치사상사적 의미", 75~76쪽.

45) 조사 시점은 2020년 2월이었다.

46) 이만열, "한국사에 있어서의 민중", 유재천 편, 『민중』, 문학과지성사, 1984, 73쪽.

47) 정경준, "백두산 천지는 너의 뇌, 태평양은 너의 피", 「동아일보」(온라인판), 2020. 2. 10.

48) 허수, 『식민지 조선 오래된 미래』, 푸른역사, 2011, 285쪽.

49) 이만열, "한국사에 있어서의 민중", 73쪽.

50) 최혜린, "근현대 한국 통사(通史)에 나타난 전근대 피지배층 저항 서술의 변화", 『인문논총』 75(1), 2018, 54~57쪽.

51) 동아일보, 1924. 8. 13, 1면 사설("민중운동의 선구").

52) 강정구, "진보적 민족문학론에서 민중 개념의 형성 과정 연구", 『비교문화연구』 11(2), 2007, 9쪽.

53) 동아일보, 1922. 1. 17, 1922. 2. 28 참조.

54) 동아일보, 1921. 11. 12, 2면.

55) 김종학, "단재 신채호의 아나키즘의 정치사상사적 의미", 77쪽.

56) 신채호는 당시 이렇게 썼다. "연전(年前) 상해에서 『민중(民衆)』이라는 주일신문에 어떤 문사가 이러한 논문을 썼다. '조선인 중에도 유산자는 세력 있는 일본인과 같고, 일본인 중에도 무산자는 가련한 조선인과 한가지니 우리 운동을 민족으로 나눌 것이 아니오 유·무산으로 나눌 것이라'고." 신용하, "신채호의 무정부주의 독립사상", 강만길 편, 『신채호』, 고려대학교출판부, 1990, 126쪽.

57) 주인석, "일제 강점기하의 단재 신채호의 역사인식과 정치적 실천", 『민족사상』 9(4), 2015, 184쪽.

58) 신채호, "선언문/조선혁명선언", 한국신학연구소 편, 『한국민중론』, 한국신학연구소, 1984, 404~411쪽.

59) 김진균, "민중운동과 분단극복의 문제", 이영희·강만길 편, 『한국의 민족주의운동과 민중』, 두레, 1987, 68쪽; 김종학, "단재 신채호의 아나키즘의 정치사상사적 의미", 97쪽.

60) 송재소, "신채호 문학의 민족과 민중", 강만길 편, 『신채호』, 고려대학교출판부, 1990, 241~242쪽.

61) 강만길, "신채호의 영웅·국민·민중주의", 강만길 편, 『신채호』, 고려대학교출판부, 1990, 51쪽.

62) 위의 글, 66쪽.

63) 신용하, "신채호의 무정부주의 독립사상", 81쪽.

64) 강만길, "신채호의 영웅·국민·민중주의", 67~68쪽; 신용하, "신채호의 무정부주의 독립사상", 81~82쪽. 신채호는 1909년 「대한매일신보」에 쓴 "정신상 국가"에서 '형식상 국가'와 '정신상 국가'를 구분하고, 국권을 상실해도 국민이 정신상 국가를 유지하여 국가 건설을 이룰 수 있다고 주장했다. 1910년 2월 「대한매일신보」에 실은 "20세기 신국민(新國民)"이라는 글에서는 '신국민'을 "nation에 담긴 정치적 주체로서의 의미를 내포한 새로운 개념어"로 사용했다. 그는 이 글에서 동포·민족·인민·한국인·국민 등을 혼용하면서도 "전체를 관통하는 기본개념으로 국민을 사용"했으며, 이를 통해 그가 "거의 모든 영역에 걸친 혁신과 변혁의 주체로서 국민"을 상정하고 있음을 확인할 수 있다. 그러나 1923년의 "조선혁명선언"에는 '국민' 개념이 발견되지 않는다(박명규, 『국민·인민·시민』, 94~96쪽).

65) 강만길, 『분단시대의 역사인식』, 창작과비평사, 1979, 40쪽.

66) 안병직, "단재 신채호의 민족주의", 『창작과 비평』 29, 1973년 가을, 840쪽.

67) 김종학, "단재 신채호의 아나키즘의 정치사상사적 의미", 87쪽.

68) 안병직, "단재 신채호의 민족주의", 840쪽.

69) 정창렬, "한국에서 민중사학의 성립·전개 과정", 17쪽.

70) 신채호, "선언문/조선혁명선언", 409~410쪽.

71) 위의 글, 408쪽.

72) 강만길, "신채호의 영웅·국민·민중주의", 66~67, 69~75쪽 참조.

73) 유인호, "식민지 시대의 민중경제", 유인호 외, 『민중경제론』, 민중사, 1982, 14쪽.

74) 신용하, "신채호의 무정부주의 독립사상", 108, 112쪽. 이 선언문 내용에 대한 분석은 같은 글, 113~117쪽을 볼 것.

75) 신채호, "선언문/조선혁명선언", 399~400쪽; 송재소, "신채호 문학의 민족과 민중", 251쪽.

76) 신용하, "신채호의 무정부주의 독립사상", 78쪽.

77) 조경달, 『민중과 유토피아: 한국 근대 민중운동사』, 허영란 역, 역사비평사, 2009, 389쪽.

78) 동아일보, 1929.1.1, 13면.

79) 동아일보, 1923.9.1, 3면.

80) 오대록, "1920년대 '전북민중운동자동맹' 연구", 『한국근현대사연구』 41, 2007.

81) 이상의 움직임은 『동아일보』의 관련 기사들에 의거하여 재구성한 것이다.

82) 송건호·안병직·한완상, "좌담회: 민중의 개념과 그 실체", 『월간 대화』, 1976년 11월호, 74~75쪽.

83) 동아일보, 1924.11.5. 「동아일보」는 민중운동사 사건의 동정과 추이에 대해 세세히 보도했다. 동아일보, 1925.2.2, 1925.2.15, 1925.2.21, 1925.3.9 등 참조.

84) 동아일보, 1931.1.21, 1931.5.19; 조선일보, 1931.1.20, 1931.1.21, 1931.5.17 등 참조.

85) 조선일보, 1932.3.4, 1932.5.1.

86) 동아일보, 1924.6.12, 1925.4.5.

87) 동아일보, 1925.1.31.

88) 베네딕트 앤더슨, 『상상의 공동체: 민족주의의 기원과 전파에 대한 성찰』, 윤형숙 역, 나남, 2002, 특히 2장.

89) 로버트 단턴, 『고양이 대학살: 프랑스 문화사 속의 다른 이야기들』, 조한욱 역, 문학과지성사, 1996, vi(역자 서문).

90) 강인철,『경합하는 시민종교들: 대한민국의 종교학』, 성균관대학교출판부, 2019, 53쪽.

91) 황병주, "1960년대 비판적 지식인사회의 민중 인식",『기억과 전망』21, 2009, 115쪽; 조규태, "1920년대 천도교인 박달성(朴達成)의 사회·종교관과 문화운동",『동학학보』22, 2011.

92) "이입수입(移入輸入) 불온간행물 현황"(1927.12.1)이 그것으로, 국사편찬위원회 '한국사데이터베이스'(db.history.go.kr)에 따름(2020년 3월 30일 검색).

93) 조선일보, 1934.4.12.

94) 김창후, "재일제주인 항일운동의 연구 과제: 김문준의 활동을 중심으로",『제주도사연구』6, 1997, 143쪽.

95) 임시정부는 인민과 국민 용어를 공식적·법률적 언어로 자주 사용했다. 임시정부는 1919년에 발표한 '임시헌장'에서 대한민국 구성원을 '인민'으로 호칭했다. 임시헌장 제3조는 "대한민국의 인민은 남녀 귀천 및 빈부의 계급이 없고 일체 평등함"으로 되어 있다. 1941년 12월에 임시정부가 '대일선전성명서'를 발표할 때에도 "오인(吾人)은 삼천만 한국인민(韓國人民)과 정부를 대표"한다고 했다(이나미, "근·현대 한국의 민 개념", 156쪽). 1940년의 임시정부 '약헌'에는 국민이라는 용어가 법령에 처음 등장했다(도회근, "사회통합을 위한 국민 개념 재고", 436쪽). 전체적으로 볼 때, 임시정부는 국민보다 인민 개념을 선호했다(박명규,『국민·인민·시민』, 104쪽).

96) 특히 '민족협동전선'의 구현이었던 신간회의 활동 기간인 1927년 2월부터 1931년 5월까지 민중에 내포된 '통합·연대·합작의 언어'로서의 기능이 제대로 발휘될 가능성이 높았던 반면, 신간회 해체 이후에는 민중 개념의 연합적 잠재력이 크게 축소될 가능성이 높았다고 하겠다.

97) 이만열, "민중의식 사관화의 시론", 212쪽.

98) 식민지 조선에서의 '민중예술론'에 관한 본격적인 연구는 박양신에 의해 이뤄졌다. 박양신은 "가장 먼저 눈에 띄는 민중예술론적 논의"의 사례로「조선일보」1920년 8월 4일자(1면)에 '동치(東痴)'라는 필명으로 게재된 "민본주의와 예술"이라는 글을 들고 있지만, 본격적인 최초의 글은 1921년 4월『개벽』지에 실린 현철의 "문화사업의 급선무로 민중극을 제창하노라"였다고 할 수 있을 것이다(박양신, "다이쇼 시기 일본, 식민지 조선의 민중예술론", 45~46쪽). 박양신이 소개하고 있듯이, 1921년 4월부터 1923년 9월에 이르기까지「조선일보」,『개벽』,『신생활』등 다양한 매체를 통해 현

철, 김명식, 정백, 김억, 김기진 등이 민중예술과 관련된 논전을 이끌어 갔다(같은 글, 46~50쪽). 이 과정에서 1922년에는 김억이 로맹 롤랑의 『민중극장』(1903년)의 일부를 『개벽』 26~29호에 걸쳐 번역·소개했다. 이것은 오스기 사키에가 1917년 『민중예술론』이라는 제목으로 일본어로 번역한 것을 중역(重譯)한 것이었다(같은 글, 34, 48쪽). 1923년 하반기 이후 다소 뜸하던 조선에서의 민중예술 논의는 카프(KARF, 조선프롤레타리아예술가동맹)가 결성되는 1925년에 재등장했다. 1925년 3월부터 1927년 8월까지 『동아일보』, 『시대일보』, 『조선일보』 등을 통해 양명, 이민한, 정희관, 최호동, 최화수, 정뢰, 송순일 등이 민중예술 논의를 펼쳤다(같은 글, 50~54쪽). "일본 민중예술론의 단초를 열었던" 혼마 히사오의 글이 강영원에 의해 "민중예술의 의의 급(及) 가치"라는 제목으로 1927년 8월 『조선일보』 지면을 통해 3회에 걸쳐 번역·소개되기도 했다(같은 글, 54쪽).

99) 1922년 1월 발간된 『백조』 창간호에 실린 "러시아의 민요"라는 글에서 월탄(박종화)은 "개인으로 민중에, 천재로 범용(凡庸)에 예술은 민중화해야 한다"고 주장했고, 주요한은 1924년 발간한 자신의 시집 『아름다운 새벽』의 발문에서 이렇게 말했다. "둘째로 자백할 것은 2~3년 내로 나의 시를 민중에게로 더 가까이 하기 위하여 의식적으로 노력할 것이외다. 나는 위에도 말한 바와 같이 '개념'으로 된 '민중시'에는 호감을 갖지 않았으나 시가(詩歌)가 본질적으로 민중에 가까울 수 있는 것이라 생각하여 그렇게 되려면 반드시 거기 담긴 사상과 정서와 말이 민중의 마음과 같이 울리는 것이라야 될 줄 압니다." 박호영, "한국 근대 민요시의 위상(상)"(1979년 조선일보 신문문예 당선 평론), 『조선일보』, 1979.1.9, 5면.

100) 장상철, "1970년대 '민중' 개념의 재등장", 5쪽.

101) 김진균, "민중사회학의 이론화 전략", 정창렬 외, 『한국 민중론의 현단계: 분과학문별 현황과 과제』, 돌베개, 1989, 63쪽.

102) 정상호, 『시민의 탄생과 진화: 한국인들은 어떻게 시민이 되었나?』, 한림대학교출판부, 2013, 47쪽. 물론 대한민국임시정부 수립 이후 독립운동 진영의 '국민' 개념이 새로 등장함으로써 1920년대 이후 형성된 '국민 대 국민의 경합'의 구도, 즉 총독부의 국민과 임시정부의 국민 간의 경합 구도가 지속되었다는 점도 고려해야겠지만 말이다. 여기서 임시정부의 국민 개념은 '복종의 언어'가 아닌 '저항의 언어'임이 명백했다.

103) 1920년대에는 '계급' 개념에 대한 사회적 합의 수준도 낮았고, 이로 인해 그야말로 '온갖 계급'이 등장했다. 이를테면 청년계급, 여성계급, 학생계급, 지식계급, 유식계급, 식자계급, 언어계급, 귀족계급, 장교계급, 중산계급, 백정계급, 부호계급, 유산계급, 자본계급, 지배계급, 신흥계급, 특권계급, 착취계급, 권력계급, 강자계급 등등이 당시 신문 지면에서 발견된다.

104) 동아일보, 1921.11.12, 1923.1.30, 1925.5.25 참조.

105) 박명규, 『국민·인민·시민』, 163쪽.

106) 위의 책, 227쪽. 조금 더 부연하자면, "전반적으로 식민지하에서 시민 개념은 다른 국민, 민족, 인민 등에 비해 그다지 널리 사용되거나 활용되지 않았다. 아마도 정치적인 주체로서의 권리를 확보하지 못한 상태에서 그 적합성이 크지 않았기 때문일 것이다. 서구에서 도시민이자 자유민이었던 시민층이 근대적인 사회변동과 정치변화의 주도적 역할을 수행하였던 것에 비해, 한국의 경우는 좀처럼 이런 조건이 마련되지 않았다. 도시의 미발달이라는 조건과 함께 식민지하에서의 정치적 억압이 그 중요한 조건이었다. 식민지하에서 정치적인 운동의 주체는 민족이나 계급의 범주로 등장했다"(같은 책, 230쪽).

107) 박명규에 의하면, "식민지하에서 민족해방을 지향하던 조선에서 인민 개념은 보다 확실한 정치적 함의를 갖기에 이르렀다.……여기서(『개벽』 창간사―인용자) 발견되는 한 현상은 인민의 논의가 더 이상 국가 내지 국민과 연결되지 않는다는 점이다. 인민은 그 자체로서 부르짖고 소리를 발하는 존재인 것이며 자유와 자율의 주체로 설정되고 있다. 아마도 1919년 3·1운동의 경험이 이 배후에 강하게 자리 잡고 있었을 것이다." 박명규, 『국민·인민·시민』, 161~162쪽.

108) 김동택, "민족 개념을 통해 본 동아시아의 갈등구조", 61쪽.

109) 1920년대 '민중 개념의 민족화'는 1980년대 '민중 개념의 계급화'와 대조된다.

제3장 잠복

1) 박명규, 『국민·인민·시민』, 146~147쪽. 그렇다고 '국민' 개념이 (좌파에 의해) 아예 폐기되지는 않았지만, 인민은 국민보다 협소한 개념으로 변했다. 인민공화국 건설강

령이 된 1949년 9월의 '중화인민정치협상회의 공동강령' 초안에서 저우언라이(周恩來)는 이렇게 규정했다. "관료 부르주아계급과 토지를 몰수당한 지주계급은……인민의 범주에 들어가지 않지만 중국의 국민의 일원이기는 하다. 현재 그들에게 인민의 권리를 부여할 수 없지만 국민으로서의 의무는 지키지 않으면 안 된다. 그것이 인민민주독재이다"(같은 책, 147~148쪽). 중국에서 공산주의 정권이 수립된 1949년 이후 '국민'은 '공민(公民)'으로 대체되었다. 북한에서도 1945년 이후 거의 동일한 과정이 진행되었다(도회근, "사회통합을 위한 국민 개념 재고", 438~439쪽).

2) 황병주, "1960년대 비판적 지식인사회의 민중 인식", 116쪽.

3) 이신철, "'인민'의 창조와 사라진 '민중': 방법으로서 북조선 민중사 모색", 역사문제연구소 민중사반, 『민중사를 다시 말한다』, 역사비평사, 2013, 325~326쪽.

4) 편집부, 『코민테른 자료선집3: 통일전선, 민족·식민지 문제』, 동녘, 1989, 21, 84~85쪽.

5) 위의 책, 29~31쪽.

6) 위의 책, 34~60쪽.

7) 위의 책, 147쪽.

8) 박명규, 『국민·인민·시민』, 164~166쪽.

9) 황병주, "1960년대 비판적 지식인사회의 민중 인식", 115쪽.

10) 예컨대, 동아일보, 1927.10.12, 3면의 '신간 소개' 참조.

11) 네이버 '두산백과'의 '시사신문(時事新聞)' 항목(2020년 2월 20일 검색).

12) 동아일보, 1932.2.6, 5면의 '신간 소개' 참조.

13) 동아일보, 1932.2.20, 7면.

14) 1933년 12월 1일에 발간된 『조선출판경찰월보(朝鮮出版警察月報)』64호의 "조선문(朝鮮文) 차압 기사 요지"라는 기사를 통해 "대판(大阪) 조선인의 현상(現狀) 서술……자본조직, 입헌정치, 자본가계급, 실업 구제" 등의 내용을 담은 『민중공론』창간호가 민중공론사(대표 윤병우)에 의해 발행되었음을 확인할 수 있다(한국사데이터베이스, 2020.2.21 검색). 이 잡지의 정치적 성격은 불분명하다.

15) 정준희, "1930년대 브나로드운동의 사회적 기반과 전개 과정."

16) 동아일보, 1934.3.24, 1면; 1936.5.20, 6면; 1936.6.6, 4면.

17) 황병주, "1960년대 비판적 지식인사회의 민중 인식", 115~116쪽. 식민지 시대 전체를 개관할 때 공식 문건에서는 '인민'보다 '국민'이 압도적으로 더 많이 사용되었고, 식

민지 말기의 전시총동원체제 시기에는 '국민'을 더욱 집중적으로 사용한 반면 '인민'은 거의 사용하지 않는 가운데, '관민'이나 '신민'이라는 용어도 빈번히 등장했다고 한다(이나미, "근·현대 한국의 민 개념", 154쪽).

18) 허수, 『식민지 조선 오래된 미래』, 320~331쪽.

19) 신용하, "신채호의 무정부주의 독립사상", 87, 92쪽.

20) 위의 글, 103~104, 118쪽.

21) 위의 글, 130~132쪽.

22) 진덕규, "단재 신채호의 민중·민족주의의 인식", 강만길 편, 『신채호』, 고려대학교출판부, 1990, 48~49쪽.

23) 신용하, "신채호의 무정부주의 독립사상", 102, 104, 137쪽.

24) 진덕규, "단재 신채호의 민중·민족주의의 인식", 42~43, 48쪽.

25) 가야트리 스피박, "서발턴은 말할 수 있는가?", 로절린드 C. 모리스 편, 『서발턴은 말할 수 있는가?: 서발턴 개념의 역사에 대한 성찰들』, 태혜숙 역, 그린비, 2013, 79쪽.

26) 신용하, "신채호의 무정부주의 독립사상", 79~80쪽.

27) 박찬승, 『민족·민족주의』, 소화, 2010, 99~101쪽. 박찬승에 의하면, "식민지 시기 한국의 사회주의자들은 민족은 자본주의 시대에 나타난 한시적 현상으로 이해하였으며, 민족주의도 역시 자본주의 시대에 나타난 한시적인 현상으로서, '부르주아 민족주의'와 같은 개념으로만 이해하였다"(같은 책, 102쪽).

28) 안쏘니 기든스, 『민족국가와 폭력』, 진덕규 역, 삼지원, 1991, 특히 267~274쪽.

29) 베네딕트 앤더슨, 『상상의 공동체』, 131쪽.

30) 니시무라 아키라, "위령과 폭력: 전쟁 사망자에 대한 태도 이해를 위해", 『종교문화비평』 2, 2002, 256~259쪽.

31) 동아일보, 1922.2.16, 1면 사설; 1922.2.21, 2면; 1922.2.27, 1면 사설; 1922.2.28, 3면; 1922.3.2, 2면; 1923.2.23, 2면; 1923.2.27, 2면 등을 참조.

32) 박현채, "민중과 역사", 『한국자본주의와 민족운동』, 한길사, 1984, 26쪽.

33) 정태헌, "1930년대 조선인 유산층의 친일 논리와 배경", 민족문제연구소 편, 『한국 근현대사와 친일파 문제』, 아세아문화사, 2000, 202~203쪽. 이미 언급했듯이 당시 일본에서도 '여성을 제외한 25세 이상의 남자'로 선거권이 제한되어 있었다.

34) 박명규, 『국민·인민·시민』, 166~167쪽.

35) 황병주, "1960년대 비판적 지식인사회의 민중 인식", 113쪽.

36) 김진균, "민중사회학의 이론화 전략", 63~64쪽.

37) 임종명, "해방공간과 인민, 그리고 민족주의와 민주주의", 『한국사연구』 167, 2014, 193, 202쪽.

38) 위의 글, 193~194쪽.

39) 김성보, "남북 국가 수립기 인민과 국민 개념의 분화", 『한국사연구』 144, 2009; 임종명, "해방공간과 인민, 그리고 민족주의와 민주주의"; 강호정, "새로운 국가의 주체와 공동체 지향의 언어" 등을 참조할 것.

40) 김성보, "남북 국가 수립기 인민과 국민 개념의 분화", 93쪽.

41) 강인철, 『경합하는 시민종교들』, 14, 93~108, 118~120쪽.

42) 임혁백, 『비동시성의 동시성: 한국 근대정치의 다중적 시간』, 고려대학교출판부, 2014, 212~213쪽.

43) 한모니까, 『한국전쟁과 수복지구』, 푸른역사, 2017, 22쪽.

44) 황병주, "1960년대 비판적 지식인사회의 민중 인식", 116쪽.

45) 박명규, 『국민·인민·시민』, 104~105쪽; 이나미, "근·현대 한국의 민 개념", 155~156쪽.

46) 네이버 '두산백과'의 '조선신보' 항목(2020.2.20 검색); '국사편찬위원회 전자사료관'(http://archive.history.go.kr)에서 '在日韓人歷史資料館 소장 자료사료군'(AJP032)의 '재일 한인 관련 신문사료계열'(AJP032_02) 중 '민중신문(民衆新聞)' 항목(2020.2.20 검색) 참조.

47) 박명규, 『국민·인민·시민』, 171쪽.

48) 황병주, "1960년대 비판적 지식인사회의 민중 인식", 117쪽.

49) 조선일보, 1946.12.1, 1946.12.18.

50) 조선일보, 1946.12.5; 동아일보, 1946.12.5; 경향신문, 1946.12.5.

51) 강인철, 『시민종교의 탄생』, 244~245쪽; 강인철, 『경합하는 시민종교들』, 28, 133쪽.

52) 강정구에 의하면, "1947년 4월 20일자 「민중신문」은 '공산당의 간계에 넘어가 민족진영까지 동족상잔의 큰 화근이 될 친일파 숙청 운운하는 정당·정객이 대다수'라고 매도하면서 친일파·민족반역자의 문제를 반공과 결부시켜 금기시하려 하였다." 강정구, "해방 후 친일파 청산 좌절의 원인과 그 민족사적 교훈", 민족문제연구소 편, 『한국 근현대사와 친일파 문제』, 아세아문화사, 2000, 128쪽.

53) 황병주, "1960년대 비판적 지식인사회의 민중 인식", 117쪽.

54) 다음(DAUM) '한국민족문화대백과사전'의 '민중서관' 항목(2020.4.3 검색).

55) 동아일보, 1946.1.23, 2면.

56) 동아일보, 1947.1.28, 1면.

57) 경향신문, 1947.3.1, 1949.10.11.

58) 황병주, "1960년대 비판적 지식인사회의 민중 인식", 117~118쪽.

59) 동아일보, 1946.3.2.

60) 김장민, "'민중주권' 주장한 이승만도 사회주의자인가?", 「오마이뉴스」, 2013.11.15.

61) 황병주, "1960년대 비판적 지식인 사회의 민중 인식", 118~119쪽.

62) 동아일보, 1953.1.23, 2면의 '신간소개'와 광고 참조.

63) 황병주, "1960년대 비판적 지식인사회의 민중 인식", 119쪽.

64) 위와 같음.

65) 함석헌, "씨알의 설움", 『사상계』, 1959년 12월호; 윤상현, "1950년대 후반~1960년대 초 함석헌의 주체 형성 담론의 변화: 민중·민족·국민 담론을 중심으로", 『사학연구』 112, 2013; 정지석, "함석헌의 민중사상과 민중신학", 『신학사상』 134, 2006 등 참조.

66) 윤상현, "1950년대 후반~1960년대 초 함석헌의 주체 형성 담론의 변화", 382~383쪽.

67) 이정복, "한국에 있어서의 민중론", 『한국정치연구』 1, 1987, 180쪽.

68) 윤상현, "1950년대 후반~1960년대 초 함석헌의 주체 형성 담론의 변화", 387~388쪽.

69) 위의 글, 384쪽.

70) 정지석, "함석헌의 민중사상과 민중신학", 10쪽.

71) 함석헌, "생각하는 백성이라야 산다: 6·25 싸움이 주는 역사적 교훈", 『사상계』, 1958년 8월호, 27쪽; 함석헌, "씨알의 설움", 162쪽.

72) 황병주, "1960년대 비판적 지식인사회의 민중 인식", 119쪽.

73) 이치석, 『함석헌 평전』, 시대의창, 2005, 162쪽.

74) 함석헌, "씨알의 설움", 162쪽.

75) 손우성, "대통령과 민중", 『사상계』, 1956년 10월호, 111, 113쪽.

76) 위의 글, 112~113쪽.

77) 위의 글, 109~113쪽.

78) 위의 글, 112쪽.

79) 위의 글, 113~114쪽.

80) 강인철, 『경합하는 시민종교들』, 370, 376쪽.

81) 이기택, 『한국야당사』, 백산서당, 1987, 85~92쪽; 황병주, "1960년대 비판적 지식인사회의 민중 인식", 120~121쪽.

82) 윤상현, "1950년대 후반~1960년대 초 함석헌의 주체 형성 담론의 변화", 388~389쪽.

83) 강호정, "새로운 국가의 주체와 공동체 지향의 언어", 223~228쪽.

84) 임종명, "해방공간과 인민, 그리고 민족주의와 민주주의", 235~236쪽.

85) 위의 글, 238~239쪽.

86) 황병주, "1960년대 비판적 지식인사회의 민중 인식", 118쪽.

87) 『경향신문』의 폐간 사태를 불러온 칼럼에서 주요한은 "인민이 성숙되어 있어서 자기 스스로 행동할 수 있다"고 주장했다(경향신문, 1959.2.4). 조병옥은 1957년 5월 발표한 "이 대통령께 드리는 공개장"에서 "국민의 자유와 총의(總意)를 무시한 독재정권이란 그 나라의 인민의 각성으로 점차적으로 타도되고 있다"고 주장했다(조병옥, "이 대통령께 드리는 공개장", 4·7언론인회 편, 『한국신문종합사설선집1: 제1·2공화국편』, 도서출판 동아, 1985, 686쪽). 진보당도 1956년 11월의 창당선언문에서 "근로인민"을 두 차례 거론했다(황병주, "1960년대 비판적 지식인사회의 민중 인식", 120~121쪽; 이기택, 『한국야당사』, 89~90쪽).

88) 박명규, 『국민·인민·시민』, 231~233쪽.

89) 이나미에 의하면, "1950년대 들어서 시민은 점차 표준적 행정단위인 시의 주민을 가리키는 의미로 대중화된다.……지식인들 사이에서만 사용되던 시민 개념이 초·중·고교의 사회과 교과목을 통해 조금씩 대중화되기 시작한다. 또한 미국식 교육체계가 도입되면서 시민의 의식이나 시민의 형성 등이 교과서에 나타난다. 당시 교과서에는 일제 시기와 다르게 '민주적 시민'이라는 개념이 등장하며 또한 국가로부터 독립된 영역으로서의 시민사회라는 개념이 학술 서적 등에서 나타나기 시작한다." 이나미, "근·현대 한국의 민 개념", 172쪽.

90) 황병주, "1960년대 비판적 지식인사회의 민중 인식", 130쪽.

91) 위의 글, 129~130쪽.

92) 윤상현, "1950년대 후반~1960년대 초 함석헌의 주체 형성 담론의 변화", 389쪽.

93) 황병주, "1960년대 비판적 지식인사회의 민중 인식", 122~123쪽.

94) 동아일보, 1960.4.30, 1면.

95) 경향신문, 1960.4.29, 1면; 동아일보, 1960.4.29, 1면.

96) 동아일보, 1960.5.5, 1면.

97) 이 밖에도 「경향신문」에서는 1972년 10월에도 "전봉준이야말로 유교적 봉건체제를 무너뜨리고 새로운 질서를 세우려 했던 민중혁명의 선각자"라는 표현을 발견할 수 있다(경향신문, 1972.10.13, 3면). 1986년 7월 「동아일보」는 "일 교과서 역사 왜곡을 고발한다(상)"라는 기사에서 "동학혁명은 반봉건운동과 민중 구국항일투쟁이 큰 흐름으로 작용한 우리 근대사에서 최초로 경험한 민중혁명(서민의식의 성장)의 승리였던 것"이라고 주장했다(동아일보, 1986.7.14, 5면). 한편, 1970년대 이후에도 4·19에 대한 민중혁명 규정이 지속함을 발견할 수 있다. 일례로 1970년 4월 「동아일보」의 '4월혁명 10주년 기념 세미나' 관련 기사 제목은 "4·19는 민중혁명"이었다(동아일보, 1970.4.20, 3면). 1971년에도 「경향신문」의 신민당 선거유세 관련 기사에서 "4월은 선거의 달뿐만 아니라 11년 전 4·19혁명이 있었던 달로서 다시 부정선거를 하면 민중혁명이 일어날 수 있을 것"이라는 표현을 확인할 수 있다(경향신문, 1971.4.8, 1면). 「동아일보」는 1980년 5월 14일자의 "개헌안 내일까지 매듭" 기사에서 송원영, 박일, 박용만, 김수한, 이필선, 최형우 등 신민당 소속 의원들이 "4·19는 역사적 정통성을 가지고 있는 민주 민중혁명이므로 반드시 헌법 전문에 삽입"해야 한다고 주장했음을 전하고 있다(동아일보, 1980.5.14, 1면).

98) 천관우, "민중운동으로 본 3·1운동", 동아일보사 편, 『3·1운동 50주년 기념논집』, 동아일보사, 1969; 김진봉, "3·1운동과 민중", 같은 책.

99) 동아일보, 1971.3.1, 5면.

100) 황병주, "1960년대 비판적 지식인사회의 민중 인식", 124~125쪽.

101) 정상호, 『시민의 탄생과 진화』, 151쪽.

102) 박명규, 『국민·인민·시민』, 111~112쪽.

103) 위의 책, 113쪽.

104) 위의 책, 234쪽.

105) 정상호, 『시민의 탄생과 진화』, 153~159, 169~181쪽.

106) 황병주, "1960년대 비판적 지식인사회의 민중 인식", 122쪽.

107) 경향신문, 1963.1.29, 8면; 동아일보, 1963.1.29, 5면.

108) 경향신문, 1965.1.28, 4면.

109) 박명규, 『국민·인민·시민』, 114~115쪽.

110) 황병주, "1960년대 비판적 지식인사회의 민중 인식", 125쪽.

111) 위의 글, 125~126쪽.

112) 위의 글, 125~127쪽.

113) 대한민국정당사편찬위원회 편, 『대한민국정당사1: 1945~1972년』, 중앙선거관리위
    원회, 1973, 547쪽 참조.

114) 황병주, "1960년대 비판적 지식인사회의 민중 인식", 128쪽.

115) 대한민국정당사편찬위원회, 『대한민국정당사1』, 574, 596, 607쪽.

116) 위의 책, 827, 832쪽.

117) 강정구, "진보적 민족문학론에서 민중 개념의 형성 과정 연구", 10쪽에서 재인용.

118) 황병주, "1960년대 비판적 지식인사회의 민중 인식", 129쪽.

119) 김삼웅, "『청맥』에 참여한 지식인들의 민족의식", 『월간 말』, 1996년 6월호, 165~166,
    168쪽.

120) 하상일, "1960년대 『청맥』의 이데올로기와 비평사적 의미", 『한국문학이론과 비평』
    10(4), 2006, 2쪽.

121) 이동헌, "1960년대 『청맥』 지식인 집단의 탈식민 민족주의 담론과 문화전략", 『역사
    와 문화』 24, 2012, 3, 7쪽.

122) 황병주, "1960년대 비판적 지식인사회의 민중 인식", 132쪽.

123) 위의 글, 143쪽.

124) 위의 글, 134~135쪽.

125) 이동헌, "1960년대 『청맥』 지식인 집단의 탈식민 민족주의 담론과 문화전략", 19~20쪽.

126) 황병주, "1960년대 비판적 지식인사회의 민중 인식", 136~141, 145~146쪽.

127) 이진영, "지식인과 역사의식", 『청맥』, 1966년 3월호, 29쪽.

128) 이진영, "민족운동의 담지자", 『청맥』, 1965년 11월호, 85~93쪽.

129) 이진영, "해방과 소비문화의 지배", 『청맥』, 1966년 6월호, 35, 47쪽.

130) 황병주, "1960년대 비판적 지식인사회의 민중 인식", 145쪽.

131) 임희섭, "한국의 근대화는 서구화인가", 『청맥』, 1964년 12월호, 150~151쪽.

132) 임희섭, "서민의 과소욕구", 『청맥』, 1965년 4월호, 157~162쪽.

133) 김질락·송복, "민중의식의 현재화: 편집자와 독자의 거리에서", 『청맥』, 1966년 8월 호, 13, 15쪽.

134) 위의 글, 16쪽.

135) 김대상, "일제 무단통치의 본질: 그 탄압의 제 양상", 『청맥』, 1964년 8월호, 43~44쪽.

136) 유홍렬, "문화상으로 본 한국의 자주성", 『청맥』, 1966년 11월호, 145~151쪽.

137) 위의 글, 144쪽.

138) 이철범, "민족적 수난과 한국민의 병리", 『청맥』, 1964년 8월호, 55~56, 59쪽.

139) 위의 글, 59쪽.

140) 송건호, "지성의 사회참여", 『청맥』, 1964년 11월호, 30~33쪽.

141) 하상일, "1960년대 『청맥』의 이데올로기와 비평사적 의미", 8-9쪽; 이동헌, "1960년 대 『청맥』 지식인 집단의 탈식민 민족주의 담론과 문화전략", 19~21쪽; 전용호, "1960년대 참여문학론과 『청맥』", 『국어국문학』 141, 2005, 269~277쪽 참조.

142) 이동헌, "1960년대 『청맥』 지식인 집단의 탈식민 민족주의 담론과 문화전략", 20쪽.

143) 하상일, "1960년대 『청맥』의 이데올로기와 비평사적 의미", 4쪽; 이동헌, "1960년대 『청맥』 지식인 집단의 탈식민 민족주의 담론과 문화전략", 20쪽.

144) 전용호, "1960년대 참여문학론과 『청맥』", 272~275쪽; 이동헌, "1960년대 『청맥』 지 식인 집단의 탈식민 민족주의 담론과 문화전략", 20~21쪽; 하상일, "1960년대 『청 맥』의 이데올로기와 비평사적 의미", 8쪽.

145) 윤상현, "1950년대 후반~1960년대 초 함석헌의 주체 형성 담론의 변화", 394, 396 ~398쪽.

146) 위의 글, 391~392쪽.

147) 이상록, "함석헌의 민중 인식과 민주주의론", 166, 186쪽.

148) 한규무, "『뜻으로 본 한국역사』와 1960년대 함석헌의 민주화운동", 『한국사학사학 보』 29, 2014, 263~265쪽.

149) 이상록, "함석헌의 민중 인식과 민주주의론", 177, 181쪽.

150) 한규무, "『뜻으로 본 한국역사』와 1960년대 함석헌의 민주화운동", 264~266쪽.

151) 이상록은 『뜻으로 본 한국역사』에 나타난 함석헌의 고난사관 안에 본질주의적 민중 개념을 조장하는 요소가 도사리고 있다고 보는 것 같다. 이상록에 의하면, "그(함석 헌—인용자)의 고난사관은 그가 민중을 곧 예수 그리스도와 같은 존재로 여길 수 있

게 하는 기반으로 작용하였다. '고난의 극복을 통한 구원'이라는 측면에서 민중은 곧 예수 그리스도와 같은 존재로 여겨질 수 있었던 것이다. 그러나 이 같은 함석헌의 민중 인식은 민중을 살아있는 구체적 개별자들로 볼 수 없게 만들고, 종교적 관점에 입각해 하나님의 진리를 추구해야 할 본질적인 주체로 민중을 설정하도록 이끌었다." 이상록, "함석헌의 민중 인식과 민주주의론", 158~159쪽.

152) 이상록, "함석헌의 민중 인식과 민주주의론", 178~179쪽.

153) 이세영, "'민중' 개념의 계보학", 신정완 외, 『우리 안의 보편성: 학문 주체화의 새로운 모색』, 한울, 2006, 304쪽에서 재인용.

154) 위와 같음.

155) 함석헌, "씨올의 참뜻", NCC 신학연구위원회 편, 『민중과 한국신학』, 한국신학연구소, 1982, 11쪽.

156) 위의 글, 13~14쪽.

157) 박인배가 설명했듯이, '문화운동'이라는 말이 '문화패' 내부에서 거론되기 시작하는 때는 1970년대 중반부터였다. 당시 "연희활동에 있어서 운동성을 강조하자는 의미"에서 굳이 문화운동이라는 말을 사용했다고 한다(박인배, "문화패 문화운동의 성립과 그 방향", 박현채·정창렬 편, 『한국민족주의론III: 민중적 민족주의』, 창작과비평사, 1985, 421쪽). 그러나 여기서 필자는 (김광억이 마당극의 성격 규정을 위해 구사한 표현인) "예술과 정치의 결합"(김광억, "정치적 담론기제로서의 민중문화운동: 사회극으로서의 마당극", 『한국문화인류학』 21, 1989, 58~60쪽)이라는 보다 일반적인 의미에서 문화운동이라는 용어를 사용하고 있다. 채희완처럼 문화운동을 "사회문제와 예술의 문제를 통합시키는 하나의 통로"로써 규정할 수도 있을 것이고, 이 경우 문화운동은 '사회운동'의 성격까지 갖게 된다. 부연하자면, "새로운 민중극의 이름은 마당극, 마당굿, 대동놀이 등으로 불려지고 있다. 민중의 삶의 현장을 마당으로 설정한 마당굿은 민중공동체적 사회의식의 예술적 승리라는 당대 민속극의 한 기능을 사회문제와 예술의 문제를 통합시키는 하나의 통로로서 받아들임으로써 오늘의 사회에 내재해 있는 주요 모순과 갈등을 공동체적 관심의 표적으로 부각시키고 거기에서 성취된 사회의식을 행동화하는 오늘의 삶의 축제로 정착시키고자 한다. 이는 오늘날 민중 일반이 부딪치고 있는바 대내외적인 민족 문제, 농촌 문제, 근로자 및 도시빈민 문제, 사회 일반 및 시사 문제, 역사적 사실의 재해석

문제 등 이른바 제3세계적 연대의식을 표방하고 있어 단순한 연극문화운동을 넘어
서 사회운동의 흐름 속에 놓여 있다"(채희완, 『공동체의 춤 신명의 춤』, 한길사, 1985,
102쪽).

158) 조동일은 1958년 서울대 불어불문학과에 입학하여 1962년에 졸업하면서 불어불문
학과 대학원에 입학했고, 1964년 국문학과로 학사편입하여 1966년에 졸업하면서
같은 과 대학원에 진학하여 1968년에 석사학위를 받았고, 같은 해 계명대 교수가 되
었다(조동일, 『탈춤의 역사와 원리』, 홍성사, 1979 표지의 저자 소개 참조; 조동일,
『독서·학문·문화』, 서울대학교출판부, 1994, 94~96쪽). 김지하는 1959년 서울대 미
학과에 입학하여 1966년 졸업했다(김지하, 『민족의 노래 민중의 노래』, 동광출판사,
1984, 245쪽). 두 사람은 대학생 신분으로 4·19와 6·3을 모두 겪은 것이다.

159) 1964년 7월 18일 양찬우 내무부 장관의 '3·24 데모에 이은 일련의 학생데모에 대한
배후조종 수사 2차 중간발표'에 관한 『경향신문』 기사에는 "향토개척단(조동일·전
민통련 조직과장·국문과 3년·검거)"이라는 대목이 등장한다. 조동일이 1960년 11
월 발기 모임을 가진 서울대 민족통일연맹(민통련)의 '조직과장'이었으며, 1964년 3
월 당시에는 '향토개척단' 소속으로 학생 시위 주모자 중 하나로 체포되어 있었다는
것이다(경향신문, 1964.7.18, 7면). 김지하 역시 4·19혁명 이후 '민족통일전국학생
연맹 결성 준비위원회'가 추진한 남북학생회담의 남쪽 학생대표로 활동한 탓에 군
사쿠데타 이후 도피 생활을 해야 했고, 한일회담 반대운동 당시에는 '서울대학교
6·3한일굴욕회담 반대 학생총연합회' 소속으로 활동하면서 '민족적 민주주의 장례
식'의 조사(弔辭)를 쓰는 등 학생운동을 주도하다 체포되어 4개월가량 옥고를 치렀
다[장석주, 『20세기 한국 문학의 탐험3』, 시공사, 2000, 426~429쪽; 선명수, "타는
목마름으로' '오적'…1970년대 '저항시인' 김지하 별세", 『경향신문』(온라인판),
2022.5.8].

160) 이영미, 『마당극 양식의 원리와 특성』, 시공사, 2001, 45쪽.

161) 다음은 「동아일보」 허문명 기자의 서술이다. "1969년 6월 김지하는 2년 반 만에 퇴
원한다. 그리고 2개월 뒤 취직을 한다.……3개월 만에 직장에서 뛰쳐나온 김지하는
문화운동을 하며 살기로 한다. 그러면서 떠오른 것이 각 대학교 연극반을 상대로 학
생극을 전업으로 하는 연출가로 사는 것이었다.……서울 동숭동 학림다방에서 문
리대 연극반 후배들과 만난 자리에서 김지하가 이런 구상을 이야기하자 후배들은

'당장 한 편을 해보자'고 했다. 이때 고른 작품이 김영수(1911~1977, 극작가)의 〈혈맥〉(1946년 발표된 3막 4장의 희곡. 일제 때 방공호에서 살아가는 하층 인간들의 삶을 그렸다)이었다. 〈혈맥〉은 이듬해 서울대 문리대 연극반 봄 학기 공연작품으로 선정되었다." 허문명, "[허문명 기자가 쓰는 '김지하와 그의 시대'⑳] 아침이슬: "긴 밤 지새우고.." 김민기, 김지하와 만나다", 「동아일보」(온라인판), 2013.5.6.

162) 이영미에 의하면, "서울대 문리대 연극반에서의 몇 가지 움직임은 후에 이를 중심으로 마당극을 탄생시키는 모태의 풍경을 보여주고 있다. 이는 크게 두 가닥이라고 할 수 있는데, 하나는 창작극에 대한 관심이며, 다른 하나는 전통 민속연희에 대한 관심이다. 한국인이 쓴 희곡을 바탕으로 한 창작극을 공연하고자 하는 움직임은 당시 외국 번역물 중심의 한국 연극과 대학 연극 풍토에 대한 반성의 일환으로, 한국의 사회현실에 대한 연극적 형상화를 향한 갈구였다.……이는 외국의 사회비판적인 작품과 작가에 대한 관심을 포함한, 연극의 순수주의 극복, 리얼리즘 정신 회복에 대한 관심이었던 것이다.……한편 전통 민속연희에 대한 관심은 일제 식민지의 잔재를 청산하고 올바른 예술사관을 확립하고자 하는 민족의식과 관련 있다. 여태껏 일제시대 이래 일본과 서양으로부터 이식되어온 흐름만을 예술로 인정하던 사고를 반성하고, 일제 식민지 침탈 이전에 우리 민족이 가지고 있었던 판소리, 민요, 탈춤과 인형극 등을 예술로 인정하며, 이에 관심을 가지고 찾아보고 연구하며 현대의 창작작업과의 접목을 모색하는 시도를 했던 것이다." 이영미, 『마당극 양식의 원리와 특성』, 44~45쪽.

163) 김지하, 『민족의 노래 민중의 노래』, 214쪽.

164) 조동일, 『탈춤의 역사와 원리』, 7~8쪽.

165) 조동일, 『독서·학문·문화』, 38쪽.

166) 1회 행사는 동아일보, 1963.11.19, 5면; 1963.11.20, 8면; 경향신문, 1963.11.21, 5면 참조. 2회 행사는 조선일보, 1964.11.6, 3면; 동아일보, 1964.11.10, 5면 참조. 3회 행사는 조선일보, 1965.11.21, 6면; 동아일보, 1965.11.23, 5면 참조. 4회 행사는 조선일보, 1966.11.26, 3면 참조(이 기사에는 행사 명칭이 '제4회 초혼굿과 농신제'로 소개되고 있다). 「동아일보」는 1회 행사가 강연, 〈원귀마당쇠〉 광대놀이, 〈나가자 역사야〉라는 농악굿으로 구성되었다고 보도했고, 「경향신문」은 농악굿이 〈향토의식 소생굿〉, 〈사대주의 살풀이〉, 〈난장판 민속놀이〉, 〈조국발전 다짐굿〉으로 구성되었

다고 보도했다. 임진택은 이 행사가 1부 〈원귀 마당쇠〉 공연, 2부 장례식, 3부 '난장판 민속놀이'로 구성되었다고 전하기도 했다(임진택, 『민중연희의 창조』, 창작과비평사, 1990, 22~23쪽).

167) 동아일보, 1963.11.20, 8면.

168) 조선일보, 1965.11.21, 6면.

169) 〈야! 이놈 놀부야〉에 대한 「동아일보」 기사를 조금 더 보자. "대학본부에 가설무대를 세우고 햇불을 비추며 공연한 '야! 이놈 놀부야'는 관중을 리드하는 구수한 나레이숀과 창(唱)이 섞인 소인극(素人劇). 놀부가 흥부를 내쫓는 대목부터 시작되어 결국 놀부가 정수동(鄭壽銅)과 녹두장군 등의 심판을 받는 풍자가면극으로 허술(문리대) 군의 각색, 연출에 판소리는 정성숙(음대) 양의 녹음을 이용했다"(동아일보, 1965.11.23, 5면). 이영미도 "당시 연극반에서는 마당극과 비슷한 〈원귀 마당쇠〉라는 작품을 공연하기도 했다고 전해진다"고 쓴 바 있다(이영미, 『마당극 양식의 원리와 특성』, 45쪽).

170) 박인배, "문화패 문화운동의 성립과 그 방향", 430쪽.

171) 이재오, 『해방 후 한국 학생운동사』, 형성사, 1984, 192~193쪽. 이재오는 1961년 6월 24일에 '서울대 향토개척단'이 결성되었다고 주장했지만(같은 책, 192쪽), 「경향신문」(1961.6.21, 7면) 보도에 따르면 1961년 6월 결성된 것은 '서울대 향토개척연합회'였고, 이를 기반으로 7월 19일에 '서울대 향토개척단'이 결성되었는데, 당시 단원 수가 무려 1,626명에 달했다고 한다. 1963년 6월 박정희 국가재건최고회의 의장이 서울대 향토개척단원 1,500명이 추진 중인 충남 보령군 천북면 신덕리 간척사업을 돕기 위해 30만 원 특별융자를 농림부 장관에게 지시하는 등(경향신문, 1963.6.21, 7면), 초기 향토개척단 운동이 군사정부와 협력관계를 맺었음은 분명한 사실이다.

172) 이재오, 『해방 후 한국 학생운동사』, 253쪽.

173) 앞서 소개했듯이 1964년 7월 '학생데모 배후조종 사건'으로 향토개척단원 조동일이 '검거'된 일이 있었고, 1968년 4월에는 서울대 사범대 재학생과 졸업생을 중심으로 구성된 '중앙위원회'가 '향토개척단 본부 사무실'을 이용하여 활동한 사건이 서울지검 공안부에 의해 발표되었다(경향신문, 1968.4.3, 7면). 1971년 10월에는 문교부가 대학의 12개 불법간행물 폐간과 8개 '문제 서클' 해체를 지시할 당시 폐간 대상에 향토개척단 기관지인 『향토개척』도 포함되었고(조선일보, 1971.10.16, 7면),

1972년 7월에는 "서울대 총학생회가 구성되지 못해 농촌봉사의 주축을 이루어왔던 향토개척단이 그 기능을 잃어버리자 서울대학교 하기봉사단을 새로 구성"하는 일이 벌어졌고(매일경제신문, 1972.7.5, 6면), 1975년 2월에는 "서울대 각 단과대 농업문제 서클의 연합체인 향토개척단 단원들"이 졸업식장에서 「동아일보」를 가두판매한 수익금을 격려광고 성금으로 기부하여 언론민주화운동에 동참한 바도 있었다(동아일보, 1975.2.28, 3면). 1977년 3월에 이미 서울대 학생 시위를 한 차례 주도한 바 있던 양춘승이 1979년 4월 '통혁당 재건기도 사건' 발표 당시에는 향토개척단 선배인 임동규에게 포섭되어 활동한 혐의로 복역 중이었는데, 이때 양춘승의 신분은 '향토개척단 단장'이었다(경향신문, 1979.4.20, 7면).

174) 김정인, "이념서클을 통해서 본 학생운동 조직문화의 변화", 민주화운동기념사업회 한국민주주의연구소 편, 『한국 민주주의 100년, 가치와 문화』, 한울, 2020, 347~353쪽.

175) 홍정완, 『한국 사회과학의 기원: 이데올로기와 근대화의 이론체계』, 역사비평사, 2021, 385~386쪽. 아울러, 백원담, "아시아에서 1960~70년대 비동맹/제3세계운동과 민족·민중 개념의 창신", 『중국현대문학』 49, 2009를 볼 것.

176) 김광억, "정치적 담론기제로서의 민중문화운동", 58~59쪽.

177) 황병주, "1960년대 비판적 지식인사회의 민중 인식", 142~143쪽.

178) 이동헌, "1960년대 '청맥' 지식인 집단의 탈식민 민족주의 담론과 문화전략", 7쪽.

179) 임헌영, "민족의 상황과 문학사상", 『한국사회연구3』, 한길사, 1985, 74쪽.

180) 조동일, 『독서·학문·문화』, 96쪽.

181) 김현화, 『민중미술』, 한길사, 2021, 20, 25쪽.

제4장 재등장

1) 유재천, "서(緖): 민중 개념의 내포와 외연", 유재천 편, 『민중』, 문학과지성사, 1984, 11쪽.

2) 유재천, "70년대의 민중에 대한 시각", 유재천 편, 『민중』, 문학과지성사, 1984, 130쪽.

3) 유재천, "서(緖): 민중 개념의 내포와 외연", 11쪽.

4) 한상범, "민중론의 전개 방향", 유재천 편, 『민중』, 문학과지성사, 1984, 124~125쪽.

5) 유재천, "서(緖): 민중 개념의 내포와 외연", 12쪽.

6) 김성재, "민중교육 방법론 연구", NCC신학연구위원회 편, 『민중과 한국신학』, 한국 신학연구소, 1982, 410~411쪽.

7) 배경식, "민중과 민중사학", 역사비평 편집위원회 편, 『논쟁으로 본 한국사회 100년』, 역사비평사, 2000, 347쪽.

8) 조영래, 『전태일 평전』, 전태일재단, 2009, 301쪽.

9) 아마도 전태일이 '개신교 청년'이었다는 사실까지 함께 작용했으리라. 전태일은 삼 각산 임마누엘수도원에 머물던 1970년 8월 9일 일기에 다음과 같은 간절한 기도를 적었다. "8월 둘째 토요일. 내 마음의 결단을 내린 이날, 무고한 생명체들이 시들고 있는 이때에 한 방울의 이슬이 되기 위하여 발버둥치오니 하나님, 긍휼과 자비를 베 풀어주시옵소서." 조영래, 『전태일 평전』, 237~238쪽.

10) 서남동, 『민중신학의 탐구』, 한길사, 1983, 307, 353쪽.

11) 파커 J. 파머, 『비통한 자들을 위한 정치학: 왜 민주주의에서 마음이 중요한가』, 김찬호 역, 글항아리, 2012.

12) 안병무, "민중운동과 민중신학", 한국신학연구소 편, 『1980년대 한국 민중신학의 전 개』, 한국신학연구소, 1990, 25쪽.

13) 채희동, 『민중 성령 생명: 죽재 서남동의 생애와 사상』, 한국신약학회, 1996, 137쪽.

14) 강원돈 외, "대토론: 변화된 현실 속에서 민중신학이 나아갈 길", 죽재서남동목사기 념논문집편집위원회 편, 『전환기의 민중신학: 죽재 서남동의 신학사상을 중심으로』, 한국신학연구소, 1992, 46쪽.

15) 최형묵, "민중신학과 맑스주의", 『지구화시대 맑스의 현재성』, 문화과학사, 2003, 342쪽.

16) 김명수, 『안병무: 시대와 민중의 증언자』, 살림, 2006, 51쪽.

17) 안병무, 『민중신학 이야기』, 한국신학연구소, 1987, 285~286쪽.

18) 조현, "고난이 고난을 치유한다…김경재 목사 인터뷰", 『한겨레』(온라인판), 2021.3.17.

19) 이남희, 『민중 만들기: 한국의 민주화운동과 재현의 정치학』, 유리·이경희 역, 후마 니타스, 2015, 83쪽.

20) 사후(死後)에 발견된 조세희의 메모 중에는 시대와 불화해온 작가가 스스로에게 다 짐하는 것처럼 보이는 말도 있었다. "민중과 똑같이 살기를 바랐다. 민중이 부자가 될 때 그도 부자가 될 생각이었다. 국민이 가난할 때 부자가 되어 잘 사는 것은 죄악

이었다. 민중과 더불어 살고, 가난하고, 위험도 늘 따르는 그런 생활." 이문영, ""민중과 똑같이 살기를 바랐다" 당대 지배논리 맞선 '말의 저항'", 「한겨레」, 2023.3.4, 5면.

21) 조세희, "기계도시", 『난장이가 쏘아올린 작은 공』, 문학과지성사, 1978, 201쪽.

22) 조세희, "잘못은 신(神)에게도 있다", 『난장이가 쏘아올린 작은 공』, 235쪽.

23) 조세희, "은강 노동가족의 생계비", 『난장이가 쏘아올린 작은 공』, 215쪽.

24) 조세희, "난장이가 쏘아올린 작은 공", 『난장이가 쏘아올린 작은 공』, 83쪽.

25) 이종오, "한국사회 변혁운동의 전망", 한국사회학회·한국정치학회 편, 『한국의 국가와 시민사회』, 한울, 1992, 434쪽.

26) 장세훈, "민중생존권투쟁의 분출: 전태일의 분신과 광주대단지사건", 민주화운동기념사업회 연구소 편, 『한국민주운동사1: 제1공화국부터 제3공화국까지』, 돌베개, 2008, 656~657쪽.

27) 김진균, 『사회과학과 민족현실』, 한길사, 1988, 17쪽.

28) 강인철, "종교계의 민주화운동", 민주화운동기념사업회 연구소 편, 『한국민주운동사2: 유신체제기』, 민주화운동기념사업회, 2009, 363쪽. 안병무는 전태일 사건을 계기로 한 개신교의 변화를 이렇게 요약했다. "깊은 잠에 빠져 있었던 교회가 그 사건이 계기가 되어 눈을 뜨게 되고……NCC가 눈을 떠서 서울을 중심으로 수도권 산업선교회가 생겨났던 것입니다. 이것이 중심이 되어 1973년에 인권위원회를 발족시키게 되었습니다. 그리하여 소위 1970년대의 인권투쟁이라고 하는 일련의 사건이 박정권이 쓰러질 때까지 목사·학생·노동자들에 의해 계속해서 일어났던 것입니다"(안병무, 『민중신학 이야기』, 286쪽).

29) Kang In-Chul, "Religion and the Democratization Movement," *Korea Journal* 40 (2), 2000, p. 226.

30) 강인철, "종교계의 민주화운동", 411~412쪽.

31) 이기훈, "유신 전기 반독재민주화투쟁의 전개", 민주화운동기념사업회 연구소 편, 『한국민주 화운동사2: 유신체제기』, 돌베개, 2009, 140~141쪽.

32) 조동일, 『탈춤의 역사와 원리』, 6쪽.

33) 이영미, 『마당극 양식의 원리와 특성』, 33쪽.

34) 김광억, "정치적 담론기제로서의 민중문화운동", 54쪽.

35) 이영미, 『마당극 양식의 원리와 특성』, 46~48쪽.

36) 이두현은 탈춤과 관련된 용어를 이렇게 정리한 바 있다. "가면을 우리말로 '탈' 또는 '탈바가지'라고 하고, 가면무(假面舞)는 '탈춤', 가면극(假面劇)은 '탈놀이', 가면극 무대는 '탈판', 가면극 연희자를 '탈꾼'이라고 부르는 등의 용례를 볼 수 있다." 이두현, 『한국 가면극』, 한국가면극연구회 출판부, 1969, 47쪽; 이두현, 『의민 이두현 저작집2: 한국의 가면극』, 민속원, 2013, 49쪽.

37) 박인배, "문화패 문화운동의 성립과 그 방향", 441~449쪽; 황병주, "지식인과 문화예술인의 민주화운동", 민주화운동기념사업회 연구소 편, 『한국민주화운동사2: 유신체제기』, 민주화운동기념사업회, 2009, 476~479쪽.

38) 채희완, "해설: 마당굿의 과제와 전망", 채희완·임진택 편, 『한국의 민중극』, 창작과비평사, 1985, 6~8쪽.

39) 조동일의 석사학위논문은 '서울대 문리과대학 국문학연구회'에 의해 1968년 2월 발행된 『국문학연구』 5집에 "가면극의 희극적 갈등"이라는 제목으로 압축되어 수록되었다고 한다. 조동일, "조선 후기 가면극과 민중의식의 성장", 『창작과 비평』 24, 1972년 여름, 265쪽.

40) "한국 구비문학과 민중의식의 성장"은 김주연이 편찬한 『대중문학과 민중문학』(민음사, 1980)에 재수록되었다

41) 김성후, "[기자와 필화(1)] 한수산 필화사건: 필화사건 연루자 지금은…", 『기자협회보』(온라인판), 2008.8.20; 이충원, "'한수산 필화사건' 고초…손기상 전 중앙일보 기자 별세", 『연합뉴스』, 2022.11.5; 이경철, "5공 초기 문인-언론인 목줄죄기", 『중앙일보』(온라인판), 1991.5.23 등 참조.

42) 이영미, 『마당극 양식의 원리와 특성』, 45쪽.

43) 김월덕, "마당극의 공연학적 특성과 문화적 의미", 『한국극예술연구』 11, 2000, 373쪽.

44) 강성만 기자에 의하면, "그(채희완―인용자)는 70~80년대 대학가를 중심으로 타올랐던 민중극 운동의 중심인물이다. 탈춤과 마당극 운동의 대부로도 불린다. 서울대 미학과에 들어간 1970년 민속가면극연구회란 이름의 탈춤반을 만들어 다른 대학들로 확산시켰다. 전통연희를 계승한 최초의 마당극 〈진오귀굿〉(1973년, 김지하 대본)도 그(안무)와 임진택(연출) 작품이다. 1974년엔 국립극장 무대에 최초의 극장 마당극 〈소리굿 아구〉를 올렸다. 그는 여기서 안무와 여대생 역을 함께 했다. 그가 1978년 연출해 제일교회에서 공연한 김민기 노래극 〈공장의 불빛〉은 민중극의 고전으로

꼽힌다. 1974년 현장성을 지향하며 만든 공연단체 '한두레'는 80년대까지 저항적 민중문화운동의 본거지 노릇을 해왔다." 강성만, "3·1 민족명절 '광화문 큰줄당기기'로 다가올 100년 축원", 「한겨레」(온라인판), 2019.2.17.

45) 정경은은 1980년대에는 데모노래, 대학노래, 운동가요, 운동권가요, 운동권 노래, 시위용 가요, 저항가요, 구전가요 등 다양한 명칭이 혼용되었으며, 1970년대부터 발간되기 시작한 여러 노래집에서 민중가요라는 명칭이 처음 발견되는 사례는 1989년 서울대 노래패 '메아리'가 발행한 『메아리』 9집이었다고 판단했다(정경은, 『한국 현대 민중가요사』, 서정시학, 2008, 15쪽). 민주화운동기념사업회 편, 『노래는 멀리 멀리』(1~5권), 민주화운동기념사업회, 2006~2009에는 1977년부터 1992년까지 발표된 민중가요들이 수록되어 있다. 필자가 1988년 말까지의 언론 기사를 검색해본 '민중가요' 용례는 다음과 같다: "덴마크 민중가요"(경향신문, 1972.11.15, 4면), "삼국시대의 민중가요"(경향신문, 1984.7.10, 12면), 서울대 '메아리'의 "민중 지향적 가요와 구전 민요 가요를 모으는 작업"(조선일보, 1984.11.21, 8면), "특정 이데올로기나 사회적 항의의 수단으로 불려지는 민중가요"(경향신문, 1985.1.16, 9면), 신민요운동 모임인 "민중의 노래 민족의 노래"(동아일보, 1985.3.7, 6면), 압수 대상 서적인 민요연구회의 『갑자년에 울린 민족-민중의 노래』(조선일보, 1985.5.10, 10면), 서울대 메아리 회원들이 내건 현수막의 하나인 "민중의 땅 농촌에서 민중의 노래, 농촌가요를 농민과 함께 부릅시다"(조선일보, 1985.6.16, 11면), 민족학교가 운영하는 '시민노래교실'에서 "대중가요와 민중노래" 등의 강연(동아일보, 1987.10.30, 15면), 양심수 석방 시민가요제 참여 관련 "기존 민중가요 등을 원곡명과 개사 내용, 악보와 함께 접수"(한겨레신문, 1988.8.4, 5면), '노래를 찾는 사람들', "참다운 '민중가요' 위한 전기 삼을 터"(한겨레신문, 1988.10.8, 12면), "민중가요를 민중문화운동연합 노래패·김민기·정태춘 등이 소개"(한겨레신문, 1988.11.27, 6면), "80년 초부터 등장한 민중가요"(한겨레신문, 1988.12.3, 6면), 대학생 노래패 공연, "70년대부터 현재까지 이르는 민중가요의 흐름을……당시 상황과 결부시켜 발표"(매일경제, 1988.12.20, 12면; 한겨레신문, 1988.12.23, 7면). 이 기사들을 통해 1988년을 전후하여 공식 언론 지면에서도 '민중가요'가 보통명사로 정착하는 양상을 포착할 수 있다.

46) 원희복 기자에 의하면, "1969년 서울대 외교학과에 들어갔지만 외교·국제정치학 과목을 미국에서 배운 대로 옮기는 교수의 강의에 흥미를 잃었다. 임 명창은 연극반에

서 활동하다 탈춤반이 만들어지자 그리로 옮겨 김지하 등과 그 '유명한' 마당극을 만들었다. 그는 "마당극이라는 단어나 현상이 없던 시절에 마당극을 창조했다"면서 "농담이 아니라 코페르니쿠스적 발상의 전환"이라고 자찬했다. 1974년 그는 명동의 한 카페에서 정권진(1927~1986) 명창의 〈수궁가〉를 듣고 그를 찾아가 판소리를 배웠다. 그는 판소리를 배운 최초의 대학생이었다.……1970년대 초 마당극과 판소리 등 민중문화운동은 박정희 군사정권에 대한 풍자이자 저항수단이었다. 결국 그는 1974년 민청학련 사건 때 김지하 등과 함께 구속됐다." 원희복, "창작판소리 명창 임진택 "안익태 애국가, 국민의 수치"", 「경향신문」(온라인판), 2019.11.16.

47) 박인배, "문화패 문화운동의 성립과 그 방향", 442쪽.

48) 황병주, "지식인과 문화예술인의 민주화운동", 475~476쪽.

49) 이영미, 『한국 대중가요사』, 시공사, 1999, 247쪽.

50) 위의 책, 285~286쪽.

51) 정은경, "대구지역 노래운동의 형성과 전개: 노래패 '소리타래'의 사례를 중심으로", 『사회와 역사』113, 2017, 346쪽.

52) 천유철, 『오월의 문화정치: 1980년 광주민중항쟁 '현장'의 문화투쟁』, 오월의봄, 2016, 139쪽.

53) 위의 책, 150쪽 참조.

54) 이영미, 『한국 대중가요사』, 286쪽.

55) 정은경, "대구지역 노래운동의 형성과 전개", 350쪽.

56) 이보다 확대된 해석도 가능하다. 예컨대 1980년대 대학가의 대동놀이란 "운동권 학생들이 교내 체육대회나 축제 행사 시 공동체 의식을 함양한다는 명목하에 행사에 참가한 모든 학생이 편을 나누어 줄다리기, 기마전, 닭싸움, 차전놀이 등을 하는 것"을 가리킬 수도 있다. 국방부 정훈국, 『사상전에서 이겨야 산다: 급진 좌경 실상 비판』, 국방부, 1987, 279쪽.

57) 유해정, "새로운 대동놀이를 위하여", 정이담 외, 『문화운동론』, 공동체, 1985.

58) 박인배, "문화패 문화운동의 성립과 그 방향", 421, 424쪽.

59) '민중문화협의회 한두레'가 그 산하에 '민중문화연구소'를 두었는데, 이 연구소는 "참다운 민중문화 형성"을 목표로 내걸었다. 박인배, "문화패 문화운동의 성립과 그 방향", 452~453쪽.

60) 김현화, 『민중미술』, 11쪽.

61) 보다 구체적으로, 민중문화운동은 '저항적·변혁적 민중문화의 형성 및 확산'을 목적으로, 전통적인 민중문화의 재생·복원·계승, 시대적 요청에 부응하는 창작과 공연, 다양한 표현 매체를 통한 운동이념의 선전·확산·의식화, 문화운동 단체 형성을 포함하는 운동의 조직화, 독자적이고 고유한 새로운 민중예술 양식의 모색과 한국적 민중미학 탐구, 민중의 문화적 창조력 계발(즉 소비자 겸 창조자로서 민중 자신이 예술·문화의 주역이 되도록 돕는 것) 등의 활동을 망라하는 것으로 규정되었다. 채희완·임진택, "마당극에서 마당굿으로", 정이담 외 『문화운동론』, 공동체, 1985, 111쪽; 이영미, 『마당극 양식의 원리와 특성』, 33쪽 등 참조.

62) 강인철, 『경합하는 시민종교들』, 597~598쪽.

63) 김현화, 『민중미술』, 35~37쪽 참조. 민중미술 2세대 그룹인 '두렁'은 민속미술이 문학·음악·춤·그림 등이 분화되기 이전의 '총체적 예술'이었음을 강조하면서, 탈춤·굿·민화 등에 두루 관심을 가졌다(강인혜, "1980년대 민중미술 그룹 '두렁'의 작업에 나타난 설화, 민속, 샤먼의 의미", 『미술사학보』 52, 2019).

64) 원동석, "민중미술의 논리와 전망", 최열·최태만 편, 『민중미술 15년: 1980~1994』, 삶과꿈, 1994, 43~44쪽. 이영철도 이와 유사한 관찰을 제공한다. "지식인 작가의 전문성과 전시장미술의 한계를 극복하고 대중 또는 생활민중과 더불어 생산하고 수용되는 미술을 지향하는 움직임이 80년대 초에 시작된다. '민화와 같은 익명성의 미술을 함께 나누어 누리는' 방식을 취하는 소집단이 결성된 것이다. 83년 유화국면이 조성되는 무렵에 새롭게 등장한 이 그룹은 서울의 '두렁'과 광주의 '일과놀이'이다.…… '일과놀이'는 '광주자유미술인협의회'의 해체와 함께 광주 지역에 등장한 미술문화패이다"(이영철, "80년대 민족·민중미술의 전개와 현실주의", 최열·최태만 편, 『민중미술 15년: 1980~1994』, 삶과꿈, 1994, 108쪽).

65) 정이담 외, 『문화운동론』, 공동체, 1985, 3쪽.

66) 채희완, 『공동체의 춤 신명의 춤』, 103쪽.

67) 박인배, "문화패 문화운동의 성립과 그 방향", 427~429쪽.

68) 조동일, 『한국 가면극의 미학』, 한국일보사, 1975, 96쪽; 조동일, 『탈춤의 역사와 원리』, 108쪽.

69) 조동일, 『탈춤의 역사와 원리』, 46쪽.

70) 조동일, "조선 후기 가면극과 민중의식의 성장", 256쪽.

71) 조동일, 『탈춤의 역사와 원리』, 180~181쪽.

72) 위의 책, 147쪽.

73) 조동일, 『독서·학문·문화』, 38쪽.

74) 조혜정, 『탈식민지 시대 지식인의 글 읽기와 삶 읽기(1): 바로 여기 교실에서』, 또하나
의 문화, 1992, 23~24쪽. 이 책에서 그는 '식민지성'을 "지식과 삶이 겉도는 현상"으
로, '식민지적 사회'를 "자신의 문제를 풀어갈 언어를 가지지 못한 사회, 자신의 사회
를 보는 이론을 자생적으로 만들어가지 못하는 사회"로 정의했다(같은 책, 22쪽).

75) 최종욱, "인문과학 위기에 대한 담론 분석을 위한 시론", 학술단체협의회 편, 『한국
인문사회과학의 현재와 미래』, 푸른숲, 1998, 353쪽.

76) 조동일, 『우리 학문의 길』, 지식산업사, 1993, 186쪽.

77) 김윤수, "한국 미술의 새 단계", 백낙청·염무웅 편, 『한국문학의 현단계 II』, 창작과비
평사, 1983, 370쪽.

78) 조명래, "한국 공간환경학의 발자취", 한국산업사회연구회 편, 『현대한국 인문사회
과학 연구사: 80·90년대 비판학문의 평가와 전망』, 한울, 1994, 79쪽.

79) 조동일, 『우리 학문의 길』, 196쪽.

80) 한완상·백욱인, "민중사회학의 몇 가지 문제점들: 그 총체적 바탕을 다지기 위하여",
장을병 외, 『우리 시대 민족운동의 과제』, 한길사, 1986, 155~156쪽.

81) 김진균·조희연, "해방 이후 인문사회과학사의 비판적 재검토: 학문적 종속과 민족적
·민중적 학문의 전개", 김진균·조희연 편, 『한국사회론: 현대 한국사회의 구조와 역
사적 변동』, 한울, 1990, 특히 280~281쪽.

82) 김진균, "민족적·민중적 학문을 제창한다", 학술단체연합심포지움 준비위원회 편,
『80년대 한국 인문사회과학의 현단계와 전망』, 역사비평사, 1988, 16~17쪽.

83) 위의 글, 23쪽.

84) 김정근·박인웅, "한국 사회과학의 탈식민성 담론에 관한 서지 연구(I, II), 1945~1995",
『한국민족문화』 10, 1997.

85) 김진균·조희연, "해방 이후 인문사회과학사의 비판적 재검토", 287쪽.

86) 조희연, "책을 펴내면서", 학술단체연합심포지움 준비위원회 편, 『80년대 한국 인문
사회과학의 현단계와 전망』, 역사비평사, 1988; 김진균, "민족적·민중적 학문을 제

창한다", 같은 책.

87) 한완상, 『한국현실 한국사회학』, 범우사, 1992, 398~399쪽. 이 책에 실린 "한국사회학의 반성: 80년대 패러다임의 성격"(10장)은 이기홍과 한완상이 공동으로 집필한 글이다.

88) 김진균, 『사회과학과 민족현실』, 20쪽. 사회학자인 임영일도 한완상·이기홍·김진균과 거의 동일한 주장을 폈다. "60년대 말에 잠시 약간의 논쟁으로까지 진행된 사회과학의 '토착화론'도 한국사회의 '특수성'과 서구이론의 '보편성'에 대한 기계적이고 형이상학적인 인식을 벗어나지 못하"며, "서구이론의 보편성이라는 것도 결국은 서구사회의 역사 경험의 보편성에 대한 암묵적인 선험적 합의에 기반한 것이라는 점에서 '토착화론'은 결국 근대화론의 방법론적 변종에 불과한 것이었다"는 것이다(임영일, "사회학 연구의 동향과 과제", 학술단체연합심포지움 준비위원회 편, 『80년대 한국 인문사회과학의 현단계와 전망』, 역사비평사, 1988, 115~116쪽). 정치학자 정영태의 표현처럼 결국 토착론은 "서구이론에 집착하는 합리화"에 불과했다(정영태, "정치학 연구의 주요 쟁점과 그 연구 현황", 한국산업사회연구회 편, 『현대한국 인문사회과학 연구사: 80·90년대 비판학문의 평가와 전망』, 한울, 1994, 10쪽).

89) 이병천·윤소영, "전후 한국 경제학 연구의 동향과 과제", 학술단체연합심포지움 준비위원회 편, 『80년대 한국 인문사회과학의 현단계와 전망』, 역사비평사, 1988, 39~40쪽.

90) 이세영, "현대 한국 사학의 동향과 과제", 학술단체연합심포지움 준비위원회 편, 『80년대 한국 인문사회과학의 현 단계와 전망』, 역사비평사, 1988, 85쪽.

91) 조용범, 『후진국 경제론』(증보판), 박영사, 1981, 145쪽.

92) 김정근·박인웅, "한국 사회과학의 탈식민성 담론에 관한 서지 연구(I, II), 1945~1995", 112~113, 117~119쪽.

93) 박현채, 『한국 자본주의와 민족운동』, 240~244, 253, 323쪽.

94) 예컨대 『한국민중사』의 저자들은 "백남운으로 대표되는 사회경제사학자들"이 "서구 중심의 세계관에서 추출된 역사의 보편법칙에 우리 역사를 기계적으로 맞추는 데 주력하였기 때문에, '경제결정론' 혹은 '발전 단계의 공식주의'에서 벗어나지 못하였"다고 비판한 바 있다. 한국민중사연구회, 『한국민중사1: 전근대 편』, 풀빛, 1986, 30쪽.

95) 조동일, "한국 구비문학과 민중의식의 성장", 국제문화재단 편, 『한국의 민속문화』, 국제문화재단출판부, 1974, 135쪽.

96) 조동일, 『한국 가면극의 미학』, 207쪽.

97) 위의 책, 228쪽.

98) 조동일, 『탈춤의 역사와 원리』, 251~252쪽.

99) 채희완, 『공동체의 춤 신명의 춤』, 92, 99, 100쪽.

100) 강만길, 『분단시대의 역사인식』, 4, 26, 43, 46쪽 등 참조.

101) 백낙청, "민족문학 개념의 정립을 위해", 성민엽 편, 『민중문학론』, 문학과지성사, 1984, 72쪽.

102) 이규환, 『한국 교육의 비판적 이해』, 한울, 1993, 240~241쪽.

103) 이기훈, "유신 전기 반독재민주화투쟁의 전개", 138, 148, 155쪽.

104) 김찬국은 가장 먼저 해직된 민중신학자였다. 민청학련 사건으로 1974년에 일찌감치 해직되었으니 말이다. 해직 전후의 사정에 대해서는, 김찬국, 『성서와 현실』, 대한기독교서회, 1992, 361~374쪽에 실린 김동길과 이동준의 글을 볼 것. 김찬국은 1978년 출간한 『성서와 역사의식』에서 성서를 "민중의 책"으로 규정하는가 하면, 같은 해 출간한 『예언과 정치』에서는 아모스 이후 이스라엘 예언자들이 "민중의 소리를 대변"했다고 평가했다. 그는 1998년에는 안병무를 중심으로 민중신학 역사를 회고하는 글을 발표하기도 했다. 수상집인 『인간을 찾아서』(1980년)에 수록된 "눌린 자의 편에 서는 교회"나 "민중과 더불어 있는 지도자" 등의 글도 주목된다. 김찬국, 『성서와 역사의식』, 평민사, 1978, 110쪽; 김찬국, 『예언과 정치』, 정우사, 1978, 3, 67쪽; 김찬국, 『인간을 찾아서: 김찬국 수상집』, 한길사, 1980; 김찬국, "안병무 박사의 삶과 신학적 업적을 기리며", 심원안병무선생기념사업위원회 편, 『갈릴래아의 예수와 안병무』, 한국신학연구소, 1998.

105) 몇 가지 예를 들어보자. "지난 10년 나 자신도 적지 않게 달라졌다. 1960년대 기능론적 시각에 갇혀 있었고, 60년대 말부터 1970년 초까지 사회규정론적(社會規定論的) 입장에 서 있다가 70년 중반부터 학원 밖에 설 수밖에 없었기에 내 자신의 입장을 새롭게 조명해보았던 것이다. 기껏해야 '옆으로부터 보는 사회학'에 열중했던 자신을 확인한 것이다. 그때부터 '밑으로 보는 사회학'의 적합성과 정당성을 좀 더 뚜렷하게 볼 수 있었다. 이른바 민중사회학의 시각을 존중하게 되었다. 이 기간 국내외에서 소외의 아픔을 자주 체험하면서 밑으로 보는 시각의 올바름을 더욱 인정하게 되었지만, 내 삶 자체가 이 시각에서 보는 사회학을 체계적으로 정립하는 여유를 가질 수 없었다"(한완상, 『인간과 사회구조: 사회학이론과 문제점들』, 경문사, 1986,

4쪽). "사색과 경험의 바다로 나온 후 나는 많은 것을 보았고 증언할 수 있었다. 먼저 내 자신이 민중의 하나임을 깨닫게 되었다. 대학이란 제도 속에 안주해 있을 때는 나는 민중이다라고 하는 자의식(自意識)을 뚜렷하게 갖지 못하였다. 자기가 굉장한 문화적 엘리뜨나 된 줄로 착각했고 가끔 정치적 엘리뜨의 자문에 응하는 데서 그 어떤 보람 비슷한 것을 느낄 때도 있었다.……그러다가 세상에 나와서야 내가 민중의 하나가 될 수 있고 또 되어야 한다는 의식이 뚜렷해지기 시작했다. 학교를 떠나게 된 후부터 안으로는 새로운 세계의 지평을 맞으면서도 겉으로는 죄어오는 부자유를 느꼈기 때문에 내가 풀렸으면서도 계속 눌려 있는 자에 속한다는 생각이 더욱 뚜렷해지게 되었다. 그렇다. 민중이란 부당하게 그리고 교묘하게 눌리고 있는 사람들이다"(한완상, 『민중시대의 문제의식: 한완상 사회평론집』, 일월서각, 1983, 62쪽). "서회(대한기독교서회─인용자) 안에 한 평 정도의 자그마한 편집고문실을 마련해주셔서 저는 그곳에서 4년간 넓은 세상을 캠퍼스 삼아 생각하고 글 쓰고 강연하는 활동을 활발히 했습니다. 매달 『기독교사상』에 기고하면서 서울대 연구실에서는 상상할 수 없을 만큼 살아 있는 글을 쓸 수 있게 되었습니다. 서울대 연구실에서 쓴 전문적인 글이 분석적이고 추상적인 관찰의 글이었다면, 서회에서 쓴 글들은 고발적인 증언의 글이었습니다. 서울대에서 쓴 글이 차가운 머리로 쓴 글이었다면, 서회에서 쓴 글은 뜨거운 가슴으로 쓴 글, 온몸으로 쏟아낸 글이었습니다. 역사적 사건과 개인의 실존이 맞부딪치며 나온 글이었지요"(한완상, 『사자가 소처럼 여울을 먹고: 한완상 회고록』, 후마니타스, 2017, 160~161쪽).

106) 김병걸, "민중과 문학", 한국신학연구소 편, 『한국민중론』, 한국신학연구소, 1984; 김병걸, 『민중문학과 민족현실: 김병걸 평론집』, 풀빛, 1989.

107) 송기숙, "한국 설화에 나타난 민중혁명 사상: 선운사 미륵비결 설화와 동학농민전쟁의 민중적 전개", 장을병 외, 『우리 시대 민족운동의 과제』, 한길사, 1986; 송기숙, "한국 설화에 나타난 미륵사상", 김지하 외, 『미륵사상과 민중사상』, 한진출판사, 1988.

108) 황현일, "포스트 신자유주의 시대의 민중경제학", 『황해문화』 78, 2013, 459쪽.

109) 이문영, "일곡 유인호 선생은", 「서울신문」, 2007.10.9.

110) 유인호, 『민중경제론』, 평민사, 1982.

111) 노명식, "근대사회에서의 시민과 민중", 『월간 대화』, 1976년 11월호; 노명식, 『민중시대의 논리』, 전망사, 1979.

112) 김서중, "언론·출판계의 민주화운동", 민주화운동기념사업회 연구소 편, 『한국민주화운동사2: 유신체제기』, 민주화운동기념사업회, 2009, 436~443쪽.

113) 김진균 외, "토론: 분단시대의 지식인과 민중", 『한국사회연구3』, 한길사, 1985, 56쪽.

114) 『월간 대화』, 1976년 11월호, 63쪽.

115) 김대환 외, "좌담회: '민중' 이데올로기와 민중운동", 『신동아』, 1985년 7월호.

116) 한국신학연구소 편, 『한국민중론』, 한국신학연구소, 1984.

117) 유재천 편, 『민중』, 문학과지성사, 1984.

제5장 발원과 확산(1)

1) 김성재, "민중교육 방법론 연구", 395쪽.

2) 안병무는 '마당굿=한판=마당'에서 주객분리가 와해된 커뮤니타스를 본다. "사건은 그 사건에 참여하는 사람들을 나와 너의 개체화(Individuum → Individualisierung)와 주객 도식으로 분열시키지 않고 '우리'가 되게 한다. 마당판에서 연희자와 관객이 따로 놀지 않고, 주인공 따로 다른 연희자들 따로 나뉘어 후자가 배경으로 객체화되지 않은 채 '한판'을 이루어 어울리듯이." 강원돈, "민중신학: 민중 현실의 재발견과 신학의 민족화", 정민 외, 『80년대 사회운동 논쟁』, 한길사, 1989, 364쪽에서 재인용.

3) 서남동은 "내가 민중을 신학의 첫째 주제로 관심하게 된 직접적 계기는 한 민중의 시인을 알게 된 데 있습니다"라며 김지하의 영향을 고백한 바 있다(서남동, 『민중신학의 탐구』, 173쪽). 서남동은 민중신학의 등장을 알린 글 중 하나인 "예수·교회사·한국교회"에서부터 '유언비어' 등과 관련하여 김지하를 상세히 언급했고(서남동, "예수, 교회사, 한국교회", 『기독교사상』, 1975년 2월호, 64~65, 66~67쪽), 1975년 4월 발표한 "'민중'의 신학"에서는 "나 개인의 신학적 발상 과정에 있어서는 지하(芝河)의 시가 그 의식을 듣게 하는 '소리의 매체(媒體)'가 되었다는 것"을 인정했다(서남동, "'민중'의 신학", 『기독교사상』, 1975년 4월호, 88쪽). 서남동은 담시 〈장일담〉을 상세히 분석하면서 김지하를 아예 '민중신학자'라고 단정짓기도 했다(서남동, "두 이야기의 합류", NCC신학연구위원회 편, 『민중과 한국신학』, 한국신학연구소, 1982, 272~276쪽).

4) 예컨대 채희완의 다음 글을 보라. 채희완, "한국의 민중신학과 비판적 초월의 민중신명", 『새길 이야기』 14, 2004.

5) 강성만, "노래·춤·탈·마당극으로 '박형규 목사 일대기' 재현했어요", 「한겨레」, 2023. 2.7, 23면.

6) 조동일, 『우리 학문의 길』, 133쪽.

7) 조동일에 의하면, "서양 학문을 받아들이는 마땅한 방법이 토착화라는 주장은 부당하다.……토착화는 피동적인 작업에 지나지 않아……남의 학문을 따르기만 하는 노예 상태에서 어느 정도 벗어나 학문의 나그네가 되는 정도로 각성된 의식이 토착화론으로 표명된다. 한 걸음 더 나아가 학문의 주인이 되기 위해서는 서양 학문 자체에 대한 근본적인 비판을 하면서 우리 학문을 대안으로 제시해야 한다. 그렇게 하는 것이 토착화론을 뛰어넘는 창조론이다." 조동일, 『우리 학문의 길』, 211쪽.

8) 조동일, 『독서·학문·문화』, 115쪽.

9) 조동일, 『우리 학문의 길』, 156~157쪽.

10) 조동일, 『독서·학문·문화』, 117쪽.

11) 장석주, 『20세기 한국 문학의 탐험3』, 429쪽.

12) 장상철, "1970년대 '민중' 개념의 재등장", 120쪽.

13) 김지하, 『민족의 노래 민중의 노래』, 194~195쪽.

14) 이석규, "21세기 민중신학을 위한 한 제안", 『민중과 신학』 7, 2001, 47~50쪽 참조. '생명의 주체'로서의 민중에 대해서는, 김지하, 『밥』, 분도출판사, 1984, 125~181쪽의 "생명의 담지자인 민중" 참조.

15) 김지하, "생명의 담지자인 민중", 136쪽.

16) 조동일의 석사학위논문은 탈춤의 역사와 기원을 다루는 2장 "형성", 탈춤의 형식과 원리를 다루는 3장 "극작술(dramaturge)의 구조", 개별 과장들의 갈등구조를 분석하는 4장 "과장별 내용"을 중심으로 구성되어 있다. 특히 2장의 구성은 (1) 극중인물과 관중의 관계와 상호작용, 관중과의 대화, 악공(樂工)의 개입을 포함하는 '관중의 개입', (2) 시간과 공간에 의한 대립, 동시적 진행을 포함하는 '탈춤의 시간과 공간', (3) 무언(無言)과 유언(有言)의 적절한 활용, 극적 대변(代辯) 및 전복(顚覆)을 포함하는 '탈춤의 대사(臺詞) 방법', (4) 반복과 변화, 계기와 단락, 부분과 전체를 포함하는 '탈춤의 구성방법' 등으로 이뤄져 있다. 여기서는 '민중'보다 '평민'이나 '하층민'이라는

용어가 더 자주 사용되었다. 예컨대 "가면극이 농민의 예술에 그치지 않고, 이조 후기에 새로이 대두하던 상인을 중심으로 한 전 평민의 예술로 성장했다"는 표현에서 잘 드러나듯이(조동일, "가면극의 희극적 갈등: 형성, 형식, 내용의 세 측면에서", 서울대학교 석사학위논문, 1968, 200쪽), 그는 가면극을 '민중의 예술'이 아닌 '평민의 예술'로 규정했다.

17) 조동일, "조선 후기 가면극과 민중의식의 성장", 265쪽.

18) 위의 글, 234~235, 249쪽.

19) 조동일, "가면극의 희극적 갈등", 1쪽.

20) 조동일, 『한국 가면극의 미학』, 168쪽.

21) 위의 책, 13~14쪽.

22) 위의 책, 188쪽.

23) 조동일, 『탈춤의 역사와 원리』, 8쪽.

24) 채희완, "70년대의 문화운동", 한국기독교사회문제연구원 편, 『문화와 통치』, 민중사, 1982, 196쪽.

25) 조동일, "가면극 악사의 코러스적 성격", 『동서문화』 3, 1969. 이 글은 1975년 출간된 『한국 가면극의 미학』에 재수록되었다.

26) 채희완, "70년대의 문화운동", 197쪽.

27) 조동일, 『한국의 탈춤』, 이화여자대학교출판부, 2005, 65쪽.

28) 위의 책, 58~59쪽.

29) 조동일, 『한국 가면극의 미학』, 188쪽.

30) 위의 책, 169쪽.

31) 위의 책, 148쪽.

32) 위의 책, 151~154쪽.

33) 위의 책, 156~160쪽.

34) 위의 책, 160~163쪽.

35) 위의 책, 164~165쪽.

36) 김열규, "굿과 탈춤", 채희완 편, 『탈춤의 사상』, 현암사, 1984, 127~128쪽.

37) 허술, "전통극의 무대공간: 그 형태 및 기능과 관련하여", 『창작과 비평』 32, 1974년 여름, 341쪽.

38) 허술, "인형극의 무대", 김흥규 편, 『전통사회의 민중예술』, 민음사, 1980, 167쪽.

39) 허술, "전통극의 무대공간", 354~364쪽.

40) 허술, "인형극의 무대", 194쪽.

41) 허술, "전통극의 무대공간", 342, 358쪽.

42) 위의 글, 349~350쪽.

43) 위의 글, 350~351쪽.

44) '무대 구성의 두 가지 미학적 원리'에 대한 김우탁의 설명을 들어보면, "하나는 이른바 '입방체'의 원리고 또 하나는 '구체'의 원리로서 '입방체'의 원리는 관중이 앞에 있고 연기의 장이 앞무대 틀(proscenium arch) 뒤로 물러나 있는 이탈리아 형의 그림틀 무대(picture-frame stage)를 그 이상으로 하고 있고 '구체'의 원리는 원형경기장에서 보는 원형 무대나 돌출무대(apron stage)를 그 이상으로 하고 있으며 그림틀 무대는 구상적이고 사실적인 연극에, 원형 또는 돌출무대는 비구상적이고 환상적인 연극에 알맞다는 정설이 있"다고 한다. 김우탁, "연극으로서의 창극의 형식", 성균관대학교 대동문화연구원 편, 『한국인의 생활의식과 민중예술』, 성균관대학교출판부, 1984, 378쪽.

45) 허술, "전통극의 무대공간", 342~343쪽.

46) 위의 글, 347~351쪽.

47) 위의 글, 346~347쪽.

48) 위의 글, 351쪽.

49) 허술, "인형극의 무대", 192~193쪽.

50) 조동일, 『한국 가면극의 미학』, 186쪽.

51) 허술, "전통극의 무대공간", 358쪽.

52) 위의 글, 351쪽.

53) 위의 글, 364~365쪽.

54) 이영미, 『마당극 양식의 원리와 특성』, 284쪽. 유사한 취지에서 이영미는 "서사극이 인식 중심적인 영향전략의 한계에 매여 있는 것에 비해 마당극은 관객과 관객의 관계 설정에 영향을 미치며 쌍방향통신으로 자발성과 집단성을 고양하고 있음"을 지적하는 김원희의 연구를 높이 평가하기도 했다(같은 책, 30쪽).

55) 조동일, 『한국 가면극의 미학』, 139쪽.

56) 위의 책, 153쪽.

57) 채희완, "춤의 사회적 과제와 전망", 『실천문학』 1, 1980, 312, 314쪽.

58) 위의 글, 312~313쪽.

59) 임진택은 마당극을 "생활현장에서 연희자와 생활인들인 관중이 한덩어리가 되고 연희마당과 관중석이 서로 통하는, 재래의 전통연희의 원리를 계승한 연극"으로 정의했고, 김방옥은 "마당에서, 즉 (특정 장소로서의 의미가 아니라) 관객과 배우가 비슷한 차원에서, 현장감을 가지고, 즉 배우나 관객의 입장에서 볼 때, 극중 상황이 그들과 전혀 동떨어진 세계의 이야기가 아니라는 생생한 관심을 가지고 풍자나 비평의 내용을 가진 극을 공연 상황에서 적합한 순발력을 가지고 표현하는 극"으로 정의했다. 이영미, 『마당극 양식의 원리와 특성』, 25, 31쪽.

60) 이영미, 『마당극 양식의 원리와 특성』, 17쪽.

61) 위의 책, 295~299쪽.

62) 김월덕, "마당극의 공연학적 특성과 문화적 의미", 350~351쪽.

63) 이영미, 『마당극 양식의 원리와 특성』, 296쪽.

64) 위의 책, 283~294쪽.

65) 위의 책, 279~282쪽.

66) 위의 책, 297쪽.

67) 김재홍, "한국문학 속의 민중의식 연구: 민중시를 중심으로", 이정복 외, 『한국 민중론 연구』, 한국정신문화연구원, 1990, 127쪽.

68) 심우성, "한국 민속인형극 소고: 덜미(꼭두각시놀음)를 중심으로", 『창작과 비평』 26, 1972년 겨울, 825쪽.

69) 심우성, 『민속문화와 민중의식: 심우성 평론집』, 대화출판사, 1978, 7, 13, 63쪽.

70) 위의 책, 116~117쪽.

71) 조동일, "민중·민중의식·민중예술", 139쪽.

72) 김흥규 편, 『전통사회의 민중예술』, 민음사, 1980, 6쪽.

73) 이상일, "한의 삶을 역전시키는 힘: 민속문화 속의 민중", 『신동아』, 1980년 7월호, 154~156쪽.

74) 이상일, 『한국인의 굿과 놀이』, 문음사, 1981, 84~85쪽.

75) 이상일, "놀이문화와 민중의식: 대동놀이와 공동체의식의 탐구", 성균관대학교 대동

문화연구원 편, 『한국인의 생활의식과 민중예술』, 성균관대학교출판부, 1984, 195, 236쪽.

76) 김병걸, "민중과 문학", 64쪽.

77) 오종우, "진정한 연극을 위한 새로운 실험", 『실천문학』 1, 1980, 301~302쪽.

78) 위의 글, 307쪽.

79) 최열·최태만 편, 『민중미술 15년: 1980~1994』, 삶과꿈, 1994, i 쪽.

80) 김현화, 『민중미술』, 22쪽.

81) 김윤수, "한국 미술의 새 단계", 369쪽.

82) 현실과발언편집위원회 편저, 『민중미술을 향하여: 현실과 발언 10년의 발자취』, 과학과사상, 1990, 594~595쪽.

83) 최열·최태만, 『민중미술 15년』, 275쪽.

84) 위의 책, 282쪽.

85) 원동석, "누구의, 누구를 위한 길인가", 『실천문학』 1, 1980, 297, 300쪽.

86) 라원식, "빛고을의 작가, 홍성담의 '증언과 발언'", 김종길·박응주·이영욱 편, 『민중미술, 역사를 듣는다2』, 현실문화A, 2021, 598쪽.

87) 원동석, 『민족미술의 논리와 전망』, 풀빛 1985, 131쪽.

88) 위의 책, 129쪽.

89) 위의 책, 105~106쪽.

90) 한완상, 『민중사회학』, 종로서적, 1984, 62쪽.

91) 김창락, "민중신학에 있어서 민중의 의미", 정창렬 외, 『한국 민중론의 현단계: 분과 학문별 현황과 과제』, 돌베개, 1989, 113, 119쪽.

92) 안병무, "한국적 그리스도인 상(像)의 모색", 한국신학연구소 편, 『1980년대 한국 민중신학의 전개』, 한국신학연구소, 1990, 457쪽.

93) 한국신학연구소 편, 『민중신학자료』 제1권, 한국신학연구소, 2003, 3쪽.

94) 서광선, "한국의 민중신학", 한국신학연구소 편, 『1980년대 한국 민중신학의 전개』, 한국신학연구소, 1990, 53쪽.

95) 안병무, 『시대와 증언』, 한길사, 1978, 280쪽.

96) 안병무, 『불티』, 한국신학연구소, 1998, 349쪽.

97) 채희동, 『민중 성령 생명』, 9쪽에서 재인용.

98) 조현, "고난이 고난을 치유한다…김경재 목사 인터뷰", 「한겨레」(온라인판), 2021. 3.17.

99) 김창락, "민중신학에 있어서 민중의 의미", 120, 122쪽.

100) 황용연, "민중신학에서의 민중 용어의 작용에 대한 연구", 『신학사상』 190, 2020, 428 ~429쪽.

101) 문희석, "미가가 본 내 백성", NCC신학연구위원회 편, 『민중과 한국신학』, 한국신학 연구소, 1982, 105쪽.

102) 안병무, 『민중신학 이야기』, 23쪽.

103) 위의 책, 25쪽.

104) 서남동, 『민중신학의 탐구』, 174쪽.

105) 한국신학대학보, 1973.6.19, 1면; 현영학, "민중 속에 성육신해야", NCC신학연구위 원회 편, 『민중과 한국신학』, 한국신학연구소, 1982, 특히 17쪽.

106) 문희석, "미가가 본 내 백성", 105쪽.

107) 서남동, "'민중'의 신학", 85쪽.

108) 서남동, 『민중신학의 탐구』, 173쪽.

109) 이정희, "민중신학, '어디로?': 그 원천을 질문하면서", 이정희 외, 『민중신학, 고통 의 시대를 읽다』, 분도출판사, 2018, 192쪽.

110) 김희헌, 『서남동의 철학: 민중신학에 이르다』, 이화여자대학교출판부, 2013, 21쪽.

111) 강인철, "종교계의 민주화운동", 398~407쪽 참조.

112) 위의 글, 403쪽.

113) 서남동, "'민중'의 신학", 86~87쪽.

114) 서남동, "예수, 교회사, 한국교회", 53~67쪽.

115) 안병무, "민족·민중·교회", 『기독교사상』, 1975년 4월호.

116) 서남동, "민중(씨올)은 누구인가?", 유재천 편, 『민중』, 문학과지성사, 1984, 103쪽.

117) 안병무·박재순, "대담: 민중의 생명을 향한 민중신학", 『기사연무크2』, 한국기독교 사회문제연구원, 1990, 442쪽.

118) 김희헌, 『서남동의 철학』, 20쪽.

119) 서남동, 『민중신학의 탐구』, 174쪽.

120) 이대수, "한국 기독청년 에큐메니칼운동의 전개와 현황", 『기독교사상』, 1984년 10

월호, 82, 92쪽.

121) 문희석, 『민중신학』, 대한기독교출판사, 1977.

122) 문희석, "미가가 본 내 백성", 104~105쪽.

123) Kim Yong-bok ed., *Minjung Theology: People as the Subjects of History*, Singapore: Commission on Theological Concerns of Christian Conference of Asia, 1981.

124) NCC신학연구위원회 편, 『민중과 한국신학』, 한국신학연구소, 1982.

125) 金容福 編, 『民衆の神学』, キリスト教アジア資料センター 編訳, 東京: 教文館, 1984.

126) Deane William Ferm ed., *Third World Liberation Theologies: A Reader*, New York: Orbis Books, 1986.

127) 문동환, "민중신학의 전망: 제2세대 민중신학자들의 문제제기에 대하여", 『기사연무크2』, 한국기독교사회문제연구원, 1990, 413쪽.

128) 김용복, "21세기와 민중신학: 새 세기에 민중신학을 어떻게 할 것인가?", 『신학사상』 109, 2000, 55~60쪽.

129) 김경재, "역사의 주체는 민중이다", 『기독교사상』, 1976년 3월호, 77~85쪽.

130) 김창락, "민중신학에 있어서 민중의 의미", 137쪽.

131) 최형묵, 『보이지 않는 손이 보이지 않은 것은 그 손이 없기 때문이다』, 다산글방, 1999, 42쪽.

132) 김진호, 『반신학의 미소』, 삼인, 2001, 278~279쪽.

133) 강원돈, "우리 시대의 과제와 교회에 대한 새로운 이해", 죽재서남동목사기념논문집편집위원회 편, 『전환기의 민중신학: 죽재 서남동의 신학사상을 중심으로』, 한국신학연구소, 1992, 29쪽.

134) 권진관, "민중신학의 기본 흐름과 과제", 『성공회대학논총』 8, 1995, 18~25쪽.

135) 황용연, "민중신학에서의 민중 용어의 작용에 대한 연구", 426~447쪽.

136) 서남동, 『민중신학의 탐구』, 182쪽. 이런 구분은 함석헌 사상이 '존재론적-신앙적' 측면에 일차적인 초점을 맞추는 반면, 민중신학은 정치 '상황'과 고난의 '현장'의 측면을 우선적으로 강조한다는 박재순의 주장과 유사하다고 하겠다(박재순, 『민중신학과 씨올사상』, 천지, 1990, 277~281쪽 참조).

137) 서남동, "민중(씨올)은 누구인가?", 103쪽.

138) 이미숙, "서설: 현단계 민중교육에 대한 검토", 한완상 외, 『한국민중교육론: 그 이념과

실천전략』, 학민사, 1985, 16쪽; 정환규, "민중교육론의 이념과 성격", 같은 책, 153쪽.

139) 김광식, "민주정치교육의 현실과 과제", 문동환박사 고희기념논문집편집위원회 편,
    『평화교육과 민중교육: 문동환박사 고희기념논문집』, 풀빛, 1990, 210~211쪽.

140) 허병섭, 『스스로 말하게 하라: 한국 민중교육론에 관한 성찰』, 한길사, 1987. 이 책은
    학이시습 출판사를 통해 2009년에 재발간되었다.

141) 김인회, "[김인회의 살며 생각하며(1)] 교육학도가 무당연구를 시작하게 된 연유",
    「한국대학신문」(온라인판), 2015.1.4.

142) 김신일, "민족교육의 역사와 현실", 『한국사회연구3』, 한길사, 1985; 김신일, "민중
    교육론의 전개와 사상적 배경", 한국정신문화연구원 사회과학연구실 편, 『한국교육
    현실과 민중교육론』, 한국정신문화연구원, 1988. 서울대 교육학과에서는 이종각과
    '한국교육문제연구회'를 중심으로 '진보적 교육학 담론'과 '한국 교육학의 탈식민
    성 담론'이 형성되었지만[김정근·박인웅, "한국 사회과학의 탈식민성 담론에 관한
    서지 연구(Ⅰ, Ⅱ), 1945~1995", 22~24쪽], 이것이 민중교육론이나 민중교육학으로 연
    결되지는 못한 것 같다.

143) 김정근·박인웅, "한국 사회과학의 탈식민성 담론에 관한 서지 연구(Ⅰ, Ⅱ), 1945~1995",
    16, 19, 21, 38~39쪽.

144) 김인회, "민중과 사회교육", 한국신학연구소 편, 『한국민중론』, 한국신학연구소, 1984,
    253~254쪽.

145) 김정근·박인웅, "한국 사회과학의 탈식민성 담론에 관한 서지 연구(Ⅰ, Ⅱ), 1945~1995",
    92~93, 104~107쪽.

146) 김성재, "민족분단 극복을 위한 민중교육", 정창렬 외, 『한국 민중론의 현단계: 분과
    학문별 현황과 과제』, 돌베개, 1989, 155쪽.

147) 위의 글, 141쪽.

148) 위의 글, 145쪽.

149) 위의 글, 139, 156쪽. 허병섭은 1980년 설립된 '민중교육연구소'를 언급하고 있기도
    하다(허병섭, 『스스로 말하게 하라』, 11쪽).

150) 이 글은 "의식화 교육의 과제"라는 제목으로, 한완상 외, 『한국민중교육론: 그 이념
    과 실천전략』, 학민사, 1985, 102~110쪽에 재수록되어 있다.

151) 파울로 프레이리, 『교육과 의식화』, 채광석·심지연 역, 새밭, 1978; 파울로 프레이리,

『페다고지: 민중교육론』, 성찬성 역, 한국천주교평신도사도직협의회, 1979. 프레이리의 책 번역은 1980년대에도 이어졌다. 파울로 프레이리, 『실천교육학』, 김쾌상 역, 일월서각, 1986; 파울로 프레이리, 『교육과 정치의식: 문화, 권력 그리고 해방』, 한준상 역, 학민사, 1986.

152) 파울로 프레이리 외, 『민중교육론: 제3세계의 시각』, 김쾌상 외 역, 한길사, 1979.

153) 철학자이자 교육개혁가인 존 듀이의 '종교철학'에 가까운 저서 *A Common Faith*(공동의 신앙)가 교육학자인 임한영에 의해 『민중의 신앙』이라는 제목으로 1983년에 번역되기도 했다(존 듀이, 『민중의 신앙』, 임한영 역, 한양대학교출판원, 1983). 1985년에는 히라노 이치카와 마츠시마 준의 공동 편저서인 『서구 민중교육사』가 교육학자인 이원호에 의해 번역·출간되었다(平野一郎·松島鈞 편저, 『서구 민중교육사』, 이원호 역, 탐구당, 1985).

154) 김인회, "식민지 교육학은 극복되었나", 『한국사회연구1』, 한길사, 1983; 김인회, 『교육과 민중문화』, 한길사, 1983.

155) 한준상, "민중교육의 교육사회학적 이해", 한완상 외, 『한국민중교육론: 그 이념과 실천전략』, 학민사, 1985, 129~134, 141쪽. 같은 책에 "민중교육론의 이념과 성격"을 기고한 정환규도 한준상과 거의 동일한 취지로 교육사회학의 이론적 패러다임을 '체제이론'과 '비판론'으로 양분한 후, '비판론'을 다시 갈등론, 학교교육 비판론, 해방교육론, 의식화 교육론의 네 유형으로 세분했다(정환규, "민중교육론의 이념과 성격", 143~151쪽).

156) Paulo Freire, *The Politics of Education: Culture, Power and Liberation*, Donaldo Macedo tr., Westport: Bergin & Garvey, 1985.

157) 기독교야학연합회, 『민중야학의 이론과 실천』, 풀빛, 1985. 조승혁 목사는 또 다른 민중교육 현장인 '산업선교'를 '민중선교'의 개념으로 접근한 바 있다. 조승혁, 『한국교회와 민중선교의 인식』, 정암사, 1986.

158) 김성재, "한국민중교육의 성격", 『신학연구』 28, 1987, 56~57쪽.

159) 김인회, "민중과 사회교육", 한국신학연구소 편, 『한국민중론』, 한국신학연구소, 1984, 256~257쪽.

160) 위의 글, 259쪽.

161) 한완상, 『민중사회학』, 2~3쪽.

162) 한완상, 『한국현실 한국사회학』, 477쪽.

163) 조희연, "민중사회학의 발전적 심화론", 『신동아』, 1987년 4월호, 522쪽.

164) 김진균, "민중사회학의 이론화 전략", 61~62쪽.

165) 위의 글, 65쪽.

166) 정수복, "한완상과 비판사회학의 형성", 『한국사회학』 51(1), 2017, 367쪽.

167) 한완상, 『한국현실 한국사회학』, 439쪽.

168) 한완상은 1970년대부터 최근에 이르기까지 오랫동안 '역사적 예수' 탐구와 '한국교회(개신교회)에 대한 예언자적 비평'을 계속해왔다. 『저 낮은 곳을 향하여』(전망사, 1978)를 시작으로, 『하느님은 누구의 편인가?』(동광출판사, 1980), 편찬서인 『한국교회 이대로 좋은가』(대한기독교출판사, 1982), 번역서인 『예수·정치·사회: 누가복음 연구』(대한기독교출판사, 1983), 『예수 없는 예수 교회: 한국 교회가 회복해야 할 역사적 예수의 체취와 숨결, 그리고 그분의 꿈』(김영사, 2008), 『한국 교회여 낮은 곳에 서라: 길을 잃고 표류하는 우리 사회의 유일한 희망』(포이에마, 2009), 『바보 예수』(삼인, 2012), 『예수, 숯불에 생선을 굽다: 한완상 시대 증언집』(동연, 2021)과 같은 다수의 저서와 역서, 편찬서를 출간했다. 『새벽을 만드는 사람들』(동광출판사, 1984), 『역사에 부치는 편지』(삼민사, 1985), 『뿌리 뽑힌 몸으로: 한국과 미국을 다시 생각한다』(일월서각, 1985), 『지식인과 현실인식: 한완상 평론선집』(청년사, 1986), 『돌 쥔 주먹을 풀게 하는 힘: 한완상 에세이』(동연, 2021)에도 신학적 성찰이나 교회 비평이 비중 있게 수록되어 있다.

169) 한완상, 『사자가 소처럼 여울을 먹고』, 129~130쪽.

170) 한완상 외, 『깊은 신앙 넓은 신학: 한 평신도 교회의 증언』, 새길, 2002; 정선자 외, 『새길교회 20년사』, 새길, 2007; 새길교회 홈페이지(www.saegilchurch.or.kr)의 '새길 발자취' 참조(2021.12.3 검색).

171) 송건호·안병직·한완상, "좌담회: 민중의 개념과 그 실체", 68~69쪽.

172) 한완상, 『현대 사회학의 위기: 개방적 사회와 자율적 인간을 위하여』, 경문사, 1977. 한완상은 이 책을 1986년에 『인간과 사회구조』라는 제목으로 재출간하면서, 1976년 2월의 예기치 못한 해직으로 완성도를 충분히 높이지 못한 상태에서 처음 출간했노라고 회고했다. "내가 『현대 사회학의 위기』를 1975년에 준비하던 중 1976년 초의 가슴 아픈 체험을 안은 채 더 충실하게 다듬지 못하고 한 권의 책으로 세상에 내어

놓았다"(한완상 『인간과 사회구조』, 3쪽).

173) 한완상, 『민중과 지식인』, 정우사, 1978.

174) 한완상, "민중사회학 서설(序說)", 『문학과 지성』 33, 1978년 여름.

175) 한완상, 『민중과 사회: 민중사회학을 위한 서설』, 종로서적, 1980.

176) 한완상, 『한국현실 한국사회학』, 475쪽.

177) 김종철, "민중과 지식인", 한국신학연구소 편, 『한국민중론』, 한국신학연구소, 1984, 43쪽.

178) 한완상, 『사자가 소처럼 여울을 먹고』, 126~130, 162쪽 참조.

179) 김대환 외, "좌담회: '민중'이데올로기와 민중운동", 403, 410쪽.

180) 송복, "민중론에 대한 사회학적 분석", 이정복 외, 『한국 민중론 연구』, 한국정신문화연구원, 1990.

181) 이효재, "분단시대의 사회학", 『창작과 비평』 51, 1979년 봄; 이효재, 『분단시대의 사회학』, 한길사, 1985.

182) 노명식, 『민중시대의 논리』, 6쪽.

183) 위의 책, 12~27쪽.

184) 노명식, 『프랑스혁명에서 빠리꼼뮨까지: 1789~1871』, 까치, 1980.

185) 이광주, "민중의 서구적 논리와 계보", 『신동아』, 1980년 7월호, 135~136쪽.

186) 위의 글, 135쪽.

187) 김대환 외, "좌담회: '민중'이데올로기와 민중운동", 404쪽.

188) 이광주, "민중의 서구적 논리와 계보", 136쪽.

189) 김대환 외, "좌담회: '민중'이데올로기와 민중운동", 402쪽.

190) 이광주는 19세기 말부터 20세기 초의 제2차 산업혁명 및 과학혁명으로 도래한 '산업사회/대중사회'를 배경으로, '인민'이라는 플러스 심볼 측면에 '군중·우민(愚民)'이라는 마이너스 심볼의 측면이 겹쳐지게 되었다고 주장했다. 그는 1985년 좌담에서도 민중이 '격정적', '감정적'으로 되기 쉽다는 점을 강조했다. 이광주, "민중의 서구적 논리와 계보", 136~137쪽; 김대환 외, "좌담회: '민중'이데올로기와 민중운동", 409쪽.

191) 김영범, 『민중의 귀환, 기억의 호출』, 한국학술정보, 2010, 149쪽.

192) 강인철, 『민주화와 종교: 상충하는 경향들』, 한신대학교출판부, 2012, 374쪽.

193) 김종찬, "민중불교운동의 전개과정", 법성 외, 『민중불교의 탐구』, 민족사, 1989, 180

쪽; 조성렬, "현대 한국의 실천불교: 운동과 이념", 실천불교전국승가회·불교포럼 편, 『실천불교의 이념과 역사』, 행원, 2002, 428쪽.

194) 홍사성, "민중불교운동의 평가와 전망", 법성 외, 『민중불교의 탐구』, 민족사, 1989, 99쪽.

195) 김종찬, "민중불교운동의 전개과정", 181쪽.

196) 홍사성, "민중불교운동의 평가와 전망", 100쪽.

197) 한종만 편, 『한국 근대 민중불교의 이념과 전개』, 한길사, 1980, 4쪽.

198) 고은(표일초), "미륵신앙과 민중불교", 한종만 편, 『한국 근대 민중불교의 이념과 전개』, 한길사, 1980.

199) 고은, "미륵과 민중: 그 역사적 추구를 위하여", 황선명 외, 『한국 근대 민중종교사상』, 학민사, 1983, 228, 234쪽.

200) 위의 글, 242, 243, 259쪽.

201) 위의 글, 260쪽.

202) 위의 글, 264, 267쪽.

203) 문찬주, "민중불교 교관을 세우기 위한 시론", 『동국사상』 24, 1991.

204) 법성 외, 『민중불교의 탐구』, 민족사, 1989, 4쪽.

205) 경향신문, 1989.2.4, 9면; 조선일보, 1989.2.5, 13면; 한겨레신문, 1991.2.13, 8면; 한겨레신문, 1991.5.30, 15면 등 참조.

206) 서정기, 『민중유교사상』, 살림터, 1997.

207) 위의 책, 41~42쪽.

208) 서정기, "유교의 민중화선언", 『한겨레신문』, 1988.9.25, 7면.

제6장 발원과 확산(2)

1) 김재용, "80년대 이후 한국 근대문학 연구의 성과와 전망", 한국산업사회연구회 편, 『현대한국 인문사회과학 연구사: 80·90년대 비판학문의 평가와 전망』, 한울, 1994, 122쪽.

2) 위의 글, 118~119쪽.

3) 백낙청, "민족문학 이념의 신(新)전개", 『월간중앙』, 1974년 7월호.

4) 원영혁, 『한국의 민중문학과 중국의 저층서사 비교연구: 황석영·조세희·나위장·조정로의 소설을 중심으로』, 박문사, 2016, 65쪽.

5) 백낙청, "민족문학 개념의 정립을 위해", 71~72쪽.

6) 1983년에는 '일본 아시아·아프리카 작가회의'가 '아시아·아프리카·라틴아메리카(AALA) 문화회의'의 결과를 편찬해 낸 책이 신경림의 번역으로 창작과비평사에서 출간되기도 했다. 일본아시아·아프리카작가회의 편, 『민중문화와 제3세계: AALA 문화회의 기록』, 신경림 역, 창작과비평사, 1983.

7) 백낙청, "민족문학론의 새로운 과제", 『실천문학』 1, 1980, 225~226쪽.

8) 백낙청, 『인간해방의 논리를 찾아서』, 184~185쪽.

9) 성민엽, "서(緖): 형성 과정 속의 민중문학론", 성민엽 편, 『민중문학론』, 문학과지성사, 1984, 12쪽.

10) 황병주, "1970년대 비판적 지식인의 농촌 담론과 민족재현: 『창작과 비평』을 중심으로", 『역사와 문화』 24, 2012, 54쪽. 이와 비슷하게 '육체'와 '현장'을 중시하는 『창작과 비평』의 민중문학 담론에 주목한 연구로서, 손유경, "현장과 육체: 『창작과 비평』의 민중지향성 분석", 『현대문학의 연구』 56, 2015를 참조할 것.

11) "보천보 뗏목꾼들의 살림", 『실천문학1: 역사에 던지는 목소리』, 전예원, 1980, 374쪽. 창간호의 표지에서는 "민중의 최전선에서 새 시대의 문학운동을 실천하는 부정기간행물"이라는 글귀도 눈에 띈다.

12) 이철범, 『한국신문학대계(상): 일제하의 현실과 한국문학』, 경학사, 1970, 48쪽. 필자는 이철범의 민중 논의를 (황병주의 글과 더불어) 김병걸의 글을 통해 처음 알게 되었다 (김병걸, "민중과 문학", 79~80쪽 참조).

13) 경향신문, 1970.9.15, 5면.

14) 강정구, "진보적 민족문학론에서 민중 개념의 형성 과정 연구", 11쪽에서 재인용.

15) 조현일, "비상사태기의 문학과 정치: 1970년대 전반기 민중문학을 중심으로", 『민족문학사연구』 60, 2016, 38쪽.

16) 위의 글, 22쪽.

17) 신경림, "문학과 민중: 현대 한국문학에 나타난 민중의식", 『창작과 비평』 27, 1973년 봄, 5~6쪽. 신경림은 민중문학을 "민중의 삶의 모습을, 생활과 정서와 사상을 형상화

하는 일"로 정의하기도 했다(강정구·김종회, "민중 개념의 다양성과 그 변천 과정: 신경림의 민족문학론을 대상으로", 『현대문학의 연구』 43, 2011, 308쪽에서 재인용). 강정구·김종회는 신경림 민중 개념의 특징을 (1) 특권층과 대립하는 개념으로서 지배계층에 대한 피지배계층 전체를 가리키는 것, (2) 지식인에 상대되는 개념으로서의 민중, (3) 무사려(無思慮)한 근대주의에 대한 반대개념으로서의 민중, (4) 민족사의 발전이라는 측면에서 분단 현실을 거부하는 통일의 주체세력 등 네 가지로 정리한 바도 있다(같은 글, 305쪽).

18) 신경림, "문학과 민중", 5, 9, 14쪽.

19) 신경림, 『문학과 민중』, 민음사, 1977, 23쪽.

20) 위의 책, 14~23쪽.

21) 신경림, "문학과 민중", 19~24쪽.

22) 염무웅, 『민중시대의 문학: 염무웅 평론집』, 창작과비평사, 1979, 3~4쪽.

23) 염무웅, "도시-산업화 시대의 문학", 김주연 편, 『대중문학과 민중문학』, 민음사, 1980, 152쪽. 신경림·염무웅과 유사하게, 김병걸도 1983년에 처음 발표한 "민중과 문학"에서 "오랫동안 숨통이 끊어졌던 민중문학은 60년대 후반에서부터 서서히 다시 움트기 시작하여 70년대 초반에는 한국 현대문학의 현장에서 큰 문학적 조류를 이루게 되었다"고 해석했다(김병걸, "민중과 문학", 79쪽).

24) 염무웅, 『민중시대의 문학』, 283, 285쪽.

25) 조현일, "비상사태기의 문학과 정치", 38쪽.

26) 백낙청, "민족문학 개념의 정립을 위해", 65, 70, 79쪽.

27) 위의 글, 70~71쪽.

28) 이성욱, "소시민적 문학론의 탈락과 민족문학론의 분화", 정민 외, 『80년대 사회운동 논쟁』, 한길사, 1989, 306~311쪽.

29) 백낙청, "민족문학론의 새로운 과제", 229쪽.

30) 위의 글, 223~224쪽.

31) 성민엽, "민중문학의 논리", 성민엽 편, 『민중문학론』, 문학과지성사, 1984, 147, 161~162쪽.

32) 전상기, "'민중'과 '대중'의 관계론(/내재)적 함의: 1960년대 이후 한국문학장에서의 '민중' 논의의 현재적 의미", 『한국문학이론과 비평』 21(3), 2017, 7~13쪽.

33) 장상철, "1970년대 '민중' 개념의 재등장", 8~9쪽.

34) 강정구, "진보적 민족문학론에서 민중 개념의 형성 과정 연구", 10~12쪽; 강정구, "진보적 민족문학론의 민중 개념 형성론 보론", 『세계문학비교연구』 27, 2009, 51~53쪽.

35) 황광수, "과거의 재생과 현재적 삶의 완성: 『객주』와 『타오르는 강』을 중심으로", 백낙청·염무웅 편, 『한국문학의 현단계 II』, 창작과비평사, 1983, 237~261쪽. 『타오르는 강』은 1929년 광주학생독립운동까지 다룬 8~9권을 포함하여 2012년에 전체 9권까지 완간되었다. 문순태, "작가의 말", 『타오르는 강(1): 대지의 꿈』, 소명출판, 8쪽.

36) 조정래, 『태백산맥』(1~10권), 한길사, 1986~1989.

37) 박태순, 『국토와 민중: 박태순 기행』, 한길사, 1977.

38) 문병란, "농민과 농민문학: 민중시의 내용을 중심으로", 장을병 외, 『우리 시대 민족운동의 과제』, 한길사, 1986. 오세영은 대표적인 민중시로 김지하의 〈오적〉, 양성우의 〈겨울공화국〉, 신동엽의 〈껍데기는 가라〉 등을 예시한 바 있다. 그는 민중시인을 등단 시기별로 구분했다. 1950년대에 등단한 고은·신경림·민영·문병란, 1960년대 등단한 이성부·조태일·김지하·강은교·최하림, 1970년대 등단한 김광규·정희성·김준태·김명수·정호승·이동순·김명인·하종오·고정희·이시영 등을 각 시대를 대표하는 민중시인으로 제시했다. 아울러 1980년대에 새로 등장한 신인 그룹으로 황지우, 곽재구, 최두석, 김사인, 박노해, 김남주, 김정환, 김용택, 김진경, 임동확, 안도현 등을 꼽았다(오세영, "80년대 한국의 민중시", 『한국현대문학회 학술발표회자료집』, 한국현대문학회, 2001. 2, 13쪽).

39) 조남현, "문학으로 본 대중과 민중", 『신동아』, 1980년 7월호, 148쪽. 조남현은 '민중'과 '대중'을 유사한 의미로 사용했고, 민중문학과 참여문학·민족문학·시민문학·리얼리즘문학을 모두 비슷한 용어로 취급했다. 아울러 민중과 지식인은 '대립' 개념이자 '상호보완적' 개념이라면서, 문학이 누구나 소망하는 '대중사회 형성'—문학의 대중적 확산을 의미하는—과 '민중의식 제고'에 기여하는 길은 날카로움의 정신(비판의식)과 부드러움의 정신(사랑의 정신)을 결합하는 것이라 주장했다(같은 글, 150~151쪽 참조).

40) 성민엽, "민중문학의 논리", 145, 169쪽.

41) 강만길, 『분단시대의 역사인식』, 57~66쪽.

42) 윤택림, "탈식민지적 역사쓰기를 향하여: '탈근대론'적 역사해석 비판", 『역사비평』

58, 2002, 86쪽.

43) 윤택림, "탈식민 역사쓰기: 비공식 역사와 다중적 주제』, 『한국문화인류학』 27, 1995, 57쪽.

44) 이세영, "현대 한국 사학의 동향과 과제", 87쪽.

45) 강만길에 의하면, "한 시대 한 민족의 역사학은 그 민족사회의 시대적 요청에 절실히 부응할 수 있는 사론(史論)을 수립해나갈 수 있을 때 비로소 그 학문적 사명을 다할 수 있으며, 그것은 또 역사학이 그 민족사회의 역사적 현실과 올바르게 밀착되었을 때만 가능한 일"이다(강만길, 『분단시대의 역사인식』, 17쪽). 그는 "시대정신의 포착 및 그것을 위한 방향 정립"의 중요성을 내세우면서, "역사의 발전이란 각 시대마다의 시대정신에 충실한 역사 담당 주체세력의 확대 과정"(같은 책, 35, 37쪽)으로서, 식민 지화나 민족분단 등 '역사적 실패'의 근본 원인은 "민족사 내적 과제를 수행해나가기 위한 주체적 역량의 부족에 기인"한다고 보았다(같은 책, 66쪽).

46) 강만길, 『분단시대의 역사인식』, 5쪽.

47) 위의 책, 15쪽.

48) 정창렬, "한국에서 민중사학의 성립·전개 과정", 32~38쪽.

49) 위의 글, 38쪽.

50) 위와 같음.

51) 조동일, 『우리 학문의 길』, 195쪽.

52) 김진봉에 의하면, "3·1운동을 점화해서 이것을 각지로 신속히 연결지어주기까지는 기독교도를 비롯하여 천도교도 그리고 학생이 대부분 이를 주도하였으며, 이것을 이어받아서 널리 전파시키고 가장 많이 활동한 것은 역시 농민이라고 하겠다. 또 지역 단위별 운동 주체는 직업상으로는 종교단체 교육기관을 비롯하여 농어민 상인 관리 노동자 기생 등 모든 계열이, 신분상으로는 양반에서 천인에 이르기까지의 각 계층 의 출신이 모두 이를 담당하였다고 하겠다"(김진봉, "3·1운동과 민중", 356쪽). 요컨 대 "초기는 종교인과 학생 등의 지식층이 운동의 주도체가 되었으나 운동이 치열하 여짐에 따라 모든 계층이 지역 단위 운동의 주체가 되었다"는 것이다(같은 글, 365쪽).

53) 김진봉, "3·1운동과 민중", 356, 359~360, 365쪽.

54) 조맹기, 『천관우의 언론 사상』, 커뮤니케이션북스, 2015, 95쪽.

55) 천관우는 기본적으로 '근대화 지향의 민족주의사학' 입장을 고수했다. 그는 자신의

학부 졸업논문 지도교수였던 이병도가 주도한 진단학회와 실증사학에 대해서도 긍정적인 평가를 내렸다. 그에 의하면 "『진단학보』의 집필자들은 대부분이 민족주의사학에 속하는 사람들이었으나, 회보의 성과로 보아 특히 사론(史論)보다는 사실(史實)의 엄밀한 실증을 중시하는 사풍(史風)이 특징을 이루어, 아카데미즘사학의 면모를 농후하게 드러낸 이 학풍은 한국사학을 역사과학으로 이끌어가는 데 크게 공헌한 것이었다." 천관우, 『한국사의 재발견』, 일조각, 1974, 37쪽.

56) 예컨대 천관우가 1949년에 작성한 서울대 국사학과 학사학위논문을 수정하여 1952·1953년 『역사학보』에 발표한 "반계 유형원 연구"의 서두에는 "조선의 '근세'를 형성하는 내재적 계기는……혹은 불평지배층(不平支配層)의 속에 이루어진 개량주의적 사회사상으로, 나아가서는 민중의 실천적 반항 운동으로 나타나고 있다"는 대목이 나온다(천관우, 『조선 근세사 연구』, 일조각, 1979, 227쪽). 실학과 함께 민중의 저항운동을 근세의 두 가지 내재적 계기 중 하나로 인정한 것이다. 『신태양』 1958년 5·6월호에 "60년 전에 될 뻔했던 국회"라는 제목으로 처음 발표되었다가 1974년 『한국사의 재발견』에 "독립협회의 의회개설운동"이라는 제목으로 재수록된 글에서도 천관우는 민중을 저항적 맥락에서 자주 사용했다. "민중의 좌정(坐定)시위"나 "민중의 치열한 저항"과 같은 소제목도 두 차례나 등장하는 등 '민중-지식인 연대 세력'과 국가 간의 치열한 공방·긴장의 맥락에서 민중이 자주 등장했던 것이다(천관우, 『한국사의 재발견』, 298~318쪽 참조).

57) 천관우, 『한국사의 재발견』, 363, 375쪽.

58) 윤용혁, "전쟁에서 '민중'을 발견하다: 강진철의 대몽항쟁사 연구", 『한국사학보』 67, 2017; 임형수, "대몽항쟁 연구의 이정표 수립: 「몽고(蒙古)의 침입(侵入)에 대한 항쟁(抗爭)」 재조명", 『사총』 91, 2017.

59) 윤용혁, "전쟁에서 '민중'을 발견하다", 250쪽.

60) 서남동, "두 이야기의 합류", 256~259쪽 참조.

61) 현영학, 『예수의 탈춤: 한국 그리스도교의 사회윤리』, 한국신학연구소, 1997, 102~103쪽.

62) 김종철, "민중과 지식인", 43쪽.

63) 이기백, 『한국사 신론』, 일조각, 1976, 455~456쪽.

64) 이기백, "유물사관과 한국사학", 『한국사 시민강좌』 20, 1997; 전덕재, "이기백의 사학과 한국고대사 연구", 『한국고대사연구』 53, 2009, 90~91쪽.

65) 정무용, "민중과 역사: 1970년대 이후 민중사의 추이와 민중상의 변화", 『인문과학연구』 16, 2011, 158~160, 173쪽 참조.

66) 강만길, "실학사상과 정책 반영", 『문학과 지성』 14, 1973년 가을; 강만길, "실학론의 현재와 전망: 천관우 저 『한국사의 재발견』을 읽고", 『창작과 비평』 34, 1974년 겨울.

67) 강만길, 『분단시대의 역사인식』, 275쪽.

68) 강만길, 『한국현대사』, 창작과비평사, 1984; 강만길, 『한국근대사』, 창작과비평사, 1984.

69) 조광, "정약용의 민권의식 연구", 294, 339쪽.

70) 배항섭, "이이화의 삶과 민중사 연구", 『역사비평』 131, 2020, 9~11쪽.

71) 이이화, "허균이 본 호민", 279쪽.

72) 박성수, "한국사에 나타난 민중운동", 『신동아』, 1980년 7월호, 124쪽.

73) 위의 글, 125~127쪽.

74) 위의 글, 125, 127쪽.

75) 정창렬, "책머리에", 박현채·정창렬 편, 『한국민족주의론III: 민중적 민족주의』, 창작과비평사, 1985, 2, 12~13쪽.

76) 정창렬, "한국에서 민중사학의 성립·전개 과정."

77) 배경식, "민중과 민중사학", 349쪽.

78) 변태섭 외, 『전통시대의 민중운동(상): 만적의 난에서 평안도 농민전쟁까지』, 풀빛, 1981; 고승제 외, 『전통시대의 민중운동(하): 홍경래의 난에서 이필제 난까지』, 풀빛, 1981; 김의환 외, 『근대 조선의 민중운동: 갑오농민전쟁과 반일의병운동』, 풀빛, 1982.

79) 진덕규 외, 『19세기 한국 전통사회의 변모와 민중의식』, 고려대학교민족문화연구소 출판부, 1982.

80) 이현희, 『동학혁명과 민중: 한국 근대사상의 맥락』, 대광서림, 1985.

81) 한영우, "결산 70년대 한국문화 우리는 무엇을 남겼나(5): 민족사관과 민중의 재발견", 「조선일보」, 1979.10.25, 5면.

82) 정창렬, "한국에서 민중사학의 성립·전개 과정", 39쪽.

83) 이 글은 이후 『한국근대사론III』(1978년)과 『한국민중론』(1984년)에 각각 재수록되었다.

84) 안병직, "단재 신채호의 민족주의", 840쪽.

85) 송건호·안병직·한완상, "좌담회: 민중의 개념과 그 실체", 74~75쪽.

86) 안병직, "「조선불교유신론」의 분석: 그 사회사상사적 측면을 중심으로", 한종만 편, 『한국 근대 민중불교의 이념과 전개』, 한길사, 1980.

87) 조용범, "서문", 『한국 경제의 논리』, 전예원, 1981, 9쪽.

88) 조용범, 『후진국 경제론』, 3, 285쪽.

89) 위의 책, 253쪽.

90) 위의 책, 256~257쪽.

91) 조용범, "한국 경제학의 상황과 문제", 『한국 경제의 논리』, 324, 326쪽.

92) 위의 글, 328쪽.

93) 위의 글, 329쪽.

94) 조용범, "부조리는 어디서 오는가", 『한국 경제의 논리』, 308쪽.

95) 위의 글, 310쪽.

96) 위의 글, 310~315쪽.

97) 윤무한, "재야에서 강단을 뛰어넘은 민중경제의 큰 봉우리: 박현채의 『민족경제론』", 『내일을 여는 역사』 22, 2005, 256쪽.

98) 박현채, "민족경제론적 관점에서 본 민중론", 정창렬 외, 『한국 민중론의 현단계: 분과학문별 현황과 과제』, 돌베개, 1989, 42쪽.

99) 박현채, 『한국 자본주의와 민족운동』, 3쪽.

100) 위의 책, 72~74쪽.

101) 위의 책, 3~4쪽.

102) 김삼웅, 『박현채 평전: 시대와 대결한 불온한 경제학자의 초상』, 한겨레출판, 2012, 116쪽.

103) 박현채, 『민중과 경제』, 정우사, 1978, 8~9쪽.

104) 위의 책, 25쪽.

105) 김삼웅, 『박현채 평전』, 165~166쪽에서 재인용.

106) 박현채, 『한국 자본주의와 민족운동』, 특히 114~124쪽 참조.

107) 박현채, "민족경제론적 관점에서 본 민중론", 44쪽.

108) 박현채, "해방 후 한국 경제와 민중 생활의 변화", 유인호 외, 『민중경제론』, 민중사, 1982, 특히 100, 142쪽.

109) 위의 글, 141쪽.

110) 이 글은 김병걸·채광석 편, 『역사, 현실 그리고 문학: 80년대 대표평론선1』, 지양사, 1985에 재수록되었다.

111) 박현채, "민중과 문학", 김병걸·채광석 편, 『민족, 민중 그리고 문학: 80년대 대표평론선2』, 지양사, 1985.

112) 김삼웅, 『박현채 평전』, 175쪽.

113) 박현채, 『한국 자본주의와 민족운동』, 211~212쪽.

114) 위의 책, 173~174쪽.

115) 쥘 미슐레, 『민중』, 전기호 역, 율성사, 1979.

116) 전기호, "역자 후기", 쥘 미슐레, 『민중』, 전기호 역, 율성사, 1979, 300쪽.

117) 위의 글, 301~302쪽.

118) 유인호, "식민지 시대의 민중경제", 11쪽.

119) 위의 글, 96쪽.

120) 유인호, 『한국경제의 실상과 허상』, 평민사, 1979.

121) 유인호, 『민중경제론』, 154쪽.

122) 조용래, 『유인호 평전: 사회변혁을 꿈꾼 민중경제학자의 삶』, 인물과사상사, 2012, 427쪽.

123) 위의 책, 특히 4, 10, 428쪽; 김창근, "유인호의 '민족·민중·민주 경제론'이 21세기 한국 자본주의에 주는 시사점", 『진보평론』, 64, 2015.

124) 조용래, 『유인호 평전』, 424~426쪽. 아주 드문 사례지만, 유인호는 1972년 3월 『국제관계연구』를 통해 발표한 "일본 경제의 전후 성장의 기틀"이라는 논문에서 '인민'이라는 표현을 몇 차례 사용하기도 했다. "신흥국 인민", "피수탈국 인민", "아시아 14억 인민과 (일본) 1억 인민" 등이 그런 사례들이다(유인호, 『민중경제론』, 289~291쪽 참조).

125) 유인호, 『민중경제론』, 2~3쪽.

126) 위의 책, 4쪽.

127) 김윤환, "현대 산업사회와 민중운동", 『신동아』, 1980년 7월호, 120쪽.

128) 김윤환에 따르면, "오늘날에는 민중이 이해관계에 눈 뜨고 자기 역량을 깨달아 자기 몫을 찾고자 사회 담당자로서 등장하게 된 대중사회가 되었다는 것이다. 즉 합리

적인 인격주의의 고전적 인간상을 기반으로 한 19세기의 시민사회 속에 별안간 진입한 것이 비합리적 감정적 충동적인 인간상으로서의 대중 또는 민중이다." 김윤환, "현대 산업사회와 민중운동", 116쪽.

129) 김대환 외, "좌담회: '민중'이데올로기와 민중운동", 401쪽.

130) 김윤환, "노동과 경제윤리", 기독교사회문제연구원 편, 『민중과 경제』, 민중사, 1982. 그것은 유인호와 박현채를 제외한 이 책의 다른 필자들, 즉 이경의("한국의 경제 현실과 중소기업"), 김성훈("한국 농업문제의 회고와 전망"), 황병태("경제체제와 정치구조")의 글들도 마찬가지였다.

131) 김낙중, "민중적 민족경제 수립의 길", 유진경 외, 『한국경제의 현단계』, 사계절, 1985.

132) 조용래가 집필한 『유인호 평전』에 의하면, 유인호는 해방 직후 남조선노동당(남로당)에 가입한 데 이어, 한국전쟁 직전인 1950년 초에 밀항하여 일본에서 유학 생활을 하던 당시 일본공산당에 가입했다. 유인호는 동국대 교수이던 4·19 직후에는 학원민주화운동에 나섰다 해직당했고, 중앙대 교수이던 1980년에도 5월의 '지식인 134인 시국선언'에 참여했고, 그 직후인 6월에 김대중사건으로 투옥된 데 이어 8월에는 중앙대에서 해직당했다. 박현채는 한국전쟁 발발 직후인 1950년 10월 17세 나이에 입산하여 1952년 8월까지 2년 가까이 광주 일원에서 빨치산으로 활동했다. 그는 1979년 통일혁명당 재건에 가담한 혐의로 옥고를 치렀고, 1980년 5월에는 (유인호도 동참했던) '지식인 134인 시국선언'에 참여했다(김삼웅, 『박현채 평전』, 45~66, 125~128쪽).

133) 황선명, 『민중종교운동사』, 종로서적, 1980.

134) 학민사 편집부, "머리말", 황선명 외, 『한국 근대 민중종교 사상』, 학민사, 1983, 3쪽.

135) 황선명, "후천개벽과 혁세사상", 황선명 외, 『한국 근대 민중종교 사상』, 학민사, 1983, 33쪽.

136) 이부영, "민간신앙과 집단적 무의식", 성균관대학교 대동문화연구원 편, 『한국인의 생활의식과 민중예술』, 성균관대학교출판부, 1984; 서대석, "무속과 민중사상", 같은 책.

137) 서대석, "무속과 민중사상", 489~490쪽.

138) 류병덕, 『한국 민중종교 사상론』, 시인사, 1985.

139) 박승길, "한말 신흥종교의 혁세 정신(革世精神)과 민중의 자기 인식 방향과 유형", 한국사회사연구회 편, 『한국의 종교와 사회변동』, 문학과지성사, 1987; 박명규, "동

학사상의 종교적 전승과 사회운동", 같은 책; 조성윤, "일제하의 신흥종교와 독립운

동", 같은 책; 한완상·한도현, "민중종교의 종말론적 급진성: 동학에 나타난 조선 농

민의 혁명적 열망", 일랑고영복교수화갑기념논총간행회 편, 『사회변동과 사회의식

(2)』, 전예원, 1988.

140) 하비 콕스, 『민중의 종교』, 마경일 역, 전망사, 1980.

141) 정동익, "머리말", 송건호 외, 『민중과 자유언론』, 아침, 1984, 6쪽.

142) 김종철, "민중적 진실의 묵살과 왜곡: 최근 10년 한국언론의 행태", 송건호 외, 『민중

과 자유언론』, 아침, 1984, 99쪽.

143) 위의 글, 97~98쪽.

144) 이태호, "제도언론과 민중언론: 대학생과 재야의 언론관을 중심으로", 송건호 외,

『민중과 자유언론』, 아침, 1984, 30~47쪽.

145) 존 다우닝, 『변혁과 민중언론: 미국·서구·동구의 저항매체』, 김종철 역, 창작과비평

사, 1989.

146) 위의 책, 3~41쪽, 특히 20쪽.

147) 김종철, "역자 해설", 존 다우닝, 『변혁과 민중언론』, 388~389, 391쪽.

148) 위의 글, 392~393쪽.

149) 황문수, "민중의 역설성", 『신동아』, 1980년 7월호, 128~129쪽.

150) 위의 글, 131쪽.

151) 장일조, "한국 민중신학에 대한 몇 가지 테에제", 민영진 외, 『한국 민중신학의 조

명』, 한울, 1984; 장일조, "죽재를 위한 하나의 대화", 죽재서남동목사 기념논문집 편

집위원회 편, 『전환기의 민중신학: 죽재 서남동의 신학사상을 중심으로』, 한국신학

연구소, 1992.

152) 황필호, "해방신학과 민중불교의 비교분석", 법성 외, 『민중불교의 탐구』, 민족사,

1989, 278~279쪽.

153) 이준모, "민중의 주체성과 역사·사회성: 총체적 민중철학을 위한 서설", 정창렬 외,

『한국 민중론의 현단계: 분과학문별 현황과 과제』, 돌베개, 1989, 81쪽.

154) 구범모, "비교정치학 20년의 반성", 『한국정치학회보』, 2, 1967, 7쪽.

155) 김대환 외, "좌담회: '민중'이데올로기와 민중운동", 402, 409, 412쪽.

156) 위의 글, 404쪽.

157) 신복룡, 『동학사상과 갑오농민혁명』, 평민사, 1991, 366, 372쪽.

158) 이정복, "한국에 있어서의 민중론"; 이정복, "민중론의 정치학적 분석", 이정복 외, 『한국 민중론 연구』, 한국정신문화연구원, 1990; 길승흠, "한국의 경제성장과 민중 개념의 변천", 이정복 외, 『한국 민중론 연구』, 한국정신문화연구원, 1990.

159) 한상범, 『시민사상과 민중의 복권: 한상범 사회논집』, 서래헌, 1979.

160) 한상범, "민중론의 전개 방향", 122~123쪽.

161) 안병영, "역사의 주체로서의 민중", 유재천 편, 『민중』, 문학과지성사, 1984, 117~118 쪽.

제7장 급진화

1) 김성재, "민중교육 방법론 연구", 393쪽.

2) 김병익, "민중문학론의 실천적 과제", 김병걸·채광석 편, 『민중, 노동 그리고 문학: 80년대 대표평론선3』, 지양사, 1985, 128~130쪽.

3) 우석훈, "87년 이후 20년, 민중의 시대가 다시 도래하는가?", 『사회비평』 36, 2007, 30쪽.

4) 위의 글, 35쪽.

5) 임현진, 『한국의 사회운동과 진보정당: 〈한겨레민주당〉, 〈민중당〉, 〈개혁민주당〉, 〈민주노동당〉을 중심으로』, 서울대학교출판부, 2009, 67쪽.

6) 안병무·박재순, "대담: 민중의 생명을 향한 민중신학", 452~453쪽; 정상시, "민중교회의 대두와 한국교회의 갱신", 『기사연무크1: 진통하는 한국교회』, 한국기독교사회문제연구원, 1990, 40쪽; 최종철, "'민중교회'의 변화에 대한 사회학적 고찰", 『경제와 사회』 24, 1994; 한국민중교회운동연합 민중찬송가 편찬위원회 편, 『민중복음성가』, 사계절, 1990; 한겨레, 1993.1.29, 9면의 신철호 목사 인터뷰 기사도 볼 것. 김세훈에 의하면, 한민련 창립 이후 민중교회 숫자는 1990년까지 꾸준히 성장하다가 1991~1993년에는 정체 현상이 나타났다. 보다 구체적으로, 1988년 7월의 민중교회 숫자는 59개, 1989년 7월에는 89개, 1990년 12월에는 103개, 1991년 6월에는 106개, 1992년 7월에는 105개, 1993년 3월에는 105개였다(김세훈, "새로운 교회운동: 민중교회의 형성과 변화", 『사회와 역사』 44, 1994, 256쪽). 민중교회 혹은 민중목회를 돕기 위한 책자

들도 여럿 출간되었다. 한국기독교사회문제연구원 편, 『민중의 힘, 민중의 교회: 도시빈민의 인간다운 삶을 위하여』, 민중사, 1987; 한국기독교장로회 민중교회운동연합 편, 『바닥에서 일하시는 하나님: 민중선교의 현장』, 한국신학연구소, 1992; 한국여성신학자협의회, 『올곧은 신앙생활의 첫걸음: 민중교회 여성평신도 신앙 입문교재』, 여성신학사, 1992; 한국여성신학자협의회, 『한국 여성 민중목회자: 여성 민중목회 실태조사 보고서, 그들의 사역과 삶』, 여성신학사, 1994 등이 그런 예들이다.

7) 예컨대 광주광역시 5·18사료편찬위원회가 편찬한 『5·18 광주민중항쟁』(1999년)이나 『5·18민중항쟁사』(2001년), 5·18기념재단이 편찬한 다섯 권 분량의 『5·18민중항쟁과 정치·역사·사회』(2007년), 『그때 그 자리 그 사람들: 5·18민중항쟁 사적지 답사기』(2007년)와 같은 책자들을 통해 이런 사실을 확인할 수 있다.

8) 그 직전 '보수 야당 내의 보수파들'이 창당한 '민중민주당'도 존재한 바 있었다. 이 정당은 1986년 8월부터 1987년 4월 사이 '신한민주당'에서 일시적으로 분당했다가 재흡수되기까지 짧은 기간 동안만 존속했다.

9) '청사 편집실'의 "『민중』 제1권을 내면서"에서는 "『민중』을 편집하면서 길잡이가 될 몇 가지 기본적 관심" 중 하나를 다음과 같이 제시했다. "민족 외적·민족 내적 자유와 평등을 실현할 주체로서의 민중에 대한 관심입니다. 민중은 사회구조적 위치로 보아 민족 내부의 보편적 이익에 가장 충실할 수 있는 세력입니다. 특권적 혹은 특권지향적 사람들은 기득권에만 집착하기 때문에 사회적 전진에 역행하기 쉽습니다. 민중 특히 자각적 실천적 민중만이 이 시대 이 민족의 주체로서 유일한 희망일 것이라고 생각합니다." 청사 편집실 편, 『민중1』, 청사, 1983, 5쪽.

10) 예컨대 동아일보, 1991.7.15, 22면을 볼 것.

11) 동아일보, 1988.2.25, 6면; 경향신문, 1988.4.2, 9면; 동아일보, 1989.3.4, 8면; 조선일보, 1989.3.8, 9면; 매일경제, 1999.9.7, 33면; 조선일보, 1999.9.9, 36면 참조.

12) 한겨레신문, 1988.12.3, 7면; 경향신문, 1988.11.30, 9면.

13) 장진영, 『민중만화: 장진영 만화모음1』, 정음서원, 2020, 116쪽.

14) 니시 가츠조, 『(니시의학에 의한) 민중의학의 철학적 기초』, 양동춘 역, 광주출판사, 1986.

15) 조홍섭 편역, 『현대의 과학기술과 인간해방: 민중을 위한 과학기술론』, 한길사, 1984.

16) 한겨레신문, 1990.7.26, 11면.

17) 김진균, "민족적·민중적 학문을 제창한다", 14쪽.

18) 조명래, "한국 공간환경학의 발자취", 82쪽.

19) 박한용, "사상과 운동으로서의 한국 역사학을 위해: 1987년 이후 학술운동과 한국사 연구단체에 대한 단상", 역사학연구소 편, 『한국 민중사의 새로운 모색과 역사쓰기』, 선인, 2010, 114~115쪽.

20) 진보적 학술운동의 등장 요인으로, 이기홍과 한완상은 (1) 산업화 및 자본주의화라는 한국사회의 객관적 변화, 그 세계 속에서 노동하는 직접생산자들의 경험과 관념의 변화에 대한 해명의 필요성 대두, (2) 한국의 자본주의 전개에 부수되는 변동에 대한 능동적인 반응이었던 학문적 고뇌와 체제 비판의식을 가진 젊은 비판적 지식인들의 형성, (3) 지적 도구로서의 종속이론의 존재, (4) 경제 수준의 전반적인 상승으로 인해 과학적 작업을 용이하게 하는 조건들이 주어진 것, (5) 1980년 이후 대학원생 수의 큰 증가, (6) 기존 패러다임을 담은 교과서 이외의 지적 자원을 쉽게 접할 수 있게 된 것, (7) 광주항쟁으로 상징되는 1980년의 처절한 역사체험 등을 들었다. 한완상, 『한국현실 한국사회학』, 410~413쪽.

21) 한국산업사회연구회 편, 『현대한국 인문사회과학 연구사: 80·90년대 비판학문의 평가와 전망』, 한울, 1994, 4쪽.

22) 우리경제연구회, 『한국 민중경제사』, 형성사, 1987.

23) 전명혁, "'민중사' 논의와 새로운 모색", 『역사연구』 18, 2008, 11~14쪽.

24) 학술단체연합심포지움 준비위원회 편, 『80년대 한국 인문사회과학의 현단계와 전망』, 역사비평사, 1988: 한국산업사회연구회, 『현대한국 인문사회과학 연구사』; 학술단체협의회 편, 『한국 인문사회과학의 현재와 미래』, 푸른숲, 1998. 1988년 선집에는 모두 17편의 논문이 실려 있으나 표에는 분야별 혹은 총론적 학술사(學術史) 논문 성격을 띤 7편만으로 한정했다. 이에 따라 김재훈(경제학), 정관용(사회학), 장상환(경제학), 서관모(사회학), 지수걸(역사학), 이승희(정치학), 이종오(사회학), 김재현(철학), 조항제(언론학), 한지수(정치학), 조정환(문학)의 논문이 빠졌다. 1994년 선집의 경우, 기획 단계에는 포함되어 있던 경제학 분야가 필자 사정으로 누락되었다고 한다.

25) 학술단체연합심포지움 준비위원회 『80년대 한국 인문사회과학의 현단계와 전망』, 참조.

26) 한완상, 『한국현실 한국사회학』, 473~474, 484쪽.

27) 정창렬, "책머리에", 2, 12~13쪽.

28) 안병무, 『민중신학 이야기』, 5쪽.

29) 김진호, "역사주체로서의 민중: 민중신학 민중론의 재검토", 『신학사상』 80, 1993, 26쪽.

30) 최형묵, 『보이지 않는 손이 보이지 않은 것은 그 손이 없기 때문이다』, 다산글방, 1999, 230~232, 281, 295~299쪽; 서남동, 『민중신학의 탐구』, 4, 164~165, 357쪽; 서남동, "빈곤의 사회학과 빈민의 신학", 한국신학연구소 편, 『1980년대 한국 민중신학의 전개』, 한국신학연구소, 1990, 205~228쪽; 김희헌, 『서남동의 철학』, 105~107쪽; 안병무, "예수운동과 물(物)", 『1980년대 한국 민중신학의 전개』; 안병무·박재순, "대담: 민중의 생명을 향한 민중신학", 457~458쪽; 안병무, "예루살렘 성전체제와 예수의 대결", 『1980년대 한국 민중신학의 전개』, 특히 384쪽; 김용복, "경제생활에 대한 민중신학적 접근", 장을병 외, 『우리 시대 민족운동의 과제』, 한길사, 1986; 김용복, "민중교회론 시론", 『1980년대 한국 민중신학의 전개』, 514~519쪽; 김용복, "하나님의 정치경제: 경제적 정의의 새로운 개념을 위하여", 안병무 박사 고희 기념논문집 출판위원회 편, 『예수·민중·민족: 안병무 박사 고희 기념논문집』, 한국신학연구소, 1992, 290~338쪽 등 참조.

31) 두 책의 사이에 또 다른 민중신학 논문 선집인 『한국 민중신학의 조명』이 1984년에 출간되었다. 이 책 집필진으로는 민영진, 전경연, 김경재, 장일조 등 4명이 참여했다. 기존에 발표된 논문 선집이 아니라 크리스챤아카데미 측의 기획과 청탁에 의해 작성된 글들이었다. 이 책의 발간사를 당시 크리스챤아카데미 원장인 강원용 목사가 썼는데 그 내용 자체가 민중신학에게 결코 호의적이지 않았다. 특히 필자 중 한 사람인 전경연은 민중신학에 대해 노골적인 적대감을 표출했다. 민영진 외, 『한국 민중신학의 조명』, 대화출판사, 1984.

32) 여익구, 『민중불교입문』, 풀빛, 1985; 한국대학생불교연합회, 『민중불교세미나1: 입문 편』, 도서출판 여래, 1985; 불교사회문화연구원 편, 『한국불교의 현실과 전망』, 지양사, 1986; 김지하 외, 『미륵사상과 민중사상』, 한진출판사, 1988; 여익구, 『민중불교철학』, 민족사, 1988; 진상 외, 『민중불교를 말한다』, 일주문, 1988; 법성 편, 『민중선을 말한다』, 근본불교연구소, 1988; 법성, 『앎의 해방 삶의 해방: 근본불교의 인식론과 실천론』, 한마당, 1989; 법성 외, 『민중불교의 탐구』, 민족사, 1989. 1990년대 이후에도 몇 가지 단행본이 추가되었다. 정의행, 『한국불교 통사: 우리 민중불교사의 복원』, 한마당, 1992; 김재영, 『초기 불교 개척사』, 도피안사, 2001; 실천불교전국승가회·불교

포럼 편,『실천불교의 이념과 역사』, 도서출판 행원, 2002 등 참조.

33) 경향신문, 1989.5.9, 15면.

34) 한국민중사연구회,『한국민중사1,2』, 풀빛, 1986.

35) 강만길 외, "80년대 민중사학론, 무엇이 문제인가: 한국 역사학계의 새 기류와 90년 대 전망",『역사비평』 7, 1989, 28~29, 35쪽.

36) 김득중, "1980년대 민중의 발견과 민중사학의 성과와 한계",『내일을 여는 역사』 24, 2006, 54, 56쪽.

37) 김인걸에 따르면, 현대사 관련 논문은 1973년에는 1편에 불과했고, 1978년까지도 1~2 편에 머무르다가, 1979년에『해방전후사의 인식』 1권이 나오면서 10편으로 늘어나, 1985년까지 유사한 추세가 지속되었다. 1984년까지는 '근현대' 관련 논문이 130편 정도 되다가 1985년에 215편으로 늘어나는데, 1985년에조차도 '현대사' 연구 논문 은 7편에 불과했다. 그러다 1987년에는 근현대 256편 중 현대사 23편, 1988년에는 현 대사 41편, 1989년에는 상반기에만 현대사 33편이 발표되었다. 1985년 후반 내지 1986년부터 학술논문 형태의 현대사 연구 성과가 본격적으로 생산된 것이다. 강만길 외, "80년대 민중사학론, 무엇이 문제인가", 22쪽.

38) 한상진, "민중과 사회과학", 유재천 편,『민중』, 문학과지성사, 1984; 한상진, "「민중 사회학」의 이론구조와 쟁점: 방법론적 논의",『사회과학과 정책연구』 8(1), 1986; 한 상진, "민중사회학의 「민중론」 비판",『신동아』, 1987년 4월호; 한상진,『민중의 사회 과학적 인식』, 문학과지성사, 1987; 한상진,『중민이론의 탐색』, 문학과지성사, 1991; 한상진, "한국사회와 민주화: 중민의 권능화와 그 미래", 한완상 편저,『한국사회학: 한국사회에 대한 이해와 전망』, 민음사, 1996; 한상진,『중민이론과 한국사회』, 중민 출판사, 2015.

39) 주강현, "역사민속학의 궤적과 전망",『역사민속학』 35, 2011; 주강현, "한국역사민속 학의 모색과 궤적",『역사민속학』 47, 2015 등을 참조.

40) 주강현, "역사민속학의 궤적과 전망", 12쪽.

41) 한국역사민속학회 편,『역사 속의 민중과 민속』, 이론과실천, 1990.

42) 안병무, "머리말", 한국신학연구소 편,『한국민중론』, 한국신학연구소, 1984, 6~7쪽.

43) 김정인, "이념서클을 통해서 본 학생운동 조직문화의 변화", 374쪽. 1980년대 민중불 교를 대표하는 이론가였던 법성도 1980년 5월에 "세계관의 일대 전환"을 겪었다고

말한 바 있다(법성, 『앎의 해방 삶의 해방』, 9쪽).

44) 김진균은 "민족적·민중적 학문을 제창한다"라는 제목의 발표에서 이렇게 말했다. "80년대는 사회구조·사회운동·사회인식에 있어서 70년대와는 질적으로 다른 지평을 보여주고 있다. 구조적 측면에서는 60년대 이후 종속적 자본주의화를 통해 한국 사회의 전반적 구조가 자본주의적 재편과정을 겪게 되었고, 그에 따른 사회경제적 모순과 계급갈등이 전면적으로 노정되기에 이르렀고, 운동의 측면에서도 70년대의 소시민적 민주화운동이 민족적·계급적 과제를 해결하고자 하는 변혁운동으로서의 자기 성격을 명확히 하기에 이르렀으며, 사회 인식의 측면에서는 사회의 각 영역에서 진보적이고 변혁적인 인식이 보다 광범위하게 정착되고 확산되기에 이르렀다"(김진균, "민족적·민중적 학문을 제창한다", 13쪽). 전명혁은 마르크스주의와 노동운동에 기초한 '비합법조직'에 초점을 두고 1980년대 사회운동의 특징을 정리한 바 있다. "1980년대 비합법조직은 마르크스주의와 노동자운동에 기반을 두어 '사회주의 정치'를 실현하려고 했다. 1980년대 전반기 주로 학생운동 내부에 뿌리를 두고 있던 이들은 1980년대 중반부터 점차 노동운동으로 기반을 이전, 확장하면서 한국사회의 근본적 변혁을 지향했다. 그들은 사회주의 당 운동을 공개적으로 할 수 없는 조건 속에서 비합법적 형태를 띠고 전위조직과 대중운동을 전개했다"(전명혁, "1987년 시기 비합법 정치조직의 형성과 이념적 분화", 『마르크스주의 연구』 3(1), 2006, 252쪽).

45) 원종찬, "새로운 시대의 민중운동과 시민운동을 위하여", 『창작과 비평』 81, 1993년 가을, 19쪽.

46) 1985년부터 사회구성체 논쟁이 시작되었다. 같은 해 학생운동권에서 '마르크스주의화 과정이 완료'되고 '변혁론적 전망'이 확고해진 가운데 마르크스-레닌주의를 수용하기 시작했다. 역시 1985년 6월에 "지식인운동과 노동자운동의 결합" 속에서 "한국전쟁 이후 최초의 노동자 정치투쟁"이었던 '구로동맹파업'이 벌어졌다. 1986년 여름까지 '민족해방파'(반제투쟁파)가 학생운동의 주도권을 장악했다(배성준, "민중사학의 역사를 재구성하기: 역사학 비판의 관점에서", 역사문제연구소 민중사반, 『민중사를 다시 말한다』, 역사비평사, 2013, 105쪽). 학생운동가들의 마르크스-레닌주의 수용과 관련하여 조희연은 1985년 후반기의 이른바 '원전(原典) 학습 붐', 즉 "85년 후반기에 광범위하게 일기 시작한 레닌 저작과 러시아 볼셰비키혁명에 대한 학습 붐"을 지적한 바 있다(조희연, "사회구성체 논쟁1: 정치노선 정립에 기초가 되었던 논쟁",

정민 외, 『80년대 사회운동 논쟁』, 한길사, 1989, 229쪽). 마찬가지로, 허은도 유신 시
대에 학생운동 출신자들이 다수의 출판사를 설립했고, 이를 통해 번역된 '이념 서적'
이 1982년 39종, 1983년 48종, 1984년 50종이나 되었고, 여기에다 국내에서 저술된 서
적까지 합치면 무려 200여 종에 이른다고 분석했다. 그는 학생운동 안에서 본격적인
사회주의 서적 학습이 시작된 때는 1985년부터이고, 또래집단 대부분이 마르크스나
레닌에 대한 원전을 읽을 필요가 있다는 공동인식이 생긴 때는 1986년이 되어서이
며, "학생들이 마르크스-레닌주의 원전을 본격적으로 탐독하기 시작한 때는 1985년
부터"였다고 명시했다(허은, "1980년대 상반기 학생운동 체계의 변화와 학생운동 문
화의 확산", 이호룡·정근식 편, 『학생운동의 시대』, 선인, 2013, 179쪽). 1985년 들어
군사정권과 지배층도 1983~1984년의 '유화국면'을 종결하고 강경 억압정책으로 전
환했다(김현화, 『민중미술』, 41~43쪽). 이런 정책변화로 탄압-충돌-급진화-탄압의
과정이 더욱 가속되었다.

47) 정영태에 따르면, "80년대 후반 이후 나타난 정치학계의 다양한 논의 구도는 맑스-
레닌주의는 물론 온건한 '민족주의론'마저도 사회주의나 공산주의와 동류로 취급되
어 공개적인 논의와 출판이 금지되었고, 우리의 현실과는 전혀 무관하거나 심지어
외세와 '천민'자본가 그리고 억압적인 반민주적 정권을 정당화했던 수입된 방법론과
이론들이 학계를 지배했던 70년대의 상황과 비교해볼 때 실로 '혁명적인' 변화라고
할 수 있다. 이런 지적 풍토의 변화는 논의의 다원화와 질적 심화, 그리고 '토착화'를
촉진하는 데 기여하였다고 평가되고 있다." 정영태, "정치학 연구의 주요 쟁점과 그
연구 현황", 15쪽.

48) 이용기, "6월항쟁 시기 NL-CA 논쟁", 역사비평 편집위원회 편, 『논쟁으로 본 한국사
회 100년』, 역사비평사, 2000, 360~364쪽.

49) 전명혁, "1987년 시기 비합법 정치조직의 형성과 이념적 분화", 242~245쪽. 여기서
MT는 '민투'(반독재민주화투쟁위원회)를, MC는 '주류'를 일컫는다. CA는 Constituent
Assembly 혹은 Constitutional Assembly의 약어로 '제헌의회그룹'을 가리킨다(같
은 글, 243, 245쪽). NL은 National Liberation의 약어이다.

50) 여기서 CDR은 Civil Democratic Revolution, NDR은 National Democratic Re-
volution, PDR은 People's Democratic Revolution의 약어이다.

51) 전명혁, "1987년 시기 비합법 정치조직의 형성과 이념적 분화", 242쪽.

52) 정학주, "해방 후 한국교육의 구조적 갈등", 김진균·조희연 편, 『한국사회론: 현대 한국사회의 구조와 역사적 변동』, 한울, 1990, 274쪽.

53) 여기서 NLPDR은 National Liberation People's Democratic Revolution의 약어이다.

54) 김진균·조희연, "해방 이후 인문사회과학사의 비판적 재검토", 293~295쪽.

55) 정수복, "한완상과 비판사회학의 형성", 388쪽; 김동춘, "한국 사회과학의 반성과 21세기 전망", 학술단체협의회 편, 『한국 인문사회과학의 현재와 미래』, 푸른숲, 1998, 374쪽.

56) 김동춘, "한국 사회과학의 반성과 21세기 전망", 361쪽.

57) 유팔무·김호기, "한국 비판사회학의 궤적, 1988~1998", 학술단체협의회 편, 『한국 인문사회과학의 현재와 미래』, 푸른숲, 1998, 98~99쪽.

58) 조명래, "한국 공간환경학의 발자취", 81쪽.

59) 유팔무·김호기, "한국 비판사회학의 궤적, 1988~1998", 98쪽.

60) 김진균, 『사회과학과 민족현실』, 22쪽.

61) 유팔무·김호기, "한국 비판사회학의 궤적, 1988~1998", 99쪽.

62) 백욱인, "과학적 민중론의 정립을 위하여", 『역사비평』 3, 1988, 119~120쪽; 김진균, "민족적·민중적 학문을 제창한다", 19~20쪽; 임영일, "사회학 연구의 동향과 과제", 116~117쪽; 배경식, "민중과 민중사학", 347쪽; 장훈교, "공간적 은유의 전환: '구성적 외부'에서 바라본 민중과 민중사에 대한 연구노트", 『역사연구』 18, 2008, 34, 41쪽; 전명혁, "'민중사' 논의와 새로운 모색", 16쪽 등을 보라.

63) 예컨대 『난장이가 쏘아올린 작은 공』의 조세희 작가는 2세대 민중문학 이론가에 의해 "감상적 온정주의"로 비판받았다. 이세영 기자에 의하면, "대학생이 돼 알게 된 건 그의 작품에 대한 평가가 우호적이지만은 않다는 사실이었다. 계급과 혁명에 대한 강박이 가슴 뜨거운 이들의 의식을 무겁게 짓누르던 시절이었다. 그의 이야기는 곧잘 리얼리즘 계열에 속해 있던 또 다른 저명 작가의 단편과 비교당했다. 둘의 차이가 "노동계급에 대한 근원적 신뢰인가 감상적 연민인가에 있다"는 평은 점잖은 축에 속했다. 민중문학 하는 쪽의 이름난 비평가는 그의 책이 "노동운동을 감상적 온정주의의 대상으로 만들어 혁명적 전망을 차단한다"고 쏘아붙였다." 이세영, "부끄러움이 우리를 구원한다", 『한겨레』, 2023.1.5, 27면.

64) 이용기, "민중사학을 넘어선 민중사를 생각한다", 『내일을 여는 역사』 30, 2007, 201~202쪽.

65) 채희동, 『민중 성령 생명』, 192~193쪽.

66) 백욱인, "과학적 민중론의 정립을 위하여", 120~121쪽. 정민도 1980년대 진보 학계의 동향을 1980~1985년의 '뉴레프트 시기'와 1986년 이후의 '정통 마르크스주의 시기'로 양분했다. 이 가운데 '뉴레프트 시기'는 (1) 프랑크푸르트학파의 비판이론, '청년 마르크스의 재발견'을 통한 마르크스주의의 휴머니즘적 측면에 대한 강조로 특징지어지는 1980~1981년, (2) 종속이론의 도입과 한국사회 적용 시도, '저발전의 발전' 이론에서 '종속적 발전론'에로의 전환으로 특징지어지는 1982~1983년, (3) 알튀세르 등의 '구조주의적 마르크스주의'에 기초한 국가론·계급론·사회구성체론의 풍미로 특징지어지는 1984~1985년으로 구성된다는 것이 정민의 주장이었다. 정민, "80년대 사회운동 논쟁의 전개와 역사적 의미", 정민 외, 『80년대 사회운동 논쟁』, 한길사, 1989, 23~24쪽.

67) 양종회, "제3세계 발전론과 한국사회의 변동", 사회과학연구소 편, 『한국사회의 변동』, 성균관대학교출판부, 1986, 356쪽.

68) 양종회는 제3세계 발전론을 '자유주의적 전통'과 '마르크스주의적 전통'으로 대별한 후, 전자에 속하는 것으로 근대화이론, 후발효과이론, 세계미래이론을, 후자에 해당하는 것으로 종속이론, 세계체제이론, 생산양식이론을 거론했다. "자유주의적 전통과 마르크스주의적 전통이 서로 근본적으로 다른 이론적 설명틀을 가졌음에도 불구하고 일부 진화론적 외양을 공유"(양종회, "제3세계 발전론과 한국사회의 변동", 327쪽)하고 있다는 그의 날카로운 인식은 서발턴연구를 비롯한 탈식민주의의 시각과 상통한다.

69) 양종회, "제3세계 발전론과 한국사회의 변동", 348~349쪽.

70) 백욱인, "과학적 민중론의 정립을 위하여", 122~123쪽.

71) 위의 글, 142~143쪽.

72) 이용기, "민중사학을 넘어선 민중사를 생각한다", 202쪽.

73) 한완상, 『한국현실 한국사회학』, 489쪽.

74) 조희연, "80년대 학생운동과 학생운동론의 전개", 『사회비평』 1, 1988, 143, 146, 148쪽.

75) 이세영, "현대 한국 사학의 동향과 과제", 89, 98쪽.

76) 공제욱, "현대 한국 계급연구의 현황과 쟁점", 김진균 외, 『한국사회의 계급연구1』, 한울, 1985, 44쪽.

77) 공제욱, 『사회계급론』, 한길사, 1989, 217~269쪽.

78) 공제욱, "현대 한국 계급연구의 현황과 쟁점", 44쪽.

79) 김병걸·채광석 편, 『민족, 민중 그리고 문학: 80년대 대표평론선2』, 지양사, 1985, 7쪽.

80) 김사인·강형철, "엮고 나서: 80년대 민족민중문학론의 쟁점과 전망", 김사인·강형철 편, 『민족민중문학론의 쟁점과 전망』, 푸른숲, 1989, 460~465쪽.

81) 정한용, "머리말", 정한용 편, 『민족문학 주체 논쟁』, 청하, 1989, ii ~iii.

82) 조선희, "민족문학 주체 논쟁", 정한용 편, 『민족문학 주체 논쟁』, 청하, 1989, 359~360쪽.

83) 유홍준, "선구와 한계를 함께 지닌 단체", 현실과발언편집위원회 편저, 『민중미술을 향하여: 현실과 발언 10년의 발자취』, 과학과사상, 1990, 98쪽.

84) 신정훈, "김정헌, 미술을 통해 세상을 보다", 박응주·박진화·이영욱 편, 『민중미술, 역사를 듣는다1』, 현실문화A, 2017, 313쪽.

85) 박인배, "문화운동: '이데올로기 생산 활동론'과 '현장문화운동론'", 정민 외, 『80년대 사회운동 논쟁』, 한길사, 1989, 354~356쪽.

86) 때로는 실천론-변혁론이 너무 커진 나머지, 민중론이 1970년대 이래 유지해 왔던 고유의 독립성을 잃고 변혁론의 일부로 편입되어버린 것처럼 보이기도 했다.

87) 한완상, 『사자가 소처럼 여울을 먹고』, 207쪽.

88) 김동춘, "한국 사회과학의 반성과 21세기 전망", 362, 377쪽.

89) 한숭희, 『민중교육의 형성과 전개』, 9, 118쪽.

90) 배항섭, 『19세기 민중사 연구의 시각과 방법』, 성균관대학교출판부, 2015, 9, 13, 240쪽.

91) 김성재에 의하면, "무엇보다도 주체적인 논의구조 속에서 이루어져야 했을 최근의 사회구성체 논쟁이 우리 학계 자체의 역사성을 갖는다기보다 일본식 논의의 직접적인 반영으로써 활성화되었다는 면을 뼈아프게 지적하지 않을 수 없다. 바로 이 점이 학문의 보편성이라는 이름하에 전통적이고 자주적인 학맥이 부정당하는 제3세계 국가들의 학문적인 불구성의 비참한 현실이 우리 사회에도 그대로 드러나고 있다는 것을 보여주는 구체적인 일면이다." 김성재, "책을 펴내면서", 정창렬 외, 『한국민중론의 현단계: 분과학문별 현황과 과제』, 돌베개, 1989, 3쪽.

92) 박영신, "사회학 연구의 사회학적 역사", 『현상과 인식』 31, 1985, 25쪽.

93) 이기홍, "진보적 사회학의 위상과 과제", 한국산업사회연구회 편, 『현대한국 인문사회과학 연구사: 80·90년대 비판학문의 평가와 전망』, 한울, 1994, 54쪽.

94) 정영태, "정치학 연구의 주요 쟁점과 그 연구 현황", 32~33쪽.

95) 예컨대 정치학자인 김세균에 의하면, "민중 개념은 '인민민주주의론' 등에서 말하는 '인민' 개념과 사실상 동의어다. 그러나 북한에서 '인민' 개념을 사용하기 때문에 남한에서 인민 개념을 사용하는 것은 불온시한 관계로 인민 개념 대신 민중 개념을 보편적으로 사용하기에 이른 것으로 보인다. 그러나 인민이든 민중이든 그것을 영어로 표기하면 people이고, 독일어로 표기하면 Volk이다"(김세균, "계급 그리고 민중, 시민, 다중", 『진보평론』 20, 2004, 309쪽). 이와 비슷하게 경제학자 우석훈도 '민중=people'을 당연시했다. "민중(people)이라는 단어는 그 자체로 좌파나 우파에 속한 단어는 아니다. 유럽의 극우파 세력들도 '민중당'이라는 용어를 종종 사용한다"(우석훈, "87년 이후 20년, 민중의 시대가 다시 도래하는가?", 29쪽).

96) 한완상, 『한국현실 한국사회학』, 473, 478쪽.

97) 백욱인, "과학적 민중론의 정립을 위하여", 134쪽 참조.

98) 박인배, "문화운동", 350, 357~359쪽.

99) 김득중, "1980년대 민중의 발견과 민중사학의 성과와 한계", 63쪽.

100) 김진균, "민족적·민중적 학문을 제창한다", 21쪽. 배성준은 명칭의 다양성에도 불구하고 이들 학술적 운동은 "전체운동에 복무하는 부문운동, 문화운동의 일부로서 연구자에 의해 수행되는 운동"을 공통적으로 지향했다고 보았다(배성준, "민중사학의 역사를 재구성하기", 111쪽).

101) 한완상·백욱인, "민중사회학의 몇 가지 문제점들"; 한완상·김성기, "한(恨)에 대한 민중사회학적 시론: 종교 및 예술 체험을 중심으로", 서울대학교 사회학연구회 편, 『현대자본주의와 공동체이론』, 한길사, 1987; 한완상·강인철, "해방신학의 이데올로기론과 대안적 공동체", 이문영 외, 『시대와 지성』, 민음사, 1988; 한완상·한도현, "민중종교의 종말론적 급진성"; 한완상, "90년대 한국사회학의 진로, '전통'과 '정통'의 비적합성을 지양하며", 『한국현실 한국사회학』, 범우사, 1992; 한완상, "한국에서 시민사회, 국가 그리고 계급: 과연 시민운동은 개량주의적 선택인가", 한국사회학회·한국정치학회 편, 『한국의 국가와 시민사회』, 한울, 1992; 이기홍·한완상

공동집필 글인 『한국현실 한국사회학』의 "한국사회학의 반성: 80년대 패러다임의 성격"(10장) 등을 볼 것.

102) 한완상은 마르크스주의 사회학이 지닌 위험들로서, (1) 교조적인 계급 당파성과 분파성·분쟁성의 위험, (2) 노동계급 이외의 세력을 경시할 위험, (3) 학술운동의 과격성과 그로 인한 대중성 상실의 위험, (4) 민중으로부터 유리되고 민중을 소외시키는 지적 유희로 전락할 위험, (5) 시민사회의 중요성을 경시할 위험 등을 들었다. 한완상, 『한국현실 한국사회학』, 486~490쪽.

103) 한상진, 『민중의 사회과학적 인식』, 27~28쪽.

104) 한상진, "민중과 사회과학", 165~167쪽.

105) 위의 글, 156~162쪽, 특히 161~162쪽.

106) 한상진, 『중민이론의 탐색』; 박영도·김종엽 편, 『한상진과 중민이론』, 새물결, 2018.

107) 최장집에 따르면 "민중은 '계급1'과 '계급2' 사이에 현실적으로 광범하게 실재하는 경제적, 정치적, 사회적 수준에서 범주화될 수 있는 사회집단이다. 그것은 시민사회에서 존재하며 정치사회에서도 또한 존재한다. 그것은 객관적인 범주이며 또한 주관적인 범주이다." 최장집, 『한국 민주주의의 이론』, 한길사, 1993, 384쪽.

108) 최장집, 『한국 민주주의의 이론』, 384~385쪽.

109) 최장집에 따르면, "민중은 포괄적이고 역동적인 개념이다. 그것이 포괄적인 까닭은 위의 여러 가지의 요소를 포괄하기 때문이며, 역동적인 까닭은 그러한 조건을 담지하는 사회집단 또는 범주이지만, 또한 실천적으로 역사와 현실 속에서 그들이 사회와 역사에 대해 스스로를 정의하고, 그 과정에 스스로 참여하는 행위주체이기 때문이다. 그런데 여기에서 한 가지 핵심적인 요소가 강조되어야 한다. 민중은 포괄적이되 한 가지 필수적인 요소인 중심성을 갖지 않으면 안 된다는 사실이다. 즉 민중은 위의 네 가지 요소 가운데서 첫 번째 요소를 반드시 내포하지 않으면 안 된다. 이 점에서 민중은 '계급1'을 중심에 두지 않으면 안 된다. 이것은 민중이 '계급1'의 내용을 포괄하는 중첩성을 기본 요건으로 한다는 의미이다. 민중 개념을 구성하는 네 요소 중 첫 번째의 요소는 다른 요소와 함께 병렬적으로 나열되는 것이 아니라, 중심성을 가져야 한다는 것이다." 최장집, 『한국 민주주의의 이론』, 385~386쪽.

110) 김성기, "예술의 근대화와 민중문화운동", 김진균 외, 『제3세계와 한국의 사회학: 현대한국사회론』, 돌베개, 1986; 한완상·김성기, "한(恨)에 대한 민중사회학적 시론."

111) 김영범, "19세기 민중집단의 집합의식에의 한 접근: 판소리의 의사소통론적 신(新) 고찰", 서울대학교 석사학위논문, 1985; 김영범, 『민중의 귀환, 기억의 호출』, 1장, 2장, 5장을 볼 것.

112) 김영범, 『민중의 귀환, 기억의 호출』, 47~48쪽.

113) 김성기, "후기구조주의의 시각에서 본 민중: 주체 형성 논의를 중심으로", 『한국사회학연구』 9, 1987; 김성기, 『포스트모더니즘과 비판사회과학』, 문학과지성사, 1991.

114) 김성기, "예술의 근대화와 민중문화운동", 223~224쪽.

115) 어네스토 라클라우·샹탈 무페, 『사회변혁과 헤게모니』, 김성기 외 역, 터, 1990. 김성기의 박사학위논문에서도 라클라우와 무페는 비중 있게 다뤄졌다(김성기, "포스트모더니즘의 사회이론에 관한 연구: 료타르, 보드리야르, 라클라우/무페를 중심으로", 서울대학교 박사학위논문, 1993).

116) 김영범, 『민중의 귀환, 기억의 호출』, 5쪽.

117) 공제욱이 수행한 계급연구의 주요 성과로는, 공제욱, 『사회계급론』; 공제욱, "1950년대 한국 자본가의 형성 과정", 서울대학교 박사학위논문, 1992; 공제욱, 『1950년대 한국의 자본가 연구』, 백산서당, 1993; 공제욱·최봉대·오유석, 『1950년대 서울의 자본가』, 서울시립대학교 부설 서울학연구소, 1998; 공제욱·조석곤 편, 『1950~1960년대 한국형 발전모델의 원형과 그 변용 과정: 내부동원형 성장모델의 후퇴와 외부의존형 성장모델의 형성』, 한울 2005 등을 볼 것. 한편, 민중의 일상생활과 권력의 관계에 대한 공제욱의 탐구로는, 공제욱·정근식 편, 『식민지의 일상, 지배와 균열』, 문화과학사, 2006; 공제욱 편, 『국가와 일상: 박정희 시대』, 한울, 2008; 공제욱, "일제의 민속통제와 집단놀이의 쇠퇴", 『사회와 역사』 95, 2012 등을 볼 것. 공제욱이 단행본 편찬 작업을 주도한 일상생활 연구와 일상-권력 상호작용 연구에서 '민중'이 중심 개념으로 사용되고 있는 것은 아니지만, 이에 비해 2012년 논문에서는 민중 개념이 비교적 비중 있게 취급되고 있다.

118) 김성례, 『한국 무교의 문화인류학』, 소나무, 2018.

119) 그의 연구 결과는 1995년에 쓰쿠바대학 박사학위논문으로 집약되었고, 1997년 일본어판 단행본 간행에 이어 2015년에는 한국어로도 번역·출간되었다. 마나베 유코, 『열사의 탄생: 한국 민중운동에서의 한의 역학』, 김경남 역, 민속원, 2015.

120) 법성, 『민중선을 말한다』; 법성, 『앎의 해방 삶의 해방』; 법성, "민중불교운동의 이념

과 교리적 배경", 법성 외, 『민중불교의 탐구』, 민족사, 1989.

121) 법성, 『앎의 해방 삶의 해방』, 8쪽.

122) 위의 책, 414쪽.

123) 법성, 『민중선을 말한다』, 24쪽.

124) 위의 책, 21쪽.

125) 신영복, 『감옥으로부터의 사색: 통혁당 무기수 신영복 편지』, 햇빛출판사, 1988, 157 ~159쪽.

126) 위의 책, 78쪽.

127) 정자환, "한국의 민중사회학과 민중문학에서의 민중 개념 비교", 『성심여자대학 논문집』 22, 1990, 124쪽.

128) 기세춘, 『묵자: 천하에 남이란 없다(상,하)』, 나루, 1992.

129) 문익환·기세춘·홍근수, 『예수와 묵자: 문익환 기세춘 홍근수의 논쟁』, 바이북스, 2016, 130~132, 156쪽; 기세춘, 『우리는 왜 묵자인가』, 초당, 1995, 133~134, 137~141, 162, 193쪽; 기세춘, 『장자』, 바이북스, 2007, 53~54쪽.

130) 기세춘, 『동양고전 산책1』, 바이북스, 2006, 148쪽; 기세춘, 『장자』, 바이북스, 2007, 34쪽; 기세춘, 『노자 강의』, 바이북스, 2008, 81쪽 등 참조.

131) 기세춘, 『장자』, 40, 57~59쪽.

132) 기세춘에 의하면, "요즘 일부 좌파들은 중국 공산당 초기의 광적이고 좌편향적인 천박한 좌파이론가들의 묵자 반동론을 되뇌이고 있어 혼란을 가중시키고 있다." 기세춘, 『묵자: 천하에 남이란 없다(상)』, 8쪽.

133) 백낙청, 『인간해방의 논리를 찾아서』, 146쪽.

134) 경향신문, 1975.12.2, 5면의 "새마을 열풍 5년... 영적(永績) 위한 참여교수 좌담, 민중운동으로 토착화" 기사 참조. 이 기사의 편집자는 좌담을 마련한 취지를 밝히면서, "이제까지의 새마을운동이 주민 스스로 자각에서 출발한 것이 아니라 관이 앞장서서 이끌어왔다는 데 대한 비판도 자주 있어왔는데 새마을운동이 항구적인 민중운동으로 발전하기 위해서는 어떤 대책이 세워져야 할 것인가"를 논의하는 가운데, "지난 5년간 벌어온 새마을운동의 오늘의 현황과 앞으로 범사회적인 민중운동으로 지향하기 위한 이념과 체계화된 이론의 정립, 항구적 사회운동이 되기 위한 방안"을 모색하겠노라고 했다. 좌담에 참여한 홍근일 성심여대 교수는 "새마을운동

의 이상적인 방향은 민중에서 싹이 터 범국가적으로 발전해야 한다"고 주장했고, 문병집 중앙대 교수는 "모두 잘살기 위한 민중운동이 되도록 부류·계층의 차별 없이 국민 모두가 참여해야 한다"고 말했다.

135) 한상진, 『중민이론의 탐색』, 198쪽.

136) 동아일보, 1985.6.8, 1987.8.19, 1987.10.19; 경향신문, 1987.10.19 등 참조.

137) 이재권, "민주화 투쟁 간난신고 감내했듯 죽음까지 담담했던 동지여: 고 안성주 전 고대 민주동우회장을 보내며", 「한겨레」, 2022.8.4, 23면.

138) 유홍준이 말하듯이, "국립현대미술관을 비롯한 국공립은 물론 사립미술관까지, 한마디로 제도권 미술계는 이제껏 단 한 번도 민족미술……의 실상을 담는 전시를 해본 일이 없다"(유홍준, "선구와 한계를 함께 지닌 단체", 95쪽). 주로 목포에서 활동해온 민중미술가 박석규에 의하면, 민주화 이후에도 특히 관(정부)에서는 민중미술가를 '종북빨갱이'로 취급하곤 했고, 민중미술가라고 하면 만나주지도 않고 그림도 사주지 않으면서 밀어냈고, 제자들조차 민중미술 단체의 회원 가입을 회피하는 분위기였다고 한다(박현화, "갯벌에서 민중을 만난 작가, 박석규", 박응주·박진화·이영욱 편, 『민중미술, 역사를 듣는다1』, 현실문화연구, 2017, 267쪽).

139) 최열·최태만, 『민중미술 15년』, 318~345쪽(민족민중미술운동 연표).

140) 강인철, "종교계의 민주화운동", 민주화운동기념사업회 연구소 편, 『한국민주화운동사3: 서울의 봄부터 문민정부 수립까지』, 민주화운동기념사업회, 2010, 524쪽.

141) 정학주, "해방 후 한국교육의 구조적 갈등", 270쪽.

142) 백양출판사 편, 『프롤레타리아, 민중론 그리고 자유민주주의』, 백양출판사, 1985.

143) 자유평론사, 『한국의 좌경사상과 민중 이데올로기』, 자유평론사, 1987.

144) 대학이데올로기비판교육교수협의회 편, 『현대사조와 한국사회』, 형설출판사, 1986.

145) 김수근, "민중론자 입장에서 한국경제를 보는 시각", 『대학사회와 이데올로기』 2, 1985; 김우종, "민중문학론", 『대학사회와 이데올로기』 2, 1985; 고성준, "민중민주주의와 인민민주주의의 비교", 『대학사회와 이데올로기』 3, 1986; 민병천, "통일이념과 민중통일론 비판", 『대학사회와 이데올로기』 3, 1986; 조점환, "민중교육론에 대한 비판적 고찰", 『대학사회와 이데올로기』 3, 1986.

146) 국민윤리학회 편, 『최근 학원가 일부의 급진사상: 문답으로 본 그 주장과 실체』, 국민윤리학회, 1984. 이 책에서는 종속이론, 매판자본론, 신제국주의론, 네오마르크스

주의, 해방신학을 소개·비판하고 있다.

147) 김궤곤, "민중종교론", 『국민윤리연구』 23, 1986; 배연수, "민중경제론", 『국민윤리연구』 23, 1986.

148) 현대사상연구회 편, 『한국의 좌경세력』, 신원문화사, 1987.

149) 한국정신문화연구원, 『알기 쉬운 좌경과격사상 비판』, 고려원, 1984; 한국정신문화연구원 교육자료개발실 편, 『우리 현실과 좌경과격사상』, 한국정신문화연구원, 1984. 순서만 다를 뿐 두 권의 책은 모두 신제국주의론, 종속이론, 매판자본론, 해방신학, 네오마르크스주의를 소개·비판하고 있다.

150) 국방부, 『신좌경사상의 오류』, 국방부, 1984; 국방부 정훈국, 『사상전에서 이겨야 산다』, 국방부, 1986; 국방부 정훈국, 『사상전에서 이겨야 산다: 급진 좌경 실상 비판』, 국방부, 1987.

151) 서울시 경찰국, 『좌경세력의 실태와 맥락』, 서울시경찰국, 1987; 대검찰청, 『학원가 좌경혁명론·조직의 실상』, 대검찰청, 1987.

152) 한국반공연맹 편, 『현대좌경사상의 허구성』, 한국반공연맹, 1984. 이 책에서는 유로코뮤니즘, 종속이론, 네오마르크시즘과 뉴레프트 운동, 해방신학을 다룰 뿐 민중론을 직접 다루고 있지는 않다.

153) 신성종, "해방신학이란 무엇인가", 『자유공론』, 1984년 2월호; 윤하선, "네오마르크시즘과 그 문제점", 『자유공론』, 1984년 4월호; 김창순, "민중민주주의란 무엇인가", 『자유공론』, 1985년 10월호; 전호진, "민중신학, 신학인가 사회학인가", 『자유공론』, 1985년 10월호; 김태환, "인민민주주의혁명과 민중혁명론", 『자유공론』, 1986년 7월호; 이태주, "민중연구론", 『자유공론』, 1986년 10월호.

154) 전득주, 『과격급진주의와 자유민주주의』, 평민사, 1985; 한용원, 『공산주의와 급진주의: 좌파 이데올로기와 비판』, 박영사, 1986; 한용원, 『민중민주주의의 정체』, 박영사, 1987; 송대성, 『좌경이데올로기』, 명성출판사, 1987; 장수련, 『민중민주주의 혁명론의 정체』, 국토통일원 통일연수원, 1988; 백형조 편저, 『민중민주주의와 민중통일론의 정체: 최근 좌경용공세력의 실상』, 유신각, 1988.

155) 예컨대 진보 학계의 후발 주자인 공간환경학의 경우, "제도권의 공간환경 연구자들은 공간정치경제학을 이데올로기적으로 '빨갛게' 편향된 '위험한' 것으로 간주하거나 공간환경 학술과는 전혀 무관한 것으로 터부시했다." 공간환경연구회의 회원들

은 보수 학계로부터 탈퇴를 강요당하는가 하면 강의, 취업, 학회 활동, 연구 프로젝트 등에서 배제당하거나 간접적인 불이익을 겪어야 했다고 한다(조명래, "한국 공간환경학의 발자취", 93~94쪽). 강경선은 1989년에 민주법학연구회가 결성된 이후의 상황을 이렇게 술회했다. "일부 회원은 자신의 지도교수로부터 논문지도를 거부당함으로써 학문의 자유권이자 동시에 연구자로서 갖는 생존권을 위협받는 어려움을 당하기도 하였다. 거부된 이유는 맑시스트는 용납될 수 없다는 것이었다"(강경선, "한국에서의 진보법학의 연구 현황과 과제", 한국산업사회연구회 편, 『현대한국 인문사회과학 연구사: 80·90년대 비판학문의 평가와 전망』, 한울, 1994, 71쪽). 또 '제도권 역사학계'는 이미 1970년대부터 '민중운동사 연구'를 "반란사학"이라며 철저하게 외면하고 경계해왔다고 한다(강만길 외, "80년대 민중사학론, 무엇이 문제인가", 33쪽).

제8장 재구성

1) 조희연, 『비정상성에 대한 저항에서 정상성에 대한 저항으로』, 아르케, 2004, 82~95, 122, 143, 151쪽.

2) 김성국, "한국 자본주의 발전과 시민사회의 성격", 한국사회학회·한국정치학회 편, 『한국의 국가와 시민사회』, 한울, 1992, 166쪽.

3) 이시재, "90년대 한국사회와 사회운동의 방향", 한국사회학회·한국정치학회 편, 『한국의 국가와 시민사회』, 한울, 1992, 442쪽.

4) 박재묵, "사회운동의 이해", 한완상 편저, 『한국사회학: 한국사회에 대한 이해와 전망』, 민음사, 1996, 386쪽.

5) 박형준, "전환기 사회운동의 성격", 임희섭·박길성 편, 『오늘의 한국사회』, 나남, 1993, 421쪽.

6) 박재묵, "사회운동의 이해", 404쪽.

7) 정상호, 『시민의 탄생과 진화』, 218~219쪽.

8) 「매일경제」 1993년 6월 5일자 1면의 "자생단체 200여 개 다양한 활동 펼쳐/시민환경운동 뿌리 내렸다" 기사 참조.

9) 조희연, 『비정상성에 대한 저항에서 정상성에 대한 저항으로』, 87쪽.

10) 위의 책, 92쪽.

11) 이종오, "한국사회 변혁운동의 전망", 431~433쪽; 구해근, 『한국 노동계급의 형성』, 신 광영 역, 창작과비평사, 2002, 279쪽; 배성준, "민중사학의 역사를 재구성하기", 118쪽.

12) 박용진, "기득권 맞설 용기 북돋웠던 '청년 백기완'", 『한겨레』(온라인판), 2021.2.19.

13) 중앙선거관리위원회 선거통계시스템(http://info.nec.go.kr)에서 '역대선거정보'의 '투·개표' 중 '개표 현황(14대 대통령선거)' 참조(2022.12.31 검색).

14) 전명혁, "1987년 시기 비합법 정치조직의 형성과 이념적 분화", 252쪽.

15) 정해구, 『전두환과 80년대 민주화운동: '서울의 봄'에서 군사정권의 종말까지』, 역사 비평사, 2011, 162~163쪽.

16) 정해구, "한국정치의 민주화와 개혁의 실패", 학술단체협의회 편, 『6월민주항쟁과 한 국사회 10년(II)』, 당대, 1997.

17) 최태욱, "신자유주의 대안 구현의 정치제도적 조건", 『창작과 비평』 138, 2007년 겨울, 435쪽.

18) 최태욱, "한미FTA와 한국형 개방발전모델 모색", 『창작과 비평』 135, 2007년 봄, 190쪽.

19) 임현진 외, "역자 서문", 쉬무엘 N. 아이젠스타트, 『다중적 근대성의 탐구: 비교문명 적 관점』, 임현진 외 역, 나남, 2009, 17쪽.

20) 김호기, "87년체제인가, 97년체제인가: 민주화 시대에서 세계화 시대로", 『사회비평』 36, 2007, 15~16쪽.

21) 박상훈, "1단계 민주화의 종결", 『민주사회와 정책연구』 11, 2007, 139, 146쪽.

22) 손호철, 『해방 60년의 한국정치: 1945~2005』, 이매진, 2006, 12~13쪽.

23) 최장집, "정치적 민주화: 한국 민주주의, 무엇이 문제인가", 『비평』 14, 2007, 15쪽.

24) 손호철, 『해방 60년의 한국정치』, 11쪽.

25) 박찬표, 『한국의 48년 체제』, 후마니타스, 2010.

26) 당시 여당인 민주정의당(민정당)이 제2야당인 통일민주당, 제3야당인 신민주공화당 과 합당하여 국회 재적 의석수의 3분의 2를 초과하는 거대 여당인 민주자유당(민자 당)이 탄생했다.

27) 정상호, 『시민의 탄생과 진화』, 224쪽.

28) 조민해, "주체사상과 마르크스주의: 어떤 사상이 현실을 올바르게 반영할 것인가", 정 민 외, 『80년대 사회운동 논쟁』, 한길사, 1989, 172~173, 186~187쪽; 조희연, "사회구성

체 논쟁2: 제국주의 지배 하의 자본주의 발달의 성격", 같은 책, 265~266쪽; 공제욱,
"계급분석: 계급구성 연구로부터 변혁의 주체와 대상에 대한 연구로", 같은 책, 283쪽.

29) 박현채·조희연 편, 『한국 사회구성체 논쟁1,2』, 죽산, 1989; 정운영 편, 『국가독점자본주
의 이론 연구1』, 돌베개, 1987; 정운영 편, 『국가독점자본주의 이론 연구2,3』, 돌베개,
1988; 정운영 편, 『국가독점자본주의 이론 연구4: 프랑스, 이탈리아편』, 돌베개, 1989.

30) 이 밖에 6월항쟁 당시 연대 대상이었으나 1987년 대선 패배 과정에서 배태된 보수 야
당에 대한 불신도 급진화를 촉진했을 수 있다. 6월항쟁 당시 개혁적 중산층을 변혁진
영 일부로 인정하는 데 완전하게 합의했을지라도, 이후 노동자대투쟁 국면에서 제기
된 '중산층 보수화' 테제도 (변혁진영에서 중산층을 재차 배제하도록 유도함으로써)
급진화 촉진 요인으로 작용했을 수 있다. 시민운동 쪽으로의 이탈, 시민운동 측의 민
중운동 비판, 보수 야당으로의 입당 등 '동지들의 배신'으로 해석될 만한 일들도 남
은 이들의 완고한 원칙주의 태도와 급진화 심리를 자극할 수 있었다. 연이은 공안정
국과 민중운동 억압 역시 급진적 입장의 정당성을 보강해줄 수 있었다.

31) 이소영, "1990년대 문학과 망각된 정동: 1991년 5월 유서대필 조작사건과 김영현의
소설을 중심으로", 『민족문학사연구』 74, 2020. 기독교장로회 민중교회연합 회장이
던 노창식 목사는 1990년대 초 민중교회의 암울하고 혼란스러운 현실을 이렇게 표현
했다. "지금 바닥에서 나타나고 있는 현상 중에 하나는, 굉장히 많은 사람들이 가치
관의 혼란 속에서 방황을 하고 있다는 점입니다. 제가 알고 있는 사람들 중에도 정신
분열 초기 증세까지 보이는 경우도 있습니다"(강원돈 외, "대토론: 변화된 현실 속에
서 민중신학이 나아갈 길", 60쪽).

32) 상처가 컸던 만큼 심리적-이데올로기적 전향 내지 역(逆)회심도 극단적으로 치닫기
쉬웠을 것이다. 극우주의나 개인적 출세주의로 나아간 많은 이들에게서 확인되듯이
말이다.

33) 이용기, "민중사학을 넘어선 민중사를 생각한다", 202쪽.

34) 김원, 『잊혀진 것들에 대한 기억: 1980년대 대학의 하위문화와 대중정치』, 이매진,
2011, 68쪽.

35) 배성준, "민중사학의 역사를 재구성하기", 118쪽.

36) 최장집, 『민중에서 시민으로: 한국 민주주의를 이해하는 하나의 방법』, 돌베개, 2009,
187쪽.

37) 우기동, "과연 삶과 사회의 철학이었나", 학술단체협의회 편, 『한국 인문사회과학의 현재와 미래』, 푸른숲, 1998, 46쪽; 김동춘, "한국 사회과학의 반성과 21세기 전망", 359쪽.

38) 박찬승, "역사의 '진보'와 '진보'의 역사학", 학술단체협의회 편, 『한국 인문사회과학의 현재와 미래』, 푸른숲, 1998, 24쪽.

39) 김동춘, "한국 사회과학의 반성과 21세기 전망", 360쪽.

40) 박찬승, "역사의 '진보'와 '진보'의 역사학", 25쪽.

41) 한완상, 『한국현실 한국사회학』, 474쪽.

42) 김창호, "80년대 이후 진보적 철학 연구사", 한국산업사회연구회 편, 『현대한국 인문사회과학 연구사: 80·90년대 비판학문의 평가와 전망』, 한울, 1994, 148쪽.

43) 박찬승도 1991년 『역사와 현실』 6호의 '권두 논평'에 대해 이렇게 언급한 바 있다. "현존 사회주의는 실패하였지만, 사회주의에 담긴 이상과 가치는 역사 속에서 계속 추구해나가야 한다는 것이 이 글의 요지이다. 1990년대 초 한국의 진보적 역사연구자들은 대체로 이 같은 견해를 가지고 있었을 것으로 여겨진다." 박찬승, "역사의 '진보'와 '진보'의 역사학", 26쪽.

44) 정영태, "정치학 연구의 주요 쟁점과 그 연구 현황", 15쪽.

45) 강경선, "한국에서의 진보법학의 연구 현황과 과제", 72~73쪽.

46) 이기홍, "진보적 사회학의 위상과 과제", 42, 51쪽.

47) 위의 글, 47쪽.

48) 정영태, "정치학 연구의 주요 쟁점과 그 연구 현황", 27~28쪽.

49) 위와 같음. 이와는 약간 다르게, 김창호는 1990년 이후 "맑스주의 위기론과 함께 등장한 포스트주의적 경향들"과 관련하여, '라클라우·무페 그룹'을 지지하는 이병천, '알튀세르·발리바르 그룹'을 지지하는 윤소영과 서울사회과학연구소(서사연)를 구분하기도 했다(김창호, "80년대 이후 진보적 철학 연구사", 150~154쪽). 이 가운데 후자는 "기존의 맑스주의에 대한 이해가 스탈린주의의 생산력주의적 관점에서 이해되어왔으며 또한 맑스 자신도 생산력주의, 진화론적 관점을 취하고 있음을 비판하는 알튀세르의 견해를 적극적으로 수용하여 맑스주의 철학을 구조주의적 방법론에 기초하여 재해석하려는 경향"을 말한다(김창호, "80년대 이후 진보적 철학 연구사", 152쪽).

50) 김동춘, "한국 사회과학의 반성과 21세기 전망", 358~359쪽.

51) 손석춘, 『민중언론학의 논리: 정보혁명 시대 네티즌의 무기』, 철수와영희, 2015, 13쪽.

52) 강원돈 외, "대토론: 변화된 현실 속에서 민중신학이 나아갈 길", 31쪽.

53) 서경석, "민중신학의 위기", 『기독교사상』, 1993년 9월호, 194, 198쪽.

54) 김영범, 『민중의 귀환, 기억의 호출』, 4쪽.

55) 윤대원, "망각 속의 기억과 꿈", 『역사연구』 36, 2019, 343~344쪽.

56) 박한용, "사상과 운동으로서의 한국 역사학을 위해", 133쪽.

57) 김성보 외, "종합토론", 역사학연구소 편, 『한국 민중사의 새로운 모색과 역사쓰기』, 선인, 2010, 381쪽.

58) 박현화, "갯벌에서 민중을 만난 작가, 박석규", 260쪽.

59) 진선희, "횡적인 연대로 지키고 키운 민중미술 40년", 「한라일보」(온라인판), 2022. 1. 7.

60) 이영미, 『마당극 양식의 원리와 특성』, 63쪽.

61) 김진호, "민중신학의 계보학적 이해: 문화정치학적 민중신학을 전망하며", 『시대와 민중신학』 4, 1997. '제3세대 민중신학'이라는 용어는 1998년 7월 한국신학연구소에서 열린 '한국신학연구소 창립 25주년 기념 민중신학 대토론회'에서 김진호가 강하게 주장함에 따라 일종의 공식용어로 자리 잡게 되었다는 게 황용연의 설명이다(황용연, "'정체성의 정치'와 민중신학: IMF 시대 민중신학의 실천 담론을 위한 '한 방향' 모색", 『시대와 민중신학』 5, 1998, 112쪽). 황용연은 정체성 정치의 억압적/해방적 양면을 인정하면서도, 민중신학의 진로와 관련하여 '계급정치'에서 '정체성 정치'로 이행할 것을 주장하기도 했다(황용연, "'정체성의 정치'와 민중신학", 특히 111, 113쪽).

62) 김정훈, "민주화 20년의 한국사회: 기로에 선 한국 민주주의", 『경제와 사회』 74, 2007, 35쪽.

63) 강인철, 『민주화와 종교』, 26~28쪽.

64) 이기택, 『한국야당사』, 91쪽.

65) 백원담, "민중적 선회(旋回): 다시 겨울에서 봄으로", 『다-다-』 3, 2021, 82, 86쪽.

66) 위의 글, 77쪽.

67) 성민엽, 『변하는 것과 변하지 않는 것: 성민엽 비평집』, 문학과지성사, 2004, 53쪽.

68) 백원담, "민중적 선회(旋回)", 81, 86쪽.

69) 유팔무·김호기, "한국 비판사회학의 궤적, 1988~1998", 107쪽.

70) 김홍중, 『마음의 사회학』, 문학동네, 2009, 8쪽.

71) 우석훈, "87년 이후 20년, 민중의 시대가 다시 도래하는가?", 35쪽.

72) 위의 글, 30쪽.

73) 민중사반, "1부를 묶으며", 역사문제연구소 민중사반, 『민중사를 다시 말한다』, 역사비평사, 2013, 24쪽.

74) 김동춘, "한국 사회과학의 반성과 21세기 전망", 361~365쪽.

75) 정영태, "혼돈과 무기력의 정치학과 그 대안", 학술단체협의회 편, 『한국 인문사회과학의 현재와 미래』, 푸른숲, 1998, 276쪽.

76) 백원담, "민중적 선회(旋回)", 83쪽.

77) 위의 글, 90쪽.

78) 백욱인, "시민운동이냐, 민중운동(론)이냐: 김세균, 강문구 토론에 대한 비평", 『경제와 사회』 17, 1993, 173쪽.

79) 조정환, "민중, 시민 그리고 다중: 탈근대적 주체성의 계보", 『시민과 세계』 4, 2003; 최장집, 『민중에서 시민으로』; 김원, 『박정희 시대의 유령들: 기억, 사건 그리고 정치』, 현실문화, 2011; 최현, "한국사회 진보의 주체: 민중, 노동자계급, 시민, 다중과 정체성 집단", 『경제와 사회』 86, 2010; 정상호, 『시민의 탄생과 진화』. 이와 유사한 맥락에서 민중불교 대신 '참여불교'나 '실천불교' 혹은 '근본불교', '민중사회학' 대신 '비판사회학' 등의 명칭이 제안되었다.

80) 김세균이 대표적이었다. 김세균, "'시민사회론'의 이데올로기적 함의 비판", 『이론』 2, 1992; 김세균, "계급 그리고 민중, 시민, 다중."

81) 손석춘, 『민중언론학의 논리』, 4~5쪽.

82) 장진영, 『민중만화』, 105~107, 110, 115~116, 120, 128~136쪽.

83) 박재순, 『민중신학과 씨올사상』, 79쪽.

84) 권진관, "머리말: 왜, 다시 민중신학인가?", 강원돈 외, 『다시, 민중신학이다』, 동연, 2010, 6쪽.

85) 김진호, "'대로(大路)'에서 헤매기: 2004, 민중신학의 길 찾기 혹은 해체하기", 『시대와 민중신학』 8, 2004, 175쪽.

86) 한겨레신문, 1993. 1. 29, 9면; 한겨레신문, 1994. 10. 16, 9면.

87) 김진호, "역사주체로서의 민중", 25쪽.

88) 최형묵, "1990년대 민중신학 논의의 몇 가지 쟁점들", 『시대와 민중신학』 5, 1998, 361쪽.

89) 황용연, "'정체성의 정치'와 민중신학", 116쪽.

90) 김진호, "'대로(大路)'에서 헤매기", 174~175쪽.

91) 위의 글, 174쪽.

92) 위와 같음.

93) 아래의 〈표 8-6〉에서도 1세대 민중신학자들이 주축이었던 1982년(『민중과 한국신학』)과 1990년(『1980년대 한국 민중신학의 전개』) 민중신학 선집에서는 필자 대부분이 제도권 학계의 인물이었고, 2010년 민중신학 선집(『다시 민중신학이다』)의 필자 중에도 제도권 학계 인물이 많았던 반면, 2018년 민중신학 선집(『민중신학, 고통의 시대를 읽다』)의 필자 중에는 정규직 교수가 드물었다. 1990년대를 거치면서 제도권 학계 내부의 민중신학 연구가 크게 약화되었음을 감안하면, 결국 2000년대 이후 민중신학의 재생 및 부흥은 '제도권 학계 바깥'의 노력과 활동을 주로 반영하는 것이라 하겠다. 어쩌면 민중신학 자체가 일종의 '재야학문'으로 성격이 바뀌었다고도 말할 수 있을 것이다.

94) 김진호, 『반신학의 미소』, 6쪽.

95) 김진호, "민중신학의 계보학적 이해", 8쪽.

96) 그렇지만 2세대 민중신학자 사이에서도 '1990년대 이후의 민중신학'에 대한 판단이나 구상은 많이 달랐던 것 같다. 강원돈과 박성준의 예를 들어보자. 먼저, 강원돈은 1992년 발표한 글에서 현실사회주의와 프롤레타리아독재에 대해 비판하면서도 사회주의 자체는 고수했다. "현실 자본주의 사회의 현실에서 인류의 진보적 이익을 추구하는 일은 현실사회주의의 실패와 기능장애를 우회하여 사회주의의 대의에 충실한 길을 선택하는 것"이라면서, 민주주의, 사회적 통제 하의 생산력 유지, 생태주의를 '새로운 사회주의'를 위한 3대 전제로 꼽았다(강원돈, "우리 시대의 과제와 교회에 대한 새로운 이해", 664, 668, 673~674쪽). 한편 박성준은 보다 심층적인 패러다임 전환 쪽을 선택했다. 그는 21세기 '새 민중신학'의 과제로서, 첫째, 함석헌의 씨알사상 수용, 그리고 이를 동학사상(인내천사상)과 퀘이커주의(내재하는 빛)로 보완하는 것, 둘째, 민중영성·민중심성의 중층구조를 탐구하는 것, 셋째, '사건'과 '일상'의 균형, '사건의 신학'과 '민중적 일상의 신학화'의 균형을 추구하는 것, 넷째, '민중적 삶의 양식'으로서의 "살림공동체"인 민중공동체를 추구하는 것 등을 제안했다(박성준, "21세기의 문턱에서 민중신학을 다시 생각한다", 『신학사상』 109, 2000, 70~73, 86~89쪽).

97) '함께 보는 민중신학 시리즈'는 다음과 같다. 정연복, 『오늘 우리에게 예수는 누구인 가』, 도서출판 나단, 1991; 최형묵, 『사회변혁운동과 기독교신학』, 도서출판 나단, 1991; 김경호, 『해방을 위한 사랑의 선한 싸움』, 도서출판 나단, 1992; 김진호, 『실천 적 그리스도교를 위하여: 예수운동의 혁명성 연구』, 도서출판 나단, 1992; 서재경, 『예 수라 불렀다』, 도서출판 나단, 1993(『시대와 민중신학』 4, 380쪽 참조).

98) 김경호, "권두언: 민중 없는 '개혁'과 민중신학", 『시대와 민중신학』 1, 1994, 4~5쪽.

99) 편집부, "민중신학연구소 소개", 『민중과 신학』 1, 2000 등 참조.

100) 현재는 발행 주체가 '한신대학교 신학사상연구소'로 바뀌었다.

101) 한국신학연구소 편, 『민중신학자료』(1~7권), 한국신학연구소, 2003.

102) 스즈키 쇼소, "동아시아의 민중신학자 안병무 선생님", 심원안병무선생기념사업위 원회 편, 『갈릴래아의 예수와 안병무』, 한국신학연구소, 1998, 161~166쪽.

103) Kwon Jinkwan and P. Mohan Larbeer eds., *Towards a Theology of Justice for Life in Peace: Minjung-Dalit Theological Dialogue*, Bangalore: BTESSC, 2012; 민중신학 연구소, "제5회 달릿-민중신학자 대회 성명서", 『민중과 신학』 9, 2002; 강원돈, "민 중과 지식인: 권진관 교수의 퇴임 기념 문집을 상재하며", 한국민중신학회 편, 『민중 신학의 여정』, 동연, 2017, 11쪽; 이대응, "'민중-달릿의 눈으로 본 생명·평화·정의 의 신학'", 『크리스천투데이』(온라인판), 2011.10.18 등을 참조. 대회의 명칭은 한국 에서 열릴 경우에는 '달릿-민중신학자 대회'로, 인도에서 열릴 경우에는 '민중-달 릿신학자 대회'로 변경되는 것으로 보인다.

104) 1980년대에 발표된 민중신학 관련 국외 박사학위논문은 3편으로, 서창원의 1986년 논문과 이재훈의 1989년 논문 등 미국에서 작성된 것이 2편, 독일에서 작성된 것이 1편(김광원의 1989년 논문)이었다. 1990년대에는 15편으로, 미국 11편(이상성, 김 해원, 크레이그 밀링, 정홍호, 이금만, 김희수, 안인경, 김홍기, 강영순, 김항제, 권진 관), 독일 3편(박정진, 김원배, 김명수), 영국 1편(황홍렬)이었다. 2000년대에는 3편 으로, 독일(이석규), 미국(이찬석), 영국(장종식)이 각 1편이었다. 2010년대에는 미 국에서 생산된 논문 1편(이상철)이 있었다.

105) 1980년대에 발간된 민중신학 관련 외국어 단행본은 6권으로, 미국에서 발간된 것 이 3권, 싱가포르·일본·독일이 각 1권씩이었다. 1990년대에는 3권으로, 일본 2권, 미국 1권이었다. 2000년대에는 6권으로, 미국 3권, 인도·홍콩·네덜란드가 각 1권이

었다. 2010년대에는 9권으로, 미국 3권, 일본 2권, 네덜란드·대만·인도·한국이 각 1권이었다. 1990년대 이후의 주요 단행본 몇 가지를 소개하면 다음과 같다. Lee Sang-Bok, *A Comparative Study Between Minjung Theology and Reformed Theology from a Missiological Perspective*, New York: Peter Lang, 1996; Yim Tae-su, *Minjung Theology Towards a Second Reformation*, Hong Kong: Christian Conference of Asia, 2006; Paul S. Chung ed., *Asian Contextual Theology for the Third Millennium: a Theology of Minjung in Fourth-Eye Formation*, Eugene: Pickwick Publications, 2007; Paul S. Chung, *Constructing Irregular Theology: Bamboo and Minjung in East Asian Perspective*, Leiden: Brill, 2009; Kim Hiheon, *Minjung and Process: Minjung Theology in a Dialogue with Process Thought*, New York: Peter Lang, 2009; Volker Küster, *Protestant Theology of Passion: Korean Minjung Theology Revisited*, Leiden: Brill, 2010; Kwon Jin Kwan, *Theology of Subject: Towards a New Minjung Theology*, Tainan: PTCA, 2011; Kwon Jinkwan and P. Mohan Larbeer eds., *Towards a Theology of Justice for Life in Peace: Minjung-Dalit Theological Dialogue*, Bangalore: BTESSC, 2012; Kim Yung Suk and Kim Jin-Ho eds., *Reading Minjung Theology in the Twenty-First Century: Selected Writings by Ahn Byong-Mu and Modern Critical Responses*, Eugene: Pickwick Publications, 2013; Madang Journal editors eds., *Justice & Minjung: Theological Reflections in the Age of a Global Empire*, Seoul: Dong Yeon Press, 2013; Craig L. Mulling, *Politics of Orthodoxy in South Korea: Christian Radicalism and the Heterodoxy of Minjung*, Ann Arbor: UMI, 2014.

106) 단행본의 경우 국립중앙도서관 홈페이지(www.nl.go.kr)와 인터넷 교보문고(www.kyobobook.co.kr)에서 '민중신학'을 키워드로 세 차례 검색했다(2021년 7월 8일과 7월 10일, 2022년 4월 8일). 학술지 수록 논문 검색은 한국교육학술정보원의 'RISS 학술연구정보서비스'(www.riss.kr)와 누리미디어의 'DBpia'(www.dbpia.co.kr)를 활용했다. 둘 모두 '민중신학' 키워드를 사용했는데, RISS 검색은 2021년 7월 19일과 2022년 4월 8일에, DBpia 검색은 2021년 7월 25일과 2022년 4월 8일에 행해졌다. 학위논문은 국립중앙도서관과 RISS를 통해 '민중신학' 키워드로 검색했다. 국립중앙도서관의 경우는 2021년 7월 8일과 2022년 4월 8일에, RISS의 경우 2021년 7월 9일과 2022년 4월 8일에 각각 검색했다.

107) 최형묵, 『보이지 않는 손이 보이지 않은 것은 그 손이 없기 때문이다』, 8쪽.

108) 김남일, 『안병무 평전: 성문 밖에서 예수를 말하다』, 사계절출판사, 2007, 363쪽.

109) 죽재서남동기념사업회, "죽재서남동기념사업회 창립총회 선언문", 죽재서남동기념사업회 편, 『서남동과 오늘의 민중신학: 죽재 서남동 목사 서거 25주기 추모 논문집』, 동연, 2009, 316쪽.

110) 서보명, "추천의 글", 이정용 편, 『민중신학, 세계 신학과 대화하다』, 연규홍 역, 동연, 2010, 11쪽.

111) 김용복, "21세기와 민중신학", 60쪽.

112) 권진관, "머리말: 왜, 다시 민중신학인가?", 8쪽.

113) 김명수, 『안병무의 신학사상』, 한울, 2011, 7쪽.

114) 민중사반, "총론: 민중사를 다시 말한다", 역사문제연구소 민중사반, 『민중사를 다시 말한다』, 역사비평사, 2013, 12쪽.

115) 배성준, "민중사학의 역사를 재구성하기", 99쪽.

116) 민중사반, "1부를 묶으며", 24쪽.

117) 허영란, "역자 후기", 『민중과 유토피아: 한국 근대 민중운동사』, 허영란 역, 역사비평사, 2009, 397쪽.

118) 전명혁, "'민중사' 논의와 새로운 모색", 23~24쪽.

119) 민중사반, "총론: 민중사를 다시 말한다", 8~9쪽.

120) 역사문제연구소 민중사반·아시아민중사연구회, 『민중 경험과 마이너리티: 동아시아 민중사의 새로운 모색』, 경인문화사, 2017.

121) 역사학연구소 편, 『한국 민중사의 새로운 모색과 역사쓰기』, 선인, 2010.

122) 종전에는 '한국사'를 중심으로 민중사학·민중사를 논의해왔지만, 여기서는 '서양사'와 '동양사' 분야를 모두 포함했다. 학술지 수록 논문 검색은 한국교육학술정보원의 'RISS 학술연구정보서비스'를 활용했다. 학위논문 검색은 국립중앙도서관과 'RISS 학술연구정보서비스'를 활용했다. 학술지 논문과 학위논문은 2022년 4월 1일에 검색되었다. 학술지 논문과 학위논문 모두 민중사, 민중사학, 민중운동사의 세 키워드를 활용했다('민중항쟁' 키워드는 광주민주화운동의 영향이 너무 커지는 경향이 있어서 제외했다). 광주항쟁 연구 논문의 경우 역사학이나 사회사 저널에 실린 것은 포함했지만, 역사학 계열 저널이 아닌 다른 학술지나 매체에 실린 논문들은 제외했다. 민중사학 키워드를 통해 산출된 인접 분야 논문들은 대부분 집계에서 제

외했다(문학사, 교육사, 정치사, 종교사, 예술사[음악사, 미술사, 무용사], 도시사, 지적사[地籍史], 체육사, 여성사, 이주사 등이 제외된 인접 분야들이었다). '민중생활사' 연구를 지향하는 진보 성향의 『역사민속학』에 수록된 3편의 논문(그중 2편이 주강현의 논문임)을 포함했고, 『민족문학사연구』 수록 논문은 원칙적으로 제외했지만 '새로운 민중사'를 강조하는 하윤섭의 2016년 논문은 예외적으로 포함했다. 『한국종교사연구』 수록 논문은 원칙적으로 제외했으나, 일본 민중사 연구의 대가인 야스마루 요시오(安丸良夫)의 1997년 논문은 예외적으로 포함했다. 『언론과 사회』 수록 논문 역시 원칙적으로 제외했지만, 브나로드운동을 '민중에 대한 빚'이라는 개념을 통해 조명한 김현경의 2008년 논문은 예외적으로 포함했다. 학술지 수록 논문에는 학술대회/학술발표회 논문 3편도 포함했다(이영 "민중사관을 가장한 식민사관", 2012 동양사학회 학술대회 발표논문집; 육영수, "근대 프랑스 민중공연문화의 '문명화과정', 1750~1799: 역사적 스케치", 2005 한국프랑스사학회 학술발표회; 한운석, "한국 개신교 교회의 인권 및 민주화운동에 대한 서독 개신교의 지원과 영향", 2014 한국독일사학회 학술발표대회 논문집). 반면 '서평' 글은 집계에 포함하지 않았다.

123) 단행본의 경우 국립중앙도서관 홈페이지와 인터넷 교보문고를 대상으로 검색했으며, 민중사, 민중사학, 민중운동사, 민중항쟁의 네 가지 키워드를 사용했다(반면 노동운동, 농민운동 등 개별 사회운동에 대한 연구서는 제외했다). 집계에는 한국인 학자가 외국 민중운동에 대해 쓴 책, 외국인 학자가 한국에 대해 쓴 책도 포함했다(2022년 3월 4일 검색). 국립중앙도서관 검색에서는 광주항쟁의 경우 광주민중항쟁, 민중사학, 광주민주화운동의 세 키워드를 사용했고, 제주4·3항쟁의 경우 민중사학과 4·3항쟁이라는 두 키워드를 사용했다(2022년 4월 8일 검색).

124) 배성준, "민중사학의 역사를 재구성하기", 99쪽.

125) 이용기, "민중사학을 넘어선 민중사를 생각한다", 203~204쪽.

126) 허영란, "새로운 민중사를 모색하는 한일 네트워크", 역사문제연구소 민중사반·아시아민중사연구회 편, 『민중 경험과 마이너리티: 동아시아 민중사의 새로운 모색』, 경인문화사, 2017, 419~420쪽.

127) 성민엽, 『변하는 것과 변하지 않는 것』, 41쪽.

128) 천정환, "서발턴은 쓸 수 있는가: 1970~80년대 민중의 자기재현과 '민중문학'의 재평가를 위한 일고", 『민족문학사연구』 47, 2011, 226쪽.

129) 이봉범, "민중적 시각으로 조명한 전쟁의 비극과 농촌공동체 복원의 문제: 오유권의 『방앗골 혁명』에 대하여", 『민족문학사연구』 16, 2000.

130) 맹문재, 『한국 민중시 문학사: 노동시를 중심으로』, 박이정, 2001.

131) 강정구의 "신경림 시에 나타난 민중의 재해석", 『어문연구』 33(3), 2005; "진보적 민족문학론의 민중시관(民衆詩觀) 재고: 신경림의 시를 중심으로", 『국제어문』 40, 2007; "1970년대 민중-민족문학의 저항성 재고(再考)", 『국제어문』 46, 2009 등을 볼 것.

132) 김성진, "1980년대 민중문학론의 현재성", 『우리말글』 79, 2018, 88~89쪽.

133) 김명인, "다시 민중을 부른다: 87년체제를 넘어, 신자유주의 시장독재에 맞서서", 『실천문학』 87, 2007, 305~307쪽.

134) 천정환, "1980년대 문학·문화사 연구를 위한 시론(1): 시대와 문학론의 '토픽'과 인식론을 중심으로", 『민족문학사연구』 56, 2014.

135) 이황직, "민중혁명 전통의 문학적 복원: 정신사에서 본 시인 신동엽", 『현상과 인식』 36(3), 2012; 전승주, "1980년대 문학(운동)론에 대한 반성적 고찰", 『민족문학사연구』 53, 2013.

136) 박태순 외, 『민중을 기록하라: 작가들이 발로 쓴 한국 현대사, 전태일에서 세월호까지』, 실천문학사, 2015, 6~7쪽.

137) 원영혁, 『한국의 민중문학과 중국의 저층서사 비교연구』, 특히 46~67쪽 참조.

138) 손유경, "현장과 육체"; 조현일, "비상사태기의 문학과 정치"; 이철호, "1970년대 민족문학론과 반세속화의 징후들: 백낙청의 초기 비평에 나타난 '본마음'을 중심으로", 『민족문학사연구』 62, 2016; 전상기, "'민중'과 '대중'의 관계론(/내재)적 함의"; 김성진, "1980년대 민중문학론의 현재성"; 문윤희, "1980년대 민중시 연구: 『실천문학』 수록 시를 중심으로", 한국외국어대학교 박사학위논문, 2018; 김나현, "1970년대 민중시의 주체 구성: 민중시를 둘러싼 몇 가지 분할에 대하여", 『한국시학연구』 53, 2018; 김인옥, "김지하 담시 〈오적〉에 나타난 동학사상: 민중문학으로서의 사상과 형식을 중심으로", 『동학학보』 47, 2018.

139) 배하은, "1980년대 문학의 수행성 연구: 양식과 미학을 중심으로", 서울대학교 박사학위논문, 2017; 배하은, 『문학의 혁명, 혁명의 문학』, 소명출판, 2021. 이 밖에도 배하은은 2017~2022년 사이에 학술지들을 통해 다수의 민중문학 관련 논문을 발표한 바 있다: "재현 너머의 증언: 1980년대 임철우, 최윤 소설의 5·18 증언-재현 문제에

관하여", 『상허학보』 50, 2017; "혁명의 주체와 역사 탈구축하기: 박태순의 6월항쟁 소설화 방식에 관한 연구", 『한국현대문학연구』 56, 2018; "흔들리는 종교적·문학적 유토피아: 1970~1980년대 기독교 사회운동의 맥락에서 살펴본 노동자 장편 수기 연구", 『상허학보』 56, 2019; "서발턴 여성의 시와 봉기: 1980년대 '버스안내양'의 문화적 재현과 최명자 시의 문제성", 『한국현대문학연구』 59, 2019; "노동자의 문학 독자 되기: 노동자계층 독자의 문학 규범 내면화와 전유 양상 연구", 『상허학보』 59, 2020; "여성 노동자, 재생산노동, 가족: 1990년대 초 노동소설 속 '여성노동해방'의 전망", 『현대소설연구』 83, 2021; "후기 식민주의 민족-남성 주체 수립의 기획 속 '위안부' 재현 연구(1): 임종국의 『정신대실록』과 윤정모의 『에미 이름은 조센삐였다』를 중심으로", 『민족문학사연구』 75, 2021; "역사의 틈새를 증언하기: 1980년대 말 5·18 광주항쟁 증언록 발간 양상과 증언의 윤리", 『역사비평』 136, 2021; "혁명성과 진정성의 탈신비화: 1980~90년대 문학 연구의 동향과 과제", 『상허학보』 66, 2022.

140) 김현화, 『민중미술』, 290쪽. 물론 민중미술가들의 '현장 활동'이 완전히 사라진 것은 아니다. 1990년대에는 물론이고 2000년대 이후에도 축소된 형태로나마 '현장 활동'은 계속되었다. 예컨대 목판화가인 이윤엽을 비롯한 일군의 민중미술가들은 2006~2007년 평택 대추리의 미군기지 이전 반대 투쟁, 2009년 철거민 투쟁과 용산 참사 현장 등에서 '파견미술가'라는 별칭으로 불리면서 활약했다. 강성만, "'아이들이 노동자 친근하게 느끼도록 '이야기 그림' 그렸죠': 민중미술가 이윤엽씨", 「한겨레」, 2023.3.24, 19면.

141) 최열·최태만, 『민중미술 15년』, ⅰ쪽.

142) 연합뉴스, 1995.3.28.

143) 박응주·박진화·이영욱 편, 『민중미술, 역사를 듣는다1: 소집단 활동을 중심으로』, 현실문화A, 2017; 김종길·박응주·이영욱 편, 『민중미술, 역사를 듣는다2: 소집단 활동을 중심으로』, 현실문화A, 2021.

144) 김정헌, 『어쩌다 보니, 어쩔 수 없이: 민중미술과 함께한 40년』, 창비, 2021.

145) 현시원, "민중미술의 유산과 '포스트 민중미술'", 『현대미술사연구』 28, 2010, 8, 33쪽. 그런데 1990년대 중반과 2000년대 중반의 포스트 민중미술 논의는 그 성격이 상당히 달랐다고 한다. 다시 현시원에 의하면, "2000년대 중반의 '포스트 민중미술' 논의가 민중미술 운동의 종결을 전제로 하면서 민중미술을 기념 또는 역사화하는 귀

환 작업과 병행한 것이었다면 1990년대 중반 언급된 '포스트 민중미술'은 민중미술 운동을 계속하기 위한 다음 세대의 호명이었다"(같은 글, 9쪽).

146) 위의 글, 34쪽.

147) 김현화, 『민중미술』, 287~294쪽; 박응주·박진화·이영욱, 『민중미술, 역사를 듣는다 1』, 60~61, 266, 407~412쪽 참조.

148) 김현화, 『민중미술』, 292, 294쪽.

149) 윤난지, "혼성공간으로서의 민중미술", 『현대미술사연구』 22, 2007, 275쪽.

150) 노해나, "민중미술의 해외전시(1988~1999)에 나타난 제3세계의 주체성과 문화 교차 연구", 홍익대학교 석사학위논문, 2018, 1~2쪽.

151) Douglas Gabriel, "From Seoul to the World: Minjung Art and Global Space During the 1988 Olympics," 『현대미술사연구』 41, 2017, p.188.

152) 오경은, "〈민중미술: 한국의 새로운 문화 운동〉(Minjoong Art: A New Cultural Movement from Korea)전을 통해 본 '한국성'의 변주", 『서양미술사학회논문집』 45, 2016, 113~114쪽.

153) 1995년 이래 한승희의 논문 몇 편을 소개하자면, "민중교육의 이론과 실천: 참여 지향적 성인교육 이론의 정립을 위하여", 『평생교육연구』 1(1), 1995; "성인문해의 문화담론적 분석"; "성인교육의 비판적 담론과 한국 사회교육 연구", 『사회교육학연구』 4(2), 1998; "시민지식연대: 사회교육의 새로운 역할", 『평생교육학연구』 6(2), 2000 등을 들 수 있다.

154) 한승희, 『민중교육의 형성과 전개』, 12쪽.

155) 위의 책, 115~116쪽.

156) 위의 책, 9쪽.

157) 위의 책, 301쪽.

158) 박형규, "복간에 즈음하여", 허병섭, 『스스로 말하게 하라』, 학이시습, 2009, 9~10쪽.

159) 김영범, 『민중의 귀환, 기억의 호출』, 5쪽.

160) 한완상, "민중신학의 현대사적 의미와 과제: 21세기 줄씨알의 신학을 바라며", 『신학사상』 143, 2008, 24쪽.

161) 위의 글, 24~26쪽.

162) 김진균, 『21세기 진보운동의 기획』, 문화과학사, 2003, 245~246쪽.

163) 김진균, 『진보에서 희망을 꿈꾼다』, 박종철출판사, 2003; 홍성태, 『김진균 평전: 민중을 위한 학문과 실천의 삶』, 진인진, 2014, 316쪽에서 재인용.

164) 손석춘, 『민중언론학의 논리』, 6~7쪽.

165) 위의 책, 13, 16~17쪽.

166) 위의 책, 325쪽.

167) 위의 책, 323~324쪽.

168) 허영란, "민중운동사 이후의 민중사: 민중사 연구의 현재와 새로운 모색", 역사문제연구소 민중사반, 『민중사를 다시 말한다』, 역사비평사, 2013, 13~15쪽.

169) 이용기, "민중사학을 넘어선 민중사를 생각한다", 204~206쪽.

170) 최현, "한국사회 진보의 주체", 119~120쪽.

171) 주디스 버틀러, 『연대하는 신체들과 거리의 정치: 집회의 수행성을 위한 노트』, 김응산·양효실 역, 창비, 2020, 229쪽.

172) 위의 책, 19, 26쪽.

173) 네그리와 하트는 『어셈블리』 한국어판 출간에 즈음한 「한겨레」와의 인터뷰에서 "우리의 다중 개념이 미국의 흑인 페미니스트들이 발전시킨 교차성 이론에 가까이 다가가 있다는 점"을 언급하기도 했다. 한겨레, 2020.4.14, 20면.

174) 조정환·정남영·서창현, "옮긴이의 말", 안토니오 네그리·마이클 하트, 『다중』, 조정환·정남영·서창현 역, 세종서적, 2008, 505~507쪽.

175) 라나지트 구하, 『서발턴과 봉기: 식민 인도에서의 농민봉기의 기초적 측면들』, 김택현 역, 박종철출판사, 2008, 28쪽.

176) Kwon Oh Wang, "A Postcolonial Reflection on Minjung Theologies: Toward the Theology of Solidarity of Hybrid Minjung," 『한국기독교신학논총』 84, 2012.

177) 류장현, "다문화사회의 떠돌이 민중에 대한 신학적 이해", 강원돈 외, 『다시, 민중신학이다』, 동연, 2010.

178) 이상철 외, 『민중신학, 고통의 시대를 읽다』, 분도출판사, 2018에 실린 최순양, 박지은, 김윤동, 홍정호의 글을 볼 것.

179) 주디스 버틀러, 『연대하는 신체들과 거리의 정치』, 51~52쪽.

180) 위의 책, 25~29, 34~36, 307쪽.

181) 안토니오 네그리·마이클 하트, 『어셈블리: 21세기 새로운 민주주의 질서에 대한 제

언』, 이승준·정유진 역, 알렙, 2020, 134쪽.

182) 주디스 버틀러, 『연대하는 신체들과 거리의 정치』, 28쪽.

183) 박아론, "민중신학에 대한 고찰과 연구", 『신학지남』 56(3), 1989, 23쪽.

184) 이상철, "프롤로그: 21세기 민중신학의 동시대성을 향한 말걸기", 이상철 외, 『민중 신학, 고통의 시대를 읽다』, 분도출판사, 2018, 19쪽.

185) 김희헌, 『서남동의 철학』, 12쪽.

186) 김원, 『박정희 시대의 유령들』, 470~471쪽.

187) 한승희, 『민중교육의 형성과 전개』, 118쪽.

188) 강인철, 『경합하는 시민종교들』, 624쪽.

189) 위의 책, 629~641쪽.

190) 김원, 『잊혀진 것들에 대한 기억』, 145쪽.

191) 윤충로, "한국의 베트남전쟁 기억의 변화와 재구성: 1999년 『한겨레21』 캠페인과 그 이후 변화를 중심으로", 『사회와 역사』 105, 2015, 20~25쪽.

맺음말

1) "진보 사학계가 지칭했던 민중은 노동자, 농민뿐만이 아니라 비정규직 노동자, 여성, 이주노동자, 성적 소수자, 혼혈 등으로 재형성되는 과정에 있다"는 김득중의 언명 역 시 새로운 민중 개념과 다중 개념의 유사성을 시사한다. 김득중, "1980년대 민중의 발견과 민중사학의 성과와 한계", 64쪽.

참고문헌

강경선, "한국에서의 진보법학의 연구 현황과 과제", 한국산업사회연구회 편, 『현대한국 인문사회과학 연구사: 80·90년대 비판학문의 평가와 전망』, 한울, 1994.

강동국, "근대 한국의 국민·인종·민족 개념", 『한국동양정치사상사연구』 5(1), 2006.

강만길, "실학사상과 정책 반영", 『문학과 지성』 14, 1973년 가을.

_____, "실학론의 현재와 전망: 천관우 저 『한국사의 재발견』을 읽고", 『창작과 비평』 34, 1974년 겨울.

_____, 『분단시대의 역사인식』, 창작과비평사, 1979.

_____, 『한국현대사』, 창작과비평사, 1984.

_____, 『한국근대사』, 창작과비평사, 1984.

_____, "신채호의 영웅·국민·민중주의", 강만길 편, 『신채호』, 고려대학교출판부, 1990.

강만길 외, "80년대 민중사학론, 무엇이 문제인가: 한국 역사학계의 새 기류와 90년대 전 망", 『역사비평』 7, 1989.

강만길 편, 『신채호』, 고려대학교출판부, 1990.

강문구, "민주적 변혁운동의 지반(地盤)의 심화, 확장을 위하여: 김세균 교수의 '시민사 회론' 비판에 대한 토론", 『경제와 사회』 16, 1992.

_____, "변혁지향 시민사회운동의 과제와 전망", 『경제와 사회』 18, 1993.

강원돈, "물(物)의 신학: 물질적 세계관과 신앙의 한 종합(1)", 『신학사상』 62, 1988.

_____, "우리 시대의 과제와 교회에 대한 새로운 이해", 죽재서남동목사기념논문집편집 위원회 편, 『전환기의 민중신학: 죽재 서남동의 신학사상을 중심으로』, 한국신학연

구소, 1992.

_____, "민중과 지식인: 권진관 교수의 퇴임 기념문집을 상재하며", 한국민중신학회 편, 『민중신학의 여정』, 동연, 2017.

강원돈 외, "대토론: 변화된 현실 속에서 민중신학이 나아갈 길", 죽재서남동목사기념논문집편집위원회 편, 『전환기의 민중신학: 죽재 서남동의 신학사상을 중심으로』, 한국신학연구소, 1992.

강원돈 외, 『다시, 민중신학이다』, 동연, 2010.

강인철, "종교계의 민주화운동", 민주화운동기념사업회 연구소 편, 『한국민주화운동사2: 유신체제기』, 민주화운동기념사업회, 2009.

_____, "종교계의 민주화운동", 민주화운동기념사업회 연구소 편, 『한국민주화운동사3: 서울의 봄부터 문민정부 수립까지』, 민주화운동기념사업회, 2010.

_____, 『민주화와 종교: 상충하는 경향들』, 한신대학교출판부, 2012.

_____, 『시민종교의 탄생: 식민성과 전쟁의 상흔』, 성균관대학교출판부, 2019.

_____, 『경합하는 시민종교들: 대한민국의 종교학』, 성균관대학교출판부, 2019.

_____, "민중", 한국학중앙연구원 편저, 『한국학 학술용어: 근대 한국학 100년의 검토』, 한국학중앙연구원출판부, 2020.

강인혜, "1980년대 민중미술 그룹 '두렁'의 작업에 나타난 설화, 민속, 샤먼의 의미", 『미술사학보』 52, 2019.

강정구, "해방 후 친일파 청산 좌절의 원인과 그 민족사적 교훈", 민족문제연구소 편, 『한국 근현대사와 친일파 문제』, 아세아문화사, 2000.

강정구, "신경림 시에 나타난 민중의 재해석", 『어문연구』 33(3), 2005.

_____, "진보적 민족문학론에서 민중 개념의 형성 과정 연구", 『비교문화연구』 11(2), 2007.

_____, "진보적 민족문학론의 민중시관(民衆詩觀) 재고: 신경림의 시를 중심으로", 『국제어문』 40, 2007.

_____, "진보적 민족문학론의 민중 개념 형성론 보론", 『세계문학비교연구』 27, 2009.

_____, "1970년대 민중-민족문학의 저항성 재고(再考)", 『국제어문』 46, 2009.

강정구·김종회, "민중 개념의 다양성과 그 변천 과정: 신경림의 민족문학론을 대상으로", 『현대문학의 연구』 43, 2011.

강호정, "새로운 국가의 주체와 공동체 지향의 언어: 해방기 시에 나타난 시어로서 '민족'의 유사개념을 중심으로", 『우리어문연구』 31, 2008.

강희남, 『민중주의』, 푸른돌, 2001.

게오르크 루카치 외, 『민중문화운동의 실천론』, 김정환·백원담 역, 화다, 1985.

고승제 외, 『전통시대의 민중운동(하): 홍경래의 난에서 이필제 난까지』, 풀빛, 1981.

고은(표일초), "미륵신앙과 민중불교", 한종만 편, 『한국 근대 민중불교의 이념과 전개』, 한길사, 1980.

_____, "미륵과 민중: 그 역사적 추구를 위하여", 황선명 외, 『한국 근대 민중종교사상』, 학민사, 1983.

공자 외, 『사서삼경: 동양사상의 기본을 읽는다』, 차주환 외 역, 을유문화사, 2001.

공제욱, "현대 한국 계급연구의 현황과 쟁점", 김진균 외, 『한국사회의 계급연구1』, 한울, 1985.

_____, "계급분석: 계급구성 연구로부터 변혁의 주체와 대상에 대한 연구로", 정민 외, 『80년대 사회운동 논쟁』, 한길사, 1989.

_____, 『사회계급론』, 한길사, 1989.

_____, "일제의 민속통제와 집단놀이의 쇠퇴", 『사회와 역사』 95, 2012.

공제욱 편, 『국가와 일상: 박정희 시대』, 한울, 2008.

공제욱·정근식 편, 『식민지의 일상, 지배와 균열』, 문화과학사, 2006.

구범모, "비교정치학 20년의 반성", 『한국정치학회보』 2, 1967.

구해근, 『한국 노동계급의 형성』, 신광영 역, 창작과비평사, 2002.

국방부 정훈국, 『사상전에서 이겨야 산다: 급진 좌경 실상 비판』, 국방부, 1987.

권보드래, "근대 초기 '민족' 개념의 변화: 1905~1910년 대한매일신보를 중심으로", 『민족문학사연구』 33, 2007.

권진관, 『성령과 민중』, 한국신학연구소, 1993.

_____, "민중신학의 기본 흐름과 과제", 『성공회대학논총』 8, 1995.

_____, "머리말: 왜, 다시 민중신학인가?", 강원돈 외, 『다시, 민중신학이다』, 동연, 2010.

기독교야학연합회, 『민중야학의 이론과 실천』, 풀빛, 1985.

기세춘, 『묵자: 천하에 남이란 없다(상,하)』, 나루, 1995.

_____, 『우리는 왜 묵자인가: 묵자사상의 해석학적 고찰』, 초당, 1995.

_____, 『동양고전 산책1』, 바이북스, 2006.

_____, 『장자』, 바이북스, 2007.

_____, 『노자 강의』, 바이북스, 2008.

길승흠, "한국의 경제성장과 민중 개념의 변천", 이정복 외, 『한국 민중론 연구』, 한국정
　　　신문화연구원, 1990.

김경재, "민중의 신학과 한국기독교의 미래", 『기독교사상』, 1976년 1월호.

_____, "역사의 주체는 민중이다", 『기독교사상』, 1976년 3월호.

김경호, "권두언: 민중 없는 '개혁'과 민중신학", 『시대와 민중신학』 1, 1994.

김광식, "민주정치교육의 현실과 과제", 문동환박사 고희기념논문집편집위원회 편, 『평
　　　화교육과 민중교육: 문동환박사 고희기념논문집』, 풀빛, 1990.

김광억, "정치적 담론기제로서의 민중문화운동: 사회극으로서의 마당극", 『한국문화인
　　　류학』 21, 1989.

김나현, "1970년대 민중시의 주체 구성: 민중시를 둘러싼 몇 가지 분할에 대하여", 『한국
　　　시학연구』 53, 2018.

김낙중, "민중적 민족경제 수립의 길", 유진경 외, 『한국경제의 현단계』, 사계절, 1985.

김남일, 『안병무 평전: 성문 밖에서 예수를 말하다』, 사계절출판사, 2007.

김대상, "일제 무단통치의 본질: 그 탄압의 제 양상", 『청맥』, 1964년 8월호.

김대환 외, "좌담회: '민중' 이데올로기와 민중운동", 『신동아』, 1985년 7월호.

김동춘, "한국 사회과학의 반성과 21세기 전망", 학술단체협의회 편, 『한국 인문사회과학
　　　의 현재와 미래』, 푸른숲, 1998.

김동택, "『독립신문』에 나타난 국가와 국민의 개념", 『한국의 근대와 근대경험』(이화여자
　　　대학교 한국문화연구원 봄 학술대회 자료집), 한국문화연구원, 2003.5.20~21.

_____, "대한매일신보(大韓每日申報)에 나타난 '민족' 개념에 관한 연구", 『대동문화연
　　　구』 61, 2008.

_____, "민족 개념을 통해 본 동아시아의 갈등구조", 『21세기 정치학회보』 24(2), 2014.

김득중, "1980년대 민중의 발견과 민중사학의 성과와 한계", 『내일을 여는 역사』 24,
　　　2006.

김명수, 『안병무: 시대와 민중의 증언자』, 살림, 2006.

_____, 『안병무의 신학사상』, 한울, 2011.

김명인, "다시 민중을 부른다: 87년체제를 넘어, 신자유주의 시장독재에 맞서서", 『실천
　　문학』 87, 2007.

김문봉, "민중시파 연구(Ⅰ)", 『인문과학연구』 10, 1992.

＿＿＿, "민중예술론고", 『일어일문학』 10, 1998.

김병걸, "민중과 문학", 한국신학연구소 편, 『한국민중론』, 한국신학연구소, 1984.

＿＿＿, 『민중문학과 민족현실: 김병걸 평론집』, 풀빛, 1989.

김병걸·채광석 편, 『역사, 현실 그리고 문학: 80년대 대표평론선1』, 지양사, 1985.

김병걸·채광석 편, 『민족, 민중 그리고 문학: 80년대 대표평론선2』, 지양사, 1985.

김병걸·채광석 편, 『민중, 노동 그리고 문학: 80년대 대표평론선3』, 지양사, 1985.

김병익, "민중문학론의 실천적 과제", 김병걸·채광석 편, 『민중, 노동 그리고 문학: 80년
　　대 대표평론선3』, 지양사, 1985.

김사인·강형철 편, 『민족민중문학론의 쟁점과 전망』, 푸른숲, 1989.

김삼웅, "『청맥』에 참여한 지식인들의 민족의식", 『월간 말』, 1996년 6월호.

＿＿＿, 『박현채 평전: 시대와 대결한 불온한 경제학자의 초상』, 한겨레출판, 2012.

＿＿＿, 『저항인 함석헌 평전』, 현암사, 2013.

김서중, "언론·출판계의 민주화운동", 민주화운동기념사업회 연구소 편, 『한국민주화운
　　동사2: 유신체제기』, 민주화운동기념사업회, 2009.

김성국, "한국 자본주의 발전과 시민사회의 성격", 한국사회학회·한국정치학회 편, 『한
　　국의 국가와 시민사회』, 한울, 1992.

김성기, "예술의 근대화와 민중문화운동", 김진균 외, 『제3세계와 한국의 사회학: 현대한
　　국사회론』, 돌베개, 1986.

＿＿＿, "후기구조주의의 시각에서 본 민중: 주체 형성 논의를 중심으로", 『한국사회학연
　　구』 9, 1987.

＿＿＿, 『포스트모더니즘과 비판사회과학』, 문학과지성사, 1991.

＿＿＿, "포스트모더니즘의 사회이론에 관한 연구: 료타르, 보드리야르, 라클라우/무페
　　를 중심으로", 서울대학교 박사학위논문, 1993.

김성례, 『한국 무교의 문화인류학』, 소나무, 2018.

김성보, "남북 국가 수립기 인민과 국민 개념의 분화", 『한국사연구』 144, 2009.

김성보 외, "종합토론", 역사학연구소 편, 『한국 민중사의 새로운 모색과 역사쓰기』, 선

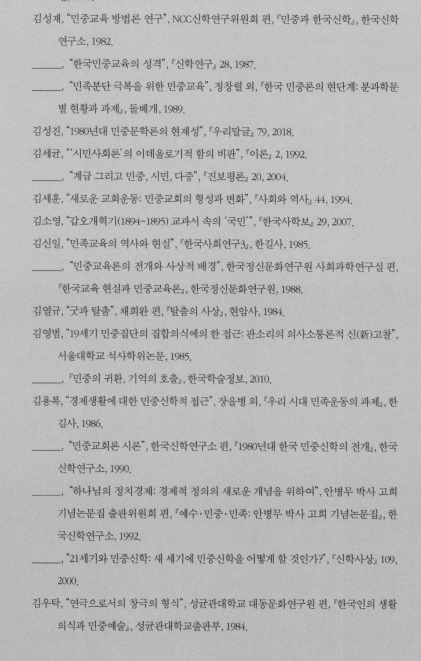

인, 2010.

김성재, "민중교육 방법론 연구", NCC신학연구위원회 편, 『민중과 한국신학』, 한국신학연구소, 1982.

_____, "한국민중교육의 성격", 『신학연구』 28, 1987.

_____, "민족분단 극복을 위한 민중교육", 정창렬 외, 『한국 민중론의 현단계: 분과학문별 현황과 과제』, 돌베개, 1989.

김성진, "1980년대 민중문학론의 현재성", 『우리말글』 79, 2018.

김세균, "'시민사회론'의 이데올로기적 함의 비판", 『이론』 2, 1992.

_____, "계급 그리고 민중, 시민, 다중", 『진보평론』 20, 2004.

김세훈, "새로운 교회운동: 민중교회의 형성과 변화", 『사회와 역사』 44, 1994.

김소영, "갑오개혁기(1894~1895) 교과서 속의 '국민'", 『한국사학보』 29, 2007.

김신일, "민족교육의 역사와 현실", 『한국사회연구3』, 한길사, 1985.

_____, "민중교육론의 전개와 사상적 배경", 한국정신문화연구원 사회과학연구실 편, 『한국교육 현실과 민중교육론』, 한국정신문화연구원, 1988.

김열규, "굿과 탈춤", 채희완 편, 『탈춤의 사상』, 현암사, 1984.

김영범, "19세기 민중집단의 집합의식에의 한 접근: 판소리의 의사소통론적 신(新)고찰", 서울대학교 석사학위논문, 1985.

_____, 『민중의 귀환, 기억의 호출』, 한국학술정보, 2010.

김용복, "경제생활에 대한 민중신학적 접근", 장을병 외, 『우리 시대 민족운동의 과제』, 한길사, 1986.

_____, "민중교회론 시론", 한국신학연구소 편, 『1980년대 한국 민중신학의 전개』, 한국신학연구소, 1990.

_____, "하나님의 정치경제: 경제적 정의의 새로운 개념을 위하여", 안병무 박사 고희 기념논문집 출판위원회 편, 『예수·민중·민족: 안병무 박사 고희 기념논문집』, 한국신학연구소, 1992.

_____, "21세기와 민중신학: 새 세기에 민중신학을 어떻게 할 것인가?", 『신학사상』 109, 2000.

김우탁, "연극으로서의 창극의 형식", 성균관대학교 대동문화연구원 편, 『한국인의 생활의식과 민중예술』, 성균관대학교출판부, 1984.

김원, 『잊혀진 것들에 대한 기억: 1980년대 대학의 하위문화와 대중정치』, 이매진, 2011.

_____, 『박정희 시대의 유령들: 기억, 사건 그리고 정치』, 현실문화, 2011.

김월덕, "마당극의 공연학적 특성과 문화적 의미", 『한국극예술연구』 11, 2000.

김윤수, "한국 미술의 새 단계", 백낙청·염무웅 편, 『한국문학의 현단계 II』, 창작과비평사, 1983.

김윤환, "현대 산업사회와 민중운동", 『신동아』, 1980년 7월호.

_____, "노동과 경제윤리", 기독교사회문제연구원 편, 『민중과 경제』, 민중사, 1982.

김윤희, "근대 국가구성원으로서의 인민 개념 형성(1876~1894): 민(民)=적자(赤子)와 『서유견문(西遊見聞)』의 인민", 『역사문제연구』 21, 2009.

김의환 외, 『근대 조선의 민중운동: 갑오농민전쟁과 반일의병운동』, 풀빛, 1982.

김인옥, "김지하 담시 〈오적〉에 나타난 동학사상: 민중문학으로서의 사상과 형식을 중심으로", 『동학학보』 47, 2018.

김인회, "식민지 교육학은 극복되었나", 『한국사회연구 1』, 한길사, 1983.

_____, 『교육과 민중문화』, 한길사, 1983.

_____, "민중과 사회교육", 한국신학연구소 편, 『한국민중론』, 한국신학연구소, 1984.

김재용, "80년대 이후 한국 근대문학 연구의 성과와 전망", 한국산업사회연구회 편, 『현대한국 인문사회과학 연구사: 80·90년대 비판학문의 평가와 전망』, 한울, 1994.

김재홍, "한국문학 속의 민중의식 연구: 민중시를 중심으로", 이정복 외, 『한국 민중론 연구』, 한국정신문화연구원, 1990.

김정근·박인웅, "한국 사회과학의 탈식민성 담론에 관한 서지 연구(I, II), 1945~1995", 『한국민족문화』 10, 1997.

김정인, "이념서클을 통해서 본 학생운동 조직문화의 변화", 민주화운동기념사업회 한국민주주의연구소 편, 『한국 민주주의 100년, 가치와 문화』, 한울, 2020.

김정헌, 『어쩌다 보니, 어쩔 수 없이: 민중미술과 함께한 40년』, 창비, 2021.

김정호, "동학, 사발통문(沙鉢通文), 그리고 동학농민혁명", 『동학학보』 25, 2012.

김정환 외, 『문화운동론 2』, 공동체, 1986.

김정훈, "민주화 20년의 한국사회: 기로에 선 한국 민주주의", 『경제와 사회』 74, 2007.

김종길·박응주·이영욱 편, 『민중미술, 역사를 듣는다 2』, 현실문화A, 2021.

김종찬, "민중불교운동의 전개과정", 법성 외, 『민중불교의 탐구』, 민족사, 1989.

김종철, "민중과 지식인", 한국신학연구소 편, 『한국민중론』, 한국신학연구소, 1984.

김종철, "민중적 진실의 묵살과 왜곡: 최근 10년 한국 언론의 행태", 송건호 외, 『민중과 자유언론』, 아침, 1984.

_____, "역자 해설", 존 다우닝, 『변혁과 민중언론: 미국·서구·동구의 저항매체』, 김종철 역, 창작과비평사, 1989.

김종학, "단재 신채호의 아나키즘의 정치사상사적 의미: 식민지 조선의 민족주의와 민중 개념의 형성", 서울대학교 석사학위논문, 2006.

김주연 편, 『대중문학과 민중문학』, 민음사, 1985.

김지하, "풍자냐 자살이냐", 『시인』, 1970년 7월호.

_____, "생명의 담지자인 민중", 『밥』, 분도출판사, 1984.

_____, 『민족의 노래 민중의 노래』, 동광출판사, 1984.

김지하 외, 『미륵사상과 민중사상』, 한진출판사, 1988.

김진경 외, 『민중교육2』, 푸른나무, 1988.

김진균, "민중운동과 분단극복의 문제", 이영희·강만길 편, 『한국의 민족주의운동과 민중』, 두레, 1987.

_____, 『사회과학과 민족현실』, 한길사, 1988.

_____, "민족적·민중적 학문을 제창한다", 학술단체연합심포지움 준비위원회 편, 『80년대 한국 인문사회과학의 현단계와 전망』, 역사비평사, 1988.

_____, "민중사회학의 이론화 전략", 정창렬 외, 『한국 민중론의 현단계: 분과학문별 현황과 과제』, 돌베개, 1989.

_____, 『21세기 진보운동의 기획』, 문화과학사, 2003.

김진균 외, "토론: 분단시대의 지식인과 민중", 『한국사회연구3』, 한길사, 1985.

김진균·조희연, "해방 이후 인문사회과학사의 비판적 재검토: 학문적 종속과 민족적·민중적 학문의 전개", 김진균·조희연 편, 『한국사회론: 현대 한국사회의 구조와 역사적 변동』, 한울, 1990.

김진봉, "3·1운동과 민중", 동아일보사 편, 『3·1운동 50주년 기념논집』, 동아일보사, 1969.

김진하, "민중론에 관한 실증적 접근", 서강대학교 석사학위논문, 1990.

김진호, "역사주체로서의 민중: 민중신학 민중론의 재검토", 『신학사상』 80, 1993.

_____, "민중신학이란 무엇인가", 『시대와 민중신학』 1, 1994.

_____, "민중신학의 계보학적 이해: 문화정치학적 민중신학을 전망하며", 『시대와 민중신학』 4, 1997.

_____, 『반신학의 미소』, 삼인, 2001.

_____, "'대로(大路)'에서 헤매기: 2004, 민중신학의 길 찾기 혹은 해체하기", 『시대와 민중신학』 8, 2004.

김진호·김영석 편저, 『21세기 민중신학: 세계 신학자들, 안병무를 말하다』, 김태현·유승태·정용택 역, 삼인, 2013.

김진호 외, 『죽은 민중의 시대 안병무를 다시 본다』, 삼인, 2006.

김질락·송복, "민중의식의 현재화: 편집자와 독자의 거리에서", 『청맥』, 1966년 8월호.

김찬국, 『성서와 역사의식』, 평민사, 1978.

_____, 『예언과 정치』, 정우사, 1978.

_____, 『인간을 찾아서: 김찬국 수상집』, 한길사, 1980.

_____, 『성서와 현실』, 대한기독교서회, 1992.

_____, "안병무 박사의 삶과 신학적 업적을 기리며", 심원안병무선생기념사업위원회 편, 『갈릴래아의 예수와 안병무』, 한국신학연구소, 1998.

김창근, "유인호의 '민족·민중·민주 경제론'이 21세기 한국 자본주의에 주는 시사점", 『진보평론』 64, 2015.

김창락, "민중신학에 있어서 민중의 의미", 정창렬 외, 『한국 민중론의 현단계: 분과학문별 현황과 과제』, 돌베개, 1989.

김창호, "80년대 이후 진보적 철학 연구사", 한국산업사회연구회 편, 『현대한국 인문사회과학 연구사: 80·90년대 비판학문의 평가와 전망』, 한울, 1994.

김창후, "재일제주인 항일운동의 연구 과제: 김문준의 활동을 중심으로", 『제주도사연구』 6, 1997.

김택현, "인도의 식민지 근대사를 보는 시각과 서발턴연구", 『역사비평』 45, 1998.

_____, 『서발턴과 역사학 비판』, 박종철출판사, 2003.

김현화, "1980년대 민중미술: 반(反)풍요와 반(反)개방", 『미술사학』 25, 2011.

_____, 『민중미술』, 한길사, 2021.

김형열, "마오쩌둥(毛澤東) 문화사상의 이론 기원과 민중문화관(民衆文化觀)", 『중국학』 68, 2019.

김혜승, "동학농민운동의 민족주의적 평가에 기초한 '한국민족주의의 민중화'에 대한 검토", 『한국동양정치사상사연구』 2(2), 2003.

김호기, "87년체제인가, 97년체제인가: 민주화 시대에서 세계화 시대로", 『사회비평』 36, 2007.

김홍중, 『마음의 사회학』, 문학동네, 2009.

김홍규 편, 『전통사회의 민중예술』, 민음사, 1980.

김희헌, 『서남동의 철학: 민중신학에 이르다』, 이화여자대학교출판부, 2013.

노명식, "근대사회에서의 시민과 민중", 『월간 대화』, 1976년 11월호.

_____, 『민중시대의 논리』, 전망사, 1979.

_____, 『프랑스혁명에서 빠리꼼뮨까지: 1789~1871』, 까치, 1980.

노영택, 『일제하 민중교육운동사』, 탐구당, 1979.

노해나, "민중미술의 해외전시(1988~1999)에 나타난 제3세계의 주체성과 문화 교차 연구", 홍익대학교 석사학위논문, 2018.

니시 가츠조, 『(니시의학에 의한) 민중의학의 철학적 기초』, 양동춘 역, 광주출판사, 1986.

니시무라 아키라, "위령과 폭력: 전쟁 사망자에 대한 태도 이해를 위해", 『종교문화비평』 2, 2002.

다리 편집부 편, 『민중철학』, 다리, 1986.

단국대학교 동양학연구소 편, 『한한(漢韓)대사전』 제7권, 단국대학교출판부, 2004.

대한민국정당사편찬위원회 편, 『대한민국정당사1: 1945~1972년』, 중앙선거관리위원회, 1973.

도회근, "사회통합을 위한 국민 개념 재고", 『저스티스』 134(2), 2013.

라나지트 구하, 『서발턴과 봉기: 식민 인도에서의 농민봉기의 기초적 측면들』, 김택현 역, 박종철출판사, 2008.

라원식, "빛고을의 작가, 홍성담의 '증언과 발언'", 김종길·박응주·이영욱 편, 『민중미술, 역사를 듣는다2』, 현실문화A, 2021.

로버트 단턴, 『고양이 대학살: 프랑스 문화사 속의 다른 이야기들』, 조한욱 역, 문학과지성사, 1996.

류병덕, 『한국 민중종교 사상론』, 시인사, 1985.

류장현, "다문화사회의 떠돌이 민중에 대한 신학적 이해", 강원돈 외, 『다시, 민중신학이다』, 동연, 2010.

마나베 유코, 『열사의 탄생: 한국민중운동에서의 한의 역학』, 김경남 역, 민속원, 2015.

맹문재, 『한국 민중시 문학사: 노동시를 중심으로』, 박이정, 2001.

문동환, "민중교육론", 『현존』, 1979년 5월호.

_____, "의식화 교육의 과제", 한완상 외, 『한국민중교육론: 그 이념과 실천전략』, 학민
사, 1985.

_____, "민중신학의 전망: 제2세대 민중신학자들의 문제제기에 대하여", 『기사연무크
2』, 한국기독교사회문제연구원, 1990.

문동환박사 고희기념논문집편집위원회 편, 『평화교육과 민중교육: 문동환박사 고희기념
논문집』, 풀빛, 1990.

문병란, "농민과 농민문학: 민중시의 내용을 중심으로", 장을병 외, 『우리 시대 민족운동
의 과제』, 한길사, 1986.

문순태, 『타오르는 강』(1~9권), 소명출판, 2012.

문윤희, "1980년대 민중시 연구: 『실천문학』 수록 시를 중심으로", 한국외국어대학교 박
사학위논문, 2018.

문익환·기세춘·홍근수, 『예수와 묵자: 문익환 기세춘 홍근수의 논쟁』, 바이북스, 2016.

문찬주, "민중불교 교판을 세우기 위한 시론", 『동국사상』 24, 1991.

문희석, 『민중신학』, 대한기독교출판사, 1977.

_____, "미가가 본 내 백성", NCC신학연구위원회 편, 『민중과 한국신학』, 한국신학연구
소, 1982.

민영진 외, 『한국 민중신학의 조명』, 대화출판사, 1984.

민주화운동기념사업회 편, 『노래는 멀리 멀리』(1~5권), 민주화운동기념사업회, 2006~
2009.

민중교육편집위원회 편, 『민중교육1』, 실천문학사, 1985.

민중사반, "총론: 민중사를 다시 말한다", 역사문제연구소 민중사반, 『민중사를 다시 말
한다』, 역사비평사, 2013.

민중신학연구소, "제5회 달릿-민중신학자 대회 성명서", 『민중과 신학』 9, 2002.

박경준, "민중불교 이념의 비판적 고찰", 법성 외, 『민중불교의 탐구』, 민족사, 1989.

박노자, "'국민'이라는 감옥: 구한말의 국민 담론을 중심으로", 박노자 외, 『'탈영자들'의

기념비: 한국사회의 성과 속—주류라는 신화』(당대비평 특별호), 생각의 나무, 2003.

박명규, "동학사상의 종교적 전승과 사회운동", 한국사회사연구회 편, 『한국의 종교와 사회변동』, 문학과지성사, 1987.

_____, 『국민·인민·시민: 개념사로 본 한국의 정치주체』, 소화, 2009.

박병석, "중국 고대 유가의 '민' 관념: 정치의 주체인가 대상인가?", 『한국동양정치사상사연구』 13(2), 2014.

박상훈, "1단계 민주화의 종결", 『민주사회와 정책연구』 11, 2007.

박성수, "한국사에 나타난 민중운동", 『신동아』, 1980년 7월호.

박승길, "한말 신흥종교의 혁세 정신(革世精神)과 민중의 자기 인식 방향과 유형", 한국사회사연구회 편, 『한국의 종교와 사회변동』, 문학과지성사, 1987.

박아론, "민중신학에 대한 고찰과 연구", 『신학지남』 56(3), 1989.

박양신, "다이쇼 시기 일본, 식민지 조선의 민중예술론: 로맹 롤랑의 '제국' 횡단", 『한림일본학』 22, 2013.

박영도·김종엽 편, 『한상진과 중민이론』, 새물결, 2018.

박영신, "사회학 연구의 사회학적 역사", 『현상과 인식』 31, 1985.

박은숙, "동도서기론자의 '민부국강(民富國强)'론과 민중 인식: 『한성주보』를 중심으로", 『한국근현대사연구』 47, 2008.

박응주·박진화·이영욱 편, 『민중미술, 역사를 듣는다1』, 현실문화A, 2017.

박인배, "문화패 문화운동의 성립과 그 방향", 박현채·정창렬 편, 『한국민족주의론III: 민중적 민족주의』, 창작과비평사, 1985.

_____, "문화운동: '이데올로기 생산 활동론'과 '현장문화운동론'", 정민 외, 『80년대 사회운동 논쟁』, 한길사, 1989.

박재묵, "사회운동의 이해", 한완상 편저, 『한국사회학: 한국사회에 대한 이해와 전망』, 민음사, 1996.

박재순, "1세대 민중신학에 대한 비판과 새로운 모색", 『기사연무크1: 진통하는 한국교회』, 한국기독교사회문제연구원, 1990.

_____, 『민중신학과 씨올사상』, 천지, 1990.

박찬승, "역사의 '진보'와 '진보'의 역사학", 학술단체협의회 편, 『한국 인문사회과학의 현재와 미래』, 푸른숲, 1998.

_____, 『민족·민족주의』, 소화, 2010.

박찬표, 『한국의 48년 체제』, 후마니타스, 2010.

박태순, 『국토와 민중: 박태순 기행』, 한길사, 1977.

박태순 외, 『민중을 기록하라: 작가들이 발로 쓴 한국 현대사, 전태일에서 세월호까지』, 실천문학사, 2015.

박한용, "사상과 운동으로서의 한국 역사학을 위해: 1987년 이후 학술운동과 한국사연구 단체에 대한 단상", 역사학연구소 편, 『한국 민중사의 새로운 모색과 역사쓰기』, 선인, 2010.

박현채, 『민중과 경제』, 정우사, 1978.

_____, "해방 후 한국 경제와 민중 생활의 변화", 유인호 외, 『민중경제론』, 민중사, 1982.

_____, 『한국 자본주의와 민족운동』, 한길사, 1984.

_____, "문학과 경제: 민중문학에 대한 사회과학적 인식", 김병걸·채광석 편, 『역사, 현실 그리고 문학: 80년대 대표평론선1』, 지양사, 1985.

_____, "민중과 문학", 김병걸·채광석 편, 『민족, 민중 그리고 문학: 80년대 대표평론선 2』, 지양사, 1985.

_____, "민족경제론적 관점에서 본 민중론", 정창렬 외, 『한국 민중론의 현단계: 분과학 문별 현황과 과제』, 돌베개, 1989.

박현채·정창렬 편, 『한국민족주의론III: 민중적 민족주의』, 창작과비평사, 1985.

박현채·조희연 편, 『한국 사회구성체 논쟁1,2』, 죽산, 1989.

박현화, "갯벌에서 민중을 만난 작가, 박석규", 박응주·박진화·이영욱 편, 『민중미술, 역 사를 듣는다1』, 현실문화A, 2017.

박형준, "전환기 사회운동의 성격", 임희섭·박길성 편, 『오늘의 한국사회』, 나남, 1993.

박호영, "한국 근대 민요시의 위상(상)"(1979년 조선일보 신문문예 당선 평론), 『조선일 보』, 1979.1.9, 5면.

배경식, "민중과 민중사학", 역사비평 편집위원회 편, 『논쟁으로 본 한국사회 100년』, 역 사비평사, 2000.

배성준, "민중사학의 역사를 재구성하기: 역사학 비판의 관점에서", 역사문제연구소 민 중사반, 『민중사를 다시 말한다』, 역사비평사, 2013.

배하은, "1980년대 문학의 수행성 연구: 양식과 미학을 중심으로", 서울대학교 박사학위논문, 2017.

_____, 『문학의 혁명, 혁명의 문학』, 소명출판, 2021.

배항섭, 『19세기 민중사 연구의 시각과 방법』, 성균관대학교출판부, 2015.

_____, "이이화의 삶과 민중사 연구", 『역사비평』 131, 2020.

백낙청, "민족문학 이념의 신(新)전개", 『월간중앙』, 1974년 7월호.

_____, 『인간해방의 논리를 찾아서: 백낙청 평론집』, 시인사, 1979.

_____, "민족문학론의 새로운 과제", 『실천문학』 1, 1980.

_____, "민족문학 개념의 정립을 위해", 성민엽 편, 『민중문학론』, 문학과지성사, 1984.

백낙청·염무웅 편, 『한국문학의 현단계 II』, 창작과비평사, 1983.

백욱인, "과학적 민중론의 정립을 위하여", 『역사비평』 3, 1988.

_____, "시민운동이냐, 민중운동(론)이냐: 김세균, 강문구 토론에 대한 비평", 『경제와
사회』 17, 1993.

백원담, "아시아에서 1960~70년대 비동맹/제3세계운동과 민족·민중 개념의 창신", 『중
국현대문학』 49, 2009.

_____, "민중적 선회(旋回): 다시 겨울에서 봄으로", 『다-다-』 3, 2021.

법성, "민중불교운동의 이념과 교리적 배경", 법성 외, 『민중불교의 탐구』, 민족사, 1989.

_____, 『앎의 해방 삶의 해방: 근본불교의 인식론과 실천론』, 한마당, 1989.

법성 편, 『민중선을 말한다』, 근본불교연구소, 1988.

법성 외, 『민중불교의 탐구』, 민족사, 1989.

베네딕트 앤더슨, 『상상의 공동체: 민족주의의 기원과 전파에 대한 성찰』, 윤형숙 역, 나남,
2002.

변태섭 외, 『전통시대의 민중운동(상): 만적의 난에서 평안도 농민전쟁까지』, 풀빛, 1981.

불교사회문화연구원 편, 『한국불교의 현실과 전망』, 지양사, 1986.

서경석, "민중신학의 위기", 『기독교사상』, 1993년 9월호.

서광선, "한국의 민중신학", 한국신학연구소 편, 『1980년대 한국 민중신학의 전개』, 한국
신학연구소, 1990.

서남동, "예수, 교회사, 한국교회", 『기독교사상』, 1975년 2월호.

_____, "'민중'의 신학", 『기독교사상』, 1975년 4월호.

_____, "두 이야기의 합류", NCC신학연구위원회 편, 『민중과 한국신학』, 한국신학연구

소, 1982.

_____, 『민중신학의 탐구』, 한길사, 1983.

_____, "민중(씨울)은 누구인가?", 유재천 편, 『민중』, 문학과지성사, 1984.

_____, "빈곤의 사회학과 빈민의 신학", 한국신학연구소 편, 『1980년대 한국 민중신학의 전개』, 한국신학연구소, 1990.

서대석, "무속과 민중사상", 성균관대학교 대동문화연구원 편, 『한국인의 생활의식과 민중예술』, 성균관대학교출판부, 1984.

서정기, 『민중유교사상』, 살림터, 1997.

성균관대학교 대동문화연구원 편, 『한국인의 생활의식과 민중예술』, 성균관대학교출판부, 1984.

성민엽, "서(緖): 형성 과정 속의 민중문학론", 성민엽 편, 『민중문학론』, 문학과지성사, 1984.

_____, "민중문학의 논리", 성민엽 편, 『민중문학론』, 문학과지성사, 1984.

_____, 『변하는 것과 변하지 않는 것: 성민엽 비평집』, 문학과지성사, 2004.

성민엽 편, 『민중문학론』, 문학과지성사, 1984.

손석춘, 『민중언론학의 논리: 정보혁명 시대 네티즌의 무기』, 철수와영희, 2015.

손우성, "대통령과 민중", 『사상계』, 1956년 10월호.

손유경, "현장과 육체: 『창작과 비평』의 민중지향성 분석", 『현대문학의 연구』 56, 2015.

손호철, 『해방 60년의 한국정치: 1945~2005』, 이매진, 2006.

송건호, "지성의 사회참여", 『청맥』, 1964년 11월호.

송건호·안병직·한완상, "좌담회: 민중의 개념과 그 실체", 『월간 대화』, 1976년 11월호.

송건호 외, 『민중과 자유언론』, 아침, 1984.

송규진 외, 『동아시아 근대 '네이션' 개념의 수용과 변용: 한·중·일 3국의 비교연구』, 고구려연구재단, 2005.

송기숙, "한국 설화에 나타난 민중혁명사상: 선운사 미륵비결 설화와 동학농민전쟁의 민중적 전개", 장을병 외, 『우리 시대 민족운동의 과제』, 한길사, 1986.

_____, "한국 설화에 나타난 미륵사상", 김지하 외, 『미륵사상과 민중사상』, 한진출판사, 1988.

송복, "민중론에 대한 사회학적 분석", 이정복 외, 『한국 민중론 연구』, 한국정신문화연구원, 1990.

송재소, "신채호 문학의 민족과 민중", 강만길 편, 『신채호』, 고려대학교출판부, 1990.

송호근, 『인민의 탄생: 공론장의 구조 변동』, 민음사, 2011.

_____, 『시민의 탄생: 조선의 근대와 공론장의 지각 변동』, 민음사, 2013.

스즈키 쇼소, "동아시아의 민중신학자 안병무 선생님", 심원안병무선생기념사업위원회 편, 『갈릴래아의 예수와 안병무』, 한국신학연구소, 1998.

시오다 쇼오베에, 『일본 노동운동사』, 우철민 역, 동녘, 1985.

신경림, "문학과 민중: 현대 한국문학에 나타난 민중의식", 『창작과 비평』 27, 1973년 봄.

_____, 『문학과 민중』, 민음사, 1977.

신복룡, 『동학사상과 갑오농민혁명』, 평민사, 1991.

신영복, 『감옥으로부터의 사색: 통혁당 무기수 신영복 편지』, 햇빛출판사, 1988.

신용하, "신채호의 무정부주의 독립사상", 강만길 편, 『신채호』, 고려대학교출판부, 1990.

신익상, "근본주의와 가난의 문제: 민중신학의 '민중'과 아감벤의 '잔여'를 연결하여", 한국민중신학회 편, 『민중신학의 여정』, 동연, 2017.

신정훈, "김정헌, 미술을 통해 세상을 보다", 박응주·박진화·이영욱 편, 『민중미술, 역사를 듣는다1』, 현실문화A, 2017.

신채호, "선언문/조선혁명선언", 한국신학연구소 편, 『한국민중론』, 한국신학연구소, 1984.

실천불교전국승가회·불교포럼 편, 『실천불교의 이념과 역사』, 행원, 2002.

심우성, "한국 민속인형극 소고: 덜미(꼭두각시놀음)를 중심으로", 『창작과 비평』 26, 1972년 겨울.

_____, 『민속문화와 민중의식: 심우성 평론집』, 대화출판사, 1978.

심우성 편저, 『한국의 민속극: 부(附) 연희본 13편』, 창작과비평사, 1975.

심원안병무선생기념사업위원회 편, 『갈릴래아의 예수와 안병무』, 한국신학연구소, 1998.

안병무, "민족·민중·교회", 『기독교사상』, 1975년 4월호.

_____, 『시대와 증언』, 한길사, 1978.

_____, 『민중신학 이야기』, 한국신학연구소, 1987.

_____, 『갈릴래아의 예수: 예수의 민중운동』, 한국신학연구소, 1990.

_____, "민중운동과 민중신학", 한국신학연구소 편, 『1980년대 한국 민중신학의 전개』, 한국신학연구소, 1990.

_____, "예수운동과 물(物)", 한국신학연구소 편, 『1980년대 한국 민중신학의 전개』, 한국신학연구소, 1990.

_____, "예루살렘 성전체제와 예수의 대결", 한국신학연구소 편, 『1980년대 한국 민중신학의 전개』, 한국신학연구소, 1990.

_____, "한국적 그리스도인 상(像)의 모색", 한국신학연구소 편, 『1980년대 한국 민중신학의 전개』, 한국신학연구소, 1990.

_____, 『불티』, 한국신학연구소, 1998.

안병무·박재순, "대담: 민중의 생명을 향한 민중신학", 『기사연무크2』, 한국기독교사회문제연구원, 1990.

안병무박사 고회기념논문집 출판위원회 편, 『예수·민중·민족: 안병무 박사 고회 기념논문집』, 한국신학연구소, 1992.

안병영, "역사의 주체로서의 민중", 유재천 편, 『민중』, 문학과지성사, 1984.

안병직, "단재 신채호의 민족주의", 『창작과 비평』 29, 1973년 가을.

_____, "『조선불교유신론』의 분석: 그 사회사상사적 측면을 중심으로", 한종만 편, 『한국 근대 민중불교의 이념과 전개』, 한길사, 1980.

안쏘니 기든스, 『민족국가와 폭력』, 진덕규 역, 삼지원, 1991.

안토니오 네그리·마이클 하트, 『다중』, 조정환·정남영·서창현 역, 세종서적, 2008.

_____, 『어셈블리: 21세기 새로운 민주주의 질서에 대한 제언』, 이승준·정유진 역, 알렙, 2020.

야스마루 요시오, 『일본의 근대화와 민중사상』, 이희복 역, 논형, 2021.

양종회, "제3세계 발전론과 한국사회의 변동", 사회과학연구소 편, 『한국사회의 변동』, 성균관대학교출판부, 1986.

에르네스토 라클라우·샹탈 무페, 『헤게모니와 사회주의 전략: 급진 민주주의 정치를 향하여』, 이승원 역, 후마니타스, 2012.

NCC신학연구위원회 편, 『민중과 한국신학』, 한국신학연구소, 1982.

여익구, 『민중불교 입문』, 풀빛, 1985.

_____, 『민중불교 철학』, 민족사, 1988.

역사문제연구소 민중사반, 『민중사를 다시 말한다』, 역사비평사, 2013.

역사문제연구소 민중사반·아시아민중사연구회, 『민중 경험과 마이너리티: 동아시아 민중사의 새로운 모색』, 경인문화사, 2017.

역사학연구소 편, 『한국 민중사의 새로운 모색과 역사쓰기』, 선인, 2010.

염무웅, 『민중시대의 문학: 염무웅 평론집』, 창작과비평사, 1979.

_____, "도시-산업화 시대의 문학", 김주연 편, 『대중문학과 민중문학』, 민음사, 1980.

오경은, "〈민중미술: 한국의 새로운 문화 운동〉(Minjoong Art: A New Cultural Movement from Korea)전을 통해 본 '한국성'의 변주", 『서양미술사학회논문집』 45, 2016.

오대록, "1920년대 '전북민중운동자동맹' 연구", 『한국근현대사연구』 41, 2007.

오세영, "80년대 한국의 민중시", 『한국현대문학회 학술발표회자료집』, 한국현대문학회, 2001.2.

오종우, "진정한 연극을 위한 새로운 실험", 『실천문학』 1, 1980.

오지영, 『동학사』, 대광문화사, 1984.

우기동, "과연 삶과 사회의 철학이었나", 학술단체협의회 편, 『한국 인문사회과학의 현재와 미래』, 푸른숲, 1998.

우리경제연구회, 『한국 민중경제사』, 형성사, 1987.

우석훈, "87년 이후 20년, 민중의 시대가 다시 도래하는가?", 『사회비평』 36, 2007.

원동석, "누구의, 누구를 위한 길인가", 『실천문학』 1, 1980.

_____, 『민족미술의 논리와 전망』, 풀빛 1985.

_____, "민중미술의 논리와 전망", 최열·최태만 편, 『민중미술 15년: 1980~1994』, 삶과 꿈, 1994.

원영혁, 『한국의 민중문학과 중국의 저층서사 비교연구: 황석영·조세희·나위장·조정로의 소설을 중심으로』, 박문사, 2016.

원종찬, "새로운 시대의 민중운동과 시민운동을 위하여", 『창작과 비평』 81, 1993년 가을.

유인호, 『한국경제의 실상과 허상』, 평민사, 1979.

_____, "식민지 시대의 민중경제", 유인호 외, 『민중경제론』, 민중사, 1982.

_____, 『민중경제론』, 평민사, 1982.

_____, "민족경제의 발전과 왜곡", 『한국사회연구3』, 한길사, 1985.

유인호 외, 『민중경제론』, 민중사, 1982.

유재천, "민중문화와 대중문화", 한국기독교사회문제연구원 편, 『문화와 통치』, 민중사, 1982.

_____, "서(緖): 민중 개념의 내포와 외연", 유재천 편, 『민중』, 문학과지성사, 1984.

_____, "70년대의 민중에 대한 시각", 유재천 편, 『민중』, 문학과지성사, 1984.

유재천 편, 『민중』, 문학과지성사, 1984.

유팔무·김호기, "한국 비판사회학의 궤적, 1988~1998", 학술단체협의회 편, 『한국 인문 사회과학의 현재와 미래』, 푸른숲, 1998.

유해정, "새로운 대동놀이를 위하여", 정이담 외, 『문화운동론』, 공동체, 1985.

유홍렬, "문화상으로 본 한국의 자주성", 『청맥』, 1966년 11월호.

유홍준, "선구와 한계를 함께 지닌 단체", 현실과발언편집위원회 편저, 『민중미술을 향하 여: 현실과 발언 10년의 발자취』, 과학과사상, 1990.

윤난지, "혼성공간으로서의 민중미술", 『현대미술사연구』 22, 2007.

윤대원, "망각 속의 기억과 꿈", 『역사연구』 36, 2019.

윤무한, "재야에서 강단을 뛰어넘은 민중경제의 큰 봉우리: 박현채의 『민족경제론』", 『내 일을 여는 역사』 22, 2005.

윤상현, "1950년대 후반~1960년대 초 함석헌의 주체 형성 담론의 변화: 민중·민족·국민 담론을 중심으로", 『사학연구』 112, 2013.

윤용혁, "전쟁에서 '민중'을 발견하다: 강진철의 대몽항쟁사 연구", 『한국사학보』 67, 2017.

윤충로, "한국의 베트남전쟁 기억의 변화와 재구성: 1999년 『한겨레21』 캠페인과 그 이후 변화를 중심으로", 『사회와 역사』 105, 2015.

윤택림, "탈식민 역사쓰기: 비공식 역사와 다중적 주제", 『한국문화인류학』 27, 1995.

_____, "탈식민지적 역사쓰기를 향하여: '탈근대론'적 역사해석 비판", 『역사비평』 58, 2002.

이광주, "민중의 서구적 논리와 계보", 『신동아』, 1980년 7월호.

이규환, 『한국 교육의 비판적 이해』, 한울, 1993.

이기백, 『한국사신론』, 일조각, 1977.

_____, "유물사관과 한국사학", 『한국사 시민강좌』 20, 1997.

이기택, 『한국야당사』, 백산서당, 1987.

이기홍, "진보적 사회학의 위상과 과제", 한국산업사회연구회 편, 『현대한국 인문사회과 학 연구사: 80·90년대 비판학문의 평가와 전망』, 한울, 1994.

이기훈, "유신 전기 반독재민주화투쟁의 전개", 민주화운동기념사업회 연구소 편, 『한국

민주화운동사2: 유신체제기』, 돌베개, 2009.

이나미, "민(民) 개념의 변화와 한국 정치주체의 변동", 『사회과학연구』 13(1), 2005.

_____, "근·현대 한국의 민 개념: 허균의 "호민론"을 통해 본 국민·민중·시민", 『한국동
　　　양정치사상사연구』 13(2), 2014.

이남희, 『민중 만들기: 한국의 민주화운동과 재현의 정치학』, 유리·이경희 역, 후마니타
　　　스, 2015.

이대수, "한국 기독청년 에큐메니칼운동의 전개와 현황", 『기독교사상』, 1984년 10월호.

이동헌, "1960년대 『청맥』 지식인 집단의 탈식민 민족주의 담론과 문화전략", 『역사와 문
　　　화』 24, 2012.

이두현, 『한국 가면극』, 한국가면극연구회 출판부, 1969.

_____, 『의민 이두현 저작집2: 한국의 가면극』, 민속원, 2013.

이만열, "한국사에 있어서의 민중", 유재천 편, 『민중』, 문학과지성사, 1984.

_____, "민중의식 사관화의 시론", 한국신학연구소 편, 『한국민중론』, 한국신학연구소,
　　　1984.

이미숙, "서설: 현단계 민중교육에 대한 검토", 한완상 외, 『한국민중교육론: 그 이념과 실
　　　천전략』, 학민사, 1985.

이병천·윤소영, "전후 한국 경제학 연구의 동향과 과제", 학술단체연합심포지움 준비위
　　　원회 편, 『80년대 한국 인문사회과학의 현단계와 전망』, 역사비평사, 1988.

이봉범, "민중적 시각으로 조명한 전쟁의 비극과 농촌공동체 복원의 문제: 오유권의 『방
　　　앗골 혁명』에 대하여", 『민족문학사연구』 16, 2000.

이부영, "민간신앙과 집단적 무의식", 성균관대학교 대동문화연구원 편, 『한국인의 생활
　　　의식과 민중예술』, 성균관대학교출판부, 1984.

이상록, "함석헌의 민중 인식과 민주주의론", 『사학연구』 97, 2010.

이상일, "한의 삶을 역전시키는 힘: 민속문화 속의 민중", 『신동아』, 1980년 7월호.

_____, 『한국인의 굿과 놀이』, 문음사, 1981.

_____, "놀이문화와 민중의식: 대동놀이와 공동체의식의 탐구", 성균관대학교 대동문화
　　　연구원 편, 『한국인의 생활의식과 민중예술』, 성균관대학교출판부, 1984.

이상철, "프롤로그: 21세기 민중신학의 동시대성을 향한 말걸기", 이상철 외, 『민중신학,
　　　고통의 시대를 읽다』, 분도출판사, 2018.

이상철 외, 『민중신학, 고통의 시대를 읽다』, 분도출판사, 2018.

이석, "1910년대 민중예술 논쟁 재고: 혼마 히사오의 민중예술론을 중심으로", 『일본사상』 34, 2018.

이석규, "조선 초기 관인층(官人層)의 민(民)에 대한 인식", 『역사학보』 151, 1996.

_____, "여말선초 신흥 유신(新興儒臣)의 민에 대한 인식", 『조선시대사학보』 31, 2004.

이석규, "21세기 민중신학을 위한 한 제안", 『민중과 신학』 7, 2001.

이성욱, "소시민적 문학론의 탈락과 민족문학론의 분화", 정민 외, 『80년대 사회운동 논쟁』, 한길사, 1989.

이세영, "현대 한국 사학의 동향과 과제", 학술단체연합심포지움 준비위원회 편, 『80년대 한국 인문사회과학의 현 단계와 전망』, 역사비평사, 1988.

_____, "'민중' 개념의 계보학", 신정완 외, 『우리 안의 보편성: 학문 주체화의 새로운 모색』, 한울, 2006.

이소영, "1990년대 문학과 망각된 정동: 1991년 5월 유서대필 조작사건과 김영현의 소설을 중심으로", 『민족문학사연구』 74, 2020.

이시재, "90년대 한국사회와 사회운동의 방향", 한국사회학회·한국정치학회 편, 『한국의 국가와 시민사회』, 한울, 1992.

이신철, "'인민'의 창조와 사라진 '민중': 방법으로서 북조선 민중사 모색", 역사문제연구소 민중사반, 『민중사를 다시 말한다』, 역사비평사, 2013.

이영미, 『한국 대중가요사』, 시공사, 1999.

_____, 『마당극 양식의 원리와 특성』, 시공사, 2001.

이영철, "80년대 민족·민중미술의 전개와 현실주의", 최열·최태만 편, 『민중미술 15년: 1980~1994』, 삶과꿈, 1994.

이용기, "6월항쟁 시기 NL-CA 논쟁", 역사비평 편집위원회 편, 『논쟁으로 본 한국사회 100년』, 역사비평사, 2000.

이재오, 『해방 후 한국 학생운동사』, 형성사, 1984.

이정복, "한국에 있어서의 민중론", 『한국정치연구』 1, 1987.

_____, "민중론의 정치학적 분석", 이정복 외, 『한국 민중론 연구』, 한국정신문화연구원, 1990.

이정복 외, 『한국 민중론 연구』, 한국정신문화연구원, 1990.

이정용 편, 『민중신학, 세계 신학과 대화하다』, 연규홍 역, 동연, 2010.

이정희, "민중신학, '어디로?': 그 원천을 질문하면서", 이정희 외, 『민중신학, 고통의 시대를 읽다』, 분도출판사, 2018.

이종오, "한국사회 변혁운동의 전망", 한국사회학회·한국정치학회 편, 『한국의 국가와 시민사회』, 한울, 1992.

이준모, "민중의 주체성과 역사·사회성: 총체적 민중철학을 위한 서설", 정창렬 외, 『한국 민중론의 현단계: 분과학문별 현황과 과제』, 돌베개, 1989.

이진영, "민족운동의 담지자", 『청맥』, 1965년 11월호.

_____, "지식인과 역사의식", 『청맥』, 1966년 3월호.

_____, "해방과 소비문화의 지배", 『청맥』, 1966년 6월호.

이창일, 『민중과 대동: 민중사상의 연원과 조선시대 민중사상의 전개』, 모시는사람들, 2018.

이철범, "민족적 수난과 한국민의 병리", 『청맥』, 1964년 8월호.

_____, 『한국신문학대계(상): 일제하의 현실과 한국문학』, 경학사, 1970.

이철호, "1970년대 민족문학론과 반세속화의 징후들: 백낙청의 초기 비평에 나타난 '본마음'을 중심으로", 『민족문학사연구』 62, 2016.

이치석, 『함석헌 평전』, 시대의창, 2005.

이태호, "제도언론과 민중언론: 대학생과 재야의 언론관을 중심으로", 송건호 외, 『민중과 자유언론』, 아침, 1984.

이현희, 『동학혁명과 민중: 한국 근대사상의 맥락』, 대광서림, 1985.

이황직, "민중혁명 전통의 문학적 복원: 정신사에서 본 시인 신동엽", 『현상과 인식』 36(3), 2012.

이효재, "분단시대의 사회학", 『창작과 비평』 51, 1979년 봄.

_____, 『분단시대의 사회학』, 한길사, 1985.

일본아시아·아프리카작가회의 편, 『민중문화와 제3세계: AALA 문화회의 기록』, 신경림 역, 창작과비평사, 1983.

임영일, "사회학 연구의 동향과 과제", 학술단체연합심포지움 준비위원회 편, 『80년대 한국 인문사회과학의 현 단계와 전망』, 역사비평사, 1988.

임종명, "해방공간과 인민, 그리고 민족주의와 민주주의", 『한국사연구』 167, 2014.

임진택, "살아 있는 판소리", 백낙청·염무웅 편,『한국문학의 현단계 II』, 창작과비평사, 1983.

＿＿＿＿,『민중연희의 창조』, 창작과비평사, 1990.

임헌영, "민족의 상황과 문학사상",『한국사회연구3』, 한길사, 1985.

＿＿＿＿, "민중", 한국문학평론가협회 편,『문학비평 용어사전(상)』, 국학자료원, 2006.

임혁백,『비동시성의 동시성: 한국 근대정치의 다중적 시간』, 고려대학교출판부, 2014.

임현진,『한국의 사회운동과 진보정당: 〈한겨레민주당〉, 〈민중당〉, 〈개혁민주당〉, 〈민주노동당〉을 중심으로』, 서울대학교출판부, 2009.

임현진 외, "역자 서문", 쉬무엘 N. 아이젠스타트,『다중적 근대성의 탐구: 비교문명적 관점』, 임현진 외 역, 나남, 2009.

임형수, "대몽항쟁 연구의 이정표 수립: 「몽고(蒙古)의 침입(侵入)에 대한 항쟁(抗爭)」 재조명",『사총』 91, 2017.

임희섭, "한국의 근대화는 서구화인가",『청맥』, 1964년 12월호.

＿＿＿＿, "서민의 과소욕구",『청맥』, 1965년 4월호.

장상철, "1970년대 '민중' 개념의 재등장",『경제와 사회』 74, 2007.

장석주,『20세기 한국 문학의 탐험3』, 시공사, 2000.

장세훈, "민중생존권투쟁의 분출: 전태일의 분신과 광주대단지사건", 민주화운동기념사업회 연구소 편,『한국민주화운동사1: 제1공화국부터 제3공화국까지』, 돌베개, 2008.

장일조, "한국 민중신학에 대한 몇 가지 테에제", 민영진 외,『한국 민중신학의 조명』, 한울, 1984.

＿＿＿＿, "죽재를 위한 하나의 대화", 죽재서남동목사기념논문집편집위원회 편,『전환기의 민중신학: 죽재 서남동의 신학사상을 중심으로』, 한국신학연구소, 1992.

장진영,『민중만화: 장진영 만화모음1』, 정음서원, 2020.

장현근, "민(民)의 어원과 의미에 대한 고찰",『정치사상연구』 15(1), 2009.

장훈교, "공간적 은유의 전환: '구성적 외부'에서 바라본 민중과 민중사에 대한 연구노트",『역사연구』 18, 2008.

전기호, "역자 후기", 쥘 미슐레,『민중』, 전기호 역, 율성사, 1979.

전덕재, "이기백의 사학과 한국고대사 연구",『한국고대사연구』 53, 2009.

전명혁, "1987년 시기 비합법 정치조직의 형성과 이념적 분화", 『마르크스주의 연구』 3(1), 2006.

_____, "'민중사' 논의와 새로운 모색", 『역사연구』 18, 2008.

전상기, "'민중'과 '대중'의 관계론(/내재)적 함의: 1960년대 이후 한국문학장에서의 '민중' 논의의 현재적 의미", 『한국문학이론과 비평』 21(3), 2017.

전서암, "민중불교론", 『월간 대화』, 1977년 10월호.

_____, "민중의 개념", 유재천 편, 『민중』, 문학과지성사, 1984.

전승주, "1980년대 문학(운동)론에 대한 반성적 고찰", 『민족문학사연구』 53, 2013.

전용호, "1960년대 참여문학론과 『청맥』", 『국어국문학』 141, 2005.

전정희, "개화사상에서의 민(民)의 관념", 『정치정보연구』 7(2), 2004.

정경은, 『한국 현대 민중가요사』, 서정시학, 2008.

정동익, "머리말", 송건호 외, 『민중과 자유언론』, 아침, 1984.

정무용, "민중과 역사: 1970년대 이후 민중사의 추이와 민중상의 변화", 『인문과학연구』 16, 2011.

정민, "80년대 사회운동 논쟁의 전개와 역사적 의미", 정민 외, 『80년대 사회운동 논쟁』, 한길사, 1989.

정상시, "민중교회의 대두와 한국교회의 갱신", 『기사연무크1: 진통하는 한국교회』, 한국기독교사회문제연구원, 1990.

정수복, "한완상과 비판사회학의 형성", 『한국사회학』 51(1), 2017.

_____, 『비판사회학의 계보학: 한국 사회학의 지성사3』, 푸른역사, 2022.

정영태, "정치학 연구의 주요 쟁점과 그 연구 현황", 한국산업사회연구회 편, 『현대한국 인문사회과학 연구사: 80·90년대 비판학문의 평가와 전망』, 한울, 1994.

_____, "혼돈과 무기력의 정치학과 그 대안", 학술단체협의회 편, 『한국 인문사회과학의 현재와 미래』, 푸른숲, 1998.

정용화, "안과 밖의 정치학: 19세기 후반 개화개혁론에서 국권·민권·군권의 관계", 『한국정치학회보』 34(2), 2000.

정운영 편, 『국가독점자본주의 이론 연구1~4』, 돌베개, 1987~1989.

정은경, "대구지역 노래운동의 형성과 전개: 노래패 '소리타래'의 사례를 중심으로", 『사회와 역사』 113, 2017.

정의행, 『한국불교 통사: 우리 민중불교사의 복원』, 한마당, 1993.

정이담 외, 『문화운동론』, 공동체, 1985.

정자환, "한국의 민중사회학과 민중문학에서의 민중 개념 비교", 『성심여자대학 논문집』 22, 1990.

정준희, "1930년대 브나로드운동의 사회적 기반과 전개 과정", 연세대학교 석사학위논문, 2018.

정지석, "함석헌의 민중사상과 민중신학", 『신학사상』 134, 2006.

정창렬, "백성의식·평민의식·민중의식", 한국신학연구소 편, 『한국민중론』, 한국신학연구소, 1984.

＿＿＿, "책머리에", 박현채·정창렬 편, 『한국민족주의론III: 민중적 민족주의』, 창작과비평사, 1985.

＿＿＿, "한국에서 민중사학의 성립·전개 과정", 정창렬 외, 『한국 민중론의 현단계』, 돌베개, 1989.

정창렬저작집 간행위원회 편, 『정창렬 저작집1~3』, 선인, 2014.

정창렬 외, 『한국 민중론의 현단계: 분과학문별 현황과 과제』, 돌베개, 1989.

정태헌, "1930년대 조선인 유산층의 친일 논리와 배경", 민족문제연구소 편, 『한국 근현대사와 친일파 문제』, 아세아문화사, 2000.

정학주, "해방 후 한국교육의 구조적 갈등", 김진균·조희연 편, 『한국사회론: 현대 한국 사회의 구조와 역사적 변동』, 한울, 1990.

정한용 편, 『민족문학 주체 논쟁』, 청하, 1989.

정해구, "한국정치의 민주화와 개혁의 실패", 학술단체협의회 편, 『6월민주항쟁과 한국 사회 10년(II)』, 당대, 1997.

＿＿＿, 『전두환과 80년대 민주화운동: '서울의 봄'에서 군사정권의 종말까지』, 역사비평사, 2011.

정환규, "민중교육론의 이념과 성격", 한완상 외, 『한국민중교육론: 그 이념과 실천전략』, 학민사, 1985.

조경달, 『민중과 유토피아: 한국 근대 민중운동사』, 허영란 역, 역사비평사, 2009.

조규태, "1920년대 천도교인 박달성(朴達成)의 사회·종교관과 문화운동", 『동학학보』 22, 2011.

조남현, "문학으로 본 대중과 민중", 『신동아』, 1980년 7월호.

조동일, "가면극의 희극적 갈등: 형성, 형식, 내용의 세 측면에서", 서울대학교 석사학위 논문, 1968.

_____, "가면극 악사의 코러스적 성격", 『동서문화』 3, 1969.

_____, "조선 후기 가면극과 민중의식의 성장", 『창작과 비평』 24, 1972년 여름.

_____, "한국 구비문학과 민중의식의 성장", 국제문화재단 편, 『한국의 민속문화』, 국제문화재단출판부, 1974.

_____, 『한국 가면극의 미학』, 한국일보사, 1975.

_____, 『탈춤의 역사와 원리』, 홍성사, 1979.

_____, "민중·민중의식·민중예술", 한국신학연구소 편, 『한국민중론』, 한국신학연구소, 1984.

_____, 『우리 학문의 길』, 지식산업사, 1993.

_____, 『독서·학문·문화』, 서울대학교출판부, 1994.

조맹기, 『천관우의 언론 사상』, 커뮤니케이션북스, 2015.

조명래, "한국 공간환경학의 발자취", 한국산업사회연구회 편, 『현대한국 인문사회과학 연구사: 80·90년대 비판학문의 평가와 전망』, 한울, 1994.

조민해, "주체사상과 마르크스주의: 어떤 사상이 현실을 올바르게 반영할 것인가", 정민 외, 『80년대 사회운동 논쟁』, 한길사, 1989.

조법종, "삼국시대 민·백성의 개념과 성격에 대한 검토", 『백제문화』 25, 1996.

조병옥, "이 대통령께 드리는 공개장", 4·7언론인회 편, 『한국신문종합사설선집1: 제1·2공화국 편』, 도서출판 동아, 1985.

조성렬, "현대 한국의 실천불교: 운동과 이념", 실천불교전국승가회·불교포럼 편, 『실천불교의 이념과 역사』, 행원, 2002.

조성윤, "일제하의 신흥종교와 독립운동", 한국사회사연구회 편, 『한국의 종교와 사회변동』, 문학과지성사, 1987.

조세희, 『난장이가 쏘아올린 작은 공』, 문학과지성사, 1978.

조승혁, 『한국교회와 민중선교의 인식』, 정암사, 1986.

조영래, 『전태일 평전』, 전태일재단, 2009.

조용래, 『유인호 평전: 사회변혁을 꿈꾼 민중경제학자의 삶』, 인물과사상사, 2012.

조용범, 『후진국 경제론』(증보판), 박영사, 1981.

_____, 『한국 경제의 논리』, 전예원, 1981.

조정래, 『태백산맥』(1~10권), 한길사, 1986~1989.

조정환, "민중, 시민 그리고 다중: 탈근대적 주체성의 계보", 『시민과 세계』 4, 2003.

조정환·정남영·서창현, 세종서적. "옮긴이의 말", 안토니오 네그리·마이클 하트, 『다중』, 조정환·정남영·서창현 역, 세종서적, 2008.

조지 카치아피카스, 『한국의 민중봉기: 민중을 주인공으로 다시 쓴 남한의 사회운동사, 1894 농민전쟁~2008 촛불시위』, 원영수 역, 오월의봄, 2015.

조현일, "비상사태기의 문학과 정치: 1970년대 전반기 민중문학을 중심으로", 『민족문학사연구』 60, 2016.

조혜정, 『탈식민지 시대 지식인의 글 읽기와 삶 읽기(1): 바로 여기 교실에서』, 또하나의 문화, 1992.

조홍섭 편역, 『현대의 과학기술과 인간해방: 민중을 위한 과학기술론』, 한길사, 1984.

조희연, "민중사회학의 발전적 심화론", 『신동아』, 1987년 4월호.

_____, "80년대 학생운동과 학생운동론의 전개", 『사회비평』 1, 1988.

_____, "사회구성체 논쟁1: 정치노선 정립에 기초가 되었던 논쟁", 정민 외, 『80년대 사회운동 논쟁』, 한길사, 1989.

_____, "사회구성체 논쟁2: 제국주의 지배 하의 자본주의 발달의 성격", 정민 외, 『80년대 사회운동 논쟁』, 한길사, 1989.

_____, 『비정상성에 대한 저항에서 정상성에 대한 저항으로』, 아르케, 2004.

조희연·김동춘, "80년대 비판적 사회이론의 전개와 민족·민중사회학", 한국사회학회 편, 『한국사회의 비판적 인식』, 나남, 1990.

존 다우닝, 『변혁과 민중언론: 미국·서구·동구의 저항매체』, 김종철 역, 창작과비평사, 1989.

존 듀이, 『민중의 신앙』, 임한영 역, 한양대학교출판원, 1983.

주강현, "역사민속학의 궤적과 전망", 『역사민속학』 35, 2011.

_____, "한국역사민속학의 모색과 궤적", 『역사민속학』 47, 2015.

주디스 버틀러, 『연대하는 신체들과 거리의 정치: 집회의 수행성을 위한 노트』, 김응산·양효실 역, 창비, 2020.

주인석, "일제 강점기하의 단재 신채호의 역사인식과 정치적 실천", 『민족사상』 9(4), 2015.

죽재서남동기념사업회 편, 『서남동과 오늘의 민중신학: 죽재 서남동 목사 서거 25주기 추모 논문집』, 동연, 2009.

죽재서남동목사기념논문집편집위원회 편, 『전환기의 민중신학: 죽재 서남동 신학사상을 중심으로』, 한국신학연구소, 1992.

쥘 미슐레, 『민중』, 전기호 역, 율성사, 1979.

진덕규, "단재 신채호의 민중·민족주의의 인식", 강만길 편, 『신채호』, 고려대학교출판부, 1990.

진덕규 외, 『19세기 한국 전통사회의 변모와 민중의식』, 고려대학교민족문화연구소출판부, 1982.

진상 외, 『민중불교를 말한다』, 일주문, 1988.

채희동, 『민중 성령 생명: 죽재 서남동의 생애와 사상』, 한국신약학회, 1996.

채희완, "가면극의 민중적 미의식 연구를 위한 예비적 고찰", 서울대학교 석사학위논문, 1977.

_____, "춤의 사회적 과제와 전망", 『실천문학』 1, 1980.

_____, "70년대의 문화운동", 한국기독교사회문제연구원 편, 『문화와 통치』, 민중사, 1982.

_____, "해설: 마당굿의 과제와 전망", 채희완·임진택 편, 『한국의 민중극』, 창작과비평사, 1985.

_____, 『공동체의 춤 신명의 춤』, 한길사, 1985.

_____, "탈춤 추는 광대", 『신동아』, 1985년 7월호.

_____, "한국의 민중신학과 비판적 초월의 민중신명", 『새길 이야기』 14, 2004.

채희완 편, 『탈춤의 사상』, 현암사, 1984.

채희완·임진택, "마당극에서 마당굿으로", 정이담 외 『문화운동론』, 공동체, 1985.

채희완·임진택 편, 『한국의 민중극: 마당굿 연희본 14편』, 창작과비평사, 1985.

천관우, "민중운동으로 본 3·1운동", 동아일보사 편, 『3·1운동 50주년 기념논집』, 동아일보사, 1969.

_____, 『한국사의 재발견』, 일조각, 1974.

_____, 『근세 조선사 연구』, 일조각, 1979.

천유철, 『오월의 문화정치: 1980년 광주민중항쟁 '현장'의 문화투쟁』, 오월의봄, 2016.

천정환, "서발턴은 쓸 수 있는가: 1970~80년대 민중의 자기재현과 '민중문학'의 재평가를 위한 일고", 『민족문학사연구』 47, 2011.

_____, "1980년대 문학·문화사 연구를 위한 시론(1): 시대와 문학론의 '토픽'과 인식론을 중심으로", 『민족문학사연구』 56, 2014.

청사 편집실 편, 『민중1』, 청사, 1983.

최영진, "유교 국가론에 있어 통치 주체와 객체의 문제", 『동양철학연구』 53, 2008.

최열·최태만 편, 『민중미술 15년: 1980~1994』, 삶과꿈, 1994.

최원식 외, 『민족 민중문학론의 쟁점과 전망: 80년대 문제평론선』, 푸른숲, 1989.

최장집, 『한국 민주주의의 이론』, 한길사, 1993.

_____, "정치적 민주화: 한국 민주주의, 무엇이 문제인가", 『비평』 14, 2007.

_____, 『민중에서 시민으로: 한국 민주주의를 이해하는 하나의 방법』, 돌베개, 2009.

최정운, "조선시대의 민중세계를 다룬 소설 『임꺽정』의 공(功)과 과(過)", 『한국사 시민강좌』 41, 2007.

최종욱, "인문과학 위기에 대한 담론 분석을 위한 시론", 학술단체협의회 편, 『한국 인문사회과학의 현재와 미래』, 푸른숲, 1998.

최종철, "'민중교회'의 변화에 대한 사회학적 고찰", 『경제와 사회』 24, 1994.

최태욱, "한미FTA와 한국형 개방발전모델 모색", 『창작과 비평』 135, 2007년 봄.

_____, "신자유주의 대안 구현의 정치제도적 조건", 『창작과 비평』 138, 2007년 겨울.

최현, "한국사회 진보의 주체: 민중, 노동자계급, 시민, 다중과 정체성 집단", 『경제와 사회』 86, 2010.

최형묵, 『사회변혁운동과 기독교신학』, 나단, 1992.

_____, "1990년대 민중신학 논의의 몇 가지 쟁점들", 『시대와 민중신학』 5, 1998.

_____, 『보이지 않는 손이 보이지 않은 것은 그 손이 없기 때문이다』, 다산글방, 1999.

_____, "민중신학과 맑스주의", 『지구화시대 맑스의 현재성』, 문화과학사, 2003.

파울로 프레이리, 『교육과 의식화』, 채광석·심지연 역, 새밭, 1978.

_____, 『페다고지: 민중교육론』, 성찬성 역, 한국천주교평신도사도직협의회, 1979.

_____, 『실천교육학』, 김쾌상 역, 일월서각, 1986.

_____, 『교육과 정치의식: 문화, 권력 그리고 해방』, 한준상 역, 학민사, 1986.

파울로 프레이리 외, 『민중교육론: 제3세계의 시각』, 김쾌상 외 역, 한길사, 1979.

파커 J. 파머, 『비통한 자들을 위한 정치학: 왜 민주주의에서 마음이 중요한가』, 김찬호 역, 글항아리, 2012.

편집부, 『코민테른 자료선집3: 통일전선, 민족·식민지 문제』, 동녘, 1989.

하비 콕스, 『민중의 종교』, 마경일 역, 전망사, 1980.

하상일, "1960년대 『청맥』의 이데올로기와 비평사적 의미", 『한국문학이론과 비평』 10(4), 2006.

하윤섭, "'새로운 민중사'의 시각과 19세기 현실비판 가사 연구사에 대한 비판적 검토와 새로운 독법의 마련", 『민족문학사연구』 61, 2016.

하트무트 알부르샤트, "안병무 교수를 기억하면서", 심원안병무선생기념사업위원회 편, 『갈릴래아의 예수와 안병무』, 한국신학연구소, 1998.

학술단체연합심포지움 준비위원회 편, 『80년대 한국 인문사회과학의 현단계와 전망』, 역사비평사, 1988.

학술단체협의회 편, 『한국 인문사회과학의 현재와 미래』, 푸른숲, 1998.

한국기독교사회문제연구원 편, 『민중과 경제』, 민중사, 1982.

한국기독교사회문제연구원 편, 『민중의 힘, 민중의 교회: 도시빈민의 인간다운 삶을 위하여』, 민중사, 1987.

한국기독교장로회 민중교회운동연합 편, 『바닥에서 일하시는 하나님: 민중선교의 현장』, 한국신학연구소, 1992.

한국대학생불교연합회 편, 『민중불교 세미나1: 입문편』, 도서출판 여래, 1985.

한국민중교회운동연합 민중찬송가 편찬위원회 편, 『민중복음성가』, 사계절, 1990.

한국민중사연구회, 『한국민중사1,2』, 풀빛, 1986.

한국민중신학회 편, 『민중신학의 여정』, 동연, 2017.

한국산업사회연구회 편, 『현대한국 인문사회과학 연구사: 80·90년대 비판학문의 평가와 전망』, 한울, 1994.

한국신학연구소 편, 『한국민중론』, 한국신학연구소, 1984년.

한국신학연구소 편, 『1980년대 한국 민중신학의 전개』, 한국신학연구소, 1990.

한국신학연구소 편, 『예수 민중 민족: 안병무박사 고희기념논문집』, 한국신학연구소, 1992.

한국신학연구소 편, 『민중신학자료』(1~7권), 한국신학연구소, 2003.

한국여성신학자협의회, 『올곧은 신앙생활의 첫걸음: 민중교회 여성평신도 신앙 입문교
　　재』, 여성신학사, 1992.

＿＿＿＿, 『한국 여성 민중목회자: 여성 민중목회 실태조사 보고서, 그들의 사역과 삶』, 여
　　성신학사, 1994.

한국역사민속학회 편, 『역사 속의 민중과 민속』, 이론과실천, 1990.

한규무, "『뜻으로 본 한국역사』와 1960년대 함석헌의 민주화운동", 『한국사학사학보』 29,
　　2014.

한모니까, 『한국전쟁과 수복지구』, 푸른역사, 2017.

한상범, 『시민사상과 민중의 복권: 한상범 사회논집』, 서래헌, 1979.

＿＿＿＿, "민중론의 전개 방향", 유재천 편, 『민중』, 문학과지성사, 1984.

한상진, "민중과 사회과학", 유재천 편, 『민중』, 문학과지성사, 1984.

＿＿＿＿, "「민중사회학」의 이론구조와 쟁점: 방법론적 논의", 『사회과학과 정책연구』 8(1),
　　1986.

＿＿＿＿, "민중사회학의 '민중론' 비판", 『신동아』, 1987년 4월호.

＿＿＿＿, 『민중의 사회과학적 인식』, 문학과지성사, 1987.

＿＿＿＿, 『중민이론의 탐색』, 문학과지성사, 1991.

＿＿＿＿, "한국사회와 민주화: 중민의 권능화와 그 미래", 한완상 편저, 『한국사회학: 한국
　　사회에 대한 이해와 전망』, 민음사, 1996.

＿＿＿＿, 『중민이론과 한국사회』, 중민출판사, 2015.

한숭희, "민중교육의 이론과 실천: 참여 지향적 성인교육 이론의 정립을 위하여", 『평생
　　교육연구』 1(1), 1995.

＿＿＿＿, "성인문해의 문화담론적 분석", 『사회교육학연구』 3(1), 1997.

＿＿＿＿, "성인교육의 비판적 담론과 한국 사회교육 연구", 『사회교육학연구』 4(2), 1998.

＿＿＿＿, "시민지식연대: 사회교육의 새로운 역할", 『평생교육학연구』 6(2), 2000.

＿＿＿＿, 『민중교육의 형성과 전개』, 교육과학사, 2001.

한승연, "일제 시대 근대 '국민' 개념 형성 과정 연구", 『정부학연구』 17(1), 2011.

한완상, 『민중과 지식인』, 정우사, 1978.

＿＿＿＿, "민중사회학 서설(序說)", 『문학과 지성』 33, 1978년 여름.

＿＿＿＿, 『민중과 사회: 민중사회학을 위한 서설』, 종로서적, 1980.

_____, 『민중시대의 문제의식: 한완상 사회평론집』, 일월서각, 1983.

_____, 『민중사회학』, 종로서적, 1984.

_____, 『지식인과 현실인식: 한완상 평론선집』, 청년사, 1986.

_____, 『인간과 사회구조: 사회학이론과 문제점들』, 경문사, 1986.

_____, 『한국현실 한국사회학』, 범우사, 1992.

_____, "민중신학의 현대사적 의미와 과제: 21세기 줄씨알의 신학을 바라며", 『신학사상』 143, 2008.

_____, 『사자가 소처럼 여울을 먹고: 한완상 회고록』, 후마니타스, 2017.

한완상·강인철, "해방신학의 이데올로기론과 대안적 공동체", 이문영 외, 『시대와 지성』, 민음사, 1988.

한완상·김성기, "한(恨)에 대한 민중사회학적 시론: 종교 및 예술 체험을 중심으로", 서울대학교 사회학연구회 편, 『현대자본주의와 공동체이론』, 한길사, 1987.

한완상·백욱인, "민중사회학의 몇 가지 문제점들: 그 총체적 바탕을 다지기 위하여", 장을병 외, 『우리 시대 민족운동의 과제』, 한길사, 1986.

한완상·한도현, "민중종교의 종말론적 급진성: 동학에 나타난 조선 농민의 혁명적 열망", 일랑고영복교수화갑기념논총간행회 편, 『사회변동과 사회의식2』, 전예원, 1988.

한완상 외, 『한국민중교육론: 그 이념과 실천전략』, 학민사, 1985.

한종만 편, 『한국 근대 민중불교의 이념과 전개』, 한길사, 1980.

한준상, "민중교육의 교육사회학적 이해", 한완상 외, 『한국민중교육론: 그 이념과 실천전략』, 학민사, 1985.

함석헌, "씨알의 설움", 『사상계』, 1959년 12월호.

_____, "절망 속의 희망", NCC 신학연구위원회 편, 『민중과 한국신학』, 한국신학연구소, 1982.

_____, 『함석헌 전집』(1~20권), 한길사, 1993.

허병섭, 『스스로 말하게 하라: 한국 민중교육론에 관한 성찰』, 학이시습, 2009.

허수, 『식민지 조선 오래된 미래: 개념과 표상으로 식민지 시대 다시 읽기』, 푸른역사, 2011.

허술, "전통극의 무대공간: 그 형태 및 기능과 관련하여", 『창작과 비평』 32, 1974년 여름.

_____, "인형극의 무대", 김흥규 편, 『전통사회의 민중예술』, 민음사, 1980.

허영란, "민중운동사 이후의 민중사: 민중사 연구의 현재와 새로운 모색", 역사문제연구소 민중사반, 『민중사를 다시 말한다』, 역사비평사, 2013.

_____, "새로운 민중사를 모색하는 한일 네트워크", 역사문제연구소 민중사반·아시아 민중사연구회 편, 『민중 경험과 마이너리티: 동아시아 민중사의 새로운 모색』, 경인 문화사, 2017.

허은, "1980년대 상반기 학생운동 체계의 변화와 학생운동 문화의 확산", 이호룡·정근식 편, 『학생운동의 시대』, 선인, 2013.

현시원, "민중미술의 유산과 '포스트 민중미술'", 『현대미술사연구』 28, 2010.

현실과발언편집위원회 편저, 『민중미술을 향하여: 현실과 발언 10년의 발자취』, 과학과 사상, 1990.

현영학, "민중 속에 성육신해야", NCC신학연구위원회 편, 『민중과 한국신학』, 한국신학 연구소, 1982.

_____, 『예수의 탈춤: 한국 그리스도교의 사회윤리』, 한국신학연구소, 1997.

홍사성, "민중불교운동의 평가와 전망", 법성 외, 『민중불교의 탐구』, 민족사, 1989.

홍성태, 『김진균 평전: 민중을 위한 학문과 실천의 삶』, 진인진, 2014.

홍정완, 『한국 사회과학의 기원: 이데올로기와 근대화의 이론체계』, 역사비평사, 2021.

황광수, "과거의 재생과 현재적 삶의 완성: 『객주』와 『타오르는 강』을 중심으로", 백낙청 ·염무웅 편, 『한국문학의 현단계II』, 창작과비평사, 1983.

황문수, "민중의 역설성", 『신동아』, 1980년 7월호.

황병주, "1960년대 비판적 지식인사회의 민중 인식", 『기억과 전망』 21, 2009.

_____, "지식인과 문화예술인의 민주화운동", 민주화운동기념사업회 연구소 편, 『한국 민주화운동사2: 유신체제기』, 민주화운동기념사업회, 2009.

_____, "1970년대 비판적 지식인의 농촌 담론과 민족 재현: 『창작과 비평』을 중심으로", 『역사와 문화』 24, 2012.

황석영, 『객지』, 창작과비평사, 1974.

황선명, 『민중종교운동사』, 종로서적, 1980.

_____, "후천개벽과 혁세사상", 황선명 외, 『한국 근대 민중종교 사상』, 학민사, 1983.

황선명 외, 『한국 근대 민중종교 사상』, 학민사, 1983.

황용연, "'정체성의 정치'와 민중신학: IMF 시대 민중신학의 실천 담론을 위한 '한 방향' 모색", 『시대와 민중신학』 5, 1998.

_____, "민중신학에서의 민중 용어의 작용에 대한 연구", 『신학사상』 190, 2020.

황필호, "해방신학과 민중불교의 비교분석", 법성 외, 『민중불교의 탐구』, 민족사, 1989.

황현일, "포스트 신자유주의 시대의 민중경제학", 『황해문화』 78, 2013.

히라노 이치카・마츠시마 준 편저, 『서구 민중교육사』, 이원호 역, 탐구당, 1985.

Chung, Paul S., *Constructing Irregular Theology: Bamboo and Minjung in East Asian Perspective*, Leiden: Brill, 2009.

_____ed., *Asian Contextual Theology for the Third Millennium: a Theology of Minjung in Fourth-Eye Formation*, Eugene: Pickwick Publications, 2007.

Ferm, Deane William ed., *Third World Liberation Theologies: A Reader*, New York: Orbis Books, 1986.

Freire, Paulo, *The Politics of Education: Culture, Power and Liberation*, Donaldo Macedo tr., Westport: Bergin & Garvey, 1985.

Gabriel, Douglas, "From Seoul to the World: Minjung Art and Global Space During the 1988 Olympics," 『현대미술사연구』 41, 2017.

Kang, In-Chul, "Religion and the Democratization Movement," *Korea Journal* 40(2), 2000.

Kim, Hiheon, *Minjung and Process: Minjung Theology in a Dialogue with Process Thought*, New York: Peter Lang, 2009.

Kim, Yong-bok ed., *Minjung Theology: People as the Subjects of History*, Singapore: Commission on Theological Concerns of Christian Conference of Asia, 1981.

Kim, Yung Suk, and Kim Jin-Ho eds., *Reading Minjung Theology in the Twenty-First Century: Selected Writings by Ahn Byong-Mu and Modern Critical Responses*, Eugene: Pickwick Publications, 2013.

Küster, Volker, *Protestant Theology of Passion: Korean Minjung Theology Revisited*, Leiden: Brill, 2010.

Kwon, Jin Kwan, *Theology of Subject: Towards a New Minjung Theology*, Tainan: PTCA, 2011.

Kwon, Jinkwan, and P. Mohan Larbeer eds., *Towards a Theology of Justice for Life in Peace: Minjung-Dalit Theological Dialogue*, Bangalore: BTESSC, 2012.

Kwon, Oh Wang, "A Postcolonial Reflection on Minjung Theologies: Toward the Theology of Solidarity of Hybrid Minjung," 『한국기독교신학논총』 84, 2012.

Lee, Jung Yong ed., *An Emerging Theology in World Perspective: Commentary on Korea Minjung Theology*, Mystic: Twenty-Third Publications, 1988.

Lee, Sang-Bok, *A Comparative Study Between Minjung Theology and Reformed Theology from a Missiological Perspective*, New York: Peter Lang, 1996.

Lee, Sang-Cheol, "The Turn to the Other: A Conversation with Levinasian Ethics and Minjung Theology," Ph.D. diss., Chicago Theological Seminary, 2014.

Madang Journal editors eds., *Justice & Minjung: Theological Reflections in the Age of a Global Empire*, Seoul: Dong Yeon Press, 2013.

Moon, Chris H.S., *A Korean Minjung Theology: An Old Testament Perspective*, New York: Orbis Books, 1985.

Mulling, Craig L., *Politics of Orthodoxy in South Korea: Christian Radicalism and the Heterodoxy of Minjung*, Ann Arbor: UMI, 2014.

Yim, Tae-su, *Minjung Theology Towards a Second Reformation*, Hong Kong: Christian Conference of Asia, 2006.

芳賀登, 『民衆概念の歷史的變遷』, 東京: 雄山閣出版, 1984.

金容福 編, 『民衆の神学』, キリスト教アジア資料センター 編訳, 東京: 教文館, 1984.

安丸良夫・深谷克己, 『民衆運動』, 東京: 岩波書店, 1989.

中文大辭典編纂委員會 編, 『中文大辭典』 第五冊, 臺北: 中國文化大學出版部, 1982.

국가법령정보센터(www.law.go.kr), 법제처

기록정보서비스(www.archives.go.kr), 국가기록원

뉴스라이브러리(newslibrary.naver.com), 네이버

대한민국신문아카이브(www.nl.go.kr/newspaper), 국립중앙도서관

빅카인즈(www.kinds.or.kr), 한국언론재단

한국고전종합DB(db.itkc.or.kr), 한국고전번역원

한국사데이터베이스(db.history.go.kr), 국사편찬위원회

한국유경데이터베이스(ygc.skku.edu), 성균관대학교 한국유경편찬센터

찾아보기

가

수록 도판 크레디트

총서 ⅢⅢ 知의회랑을 기획하며
arcade of knowledge

대학은 지식 생산의 보고입니다. 세상에 바로 쓰이지 않더라도 언젠가는 반드시 인류에 필요할 지식을 생산하고 축적하며 발전시키는 일을 끊임없이 해나갑니다. 오랫동안 대학에서 생산한 지식은 책이란 매체에 담겨 세상의 지성을 이끌어왔습니다. 그 책들은 콘텐츠를 저장하고 유통시키며 활용하게 만드는 매체의 차원을 넘어, 인간의 비판적 사유 능력과 풍부한 감수성을 자극하는 촉매의 역할을 충실히 해왔습니다.

이와 같은 '책을 읽는다'는 것은 단순히 지식과 정보를 습득하는 데 멈추지 않고, 시대와 현실을 응시하고 성찰하면서 다시 그 너머를 사유하고 상상함을 의미합니다. 그러므로 '세상의 밑그림'을 그리는 책무를 지닌 대학에서 책을 펴내는 것은 결코 가벼이 여겨선 안 될 일입니다.

이제 우리는 다양한 방식으로 존재하는 지식과 정보, 그리고 사유와 전망을 담은 책을 엮어 현존하는 삶의 질서와 가치를 새롭게 디자인하고자 합니다. 과거를 풍요롭게 재구성하고 미래를 창의적으로 기획하는 작업이 다채롭게 펼쳐질 것입니다.

대학의 심장부에 해당하는 도서관이 예부터 우주의 축소판이라 여겨져 왔듯이, 그곳에 체계적으로 배치된 다양한 책들이야말로 이른바 학문의 우주를 구성하는 성좌와 다름없습니다. 우리는 그 빛이 의미 없이 사그라들지 않기를, 여전히 어둡고 빈 서가를 차곡차곡 채워가기를 기대합니다.

앎을 쉽게 소비하는 시대를 살고 있지만, 다양한 앎을 되새김함으로써 학문의 회랑에서 거듭나는 지식의 필요성에 우리는 공감합니다. 정보의 홍수와 유행 속에서도 퇴색하지 않을 참된 지식이야말로 인간이 가야 할 길에 불을 밝혀줄 수 있기 때문입니다. 앞으로 대학이란 무엇을 하는 곳이며, 왜 세상에 남아 있어야 하는 곳인지 끊임없이 되물으며, 새로운 지의 총화를 위한 백년 사업을 시작하겠습니다.

총서 '知의회랑' 기획위원
안대회 · 김성돈 · 변혁 · 윤비 · 오제연 · 원병묵

지은이 강인철

1994년 서울대학교 사회학과에서 박사학위를 받았고, 1997년부터 한신대학교 종교문화학과 교수로 재직 중이다. 시민종교, 전사자 숭배, 한국의 종교정치, 군종제도, 종교와 전쟁, 양심적 병역거부, 종교사회운동, 종교권력, 개신교 보수주의, 한국 천주교, 북한 종교, 민중 개념사 등을 탐구해왔다. 현재 한국의 양심적 병역거부 역사를 다루는 2부작을 집필 중이다.

이번에 나온 『민중』 2부작을 포함하여 지금까지 모두 18권의 단독저서를 출간했다. 광주항쟁 40주년을 맞는 2020년 5월에 『5·18 광주 커뮤니타스』를, 그리고 2019년 초에는 '한국 시민종교 3부작'을 이루는 『시민종교의 탄생』, 『경합하는 시민종교들』, 『전쟁과 희생』을 동시에 내놓았다. 2017년에는 『종교와 군대』를, 2012~2013년에는 '한국 종교정치 5부작'인 『한국의 종교, 정치, 국가』, 『종속과 자율』, 『저항과 투항』, 『민주화와 종교』, 『종교정치의 새로운 쟁점들』을 선보였다. 그 밖에 『종교권력과 한국 천주교회』(2008), 『한국의 개신교와 반공주의』(2007), 『한국 천주교회의 쇄신을 위한 사회학적 성찰』(2007), 『한국 천주교의 역사사회학』(2006), 『전쟁과 종교』(2003), 『한국 기독교회와 국가, 시민사회: 1945~1960』(1996) 등이 있다.

🏛 知의회랑
arcade of knowledge
037

민중, 시대와 역사 속에서
민중의 개념사, 통사

1판 1쇄 인쇄 2023년 7월 20일
1판 1쇄 발행 2023년 7월 30일

지 은 이   강인철
펴 낸 이   유지범
책임편집   현상철
편   집   신철호·구남희
마 케 팅   박정수·김지현

펴 낸 곳   성균관대학교출판부
등   록   1975년 5월 21일 제1975-9호
주   소   03063 서울특별시 종로구 성균관로 25-2
전   화   02)760-1253~4 팩스 02)762-7452
홈페이지   http://press.skku.edu

ISBN 979-11-5550-597-7 93300